冯国超◎著

# 中国古代性学报告

The Report on
Sexuality in Ancient China

华夏出版社
HUAXIA PUBLISHING HOUSE

**感受中国性学之美……**

在世界范围的性学研究中，有两部影响极其广泛的著作《金赛性学报告》和《海蒂性学报告》。本书命名为《中国古代性学报告》，一是欲在体例上借鉴前人成功之经验，二是因为中国古代性学实有详加考察并作如实报告的必要。

前戏图

手持角先生的女子

戏弄丫鬟的男子

帝王与他的嫔妃们

夫妻闺房之乐

正在偷听的女子

正在欣赏春宫画的女子

向女子求欢的男子

正在花园里调情的男女

冬日里围炉取暖的男女

正在宽衣解带的男女

正在调情的男女

正在花园里偷情的男女　　　握弄女子三寸金莲的男子

前戏图

在风和日丽的环境中交合的男女

正在欣赏春宫图的女子

正在偷听他人性交的女子

正在享受房中之乐的男女

情窦初开的少女

绘工精细的春宫图

正在与丫鬟偷偷调情的男子

# 序言

中国古代性学源远流长，内容博大精深，在世界性学发展史中独树一帜，有着极其重要的地位。然而，有关中国性学史的研究却是由外国汉学家率先完成的（荷兰人高罗佩的《中国古代房内考》）。现在，我们终于看到了一本对中国古代性学作全景式展示的巨著——《中国古代性学报告》。

作者历时10年查阅各种图书与历史文献，又花费10年辛勤耕耘，再加上两年多时间的反复修订，方才成就这部大作。既然付出了如此艰苦的努力，本书资料丰富、取材恰当、首次披露诸多鲜为人知的中国古代房中秘学也就不足为怪了。所谓厚积薄发，必然结出丰硕的果实，本书体例独特，观点新颖，在许多重要的性学问题上"发前人所未发"。

这是一部囊括古今中外几乎所有性学主题的百科全书式的鸿篇巨著，但是它又不像百科全书那样仅仅是对一些条目的概括解释，而是例证翔实，论证完备，可以说是作者贡献给大众和专业人士的性文化大餐。它从浩瀚的书海里提取精粹的部分，旁征博引，让广大读者轻松自如地徜徉在性文化的历史长河里，从中汲取无尽的营养和信息。感谢作者在社会学领域里耕耘出一片新天地，也填补了中外古今性文化与性科学比较研究的空白。

这是一部继在世界性学研究中影响极其广泛的《金赛性学报告》和《海蒂性学报告》之后，首部由中国学者撰写的性学报告，虽然它不是靠调查数据支撑的，但是它所依据的翔实的历史资料和诸多文学作品中的描述仍然足以让我们把握中国古代性学历程的全景。这是对中国古代性学史实详加考察后作的如实报告，不失为难能可贵的学术成果。

而且，该书配图丰富（137幅）、恰当（遗憾的是尺度的把握有些过于严谨），既为中国古代性学的相关论述提供了形象的例证，又展示了精美绝伦的中国古代春宫画艺术，让读者可以大饱眼福。

正如作者所言，近年来虽然出版了不少关于中国古代性学的专著，但它们大多是从性文化的角度展开研究，多泛泛之论，缺乏实质性的内容。其实，性学是一门实践性极强的学问，研究中国古代性学，如果不研究中国古人的性交方法、性交体验，只谈性的历史、性的哲学，无疑是避实就虚，避重就轻，不利于对中国古代性学的全面把握和准确定位。《中国古代性学报告》一书的写作，正是试图正本清源，在全面反映中国古代性学原貌的基础上，以现代性学研究成果为参照，对中国古代性学的利弊得失作出恰如其分的评价。

在世界古代性学中，中国古代性学具有特殊而重要的地位。西方性学家大多认可中国古代的阴阳学说，并称在性方面中国古人完全可以做他们的老师。而且，在相关的论述中，大多数西方性学著作中都会直接引用"阴""阳"这两个字的汉语拼音以及八卦图。

作者对性交与养生关系的论述，对中国历史上对女性性权利的尊重，对同性恋及同性性行为的认识，对于历史上性交禁忌及"七损"、"八益"理论的重视，对阴阳双修方术的理解与分析等都有独到之处。以上内容既是人类性学的重要组成部分，对于当代的性学研究，亦能产生重要的启发作用。

作为一名性医学和性教育战线的老兵（曾偶然踏入古代性文化研究领域），非常高兴看到正值当年的作者冯国超的巨著，实感后生可畏。这也是继赵国华先生《生殖崇拜文化论》之后见到的另一部杰出著作，当然在将近30年之后涌现的这部著作又有了巨大的进步。希望这部著作能有助于对中国古代性学的全面了解，促进中西方性文化的比较研究，并有利于增进人类的福祉，也祝作者今后继续攀登性科学高峰并不断给我们带来新的惊喜。

中国性学会副理事长　马晓年

2013.5.28

# 前言

在世界范围的性学研究中,有两部影响极其广泛的著作:《金赛性学报告》和《海蒂性学报告》。《金赛性学报告》以其在性学领域的开创性和实用性著称,《海蒂性学报告》则以其探讨问题之全面、展现性行为和性心理之具体入微而备受欢迎。本书命名为《中国古代性学报告》,一是欲在体例上借鉴前人成功之经验,二是因为中国古代性学实有详加考察并作如实报告的必要。

性学即关于性的科学,举凡对性作生理的、心理的、伦理的、医学的乃至哲学的、历史的考察的学问,均可归入性学的范畴。在我国,早在汉代的马王堆帛书中,即有《合阴阳》、《十问》、《天下至道谈》等篇章,对两性关系的原则及性交的方法、作用等作了具体而深入的探讨。在以后的历史中,无论是魏晋时期的《素女经》、葛洪的《抱朴子内篇》、陶弘景的《御女损益篇》,还是唐代的《洞玄子》、《玉房秘诀》、孙思邈的《房中补益》,乃至宋代陈希夷的《房术玄机中萃纂要》,明代万全的《万密斋医学全书》,清代的《紫闺秘书》,等等,都对性的问题作了尽量客观而科学的考察。它们或论述男女阴阳之理,或揭示房室养生的奥秘,或介绍性交姿势和性交技巧,或告诫纵欲的危害,或讲解性病的预防和治疗,或传授生子之道……这些思想,是中国古代性学的核心和精华,在中国古代社会生活中起着十分重要的影响和作用。

在世界古代性学中,中国古代性学也有其特殊而重要的地位。中国古代一夫多妻的家庭制度和长期合法存在的青楼妓院,使中国古人有着极其丰富的性实践和性经验,因此,对于严格实行一夫一妻制的古代西方人来说,中国古人在性方面完全可以做他们的老师。而且,即使对现代人来说,中国古代性学中的不少内容仍然可以使我们大开眼界,获益匪浅。这主要表现在以下几个方面。

一、对性交与养生关系的论述。中国古代一夫多妻的婚姻制度,要求男子经常与妻妾性交,以使夫妻(妾)关系和睦。然而,经常性交造成的泄精过度,又会严重影响男子的身体健康。正是为了解决这一矛盾,中国古代性学家发明或总结出了一系列有利于身体健康的性交原则。

1. 多交不泄,即与妻妾轮流性交而不泄精。中国古代性学家认为,多交不泄既可以使妻妾充分享受性乐趣,又可以使男子在享受性快乐的同时,促进身体的健康,因为男子不泄精则无耗损,同时又可以从女子泄出的阴精中获得补益。现代性学认为,男子在性交时忍精不泄,会使精液逆射进膀胱,并引起前列腺炎、肾炎等一系列疾病。然而,中国古代性学所谓的多交不泄并非简单的忍精不泄,而是在性交时欲动则止,有时甚至要辅以静坐养性、打通周天等一系列修炼工夫。

2. 男女之间通过性交而达阴阳互补。中国古代性学认为,男属阳,女属阴,阴阳交媾可使阴阳平衡,疾病不生;阴阳不交,则孤阴独阳,阴阳失衡,必致疾患。那么如何使阴阳有效地互补呢?诀窍是通过性交使阴阳之气相感,而阴阳之气相感的最佳状态是男女俱达性高潮之时。因此,中国古代性学家建议,男子在性交时泄精必须选择最佳的时机,这个最佳时机就是女子达到性高潮之时。实践证明,男子在女子达到高潮时泄精,不仅能使身心感到极度愉悦,而且泄精后也很少会产生疲倦或不适之感。

3. 节制性欲。中国古代性学认为,性交能使人体验到极乐,但是,过度性交则又会损害健康,使人夭寿。因此,最好的办法,就是既不废性交,又不放纵性欲,使性交频率保持一个合适的度。如唐代著名医家孙思邈在《房中补益》中说:"人年二十者,四日一泄;三十者,八日一泄;四十者,十六日一泄;五十者,二十日一泄;六十者,闭精勿泄,若体力犹壮者,一月一泄。"其他如《素女经》、《三元延寿参赞书》等中也有类似的表述。需要说明的是,古代性学家所谓的几天一泄,与几天进行一次性交是两个不同的概念,因为中国古代性学主张多交不泄,与现代人的理解不同。由上可见,古代性学家在论述泄精频率时,明确指出不同年龄、体质的人要采用不同的频率,反映了他们在此问题上的科学精神。

二、对女性性权利的尊重。在《海蒂性学报告》中,作者指出,长期以来,许多社会都不关注女性性享受的权利,尤其是不关注女性的性高潮:"许多世纪以来,许多社会都将'性'的概念归入简单的生育活动……在这种僵化的意识形态里,经常找不到女性性高潮的位置。"(海蒂:《海蒂性学报告·序一》)然而,这种现象,在中国古代性学中是根本不存在的。理由如下:

1. 中国古代性学认为，男女性交，一个最重要的目的，就是生育后代，而为了保证后代的身心健康，男子最好是在女子达到性高潮时泄精。如唐代的《洞玄子》中说："凡欲求子……交接泄精之时，候女快来，须与一时同泄。"这里的"女快"，即指女子达到性高潮。明代邓希贤的《修真演义》中也说："惟两情俱美……百试百效也。"这里的"两情俱美"，指的是男女同时达到性高潮。

2. 中国古代性学家历来重视女性的性高潮，他们不仅对女性达到性高潮时的生理、心理状况有详细的描绘，而且，一直把使女性达到性高潮视作男子的重要任务。如《紫闺秘书》中说："男子之乐，以妇人之乐为乐，妇人既不乐，有何乐乎？"(《紫闺秘书·素女房中交战秘诀》)

3. 中国古代性学把性交视作达到男女阴阳互补的重要手段，而男子要从女子身上获得阴气的补益，就必须使女子达到性高潮，因为中国古代性学认为，女子只有在达到性高潮时才会泄出阴精。

三、对同性恋及同性性行为的揭示。中国古代同性恋盛行，社会人士对同性恋也大多持宽容的态度，没有像古代西方那样对同性恋者施以阉割、烧死等酷刑。中国古代性学对同性恋者的心理状态、同性性行为的方法、同性性行为过程中当事人的生理心理感受等都有较为丰富的描述，而这正是西方及当代性学研究中较为缺乏的。

除此之外，中国古代性学中还有不少独特的内容，如对于性交禁忌的强调，指出在某些特殊的环境、时间及身体状态下不宜进行性交；如对性交姿势的重视，提出了"七损"、"八益"的理论，认为某些特殊的性交姿势会导致疾病，而某些特殊的性交姿势又具治病的功能；如关于阴阳双修的方术，认为男女两性按照特殊的方式"结合"，可产生返老还童、长生不死的功效，等等。它们既是人类性学的重要组成部分，对于当代的性学研究，亦能产生重要的启发作用。

然而，中国古代性学中大量精彩的思想和内容却长期湮没无闻，迄今少为人知。究其原因，一是受清代以来"假正经"风气的影响，视性学研究为禁区，称谈论性事为不正经，以致对中国古代性学缺乏充分的研究。二是研究方法不到位。近年来，虽然出版了不少关于中国古代性学的专著，但它们大多是从性文化的角度展开研究，多泛泛之论，缺乏实质性的内容。其实，性学是一门实践性极强的学问，研究中国古代性学，如果不研究中国古人的性交方法、性交体验，只谈性的历史、性的哲学，无疑是避实就虚，避重就轻，不利于对中国古代性学的全面把握和准确定位。《中国古代性学报告》一书的写作，正是试图正本清源，在全面反映中国古代性学原貌的基础上，以现代性学研究成果为参照，对中国古代性学的利弊得失作出恰如其分的评价。

具体说来，《中国古代性学报告》一书主要有如下特点。

一、本书采用了全新的写作体例，首先介绍中国古代性学在某个专题上的观点，然后介绍国外性学的相关观点，再介绍现代性学在该问题上的看法，最后由作者作出总结和评价。这样做的好处是：既完整地呈现了古今中外的性学在某个问题上的种种观点，又使中国古代性学置于历史和现实的视野中，从而使其是非得失一目了然，使作者的总结和评价水到渠成，准确可信。

二、在介绍中国古代性学的具体内容时，所用资料的来源极其广泛，既有古代房中著作的观点，又有正史野史中的相关资料、笔记小说中的具体例证，更有现代性学的种种观点和统计报告。需要特别指出的是，本书首次大量运用明清小说乃至明清艳情小说中的资料，作为中国古代性学的例证。运用这些小说中的资料，主要基于以下三点考虑：

1. 本书既然名为"中国古代性学报告"，便必须有能反映中国古代性学客观面貌的实例，然而无论正史还是野史，这方面的实例均明显不足。而明清小说，尤其是明清艳情小说中的情节设计，则为我们提供了丰富的例证：从婚外情到同性恋，从性心理到性高潮，从性交姿势到性交技巧，乃至房中采战、阴阳双修等等，可谓应有尽有，不一而足。对这些资料的运用，既使本书内容充实，证据充分，又增强了趣味性和可读性。

2. 这些小说中的情节设计亦是对当时社会现实的一种反映。虽然明清小说中的情节多是虚构的，但这些虚构并非纯粹的胡编乱造，而是用虚构的情节来反映真实的世道人心。关于小说与社会真实的关系，恩格斯曾经有过精辟的论述："他（指巴尔扎克）在《人间喜剧》里给我们提供了一部法国'社会'，特别是巴黎'上流社会'的卓越的现实主义历史……我从这里，甚至在经济细节方面（如革命后动产和不动产的重新分配）所学到的东西，也要比当时所有的历史学家、经济学家和统计学家那里学到的全部东西还要多。"（《马克思恩格斯论文学艺术》，第189～190页）

3. 对明清艳情小说中大量涉及性描写的资料的运用，虽然一直是个敏感的问题，然而在本书中，却无异于"化腐朽为神奇"。因为本书运用这些资料，旨在为中国古代性学提供例证，并无其他目的。关于明清艳情小说中涉及大量性描写的资料的价值，已有不少学者发表了他们的真知灼见。如李零教授认为："我们应当承认，即使是后一类作品（指淫秽小说），对于文学史的研究、语言史的研究、社会史的研究、性学的研究，也仍然是一种重要史料。"（见高罗佩：《中国古代房内考·译者前言》）陈庆浩博士也说："中国政治史甚发达而社会生活史料较欠缺，明清小说是了解当时社会的重要材料。艳情小说除了提供当时一般社会生活史料外，又特别反映了当时的性风俗、性心理等，为后人研究此一时期的性文化提供了丰富的资料。"（见《思无邪汇宝·丛书总序》）当然，本书在运用上述资料时，也不是不加分析地拿来就用，而是对其中荒谬的地方随文进行点评，以免误导读者。同时，对于其中过于赤裸而又毫无价值的描写，也作了适当的删节。

三、内容全面。本书共分12章，涵盖了古代性学和现代性学几乎所有的方面。在具体的内容安排中，有的章节几乎完全是中国古代性学的内容，如关于性交禁忌和房中功夫的论述，因为它们是中国古代性学所特有的；有的章节则以现代性学的内容为主，如关于手淫和男性性高潮的论述，因为中国古代性学对这些内容关注不多，而现代性学则对之较为重视；当然绝大部分章节是以中国古代性学的内容为主，辅以国外及现代性学的内容。因此，本书既是中国古代性学全貌的完整展现，又是一部囊括古今中外几乎所有性学主题的百科全书。

四、观点新颖。因为本书采用古今中外相关性学主题横向比较的独特方法来写作，因此常常可以发现以往学者未曾留意的性学现象，得出以往学者未曾总结的新的结论。如在对男性同性恋的论述中，作者发现中国古代性学关于男性同性恋者的性行为和性心理的描述极其丰富，其广度和深度甚至超过现代性学的研究成果；如在关于女性生殖器结构的论述中，作者发现最晚在明代，中国古代性学家就已经发现了阴道中存在类似G点和A点的部位，称之为"花心"或"牝屋"，这比现代性学家的发现要早好几百年；如在中国古代性学关于肛交的论述中，作者发现被肛交者无论是男性还是女性，都有可能达到性高潮，这无疑应引起现代性学研究的重视……此外，在关于早泄、春药、房中术、阴阳双修等的论述中，作者都提出了诸多不同于以往学者的新观点。

五、配图丰富、恰当。明清时期，社会上曾流行一些描绘性行为的绘画，它们主要有两类，一类是春宫画，一类是艳情小说的插图。这些绘画，大多绘工精细，神态逼真，若能把它们配入书中的适当位置，当能为本书增色不少。然而，这些绘画又大多直接描摹男女生殖器的形状及性交时的姿态神情，并不适合在出版物上公开展示。因此，本书在配图时，尽量选择那些质量上乘、不直接描摹生殖器形状且又有一定情节内容的绘画，把它们配入本书中的适当位置，使其与书中的内容相得益彰。另外，在清代的《点石斋画报》中，也有不少反映当时社会性风俗、性状况的绘画，它们也是本书配图的重要来源。

正是基于以上的种种努力，呈现在读者面前的，是一部内容丰富、观点可信、引人入胜的全新的性学著作，它在予读者以正确的性观念的同时，对丰富人们的性知识和性生活亦将产生积极的作用。

当然，中国古代性学亦存在不少缺陷，甚至还有不少的糟粕，诸如采阴补阳或采阳补阴的房中术，鼓吹通过损害对方来补益自身，是必须予以抛弃的；还有如御女多多益善的观念，它植根于中国古代一夫多妻的婚姻制度，与当今一夫一妻的婚姻制度明显不合；再有如惜精如金的观念，它只适合于那些从事养生修炼之士，把它推广到社会大众，容易造成人们对性交泄精的恐惧，不利于人们正常的性享受。此外，如要求新婚妻子必须是处女、反对寡妇再嫁、要求老年人禁欲等观念，也明显不适合于我们的时代。对于此类问题，读者只要读完本书,自然会形成正确的认识。

时至今日,虽然一夜情、婚外情屡见不鲜,地下色情场所充斥,黄色视频资料唾手可得,然而,公开地谈论性事,仍会予人以"不正经"之感。尤其是一个学者,把性作为自己的研究对象并出版相关的专著,更会让人"另眼相看"。这种能做而不能说的态度,反映的其实是某些人内心的脆弱和虚伪。然而,作者自信本书中的内容,对于解答人们心中的疑惑,增进生活的幸福;对于揭示中国古代性学的本来面目,弘扬中华传统智慧,都有不可替代的重要作用,一己之荣辱得失,自当置之度外。

冯国超
2012.12.16

# 目录

## 第一章 性与中国古代的婚姻家庭 ………………………… 001

### 一、性与中国古代的一夫多妻制 ………………………… 002
1. 一夫多妻：古代中国男人的追求和享受 ……………… 003
2. 一夫多妻制的弊病 …………………………………… 007
   （1）不利于家庭和睦 ………………………………… 007
   （2）女子不能遂其性欲 ……………………………… 011
   （3）红杏出墙，家丑外扬 …………………………… 013
3. 一夫多妻制的"好处" ………………………………… 015
4. 怎样使一夫多妻的家庭和睦 ………………………… 017
   （1）合理安排性交 …………………………………… 017
   （2）掌握房中之术 …………………………………… 019
   （3）懂得待妻妾之道 ………………………………… 019
   （4）男子四十无子才纳妾 …………………………… 020

### 二、贞操观、节妇及非婚性行为 ………………………… 022
1. 新婚女子必须是处女 ………………………………… 023
   （1）判断女子是否是处女的方法 …………………… 023
   （2）对女性婚前性行为的现代观念 ………………… 027
2. 节妇难做 ……………………………………………… 028

（1）守节应出于自愿 ......029
　　（2）节妇与性压抑 ......032
　　（3）反对守节的节妇 ......033
　3. 婚外性行为 ......035
　　（1）中国古代男子允许妻妾发生婚外性行为的几种情况 ......035
　　（2）婚外性行为之弊 ......038
　　（3）怎样看待婚外性行为 ......041
　4. "情玩"——一种特殊的两性交流方式 ......042

三、重男轻女观念支配下的生育之道 ......047
　1. 血裏精则生子，精裏血则生女——生男生女的原因 ......048
　　（1）阴血先至则生男，阳精先至则生女 ......048
　　（2）受气于左子宫而成男，受气于右子宫而成女 ......050
　　（3）阳精多则生男，阴精多则生女 ......050
　2. 单日生男，双日生女——生男生女与怀孕日子的关系 ......052
　3. 怎样孕育优秀的后代 ......054
　　（1）合阴阳时，必避九殃 ......054
　　（2）选择适合生育的女子来传宗接代 ......055
　　（3）节欲以养精 ......057
　　（4）两情俱美——男子施精的前提 ......058

## 第二章　性心理 ......061

一、性与情 ......062
　1. 性与情的分离 ......062
　2. 性与情相融合的重要性 ......066

二、性欲 ......067
　1. 激起性欲的各种因素 ......067
　　（1）想念意中之人 ......067
　　（2）闻他人交媾之声 ......068
　　（3）见到异性的性器官 ......069
　　（4）阅览色情作品 ......070

2. 女子性欲的特点 ............................................................ 072
　　　（1）"三十如狼，四十如虎" ............................................ 073
　　　（2）行经前后几天的性欲最强烈 ........................................ 073
　　　（3）女性的"性虚伪" .................................................... 074
　　　（4）悍妒——性欲得不到满足的表现 .................................. 074
　　3. 性欲特别旺盛的人 ........................................................ 075
　　　（1）性欲特别旺盛的男子 ................................................ 075
　　　（2）性欲特别旺盛的女子 ................................................ 077
　　4. 禁欲与节欲 ................................................................ 079
　　　（1）禁欲的方法 .......................................................... 079
　　　（2）禁欲的效果 .......................................................... 082
　　　（3）禁欲的危害 .......................................................... 084
　　　（4）性欲的节制与升华 .................................................. 085

三、性幻想 ............................................................................ 085
　　1. 男子的性幻想 .............................................................. 086
　　2. 女子的性幻想 .............................................................. 087

四、性虚伪 ............................................................................ 088
　　1. 中外历史上的性虚伪 ...................................................... 088
　　2. 性虚伪的危害 .............................................................. 091
　　3. 从容谈性是人类的必然趋势 .............................................. 093


## 第三章　性交的利弊与性交禁忌 ........................................ 095

一、好女与好男——怎样选择合适的性伴侣 ................................ 096
　　1. 好女——适合与之性交的女子 .......................................... 097
　　2. 恶女——不适合与之性交的女子 ........................................ 100
　　3. 好男——理想的男性性伴侣 ............................................ 104

二、性交频率 ........................................................................ 105

三、"房中之事，能生人，能杀人"——性交的利与弊 ................ 110

1. "淫声美色，破骨之斧锯"——性交的危害 ………………… 110
　　2. "阴阳不交，坐致疾患"——不行性交之弊 ………………… 112
　　3. "阴阳交接，须有节度"——节制性交之道 ………………… 114
　　4. "阴阳有七损八益"——论性交的作用 …………………… 117
　　　（1）九法——九种性交姿势和方法及其功效 ……………… 117
　　　（2）八益——八种性交姿势和方法及其功效 ……………… 119
　　　（3）七损——七种因性交不当造成的伤害及治疗方法 …… 120
四、"男子易动而易安，女子难动而难静"——男女在性方面的差异 …… 127
五、"男女媾精之际，更有避忌"——论性交禁忌 …………………… 129

## 第四章　性交姿势与性交技巧 ……………………………………… 137

一、性交姿势 …………………………………………………………… 138
　　1. 九法 ……………………………………………………………… 139
　　2. 十势 ……………………………………………………………… 141
　　3. 卅法 ……………………………………………………………… 141
二、性交技巧 …………………………………………………………… 145
　　1. 中国古代性学论男子的性交技巧 ……………………………… 145
　　　（1）五欲之征齐备，方可交合——前戏的重要性 ………… 146
　　　（2）交合切忌太深 …………………………………………… 148
　　　（3）九浅一深与九状六势——阴茎抽送的方法 …………… 149
　　　（4）泄精之法，当弱入强出 ………………………………… 150
　　2. 女子的性交"绝技" …………………………………………… 150
　　　（1）以阴辅阳三绝技 ………………………………………… 151
　　　（2）使"花房"充实如处女 ………………………………… 151
　　　（3）会"咬"阴茎的阴道 …………………………………… 152
　　3. 懂得性交技巧的好处 …………………………………………… 153
　　　（1）使女子对男子倾心相爱 ………………………………… 153
　　　（2）使女子得享高潮乐趣 …………………………………… 154
　　4. 不懂性交技巧的害处 …………………………………………… 156

### 三、口交 ······ 157
#### 1. 女子为男子口交 ······ 157
（1）女子为男子口交的目的 ······ 158
（2）对女子为男子口交的态度 ······ 159
#### 2. 男子为女子口交 ······ 159
（1）男子为女子口交的目的 ······ 159
（2）对男子为女子口交的态度 ······ 160
（3）男子为女子口交的方法 ······ 161
#### 3. 怎样看待口交 ······ 162
（1）口交是一种较为普遍的性行为 ······ 162
（2）口交是符合自然的性行为 ······ 162

### 四、肛交 ······ 164
#### 1. 男子与肛交 ······ 164
（1）男子对肛交的感受 ······ 164
（2）酷爱肛交的男子 ······ 164
（3）李代桃僵——肛交的特殊作用 ······ 164
#### 2. 女子与肛交 ······ 165
（1）初次肛交的女子 ······ 165
（2）酷爱肛交的女子 ······ 166
（3）女子肛门内的结构和肛交时肛门内的反应 ······ 167
（4）肛交时的注意事项 ······ 167
#### 3. 怎样看待肛交 ······ 168

### 五、手淫 ······ 169
#### 1. 反对男子手淫 ······ 169
#### 2. 不反对女子手淫 ······ 170
#### 3. 对男性手淫者持宽容态度 ······ 171

## 第五章　性高潮 ······ 173

### 一、女子的性兴奋与性高潮 ······ 174

1. 五征、五欲、十动、九气——女子性兴奋的表现 ……… 175
2. 女子的性高潮及其获得的方法 ……… 176
（1）女子性高潮的具体表现 ……… 176
（2）女子的多重性高潮 ……… 178
（3）女子"射精" ……… 180
（4）阴道高潮与阴蒂高潮 ……… 182
（5）女性达到性高潮的特殊途径 ……… 183
3. 女子获得性高潮的好处 ……… 184
（1）使女性感受到生活的美好 ……… 184
（2）使女子感到身心愉快 ……… 185
4. 性高潮缺乏 ……… 185

二、男性性高潮与射精 ……… 187
1. 男性性高潮 ……… 187
2. 射精的机理 ……… 188
3. 节欲保精的重要性 ……… 190
4. 吞精与养生 ……… 192

## 第六章　助性手段 ……… 195

一、"淫词小说"与春宫画 ……… 196
1. "淫词小说" ……… 196
（1）明清时期的"淫词小说" ……… 196
（2）明清时期对"淫词小说"的禁毁 ……… 197
（3）色情小说与淫秽小说 ……… 198
（4）明清"淫词小说"的功过利弊 ……… 201
2. 春宫画 ……… 205
（1）春宫画的历史 ……… 205
（2）情色艺术珍品——春宫画评价 ……… 213
（3）避火消灾，导欲惩欲——春宫画的特殊功用 ……… 215
（4）欢喜佛 ……… 216

3. "淫词小说"、春宫画与性行为 ... 218
   　（1）刺激性欲 ... 218
   　（2）融洽夫妻感情 ... 221
   　（3）性教育与性启蒙的手段 ... 222
   　（4）诱人堕落的工具 ... 224

 二、性玩具 ... 225
   1. 角先生 ... 225
   2. 缅铃 ... 228
   3. 锁阳 ... 231
   4. 任意车 ... 233
   5. 御童女车 ... 234
   6. 银托子 ... 234
   7. 硫黄圈 ... 235
   8. 白绫带子 ... 236
   9. 悬玉环 ... 237
   10. 牛亲哥 ... 237

 三、三寸金莲 ... 238
   1. 金莲的起源 ... 239
   2. 金莲是怎样缠成的 ... 240
   3. 三寸金莲的魅力与功用 ... 241
   4. 金莲与性 ... 245
   5. 古代中国女子为什么要缠足 ... 246

## 第七章　提高性能力的方法 ... 251

 一、按摩 ... 252
   1. 暖外肾 ... 252
   2. 刺激穴位 ... 253

## 二、气功修炼 ... 254
## 三、春药 ... 255
### 1. 春药的种类 ... 256
（1）使男性生殖器变大加长的春药 ... 256
（2）使男子耐久不泄的春药 ... 259
（3）使女子阴道窄小的春药 ... 259
（4）使男女双美的春药 ... 260
（5）女用春药 ... 261
（6）使女子主动来求男子的春药 ... 262
### 2. 春药的害处 ... 262
（1）虚炎独烧，真阳涸竭——春药对男性的危害 ... 262
（2）春药对女性健康的损害 ... 265
（3）海淫海盗，伤风败俗 ... 267
### 3. 怎样正确认识春药 ... 268
（1）春药反映了古人的性幻想和性探索 ... 268
（2）古代春药的功效多基于某种迷信 ... 270
（3）古代春药的实际功效尚待进一步研究 ... 271
（4）现代"春药" ... 273

## 第八章 性器官的大小、形状与功能 ... 277

## 一、阴茎的大小与好坏 ... 278
### 1. 阴茎大小的重要性 ... 279
（1）怎样衡量阴茎的大小 ... 279
（2）阴茎大的好处 ... 280
（3）女性在乎男子阴茎的大小吗 ... 281
（4）使阴茎增大的方法 ... 283
（5）男子的外形与阴茎大小的关系 ... 286
### 2. 阴茎的好坏与鉴别之道 ... 288
（1）阴茎的好坏 ... 288
（2）鉴别阴茎好坏的方法 ... 289

3. 相互匹配和性交技巧比阴茎大小更重要 ································ 290
二、女性性器官的好坏及其结构与功能 ········································ 291
　　1. 阴道的好坏等级 ···················································· 291
　　　（1）好的阴道 ······················································ 291
　　　（2）不好的阴道 ···················································· 292
　　2. 女性性器官的结构及功能 ············································ 293
　　　（1）阴道的内部结构 ················································ 293
　　　（2）阴道内的"花心" ··············································· 294

## 第九章　不同类型的人与性 ················································ 297

一、双性恋 ································································ 298
　　1. 入则粉黛，出则龙阳——有着"丰富"性生活的双性恋者 ················ 298
　　2. 更偏爱异性的双性恋者 ·············································· 301
　　3. 双性恋者的怪异性心理 ·············································· 303
　　4. 女性双性恋者 ······················································ 304
　　5. 怎样看待双性恋 ···················································· 305
二、阴阳人 ································································ 305
　　1. 可男可女的阴阳人 ·················································· 306
　　2. 半月为男、半月为女的女子 ·········································· 308
　　3. 女化男 ···························································· 310
三、太监 ·································································· 313
　　1. 成为太监的方法 ···················································· 313
　　　（1）阉割手术 ······················································ 314
　　　（2）揉捏婴儿睾丸以破坏其性功能 ···································· 317
　　2. 太监的性生活 ······················································ 317
　　　（1）太监娶妻 ······················································ 317
　　　（2）对食 ·························································· 319
　　　（3）同性恋 ························································ 320

009

（4）谋求阴茎重生 ································· 321

### 四、娼妓 ································· 322
　　1. 瓦舍与窑子 ································· 324
　　2. 妓女降服嫖客的手段 ································· 326
　　3. 有关妓女的若干规矩 ································· 327
　　（1）梳栊 ································· 328
　　（2）纳妓为妾 ································· 329
　　（3）妓女从良 ································· 329
　　4. 怎样看待娼妓现象 ································· 331

### 五、不守色戒的出家人 ································· 333
　　1. 花和尚 ································· 333
　　（1）色心最难除 ································· 336
　　（2）色中饿鬼 ································· 339
　　（3）房中高手 ································· 341
　　2. 欲心未泯的尼姑 ································· 342
　　（1）尼姑的性欲 ································· 342
　　（2）尼姑庵中的风流勾当 ································· 344
　　3. 妖道 ································· 347
　　（1）勾引良家妇女 ································· 347
　　（2）道士间的同性性关系 ································· 349
　　（3）道院招女子接客 ································· 350

### 六、老年人 ································· 352
　　1. 老年男子与性 ································· 352
　　（1）"人年六十便当绝房内" ································· 352
　　（2）老年男子的性欲与性能力 ································· 354
　　（3）老夫少妻之利弊 ································· 357
　　2. 老年女子与性 ································· 359
　　（1）老年女子"酷好"性生活 ································· 359
　　（2）老年女子过性生活的好处 ································· 362

### 七、处女 ································· 363
　　1. 处女在初次性交时的感觉 ································· 363

2. 男子与处女性交时的感觉 ... 365

## 第十章　同性恋与同性性行为 ... 367

### 一、男性同性恋 ... 368

　　1. 中国同性恋史上的"名人轶事" ... 369
　　　（1）春秋战国时期的"分桃"、"龙阳" ... 369
　　　（2）西汉时期的"断袖之癖" ... 370
　　　（3）魏晋南北朝时期"男宠大兴" ... 371
　　　（4）明清时期同性恋队伍中的君臣与文人 ... 372
　　2. 中国古代的同性恋之风 ... 376
　　　（1）男性妓院 ... 376
　　　（2）"闽人酷重男色"——福建的同性恋风俗 ... 378
　　　（3）做龙阳须具备的条件 ... 382
　　3. 男性同性恋者的心理 ... 385
　　　（1）见美男而意乱情迷 ... 385
　　　（2）对女子毫无兴趣 ... 387
　　　（3）用情专一 ... 389
　　4. 男性同性恋的成因 ... 391
　　　（1）环境的影响 ... 391
　　　（2）男子的身边长期缺乏女性 ... 393
　　　（3）特殊的生理结构所致 ... 394
　　5. 同性性行为 ... 395
　　　（1）肛交的方式和技巧 ... 396
　　　（2）肛交时的感觉 ... 398

### 二、女性同性恋 ... 400

　　1. 细腻而坚定的同性恋情 ... 401
　　2. 女性同性恋的原因 ... 405
　　3. 女同性恋者性行为的方式 ... 406

### 三、怎样看待同性恋 ... 407

  1. 必须严格区分同性恋者和同性性行为 …… 408
  2. 对待同性恋的不同态度 …… 409
   （1）中国古代对待同性恋的态度 …… 410
   （2）西方历史上对待同性恋的态度 …… 414
   （3）对待同性恋的现代态度 …… 415

## 第十一章　性与疾病 …… 419

### 一、阳痿 …… 420

  1. 阳痿的原因 …… 421
   （1）忧思劳累 …… 421
   （2）惊恐 …… 422
   （3）纵欲 …… 422
   （4）疾病 …… 423
  2. 阳痿——男人心中可怕的梦魇 …… 424
  3. 阳痿的治疗 …… 426

### 二、早泄 …… 427

  1. 什么是早泄 …… 428
  2. 早泄造成的不良后果 …… 429
  3. 早泄的原因 …… 430
   （1）饮酒过量 …… 431
   （2）久病初愈 …… 431
   （3）愚昧无知 …… 431
   （4）性交间隔时间太久 …… 431
   （5）前戏时间过长 …… 432
   （6）纵欲过度 …… 432
   （7）包皮过长 …… 432

### 三、梦遗 …… 432

  1. 梦遗是正常的生理现象 …… 433
  2. 梦遗的危害 …… 435

3. 梦遗症的治疗 ································ 436

**四、阳强——阴茎昼夜不倒** ···················· 438

**五、性病** ············································ 440

　　1. 淋病 ············································· 440
　　2. 梅毒 ············································· 441
　　3. 软下疳 ·········································· 443

**六、纵欲对健康的危害** ·························· 443

　　1. 暗中教君骨髓枯 ······························ 444
　　2. 痨病 ············································· 445
　　3. 怯症 ············································· 447
　　4. 骨蒸 ············································· 447
　　5. 纵欲而亡 ······································· 448

**七、性交不当与疾病** ····························· 449

　　1. 因性交不当引起的疾病 ···················· 450
　　2. 病中及病后性交的害处 ···················· 452
　　3. 用性交治病 ···································· 453

## 第十二章　房中功夫 ······························ 455

**一、房中术** ········································· 456

　　1. 御女多多益善 ································· 457
　　2. 交而不泄 ······································· 458
　　（1）交而不泄的好处 ·························· 459
　　（2）性交时不泄精的方法 ···················· 462
　　（3）怎样看待交而不泄 ······················· 464
　　3. 还精补脑 ······································· 466
　　（1）还精补脑的方法 ·························· 467
　　（2）怎样看待还精补脑 ······················· 468

  4. 性交时的其他补益方法 ·················· 469

  5. 中国古代学者论房中术 ·················· 470

   （1）中国古代的房中书 ·················· 470

   （2）房中术与得道成仙 ·················· 472

## 二、房中采战 ·················· 475

  1. 采阴补阳 ·················· 475

   （1）择鼎 ·················· 476

   （2）采阴补阳的方法 ·················· 477

   （3）明清艳情小说中对采阴补阳的描述 ·················· 480

   （4）对采阴补阳的评价 ·················· 487

  2. 采三峰大药 ·················· 492

  3. 采阳补阴 ·················· 494

   （1）采阳补阴的方法 ·················· 495

   （2）采阳补阴对女子的好处 ·················· 496

   （3）采阳补阴术的害处 ·················· 496

## 三、阴阳双修 ·················· 497

  1. 取坎中之阳，补离中之阴——阴阳双修的原理 ·················· 497

  2. 择伴侣 ·················· 499

  3. 炼己筑基 ·················· 500

  4. 阴阳双修的方法 ·················· 501

  5. 怎样看待阴阳双修 ·················· 504

**附录 参考书目** ·················· 509

# 第一章

## 性与中国古代的婚姻家庭

《周易》中说："有天地然后有万物，有万物然后有男女，有男女然后有夫妇，有夫妇然后有父子，有父子然后有君臣，有君臣然后有上下，有上下然后礼义有所错。"(《序卦传》)又说："天地纲缊，万物化醇；男女构精，万物化生。"(《系辞传下》)认为男女和男女构精在社会秩序的形成中处于基础性的位置：先有天地，再有男女两性；有了男女两性，就有了男女两性的交媾；有了男女两性的交媾，就有了父子关系；有了父子关系，才有君臣关系；有了君臣关系，才有了社会的秩序和规范包括婚姻家庭制度等。因此，男女交媾产生于婚姻家庭制度前，之后却受到婚姻家庭制度的制约。具体考察中国古代社会中性与婚姻家庭的关系，可以发现它有三个重要的特点：一是一夫多妻的家庭制度，二是重视女子的贞节，三是建立在重男轻女观念基础上的生育理论。本章将着重围绕上述三个方面展开论述。

## 一、性与中国古代的一夫多妻制

在中华人民共和国成立以前，我国长期实行一夫多妻制。所谓一夫多妻制，指一个男子可以娶两个或两个以上的女子为妻妾的制度。因此，所谓的"多妻"，指的是多妻妾，而不是多妻子，因为妻子只能有一个（极少数"两头大"即两个地位平等的妻子的情况除外），而妾的数目则不限。不过，严格说来，一夫多妻制在我国古代社会并不是一种广泛实行的社会制度，因为除了天子贵族及官僚富豪，绝大多数民众过的仍是一夫一妻的生活。

由于一夫多妻制使一个男子与多位女子在一起生活，这就使他们之间的性关系与一夫一妻制相比呈现出更为丰富、复杂的特色。首先，一夫多妻制中的男子显得更为强势，他在家庭中的地位仿佛众星拱月，因此，在性生活中，如何顺从、取悦男子，就成了女子的重要职责。其次，男子为了使家庭和睦，必须尽量满足妻妾们的性要求，这就迫使他要更多地了解女性的性心理与性生理。第三，拥有数量众多的妻妾，意味着这些男子比一般人有更多的性生活，而性生活时屡屡泄精无疑会给男子的健康带来不良影响，因此，如何既满足妻妾们的性欲，又不影响自身健康，就成了男子必须解决的问题。第四，数量众多的妻妾使男子有了更多的性实践的机会，他可以在与不同女子的性交中了解不同女子的"性趣"和特点，从而获得丰富的性知识，总结出丰富的性经验。正是一夫多妻制在性方面的上述诸多特点，使中国古代性学比实施一夫一妻制的西方社会的性学在某些方面内容更丰富，论述更透彻，因而也更具实用价值。

当然，从另一个角度看，毕竟我们现在实行的是一夫一妻制，因此，对于中国古代性学，我们必须用批判的眼光来看待，尤其是对其中属于一夫多妻制社会特有的内容，诸如多交不泄、御女多多益善等，必须视为糟粕并予以摒弃。

## 1. 一夫多妻：古代中国男人的追求和享受

在中国古代，一夫多妻制首先在帝王身上实行。因为帝王拥有无上的权力，"四海之内，莫非王土；率土之滨，莫非王臣"，加上封建社会实行家天下，以一姓统治万姓，这就使帝王有了妻妾成群的条件和需求。据《礼记·婚仪》载："古者天子，后立六宫，三夫人，九嫔，二十七世妇，八十一御妻，以听天下之内治，以明章妇顺。故天子内和而家理。"据此，则古代天子的妻妾为一百二十一人。到了秦始皇统一中国时，把六国君主的后宫女子全部集中到咸阳，加上其原有的宫中嫔妃，致使后宫女子达万余人："始皇表河以为秦东门，表汧以为秦西门，表中外殿观百四十一，后宫列女万余人，气上冲于天。"（张守节：《史记正义》引《三辅旧事》）

虽然秦始皇时的妻妾众多有其特殊的历史原因，但它仍反映出了帝王妻妾不断增多的历史趋势。如到汉朝时，帝王妻妾的数量就明显要多于先秦时期。据《汉书·外戚传》，西汉时期后宫的数目为："夫人三人，美人九人，良人二十七人，八子八十一人，七子二百四十三人，长史七百二十九人，少使二千一百八十七人。"这里的"良人"、"八子"、"七子"、"少使"等都是对不同等级的嫔妃的称呼。

在以后的历史中，帝王妻妾的数量之多少，常视帝王个人的喜好而定。如据称隋炀帝的后宫女子达六万人以上，唐玄宗的后宫女子多达四万人，其他如晋武帝、齐东昏侯、陈

第一章　性与中国古代的婚姻家庭

帝王与他的后妃们　清代殷奇绘

后主等的后宫女子也达万人以上。

到了清朝，对帝王妻妾的人数虽也有一定的限制，但帝王们常常不遵循此限制。对此，郭松义的《伦理与生活》中有这样的论述：

> 根据清朝定制：皇帝可册封皇后1，皇贵妃2，妃4，嫔6，以下贵人、常在、答应无定数。实际上，皇帝常常不按定制办事。比如康熙皇帝生前共册封过皇后3、妃11、嫔5、贵人11、常在14、答应9，合共53人。又据资料：截至康熙四十六年（公元1707年）止，宫内有大小答应209人。至于在此之后，陆续受到皇帝临幸，得封、未封的女子，还不包括在内。雍正皇帝据说生前较少追求女色。道光时，西陵承办事务衙门呈报世宗宪皇帝位下妃位徽号并嫔、贵人、格格、常在等位，计皇贵妃2、妃3、嫔1、贵人5、格格4、常在7，加上在前册封的两个皇后，亦达24人。当然，这也是个不完全的数字。
>
> （郭松义：《伦理与生活》，第350页）

在古代中国，一夫多妻并不是皇帝的特权，各级官员、富商文人，只要财力允许，都可以纳不同数量的妾。因此，中国历史上的一些文化名人，如东方朔、李白、白居易、苏东坡等，都有纳妾的记录。一些豪强富商、官场权贵，则动辄拥有数十甚至数百个妾，以满足欲望、炫示世人。

据考证，李白娶过四次妻，且有不少小妾。关于李白纳妾之事，在其所写的诗中亦多有反映：

> 千金骏马换小妾，笑坐雕鞍歌落梅。（《襄阳歌》）
>
> 余亦如流萍，
> 随波乐休明。
> 自有两少妾，
> 双骑骏马行。（《留别西河刘少府》）

还有如白居易，在其一生中曾蓄过不少歌舞姬，其中著名的有樊素、小蛮，即其诗句"樱桃樊素口，杨柳小蛮腰"中的樊素和小蛮。对于白居易蓄妓妾之事，清代赵翼在《瓯北诗话》中记述甚详：

> 才谪江州，遇李、马二妓，即赠以诗。庐侍御席上，小妓乞诗，辄比之雨中神女月中仙。迫历守杭、苏，无处不挟妓出游。李娟、张态、商玲珑、谢好、陈宠、沈平、心奴、胡容等，见于吟咏者，不一而足。游虎丘，则云"摇曳双红旆，娉婷十翠娥"；游洞庭，则云"十只画船何处宿，洞庭山脚太湖心"，俱不觉沾沾自喜，鸣其得意。其后归朝、归洛，并有自置妓乐，如菱角、谷儿、红绡、紫绡、樊素、小蛮等，尝亲为教演，所谓"新乐铮钪教欲成，苍头碧玉尽家生"……教而未成，则云："老去何将遣散愁？新将小玉按凉州。"《答苏庶子》云："不能邀君无别意，管弦生涩未堪听。"教成后则云："管弦渐好新教得，罗绮虽贫不外求。"又云："等闲池上留宾客，随事灯前有管弦。"又云："三嫌老丑换娥眉。"以色衰而别换佳丽，则更求精于色艺，非聊尔充数者。甚至与留守牛相公家妓乐合宴云："两家合奏洞房乐，八月连阴秋雨时。"又向裴令公借南庄，携家妓燕赏云："拟提社酒携村妓，擅入朱门莫怪无？"可见其家乐直可与宰相、留守比赛精丽，而见之诗篇，津津有味，适自成其小家气象。所谓"不得当年有，就胜到老无"者，固暮年消遣之一事耶！（赵翼：《瓯北诗话》，卷四）

据史载，清代的一些达官贵人，也常常利用权势，大量占有妻妾，并以此炫耀于人。如据《尚氏宗谱》载，清初曾被派往镇守广东的平南王尚可喜，仅生有子女的妻妾数，就多达24人。镇守福建的靖南王耿精忠，情况也差不多，正妻以下另有如夫人20余人。前明左都督、东平侯刘泽清，降清后授三等子爵，他仗恃高位，纵情声色，先后从各地购得少姬40余人。其中最惊人的是大将军、一等公年羹尧，据传他生前有侍妾数百人，连蒙古贝勒女也被勒取充作媵妾。（参见郭松义：《伦理与生活》，第351页）

由于一夫多妻制能最大限度地满足男子的性欲与虚荣，因此，在一些明清小说中，往往不惜笔墨，来描述主人公拥有众多美丽的妻妾后的享乐生活，从一个侧面也反映了小说作者的性幻想。如在明代小说《天缘奇遇》中，描述祁生娶得十二位美女后，又购得婢妾百余人，整天与她们寻欢作乐，"虽南面之乐，不过是也"：

> 生归，又娶美姬二人，曰碧梧，曰翠竹，及丽贞、玉胜、晓云等共十二人，号曰"香台十二钗"。婢辈山茶、桂红等，及新进者仅百余人，号曰"锦绣万花屏"。佩环之声，闻于市井；麝兰之气，达于街衢。生每夜慕皓齿轻歌，细腰双舞，笙歌杂作。珍馐若山，红粉朱颜，环侍左右，虽南面之乐，不过是也。宅后设一囿，大可二百亩，叠石为山，编篱为径；峻亭广屋，飞阁相连；异木奇花，颜色相照；四景长春，万态毕集。（《天缘奇遇》，卷下）

正在与妻妾行乐的男子

在清代小说《绣屏缘》中，也称男子云客与五位美女住在高楼大厦中，"食则同食，卧则同卧"，享尽人间乐趣：

过了几日，云客想道："我这身子，始初只为一点痴情，得到广陵，悲欢离合，无不备历，也不想美人情重，一至于斯。此后若把五个美人，只算世间俗见，以夫妻相待，这便是庸流所为。倘然庸庸碌碌过了一生，日月如梭，空使才情绝世的一段话文，付之流水，岂不可惜？"云客有了这个意思，就创一个见识：先着精巧家人，唤集土工木作，在别院之中，起造一座大楼房。楼高五丈，上下三层：下一层为侍女栖息之地，中一层为陈列酒筵之处，上一层为卧所。四围饰以锦绣，内中铺设奇珍异宝。器皿俱用金玉沉香，珊瑚珠翠。楼下叠石如山，四面种植天下名花，一年艳开不绝。上照楼前，照然如瑶台月殿。楼前题一大匾，名曰"五花楼"。云客与五位美人，偃息楼上，食则同食，卧则同卧。（《绣屏缘》，第十七回）

在清代小说《杏花天》中，则描绘封悦生携众妻妾回家，住在园林式的建筑中，特制巨大的合欢床一张，与众女子"朝朝筵宴，夜夜追欢"：

话说悦生携了众家眷回家，屋宇褊窄，安住不下，随购邻乡宦大房一所，花园湖石假山，无景不备。遂移大厦内居住。又因寝榻狭小不畅，随唤木工细造合欢床一张，长二六，宽三八，拣采花梨木水磨造作，数月方成。果然奇妙，雕龙舞凤，万字迴纹，影照人双，纤毫莫爽。又制锦衾绣被一床，长二五，阔三六，用蜀锦十端，西洋棉帛二六为衬。重裀叠褥，流苏大帐，金钩分挂，鸳枕三副，安置两端。珍娘主正，玉瑶等次之，挨序而立，惟连爱月同妹居末。日则同席合餐，夜则连衾共枕。因是才回维扬，每日间亲友相贺，复席还礼，直到这日得闲，人安事宁，方能朝朝筵宴，夜夜追欢。交欢时必先珍娘，次则瑶玉与若兰相跨，瑶娘联欢，玉莺承寐，巧娘披惠，好好沾身，盼盼上马，个个情浓，人人称快。……众美共床，你忻我讲，这个舒腕，那个伸腰。满衾中津香气袭，一榻内脂腻芳喷。朵朵乌云蓬乱，堆堆白玉拥帏。（《杏花天》，第十三回）

在上述三个例子中，众妻妾心甘情愿跟随一个男子，其中有一个前提，就是该男子定非寻常之人。首先，他必须有充足的财富，能保证人数众多的妻妾能过上荣华富贵的生活；其次，他必须才华出众，以其出色的文化修养让这些女子们心悦诚服；第三，他必须有过人的房中本领，能让众妻妾充分享受性乐趣。只有具备了上述条件，才能让这些美人们死心塌地、心甘情愿地与其他女子一起分享该男子。在中国古代，有"宁给英雄作妾，不给蠢汉作妻"的说法：妻子的地位虽然要高于妾，然而，在某些女子看来，与其给一个贫穷的或愚笨的人做妻子，毋宁给一位英雄做妾。这种观念，即使在现代社会也有其残余，如有些女子就心甘情愿去做某些有钱或有权之人的"小三"。

## 2. 一夫多妻制的弊病

在中国古代，一夫多妻为许多男子所向往，但也受到众多女子的反对，因为女子多希望一夫一妻。生活在一个家庭中的男女，在婚姻制度的问题上不能达成共识，必然会造成诸多的矛盾，并产生种种弊端，包括夫妻关系、妻妾关系紧张，男女性生活不和谐及妻妾易红杏出墙等等。

（1）不利于家庭和睦

就女子的内心来说，都希望自己一个人守着丈夫过日子，没有人愿意与别的女子一起来分享自己的丈夫。因此，当丈夫把小妾一个接一个地娶进家门时，没有一个妻子是心中乐意的。有的妻子之所以同意丈夫纳妾，常常是迫于某种外在的压力。所以，当妻妾们长期生活在同一个屋檐之下，各种纠纷、矛盾随时都会爆发。此正如明代医家张介宾所说"主母见妾，大都非出于乐从"，因此，彼此间发生冲突，"皆常情之所必至"：

无故置妾，大非美事，凡诸反目、败乱多有由之。可已则已，是亦齐家之一要务也。其若年迈妻衰，无后为大，则势有不得不置者。然置之易，而畜之难，使畜不有法，则有畜之名无畜之实，亦仍与不畜等耳。而畜之法，有情况焉，有寝室焉。以情况言之，则主母见妾，大都非出于乐从，所以或多嗔怒，或多骂詈，或因事责其起居，或假借加以声色，是皆常情之所必至者。（张介宾：《宜麟策》）

清代小说《醒世姻缘传》着重描写清代的家庭婚姻状况，语言生动、幽默，人物刻画极其深入。书中关于男子纳妾以及由此引起的种种家庭纠纷的描述，读来让人既觉可笑，又觉可悲。如书中描写郭总兵带着戴、权二位小妾坐船前往赴任，结果两位小妾因为争着

男子与他的妻妾

与郭总兵睡觉,在途中"不知廉耻"地争吵起来:

原来郭总兵船上也嚷成一片。只听得一个说道:"没廉耻的臭小妇!你拍拍你那良心,从在船上这一个多月了,汉子在我床上睡了几遭?怎么你是女人,别人是石人、木人么?你年小,别人是七八十的老婆子么?你就霸占得牢牢的!你捞了稠的去了,可也让点稀汤儿给别人呵口!没良心的淫妇!打捞的这们净!"

伊留雷悄悄的问卜向礼道:"这说话的是那一位?"卜向礼说:"这是权奶奶。"又听得戴奶奶说道:"真是不知谁没廉耻,不知谁没良心!我咒也敢和你赌个。我从小儿不好吃独食,买个钱的瓜子、炒豆儿,我也高低都分个遍。不说你货物儿不济,揽不下主顾,只怨别人呢!这不他本人见在?我那一遭没催着他往你那里去?他本人怕往你那里去,我拿猪毛绳子套了交给你去不成?这是甚么营生,也敢张着口合人说呀?磣不杀人么?"

权奶奶道:"我又没霸占汉子,我到疢!西瓦厂墙底下的淫妇才磣哩!"又听郭总兵说道:"你两个不要嚷了,这是我的不是,原因戴家的床上宽些,睡的不甚窄狭,所以在戴家的床上多睡了几夜。这倒其实空睡的日子多,实际的日子少。在权家床上虽是睡的日子少,夜夜都是实际的。况且我们做大将的人,全要养精蓄锐,才统领的三军,难道把些精神力气都用到你们妇人身上?……"

权奶奶道:"你别要支你那臭嘴!怪道你做官不济!为甚么一个挂印总兵,被人撵的往家来了?管着大小三军,够几千几万人,全要一个至公至道才服的人。你心里喜的,你就偏向他;你心里不喜的,你就吝他,这也成个做大将的人么?我床窄,睡不开你,把你挤下床去了几遭?你合他空睡,你当着河神指着你那肉身子赌个咒!你合我有实际来?你也指着肉身子设个誓!你那借花献佛、虚撮脚儿的营生,我不知道么?

醋意大发的妻子

你北京城打听去！权家的丫头都伶俐，不叫人哄呀！"

戴奶奶道："你既知道是个借花献佛，虚撮脚儿，你爽俐别要希罕，为甚么又没廉没耻的这们争？"权奶奶道："你看这蹄子淫妇说话没道理！我争野汉子哩，没廉耻？"戴奶奶道："就是自己的汉子，把这件事说在口里丢不下，廉耻也欠！"两个你一句，我一句，争骂不了。（《醒世姻缘传》，第八十七回）

在该书的另一处，描写吴推官娶了一妻二妾，因吴推官惧内，大奶奶成了一家之主，经常责罚吴推官和两个小妾，使吴推官的居处"人号鬼哭，好不凄惨"：

大奶奶吩咐叫人收拾后层房屋东西里间，与荷叶、南瓜居住。荷叶改名马缨，南瓜改名孔桧，不许穿绸绵，戴珠翠。吴推官在京中与两个做的衣服首饰，追出入库。轮流一递五日厨房监灶，下班直宿；做下不是的，论罪过大小，决打不饶。制伏的这两个泼货，在京里那些生性，不知收在那里去了。别说是争锋相嚷，连屁也不敢轻放一个。在家在船，及到了任上，好不安静。每人上宿五夜，许吴推官与他云雨一遭，其余都在大奶奶床上。

这吴推官若是安分知足的人，这也尽叫是快活的了。他却乞儿不得火向，饭饱了，便要弄起箸来，不依大奶奶的规矩，得空就要作贼。甚至大奶奶睡熟之中，悄悄地爬出被来，干那鼠窃狗偷的伎俩，屡次被大奶奶当场捉获。有罪责罚的时节，这吴推官大了胆替他说分上。大奶奶不听，便合大奶奶使性子。渐至出头护短，甚至从大奶奶手中抢夺棍棒，把个大奶奶一惹，惹得恶发起来，行出连坐之法：凡是马缨、孔桧两个，有一人犯法，连吴推官三人同坐，打则同打，骂则同骂，法在必行，不曾饶了一次。除了吴推官上堂审事，就是大奶奶衙里问刑，弄得个刑厅衙门，成了七十五司一样，人号鬼哭，好不凄惨！（同上，第九十一回）

第一章 性与中国古代的婚姻家庭

《点石斋画报》中的牵率老夫图

在清代的新闻纪实性出版物《点石斋画报》中，有两处提到男子因纳妾而造成家庭不和。一处名为"好事多磨"，讲述一个浙江人，已有一妻两妾，却又看上了一个女子，于是在外租房子，准备与她择日成婚。不料事泄，他的妻子带着两个妾前去大闹一场：

天下无不好色之男子，亦无不妒嫉之妇人，古与今一辙，贵与贱同途。盖女子之适夫也，以夫为天，其死丧而失所，天也，命也；其攘夺而失所，天也，则必有起与为难者矣。某甲浙人，业丝，寓沪上，家有一妻两妾，近又与某媪之寄女有私，因复浼媒修置妆奁，赁屋宇，择吉而行合卺礼，不料机事不密则害成，大妇闻风，携带两妾光降，一场大闹，事乃中止。夫裴谈、陈慥何如人也，而恶声所临，须眉之气顿灭。我辈不为冯敬通、刘孝标一流人，已属万分幸事，而必得陇望蜀，谋狡兔之三窟，不遭恶讪，定蒙丑声，境过情迁，当必有恼恨无已者，特个中人不肯遽悟耳。

另一处名为"牵率老夫"，讲一个姓赖的老头，家有两妾，后来又买一妾，因喜新厌旧，引起前两妾的不满。一次，这三个妾揪着赖老头的头发胡子向不同的方向扯，弄得赖老头极为尴尬：

赵瓯北题柳姬小像云："妾肤雪白鬓云乌，伴郎白鬓乌肌肤。"以老年而享艳福，惟才子名流又当别论。若无钱牧斋之才而拥柳如是之貌，则自惭形秽尔。粤有赖翁者，年近花甲，髯长及腹，家中向有二妾，比游吴门，又买得名花一枝，归藏金屋，名之曰周姨。得新忘故，二妾憾焉。周以翁多髯，殊碍偎傍，临睡必替绾小辫交缠颈后，翁亦乐之，取其辫才无碍也。一夕，翁正酣卧，忽因颔痛惊起，见二妾拉其髯辫向外疾走。周亦惊醒，急切无以为计，从帐中伸出一手，拉其发辫。翁三头受拉，欲以片语乞饶而上下唇不得凑合，惟直喉仰喊而已。婢媪闻声进劝，始得开释。有友戏之曰："授人以辔，宜其败也。"翁颦蹙对曰："予岂好辫哉！"

在实行了数千年一夫多妻制的中国古代社会中，类似的事件，肯定天天都在上演，它在破坏家庭和睦的同时，也在严重影响着社会的和谐。

（2）女子不能遂其性欲

中国古代性学认为，男子属阳属火，女子属阴属水。按照五行生克的原理，水克火，火不能克水，因此，就性方面来讲，女子是男子的"克星"。在通常情况下，一男一女若展开性交"比赛"，失败者多会是男子。然而，在一夫多妻制中，连一个女子都不能很好应付的男子，却一下子要对付众多的女子，该男子之不能遂众女子之性欲，是可想而知的。更何况有资格和条件娶众多妻妾的男子，多为上了年纪的人，届时一根枯枝压群芳，局面将更加不堪。

在明代小说《禅真后史》中，说到一个名叫来伟臣的乡宦，年近六十，体已衰朽，家中有五位夫人，又养了二三十个婢妾。因来伟臣无法满足这些女子的性欲，使一众女子"嗟吁懊恼，怨地恨天"：

> 单表着数年前，东都洛阳城里有一乡宦，官拜金吾卫将军，姓来名伟臣，乃当朝殿中侍御史来俊臣之弟。这来伟臣托兄威福，以一白衣致此显职，素行贪得无厌，克众成家，田连阡陌，钱谷如山。年近六旬，未有子嗣。夫人解氏，年已半百，长斋佞佛，不理家务。二夫人田氏，名宝珠；三夫人沈氏，名三昧，居于东园。四夫人劳氏，名我惜；五夫人王氏，名玉仙，居于西园。四位夫人以年龄为次序，一概姐妹称呼。这两座花园皆有画楼幽阁、修竹名花、池沼亭台、桱轩精舍，每一房只用侍儿一人。园门扃闭，墙上开一月窗，窗口悬一云板，凡饮食供给，必先击动云板，然后从窗口递入。因此，内外相隔，男女不面。这都是来金吾自谅力量不及，故防闲谨密耳。这四位夫人，一个个生得千娇百媚，似玉如花，正在青春年少，嫁了这个斑白老头子，那穿的、戴的、吃的、受用的，自不必说；单少了那一件至紧的关目，谁不嗟吁懊恼，怨地恨天！还有那艳丽侍儿，妖娆婢妾，何止三二十人，不知几十个日子挨得一次。有短歌为证：
>
> 一带肉屏风，个个颜如玉。撞着老遭瘟，鬓斑腰已曲。勉强效鸾凰，那消三五触，数点清水流，两只脚儿蹋。丽质欲如焚，对此宁不哭？暗地把香烧，愿结来生福，嫁与年少郎，一生心事足。（方汝浩：《禅真后史》，第四十九回）

在清代小说《姑妄言》中，也有一个类似的故事。有一个名叫姚华胄的人，年近七十，买了一大批婢妾，但因自己精力有限，"只好把这些妇人做个摆设的肉玩器"，而这些"肉玩器"却又"淫情似火"：

> （姚华胄）年将望七，不肯自量，把这数十年的豪兴发将起来，娶了二十岁的女子为继夫人，是个已故光禄寺裘家的女儿，十分标致。他家中后园内原有春夏秋冬四景，都有房屋楼阁，向来只得几个蠢丫环打扫看守，以备他老夫妻游玩。如今没有管头了，他差人回南京，在应天、扬州、苏州、杭州买了四个美妾，每人各置一艳婢。又在北

受性欲煎熬的女子

京、山西也买了四妾，婢亦如之。两妾二婢同住一室，只供宴乐。其洒扫支使，自有当日的粗蠢丫头。……他虽有这些娇妻美妾艳婢，但将七旬的老汉，精力有限，虽然个个都曾开辟过，要想时常点缀，虽有此雄心，却无此健力，只好把这些妇人做个摆投的肉玩器而已，要个个钻研却不能够。这些少年妇女如何贞静得住？但他的家法颇严，三尺之童不许入内，虽他长子姚予民、孙子姚步武，也不敢擅入。惟这姚泽民是他的爱子，又见他年幼，只容他一人不时出入。这些妖精般女子守着个发如彭祖、须似李聃的老叟，已是憎嫌；况且又是上面皤然一公，底下公然一婆，没用的厌物，一月中还不能领教他一次，即有一次，皮条般阳物，屡屡中止，一毫乐境也无，反引得淫情似火，叫这些人如何过得。见姚泽民这样精壮少年，年纪又不相上下，眼中都冒出火来，恨不得拿水将他一口咽下肚去。（《姑妄言》，第五回）

在清代的《点石斋画报》中，有"彩云易散"一则，说有一个富翁，年逾六十，纳某年轻女子为妾。该女因见富翁年纪太老，没过多久就逃跑了。后来，富翁派人找到了该女子，该女子说，自己宁可出家为尼，也不愿意做此老人之妾：

> 金陵人陈甲，豪于财，年逾知非，犹悲伯道。去秋，纳某氏女为侧室。女以其老态龙钟，不胜辜负青春之感，居无何，席卷而遁，踪迹杳然。甲遍觅之，悉女所在，令冰人及仆从往拘。甫入门，见女艳妆在室，众环诘之，女神色自若，谓众曰："妾本良家子，为小星已郁郁不乐，况适此皤然一老，后顾其尚堪设想乎？妾无他，盖欲觅一清净地，皈依三宝耳。尔等必强之使归，妾惟有以颈血溅其室，不能再觍颜以事人也。"言毕，袖出利刃，割青丝缕缕掷地上。众急止之，归以告甲，甲不敢复问，徒呼负负而已。

这些性能力很差的男子，凭着自己的财势，把如花似玉的女子聚于身畔，却又无法满足其正常的性欲，这对于那些女子而言，无疑是极不人道的。但是，因为有一夫多妻制这把保护伞，这些女子除了自认倒霉，别无他法。这是一夫多妻制最大的弊病所在。

《点石斋画报》中的彩云易散图

### （3）红杏出墙，家丑外扬

当拥有众多妻妾的男子无法满足这些女子的性欲时，一个很难避免的情况就会随之出现：女子们因性欲难遂而红杏出墙。

在宋人庞元英的《谈薮》中，记述了一则太师蔡京的妻妾引诱年轻男子入府性交之事：

> 京师士人出游，迫暮，过人家缺墙，似可越，被酒，试逾以入。则一大园，花木繁茂，径路交互，不觉深入。天渐暝，望红纱笼烛而来，惊惶寻归路，迷不能识，及入道左小亭。亭中毡下有一穴，试窥之，先有壮士伏其中，见人惊奔而去，士人就隐焉。已而烛渐近，乃妇人十余，靓妆丽服，俄趋亭上，竞举毡，见生，惊曰："又不是那一个。"妇熟视曰："也得！也得！"执其手以行，生不敢问。引入洞房曲室，群饮交戏，五鼓乃散。士人惫倦不能行，妇贮以巨箧，异儿缒之墙外。天将晓，怕为人所见，强起，扶持而归。他日迹其所遇，乃蔡太师花园也。

在明代小说《醒世恒言》中，说到有一个名叫赵完的老头，有妾名爱大儿，因赵完无法满足其性欲，爱大儿便与一个名叫赵一郎的男子私通：

> 原来赵完年纪虽老，还爱风月，身边有个偏房，名唤爱大儿。那爱大儿生得四五分颜色，乔乔画画，正在得趣之时。那老儿虽然风骚，到底老人家，只好虚应故事，怎能够满其所欲？看见义孙赵一郎，身材雄壮，人物乖巧，尚无妻室，到有心看上了。常常走到厨房下，挨肩擦背，调嘴弄舌。你想世上能有几个坐怀不乱的鲁男子，妇人家反去勾搭，他可有不肯之理？两下眉来眼去，不则一日，成就了那事。彼此俱在少年，犹如一对饿虎，那有个饱期，捉空就闪到赵一郎房中偷一手儿。那赵一郎又有些

正在偷情的青年男女

本领，弄得这婆娘体酥骨软，魄散魂销，恨不时刻并做一块。（冯梦龙：《醒世恒言》，第三十四卷）

在清人采蘅子的《虫鸣漫录》里，则记述了一个颇为有趣的故事，说中州某大姓家里有个年轻的仆人，主动请辞离开了。旁人以为他是嫌工钱太少或家主太刻薄，仆人说工钱每个月三十几贯，主人也很仁慈，从来未曾呵责过他，只是差事太苦，干不下去。旁人问他是什么差事，他说："每夕有媪唤入内室，见帐垂而人横卧于中，下半体裸露于外，令伊淫之。夕二、三处不定，审其体，老少俱有，亦颇有所赠，然不能见其面。夕夕如此，实难支持，不得已而辞出耳。"（见采蘅子：《虫鸣漫录》，卷一）

把如花似玉的女子娶进家门，又无法满足其欲望；这些女子为满足欲望，又偷偷去做苟且之事，致使秽声传播，家主声名狼藉，这就是一夫多妻制的严重弊病。对此，明代作家凌濛初有一评论，极有见地：

且说世间富贵人家，没一个不蓄姬妾。自道是左拥燕姬，右拥赵女，娇艳盈前，歌舞成队，乃人生得意之事。岂知男女大欲，彼此一般。一人精力要周旋几个女子，便已不得相当。况富贵之人，必是中年上下，取的姬妾，必是花枝也似一般的后生。枕席之事，三分四路，怎能勾满得他们的意，尽得他们的兴？所以满闱中不是怨气，便是丑声。总有家法极严的，铁壁铜墙，提铃喝号，防得一个水泄不通，也只禁得他们的身，禁不得他们的心。略有空隙就思量弄一场把戏，那有情趣到你身上来？只把做一个厌物看承而已，似此有何好处？费了钱财，用了心机，单买得这些人的憎嫌。试看红拂离了越公之宅，红绡逃了勋臣之家，此等之事不一而足。可见生前已如此了，何况一朝身死，树倒猢狲散，残花嫩蕊，尽多零落于他人之手。要那做得关盼盼的，千中没有一人。这又是身后之事，管不得许多，不足慨叹了。争奈富贵之人，只顾眼

前，以为极乐。小子在旁看的，正替你担着愁布袋哩！（凌濛初：《二刻拍案惊奇》，卷三十四）

### 3. 一夫多妻制的"好处"

上面讲了一夫多妻制的诸多弊端，给人的总体印象是：一夫多妻制确实不是一种理想的婚姻制度，它建立在男女不平等的基础之上，严重压抑了女子的人性，并由此造成了一系列的社会问题。不过，我们也不妨冷静地思考一下：一夫多妻制真的是一无是处吗？

在本节的开头，我们已经提到了一夫多妻制对于中国古代性学的贡献：内容丰富，细致入微，是人类性学中不可多得的财富。那么除此之外，它还有哪些"好处"呢？

现代学者刘达临在《中国历代房内考》中以调侃的口气列举了一夫多妻制的诸多"好处"：

> 在男人的心目中，拥有一个以上的妻子是件令人羡慕、值得夸耀的事，只要有一妻一妾，就会被人艳称为"享齐人之福"了，如果有好几个妾，那岂不是福上加福？
> 的确，老婆多方便也多，第一：冬天不怕冷，有肉屏风可以御寒（明人陈继儒《辟寒部》说："杨国忠于冬月，常选婢妾肥大者行列于前以遮风，盖籍人之气相暖，故谓之'肉阵'。"又说："（唐）申王每至冬月有风雪苦寒之际，使宫妓密围于坐侧，以御寒气，自呼为'妓围'"）。第二：闺中枕畔情趣多（民初人江介石《趣味集古今滑稽诗话》中有一首诗可以为证："不暖不寒二月天，一妻一妾正堪眠；鸳鸯枕上三头并，翡翠衾中六臂连；开口笑时还若品，侧身睡处恰如川；方才了得东边事，又被西边打一拳"）。第三：不必看老婆脸色（像南北朝时陈后主有了张丽华作妃子，便可以跟沈后"分庭抗礼"了，有一天，他到沈后住处，咏了一首诗说："留侬不留侬？不留侬也去；此处不留人，自有留人处"）。（刘达临：《中国历代房内考》，第2008页）

这当然只是作者一种风趣的笔法，当不得真。然而，英国性学家霭理士对于一夫多妻制的心理基础的揭示，则是值得我们注意的。霭理士认为，无论男女，都是单婚而多恋的，即他们只愿意有一次永久的婚姻，却希望与其他诸多的异性有恋爱的关系：

> 据我们的观察，大多数的人，无论男女，是单婚而兼多恋的。那就是说，他们只愿意有一次永久的婚姻，而同时希望这种婚姻关系并不妨碍他或她对于其他一个或多个异性的人发生性的吸引，固然我们也可以感觉到这种引力和在婚姻以内所经验到的引力在性质上是不一样的，同时他们也会知道，把这种引力多少加以控制，使不至于推车撞壁，也是很可能的事。这种单婚与多恋的倾向，似乎是两性所共有的一个现象，即其间并无性的分别。女子似乎完全和男子一样，也可以同时对于不止一个的异性的对象发生性爱的情感，不过因为性的意义对女子比对男子要深刻得多，她在作性的选

择的时候,也许更出乎天性似的要苛求得多,因此,表面上就见得自然而然的多几分限制,同时,因为社会和其他方面的顾虑,她在表现这种情感或接受男子的情感时,也比男子要更加小心,更加不露声色。(霭理士:《性心理学》,第359页)

在该书中,霭理士还转述了一位名叫兴登的英国人的观点。据兴登看来,虽然一夫一妻制为现今社会的大多数人所接受,但真正笃守一夫一妻的男子却少而又少,因为他们在婚后还会有大量的外遇。既然如此,兴登认为,一夫多妻制无疑也是可供选择的一种婚姻制度:

> 他认为在人类婚姻史里,真正的单婚制是从来不曾有过的,又以为在他所认识的西洋社会里,真正笃守一夫一妻的标准的男子在数目上是等于凤毛麟角,实际上还没有东方的多妻社会里那么多。一夫一妻的婚制,就已成的格局说,他以为根本上是一个自私而反社会的制度,娼妓制度的由来与成立,要归它负责。一夫一妻制是一个理想,我们赶得太快了,我们想一蹴骤几,并且以为是真赶上了,殊不知过于匆忙地把一个理想演为事实,演为一个天下通行的法定的格式,无论那理想多么的可爱,终究是一个大错。结果是,表面上与名义上单婚制好像是防杜了不少的淫佚的行为,实际上所唤起的淫佚的行为比多婚制所能唤起的还要多。所以据兴氏看来,西洋的婚制是已经腐烂的,目前正在因腐烂而解体。他相信我们需要的是一个比较流动的性关系的制度,不是死板的和一成不变的,而是容许相当的改动的,例如,只要多方面都有益处,容许一个男子和两个女子结合之类;在不妨碍人类共同生活的大原则之下,这种更动是随时应当有的。(同上,第356~357页)

另外,有一些现代性学家甚至认为,从生物进化的角度看,一夫多妻制有更强的合理性:

> 我们的基因决定了我们很难把毕生的精力停留在同一个人身上。在人类学家研究的1154个不同时期的人类社会中,接近1000个社会是允许一夫多妻制的。从生物学的角度来看,男人的存在是为了繁衍后代,而一个女人受生育一个孩子需要9个月所限,从生物进化的角度来看,一夫多妻制具有更强的合理性,因此我们的生物学规则跟现代社会所强加给我们的一夫一妻制是相抵触的。(《时尚健康》男士版,2007年第7期)

目前中国社会中一些有权或有钱的人热衷于包二奶、找情人,无疑可以看作是一夫多妻制在现阶段的一种变相的表现。

在一夫多妻制的问题上,还有一个值得重视的问题是:当男女性别比例严重失调,男子人数明显比女子少时(如大规模的战争或杀戮惨烈的巨大社会动荡结束后),一夫多妻的做法对于提高女性的幸福指数,减少社会问题,无疑是极为有益的。在清代的《点石斋画报》中,有"怨女成群"一则,说的就是在19世纪美国的马萨诸塞州,因男女人数比例为1比9,致使大量女子找不到丈夫,于是有一批妇女自动集结起来,联名向议政院上书,

《点石斋画报》中的怨女成群图

要求实行一夫多妻制：

> 西例重匹偶，虽贵为君相，无置妾媵者，于是乎女多男少之国大受厥累矣。美国北方有一省，地名麻萨朱色，其民数男一女九，患不在娶而在嫁。近有怨女一百六十二人，联名禀请议政院革除禁例，准令男子广置姬妾，并具有永不妒宠甘誓，但使终身有托，虽贱列侍婢，辱备箕帚，已出万幸。梅有实亏倾筐，雌争鸣而求牡。特未知政府诸公，既斧柯之在手，将何以调燮阴阳，疏通闺怨焉。

由此可见，任何问题都不是绝对的，都需要根据具体情况采取相应的对策。

## 4. 怎样使一夫多妻的家庭和睦

一夫多妻的婚姻制度固然弊病丛生，但是它毕竟在中国历史上实行了数千年之久。在这数千年中，中国古人努力运用他们的智慧，使一夫多妻的家庭稳定、和谐。这主要体现在下面的措施中。

（1）合理安排性交

一夫多妻制的最大隐患，是妻妾们因为性交机会不均等而争风吃醋，从而破坏家庭内部的团结和稳定。因此，在一夫多妻制实行之初，我们的先人们已对此问题有了周密的考虑。在《礼记·内则》郑玄注中，就规定了帝王临幸嫔妃的制度：

> 《礼记·内则》郑玄注：每半个月，天子把他数目庞大的妻妾美人之群，轮流寝接一遍。至于女人们，则耐心等着帝王君临，一旦大驾到来，则沐浴薰香，欢颜承接，

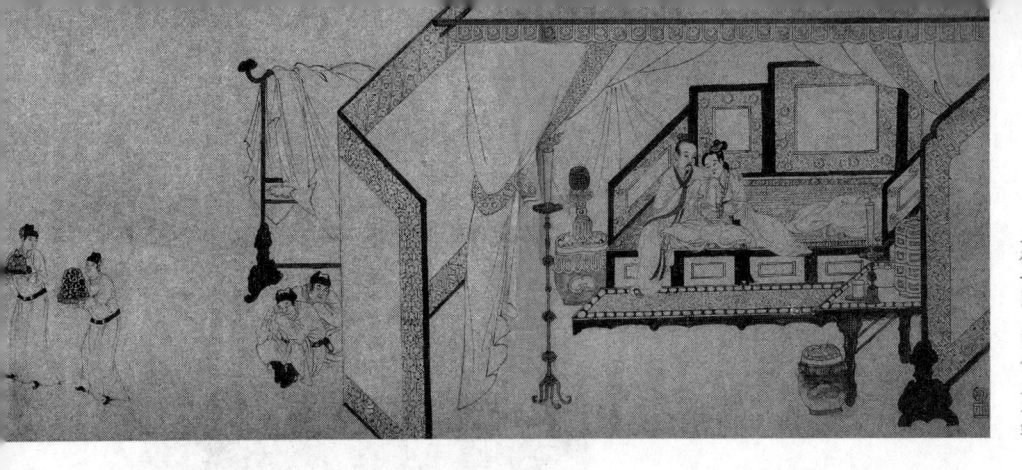

谓之"当夕"。"当夕"的制度是：

后，当一夕。

三夫人，当一夕。

九嫔九人，当一夕。

世妇二十七人，当三夕。

天子之御妻八十一人，当九夕。

天子轮流就妻妾美人而寝之，其制度也是宝塔形的，呈三九之数，从皇后以下，依次递减：以半个月为一个周期，皇帝与皇后，寝接一整夜；与每位夫人，寝接三分之一整夜；与每位九嫔、世妇、御妻，分别寝接九分之一整夜。共十五整夜，天子与他的妻妾们轮流寝了一遍。（参见张廉：《多妻制度》，第 15～16 页）

在普通官宦人家，当妻妾众多时，丈夫往往会和妻子定出一个性交值日表，以避免在性事上的纠纷和混乱。如清代小说《野叟曝言》中，就为我们提供了这样一份轮宿资料：

席散之后，公子跟着大奶奶进房。大奶奶道："相公此番得官，是件正经事，合家大小，俱要加些恩泽。……就是夜来宿歇，也要使他们均沾雨露。妻系结发，体统所关，不得不多几日。我也替你酌定日数：我房中宿了三夜，到大姨、二姨、三姨、春红房中各宿一夜，翠环、大怜、玉琴三个同服侍你一夜。……"公子唯唯受命。（夏敬渠：《野叟曝言》，第二十八回）

当然，规矩归规矩，在实际生活中，丈夫未必会恪守规矩，尤其是对于那些唯我独尊、妻妾人数过于庞大的丈夫来说，他们往往会随心所欲，唯色是从。然而，即使如此，亦可发现他们会遵循某种特殊的规矩。如据《晋书·胡贵嫔传》载："（晋武帝）常乘羊车，恣其所之，至便宴寝。宫人乃取竹叶插户，以盐汁洒地，而引帝车。"晋武帝有许多嫔妃，因个个都有其迷人之处，他常常为不知该临幸哪位嫔妃而犯愁。后来，他终于想出了一个办法，就是自己坐在用羊拉的车子上，看羊车把他拉到哪位嫔妃的住所门口，他便临幸哪位嫔妃。晋武帝自以为这是很高明的办法，其实不然。嫔妃们知道羊喜欢啃食带咸味的东西和竹叶，便在自家门口插上竹叶，将盐水洒在道旁。这样一来，哪里有竹叶和盐水，羊车便停在哪里。

另据清代王培荀的《乡园忆旧录》载，山东蒲台某盐商，妻妾成群。每天他办完事从

中国古代性学报告

《汉宫春晓图》中的帝王御女图 明代尤求绘

外面回家，这些妻妾就会盛妆站立两旁，该盐商看中谁，就会把一面牌掷于她身旁的地上，该女子把牌拾起，就于当晚侍候该盐商。（见王培荀：《乡园忆旧录》，第416页）

以上做法，虽显得过于随意，但毕竟仍是一种游戏规则，而有规则总比没规则要好。

（2）掌握房中之术

房中之术即性交的知识和技术。中国古代的一些方士们，为了满足妻妾众多的男子的需求，发明了不少性交的方法。这些方法或能让男子更好地享受性乐趣，或教男子尽量满足妻妾的性欲而自己不泄精，或让男子通过特殊的性交姿势来强身健体。对这些方法的重视和掌握，对于提高男子的性能力，确实起到了很好的作用。在明代的《某氏家训》中，就有这样一则记载："街东有人，少壮魁岸，而妻妾晨夕横争不顺也；街西黄发伛偻一叟，妻妾自竭以奉之，何也？谓此谙房中微旨，而彼不知也。"

关于房中书对于一夫多妻家庭的作用，荷兰学者高罗佩有这样的论述：

> 我认为房中书之所以如此经久不息地受到儒道两家的欢迎，其主要原因是这些做爱之书满足了真实的需求。没有这类书的指导，一个大家庭的家长很难应付众多的女眷而不精疲力竭。（高罗佩：《中国古代房内考》，第151页）

> 这些材料中谈到的夫妻性关系必须以一夫多妻的家庭制度为背景来加以考虑。在这种制度中，中等阶层的男性家长有三、四个妻妾，高于中等阶层的人有六至十二个妻妾，而贵族成员、大将军和王公则有三十多个妻妾。例如，书中反复建议男子应在同一夜里与若干不同女子交媾，这在一夫一妻制的社会里是鼓励人们下流放荡，但在中国古代却完全属于婚内性关系的范围。房中书如此大力提倡不断更换性伙伴的必要性，并不仅仅是从健康考虑。在一夫多妻制的家庭中，性关系的平衡极为重要，因为得宠与失宠会在闺阁中引起激烈争吵，导致家庭和谐的完全破裂。古代房中书满足了这一实际需要。它们对这个对男人及其妻妾的幸福健康至关重要的问题提出了总的说来是很明智的劝告。（同上，第202页）

关于房中术在男女性交中的具体作用，在后面的章节中将会作具体的介绍。

（3）懂得待妻妾之道

在一夫多妻制的家庭中，妻的地位要高于妾，因为妻是娶来的，而妾则多是买来的。然而，在实际生活中，妻妾的地位又往往是颠倒的。因为好色是许多男子的天性，妾通常要比妻子美貌、年轻，因此，一般男子往往会宠妾而远妻。宠妾而远妻的结果，则会使本末倒置，家庭生活失序。所以，古代的一些有识之士，常常在这一问题上提醒丈夫，不要因一时糊涂而做下追悔莫及之事。

在明代的《某氏家训》中，告诫丈夫在新纳妾时，一定不要喜新厌旧，不妨节制对新

与妾调情的男子和正在偷听的妻子 清代殷奇绘

妾的欲望,仍与以前的妻妾性交,而让新妾在一旁观看,认为这样做会让妻妾间关系和睦:

近闻集官内妾,坚守重门,三日不出,妻妾反目,非也。不如节欲,姑离新近旧,每御妻妾,令新人侍立象床,五六日如此,始御新人,令婢妾侍侧,此乃闺阁和乐之大端也。(《某氏家训》(残页))

(4)男子四十无子才纳妾

男子希望一夫多妻,女子要求一夫一妻,这成了中国古代家庭中一个难以调和的矛盾。然而,聪明的中国人还是想出了一个两全其美的办法:首先是要求男子最好实行一夫一妻;其次是要求女子,若男子四十岁时还没有儿子,就要同意甚至主动为男子纳妾,以传宗接代。因为根据中国古训:不孝有三,无后为大;百行孝为先。因此,为了有后代,为了孝顺父母祖宗而纳妾,就成了顺理成章之事:对于男子,可谓师出有名,做得堂堂正正;对于女子,虽心有不甘,亦属无可奈何,不得不如此。

据清代于成龙的《治家规范》:"男子至四十岁无子,允许置妾,嫡妻不得妒忌,如不遵此训,照七出条出之。"这里的所谓"七出",指男子可以把女子休掉的七种情况。由此可见,男子四十岁无子即可纳妾,是得到社会习俗和相关规则的强有力支持的。

然而,仍然有一些妒性较强的女子,宁可让丈夫无后,亦不同意丈夫纳妾。如清代的《点石斋画报》中,有"醋海奇闻"一则,说某孝廉性情懦弱,年过四十而无子,跟妻子商议纳妾,却遭到妻子的竭力反对:

妇人性妒忌,夫纳妾千古同情,未闻有以夫之矛攻夫之盾,使藁砧钳口结舌,索然自沮其心,如福州某氏妇可异已。某氏妇貌姣好,而性奇妒,其夫某孝廉懦弱无能,凤有陈季常之惧,故年逾四十,子嗣犹虚,不敢发纳宠之议。心忧之,无可为计,辗转筹思,卧床不起,亦不饮食。妇问其故,孝廉抚膺不答。妇知其有心事也,诱之使言,焚香设誓,志在必从。孝廉喜,遂告以意。妇佯诺之。数日后,妇忽坚卧不起。孝廉问之,

《点石斋画报》中的醋海奇闻图

妇要之如前，乃曰："君欲娶妾，奴欲娶一小丈夫耳。"孝廉语塞，娶妾事遂作罢论。

针对此类"不讲理"的妒妇，清代养生学家石成金在《传家宝》中进行了苦口婆心的劝说：

> 世上有一种妇人，自己不能生男育女，丈夫年纪虽过了四十多岁，还不容许他纳妾收婢，传个后代，只是妒忌悍毒。岂知光阴迅速，悠悠年月，快去如箭，及至到了丈夫精血衰老，却不能生子，竟斩了他的宗祀，绝了他的后代，虽然百般后悔，也是迟了。一旦身死，只落你夫妻苦挣的家业，被亲族人等群起纷争。不独害了你丈夫一人，连你自身的枢棺坟墓都无人葬祭，可怜孤魂夜哭，岂不惨伤？其中间有勉强容着丈夫娶妾的，也多吃醋拈酸，打张骂李，以致家室不宁，反为破财。我劝你做个贤良妇人，但是丈夫无子的，须要真心实意代他娶妾，倘若生下男女，一来接了祖宗支脉，二来少不得敬奉你做母亲，岂不大有受用？何苦学那妒忌恶妇，自讨苦吃。（石成金：《传家宝·人情世事须知》）

然而，也有一些女子，恪守男子四十无子则当纳妾的古训，即使在丈夫不同意纳妾的情况下，仍想方设法为丈夫纳妾，这些女子也因此博得了贤惠的名声。

据清代《点石斋画报》中的"贤媛仅见"称，新安人李敬堂娶妻金氏，金氏多病，不能生子，便劝李敬堂纳妾。李敬堂不同意，金氏硬是花五百金为他买来一妾：

> 虎威却鬼，狮吼惊禅，妒为妇人之通病，而非所论于新安李敬堂妻。李业儒，家素殷实，妻金氏多病，艰于孕，常劝夫纳宠。李曰："卿年才三十耳，何虑之早也？"

《点石斋画报》中的贤媛仅见图

然妇劝之切，至于泣下，不得已买一农家女塞责。妇曰："此蓬垢质，不足以侍君子。"使退居婢子列。邻有褚裁缝女，名芳姊，年十六，美且慧。妇以五百金购得之，强使侍中栉。逾年，举一男，妇爱如己出，呼芳姊为妹。医者谓妇病宜服人乳，芳姊于每日早起登妇床，乳妇毕而复乳其子。阅三年如一日，妇病体既痊，亦占一索。有客以诗贺敬堂曰："不用鸰鹉夸疗妒，固应萱草号宜男。"盖纪实也。

另据《点石斋画报》中的"种花得果"称，浙西某男子年过四十无子，妻子劝他纳妾，该男子坚决不同意。妻子便私下里为他准备了一妾，先把丈夫灌醉，然后让他们同房。

女子反对丈夫纳妾，这是女子的天性，个中道理，《金瓶梅词话》中说得极为透彻："看官听说：世上妇人，眼里火的极多。随你甚贤惠妇人，男子汉娶小，说不嗔，及到其间，见汉子往他房里同床共枕，欢乐去了，虽故性儿好杀，也有几分脸酸心歹。"（《金瓶梅词话》，第九回）若男子为了生子而纳妾，则妻子无法反对，而且亦有了让自己不反对的理由，于是，丈夫和妻子在该问题上就达成了共识，家庭因此而和睦，香火因此而传承。这就是古代中国人特有的智慧。

## 二、贞操观、节妇及非婚性行为

与中国古代男尊女卑的观念和一夫多妻的家庭制度相配合，中国古代社会对女子的行为也提出了各种要求，诸如柔婉贞静、三从四德之类，而其中最重要的，便是贞操观念。

《点石斋画报》中的种花得果图

# 第一章 性与中国古代的婚姻家庭

所谓贞操，也叫贞节、贞洁，指的是女子不失身、不改嫁的道德。它主要包括两方面的内容：一是女子在婚前不与男子发生性行为，严守处子之身；二是婚后从一而终，既不与丈夫之外的男子发生性行为，而且在丈夫死后也不改嫁，终生守寡。因此，贞操观的问题可以具体化为这样三个问题：婚前性行为、婚后丈夫死后的性行为以及婚外性行为。其中第二个问题便涉及中国古代的守节及节妇问题。

## 1. 新婚女子必须是处女

中国古代习俗规定，一个良家女子，在婚前不能有性行为。也就是说，新婚之夜的女子，必须是处女，否则就会被视为荡妇、贱货，并被丈夫休回娘家。当然，如果女子婚前的性交对象就是日后的丈夫，则又另当别论；不过，在中国古代，对于这种现象也是严加防范的。

（1）判断女子是否是处女的方法

既然新婚女子是否是处女关系到她的名声甚至婚姻的成败，有过婚前性行为的女子当然不会主动向丈夫承认的。于是，对于丈夫来说，如何检验其新婚妻子是否是处女便成了他新婚之夜一项极其重要的任务。从各种史料及笔记、小说等中的记述来看，中国古人为了检验女子是否是处女，确实绞尽了脑汁，想尽了办法，并因此也发明了各种检验的方法。

a. 检查处女膜是否破裂

处女膜是阴道口周围的一层薄膜，上面有一个不规则的小孔。因为处女膜很薄，上面的孔又很小，因此，当女子与男子性交时，这层处女膜通常会被捅破，并伴有出血（该血被古人称为"落红"、"元红"）的现象。正是根据女子特有的这一生理构造，中国古人发明了检验女子是否是处女的最常用的方法：检查女子的处女膜是否破裂。若新婚女子的处女膜已经破裂，则非处女无疑，否则便是真正的处子，受到丈夫的珍惜和疼爱。因此，一种通行的做法是：新婚夫妻进入洞房时，丈夫会准备一块白色的织物，在性交时置于女子的身下，当性交结束时，如果在上面有"落红"，便可断定该女子为处女，否则便必非处女。

在明代小说《八段锦》中，说到鲁生娶邬大姑为妻，新婚之夜，就"将白汗巾讨喜"，遗憾的是，邬大姑并非处女，因此白汗巾上"并无一毫红意"，使鲁生十分生气。（见《八段锦》，第五段）

在清代小说《闹花丛》中，描述女子琼娥婚前曾与别的男子发生过性关系，因此，琼娥出嫁之时，她的母亲教给她一种冒充处女的方法：把鸡冠血预先藏在草纸包里，等与丈夫性交时，再把此血抹在自己的阴道口，以代替元红。只是琼娥沉溺于性交之乐，以致忘了此事，被丈夫次襄识破了真相。（见《闹花丛》，第六回）

当丈夫发现新婚妻子并非处女时，他有权把妻子退回娘家，解除婚约，索还彩礼，并让对方赔偿一切损失。这样的结果，女子当然是无法承受的。因此，对于未婚女子来说，处女膜便是如同性命一样重要的东西。在清人采蘅子的《虫鸣漫录》中，记载了这样一个故事：

> 有十二三岁幼女，服破裆裤，偶骑锄柄，颠簸为戏，少顷即去。一老翁见锄柄有鲜血缕缕，知为落红，检而藏之，未以告人。数年后，女嫁婿，疑不贞，翁出锄柄视之，乃释然。盖血着物日久必变，惟元红终不改色。（采蘅子：《虫鸣漫录》，卷二）

这则故事有两个疑点：一是所谓"元红终不改色"，究竟是否事实？二是老翁拿出上有元红的锄柄，男方即"释然"，果真如此，则男方也太容易轻信了：你怎么知道该锄柄上的"元红"就是当初那位幼女的呢？不过这并不是我们要关注的重点，我们要关注的是：该幼女因骑锄柄而导致处女膜破裂，说明性交并不是造成处女膜破裂的唯一原因，因此，单凭处女膜是否破裂来判定是否是处女，至少是犯了严重的逻辑错误：性交会导致处女膜破裂（更何况有的女子即使与男子性交，处女膜也不会破裂），但处女膜破裂并不完全是由性交造成的。

用处女膜是否破裂来判定是否是处女，这种做法并不是中国人独有的，在国外也是如此。但是，现代性学家明确指出，这种做法是不对的，意外损伤、女子手淫等等都会导致处女膜破裂。而且，令人大跌眼镜的是：那些处女膜弹性好的女性，即使有多次性交，处女膜也不会破裂，甚至有些娼妓，其处女膜仍是完好的：

> 假如女子是一个处女，我们还有一个处女膜的问题，须略加讨论。在以前，我们

对这一块小小的膜是看作异常重要的,一个处女的名节就挂在这块膜上。不过我们现在知道这看法是不对的,至少是不正确的。第一,女子的贞淫并不完全建筑在解剖学之上。第二,处女膜的大小厚薄往往因人而有不同,这种不同在自然的变异范围以内,不足为奇。第三,幼年的倾跌或其他意外的损伤,可以很早就把它毁废。固然,女子的手淫也可以有同样的结果。反过来,也有交合以后,此膜还是不破损的,甚至于在娼妓中间,也还可以找到完整的处女膜。(霭理士:《性心理学》,第22页)

对许多女人而言,第一次性交并不会疼痛、流血或有任何如传言所说的戏剧性象征。这是因为处女膜通常已经缩小消失了,这种自然的过程并不需要任何刺破。

即使妇科医生做内诊检查都不能判别女人是否为处女,甚至有些处女膜因组织极富弹性,可以在性交时伸展而不被撕裂。如果一个训练有素的医师每天仔细地检查许多女人,都无法断定其是否为处女,一个未经训练的人当然也不能据此肯定谁是处女了。(瑞妮丝等:《金赛性学报告》,第180页)

由此可见,通过处女膜来判定女子是否是处女,无疑是太草率了,然而,这种草率的做法却在中国古代社会长期盛行,因此,在中国历史上,不知有多少女子的名节无端遭受损毁,也不知有多少屈死的冤魂。不过,好在中国古人检验处女的手段并不局限于验看处女膜,他们还发明了不少别的方法。

b. 守宫砂

在长沙马王堆汉墓帛书《养生方》中,记载了一种检验处女的奇特方法,不知古人是怎么想出来的:"取守宫置新瓮中,而置丹瓮中,令守宫食之。须死,即治,□画女子臂若身。即与男子戏,即不明。"把守宫(即壁虎,因常守伏于屋壁宫墙,故名)放入新的瓮中,再在里面放入朱砂,让守宫把朱砂吃下去,等到守宫死后,把它的尸体捣烂,然后把此捣烂的红汁点在女子的身上。若女子不与男子性交,此红色一直不褪;若女子与男子发生性交,则红色马上就会褪去。

在晋代张华的《博物志》中,也有类似的记述:

蜥蜴或名蝘蜓。以器养之,食以朱砂,体尽赤。所食满七斤,治捣万杵,以点女人支体,终身不灭。唯房室事则灭。故号守宫。《传》云:"东方朔语汉武帝,试之有验。"(张华:《博物志》,卷四)

守宫砂真的如此神奇吗?对此,历史上很少有相关的实证记录。其实,对于古人而言,要做这样的实验并不困难,既然没有这方面的验证材料,则无疑应归于人们的想象之列。

c. 滴血入水

中国古人还有一种说法:处女之血滴入水中会凝而不散,有过性行为的女子之血则会溶于水中。在清人采蘅子的《虫鸣漫录》中就有这方面的记载：

> 某家女偶与邻少聚语，族伯遇之。数日后过伯家，伯忆前事，训以男女有别，应自避嫌。女闻而默然。次日，偕伯母晨妆对镜，故插酒疵令破，滴血水中，凝如珠，佯诧曰："血入水不散何也？"伯母曰："汝女身，应如是。"女颔之，盖以释前疑耳。（采蘅子：《虫鸣漫录》，卷一）

从上述内容来看，处女之血入水不散应是在当时颇为流行的观念，至于是否有道理，则需用科学的手段来验证。

d. "吹"桶内之灰

在明代小说《喻世明言》中，也讲到有一种验处女的方法：在干燥的桶内铺一层灰，让女子脱掉裤子坐于桶上，想办法让女子打喷嚏，若打喷嚏时桶内的灰被从下身出来的气吹动，便非处女；若灰不动，便是处女：

> 姐姐道："原来如此。你同个男子合伙营生，男女相处许多年，一定配为夫妇了。自古明人不做暗事，何不带顶髻儿，还好看相。恁般乔打扮回来，不雌不雄，好不羞耻人！"张胜道："不欺姐姐，奴家至今还是童身，岂敢行苟且之事，玷辱门风。"道聪不信，引入密室验之。你说怎么验法？用细细干灰，铺放余桶之内。却教女子解了下衣，坐于桶上。用绵纸条栖入鼻中，要他打喷嚏。若是破身的，上气泄下气亦泄，干灰必然吹动。若是童身，其灰如旧。朝廷选妃，都用此法。道聪生长京师，岂有不知。当时试那妹子，果是未破的童身。（冯梦龙：《喻世明言》，第二十八卷）

e. 验枕骨

在明代小说《八段锦》中，甚至讲到了一种查验死去而且已朽烂的女性遗体生前是否是处女的方法：看枕骨，若枕骨纯白，必为处女，否则便非处女：

> 那莫生虽说得明白回去，那女子却没意思，一索子吊死了。地方便把莫生逮送到官，道是因奸致死。莫生无处申说，屈打成招，断成绞罪，整整坐了三四年牢。一日遇着个恤刑的来，看了招稿，出一面牌，亲要检尸。众人大都笑道："死了三四年奸情事，从何处检得出来。"那恤刑临期，又出一面牌，道："只检见枕骨。"众人一发笑疑不解。却不知女人不曾与人交媾的，其骨纯白；有夫的，骨上有一点黑；若是娼妓，则其骨纯黑如墨。那恤刑当日检骨，其骨纯白无黑，知是枉断了。（《八段锦》，第七段）

除了上述方法，民间还流传不少关于鉴别女子是否是处女的方法，如看眉毛，若女子的眉毛紧贴眉骨而长，便是处女；若眉毛竖立而长，便非处女。看走路，若女子走路时大腿紧贴，便是处女；若大腿间有明显缝隙，便非处女。当然，诸如此类的方法，均属"偏方"，不仅判断时很难掌握，其有效性亦颇值得怀疑。

在刘达临的《世界古代性文化》中，也介绍了不少外国人用来检验处女的方法，我们不妨一并了解一下：

古来婚前验贞、鉴别处女有许多方法，许多都是荒谬而不科学的。

例如，匈牙利的齐格纳人的新郎要在新婚之夜叫新娘赤脚踏菩提树制的小圆板。这圆板两面都有图画：一面的外圈画着锁状，表示妻为丈夫所锁的意思；两个十字塔表示不幸，中间的圆圈象征肉欲，下面的蛇象征诱惑者，最下方的塔，表示丈夫在塔上监视妻子的贞操。另一面画的花象征爱，下面的两根棒则象征对于忘爱负义者的惩罚。他们相信失了贞操的少女踏上这块木板，就马上会有灾难。

还有一部分齐格纳人，新郎于新婚之夜将黄杨树枝穿着三只剥皮的喜鹊的头，藏在新娘的枕下，认为如果妻子是纯洁的就可安眠，否则就会在呓语中坦白过去的不贞事实。

《圣经》中的验贞方法，是"叫那妇人蓬头散发，站在耶和华面前"，让她手里拿着大麦面等物品做成的"素餐"起誓；以后，再命她喝下"致诅咒的苦水"，这是一种加进了祭司所在"帐幕的地上"的尘土的"圣水"。《旧约·民数记》第五章说："她若受污，喝了这苦水，肚腹要发胀，大腿要消瘦。"这是利用人们的迷信与愚昧无知，进行心理上的恫吓。（刘达临：《世界古代性文化》，第203～204页）

上述方法均是通过某种手段给新婚妻子以心理压力，希望她在这些压力面前说出真话，告诉人们自己是否是处女。因此，其方法在路径上与中国古人有很大的不同。

（2）对女性婚前性行为的现代观念

在中国古代，新婚妻子必须是处女，若非处女，则或被丈夫休掉，或婚前男女两家协商，由女方给男方以某种补偿。当然，事情也不是绝对的，当某女子貌美如花时，即使知道她并非处女，一些好色的男子也会毫不犹豫地娶她为妻。在清代小说《姑妄言》中，魏卯儿听说边家女儿并非处女，但有十分姿色，便决定娶她，而"不论这些甚么真女儿假女儿"。（见《姑妄言》，第八回）

到了现代，不论"真女儿假女儿"的人越来越多，甚至蔚成风气。如在上世纪90年代的一份对大学生的调查中，有57%的大学生认为，若发现对方婚前有性行为，不会影响未来的婚姻：

我们对大学生的贞操观念的调查，是通过设置"如果发现未婚配偶过去曾和他人发生过性交关系，你的态度如何"来进行的，从他们的自我报告看来，对此持开明态度的还是大多数。在全部调查对象中，主张"立即断交"的占17.0%，主张"勉强结婚，留有创伤"的占14.0%，认为"不影响将来关系的"占57.0%，未答或不详占11.5%。（刘达临：《中国历代房内考》，第939页）

第一章　性与中国古代的婚姻家庭

不在乎对方婚前是否有性行为,也就是对婚前性行为持开放或赞成的态度。在现代社会,持这种态度的人随着时间的推移而变得越来越多。据《性学总览》,在20世纪上半叶,美国社会约有一半的女性有婚前性行为,到了20世纪60年代,该数字上升到了70%～75%：

> 金赛发现,1900年至1910年出生的女性,有一半人在结婚时已不是处女……到了60年代末,这一比例从约50%上升到了70%～75%。从第一次世界大战到60年代末这50年里,主要的变化还不是未婚先孕的妇女的比例增加,而是妇女和男子对婚前性关系的态度发生了变化。在这半个世纪中……进行性交的对象增加了,要性交就应该结婚的要求减少了。(莫尼等:《性学总览》,第308页)

但是,这种对婚前性行为的开放态度并不说明人们对女子是否是处女已彻底不在乎。平心而论,在很多男子的内心深处,仍然希望自己的恋人或新婚妻子是处女,只是因为处女实在难觅,才不得不退而求其次。

因为无论如何,处女都是贞洁、干净、安全的一种象征,虽然我们对于贞洁的态度可以更加宽容。

## 2. 节妇难做

所谓节妇,指的是丈夫死后坚决不改嫁的女子,亦即俗称的守寡。中国古人提倡"忠臣不事二主,烈女不嫁二夫",因此,节妇常常受到人们的尊敬和称赞。鼓励女子守节的观念古已有之,在《周易·恒》卦的小象传中,即有"'妇人'贞'吉',从一而终也"之语,意即女子能从一而终,所以占问预示吉祥,把"从一而终"作为一种美德。然而,美德只是人们追求的目标,并不是必须遵循的规则,因此,至少在两宋之前,中国社会并没有无女子必须守节的要求。无论在汉代还是在唐代,女子在丈夫死后,都是可以自由改嫁的。

然而,到了两宋时期,随着程朱理学的产生,尤其是朱子思想成为官方正统思想,"饿死事小,失节事大"的观念在社会上普遍流行,对寡妇再嫁的限制也越来越厉害。尤其是在明清时期,统治者大肆表彰节妇,为守贞节的女子立贞节牌坊,设烈女祠。如明太祖朱元璋于洪武元年(1368年)下诏:"民间寡妇三十以前夫亡守制,五十以后不改节者,旌表门闾,除免本家差役。"明正德年间又对守贞烈女立贞烈碑。帝王并督令巡官每年上报贞节烈女事例,大行表彰。据《清实录》记载,仅康熙五十五年皇帝就亲自褒奖"拒奸殒命"9名烈女。雍正年间,更是下诏各地,在偏僻山乡、贫寒之家,加意搜罗贞节烈女。同治之后,各地又兴办贞节祠,鼓励妇女守寡持节。(参见《中国性科学百科全书》,第445页)

上有好者,下必甚焉。一方面由于守节能得到朝廷表彰,获得家族荣耀;一方面守节

明清时期的贞节牌坊

本身一直被视为一种美德，因此，在明清时期，守节的妇女极多，以至于不少地方贞节牌坊林立。

妇女守节，固然值得尊敬，然而，从今天的眼光来看，更多的则是值得同情。因为，在一个个贞节牌坊的背后，隐藏的是众多妇女压抑、痛苦的一生。有许多妇女守节，其实是出于无奈，因为她们一旦在夫死后改嫁，面临的将会是十分可怕的局面：家人或会与你断绝亲情，族人或会把你视为异类，周围的邻居都会用鄙夷的眼光看你。这样的局面，会让你生不如死。因此，那些可怜的死了丈夫的女子，只好按照世俗观念的要求，压抑自己的人性欲望，去做一个循规蹈矩的节妇。当然我并不是说所有节妇守节都是出于无奈，中国古代确实不乏凛若冰霜、坚贞守节的节烈之妇，但说半数以上的节妇守节是出于无奈，应该是没有问题的。因此，在本节中，我将努力凭借各种资料，重现中国古代特别是明清时期女子守节的真实状况，包括社会环境、世俗观念、守节者的心理状态及与之相关的社会问题等。

（1）守节应出于自愿

明清时期，虽然由于朝廷表彰贞烈之女，寡妇守节成为了一种社会风气，然而，寡妇守节在现实生活中却面临着许多具体问题。首先是守节寡妇的生计问题。对于大户人家来说，这当然不是什么问题，但对于普通人家来说，则是一个大问题。女子嫁人，本来就是依靠丈夫过日子，现在丈夫死了，又不能改嫁，就只能靠自己劳动来养活自己，这在男女极不平等的古代社会，是十分困难的，尤其是当守寡的女子已育有子女时，将更为困难。其次是寡妇的生理问题。只要是正常人都会有性欲，寡妇则只能压抑自己的性欲，而当有的寡妇无法忍受这种压抑时，各种伤风败俗之事便会随之发生，这样的事例，在明清时期可谓数不胜数。第三是社会风气及社会治安问题。在中国古代的农村及城镇中，总有一些因家贫或人品等问题而娶不上妻子的单身男子，当他们的邻居中出现守寡女子时，这些寡妇便

第一章 性与中国古代的婚姻家庭

很容易成为他们觊觎的目标，由此就会发生一系列意想不到的事情，俗谓"寡妇门前是非多"，即就此而言。正是针对这些实际情况，一些有识之士对寡妇守节的问题提出了自己的看法。如清代的大学士朱轼说："今欲使妇女尽守从一而终之义，虽颠连无告而孤寡茕茕，至死靡他，恐尧舜之治，天下有所不能。"（《朱文端公集》，卷三）清人钱泳也说："余谓宋以前不以改嫁为非，宋以后则以改嫁为耻，皆讲道学家者误之。"他甚至认同"妇人以不再嫁为节，不若嫁之以全其节"的说法。（见钱泳：《履园丛话》）

在一些明清小说中，作者亦常常用具体的事例来劝告世人：寡妇守节不能一概而论，既要考虑到寡妇的实际生活环境，也要考虑寡妇自己的真实想法。如在清代小说《醒世姻缘传》中，作者根据自己对社会现状的深入了解，把寡妇分为三等，认为夫死后明确表示不愿守节、想要改嫁的是"上等的好人"；心里想改嫁，不好意思说，找各种借口达到改嫁目的的，"是第二等好人"；第三等则是口里喊着守节，暗地里与人通奸的寡妇。因此，作者的观点是：妇女肯不肯守节，全要由她自己做主：

> 人间的妇女，有那丈夫亡后，肯守不肯守，全要凭他自己的心肠。只有本人甘心守节，立志不回的；或被人逼迫，或听人解劝，回转了初心，还嫁了人去。再没有本人不愿守节，你那旁边的人拦得住他，你就拦住了他的身子，也断乎拦不住他的心肠，倒也只听他本人自便为妙。

> 有那等妇人心口如一，不愿守节，开口明白说道："守节事难，与其有始无终，不若慎终于始。"明明白白，没有子女，更是不消说得；若有子女，把来交付了公婆，或是交付了伯叔，又不把他产业带去，自己静静的嫁了人家。那局外旁人就有多口的，也只好说的一声："某家妇人见有子女，不肯守节，嫁人去了。"也再讲不出别的是非。这是那样上等的好人，虽不与夫家立甚么气节，也不曾败坏了丈夫的门风。

> 又有一等有儿有女，家事又尽可过活，心里极待嫁人，口里不肯说出，定要坐一个不好的名目与人。有翁姑的，便说翁姑因儿子身故，把媳妇看做外人，凡百偏心，衣食都不照管。或有大伯小叔的，就说那妯娌怎样难为，伯叔护自己的妻妾，欺侮孤孀。还有那上没了翁姑，中间又无伯叔，放着身长力大、亲生被肚的儿子，体贴勤顺的媳妇，只要自己嫁人，还忍了心说那儿子忤逆，媳妇不贤，寻事讨口牙。家里嚷骂，还怕没有凭据，拿首帕楚了头，穿了领布衫，跑到稠人闹市，称说儿子合媳妇不孝，要到官府送他。围了许多人留劝回来，一连弄上几次，方才说道："儿子媳妇不孝，家里存身不住，没奈何只得嫁人逃命求生！"卷了细软东西，留下些榔槺物件，自己守着新夫，团圆快活，致得那儿子媳妇一世做不得人，这样的也还要算他是第二等好人。

> 再有那一样歪拉邪货，心里边即与那打圈的猪、走草的狗、起骡的驴马一样，口里说着那王道的假言，不管甚么丈夫的门风，与他挣一顶"绿头巾"的封赠；又不管

甚么儿子的体面，与他荫"忘八羔子"四个字的衔名。就与那征舒的母亲一样，又与卫灵公家的南子一般。儿子又不好管他，旁人又只管耻笑他。又比了那唐朝武太后的旧例，明目张胆的横行，天地又扶助了他作恶，保佑他淫兴不衰，长命百岁，致得儿女们真是"豆腐吊在灰窝，吹掸不得"！（《醒世姻缘传》，第三十六回）

在明代小说《别有香》中，作者充满同情地说：节妇确实不好做，只有那些凡心已泯的女子，才做得了节妇。作者甚至说：烈女常有，而节妇不常有，因为烈女靠一时的决绝可以做到，节妇却需要一辈子的耐心来忍受：

单道目今的人，有了几分钱，有了几分势，便道我们是甚等人家，可使有再醮的女儿，可使有不守节的媳妇？于是不管他守得守不得，蛮蛮的要他守。据我看来，烈女常有，节妇不常有。然怎么的叫做烈女？如丈夫一时被贼杀了，强逼他从，他便决烈起来，或堕崖，或刎颈，或赴水，宁可一死，不受贼污，道是一旦的烈性，女子也做得来，史书上载的也多，我故说烈女常有。又怎么的叫做节妇？如丈夫得病身故，想其平日恩爱，生愿同衾，死愿同穴，虽公姑劝他另适，他一心无二，或毁容，或封发，或绝迹，生一日，守一日；活一年，守一年，直至死而后已，这叫做节妇。节妇岂真没有？但我见得少。甚么缘故节妇少？或前夫遗下男女，义不可□，没奈何守的；或贪恋家财，不忍付于他人，没奈何守的；或迫于体面，不好出头露脸，没奈何守的；或平日善好说人，道某娘亏他忍得，就去嫁了，某妇劝他丢得，就不守□，怕人指触，没奈何守的。彼其心非真欲扶纲常二字，为丈夫争气。况且时日又长，孤衾难伴，纵不去招男引少，而怨言咒语，未能释然。少有拂怒，即拳胸敲桌，哭道："我的人，你倒安耽去了，害我在此，苦不了。"观他此言，真欲做节妇的么？所以凡心未□，一引上钩。（《别有香》，第四回）

正因为认识到节妇难做，所以明代小说《八段锦》中说，对于那些二三十岁的年轻寡妇，与其让她守节，不如让她早嫁：

单说人家不幸有了寡妇，或年至五十、六十，此时火气已消，叫她终守可也；若三十以下，二十以上，此时欲火正炽，火气正焰，驾烈马没缰，强要她守，鲜克有终，与其做出事来再醮，莫若早嫁为妙。（《八段锦》，第八段）

清代的李渔也在《无声戏》中指出，虽然朝廷鼓励寡妇守节，但现实情况毕竟是改嫁的多，守节的少，因此，他希望那些早逝的男子，临死时最好劝妻妾改嫁：

世间的寡妇，改醮者多，终节者少。凡为丈夫者，教训妇人的话，虽要认真；属望女子之心，不须太切。在生之时，自然要着意防闲，不可使他动一毫邪念；万一自己不幸，死在妻妾之前，至临终永诀之时，倒不妨劝他改嫁。（李渔：《无声戏》，第十二回）

第一章　性与中国古代的婚姻家庭

以上观点，都是作者洞察世情后发出的规诫之言，可谓一针见血，对于两宋以后中国社会兴起的寡妇守节之风，有极好的纠偏作用。

(2) 节妇与性压抑

寡妇守节之难，最难的还在于要克制自己的性欲。性欲是人之大欲，寡妇在丈夫未死时有过性交的经历，享受过性交的乐趣，因此，当丈夫死后，节妇将终生与性交无缘，此种煎熬，当非常人所能承受。

在明代小说《禅真后史》中，描述寡妇濮氏守寡数年，一天晚上，她见一对蚕蛾交媾，勾起性欲，以至无法控制，主动去找家中的塾师要求性交。(见方汝浩：《禅真后史》，第一回)

在明代小说《绣榻野史》中，则借金氏之口，把守节女子在生理上的痛苦和煎熬描绘得入木三分：

麻氏道："我守了十三年的寡，难道今日破了戒么？"金氏笑道："依妇人守节，起初的还过了，三四年也就有些身子不快活，一到春天二三月间，春暖花开，天气温和，又合合弄的人昏昏倦倦的，只觉得身上冷一阵、热一阵，腮上红一阵，腿里又酸一阵，自家也晓不得，这是思想丈夫的光景。到二十多岁，年纪又小，血气正旺，夜间易睡着，也还熬得些；一到三四十岁，血气枯干了，火又容易惹动，昏间夜里盖夹被，反来伏去没思想，就远不的了。到了夏间，沐浴洗到小肚子下，遇然挖着，一身打震蚊虫声儿婴的把蜜又咬，再睡不安稳。汗流大腿缝里，蚶的半痒半疼，委实难过了。到了秋天，凉风刮起，人家有一夫一妇的，都关上窗儿，坐了吃些酒儿，做些事儿，偏偏自己冷冷清清，孤孤凄凄的；月亮照来，又寒的紧；促织的声，敲衣的声，听得人心酸起来，只恰得一个人儿搂着睡才好。一到了冬天，一发难过，日里坐了对着火炉也没趣，风一阵，雪一阵；只要睡了，冷飕飕盖了棉被，里边又冷，外边又薄，身上又单，脚后又像是水一般，只管把两脚缩缩了才睡，思热烘烘的睡，搂了一个在身上，便是老头也好。思想前边才守的几年，后边还不知有四五十年，怎么挨的到老？"(吕天成：《绣榻野史》，下卷)

在清代沈起凤的《谐铎》中，有一则专门描写寡妇守节之苦的故事。陆氏之妇新寡，因不耐房中寂寞，主动向家庭教师赵蓉江求欢，赵蓉江正色拒绝。陆氏妇羞愧，因此砍下了自己的两个指头，并从此一意苦守。(见沈起凤：《谐铎》，卷三)

特别需要指出的是，寡妇要完成自己守节的志愿，不光要克服发自体内的性欲的煎熬，有时还要抵御外来的诱惑。尤其是那些长相标致的寡妇，常常有一些无良的男子企图勾引她们，败其名节。俗话说：不怕贼偷，只怕贼惦记。在花样百出的计谋面前，很少有寡妇能不堕其罗网。

在明代小说《警世通言》中，说到年轻女子邵氏"姿容出众，兼有志节"，不料二十三岁时丈夫亡故，邵氏坚持守节。十年后，她家旁边搬来一个新的住户，名叫支助，支助看见邵氏貌美，便想方设法要把邵氏弄到手。果然，在支助所使的"怪招"（即故意让邵氏在晚上看到男子的生殖器）面前，邵氏未能幸免。（见冯梦龙：《警世通言》，第三十四卷）

在清代小说《空空幻》中，说到年轻女子瑞香貌美如花，夫死后坚持守节。文人花春见到瑞香后，必欲得之而后快。后来，花春装扮成尼姑，与瑞香接近，并把瑞香灌醉，终得遂愿。（见《空空幻》，第七回）

在此，值得我们注意的是瑞香失身后思想上的变化，"妾数载冰心，已一旦被君污辱，将来仍守节终身，则碍于有名无实；欲改辕中道，又苦于有口难言"，以及她在行动上的变化，"于是重聚风流，更觉你贪我恋，兴态情浓"。说明守节实属不易之事。以上所引虽是小说家之言，却刻画得入木三分，写尽了世情人心。

### （3）反对守节的节妇

由上可见，每一位立志守节的寡妇，在其守节的过程中，都会遇到这样那样的考验：有来自内心的折磨，需要她用顽强的毅力去克服；有来自外来的压力或诱惑，需要她凭借勇气和智慧去抵御。而当她克服重重困难，终于守节至将要老死时，她又得到了什么呢？一个贞节牌坊，一个节妇的名号，这些真的值得她牺牲一生的幸福去换取吗？

在清代沈起凤的《谐铎》中，有"节妇死时箴"一则，叙述某女子守寡至八十岁，临终时召集全家人，以自己的亲身经历告诉他们，若女子年轻时丧夫，"上告尊长，竟行改醮，亦是大方便事"：

> 荆溪某氏，年十七，适仕族某，半载而寡；遗腹生一子，氏抚孤守节；年八十岁，孙曾林立。临终召孙曾辈媳妇，环侍床下，曰："吾有一言，尔等敬听。……尔等作我家妇，尽得偕老白头，因属家门之福；倘不幸青年寡居，自量可守则守之，否则上告尊长，竟行改醮，亦是大方便事。"众愕然，以为昏耄之乱命。氏笑曰："尔等以我言为非耶？守寡两字，难言之矣；我是此中过来人，请为尔等述往事。……我居寡时，年甫十八；因生在名门，嫁于宦族，而又一块肉累腹中，不敢复萌它想；然晨风夜雨，冷壁孤灯，颇难禁受。翁有表甥某，自姑苏来访，下榻外馆；我于屏后观其貌美，不觉心动；夜伺翁姑熟睡，欲往奔之。移灯出户，俯首自惭，回身复入。而心猿难制，又移灯而出；终以此事可耻，长叹而回，如是者数次。后决然竟去，闻灶下婢喃喃私语，屏气回房，置灯桌上。倦而假寐，梦入外馆，某正读书灯下，相见各道衷曲；已而携手入帏，一人趺坐帐中，首蓬面血，拍枕大哭，视之，亡夫也，大喊而醒！时桌上灯荧荧作青碧色，谯楼正交三鼓，儿索乳啼絮被中。始而骇，中而悲，继而大悔；一种儿女之情，不知销归何处。自此洗心涤虑，始为良家节妇。向使灶下不遇人声，

第一章　性与中国古代的婚姻家庭

帐中绝无噩梦，能保一生洁白，不贻地下人羞哉？因此知守寡之难，勿勉强而行之也。"命其子书此，垂为家法。含笑而逝。后宗支繁衍，代有节妇，间亦有改适者，而百余年来，闺门清白，从无中冓之事。（沈起凤：《谐铎》，卷九）

在明代小说《禅真后史》中，作者感慨地说，古往今来，"孀居清白到底的能有几人"，"反不如那三媒六证，大落落地嫁一丈夫倒也干净"：

看官，你道这濮氏的言语有理么，还是没理呢？一个道："这说话有些不近道理。古人云：'忠臣不事二君，烈女不嫁二夫。'这濮氏把血块交与媳妇看，分明叫媳妇与后人丧廉失节了。"这个道："兄言近理，但不知'色欲'二字，不要说妇人被他所迷，自古及今，多少英雄豪杰都被那色欲败国亡家，殒躯丧命。希罕这妇人家不致失节？大凡妇人家孀居，少年容易，壮岁至难。那少年时血气充足，欲火不炎；一到三旬之外，四旬以来，血渐衰矣，血衰则欲火如炽，鲜有不败其守者也。比如女人少年嫁一丈夫，极其恩爱，倘失所夫，其悲哀思慕之心最切，故终身守节出乎真心实意。及至有年，则悲念渐懈，欲念渐萌。或见夫妇之成双，何等感伤；或睹昆禽之缱恋，又何等羡慕。因而感动春心，触其欲念，一遇机巧之处，那心猿意马，拴缚不住，兀自先撩拨男子，那男子汉岂有轻轻放过的？你看世上有几个瞿天民么？且不提那蓬门荜户的孀居，君试看这宦室富家的嫠妇，少年折其比翼，为公姑父母的皆要女媳争气，谁肯讲一个重婚再醮之事？讵不知那富贵人家更难守节，穿的是绫罗缎疋，吃的是膏粱美味，住的是高轩大厦，驱役的是家僮使女，整日价清闲自在，所少的在哪一件来？其中名为守节，暗中与狡童俊仆、或来往亲属偷情者，不知几何？俗言说得好：'杀私牛，卖私酒，不犯出，乃高手。'又云：'守节一世，失节一时。'故孀居清白到底的能有几人？还有那慕色之妇，被家人拘束得紧，无隙可乘，以至对灯长叹，抚枕泪流，染病奄奄，抱恨长逝，深为可怜。还有那情迷机露，或受孕怀胎，轻生者服卤悬梁，贪命者出官献丑，种种秽污，不能尽述。反不如那三媒六证，大落落地嫁一丈夫倒也干净！"这一个听了，俯首叹服。这一片说话，虽系闲谈，却中世弊。（方汝浩：《禅真后史》，第十四回）

因此，在寡妇该不该守节的问题上，道理是十分清楚的：必须完全根据寡妇本人的意愿，想守就守，不想守就不守。而且，有的寡妇，即使开始时坚称要守节，后来后悔了，也要大度地允许她改嫁，毕竟其中的痛苦，寡妇心中是最明白的，别人无权在旁边指手画脚，替她做主。所谓"饿死事小，失节事大"的观念，倡导者自己可以去坚守，却无权要求寡妇去坚守。至于把它变成某种制度或习俗，更是明显违反人性的。正是因为要求寡妇守节违背人性，辛亥革命后，一些有识之士纷纷撰文对此加以抨击，提倡寡妇改嫁。因此，中华人民共和国成立后，虽仍有一些女子立志守寡，但守寡作为一种习俗，已不复存在。

3. 婚外性行为

所谓婚外性行为，是指已婚男女与其他异性（也包括同性）发生性交的行为。在现代社会，发生婚外性行为已经是较为普遍的现象，我们来看以下两则资料：

> 绝大部分已婚男人都不是只守着妻子的。72%结婚两年或两年以上的男人有婚外性行为。绝大部分瞒着太太，至少在当时不说。（海蒂：《海蒂性学报告——男人篇》，第135页）

> 结婚超过5年的女人中，有70%有婚外性关系，然而她们几乎都相信专一才是对的。（同上，《海蒂性学报告——女人篇》，第483页）

另据《时尚健康》男士版2007年第6期载，2006年，34.7%的受调查男性和18.4%的受调查女性有婚外性行为。

那么，中国古人发生婚外性行为的情况又是怎样的呢？对此，当然不可能有确切的资料。但是，中国古代社会讲究男女大防、男女授受不亲，因此，婚外性行为的发生率肯定比现代社会要低。但是，这个所谓"低"，主要是就女子而言的，因为女子被牢牢地禁锢在家里，加上社会舆论对女子的出轨行为毫不留情，因此，女子发生婚外性行为的情况肯定不会太多。而男子则不然，中国古代社会对男子的性束缚较少，他们满足性需要的公开渠道很多，如纳妾、逛妓院甚至搞男性同性恋等等，因此，对于中国古代的男子来说，只要他愿意，发生婚外性行为是较为容易的事。而且，只要他不去勾引良家妇女，他的婚外性行为大多可以堂而皇之地进行。因此，在中国古代，对婚外性行为的禁止主要是男人对女人的禁止，而不是女人对男人的禁止。一个男人，若他的妻妾与别的男子发生性行为，他便会被称为乌龟或戴了绿头巾，受到人们的嗤笑。在通常情况下，他的妻妾会因此受到严厉的惩处，或被休，或被卖甚至被杀。

（1）中国古代男子允许妻妾发生婚外性行为的几种情况

与现代社会一样，中国古代男子大多禁止自己的妻妾与别的男子发生性关系，不过，这种状况也不是绝对的，在中国古代，在以下几种特殊的情况下，也有男子允许自己的妻妾与其他男子发生性行为。

a. 换妻而睡

性享乐是无止境的，一个人如果把性享乐作为最高追求，便会不顾道德人伦，做出许多匪夷所思甚至伤风败俗之事。在明代小说《初刻拍案惊奇》中，说到铁生与胡生两个男子交情极深，且各娶美貌女子为妻。一天，铁生忽发奇想，要与胡生换妻而睡，胡生也正有此想，结果两人一拍即合。（见凌濛初：《初刻拍案惊奇》，卷三十二）

书中称，铁生与胡生经过试探，发现此事可行，便与各自的妻子商妥，两人换妻而睡。类似的情节也见于清代小说《株林野史》，书中的栾书和巫臣也是互换妻子而睡。（见《株林野史》，第十五～十六回）

为了与别人的妻子发生性关系，不惜以自己的妻子相交换，这样的事情并非小说家纯粹的虚构，现代社会的换妻俱乐部就与此完全相同，且有过之而无不及。另外，确实有一些男子，并不把妻子与其他男子发生性关系看得有多严重，有的甚至将此视作值得自豪的一件事情。在《海蒂性学报告》中，就记述了这样一位男子：

结婚7年，我真的热爱婚姻生活，婚姻是我人生的支柱。没有我太太，我的人生不会有太大的进展——包括情感和理智两方面。我有一次婚外情，我告诉了太太，她有点震惊，但是她大方地接受了。现在我太太和一位我们的朋友维持了两年的性关系。我太太越来越受他吸引，而且我鼓励他们在一起。信不信由你，她引诱他，他绝对不敢越雷池一步。过去两年，我每星期两个晚上在社区当义工时，她就在他屋子过夜。我丝毫不烦恼，事实上我发现知道她正和别的男人上床，令我情欲扩张，增强我对她在性方面的欣赏。整个过程里，从来不必担心我太太会离开我。她爱那个男人，但是和爱我的方式不同，她可以跟我生活在一起，但没办法跟他同居。我从来不会担心这会让我们的关系蒙上阴影。我太太和我彼此非常了解。我从来没有利用婚姻这种开放性来追逐婚外情，我只是还没有看得上眼的人。该发生的事情就会发生，我心甘情愿。

（海蒂：《海蒂性学报告——男人篇》，第174页）

在清代的《点石斋画报》中，登载了一个宁波男子王甲，他与另一男子金乙关系很好。金乙与王甲的妻子有性关系，王甲对此一清二楚，但并不加以阻止。后来，金乙将娶陈姑女为妻，金乙舍不得王甲之妻，与王甲之妻抱头大哭。王甲对此不但不恼，反而在一旁再三劝慰。这时，金乙提出与王甲换妻，王甲居然同意了：

宁波象山南渡王甲、金乙性狂荡，好饮善博，素为莫逆交。乙因出入甲家，与其妻有染，甲知之亦弗禁，盖居然一妇而有二夫焉。去腊某日，乙将娶朱溪陈姑女为室，先期与甲妻抱头痛哭，甲见而恻然，再三婉劝。乙曰："兄能效古人之通室乎弟，与尊闻情同胶漆，实不忍离，若兄代作新郎，俾弟得仍其旧，将感且不朽。"甲诺之。及合卺已毕，女渐有所闻，使人报知母家，然事已无可如何矣。噫！无耻若此，谁谓齐庆封不复见于今日耶！（《点石斋画报·庆封复见》）

夫妻双方彼此同意对方与他人发生性关系，这在一般人是很难做到的，能这么做的人，通常都是些喜欢在性关系上探奇觅新、追求享受的人。在《海蒂性学报告》中，把此种状况称为"开放式婚姻"，并认为有3%的男人采取这种开放式的婚姻：

我们已经看到，绝大多数男人外遇，妻子却被蒙在鼓里，或至少这些男人没有告

《点石斋画报》中的庆封复见图

诉太太。然而有少数男人（3%）拥有"开放式婚姻"，即配偶双方事先同意对方可以拥有婚外性关系。（海蒂：《海蒂性学报告——男人篇》，第179页）

需要特别说明的是，男子禁止自己的妻子与其他男人性交，这是当今世界的主流观念，但并非所有的民族都持这种态度。据《我们的性》一书介绍，西澳大利亚阿拉姆岛、玻利尼西亚马克萨群岛等的土著，都公开接受并积极追求婚外性关系：

> 西澳大利亚阿拉姆岛的土著公开接受妻子和丈夫的婚外性关系。他们喜欢由婚外性活动所带来的性体验的多样性和打破单调的生活。由于这样的体验，许多人表示对配偶增多了感激和依赖。玻利尼西亚马克萨群岛（Polynesian Marquesan）人虽然不公开提倡婚外性关系，却表现了对这种行为的默许。一个马克萨群岛人的妻子经常把年轻男孩或丈夫的朋友或亲戚当作情人。与此同时，她的丈夫可能与年轻的未婚女孩或妻子的姐妹发生关系。马克萨群岛文化公开支持交换伴侣的活动和性服务，在那里，单独前来的人会获得接受异性服务的机会。性服务也在一些爱斯基摩群体中实行，在那里，一个已婚的女招待与一个前来的男客进行性交。图鲁（Turu）中心的坦赞尼亚（Tanzanja）认为婚姻主要是作为一种合作的、经济的和社会的纽带。丈夫和妻子之间的爱情通常被认为是不合适的，这个社会的大多数成员相信，婚姻关系被爱情和感情的不稳定性所损害。图鲁形成了一种叫作穆布亚（Mbuya）的浪漫爱情制度，这允许他们去寻求没有威胁婚姻稳定性的家庭之外的感情。（克鲁克斯等：《我们的性》，第423页）

第一章 性与中国古代的婚姻家庭

这些例子告诉我们，世界之大，无奇不有，无论是人类的文化还是人的性格、人的行事方式，都有其多样性，只有对这些多样性有充分的了解，我们才不会大惊小怪，对事物作出错误的判断。

b. 为了传宗接代

在中国古代，当男子确认自己无生育能力时，出于传宗接代的考虑，有时也会允许自己的妻妾与其他男子发生性关系，不过，这种行为通常是在极秘密的情况下进行的。

在宋人王明清的《投辖录》中，记载了宋哲宗时担任丞相的章质夫年轻时在汴京城里的一次奇遇：

> 章丞相初来京师，年少美风姿。当日晚，独步禁街，睹车子数乘，舆卫甚严；最后者，辕后一妇人，美而艳，揭帘目逆丞相，因信步随之，不觉至夕。妇人以手招丞相，遂登车与之共载至一甲第，甚雄壮。妇人遮蔽丞相，杂众人以入一院，甚深邃，若久无人居者。稍顷，前妇人始至，备酒馔之属亦甚珍。丞相因问其所，妇人笑而不答。自是妇人引侪类辈迭相往来甚众，俱媚甚。询之，皆不顾而言他；每去，则必以巨锁扃之。如是累日夕，丞相体为之弊。

在明代郑瑄的《昨非庵日纂》中，也记载了一则让妻子向别的男子借种的故事：

> 周状元旋之父，多子而贫，馆富翁家。翁无子，欲令妻求种。召饮，酒半，伴入睡。令妻出陪曰："君多男，妾冒耻求种。"某愕然遽起，而门闭不得出，以指书空云："欲借人间种，恐妨天上人。"妻启门放之。是秋（旋）中乡榜，太守梦迎状元，幡上写"欲借人间种"二语。明年大魁报至，太守往贺，因诘所梦，讳之而不言。（郑瑄：《昨非庵日纂》，卷二十）

c. 因为贫穷

因贫穷而允许自己的妻子与别的男子发生性关系，此等男子当然是既可悲又可怜。据清代的《点石斋画报》载，当时在浙江的宁波有租妻的风气，即把自己的妻子租给别的男子当妻子；在袁州则有当妻的风气，即把妻子典当给别的男子，获得一笔钱，到时候再花钱赎回。有一个男子先把妻子当给乙，赎回后又把她当给丙，最后，这位妻子忍无可忍，自缢而死。（见《点石斋画报·当妻谈新》）

（2）婚外性行为之弊

无论是中国古代一夫多妻的婚姻制度，还是当今一夫一妻的婚姻制度，都是反对婚外性行为的。因为婚外性行为使夫妻感情失和，严重的还会导致夫妻离婚及其他社会问题。从这个角度来说，婚外性行为无疑是弊大于利的。关于婚外性行为的弊端，清代小说《肉蒲团》中有一段十分精辟的论述，认为它让男子行事时胆战心惊，"风流汗少，而恐惧汗

《点石斋画报》中的当妻谈新图

多""试身不测之渊，立构非常之祸。暗伤阴德，显犯明条"：

只是一件，这种药性与人参附子，件件相同，只有出产之处，与取用之法，又有些相反，服药者不可不知。

人参附子是道地者佳，土产者服之无益；女色倒是土产者佳，道地者不惟无益，且能伤人。何谓土产？何谓道地？自家的妻妾，不用远求，不消钱买，随手扯来就是，此之谓土产。任我横睡，没有阻挠；随他敲门，不担惊恐。既无伤于元气，且有益于宗祧，交感一番，浑身通泰，岂不谓之养人？

艳色出于朱门，娇妆必须绣户，家鸡味淡，不如野鹜新鲜；耆妇色衰，年似闺雏少艾，此之谓道地。若是此等妇人，眠思梦想，务求必得，初以情挑，继将物赠，或逾墙而赴约，或钻穴而言私。饶伊色胆如天，到底惊魂似鼠。虽无谁见，似有人来。风流汗少，而恐惧汗多；儿女情长，而英雄气短。试身不测之渊，立构非常之祸。暗伤阴德，显犯明条。身被杀矣，既无偿命之人；妻尚存兮，犹有失节之妇。种种利害，惨不可当。可见世上人于女色二字，断断不可舍近而求远，厌旧而求新。（《肉蒲团》，第一回）

关于婚外性行为对男子的身心可能造成的损害，《性学总览》中为我们提供了一则资料。书中说，根据日本东京医检署的一项研究，在因性交而猝死的案例中，有77%是因婚外性行为而引起的：

山野证实，在5 559例猝死病例中，有34起（0.6%）是由性活动引起的。猝死可在不同的情况下发生，但在上述34起猝死病例中，有27起（77%）是在进行婚外性活动时发生的，其中18起（53%）猝死是在旅馆中发生的。当然，旅馆的医生报告的性交猝死案，可能比私人家庭医生报告的要多，后者出于对死者家属的尊敬，可能把猝死的原因归结于其他的因素。比如死者的妻子可以说，丈夫是在睡眠状态中死去的，但在旅馆中租房住的婚外性伙伴，则无法使用这一借口。性交猝死显然具有这样的模式：它多见于和"法定"配偶或"固定"性伴侣以外的人性交的时候，并且多发生在与情人秘密幽会的旅馆里，而不是在自己的家中。

第一章 性与中国古代的婚姻家庭

我们可以得出这样一个合乎情理的结论，心肌梗塞的突发及至猝死的可能性，对于一个在性交前节制饮食和酒量并和有20年或20年以上的性交关系的熟悉的性伴侣在熟悉的环境中性交的中年男子来说，是非常渺茫的。然而，和新结识的婚外恋对象的性交，由于前文已经提到过的种种精神紧张和身体紧张，又得另当别论。（莫尼等：《性学总览》，第972页）

除了以上所述，婚外性行为的一个直接的后果就是严重影响夫妻感情和夫妻的性生活。对于男性而言，他通常会在婚外性行为中获得比与妻子性交更多的快感，这就会导致他对与妻子性交缺乏兴趣。另外，婚外性行为通常是背着自己的配偶进行的，这就会使出轨的一方背负沉重的心理压力。《海蒂性学报告》中的一则资料很有典型性：

在我陷入热恋、无法自拔于外遇时，面对太太我经常会阳痿，即使是勃起而且达到高潮时，也不会觉得愉快，有时更是痛苦。这些插曲令我难堪，因为显然表示了我不爱她，我不想跟她在一起，也不想跟她做爱。然而我却无法诚实、坦率地告诉她。（海蒂：《海蒂性学报告——男人篇》，第227页）

对于女性而言，婚外性行为对夫妻性生活的影响会更明显些。因为相对男性而言，女性在性行为上会更慎重些，在感情上也会更专一些。当女性跟另一个男子发生婚外性行为时，她通常会移情于该男子，而对自己的丈夫明显缺乏热情，此正如《男人装》的一则访谈中所言：

一般女人有外遇，都是挺喜欢那个人的，就很难再跟另外一个男人有亲密行为，所以回到家里就会跟自己的老公比较疏远，会想办法回避跟老公亲热。（《男人装》，2008年第11期）

当然，婚外性行为最严重的后果是会导致夫妻离婚，给双方的身心造成严重的伤害：

据统计，差不多1/4的离婚案都是因为男性不忠造成的。心理学家对发生风流韵事的一方在情感和身体上的影响进行了比较，结果发现，婚姻的不忠给对方带来的伤痛，就如同在战争中对身体所造成的伤害，他们有着相同的感受。（《时尚健康》男士版，2007年第7期）

在当今中国，当丈夫或妻子发现对方有婚外性行为时，大多还是会选择离婚。这一方面是当事人的内心无法容忍对方的不忠，另一方面是社会舆论会给他（她）造成巨大的压力，因为在公开场合，人们是不接受一方有婚外性行为的夫妻仍能相安无事的。当然，这里所说的婚外性行为，是指带有一定感情因素的，不包括与那些从事特殊职业的性工作者之间的性行为。

有一些资料不赞成本文的上述观点，它们认为，在现代社会，当夫妻中的一方发现对方有婚外性行为时，多数不会选择离婚：

当我们询问如果一个已婚者与其他异性发生婚外性行为（不讲什么"理由"与条

件），你认为配偶应怎样处理时，无论城乡、无论男女认为对此应持耐心劝告与挽救的态度的，在50%以上。（刘达临：《中国历代房内考》，第1005页）

有70%的夫妻会在他们一方发生婚外情之后选择继续在一起。（《时尚健康》男士版，2006年第1期）

本文不怀疑上述调查资料的真实性，但它无疑与我们的现实生活存在差距，因为在现实生活中，我们很少见到这样的情况：一对夫妻，当事人和周围的人都知道其中的一方有婚外性行为，这对夫妻却仍能相安无事、继续保持婚姻关系。这说明，在婚外性行为造成的后果的问题上，私密性是一个十分重要的因素：夫妻中的一方有了婚外性行为，若不让配偶知道，通常不会影响婚姻关系；若一方的婚外性行为被配偶知道了，但别人并不知道，夫妻双方在进行沟通后，多数会选择继续在一起；若一方的婚外性行为既被配偶知道，又被周围的人知道，则大多会选择离婚。

（3）怎样看待婚外性行为

一方面是现行的社会道德和法律反对婚外性行为，一方面则是有婚外性行为的人数量越来越多、队伍越来越庞大。而更值得注意的是，有很多人虽然没有婚外性行为，但他们并不是不想，而是因为没有合适的条件和机会。

这样，在婚外性行为的问题上，我们就面临一种矛盾的局面：社会上的大部分人希望有婚外性行为，然而社会规则却不允许有婚外性行为。那么，是社会规则错了，还是社会上的大部分人错了？我们知道，社会规则反映的是社会上大部分人的意愿，然而，在婚外性行为的问题上，两者为什么会发生如此严重的冲突呢？

其实，对于如何看待婚外性行为，一直有不同的意见。如清代小说《野叟曝言》中就明确指出，女子有婚外性行为，算不得什么罪过：

做男人的便有三妻四妾、摸丫头、偷婆娘、嫖婊子、骗小官这许多快活事做，做女人的就该守着一个丈夫的吗？看得破，不认真，就是花间月下结识一两个情人，也不算甚罪过。如今大官府家夫人小姐哪一个不开个便门相与几个人儿？只苦着我们这样人家，房屋浅窄，做不得事罢了。是痴子、傻子才讲贞节，那贞节可是吃得穿得、快活的东西？白白的愁得面黄肌瘦，谁来替你表扬？便有人来表扬，已是变了泥土，痛痒不知的了。那武则天娘娘偷的汉子还有数儿的吗？他也活到七八十岁，风流快乐了一世，没见天雷来打死了他。死去的时节，十殿阎王领着判官小鬼直到十里长亭来迎接他，还俯伏在地下，满口称着万岁哩！（夏敬渠：《野叟曝言》，第三十回）

一些现代性学家正是看到了婚姻制度与人性存在的严重冲突，因而主张在婚外性行为的问题上采取更为开放的态度。他们认为，一个成年人，应该对自己的身体享有支配权，他（她）与配偶以外的人发生性关系，只要不伤害到别人，应该是被允许的，一个人一辈

子只能与自己的配偶性交的规定是"荒谬的":

> 性的活动和性的态度,只要不公开地取罪于人,终究是一二当事人的私人之事,而其是非利害,应由私人自己裁决,和公众并不发生关系,此其一。这种活动与态度,虽与后天的教养有关,终究大半是先天气质的结果,根柢极深,无由卒拔,此其二。(霭理士:《性心理学》,第258页)

奥尼尔理论的核心是,一种关系不可能满足整个成年期一个人的所有亲密需要。在开放婚姻中,人们在没有损害他们的主要关系的情况下,互相允许自由拥有与男性或女性成员的亲密感情关系。在一个性开放婚姻中,这些亲密关系包括性分享。

那些支持性开放婚姻的人认为,把性亲密关系仅仅限制在一个人身上是一种桎梏。一些人甚至主张"希望50年所有的肉体上的性感情固定在已婚配偶上实质上是荒谬的"。(克鲁克斯等:《我们的性》,第424页)

不过,话又说回来,虽然有不少男女向往或正在尝试婚外性行为,但婚外性行为毕竟会对现代婚姻制度和家庭造成严重的冲击,因此,在具体的态度和措施上,我们必须慎之又慎。相比之下,刘达临在《中国历代房内考》中的态度较为公允,值得我们参考:

> 在对婚外性行为看法的问题上,从历史发展趋势看来,有这么一种发展趋向:凡是进步的思想家都主张对此采取较为宽容的看法,社会越是发展到文明的程度就越是对此持较为宽松的态度,这都是和历史上反对封建社会的性压制和性禁锢、反对中世纪的黑暗、提倡光复人性的思潮结合在一起的。当然,如果因此而走向反面,变成了性放纵、性滥交,那也是个历史的错误。
>
> 人们对婚外性行为趋向于采取较为宽容的态度,主要原因是越来越认识到形成这种现象的原因绝不仅仅只是当事人的"淫恶"与"道德败坏",而有许多深层的原因。
>
> ……
>
> 在现代中国,社会逐渐对婚外性行为采取较为宽容的态度,这种状况,反映出一种社会的文明与进步。这当然不是说人们都赞成与提倡婚外性行为了,而是说明,越来越多的人认识到,要对具体事物作具体分析,婚外性行为的产生有许多复杂的原因,要纠正这种现象不是简单地扣几顶"品质恶劣,道德败坏"的大帽子,压一压就能奏效的。这个问题的发生,对有的人来说是道德品质问题,但还有一些人则是一时感情冲动,或是在夫妻关系严重不和谐情况下的补偿,也可能是对不幸婚姻的一种消极反抗。因此,要区分情况,区别对待。(刘达临:《中国历代房内考》,第1006~1007页)

### 4. "情玩"——一种特殊的两性交流方式

在男女两性之间关系的处理上,人们习惯于两分的方法,即要么彼此十分亲密,成为恋人、情人、夫妻，可有性方面的关系；要么以礼相待，除了一些必要的公开接触，绝不能有性方面的行为。这种严格两分的方法，保证了男女间正常的交往秩序，但也让有些人觉得心有不甘：于这种两分的关系之外，是否可以有第三种关系呢？民国时期的"性学博士"张竞生认为，完全可以有第三种关系，这第三种关系，张竞生称之为"情玩"。所谓"情玩"，就是"男女只用游戏、玩耍，甚而至于亲吻、抱腰、握乳，都是免于交媾，而能得到性欲的满足"（张竞生：《美的人生观》）。简而言之，就是男女之间可以拥抱爱抚，但是不进行性交。

为什么男女之间要建立这种"情玩"的关系呢？张竞生认为，一是因为性交会导致男子泄精，而泄精会导致疾病甚至死亡；二是因为"情玩"的感觉和境界要远远超过性交：

泄精乃一极无谓的事情。泄一次精则神疲气衰，愈多泄精，则或至于病痛而死亡。故泄精乃一用力多而收效少的恶果，并且它仅对于一人一时的发泄，其范围甚小而时限甚短。我今所提倡的"神交法"即与这样泄精立于反对的地位。它是用力少而收效大的，其所及的范围甚广而时间甚长的。"神交法"精而言之为"意通"，粗而言之为"情玩"。我今先说"意通"罢。……即是于亲爱的人相与间，原不用着肉体的亲藉，即能满足性欲的快乐。言语，动作，以及一切表情之间，都能使用爱者与被爱者消魂失魄。妙眼相溜，笑容相迎，神色上互相慰藉，这些快乐都是无穷尽的，竟非交媾所能比拟于万一。……故善用神交法者，无往而不得到"意通"的真义。它的范围甚广大，而用力甚少，但其收效则极大，因为它不用劳形疲神于泄精的耗费，而且得此游神于六合的妙境，领略最高尚的情怀，与极深微的艺术。自来佳人名士于春花秋月的寄托，上天下地的描摹，都是这个意会与神通的作用的。另一方面，就神交的浅义说，是为"情玩的方法"，即使男女只用游戏，玩耍，甚而至于亲吻，抱腰，握乳，都是免于交媾，而能得到性欲的满足。……以亲吻说，热烈烈的嘴唇互相接触后，其电力直透于生殖器，即觉得一缕情魂自顶至踵流去了。互相抱腰的亲爱，更能表出彼此的热情。至于乳部的神经与生殖器的原是互相关联，若温柔的手心安贴在乳部上，有时所享受的情感，更不是交媾的所能及了。（同上）

其实，认为男女只爱抚不性交的感觉和境界要超过性交，并不是张竞生的发明，早在清代小说《野叟曝言》中，就已有"交股并头，直欲如胶不解，床帏乐事，计亦无逾此者"的说法：

素臣吃完夜饭，便要安息。璇姑服侍素臣先睡，将素臣大衣，偷出一片里襟，将火烧损处补好，然后上床。此夜恩情，比前两夜更自不同，觉欢情正厚，别绪旋抽，恨不得将两个身躯，溶化作一块。真个千般怜惜，万种温存！璇姑道："奴也曾与嫂嫂同床，再不敢着肉沾皮，为何与相公同睡，就如连枝、比目一般，无比亲昵？"素臣道："男女之乐，原生乎情；你怜我爱，自觉遍体俱春。若是村夫俗子，不中佳人之意；

第一章　性与中国古代的婚姻家庭

蠢妻呆妾，不生夫主之怜，纵夜夜于飞，只不过一霎雨云，索然兴尽。我与你俱在少年，亦非顽钝，两相怜爱，眷恋多情，故不必赴阳台之梦，自能生寒谷之春。况且男女之乐，原只在未经交合以前，彼此情思俱浓，自有无穷兴趣；既经交合，便自阑残。若并无十分恩爱，但贪百样轻狂，便是浪夫淫妇，不特无所得乐，亦且如沉苦海矣！"璇姑道："奴家未历个中，不知云雨之事，其乐何如？窃以为乐根于心，以情为乐则欲念轻，以欲为乐则情念亦轻。即如前日，自觉欲心稍动，便难消遣，情之一字，几撇天外。今因相公禀命之言，俗念无由而起，情念即芊绵而生。据此时看来，相公已怡然自得，小奴亦窅然如迷。挨胸贴肉，几于似片团成；交股并头，直欲如胶不解。床帏乐事，计亦无逾此者。恐雨云巫梦，真不过画蛇添足而已！"两人讲得投机，更加亲爱。正是：俗子但知裙里物，佳人能解个中情。（夏敬渠：《野叟曝言》，第八回）

这种只爱抚不性交的两性交流方式也受到不少性学家和婚姻学家的重视，如婚姻学家斯尔德说,爱抚让人达到的快感"绝不亚于性交本身"。（见《健康世界》，2004年第9期）

《我们的性》认为，把性等同于性交会使性伙伴间的爱抚和触摸被明显忽略，它严重地影响了性爱行为：

> 在本文中我们已经不断地看到性就等于阴茎——阴道性交的观点在我们的社会里占主要地位。这种假定会严重影响性爱行为。（McCarthy，1994年）尽管性交显然是一种当然可行的选择，但它仅仅是选择之一——并不是唯一的、最重要的或者最好的体验性快乐的途径。一种强烈的倾向是把性交看作性的同义词，它会造成对女性的刺激不足，给性交施加压力和导致焦虑的期望。这种观点还会引导人们忽视其他感官享受。用泽伯杰德（Bernie Zilbergeld）的话来说，"许多男性，当问到触摸他们的伴侣或者被她们触摸的感觉如何时，他们常说不知道，因为他们忙于去性交而没有时间去考虑这个问题。这样，我们（男性）就剥夺了自己的乐趣以及充分体验那种令人愉快的性反应所必要的刺激"。（克鲁克斯等：《我们的性》，第448页）

《海蒂性学报告》进一步明确指出，人们不应把性拘泥在性交上，应该探寻让身体得到快乐的各种可能的途径：

> 事实上，性爱的目的并不需要直接导向高潮的达成，甚至无需生殖器的接触或刺激即可享受到性爱的美好。人与人之间的肉体关系，有各式各样新的可能。男性性欲当然也可以大加扩充，包括各种身体的快乐，不必拘泥在阴茎插入阴道的性交模式上，固执地坚持非要尽快射精不可。当务之急，是将性爱重新定义，或者说，将传统对性爱所设下的僵化定义——摒弃，继而将我们对人类性关系的想法与观念，积极地扩充到前所未闻、从未探触过的领域。（海蒂：《海蒂性学报告——女人篇》，第399页）

而《海蒂性学报告》所说的让身体得到快乐的各种途径，主要的就是指男女间的爱抚、碰触：

性爱是和别人亲近、沟通的最佳方式，但并不一定非要和越来越多的人上床性交不可。对我来说，我需要和别人亲近、分享爱意，却不必非要导向性关系的建立。假使我们可以和更多的人分享身体的碰触与亲近，我们的生活就会充满更多的温情与爱意，根本就无须将所有的身体碰触都导向阴道性交。（海蒂：《海蒂性学报告——女人篇》，第410页）

事实上，根据《海蒂性学报告》提供的资料，有不少男性和女性在与异性接触时，更愿意互相爱抚，表达情意，而不是性交：

我一向都很渴望和别人分享肌肤之亲的快乐，所以，我只好和男人建立起性关系，目的并不是为了达到性高潮（我靠自慰反而更能让我自己得到满足），而是在追求一份亲密感与温情，这才是我对性爱的期望所在。现在我可以从我丈夫那儿得到肌肤之亲的满足，不过，老实说，这才是我和男人上床性交的原因。（同上，第415页）

对我来说，最美好的性爱并不全然是高潮或性交，而是长时间的亲昵、接吻、搂抱，不断重复来引发双方亢奋。长时间的亢奋，对我最是美妙不过，充满了亲密、舒服和分享的感受。大部分时候，我从前戏中得到的心神激荡远甚于性交。（同上，《海蒂性学报告——男人篇》，第342页）

由上可见，作为男女交往的一种特殊的方式，"情玩"既有理论上的可能性，也有现实的基础——毕竟有不少人喜欢这种方式。而且，"情玩"有一个最大的特点，就是当事者既体验了性快乐，又不失身。

我们通常把女子与丈夫以外的男子发生性行为称为失身、失节或失去贞操，相反，若某女子只与异性有拥抱、接吻等行为而没有发生性交，我们是不会说她失身的。同样，对于一个男子来说，即使他对某女子做了爱抚、拥抱等动作，只要他不与她发生性交，他就不用对该女子承担多少责任，在别人面前，他甚至可以说自己与该女子的关系是清白的。由此看来，"情玩"的"好处"是很明显的：男女之间既借此享受了性快乐，又可不承担相应的责任。

清代小说《姑妄言》中讲述了这样一个故事，美貌女子屈氏所嫁的丈夫是个败家子，以致过惯了富贵日子的她，不仅衣食不给，丈夫甚至要卖了她去还赌债。富贵公子宦萼得知此事后，便把她买了下来。但宦萼买她的目的，并不是要与她发生性关系，而是要帮助她，使她能最终与丈夫团圆。不过宦萼为了怕屈氏起疑心，又不回避与她拥抱调笑，只是在紧要关头牢牢控制自己。（见《姑妄言》，第二十回）

在清代小说《巫梦缘》中，也有类似的例子。书生王蒿与小姐桂姐相交日久，两人心心相印，王蒿急于与桂姐发生性关系。桂姐不愿在婚前与王蒿发生性关系，但体谅王蒿的心情，便答应与他睡在一起："大家脱了衣服，一般同衾共枕，只不肯做那件事"：

第一章 性与中国古代的婚姻家庭

吃酒中间，搂上来，也不顾露花在面前了，连那桂姐也日深月久，渐觉忘怀。王嵩对露花道："露姐姐，你道我与你姑娘有事的了，不知分毫还没相干哩。今夜好月，嫦娥也笑人孤另，你劝姑娘一声，既许做夫妻，前后总只一般，今夜总承了我罢。"桂姐道："这事我不做的，你怕孤另，我和你连衣睡一睡，倒也使得。只是香月叫他去睡，露花你可在中间坐坐着，倘或睡着了，可叫我们一声。"露花应了，自到外房来。王嵩强那桂姐，大家脱了衣服，一般同衾共枕，只不肯做那件事，急得个王嵩就如小孩子被娘拿过了糖，不把他吃；又如蚂蚁在热砖头上，盘旋不定。（《巫梦缘》，第八回）

据《性心理学》一书介绍，在世界上的一些地方，是允许没有婚姻甚至恋爱关系的青年男女同卧的，而且，同卧时男女可以搂抱抚摸：

有几处地方，又流行着一种风俗，就是男女青年可以同卧，男的可以把女的抱在怀里，同时对于女子的上半身可以有抚弄的行为。在这种情境之下，交接的行为倒也难得发生，但若发生，随后这一对男女也就议亲而成夫妇。（霭理士：《性心理学》，第458页）

另外，也有一些男女，当他们不想与对方结婚，又想与对方一起享受性快乐时，便会选择"情玩"的方法：

我害怕做爱（我会不会表现很好？她会不会故意怀孕好嫁给我这个前途远大的医科学生？），因此尽管和大约10个女孩或女人有过很多次爱抚经验和高潮，我都没有性交。（海蒂：《海蒂性学报告——男人篇》，第302页）

但是，"情玩"也存在以下种种明显的弊病。

a. 引起疾病

"情玩"必会引起性欲高涨，如阴茎勃起，女性的性敏感部位充血，等等，在这种情况下，通常都会很自然地产生性交的要求。但"情玩"是不能性交的，于是，性欲被压抑，充血的部位不能得到有效的缓解，久而久之，便会导致某些疾病。如周作人在张竞生的《美的人生观》的序中就认为，长期"情玩"，会导致种种炎症以及性神经衰弱：

唯独"情玩"一种……张先生的意思是要使男女不及于乱而能得到性欲的满足。这或者有两种好处：在执持"奴要嫁"的贞操观的顽愚的社会，只以为"乱"才是性行为的社会看去，这倒是一个保存"清白身"的妙法，大可采用；在如张先生明白亲吻抱腰也是性行为的表现的人们，则可借此以得满足，而免于"耳苦嘈嘈"之无聊。然而其实也有坏处，决不可以轻易看过。这种"情玩"，在性的病理学上称为"触觉色情"（Tactile eroticism），与异性狎戏，使性的器官长久兴奋而不能得究竟的满足，其结果养成种种疾病，据医学博士达耳美著《恋爱》（B.S.Tamey：Love 1916）中病理篇第十六章"无感觉"所说，有许多炎症悉自此起，而性神经衰弱尤为主要的结果。

（见刘达临：《中国历代房内考》，第1709页）

b. 令人感到挫折

"情玩"既不以性交为目的，也不以性高潮为目的，"情玩"追求的其实是性兴奋。但是，从性兴奋向性高潮过渡是很自然的事，现在却硬要把它人为中断，这难免会给人以挫折感和失落感：

若能与对方共享在性兴奋期间全身的敏感与感官之乐，的确是很棒的感觉。不过，一旦只挑起生殖器的兴奋，却无法让它达到高潮，是很让人有挫折感的。（海蒂：《海蒂性学报告——女人篇》，第70页）

总是反复地被挑起兴奋却无法享受高潮，最令人感到挫折。现在，我再也不接受类似情况下的挑逗了。（同上）

c. 被斥为伪善

一对男女，既非夫妻，又非恋人，却躺在一起，互相拥抱、亲吻、抚摸，因没有发生性交，最后都像没事人似的，以清白的形象示人，这在不少人看来，无疑是不可思议的。因此，他们会指责这些搞"情玩"的男女虚伪、不地道甚至不道德，欺世盗名。

据刘达临的《世界古代性文化》称，在19世纪的西方国家，少女们会玩一种被称为"浮拉特"的恋爱游戏，与"情玩"十分相似，只是它允许通过非性交的方法达到性高潮。由于"浮拉特"既让这些少女们享受了性高潮，又不会怀孕，且又能以处女的身份出嫁，因此，受到不少人的欢迎。但是，也有不少人斥责这种做法"是极为不健全的行为"，"是骗人的行径"。（见刘达临：《世界古代性文化》，第335页）

由此看来，对于"情玩"，必须有一种正确的态度，至少是要给它划定某种范围。首先，就它作为不同于性交的男女性行为的一种方式来说，无疑是有启发意义的，因为把男女性行为等同于性交的传统观念确实有不少弊病，鼓励男女在从事性行为时多开展性交以外的探索，无疑是有益的。其次，"情玩"不应排斥性高潮，当"情玩"的程度较深时，若不通过性高潮来解欲，必然会对健康带来损害。第三，"情玩"若发生在恋人之间，是无可非议的；但若发生在非夫妻或恋人的男女之间，则无疑是要加以反对的。因此，上述种种，都说明"情玩"只是两性关系中的一个选项，而不能得出无条件地赞成"情玩"的结论。

### 三、重男轻女观念支配下的生育之道

对于世界上的各个民族来说，传宗接代都是一件极其重要的事情，因为只有通过传宗接代，民族才能存在，人类才能延续。中国古代社会宣扬"不孝有三，无后为大"，更是

弄璋图　清代任颐绘

把传宗接代提到无以复加的高度。不过，中国古代社会提倡男尊女卑，认为只有男子才能承担起传承家族血统的使命，加上中国古代以农业立国，男子的作用明显要大于女子，因此，在生育后代的问题上，人们重男轻女，把生下儿子称为弄璋之喜，把生下女儿则称为弄瓦。如《诗经·小雅·斯干》中说："乃生男子，载寝之床，载衣之裳，载弄之璋。……乃生女子，载寝之地，载衣之裼，载弄之瓦。"意思是：生下一个小男孩，给他睡的是炕床，给他包的是衣裳，给他玩的是玉璋。生下一个小女孩，给她睡的是地坎，给她包的是破褓，给她玩的是纺线瓦。在这种观念的指导下，人们总想生男孩，不想生女孩。虽然大家都知道，生育后代必须男女两性结合才行，但是人们总希望自己生的是男孩，而把生女孩的责任推给别人。为达此种目的，人们不遗余力地探寻生男生女的奥秘，研究只生男孩不生女孩的方法，从而形成了中国古代独特的生育文化。

### 1. 血裹精则生子，精裹血则生女——生男生女的原因

要确保自己怀上男孩而不是女孩，前提是要弄清为什么怀孕时有的会怀男孩，有的会怀女孩，然后才能采取相应的对策。中国古代医家经过深入的研究，提出了他们关于生男生女原因的看法，主要有以下三种。

（1）阴血先至则生男，阳精先至则生女

这里的阴血，指的应是女性在性交达到极度兴奋时分泌的液体，也叫阴精。南北朝时

期的齐吴郡太守褚澄说：

> 男女之合，二情交和，阴血先至，阳精后冲，血开裹精，精入为骨，而男形成矣。阳精先入，阴血后参，精开裹血，血实居本，而女形成矣。（褚澄：《褚氏遗书》）

意思是：男女交合，当两情融和时，如果女子的阴精先泄，男子的阳精后到，则阴精便会把阳精包裹起来，阳精在里面变为骨，所结的便为男胎；如果阳精先泄，阴精后到，那么阳精便会把阴精包裹起来，阴精在里面起主导作用，所结的便是女胎。

褚澄的观点，对生男生女的原因提出了似乎十分合理的解释，因此，在社会上有较大的影响，很多人都以之为指导。然而，在实践过程中，人们发现这种说法存在明显的问题：有的人严格按照褚氏所说的去做，结果怀的却是女儿而不是儿子，如南宋时期的愚谷老人说：

> 医书载求男法，多引用《褚氏遗书》之说，误人多矣。吾乡一贵公子连得二女，其后妾又怀妊，贵公子喜而告予曰："今必得男，吾用褚氏法也。"予笑曰："若用褚氏法，当拱听足下更弄一瓦。"他日果又生女。予告以邱三谷、储华谷之说，越一载遂生一男。（愚谷老人：《延寿第一绅言》）

愚谷老人认为，生男生女的真实原因与褚氏所说恰好相反："阳精先至，阴血从而包之，阳在内则男形成矣"，而不是"阳精先入……而女形成矣"：

> 近会澄江郭伯英，问语中原前辈胡子山、温以霄、郝吉甫，因论《褚氏遗书》之说，伯英怃然曰："吾为此书所误矣。"伯英盖斥用褚氏法者也，连生六女而不悟，后以语松江张士龙之子，可谓以迷指迷矣。因告之曰："速宜改正之可也。"伯英曰："改正之法当如何？"予曰："阳精先至，阴血从而包之，阳在内则男形成矣，此乾道索坤而成男之谓也。阴血先至，阳精从而包之，阴在内而女形成矣，此坤道索乾而成女之谓也。"伯英闻之，笑谢而去。（同上）

明代著名医学家张介宾也对褚澄的说法提出了质疑。他指出，褚氏认为女子怀孕必须泄阴精，然而有的处女在初次性交后也会怀孕，处女在初次性交时对性交充满恐惧，很难泄阴精，因此褚澄的说法是靠不住的：

> 此一说，余初见之，甚若有味有理，及久察之，则大有不然。盖相合之顷，岂堪动血？惟既结之后，则精以肇基，血以滋育，而胎渐成也。即或以血字改为精字，曰阴精先至，似无不可，然常见初笄女子有一合即孕者，彼此时畏避无暇，何云精泄？但其时情动则气至，气至则阴辟，阴辟则吸受，吸受则无不成孕。此自然之理也。若褚氏之说，似穿凿矣。（张介宾：《宜麟策》）

对于生子而言，褚澄的观点的实质在于：夫妻性交时，应让妻子先达到性高潮，等到妻子因性高潮而泄阴精后，男子再射精，这样结成的胎必是阴精在外而阳精在内，故所结必是男胎；否则，若男子先射精，所结的必是女胎。这样的观点，强调了女性达到性高潮

第一章 性与中国古代的婚姻家庭

049

对于生子的重要性，有一定的意义，但与事实肯定有出入，因为女子不泄阴精照样有可能怀孕，而且有可能怀男胎。依此看来，愚谷老人对褚澄的批评也有问题，他认为夫妻性交时男子先射精，女子后泄阴精便可怀男胎，同样是没有认识到女子怀孕与女子泄阴精没有必然的联系。中国古人因没有认识到怀孕是精子与卵子结合的结果，故才会在对此问题的认识上存在模糊与混乱。

（2）受气于左子宫而成男，受气于右子宫而成女

元代著名医家朱震亨（世称丹溪先生）认为，女子的子宫分为左右两室，夫妻交媾时，若阳精的力量超过阴精，便在左子宫结男胎；若阴精的力量超过了阳精，便在右子宫结女胎：

> 阴阳交媾，胎孕乃凝，所藏之处，名曰子宫。一系在下，上有两歧，一达于左，一达于右。精胜其血则阳为之主，受气于左子宫而男形成；精不胜血则阴为之主，受气于右子宫而女形成。（朱震亨：《格致余论》）

尽管朱震亨在论述自己的观点时有"精胜其血"、"精不胜血"的前提，但在实际的操作中，人们往往只采其"受气于左子宫而男形成"、"受气于右子宫而女形成"的说法，在夫妻性交时，努力把精液往阴道的左侧射，以为这样做就能生子。这种做法，无疑是很荒唐的，明代的岳甫嘉在《种子编》中对此作了有力的批驳。他举例说，那些私下偷情的男女，往往能生儿子，难道他们在偷情时都是努力把精液往左侧射吗：

> 乃说者谓阴血先至，阳精后冲而成男；阳精先入，阴血后参而成女。世无有精先泄而生男，精后泄而生女者乎？又或谓子宫有二穴，男穴在左，女穴在右，施精时，偏于左则男，偏于右则女。彼奔偷私窃者，往往得男，仓卒交合，岂必其皆偏于左而无右乎？

张介宾也对朱震亨的说法提出了两点质疑：一是子宫虽可分左右，但射精时能否射入左子宫并非人力所能掌控；二是究竟是精胜血还是血胜精也不是人力可为的，因此，他认为朱震亨的说法并无实际的意义：

> 此乃与《圣济经》"左动成男，右动成女"之说同。第以子粒验之，无不皆有两辦。故在男子，亦有二丸。而子宫之义，谅亦如此，信非谬也。惟左受成男，右受成女之说，则成非事后，莫测其然。即复有左射右射之法，第恐阴中阖辟自有其机，即欲左未必左，欲右未必右。而阴阳相胜之理，则在天时人事之间似仍别有一道。虽知此说，终无益也。

（张介宾：《宜麟策》）

由此可见，试图用射精于左子宫或右子宫来解释生男生女的原因，其可靠性仍然值得怀疑。

（3）阳精多则生男，阴精多则生女

在唐代的《玉房秘诀》中，提出了生男生女原因的另一种解释：之所以生男，是因为

年轻夫妇与他们的儿子

夫妻性交时所泄的阳精比阴精多；之所以生女，则是因为夫妻性交时所泄的阴精比阳精多：

> 阳精多则生男，阴精多则生女。阳精为骨，阴精为肉。

《玉房秘诀》的这种观点，亦为明代的岳甫嘉所继承。岳甫嘉认为，生男生女的原因，不在于精先还是血先，也不在于父强还是母强，而在于究竟是精胜血还是血胜精，精胜血则生男，血胜精则生女：

> 若男女之辨，又不以精血先后为拘，不以经尽几日为拘，不以夜半前后交感为拘，不以父强母弱、母强父弱为拘，只以精血各由百脉之齐到者别胜负耳。是故精之百脉齐到，有以胜乎血，则成男矣；血之百脉齐到，有以胜乎精，则成女矣。（岳甫嘉：《种子编》）

虽然岳甫嘉并没有说精胜血就是精比血多，血胜精就是血比精多，但数量的多少无疑是胜负的重要标志。但问题亦由此产生：我们依据什么来判断女子所结之胎究竟是精多还是血多呢？

经过以上的讨论，我们发现，因为生子问题对中国古人实在是太重要了，所以古代医家为此绞尽了脑汁。然而，囿于当时的条件和水平，中国古代医家并未能真正解决此问题。不过，对于中国人来说，这并非坏事，而是百分百的好事，因为，如果中国古代医家真的搞清了生男生女的奥秘，那么现代的中国该是一个什么样子？要么渐渐变成了一个男人国；要么早已不复存在；要么人们痛定思痛，认识到女孩的重要性，而鼓励人们多生女孩。

现代医学已经发现，生男生女与人们身上的染色体有关，男性的身体里有 X 和 Y 两条染色体，女性的身体里只有 X 染色体，当精子与卵子结合时，若是 X 与 X 相遇，则为女孩；若是 Y 与 X 相遇，则为男孩。至于如何才能在怀孕时只让 X 与 Y 相遇，在自然状态下，现代医学也没有办法。

第一章 性与中国古代的婚姻家庭

## 2. 单日生男，双日生女——生男生女与怀孕日子的关系

中国古人重实用，在生子问题上尤其如此。普通百姓对深奥的道理不感兴趣，他们只是想知道：我怎么做才能生儿子？正是为了适应这一需要，中国古代的一些医家明确指出：妇女月经结束后一、三、五日性交，必生男孩；妇女月经结束后二、四、六日性交，必生女孩；妇女月经结束的第六日后性交，不会怀孕：

若欲求子，待女人月经绝后一日、三日、五日，择中王相日，以气生时，夜半之后乃施精，有子皆男，必有寿贤明。（陶弘景：《御女损益篇》）

若欲求子者，但待妇人月经绝后一日、三日、五日，择其王相日及月宿在贵宿日，以生气时夜半后乃施泄，有子皆男，必寿而贤明、高爵也。以月经绝后二日、四日、六日施泄，有子必女。过六日后，勿得施泄，即不得子，亦不成人。（孙思邈：《房中补益》）

明代的《修真演义》和清代的《紫闺秘书》中也有类似的观点：

男女交媾，采取则益寿延年，施泄则安胎种子。传云：不孝有三，无后为大。则种子又人生之要务也。男子先须补精益肾，使阳气壮盛；女人宜调经养血，使子宫和暖。再候月事已过，红脉方尽，子宫正开，正宜交合。一日成男，二日成女，阳奇阴偶之义也。依法则生子禀厚德明，无疾病而易养。越五日后，则阴户闭，为虚交矣。（邓希贤：《修真演义》）

如月候一、三、五日子宫开，交则有子，过六日则闭而无子。

又经后一、三、五日受胎者皆男，二、四、六日受胎者皆女，六日后则胎不成矣。

（《紫闺秘书·种子秘诀神方》）

在中国古代，关于生男生女与怀孕日子的关系，还有另外一些说法，如唐代的《洞玄子》主张女子月经结束后一日三日性交怀孕为男，四日五日为女：

洞玄子云：凡欲求子，候女之月经断后则交接之，一日三日为男，四日五日为女。五日以后徒损精力，终无益也。

金代著名医家李东垣认为，女子月经结束后一二日性交怀孕为男，四五日后为女：

李东垣之方有曰，经水断后一二日，血海始净，精胜其血，感者成男；四五日后，血脉已旺，精不胜血，感者成女。此确论也。（见朱震亨：《格致余论》）

明代医家万全则认为，女子月经结束后一日、二日、三日性交怀孕多为男，四日、五日、六日多为女：

此盖言经水尚未行之时，血海正满，子宫未开，不能受其精矣。然亦自经初行之时，计算至三十个时辰，足恰二日半，欲种子贵当其时。故一日、二日、三日与之交，

则多生男；四日、五日、六日与之交，则多生女。七日后，子宫复闭，不必再交矣。（万全：《万密斋医学全书·妇人科·种子章》）

以上说法，虽然在具体时间上存在差异，但认为生男生女与女子月经结束后性交的日子密切相关，则是相同的。那么，这些说法有没有道理呢？或者哪一种说法更有道理呢？具体地考察这些说法，我们发现，产生较早的、影响较大的是女子月经结束后一、三、五日性交怀孕为男，二、四、六日为女的说法，但是，这种说法太具体了，因此，在具体的实践中，很快就被证明为不可靠，从而受到不少医家的批驳。如明代医家李时珍批驳说，若认为一、三、五日为男，二、四、六日为女，那么又如何解释那些双胞胎中的龙凤胎、多胞胎中的有男有女呢：

夫独男独女则可以日数论，而骈胎品胎之感，亦可以日数论乎？稽之诸史，载一产三子、四子者甚多，其子有半男半女，或男多女少，男少女多。《西樵野记》载国朝天顺时，扬州民家一产五男皆育成。观此，则一、三、五日为男，二、四、六日为女之说，岂其然哉？焉有一日受男而二日复受女之理乎？（李时珍：《本草纲目·人部·人傀》）

明代医家张介宾也认为，若果真如此，那么人人都可以这么做，生子岂不太容易了：

此以单数属阳故成男，偶数属阴而成女。果若然，则谁不知之，得子何难也？总未必然。（张介宾：《宜麟策》）

正是因为看到一、三、五日生男，二、四、六日生女的说法与事实不符，才有医家提出了修正性的看法，或认为一、二两日生男，或认为一、三两日生男，或认为一、二、三这三日生男。但这些说法同样是靠不住的。如张介宾对李东垣的观点也明确提出了批评：

东垣曰：经水断后一二日血海始净，精胜其血，感者成男，四五日后，血脉已旺，精不胜血，感者成女。

按：此说亦非确论。今见多生女者，每加功于月经初净，而必不免于女者，岂亦其血胜而然乎？（同上）

因此，上述关于生男生女与女子月经结束日子的关系的观点，仅仅代表了人们对生男生女的简捷方法的渴望，并无多少理据。

需要说明的是，上述观点认为女子月经结束六日或七日后性交就不会怀孕，则是一个明显的错误，因为女子月经结束六日或七日后照样可以怀孕，这方面的例子比比皆是。对此，张介宾也作了明确的批评：

《广嗣诀》云："三十时辰两日半，二十八九君须算，落红满地是佳期，金水过时徒霍乱。霍乱之时枉费功，树头树底觅残红，但解开花能结子，何愁丹桂不成丛。"

按：此言妇人经期方止，其时子宫正开，便是布种之时，过此佳期，则子宫闭而不受胎矣。然有十日半月及二十日之后受胎者，又何为其然也？又一哲妇曰："若依此说，则凡有不端者，但于后半月为之，自可无他虑矣。"善哉言也。此言果可信否？（张介宾：《宜麟策》）

### 3. 怎样孕育优秀的后代

生下儿子，并让儿子能够富贵长寿，这是中国古人的最大愿望之一。中国古代性学认为，夫妻性交时的外部环境、夫妻的身体状况、心态、性交时动作和姿势的把握，都会直接影响到子女的健康、寿命及将来的命运，因此，古代性学家对上述内容提出了各种具体要求。

（1）合阴阳时，必避九殃

所谓"九殃"，指可能给子女造成的九种祸殃。大约成书于六朝时期的《素女经》指出，"九殃"包括"日中"、"夜半"、"日食"、"雷电"、"月食"、"虹霓"、"冬至和夏至"、"月亮弦望"、"醉饱"、"疝痔"等，在上述情况下怀孕生下来的孩子，不是聋盲，就是病癫，甚至还会伤害父母：

> 黄帝曰：人之始生，本在于胎合阴阳也。夫合阴阳之时，必避九殃。九殃者，日中之子，生则欧逆，一也；夜半之子，天地闭塞，不瘖则聋盲，二也；日食之子，体戚毁伤，三也；雷电之子，天怒兴威，必易服狂，四也；月食之子，与母俱凶，五也；虹霓之子，若作不祥，六也；冬夏日至之子，生害父母，七也；弦望之子，必为乱兵风盲，八也；醉饱之子，必为病癫，疽痔有疮，九也。

大约成书于唐代的《玉房秘诀》也认为，在腊月末怀孕，生下来的孩子肯定是聋子；打雷时怀孕，生下来的孩子一定疯癫；服丧时怀孕，生下来的孩子一定会被虎狼吃掉：

> 人生瘖聋者，是腊月暮之子。腊暮百鬼聚会，终夜不息，君子斋戒，小人私合阴阳，其子必瘖聋。

> 人生伤死者，名曰火子。燃烛未灭而合阴阳，有子必伤，死市中。

> 人生癫狂，是雷电之子。四月、五月，大雨霹雳，君子斋戒，小人私合阴阳，生子必癫狂。

> 人生为虎狼所食者，重服之子。孝子戴麻不食肉，君子羸顿，小人私合阴阳，有子必为虎狼所食。

> 人生溺死者，父母过胞藏于铜器中，覆以铜器埋于阴垣下，入地七尺，名曰童子里溺死水中。

> 大风之子多病，雷电之子癫狂，大醉之子必痴狂，劳倦之子必夭伤，月经之子兵亡，黄昏之子多变，人定之子不喑则聋，日入之子口舌不祥，日中之子癫病，晡时之子自毁伤。

明代的张介宾则从人受气成形的角度来论述怀孕与客观环境的关系。张介宾认为，每一种不同的天象，都会产生不同的气，如天地晦冥时，会产生愚蠢迷蒙之气；雷霆风雨时，会产生狠恶惊狂之气；天气乍暖乍冷时，会产生奸险诡诈之气。在上述情况下怀孕，生下来的孩子不是愚蠢，就是奸诈。相反，在风和日丽、光风霁月时，会产生祥和之气，此时怀孕，生下来的孩子必然聪慧贤明：

> 凡交会下种之时，古云宜择吉日良时，天德月德及干支旺相，当避丙丁之说，顾以仓猝之顷，亦安得择而后行？似属迂远，不足凭也。然惟天日晴明、光风霁月、时和气爽，及情思清宁、精神闲裕之况，则随行随止，不待择而人人可辨。于斯得子，非惟少疾，而必且聪慧贤明。胎元禀赋，实基于此。
>
> 至有不知避忌者，犯天地之晦冥，则受愚蠢迷蒙之气；犯日月星辰之薄蚀，则受残缺刑克之气；犯雷霆风雨之惨暴，则受狠恶惊狂之气；犯不阴不阳、倏热倏寒之变幻，则受奸险诡诈之气。故气盈则盈，秉之则多寿；气缩则缩，犯之则多夭。顾人生六合之内，凡生、长、壮、老、已，何非受气于生成？而知（智）愚贤不肖，又孰非禀质于天地？此感兆元始之大本，苟思造命而赞化育，则当以此为首务。（张介宾：《宜麟策》）

中国古代性学家的上述观点，是中国古代天人合一思想的具体运用。天人合一思想认为，人是天的产物，因此人自然禀有天的特性。在天支配下的自然与人具有同一性，当自然发生变化时，人的生活就要作相应的调整，以适应这种变化；否则，就是逆天而行，必会遭到天谴。这种思想对于人顺应自然规律、避免盲目行动有一定的借鉴意义，如性交要尽量避免在打雷、刮大风等时进行，因为此种天象容易使人受到惊吓，人在恐惧的状态下怀孕，必然会对胎儿不利。但是，它认为自然的变化必会直接影响人的寿命甚至富贵吉凶，如认为打雷时怀孕所生之子必癫狂、半夜时怀孕所生之子必聋盲、月食时怀孕所生之子必与母俱凶，等等，则无疑是过于夸大了，而且也大多与事实不符。

（2）选择适合生育的女子来传宗接代

男女构精后，胎结女子腹中，仿佛把种子种于田地中，此田地的重要性自然不言而喻。在清代叶桂的《秘本种子金丹》中，对于什么样的女子适合生育，男子应选择什么样的女子来怀孕，作了十分详细的介绍：

> 求子者，必先择女，犹种植必先择地。盖沙砾之场，难期稻黍；而薄福之妇，安望熊罴？故为后嗣计，不可不选择也。大都妇人之质，贵静而贱动，贵重而贱轻，贵厚而贱薄，贵苍而贱嫩。故唇短嘴小者不堪，此子嗣之部位也；耳小轮薄者不堪，此肾气之外候也；声细而不振者不堪，此丹田之气本也；形体薄弱者不堪，此藏蓄之宫城也；饮食纤细者不堪，此仓廪血海之源也；发焦而齿豁者不堪，肝亏血而肾亏精也；睛露臀削者不堪，藏不藏而后无后也；山根唇口多青气者不堪，阳不胜阴，必多肝脾之

滞逆也；脉见紧数弦涩者不堪，必真阴亏弱，经候不调，而乏生生之气也。他如未笄之女，阴气未完；欲盛之妇，所生多女。性情和者，调经自易；性情妊者，月水不匀；相貌恶者，形重；颜容美者，福薄；肉肥胜骨者，脂满子宫；骨瘦如柴者，子宫无血。又有虎头、熊颈、蜂目、豺声、横面、竖眉者，必多刑克；泼悍奸险、阴恶刻薄者，均不利于子嗣，求嗣者不可不急讲也。

在以上论述中，值得我们注意的有以下三点：

一是"妇人之质，贵静而贱动，贵重而贱轻，贵厚而贱薄，贵苍而贱嫩"。这里的"静"、"重"、"厚"都是中国古代对好女的要求，说明只有贞静、厚重、内敛的女子，才能生出好的子女来。这里的"贵苍而贱嫩"，指的是女子的年龄不能太小，当然也不能太老，但与其年龄太小，则不妨年龄大一些。这些论述，无疑是很有见地的。

二是对女子外形的要求，排斥"唇短嘴小"、"耳小轮薄"、"声细不振"、"形体薄弱"、"发焦齿龆"等长相的女子，认为这些外形长相与人的健康状况有关，如"声细不振"说明丹田之气不足，"发焦齿龆"说明"肝亏血而肾亏精"，等等，这无疑是有一定道理的。但有的地方亦有夸大之嫌，如认为耳朵小耳轮薄的女子肾气不足，长得漂亮的女子福薄，横面竖眉的女子必多刑克，等等。因此，对于这方面的论述，我们要做具体分析。

三是"未笄之女，阴气未完"的观点。笄是中国古代男女别头发等用的簪子，根据《礼记》规定，女子十五岁时行插笄之礼，表示已经成年。因此，"未笄之女"就是指未满十五岁的女子。叶桂认为，女子未满十五岁时，阴气没有完足，此时与她交合怀孕，生下来的孩子肯定不会太健康。这种观念，在中国古代早已有之。如南北朝时的褚澄认为，若未笄之女与男子性交，必然导致其阴气早泄，所以"交而不孕，孕而不育，育而子脆不寿"：

建平王妃姬等皆丽而无子，择良家女未笄者入御，又无子。问曰："求男有道乎？"澄对之曰："合男女必当其年，男虽十六而精通，必三十而娶。女虽十四而天癸至，必二十而嫁。皆欲阴阳气完实而后交合，则交而孕，孕而育，育而为子，坚壮强寿。今未笄之女，天癸始至，已近男色，阴气早泄，未完而伤，未实而动，是以交而不孕，孕而不育，育而子脆不寿，此王之所以无子也。然妇人有所产皆女者，有所产皆男者。大王诚能访求多男妇人，谋置官府，有男之道也。"王曰："善。"未再期生六男。夫老阳遇少阴，老阴遇少阳，亦有子道也。（褚澄：《褚氏遗书》）

南宋的愚谷老人也认为，年纪太轻的女子怀孕，生下来的孩子多"体弱多病而亡"：

世降俗末，江南士大夫往往溺于声色，娶妻买妾，皆求其稚齿而妖嫩者，故生子皆体弱多病而亡。（愚谷老人：《延寿第一绅言》）

不过，古人认为，虽然在通常情况下，怀孕的女子年龄不能太小，然而，若是与年纪很大的男人性交，则女子年少些并无妨碍。如《玉房秘诀》中说："八十男可御十五、十八女，则生子不犯禁忌，皆寿老。"此说有无道理呢？暂录于此，以待识者。

（3）节欲以养精

清代医家叶桂认为，年纪较轻的人生的孩子往往体弱，老年人生的孩子反而强壮，原因在于年轻人欲望多，性交频繁，所以精液稀薄；老年人欲望少，不经常性交，所以精液充足。言下之意，人在打算怀孕生育前，一定要节制欲望，以提高精液的质量：

盖少年生子，多有羸者，欲勤而精薄也；老年生子，反多强壮者，欲少而精全也。又交接时不可大肆出入，密密揉之可也。若大肆出入，胎风自不能免矣。故年老人得子多不受风者，为不能大肆出入故也。（叶桂：《秘本种子金丹》）

《性经验史》一书的作者持与叶桂相同的观点，也提倡准备生孩子的人要节欲，以使精液不断增加、汇集：

打算生孩子的人必须让身心处于最佳状态。换言之，灵魂必须是宁静的，完全摆脱了痛苦、疲惫的困扰和其他疾病，身体则必须是圣洁的，没有受到任何性交的损害。此外，还必须进行相应的准备工作：一是节制，其间精液不断增加、汇集，有了力量，而冲动则获得了必要的活力（过于频繁的性交会阻碍精子达到获得它所有力量的饱和程度）；二是相当严格的食物养生法，即不要吃太烫或太潮湿的食物，一顿"简便的饭食就会给性交所必需的刺激做好准备，它不应该搞得很丰盛"。还有，不要消化不良，不要喝醉，总之，要净化身体，让它达到性交所必需的清静状态。因此，"庄稼汉在清除所有杂草之后才在田里播撒种子"。（福柯：《性经验史》，第442页）

然而，现代性学却持与此相反的观点。性学家们经过研究发现，男性每天射精不但不会降低精子的质量，反而会使受损精子的数量下降：

一项针对100多个男性进行的研究显示，一个男性可以在他的配偶达到生育峰值（排卵）之前7天，通过每天射精的方式来改进他的精子质量。这些参与研究的男性们每天射精，持续一个星期后，他们的受损精子数量从32%下降到24%。研究人员猜测，这可能是因为精子在输精管里停留的时间缩短，与氧气接触的机会减少造成的，因为氧气通常会对细胞造成一定的损坏。（《时尚健康》男士版，2010年第3期）

研究人员发现，在禁欲几天后，精子数量低的男子，其精液的确会增加，但较长时间的禁欲反而会使精子的质量逐步变坏，在第六天时达到最低点。长期没有性生活会让精子失去受精能力和运动力，最后在输精管内解体，衰老精子的比例也会不断扩大。这个时候再性交，男性前几次射出的精液中所含的老化精子就会非常多，如果受孕，就容易造成胎儿智力低下、畸形，甚至导致流产。想要提高自己精子的质量，合理膳食和多参加运动才是良方。（《男人装》，2011年第2期）

如何理解古今性学家的不同观点呢？我认为，中国古代性学家的观点并非没有道理，因为纵欲必会对人的身心造成很大的伤害,在纵欲时怀孕的胎儿常常不可能是健康的,因此,节欲是必要的,但是这种节欲不能过分,而要保持一定的度。现代性学家的观点当然没有错,因为它以严格的科学数据为依据,但是我们对现代性学家的观点也不能作过度解读,每天射精固然可以改进精子的质量,但是长期的每天一次甚至多次射精必然会对健康造成损害,而人在疾病状态下是不可能产生优质的精子的。

（4）两情俱美——男子施精的前提

夫妻性交,丈夫施精,这是女子怀孕的必要条件。那么,丈夫在什么时候施精对妻子怀孕最为有利呢？中国古代性学家一致认为,在夫妻性交同时达到高潮时施精最为有利：

> 素女曰：求子法自有常体,清心远虑,安定其衿袍,垂虚斋戒,以妇人月经后三日,夜半之后,鸡鸣之前,嬉戏,令女盛动,乃往从之,适其道理,同其快乐,却身施写。勿过远,至麦齿,远则过子门,不入子户。若依道术,有子贤良而老寿也。（《素女经》）

> 洞玄子云：凡欲求子……交接泄精之时,候女快来,须与一时同泄,泄必须尽。先令女正面仰卧,端心一意,闭目,内想受精气。故老子曰：夜半得子为上寿,夜半前得子为中寿,夜半后得子为下寿。（《洞玄子》）

> 交合必两情俱感乃有应验。倘男情先动而精至,女尚未动,精虽至而不纳；或女情先动而兴至,男兴未已,精后至而亦不纳也。惟两情俱美,男深纳玉茎施泄,女耸腰收接入宫,合止片时然后退,令女正身仰卧,百试百效也。（邓希贤：《修真演义》）

由此可见,中国古代性学家对于怀孕时女子达到性高潮与否十分重视。当然,这种重视并不是古代性学家认为女子不达到性高潮就不能怀孕,而是认为女子达到性高潮时施精更容易怀孕,且所怀的孩子质量较高。关于女子性高潮与怀孕的关系,英国性学家霭理士有一段十分中肯的论述：

> 英国前辈中著名的妇科医师滕更（Matthews Duncan）认为为保障受孕起见,女子的性快感是万不可少的,后来别的专家如同克希（Kisch）等对于这个看法又曾经加以坐实。我们以为性交时快感的有无未必是受孕与否的一个万不可少的条件,因为世间大量的婴儿的孕育,总有一大部分是和这种快感之有无没有关系的；换言之,性交而有快感的女子既少,而婴儿之孕育却如是其多,足征两者之间不会有很大的关联。不过克希也发现性感不快的症候（克希认为这是和性交的不得满足是一回事）和女子不生育的现象有很密切的连带关系,他发现百分之三十八的不生育女子有这个症候。（霭理士：《性心理学》,第457页）

值得注意的是,中国古代性学家关于生男孩与女子达到性高潮有关的观点,已被现代性学所证实：

男性的身体里有 X 和 Y 两条染色体，女性只有 X 染色体。当 XX 染色体相遇，胎儿为女性；XY 染色体相遇，胎儿为男性。在这里，我们可以告诉你一些秘密。女性高潮越剧烈，分泌物呈碱性越明显，Y 精子就越容易生存，胎儿是男婴的可能性越大。如果你想生女儿，请做爱时将精液射到阴道浅部，有意增加 Y 精子长距离穿越困难，X 精子遥遥领先，就可以抢先和卵子大力拥抱。（《时尚健康》男士版，2011 年第 2 期）

除了以上所述，中国古代的生育理论还有其他丰富的内容，诸如一些生子"妙法"、判断胎儿是男是女的方法、转胎中女婴为男婴的方法，等等，因或涉迷信，或所述观点似是而非，在此就不一一介绍了。

第一章 性与中国古代的婚姻家庭

# 第二章

## 性心理

性心理指与性相关的心理活动，从这个角度来说，性心理所涉及的范围是极其广泛的，诸如性欲、对性活动的感受、对性刺激的心理反应、对性行为的评价，等等，都可以归入性心理的范围。为了使问题的讨论更为集中和透彻，在本章中，我们主要讨论性心理中最值得关注的几个问题：性与情感、性欲、性幻想和性虚伪。至于其他与性心理相关的问题，则将在后面的各章中分别进行讨论。

## 一、性与情

一个男子与一个女子发生性行为，可以基于多种原因：或是因为两个人彼此相爱；或纯粹是为了满足性欲，如当下时髦的"炮友"关系；或是出于某种交易，如卖淫嫖娼；或是一方对另一方的强迫，如强奸，等等。但总不外乎两种情况：以情感为基础的性与无情感内容的性，可简称之为有情的性与无情的性。以爱情为基础的性属于有情的性，嫖娼、强奸等等均属无情的性。

从理论上说，人们当然追求有情的性，然而，在现实生活中，无情之性，有时甚至包括无性之情，却是普遍存在的现象。

### 1. 性与情的分离

所谓性与情的分离，一方面是不把情作为发生性关系的基础；另一方

正在调戏婢女的男子

面，也指不会因为性关系而影响自己对对方的感情。男子嫖娼和女子卖淫，是典型的把性和情分离的情况；在夫妻生活中，虽然因某种原因，导致夫妻性生活不和谐，但并不因此影响夫妻双方的感情，也属于性与情相分离。此外，在一对相恋的男女中，一方与其他异性发生了性关系，另一方知道后，并不因此改变感情，也属于性与情分离的情况。

在清代小说《五凤吟》中，描写琪生与婉如真心相爱，但当琪生提出与婉如同床共枕时，婉如却坚决拒绝，理由是未经过正式的结婚程序，不能发生性关系。不过，看到琪生痛苦不堪的样子，婉如想出了一个折中的办法，让自己的婢女绛玉与琪生性交，以满足其性欲，这明显属于情和性相分离的情况：

琪生笑道："既为夫妇，当尽夫妇之礼。我与你且先婚后娶，未为不美。"因向前搂抱求欢。婉如正色道："妾以君情重，故此以身相许，何故顿生淫念，视妾为何如人耶？快快出去，倘丫头们撞见，你我名节俱丧，何以见人？"琪生又恳道："既蒙以身相许，早晚即是一样，万望屈从，活我残生。"就伸手去摸他下体。婉如怒道："原来你是一个好色之徒。婚姻百年大事，安可草草？待过门之日，自有良辰。若今日苟合，则君为穴隙之夫，妾作淫奔之女，岂不贻笑于人？即妾欲从君，君亦何取？幸毋及乱，若再强我，有死而已。"琪生情极，哀告道："我千难万难拼命进来，指望卿有恋心，快然好合，谁知今又变卦。我即空返，卿亦何安，此番出去，不是想死，定是害死，那时虽悔何及，卿即欲见我一面，除非九泉之下矣！"说罢，泣涕如雨，悲不能胜。婉如亦将手搂着琪生哭道："妾非草木，岂无欲心，今日强忍，亦是为君守他日之信，以作合卺之验耳，不为君罪妾之深也，妾心碎裂，实不自安。只不忍得看你这番光景，如之奈何？"低头一想，叹道："妾寻一替身来，君能免妾否？"琪生笑道："且看替身容貌何如，若果替得过就罢。"婉如遂呼绛玉。原来绛玉拿茶走至角门，见小姐与琪生搂抱说话，遂不敢惊他，却转身躲在内里，张望多时，今闻呼唤，方走出来，

第二章 性心理

掩口而笑。婉如指着绛玉，向琪生笑道："此婢权代妾身何如？"琪生见他生得标致，笑道："也罢！也罢！不能栖凤，且去求窝，只是便宜了卿。"遂将绛玉一把搂在怀内。绛玉羞得两片胭脂上脸，极力推拒。婉如笑向绛玉道："养军千日，用在一朝。你权代劳，休阻他兴，日后我自看顾你。"绛玉道："羞答答的，小姐的担子，怎么把与我挑，苦乐未免不均。"婉如又笑道："未知其乐，焉知其苦，你顺从他了罢。"绛玉娇羞无比，被琪生抱进房中，无所不至。（《五凤吟》，第五回）

类似的情节也见于清代小说《空空幻》，书中称，花春与小姐日葵相恋，但日葵不肯与花春过早发生性关系，便找丫环瑞芝来替代自己：

言罢，遂欲分袂，花春忙拽住道："既订百年之约，须尽一夕之欢，小姐毋得见外。"日葵道："妾与君相逢月下，面订鸾俦，诚以俊美如君者，世所罕觏，故不嫌闺坫之羞，暂逾礼法，君岂可以濮上桑间之女视妾哉！"花春道："古来才子佳人，又当别论。崔莺待月，贾氏窥帘，先成巫梦之欢，后咏河洲之好，此皆司空相国之千金也。今日相逢，洵非偶尔，岂可负此良夜，小姐请自三思。"花春见日葵默默无语，似有允意，又上前哀告道："小姐如执意不允，小生只得要下跪了。"那日葵忙把纤手扶住，道："君何必如此，妾终身既属于君，岂敢自爱，不过谓天成花烛，允效于飞，恐于礼有碍耳。如必欲一赴高塘之梦，君既多情，妾岂草木，可至妾卧室，聊叙绸缪。但与君同行，恐多不便，妾且先往，请君暂立片时，与瑞芝同至可也。"言罢，遂匆匆而去。花春想道："始则待我以礼，继则浼我以情，吐同委婉，移步风流，如此佳人，讵可多得。"遂同了瑞芝行行止止而来。谁知行至院门，已紧闭在此。瑞芝道："花相公，今宵看来好事难谐，且请回去罢。"花春欲待举手轻叩，又逡巡不敢，谓瑞芝道："小生自回寓矣，姐姐何以进去？"瑞芝道："婢子自有径路可通，不必相公虑及。"花春道："此时望陇不得，岂可弃蜀，只得要求姐姐将桃代李了。"此刻瑞芝芳心已动，也不推辞，就与花春在旁边一座亭子内，成了美事。（《空空幻》，第二回）

允许自己的情人与其他女子发生性关系，这似乎有点不可思议，因为通常认为，女子比男子更容易嫉妒，她怎么可能不吃醋呢？然而，如果一个女子真心爱一个男子，同时也深信该男子只爱自己一个人时，这种情况还是有可能发生的。

当然这样的情况比较少见，因为对大多数女子而言，当她得知自己的男朋友与别的女子发生了性关系时，她的第一个反应，就是该男子是不是不爱自己了。

在性与情相分离的问题上，还有两种情况，一种是重性而轻情，一种是重情而轻性。

在《海蒂性学报告》中，说有不少男人，他们在性交时对女子的感情很丰富，在日常生活中则不动声色，使女子弄不清男子的真实心理，从而导致两者的关系出现疏离，这在某种程度上反映的便是男子重性而轻情的心理：

许多男人在性交时情感充沛，善于表达，而日常生活中却保持不动声色的姿态，常常做得太过火，甚至拿情感开玩笑，或是嘲笑别人的表达。这种文化造成的二元对立会困惑与误导许多女人，她们搞不清楚哪一种才是真实的情感。性行为时的情感，还是日常生活中表露（或是不表达）的情绪？这样的情境常常令女方产生巨大的挫折，然而当事人男性本身却无法了解女人为什么会挫折，于是两人的关系循环出现疏离与问题。（海蒂：《海蒂性学报告——男人篇》，第290页）

在《男人装》中，刊登了一则主持人与某女子的对话，该女子与某男子一直保持着性关系，但该女子明确表示，那个男子只是她的"炮友"，她根本不可能爱上那个男子。这也是较为明显的重性轻情的例子。（见《男人装》，2009年第1期）

至于重情轻性的情况，在生活中也十分常见。《金赛性学报告》中说，有许多夫妻，并不会因为性生活不和谐而去离婚，只要他们在生活中的其他方面十分顺利，他们仍然会选择在一起。因此，对性生活不满意不是导致离婚的主要原因，感情不和才是离婚的主因：

　　根据离婚的统计资料显示，对性生活不满意并不是离婚的主要原因。对金钱、家庭以及个人目标的看法不一致、如何共度下班后的休闲时间等与性无关的冲突，才是最常被提及的离婚原因。

　　但是，婚姻生活中其他方面的紧张和冲突经常会影响到对另一半的"爱的感觉"，因而导致性问题。如果彼此感到不友善，他们的性乐趣会降低，使得"性"变成另一个争吵的话题。在这种情形下，性就会变成离婚的主要原因。只有一种性行为会直接导致离婚，那就是婚外性行为。一些研究指出，因为不忠实或通奸而导致离婚占所有离婚案例的20%。

　　更多研究甚至去探讨那些觉得自己婚姻很幸福、从来没有找过婚姻咨询者或做过性治疗的夫妻。一份针对自认是"幸福夫妻"的一百对夫妻的调查显示，有77%的太太和50%的先生表示在性方面有一些困难。这代表当生活的其他方面十分顺利时，夫妻可以容忍对"性"的高度不满，而不走向离婚之途。（瑞妮丝等：《金赛性学报告》，第122～123页）

有专家认为，在性和情的问题上，女子更看重的是情而不是性。而且，如果一个女子对某个男子已经变心了，那么，即使他有再好的性能力，也无济于事：

　　进入一段关系后，女性会比男性体验到更强烈的感情，拥有更浪漫的态度。也就是说，当她慎重地选择了你以后，会真的觉得你的一切包括床上功夫，都比上一任男友强。新奇激发性欲，但是，这种唤起必将随着时间的推移而减弱。浪漫的爱情下，大脑会逐渐习惯高水平的PEA——与浪漫激情相联系的自然刺激物。所以，哪怕你的床上功夫还是那么高水准，慢慢地，她也不会再强烈地感受到了。这是个悲哀的自然

规律，如果她变心了，别指望能在床上留住她。这就是她们所谓的用心就行。(《时尚健康》男士版，2009年第7期)

## 2. 性与情相融合的重要性

虽然存在性与情相分离的情况，但是，从人类的本性来说，还是希望性和情能很好地结合在一起的。

在中国古代性学中，也一直强调性和情相融合的重要性。如《素女经》中记述黄帝问玄女，为什么在性交时会有女子心中不悦和男子阴茎勃起不坚的状况？玄女回答：那是因为男女之间心气不和，只有男女间情投意合，才会使性交充满乐趣：

《玄女经》云：黄帝曰：交接之时，女或不悦，其质不动，其液不出；玉茎不强，小而不势，何以尔也？玄女曰：阴阳者，相感而应耳，故阳不得阴则不喜，阴不得阳则不起。男欲接而女不乐，女欲接而男不欲，二心不和，精气不感，加以卒上暴下，爱乐未施。男欲求女，女欲求男，情意合同，俱有悦心，故女质振感男茎盛，男势营扣俞鼠，精液流溢。

在唐代的《洞玄子》中，也明确指出，如果男女性交时情感不和，会给双方的健康带来损害：

洞玄子曰：夫天左旋而地右回，春夏谢而秋冬袭，男唱而女和，上为而下从，此事物之常理也。若男摇而女不应，女动而男不从，非直损于男子，亦乃害于女人。此由阴阳行很，上下下戾矣。以此合会，彼此不利。

在明代的《素女妙论》中，也说夫妻性交不和谐的原因是双方缺少情意，而缺少情意的原因是夫妇相互之间不忠实，或相互之间不了解：

帝问曰：交接，人伦之原也，而有不相和悦者，何故也乎？

素女答曰：盖因女子不能察丈夫之意，男子亦不晓妇人之性，此不达人伦之道、生育继嗣之理也。各顽劣多淫，各怀不足，互填愤怨；或弃自己妻妾而通外妇，又欺丈夫而野合奸淫；又男子痿软不满欲情，或强阳剽悍无休息，后终生厌恶。

在罗素的《人类价值中性的地位》一文中，关于性和情的关系有一段精彩的论述，他说，缺乏情爱的性交只是满足了肉体上的欲望，却无法满足精神上的欲望，而真正的满足，必须是精神和肉体都得到满足，因此，性和情两者不可或缺：

为了满足性交的冲动，必须求婚、恋爱和结婚。否则，肉体的欲望也许可以暂时平息，而精神上的欲望却仍然不灭，不能得到深深的满足。艺术家所需要的性自由是爱的自由，而不是以某个不相识的女人去解救他肉体上所需要的那种粗俗的自由。艺术家所需要的爱的自由，这是传统道德家所不承认的。(见《读懂"性"福》，第7页)

情意相投的男女

然而，要真正做到性与情的融合却并不是一件容易的事。首先，人们要找到值得自己去爱的对象并不容易，因为这样的对象往往是可遇而不可求的，所以，在现实的婚姻中，并不是每一对夫妻都是因为深深相爱而结婚的，有很多夫妻，往往是因为情爱以外的因素而结合的，这就造成他们的婚姻必然是性和情相分离的；其次，感情并不是一成不变的东西，昔日的恋人，今天可能变成冤家，因此，在现实生活中，如何让感情保鲜，使情和性一直保持很好的融合，就是摆在人们面前的重要课题。

## 二、性欲

性欲即进行性活动的欲望。性欲是人类一种重要的本能，每个人在青春期发育后，都能感觉到它的存在和影响。性欲可自然产生，但通常都是受外界事物的影响而产生，如裸露的充满诱惑力的异性胴体、色情书刊、色情电影、性交的场面，等等。当一个人产生强烈的性欲后，通常需要通过性交或手淫来解除性欲，否则会带来生理或心理上的不适感。在人类的性活动中，性欲居于重要的地位，人们之所以会恋爱、结婚、性交，多是受到性欲的影响。

### 1. 激起性欲的各种因素

当人们在正常工作、学习和生活时，虽然常常会产生与性相关的念头，但不会产生明显的性欲，性欲多是受某种与性有关的场景的刺激而产生的。在明清小说中，描写了不少男子和女子因受到某种影响而性欲难忍的情形，大致可分为以下几种情况。

（1）想念意中之人

在明代小说《别有香》中，写到钟生虽与女子月惜有了初次性交，但因两人相见不易，

第二章 性心理

故时时盼着月惜前来，弄得性欲难忍，只好找两个小厮发泄：

> 却说钟生虽赏新炉，未探佳兴，恨不得月惜再来，重赴阳台。走进走出，不暇数十次，那人怎生又来？钟生此时的火发，真有十万丈高，可以贯着牛斗，要纳下，那里纳得下？唤报儿，报儿不应，推捷儿去；唤捷儿，捷儿不应，推报儿去，一个也不来。钟生急得紧，亲自走出，一手扯一个，将他两个扯到书房里，道："俱靠倒。"只见他两个各自解了裤，各自抹些唾在屁孔里，一齐靠倒。钟生把那昨日试新炉尝不饱的硬物，向报儿屁眼里捣了一回，又扯出来，向捷儿屁眼里捣了一回。把这两个小厮，足足弄了两个时辰，丢手叹道："怎如那乖乖的，软糯糯，白团团，香烘烘，紧固固，那件东西。"（《别有香》，第十回）

在明代小说《绣榻野史》中，描写女子金氏已与意中人约好于晚上相会，整个白天，她便性欲高涨，恨不得夜晚快些来临：

> 金氏回到房中，心里十分欢喜道："天下有这等造化，晚头才好像意一弄哩。"特特的另铺过了床上铺盖，就骚兴动得紧……又看了屁股道："男子汉喜欢男风极多，他今夜里必定要同我做这个事，只是弄屁股眼，若等他有些龌龊带出，就倒兴了。我曾见本官说，把紫菜塞进去好些。"又把茉莉水连毡合屁股眼，前前后后都洗了一遍，道："他怎知我这样，在这样奉承他。"遂拭干了。又道："我那新心肝，便是这一歇来了何妨呢？怎么定要直到夜晚，真个急杀人哩！"（吕天成：《绣榻野史》，上卷）

（2）闻他人交媾之声

人在静夜之中，忽听他人交媾之声，最容易引动性欲。在清代小说《灯月缘》中，描写真生冒充成女子，与蕙娘睡在一起，夜间两人性交，被睡在同一房间的兰娘听到；兰娘是一个寡妇，本来立定志向守寡，但当她听到两个人的云雨之声后，便"把那一年零三个月的苦守冰心，霎时撒下"，"遍身欲火难熬"：

> 不料兰娘果然不曾睡去。初时虽觉有些响动，也还不在心上，以后渐渐床脚摇响，连那帐钩，俱是咭叮当，撼动不已，始骇然道："这也奇诧得紧，怎么女人对女人，恰像云雨的一般，莫非这个真大娘，是一男子假扮的么？"又想道："难道蕙娘背着姨夫偷汉不成，就是世间美貌的男子不少，也不信有这样俊丽的。"正在胡思乱忖，忽听得蕙娘口内，气喘吁吁，带笑骂道："短命的贼！这一会儿又被你着着实实抽上一二千了，把我弄得好不耐烦，也该知人死活，难道射死了人，不要偿命的么？"真生亦带笑骂道："小淫妇，不要掉谎，像你骚水儿只管淋出来，臀尖儿不住的掀上相凑，这般样要干，是个射不死的。"兰娘听到此处，已是了然明白，把那一年零三个月的苦守冰心，霎时撒下，只觉牝内忽地里作怪起来，恰像有百十根疥虫攒咬，活痒活痛，着实难禁。……以后语声渐低，不甚分明。只听得浙浙索索，一连抽响不绝。兰娘此时，

欲要忍着心，奈何遍身欲火难熬；欲要唤着蕙娘，打做一路，又不敢启口。只得咬着被角，把那馋津屡咽，更将两只脚儿紧紧夹牢，勉强支吾了一会，再侧耳听时，已是寂无响动。但见窗上月光射入，照得满房雪亮。伸手去摸牝户，湿腻腻的，流出了好些精水，连忙起身拿纸揩抹干净。（《灯月缘》，第三回）

在清代小说《绣屏缘》中，描写云客与绛英性交，睡在另一张床上的梅香听到响声后，顿觉心忙意乱，"睡又睡不着，熬又熬不住"：

此夜鸳鸯共枕，比那孙蕙娘家，更加安稳。只多了梅香同伴，不好恣意取乐。绛英花蕊初开，半推半就；云客风情荡漾，如醉如痴。虽不敢大奋干戈，也落得暂时云雨。只有梅香在铺边细听，睡又睡不着，熬又熬不住，翻来覆去，但求速速完事，省得闻了此声，心忙意乱。若是小姐当不起久战，何不把我做个替身，也分些好处。云客为舟中不便酣战，且绛英又是新破瓜，难于进退，弄到一二更，也就住了手。（《绣屏缘》，第六回）

（3）见到异性的性器官

无论男女，若在较为隐秘的场合见到年轻异性的性器官，最容易产生性方面的反应。

在明代小说《欢喜冤家》中，描写独居的女子月仙，一天晚上，因下楼办事，见到小叔子必英赤身仰睡，阴茎直竖，月仙心中按捺不住，便不顾羞耻，主动相就：

须臾更阑人静，必英如法，那鸡杀猪的一般叫将起来。月仙惊醒，便叫二叔，叫了几声不应；又叫红香，他犹然沉醉。月仙道："他二人多因酒醉，故此不闻。幸尔残灯未灭，不免自己下去看看便了。"取了纱裙系了，上身穿小小短衫，走到红香铺边又叫，犹然不醒。那鸡越叫越响了，只得开了房门，忙忙下楼。必英见是月仙，大失所望，连忙将手伸入床上，欲待翻身，恐月仙听见，精赤身躯，朝着天，即装睡熟。只是那一个东西，枪似一般竖着，实然无计遮掩，心中懊悔。月仙走到床横，提起鸡笼仔细一看，恰是好的。依先放下，把灯放下，正待上楼，灯影下照见二叔那物，有半尺多长，就如铁枪直挺，吃了一惊，心中想道："这般小小年纪，为何有此巨物？我两个丈夫，都不如他的这般长大。"心中一动了火，下边水儿流将出来，夹了一夹要走，便按捺不住起来。……只因月仙是个青年之妇，那酒是没主意的，一时情动了，不顾羞耻，走至床边，悄悄上床，跨在必英身上。（《欢喜冤家（续）》，第三回）

在清代小说《桃花庵》中，描写妙姑与一位公子独处房中，互相有意，妙姑把公子的衣服解开，露出阴茎，妙姑见后，便"心痒难熬，情痴如迷"：

（妙姑）将公子蓝衫解开，分为左右。但只见腰中系一条子绣花罗带，又遇公子松开，将中衣向下一拉，那话亦露将出来。这妙姑低垂粉颈，呆呆的尽看，恨不得含在口内。看了一回，心痒难熬，情痴如迷。（《桃花庵》，第八回）

第二章 性心理

### （4）阅览色情作品

在中国古代，色情作品主要指色情小说和春宫图，因这些色情作品赤裸裸地描摹男女性交之事，故对刺激性欲的作用是十分明显的。在清代小说《金石缘》中，就有关于未出阁的女子爱珠因为观看色情小说《浓情快史》而"满身欲火如焚"的描写：

一日，天气甚热，荷花开放，见荷池中一对鸳鸯戏水，看动了心，将一本《浓情快史》一看，不觉两朵桃花上脸，满身欲火如焚，口中枯渴难当，想青果泡汤解渴。随将几个钱，叫小燕去买顶大的青果，立刻要泡汤吃。小燕应了一声，就开了园门出去，见没有青果，望前直走了去。走到半塘桥，只见河下一只大酒船内做戏，小燕一看，竟看痴了。爱珠等了一会，不见小燕来，就拿了快史一本，睡在床上看，看一回难过一会，不觉沉沉睡去。（《金石缘》，第七回）

在清代小说《姑妄言》中，则描写了女子郑氏因观看春宫画而欲火上攻的情形：

二人携手出门，同到马氏房中坐下，闲话了一会，渐渐说到那村淫房闹之事，又笑道："大奶奶，亏你这样少女嫩妇的熬得，要叫我，就要急死了。"郑氏笑道："少没廉耻罢，说着不害牙碜。你方才说有甚么好东西给我看看散闷呢，拿出来我看。"马氏笑道："有，有。"遂将阮大铖所蓄的春宫手卷册页拿出来他细细赏鉴。内中一幅一个老儿同一个少妇干事，马氏笑道："这两个像是公公同媳妇爬灰的样子，你看这个老儿画得活像老爷，这个妇人活像你。这个画画的人也奇，怎把你两个的行乐图先就画出来了。"郑氏笑着将他拧了一把，笑了一会。两人又看了多时，马氏一幅幅指点着说内中的妙处，要引动他的春心。看得那郑氏面上火攻上来，红一阵，白一阵，不住嘻嘻的笑。（《姑妄言》，第十三回）

在明清小说的描写中，除了以上所说的几种因素，还描写了其他各种因素引起性欲的情形。如在明代小说《喻世明言》中，描写某女子是因为受到男子舜美的挑逗而情迷意乱，把持不住：

且诵且行之次，遥见灯影中，一个丫鬟，肩上斜挑一盏彩鸾灯，后面一女子，冉冉而来。那女子生得凤髻铺云，蛾眉扫月，生成媚态，出色娇姿。舜美一见了那女子，沉醉顿醒。悚然整冠，汤瓶样摇摆过来。为甚的做如此模样？元来调光的人，只在初见之时，就便使个手段。凡萍水相逢，有几般讨探之法。做子弟的，听我把调光经表白几句：雅容卖俏，鲜服夸豪。远觑近观，只在双眸传递；挨肩擦背，全凭健足跟随。我既有意，自当送情；他肯留心，必然答笑。点头须会，咳嗽便知。紧处不可放迟，闲中偏宜着闹。讪语时，口要紧；刮涎处，脸须皮。冷面撇清，还察其中真假；回头揽事，定知就里应承。说不尽百计讨探，凑成来十分机巧。假饶心似铁，弄得意如糖。

说那女子被舜美撩弄，禁持不住，眼也花了，心也乱了，腿也酥了，脚也麻了，

正在阅览春宫画的女子

痴呆了半晌。四目相睒，面面有情。（冯梦龙：《喻世明言》，第二十三卷）

在清代小说《姑妄言》中，则描写仆人爱奴因为偶尔瞥见主母"白森森的腿儿"、"嫩藕般两只玉臂"、隐隐露出的乳峰而"好生动火"：

爱奴既得了陇，又望起蜀来了。看见郏氏生得甚美，时妄想他胯下之穴，暗暗寻思道："妇人此窍津津有味，觉比我们臀后的窟味似甚美好。若美人的，自然更佳了。怎得尝一尝奶奶的妙味，也不枉一场相遇。"虽有此心，但有主奴之分，岂敢妄动。古语说，日近日亲，他每日在房中出出进进，那郏氏或早间坐床上裹脚，露着白森森的腿儿，因不防他，常被他瞥见一眼。或临聪（窗）梳头，遇天暑穿着对衿小衫儿，扬起两手理发，袖手卷下，影影露出乳峰，嫩藕般两只玉臂。或着纱裤，偶然在日影之下微微照见双股。他好生动火，只好在无人处闭目存想，打个手铳，借此当彼。（《姑妄言》，第八回）

在清代小说《一片情》中，描写一位利娘子，竟然是因为看了两条狗交媾而"神魂摇动，方寸昏迷"：

两人厮叫了，未及开言，只见两只狗子交练做一块。利娘子就要进去，酒店妇人一把扯住道："看看好耍子。"

词曰：

何处移来双犬，两头八脚连生。当中若似有销钉，似漆如胶粘定。一个上前难走，一个落后难行。直教冷水与灰瓶，方得开交了兴。

右调《西江月》

利娘子见了这拖来拽去的勾当，毯心里突突的乱跳，神魂摇动，方寸昏迷。（《一片情》，第十回）

以上只是以明清小说中描写的情节为依据，大致列举了引起性欲的一些因素。在现实

第二章 性心理

见狗交而动情的男女

生活中，能引起性欲的因素极多，不胜枚举。而且，引起性欲的因素常常因人因时而异，如对某人能引起性欲的因素，对其他人也许并不能引起性欲；此时能引起性欲的因素，彼时也许就起不了同样的作用。充分反映了性心理的复杂性和多样性。

### 2. 女子性欲的特点

男女间的性欲存在明显的差异，对此，中国古代性学家有精辟的论述，如《素女房中交战秘法》中说："男子有情易动则易灭，如渴得浆；妇人情难动则难灭，如热得凉。"意即男子的性欲来得快，去得也快，就像口渴时想喝水一样，水喝下去，渴也就解除了；女子的性欲来得慢，去得也慢，就像一个热极了的人，虽经凉风吹拂，也得慢慢才能凉下来。在清代小说《灯草和尚》中，则以火和水来比喻男女性欲的差异：男子性欲属火，被水一浇，火便会熄灭；女子性欲属水，被火一烧，便越来越热，想让它变凉是很不容易的事。因此书中提出告诫：不要随便去引动女子的性欲，女子的性欲一旦引动，便"没个截止"：

只说那夜深人静，欲火怂恿，男男女女没一个不想成双着对，图那脐下风流快活。大凡男子一经漏泄，尚可消受片时；妇人家安心受射，邀射越好，便弄到那形消骨化也不肯休，却是何故？只因男子是火性，被水一浇，那火更（便）灭了一半；妇人家是水性，被火一烧，那水更热了几分。有一曲《离江怨》为证：

夜阑灯影斜南，窗闭也。迟迟更漏，初长髻儿，懒卸衫儿，懒忻昏黄，怕看天边月。

泪流衿上血，众穿罗衣流香汗，只嫌火冷中肠热。

看这一曲，方知妇人欲火尤甚。但不去引动他还好矜持，一引动了便没个截止。

（《灯草和尚》，第一回）

正因为女子的性欲比男子复杂，所以，英国性学家霭理士建议，男女性交时，最好把主动权交给女子：

> 女子的性欲大抵比男子为不规则与不可捉摸，因此性交一事，很相宜的应当由她发难，由她主动，而做男子的把这种主权交付与她之后，自己在事实上也不吃亏。（霭理士：《性心理学》，第371页）

那么，具体说来，女子的性欲都有哪些特点呢？

（1）"三十如狼，四十如虎"

在中国民间，一直有关于女子"三十如狼，四十如虎"的说法，指的是三四十岁是女子一生中性欲最强的时期，这种说法，已为现代性学所证实。如霭理士在《性心理学》中说，女子的性兴趣要到三十岁才"尖锐化"：

> 女子的性兴趣起初也往往是潜伏着的，或散漫得茫无头绪的，有时候一直要到三十岁光景才集中起来，才尖锐化。（同上，第483页）

《时尚健康》中也说，经过抽样调查，表明三十岁左右的女性"对性的渴望最为强烈"。（见《时尚健康》男士版，2011年第1期）

除了三十岁左右的女性，四十岁的女性也"狂热地热爱性爱"。（同上，第3期）

因此，《时尚健康》中说，"三十如狼，四十如虎"的说法并不是无稽之谈：

> 中国有这么一句老话"三十如狼，四十似虎"，这并不是无稽之谈，这个年纪上的女人永远不会嫌性生活太多。研究人员对827名年龄在18～65岁间的妇女进行了关于性幻想和性行为的调查。正如科学家所预期的，从27岁到45岁，随着妇女生育率的下降，她们在性方面的表现决定了自己怀孕的几率。这些女性对于性生活有更多的想法，性幻想的次数更多，并有更多的性交次数，同时，她们更容易与认识时间较短的男性发生性关系。尽管如此，用做爱次数上的多少来解释这件事儿实在太简单，30岁的女性比自己在20岁时更了解自己的身体。她们知道自己要什么，她们更知道如何告诉男人自己要什么。（同上）

（2）行经前后几天的性欲最强烈

女子性欲的强弱除了与年龄有关，还在每个月呈现周期性的变化。性学家们发现，女性在月经前后的几天，通常性欲最为强烈：

> 女医师戴维思（Katharine Davis）研究过二千多个女子的性生活，发现她们性欲最热烈的时候，几乎全部是在经行前两天到经行后七天之内，不过她的发现里有一层和以前的专家不同，就是经前热烈比经后热烈者为多（六十九例对三十八例）。海密尔顿医师（G.V.Hamilton）观察过一百个知识阶层的女子，发现二十五人的旺盛期是在月经刚行以后，十四人是在刚行以前，二十一人在刚前刚后，十一人在经行中及月经

刚行的前后，十九人完全没有时期性，其余十人没有说甚么。（霭理士：《性心理学》，第36页）

因为月经的关系，她们性趣的高低比你要复杂得多：通常她们在月经开始前、月经开始后的6～7天，以及排卵期（13～15天）会有比较强的性欲，但这还跟工作、睡眠、情绪、沟通等等问题有着千丝万缕的联系。（《性福圣经》，第39页）

（3）女性的"性虚伪"

因为传统观念要求女子贞静、内敛，造成了不少女性的"性虚伪"：当自己在男子面前性欲高涨、难以抑制时，故意表现出对性不感兴趣的样子，同时却又想方设法去挑逗男子。在清代小说《绿野仙踪》中，描写女子翠黛看上了一个风流倜傥的道士，便故意敞着衣服假睡；等到道士前来亲热时，她又用手推拒，称自己是"清修妇女，松柏节操"；等到道士与之交合时，她不退反迎，却又"装作出许多娇羞气愤态度"。（见李百川：《绿野仙踪》，第九十七回）

在清代小说《肉蒲团》中，说到未央生问赛昆仑，女子中是喜欢性交的多，还是不喜欢性交的多？赛昆仑告诉未央生，当然是喜欢性交的多，同时又说"惟有心上要做，假说不要做的妇人，极难相处"，也就是"性虚伪"的女子最难对付。（见《肉蒲团》，第四回）

女子除了故意掩饰自己的性欲，在性问题上言不由衷也是经常的事。如明明对某男子充满情意，却故意表现出冷淡的样子；明明对性方面的话题充满兴趣，却坚持闭口不谈，以显示自己的贞洁。在《时尚健康》登载的一则资料中，就很好地反映了女子"性虚伪"的一个侧面：

虽然有一头野兽在我们的内心撕咬，但有时候我们彼此还要假装优雅有礼。比如假装不经意地问对方："昨晚上爽吗？他的床上功夫如何？"如果女友说很不爽，新男友时间短，没情趣、没前戏，简直一塌糊涂之类的话，我们撇撇嘴，其实心里幸灾乐祸得不得了。如果女友一脸陶醉，满口赞美之词，我们表面为他们两个的和谐性生活羡慕不已，其实内心的醋意早就已经开了锅，更对她的新男友好奇不已，巴不得有机会在床上和这小子一试身手。不过，等到大家见面一起共赴饭局的时候，还得假装眼睛里根本没有这个人。

不要相信那些老生常谈，什么"女人因爱而性，没有爱就不会上床"。其实性就是性，有时候，有些女人爱的就是性。（《时尚健康》男士版，2007年第6期）

（4）悍妒——性欲得不到满足的表现

有不少女人善妒，这似乎是大家的某种共识。为什么这些女人善妒？有不少人认为那是因为她们的心眼小，这无疑是一种似是而非的解释。清代小说《姑妄言》中认为，女人悍妒，"皆因不能饱其淫欲"。这一观点，似乎给人以拨云见日之感：

> 老道又道："居士可知妇人中这种悍妒的缘故么？"贾文物道："自然是天性使然。"老道道："非也。人生自幼至老，其性不改，方谓之天性。居士请想，人家女子在闺中悍妒的可有么？间有一两个性凶粗暴者，乃父母失于教训之故耳。此孟夫子所谓'性相近也，习相远也'，岂天性使然耶？"贾文物听到这里，将座儿挪近，促膝坐着，道："求尊师明以教我。"老道道："妇人未有悍而不妒，妒而未有不淫者。若果能遂他的淫心，那悍妒之气自然就渐渐消磨下去。居士试想，任你万分悍妒的妇人，他到了那枕席上心满意足的时候，可还有丝毫悍妒之气否？皆因不能饱其淫欲，使忿怒之气积而成悍。阴性多疑，以为男子之心移爱于他人，故在他身上情薄，此心一起，悍而又至于妒。妇人犯了淫妒二字，弃之为上。既不能弃，万不得已而思其次。古云：治水当清其源，只有把他的淫情遂了，他那悍妒就不知其然而然自化为乌有矣。"（《姑妄言》，第十五回）

"不能饱其淫欲，使忿怒之气积而成悍；阴性多疑，以为男子之心移爱于他人，故在他身上情薄。此心一起，悍而又至于妒"，可谓揭某些女子悍妒之秘；"治水当清其源，只有把他的淫情遂了，他那悍妒就不知其然而然自化为乌有矣"，无疑是极其对症之药。因此，我们不能不佩服中国古代小说家的智慧。因为男女的性能力存在差异，男子的性能力通常比不上女子，这就使不少女子始终处于性欲不能彻底满足的状态，女子因此责怪男子，男子在女人面前自然矮了一头。时常见到有女子在男子面前使性子，男子则低三下四，多是因为此种原因，但这也成就了女子的"悍性"。另外，男子又比女子"博爱"，对其他令他心动的女子时不时表现出爱慕的样子。一个自己的"手下败将"，居然敢作出此种举动，女子当然会气不打一处来，于是对男子不断指责、限制，从而又成就了女子的"妒性"。因此，有的女子之所以悍妒，与不能遂其性欲确实存在某种关联。

### 3. 性欲特别旺盛的人

性欲虽然是人的重要本能，但是，性欲并非不可控。对于一般的人来说，即使在性欲最旺盛的时期，一两个星期不过性生活，或许在生理和心理上会有某种不适，但不至于造成什么后果。然而，有那么一些人，若几天没有性生活，就会欲火难遏，必须寻找某种途径发泄而后快。这样的人，我们笼统地称之为性欲特别旺盛的人。

（1）性欲特别旺盛的男子

在清代采蘅子的《虫鸣漫录》中，记述了中国历史上较为有名的三个性欲特别旺盛的男子：一个是明朝的开国功臣常遇春，据说他只要三天不与女子性交，便会"皮裂血出"，所以只好带着妓女领兵打仗；一个是清代《四库全书》的总编纂纪晓岚，他必须每天性交

第二章 性心理

五次，否则就会生病；一个是清代的大才子袁枚，据称他只要不生病，身边必有男女伴宿：

> 饮食男女，大欲存焉，然禀赋亦有不同。常开平（遇春）三日不御女，皮裂血出，军中携妓自随，明太祖不之禁。近世纪文达公（昀），日必五度（五鼓入朝、归寓、午间、薄暮、临卧各一度），否则病。……袁子才（枚）太史……自吟云"半生非病不离花"，每称有色福。（采蘅子：《虫鸣漫录》，卷一）

在清代小说《肉蒲团》中，说到未央生请赛昆仑帮助他寻找美貌女子，在表示自己急切的心情时，未央生说，自己的性欲极强，三五天不性交，就会梦遗；若一段时间不性交，见到美貌的女子，就会把持不住：

> 未央生道："不瞒长兄说，小弟平日欲火极盛，三五夜不同妇人睡，就要梦遗。如今离家日久，这点欲心，慌得紧了。遇不着标致女子，还可以勉强支持；若遇着了，只怕就涵养不住了。"（《肉蒲团》，第六回）

在清代小说《姑妄言》中，对财主易于仁平时荒淫的性生活状况作了详细描写，并称他性欲极盛，"宁可三日不食，不能一日离妇人"。（见《姑妄言》，第十四回）

在《性经验史》一书中，记载了一种性欲过于旺盛的男子，他们会一直处于性亢奋中，即使不断地性交、射精，勃起和性欲也不会消失，只有到了极限，才会恢复常态。作者称这种症状为淫狂症，并说，患此淫狂症的人，要么是精液太多的人，要么就是强迫自己禁欲的人：

> 存在一种持续亢奋的疾病，它在性行为中无限制地延续着亢奋的机制。在这种疾病的男性版本中（这种疾病又被用来指淫狂症或阴茎异常勃起症），所有安排性行为和射精（紧张、搅动、加热）的机制都联为一体，不断地相互维持，无论是否有精液排出：这是一种不会消失的性亢奋。病人处于持续痉挛的状态之中，经受着各种激烈的发作，非常接近于癫痫。阿雷泰的描述可以作为例证，它见证了这种奇怪的疾病是怎样被审视的，其中性活动可以说专注于自身，既没有时间也没有分寸。它的痉挛的和癫痫的本性在此暴露无遗。"这种疾病让阴茎勃起……这种疾病是一种无法满足的性交欲望，连饱满的激情也无法节制它。因为勃起在最多种多样的愉悦之后还继续着；所有神经都会痉挛，肌腱、腹股沟和会阴也会膨胀。各个性器官都热辣辣的和痛苦不堪的。"这种持续状态被一阵阵发作凸现出来。于是，病人们"在他们的言行中"毫不顾忌"廉耻和节制……他们呕吐，满嘴的泡沫，好像公山羊热得直吐口沫一样；他们也有这种热乎乎的气味"。他们的精神陷入疯狂，只有到了极限，才会恢复正常。对于淫狂症，伽利安在《论疫区》的论著中作了一种非常有节制的描述："阴茎异常勃起是整个阴茎在长度和周长上的增大，既没有性激动，也没有增加自然的热量，好像在仰卧的人身上所发生的那样。简言之，这是一种阴茎的持续增大。"在伽利安看来，

这种疾病的原因必须从勃起的机制来理解。因而，必须在"动脉的各个膨胀口"或在"神经中普纽玛（即空气）的产生中"去寻找原因。实际上，伽利安承认这两种原因以及它们在症状变化中的联系；但是，他喜欢经常指责动脉的膨胀，在他看来，这是一种比"海绵状神经中"的普纽玛更加常见的现象。这种疾病要么出现在那些"精液太多"的人和那些违反习惯而"摒弃性交"的人那里（除非他们找不出办法来"在许多活动中消耗掉血液中多余的东西"），要么出现在那些在实行节制的同时回想起某些景象之后的性快感或回忆从前的性快感的人那里。（福柯：《性经验史》，第431～433页）

需要说明的是，淫狂症明显属于一种疾病，会对健康造成很大的伤害。而大多性欲过于旺盛的现象则不能算是疾病，只是他们在这方面的表现异于常人而已。

（2）性欲特别旺盛的女子

在中国历史上，以性欲旺盛闻名的女子，有武则天、北齐时的武成皇后胡氏、山阴公主等。山阴公主是南朝宋废帝的姐姐，据《宋书·前废帝纪》载，山阴公主虽已嫁为人妇，但"淫恣过度，谓帝曰：'……陛下六宫万数，而妾唯驸马一人，事不均平，一何至此！'帝乃为主置面首左右三十人"。山阴公主认为，自己与皇帝是姐弟关系，弟弟的后宫美女达万人，自己却只有驸马一个男子，此事太不公平。皇帝于是送给她三十个美男子，作为她的男宠。

关于武成皇后胡氏性欲旺盛的记载，见于《北齐书》。书中称，武成皇帝生前，胡后即与宫中的太监褒狎，并与一个名叫和士开的臣子私通；武成皇帝死后，胡后与和尚昙献通奸，并把众多僧人引入宫内；北齐灭亡后，胡后仍"恣行奸秽"：

> 武成皇后胡氏，安定胡延之女。……天保初，选为长广王妃。……武成崩，尊为皇太后……初武成时，后与诸阉人褒狎。武成宠幸和士开，每与后握槊，因此与后奸通。自武成崩后，数出诣佛寺，又与沙门昙献通。布金钱于献席下，又挂宝装胡床于献屋壁，武成平生之所御也。乃置百僧于内殿，托以听讲，日夜与昙献寝处。以献为昭玄统。僧徒遥指太后以弄昙献，乃至谓之为太上者。帝闻太后不谨而未之信，后朝太后，见二少尼，悦而召之，乃男子也。于是昙献事亦发，皆伏法，并杀元、山、王三郡君，皆太后之所昵也。……齐亡入周，恣行奸秽。隋开皇中殂。（《北齐书·卷九·列传第一》）

关于胡后"齐亡入周，恣行奸秽"的情形，明代小说《僧尼孽海》中有这样的描述：

> 迨齐亡入周，淫心弥炽，与泼赖少年为偶。不畅时，时入僧寺，觅僧与居处。有得当者，即誓相终始，而卒不以一僧足也。其淫谑鄙亵、丑秽景状，有淫妇宿娼舔谈不肯为者，后为之略不顾忌，皆昙献之囮也。至隋开皇中，病髓竭而死，人人指其事为一时谈柄。（《僧尼孽海·沙门昙献》）

第二章 性心理

至于武则天性欲旺盛的情形，在本书的另外一些章节中会有涉及，在此就不专门介绍了。

在清代独逸窝退士的《笑笑录》中，记载了一个年近六十的妇人，患有一种名叫"花旋风"的病，每当病发，就必须与多个男子性交，否则不得痊愈，甚至会裸体闯入街市找人性交。为此，她的家人专门为她养了三个少年男子，供她病发时"治病"之用：

> 冯仲新言曾寓一客店，主妇年将六旬，忽发狂，裸体欲出市觅男，有少年店伙三人拥之入室，窃窥之，则次第据而迭淫焉。良久淫毕，妇衣服而出，安靖如故。诧甚。后有人语之云，此妪患花旋风，每发，必多人与合乃愈；三少年尽蓄以待之者，如无健男迭御，则入市乱蹶。此症此医，皆奇闻也。

在明清小说中，描写了许多性欲特别旺盛的女子，兹选取几则，以了解其大致状况。

在明代小说《金瓶梅词话》中，写到西门庆留恋妓院中的娼妓，有半个月没有回家，家中的妻妾吴月娘、孟玉楼等都盼着他回家。其中盼望最急切、性欲最难遏的，当数潘金莲：

> 话说西门庆在院中贪恋住桂姐姿色，约半月不曾来家。吴月娘使小厮一连拿马接了数次，李家把西门庆衣帽都藏过一边，不放他起身。丢的家中这些妇人都闲静了。别人犹可，惟有潘金莲这妇人，青春未及三十岁，欲火难禁一丈高，每日和孟玉楼两个打扮的粉妆玉琢，皓齿朱唇，无一日不走在大门首倚门而望，等到黄昏时分。到晚来归入房中，絮枕孤帏，凤台无伴，睡不着，走来花园中，款步花台，月漾水底，犹恐西门庆心性难拿；怪玳瑁猫儿交欢，斗的我芳心迷乱。（《金瓶梅词话》，第十二回）

在明代小说《警世通言》中，说到有一个蒋家女儿，生得容貌出众，性欲也是出众。她不顾自己的女儿家身份，常常倚门卖俏，以致坏了名声，没有人敢娶她。她见到邻家一个十来岁的小男孩，便把他诱入家中，想与之性交；后来，她嫁给了一个四十多岁的男子，该男子被她"彻夜盘弄"，变得衰弱不堪；之后，她又与家中的西宾通奸。（见冯梦龙：《警世通言》，第三十八卷）

在清代小说《情梦柝》中，描写妇人井氏，嫁给一个姓庄的男子，不到一年，就把丈夫弄成怯症；丈夫死后，刚到三七，井氏便与一个十六七岁的书童通奸；刚到五七，井氏又勾搭上了一个和尚：

> 原来井氏是最淫的妇人，前夫姓庄，做亲未及一年，弄成怯症。谁知此病虽瘦，下边虚火愈炽，井氏全不体惜，夜无虚度，看看髓枯血竭，不几月而死。到了三七，井氏孤零不过，将次旁晚，往孝堂假哭。忽丈夫一个书童，年纪十六七，井氏平日看上的，走来道："奶奶，天晚了，进去罢！"井氏故意道："想是你要奸我么？"书童吓得转身就走。井氏唤住，附耳低声道："我怕鬼，今晚你来伴我。"书童笑允。黄昏进房，却是精力未足，不堪洪冶鼓铸。至五七，公姑拜忏亡儿，井氏窥见个沙弥嫩白，到晚引入房来。（《情梦柝》，第七回）

明清小说中之所以要大量描写性欲旺盛的女子，一方面是为了引起读者的兴趣，因为女子向来被认为对性交不感兴趣，小说中反其道而行之，无疑会对读者产生吸引力；一方面也是对某种实情的反映，因为女子的性欲丝毫不亚于男子，男子若与女子比拼性能力，肯定是败多胜少。

### 4. 禁欲与节欲

对于男性而言，每当性欲产生，便会很自然地想到去找异性性交，以解除性欲；泄精时产生的遍身酥麻失控的感觉，会使人沉迷于性交之乐；不断地泄精，则又会导致肉体上的疲惫和精神上的空虚感。这一切，在某些自主意识较强的人看来，都是不可接受的。因为通过与异性性交来解除性欲，你就会受制于异性，包括异性是否同意与你性交，异性的喜怒哀乐等，都会影响你的心态，使你不得自由；沉迷于性欲，则不光会消磨人的事业心，还会对健康造成严重的损害。于是，他们便很自然地想到了一个极端的办法：禁欲，使自己从对性欲的依赖中彻底解脱出来。

正是循着上述思路，一些宗教如佛教、道教等提出了禁欲的主张，并把它作为出家修炼的信徒必须遵循的戒律。而且，一些养生家也把禁欲奉为养生的法宝，信之不疑。

（1）禁欲的方法

在明代龙遵叙的《食色绅言》中，介绍了佛道两教禁欲的方法。关于佛教的禁欲之法，主要有两种，一种是把所有女子都看成是自己的亲戚，如把老的看成是母亲，把比自己大的看成是姐姐，把小的看成是自己的女儿，等等，既然她们都是自己的亲戚，那么你与她们性交，岂不是乱伦吗？另一种是把女子看成一个臭皮囊，别看她们表面上长得很漂亮，实际上却是一个皮袋子里面装着骨肉、尿粪、涎涕，面对这么一个肮脏的东西，你怎么还会有性欲呢？

  佛告诸沙门：慎无视女人。吾为沙门处于浊世，当如莲花不为泥所污。老者以为母，长者以为姊，少者如妹，幼者如女，敬之以礼，意殊不谛。惟观自头至足，自外视内，彼身何有？惟盛恶露诸不净种，以释其意。

  昔有国王淫欲，比丘以偈谏曰："目为眵泪窟，鼻是秽涕囊，口为涎唾器，腹是屎尿仓。但王无意目，为色所耽荒。贫道见之恶，出家修道场。"又伎女倡曰："汝身骨干立，皮肉相缠裹。不争内充满，无一是好物。皮囊盛污秽，九孔常流出，如厕虫乐粪，愚贪身无异。"又诗云："皮包骨肉并尿粪，强作娇娆诳惑人。千古英雄皆坐此，百年同作一坑尘。"

  ……

第二章 性心理

永嘉云:凡夫颠倒,为欲所醉,耽荒迷乱,不知其过,如捉花茎,不悟毒蛇;智人观之,毒蛇之口,熊豹之手,猛火热铁,不以为喻;铜柱铁床,燋背烂肠,血肉糜溃,痛彻心髓。作如是观,惟苦无乐。革囊盛粪,脓血之聚,外假香涂,内惟臭秽,不净流溢,虫蛆住处。智人观之,但见毛发爪齿,薄皮厚皮,血肉汗泪,涕唾脓涎,筋脉脑膜,黄痰白痰,肝胆骨髓,脾肺肾胃,心膏膀胱,大肠小肠,如是等物,一一非人,识风鼓击,诈为亲友,其实怨妒。败德障道,为过至重,应当远离,如避怨贼。是故智者观之如毒蛇,想宁近毒蛇,不亲女色。(龙遵叙:《食色绅言·男女绅言》)

具体分析佛教提出的上述禁欲之法,可以看出,其实质不过是心理上的自我暗示和欺骗,既然如此,其有效性就自然值得怀疑。

相比之下,道教的禁欲方法则比较实在。如道教首先指出,一个人要想得道,就必须禁欲,否则不可能得道;其次,道教指出:"精全者不思欲",那些童男童女为什么没有性欲?就是因为他们体内精全。所以,一个成年人,只要不断修炼,禁绝性欲,久而久之,便会达到"精全"的程度,此时自然就不会有性欲了;第三,道教认为,性欲是人人难免的,但是只要你欲起即觉,不任其自由发展,此性欲便会慢慢根除:

上阳子曰:惟淫欲为诸业之首,修行之士,先当屏绝。长春真人对君以欲为第一戒,《太微灵书》以欲为十败之首。修行无他,但能真实绝欲,余皆易事耳。世于绝欲为甚难者,皆愚痴之见。初学之士,试于无人之境,独行独卧,仍戒饮酒,日则以丹经常玩,夜则以清静存心。眼前既无境乱,一切妄念悉除。稍有魔障,愈坚其心,外则不令饥渴,内则常加滋补。如此半年一载,待其精气内固,自不思欲。若欲念未除,是精尚不全,更当固之。丹经云:"精全者不思欲。"真名言也。

……

人从欲中生死,孰能无欲?但始则浓厚,次则淡薄;次则念头虽起,过而不留;次则虽有念,如嚼蜡而无味;又次无念,斯为功夫耳。古箴曰:不怕念起,只怕觉迟。仙家道人非有灵,积精养气以成真。(同上)

关于道士禁欲的情形,清代纪昀的《阅微草堂笔记》中有这样的记载,某道士已修炼二百余年,一天,他看到一个漂亮的男孩,便想与他行龙阳之事,于是,采用某种方术把他带入一个草庵。正当该道士欲行肛交时,心中猛然起了一个念头:若行此事,二百年的功力就会毁于一旦,岂不可惜?于是,经过内心的反复交战,该道士终于克制住了自己的性欲:

登莱间有木工,其子年十四五,甚姣丽,课之读书,亦颇慧。一日,自乡塾独归,遇道士对之诵咒,即惘惘不自主,随之俱行。至山坳一草庵,四无居人,道士引入室,复相对诵咒,心顿明了,然口噤不能声,四肢缓軃不能举。又诵咒,衣皆自脱。道士披伏榻上，抚摩偎倚，调以媒词，方露体近之，忽蹶起却坐曰："修道二百余年，乃为此狡童败乎？"沉思良久，复偃卧其侧，周身玩视，慨然曰："如此佳儿，千载难遇，纵败吾道，不过再炼气二百年，亦何足惜！"奋身相逼，势已万万无免理。间不容发之际，又掉头自语曰："二百年辛苦，亦大不易。"掣身下榻，立若木鸡，俄绕屋旋行如转磨。突抽壁上短剑，自刺其臂，血如涌泉。欹倚呻吟，约一食顷，掷剑呼此子曰："尔几败，吾亦几败，今幸俱免矣。"更对之诵咒。此子觉如解束缚，急起披衣。道士引出门外，指以归路。口吐火焰，自焚草庵，转瞬已失所在，不知其为妖为仙也。余谓妖魅纵淫，断无顾虑。此殆谷饮岩栖，多年胎息，偶差一念，魔障遂生；幸道力原深，故忽迷忽悟，能勒马悬崖耳。老子称不见可欲，使心不乱；若已见已乱，则非大智慧不能猛省，非大神通不能痛割。此道士于欲海横流，势不能遏，竟毅然一决，以楚毒断绝爱根，可谓地狱劫中证天堂果矣。其转念可师，其前事可勿论也。（纪昀：《阅微草堂笔记》，卷十六）

此故事当然是虚构的，但其中反映的道理则颇有借鉴意义。明代养生家高濂也劝人们在性欲初萌时，要以顽强的意志加以克制，要想到性行为的害处，就像"冰山在前，深渊将溺"：

嗟夫！元气有限，人欲无穷。欲念一起，炽若炎火。人能于欲念初萌即便咬钉嚼铁，强制未然，思淫逸之所虎豹之墟也，幽冥之径也，身投爪牙而形甘嚅哜，无云智者勿为，虽愚者亦知畏惧。故人于欲念起，心热之际，当思冰山在前，深渊将溺，即便他思他涉以遏其心，或行走治事以避其险，庶忍能戒心，则欲亦可免。（高濂：《遵生八笺·色欲当知所戒论》）

清代的沈嘉澍则提出了一个比较可行的禁欲方法：独宿。他说，那些享艳福的人，健康状况通常不佳，就是因为他们在美色面前无法控制自己的性欲，所以，要控制性欲，最好的办法，就是不见美色，晚上独睡：

凡人享艳福者，身体必不健，享年或不永，以其情好太笃，精气受戕太盛，抑亦造物者斩其福也。慧心人觑破此旨，偏与造物争权，老寿之福从此而半，不亦休与！

老子云：不见可欲，使心不乱。玉体横陈，肉薄相切，除是圣贤仙佛，方能不动心，下此则当之而靡矣。故养病必服独宿丸，且必独宿，则导引之功可施也。妻妾虽正色，然亦要格外节制，格外矜严。妻妾相对如待师保，与妻妾同卧，如防寇盗，则情欲之感无介乎容仪，燕私之意不形于动静矣。（沈嘉澍：《养病庸言》）

正是因为认识到性欲对人们的身心可能带来危害，古人才想出了种种禁欲的方法。在刘达临的《中国历代房内考》中，亦记载了几个古人禁欲的实例：

张咏知益州时，"悦一姬，中夜心动，绕屋而行，但云'张咏小人，张咏小人'"，

第二章 性心理

始终没有越轨。宋朝还有个名臣赵抃，在担任益州路转运史加龙图阁学士知成都时，有一天看到一个头戴杏花的妓女，颇有好感，和她逗笑说："鬓上杏花真有幸。"妓女应声而答："枝头梅子岂无媒？"对仗工整，赵抃对她更为欣赏。到了晚上，他动了风流之念，派侍卫去传那个妓女前来侍寝。过了一会还不见来，又派人去催。他自己在屋中踱躞，忽然高声叫道："赵抃不得无礼！"传令不要去叫妓女了。这时侍卫却从幕后出来了，赵抃问他是怎么回事，他说，"我估计相公不出一个时辰就会息了那念头的，所以一开始就没有去叫。"据说赵抃为了彻底禁绝男女之欲，抚剑自誓还不够，甚至想出在帐中悬挂父母肖像这种怪办法来。（刘达临：《中国历代房内考》，第466页）

（2）禁欲的效果

古人虽然花大力气向性欲挑战，以彻底戒绝性欲为目标，然而，实际效果却并不理想，因为要想彻底戒绝性欲，实在太不容易了。宋代著名的文学家苏东坡十分注重养生，为此，他曾经把身边的家妓都遣散了，只留下小妾朝云。一次，苏东坡与太守杨君素、通判张公规谈论如何养生。苏东坡的最大感触是性欲难以除去，张公规接着说，确实如此，你看汉代的苏武，宁可去极北严寒之地牧羊，也不屈服，但还是免不了与胡妇性交生子之事：

　　太守杨君素、通判张公规邀余游安国寺，坐中论调气养生之事。余曰："皆不足道，难在去欲。"张云："苏子卿啮雪啖毡，蹈背出血，无一语少屈，可谓了死生之际矣。然不免为胡妇生子，穷居海上，而况洞房绮疏之下乎！乃知此事不易消除。"众客皆大笑。余爱其语有理，故为录之。（苏轼：《记张公规论去欲》）

在明代小说《梼杌闲评》中，作者也借玉支和尚的口说，即使圣人也不能没有性欲，何况普通百姓：

　　玉支道："非也。人皆从欲界生来，这一点种子怎么脱得？莫说凡人难脱，即吾辈修到无上之境，亦不能无欲。须直修到无欲天人之地，方能解脱。男女之际，虽圣人亦不能忘情，何况公等少年？……"（《梼杌闲评》，第二十五回）

英国性学家霭理士在《性心理学》中也说，虽然人们为禁欲想出了种种办法，但是真正能做到禁欲的人却是少之又少：

　　一切比较精密的研究都证明，真正能绝欲而历久不懈的人，即，真正没有任何方式的性的活动的人，即使我们把从事于医业的人包括在内，事实上是很少很少的。（霭理士：《性心理学》，第335页）

霭理士还说，那些试图禁欲的人，即使把自己置于严酷的环境之中，但终其一生，性欲仍然无法排解：

　　这些独身绝欲的人都有强健的身体与坚忍的意志，他们对于禁欲主义所昭示的理

朝云小像　清代王素绘。朝云是苏东坡的小妾，一生追随苏东坡

想是准备全神贯注的求其实现的，他们所处的沙漠环境，……是再理想没有的，而他们日常生活所守的戒律真是严厉到一个程度，在我们看来，不但是不可能，并且几乎是不可想象。但是，他们最感觉困难而排遣不来的一点，始终是性的诱惑，终他们的一生，这种诱惑多少总不断的和他们为难。（霭理士：《性心理学》，第335页）

霭理士甚至引用罗雷德的观点说，那些能真正禁欲的人，只不过是先天缺乏性能力罢了；而那些表面上做到禁欲的人，私下里不是手淫，就是去嫖娼：

罗雷德是这方面很有经验的一位医学家，他在好几年前就说过，绝欲或绝对童贞的现象是根本没有这东西的，少数真正能绝欲或真正毫无性的表现的人无非是一些性能或性感觉缺乏的例子罢了。至于表面上好像是性操贞洁的例子比较多，那大体上是因为各国传统的风气不同，而这种风气又不外两途：一是宿娼的一途，二是手淫的一途。（同上）

那么，性欲为什么如此难以禁绝呢？原因有两个，一是性欲是人的本能，只要有生命，就会有性欲。现代性学家曾经作过一个调查，内容是在日常生活中，你会不会经常想到性，结果，年轻的男孩称他们每隔五分钟就会想到性，中年男子也称他们每半个小时就会想到性：

当问到在最近的五分钟内，生理上是否有性的念头时，有51%的十六七岁男孩说有，而20%的四十岁到五十五岁的男性也有。有14%的十六七岁的男孩和4%的四十到五十五岁男性承认，性是他们五分钟前全心贯注的思想。

另一个研究指出，十二到十九岁的男孩估计他们每五分钟即会想到性；四十到四十九岁的男性则每半个小时会想到性。（瑞妮丝等：《金赛性学报告》，第148页）

人们常说"食色，性也"，而食的诱惑力似乎还比不上性，因为人们多在饥饿时才想到食，而性则几乎无时无刻不萦绕在人们的脑海中。

第二章　性心理

现代性学家还对一个人能否忍受长时间没有性生活作过调查，结果，几乎所有的男性和 21～30 岁的女性都表示不能忍受：

谁无法忍受长期不过性生活？

全体男性以及 21～30 岁的女性。（《时尚健康》男士版，2006 年第 9 期）

另一个原因是性欲就像皮球一样，你越压制它，它的反弹力就越强。也就是说，禁欲的后果，可能是性欲的异常高涨。

罗素在《人类价值中性的地位》一文中也明确说，性欲同食欲一样，愈是禁止，欲望就会愈高：

性是一种自然的人类需要，就像食物和饮料一样。当然，人类没有性也能活下去，而没有食物和饮料就不能活，但是从心理学的观点来看，性欲正同食欲是一样的。愈是节制，欲望就愈高；反过来，欲望满足了，它就会暂时消解。而当性欲急切时，它会把一切都从人类精神范围之内排挤出去。此时一切别的兴趣都会黯然失色，而对一个人来说他当时所犯下的罪，在以后看来就像神经错乱时作出的行为一样。此外，性欲也像对食物和饮料的欲望一样，愈是禁止愈增高。（见《读懂"性"福》，第 4 页）

因此，霭理士明确指出，禁欲时如何克服性欲，至今仍是一个难题：

性冲动是一个伟大的自然的冲动，用之有节，它对于人生可以发生许多的好处……总之，绝欲期间性能的应付是一个很难的问题，我们得承认目前的学识有限，还无法解决。（霭理士：《性心理学》，第 338 页）

（3）禁欲的危害

现代性学认为，性欲不但难以禁绝，而且，强行禁欲，还会带来种种危害。霭理士认为，禁欲会带来生理和心理的双重问题：在生理上，会使人感到不舒适；在心理上，则会造成内心的焦虑和"一种虚伪的贞静"：

不过我们也不否认，绝欲的结果，即使对于生命的安全与神志的清明不发生威胁，就许多健康与活动的人说，还是可以引起不少很实在的困难的。在生理方面，它可以引起小范围的扰乱，使人感觉到不舒适；在心理方面，对性冲动既不能不驱遣，而又驱遣不去，结果是一个不断的来复的挣扎与焦虑，而越是驱遣不成，神经上性的意象越是纷然杂陈，那种不健全的性感觉过敏状态越是来得发展，这两种倾向更会转变而为一种虚伪的贞静的表现，特别是在女子中间。（同上，第 333 页）

有专家指出，有些女性在两个月的禁欲生活后就有可能出现神经过敏，男性则易患阳痿、早泄等症（见《健康世界》，2004 年第 2、3 期），对女子来说，则不仅会造成精神上的痛苦，还容易罹患癌症，甚至会影响寿命。（同上，第 9 期）

（4）性欲的节制与升华

既然禁欲如此之难，而且会对身心健康造成种种伤害，那么，怎样才是最佳的处置性欲之道呢？

唐代著名医生孙思邈提出的方法是"谨而抑之"："善摄生者，凡觉阳事辄盛，必谨而抑之，不可纵心竭意以自贼也。"（孙思邈：《房中补益》）所谓"谨而抑之"，即节制性欲，既不严加禁绝，也不任意放纵。

节制性欲，这无疑是处置性欲的最佳方法：既然性欲难以禁绝，既然纵欲会严重损害健康，那么剩下的办法就只有一个：节欲。此正如清代养生家石成金所说，性欲"不必禁戒"，"但不可不加省节"：

> 色欲一事，世人未有不好者。当时我夫子已说："吾未见好德如好色者。"可见古人已然，不独今人而已矣。此事原不可禁戒，亦不必禁戒也。即如夫妻一道，乃五伦之一，假使尽戒，不几恩爱断绝，而宗祀后代俱无乎？此非吾儒训世之言也，但不可不加省节尔。（石成金：《长生秘诀·色欲部序》）

在霭理士的《性心理学》中，则提出了处置性欲的另一条途径：升华。所谓性欲的升华，即把性欲转移到有创造性的活动中去。书中引用意大利精神治疗学家阿萨奇奥里的话说，如果一个人的性欲过于强烈，而又缺乏有效的满足性欲的途径，则不妨转移它的出路，如把精力投入艺术创作之中，因为"艺术的创造和性的升华，关系最深且切"。（见霭理士：《性心理学》，第487～488页）

实践证明，把精力投入于创造性的脑力劳动之中，确实可以收到性的升华之效果。在当今社会，有不少脑力劳动者的性欲普遍不如体力劳动者，说明殚精竭虑的思索，呕心沥血的创造，对降低性欲可以起到明显的作用。那些佛教中的高僧，整日埋首佛教经卷，在脑子中作繁琐的逻辑推衍，努力证明大千世界是梦幻泡影，对抑制性欲也会起到十分明显的作用。

## 三、性幻想

性幻想指心中虚构的性行为或与性相关的场景，如想象与心目中的偶像做爱，想象能让自己兴奋的性行为场景等等。性幻想是一种十分普遍的现象，许多人在手淫或性交中遇到性兴奋不足的情况时，都会采用性幻想。

性幻想只是心目中的想象，当然不会对他人造成伤害；性幻想能较好地激发性欲，使性享受更加完美，当然也是有益的。在刘达临的《中国历代房内考》中，有一则关于性幻想的数据：

从调查看来，在全部调查对象中，白天醒着时经常有性幻想的占5.7%，偶尔有性幻想的占64.1%，从来没有的占26.7%，未答或不详占3.5%。（刘达临：《中国历代房内考》，第874页）

这则数据针对的是白天醒着时有没有性幻想的情况，可以发现，将近70%的人在平时的生活中就有性幻想；那么，当他们沉浸在手淫等性行为中时，有性幻想的人数的比例肯定要远高于70%。

### 1. 男子的性幻想

性幻想的具体内容千差万别，无奇不有。男性性幻想的内容当然绝大多数是女性以及女性与自己的性互动。在清代小说《桃花影》中，有一段关于男子性幻想的描述，内容包括与绝世美女同床共枕，美女的长相打扮以及美女身体的性敏感部位等等。作者指出，大凡世上的男子，都会有这样的幻想：

词曰：

兀坐腾腾非困酒，一段痴情闲自探，曾把瑶琴月下弹，卓文君，新寡否，怎不随侬成凤偶。

空想蛮腰与素口，十五盈盈何处有，若得巫山梦里云，并香肩，携玉手，胜似鸣珂杏苑走。

《右调　天仙子》

这一首词题曰"痴想"，只因佳人所以难遇，空里相思，写出一种深恋极慕之情。然这痴心妄想，不但作词的有此想头，凡世人不至于蠢庸如木石，谁不思量那云鬓花容，与他同床共枕。只是世间女子，虽有几分姿色，无非涂朱抹粉，岂云倾国倾城。必须是沉鱼落雁，闭月羞花，方足以入我辈之想。试想那蝉鬓低垂，黛眉轻扫，凌波三寸，面似梨花；又想至小肚之下，两股之间，其软如绵，其白如玉，丰隆柔滑，干而且紧者，能不令天下有情人尽作痴中想？只是人人有此艳思，未必人人遂意。（《桃花影》，第一回）

在清代小说《姑妄言》中，说到贵公子宦萼白日里看上了一个龙阳小子，正在调情的时候，被一个倾心于他的女子搅扰，以致好事没有做成，于是，晚上与妻子性交时，脑子中便幻想与此龙阳小子和女子性交的场景，"分外兴豪勇猛"，使妻子体验到了从未享受过的乐趣。（见《姑妄言》，第十二回）

在古罗马作家奥维德的《爱经》中，也有关于男子性幻想的描写，其内容是让自己的情人把自己弄得筋疲力尽，或让两个女子同时来侍候自己：

我愿意我和我的情人不受任何人的打扰；如果她一人能够做到，就让她把我弄到力尽精疲；如果一个人不足够，那就来两个更好！我坚持得了。我的肢体纤弱，可劲头不减。我身体缺乏的是重量，而不是精力。爱的欢愉还会使我的力气倍增。在爱的活动中，我从来没有令美人儿失望过。我常常整夜交欢，第二天依然浑身是劲，还能干事情。在爱情的决斗中耗尽力气的人真幸福啊！但愿诸神就让我死在爱里！（奥维德：《爱经》，第41～42页）

现代性学对男子的性幻想曾作过调查，发现男性最钟爱的性幻想是"三人行"，即一个男子同时与两个女子性交。（见《时尚健康》男士版2003年第8期，2009年第4期）

《海蒂性学报告》中的一则资料值得我们注意。该资料中的男子称，他与情妇性交时不需要性幻想，只有跟妻子性交时才需要性幻想。（见海蒂：《海蒂性学报告——男人篇》，第378页）

这则资料告诉我们，有的男子之所以要性幻想，是基于性幻想实际的功用：在与妻子性交时因缺乏激情，阴茎不能勃起或勃起不坚，为了使性交能顺利进行，只有通过性幻想来刺激自己。在结婚多年的夫妻中，估计有不少男子为了尽到丈夫的义务，需要借助于性幻想。从中我们也可以看到性幻想对于维护家庭稳定有其积极的作用。

### 2. 女子的性幻想

在女子的性幻想中，最常见的无疑是与美男同寝。如在明代小说《别有香》中，说到寡妇万氏曾嫁给一个老头，而该老头死得又早，故万氏常常想着"与美男子同寝"：

孀居万氏，年才二十。为豪门继娶，常恨以少配老，无刻不□。既又孀居，更深悲怨。然而淫念颇炽，如火燔□，想其心无夜不感与美男子同寝，无处发泄。（《别有香》，第四回）

在明代小说《梼杌闲评》中，描写女子侯一娘看上了一个男子，未能与之相识，晚上睡觉时，心中便想着那个男子的身段举止，渴望能与之同床：

再说侯一娘在庙中见那小官去了，心中怏怏，没奈何，只得收起行头，出庙回到下处。丑驴买了酒来，吃上几杯，上床睡了。思想那人情儿、意儿、身段儿，无一件不妙，若得与他做一处，就死也甘心。心中越想，欲火越甚，一刻难挨。打熬不过，未免来寻丑驴杀火。（《梼杌闲评》，第二回）

在清代小说《绿野仙踪》中，描写未婚女子蕙娘看到男子周琏长相俊俏，体态风流，便心中思量，若能与他同睡一夜，死了也觉甘心：

庞氏着请入内房相见。蕙娘在窗内偷看，心下大为惊喜，才知西北角下做文字的书生，就是周琏。心中鬼念道："这人才算的有情人，像他这买间壁房子，和我哥哥兄弟结拜，屡次在我家送极厚的礼物，毫不惜费，他不是为我，却为着那个？"又心里叹道："你到有一片深心，只是我无门报你。"急急的掀起布帘缝儿，在房内偷窥，见周琏生得甚是美好……

蕙娘看了又看，心内私说道："妇人家生身人世，得与这样个男子同睡一夜，死了也甘心。"（李百川：《绿野仙踪》，第八十回）

现代性学对女子的性幻想也作过详细调查，结果发现，现代女性的性幻想主要有两个，一个与男子一样，是"三人行"，当然是一女两男的"三人行"，如《金赛性学报告》中说：

大约有3%的已婚男性和3%的已婚女性表示，当他们和其他伴侣做爱时，配偶也在场。大多数做过的人同时表示他们只做过一次。尽管如此，这是多数男人和女人最喜欢的一种幻想。（瑞妮丝等：《金赛性学报告》，第229页）

根据调查，有的女性甚至常常幻想自己被强奸或被性虐待。这样的状况在现实生活中大家当然避之唯恐不及，那么它们为什么会出现在女子的性幻想中呢？对此，有专家解释说，这是因为在传统的性压抑思想影响下，妇女往往会对性行为存在羞耻或罪恶感，假如在性幻想中想象自己是主动乐意追求性生活的，就会引起自我的内疚或焦虑；这时通过"反相形成"心理防御机制，幻想成被强奸，就可允许自己既享受到性快乐，又可为自己找到辩解的理由。（见《中国性科学百科全书》，第357页）说得明白一点，女性幻想自己被强奸，事实上是追求一种巨大的性刺激，因为被强奸是可怕的、危险的，但是自己是在极其安全的情况下去假设它，当然能起到异乎寻常的刺激作用。

性幻想的作用是多方面的，它是用自己精神的力量去调动自己的生理机能，以达到自己享受快乐、释放压力的目的，所以现代性学家认为性幻想是无害甚或有益的。当然，凡事都有一定的度，如果常常沉溺于性幻想，甚至因为经常性幻想而模糊了现实与想象的界限，就成了一种精神疾病，必须通过求医来解决了。

## 四、性虚伪

这里所说的性虚伪，主要包含两层意思：一是在性的问题上掩盖自己的真实心理，以虚假的态度或面目示人；二是视性为洪水猛兽，以卫道士自居，严禁他人谈论或对他人正当的性行为横加干涉。在中外历史上，性虚伪的现象曾经大量存在，严重影响了民众的正常生活。即使在今天，谈性色变、视性为禁区的仍大有人在。

### 1. 中外历史上的性虚伪

中国在唐朝及其以前，对性问题多持开放的态度，因此，无论《汉书》、《隋书》等，在其"志"中都收录了房中书,把谈论性问题视为一种正常的现象。然而,从宋代开始,在"存天理,灭人欲"的口号下,人们把性欲视为不洁,把谈论性问题视为下流,视不近女色为高尚,从而开启了性虚伪的历程。如理学家朱熹认为二程(程颐和程颢)提出的妇女"饿死事小,失节事大"不可改易,还下令妇女出门必须用花巾兜面,只留孔隙看路;又令妇女鞋底装上木头,称为"木头履",使行动有声,便于觉察,以防私奔。可是他自己呢?当时有监察御史沈继祖弹劾朱熹言行不一,说:"朱熹引诱两个尼姑做妾,出去做官都要带着"。后来,朱熹被迫上表认罪,承认"私故人之财"、"纳其尼女"等等,说要"深省昨非,细寻今是",表示要改过。(参见蔡美彪等主编:《中国通史》第5册,第334~335页;第7册,第437页)连道学家的代表人物都是如此,其他一些徒有虚名的道学家就更不用说了。

在《秘戏图考》中,荷兰汉学家高罗佩较好地概括了中国古代自宋至清性虚伪的历程,认为除了在明朝晚期,中国曾经有过一段性开放的时期,其他时期,大多处于性虚伪风气的笼罩之下:

  但不可否认,中国人走向了另一个极端。在西方关于中国的书中,中国的虚情矫饰已成为一句套语。

  与许多清代作家的断言相反,这种情形并非从来就是如此。当代的文献证据说明,虚情矫饰在唐代(六一八~九〇七年)和唐以前实际上并不存在。虚情矫饰可溯源于宋时期(九六〇~一二七九年),当时,在古老的儒家经典的再检验下,男女有别之古义,被头脑狭隘的学者们所误解。这种固执的态度在元朝(一二八〇~一三六六年)期间有所松弛。中国人在战斗中的失败和在蒙古人奴役下的苦难生活,引起了一种喜好轻浮娱乐的反应,于是中国的剧本和色情小说繁荣起来。其次,明朝带来了民族文化的复兴,其中包括它的许多与性有关的禁忌和习俗的复兴。但到这个时代的晚期,大约自一五七〇年始,南方的都城南京沉溺于风流浮华中。风雅学者的一切文化生活情形,包括他们的性风尚,成为文士画家交口谈论的题目。这就是这一时期春宫画产生的缘故。

  一六四四年的满洲征服在这种快活场景中放置了一块黑幕。从那时起中国人显示出一种近乎疯狂的愿望去保持他们小心翼翼隐藏起来的所有性生活面貌。(高罗佩:《秘戏图考·英文自序》)

在《中国古代房内考》中,高罗佩还举中国近代知名学者叶德辉名声扫地的例子,来说明当时学者写作关于性方面的文字将会付出怎样的代价:

  研究《医心方》的开山之作出自中国近代学者叶德辉(1864~1927年)之手,他用的是1854年版。叶德辉从该书卷二八中发现,有五种中国古代房中书被丹波到处

第二章 性心理

引用，使他认为有可能根据这些片断复原原书的主要部分。……

这五种房中书皆发表于叶德辉的《双梅景闇丛书》（始编于1903年，1914年付梓）。他因此大大触怒了当时的旧派文人，使自己的学者名声立刻扫地以尽。他是那样不幸，甚至惨遭匪徒杀害也未能引起任何同情〔叶氏1927年被长沙地区的革命群众作为"反革命"而处决——译者〕。这种偏执态度非常引人注目，因为一般说来，中国学者对学术问题一向通情达理，令人赞赏。他们通常总是以文章的质量来评价一个人的学术水平，并不在意其道德上的缺点或政治上的错误。但唯独性这个问题是例外。只要哪个学者胆敢就这个特殊题目写东西，他立刻就会被嗤之以鼻。这些事实再好不过地证明了，清代的中国文人如何深深地被他们自己的性压抑所困扰。（高罗佩：《中国古代房内考》，第167～169页）

在西方世界，也出现过长期的、整个社会都陷于性虚伪的情形。如据刘达临的《世界古代性文化》称，在西方，早期的基督教会认定性交的目的只是为了制造更多的宗教信徒，因此，规定夫妻性交时不能有享乐的念头，性交姿势也只有男上女下一种。为了防止夫妻有更多的性接触，教会甚至设计出了一种特殊的睡衣，只供丈夫"播种"之用：

在西方，早期的基督教认为，性行为是为了"制造更多的基督徒"，而不是享乐。教会对教徒的性生活做了很多干预，他们曾发明一种厚重的睡衣，只在紧要的部位开一个洞，妻子穿上这种睡衣，丈夫则在洞中"播种"，而避免其他任何接触。但是这种睡衣不是每个人都买得起的，于是教会又规定夫妻只能以男上女下的一种姿势性交，如果采用别种姿势，则需接受处罚。教会备有一本小册子，记载了各种"罪恶的"性交姿势，教徒必须坦白交代他们是否有这类"丑态"，如果其中有一种姿势被认为能"获得最大的快乐"，就必须处以七年的徒刑。（刘达临：《世界古代性文化》，第295～296页）

而事实上呢，在基督教教会中，有不少主教、教士就是荒淫无耻的人，他们背地里勾引妇女，与他人妻子通奸，无所不为。种种情形，在薄伽丘的《十日谈》中有充分的反映。

在福柯的《性经验史》一书中也指出，在19世纪的西方，曾经经历过性虚伪的"单调乏味的黑夜"，性经验被家庭夫妻所垄断，它只存在于夫妻的卧室里：

在17世纪初叶，人们对性还有几分坦诚。性生活不需要什么隐秘，言谈之间毫无顾忌，行事也没有太多的掩饰。时间一长，大家对这些放肆的言行也见怪不怪了……

在这个时代之后，黄昏迅速出现，直至维多利亚时代资产阶级的单调乏味的黑夜降临。于是，性经验被小心翼翼地贴上封条。它只好挪挪窝，为家庭夫妇所垄断。性完全被视为繁衍后代的严肃的事情。对于性，人们一般都保持缄默，唯独有生育力的合法夫妇才是立法者。他们是大家的榜样，强调规范和握有真理，并且在遵守保密原则的同时，享有发言权。上自社会，下至每家每户，性只存在于父母的卧室里，它既实用，又丰富。除此之外，其余的人对性都不甚了了。（福柯：《性经验史》，第3页）

《性学总览》一书中也说，在19世纪的西方，所有有可能对感官造成刺激的东西，都要深藏起来，甚至包括餐桌和钢琴的腿：

> 到了17世纪，裸体举止不断受到人们的指责，人们对裸体也愈感不安。到了19世纪，餐桌和钢琴若不蒙上防尘罩子，裸露在外，就会令人反感。所有可能引起感官情绪的刺激物，若不深藏起来，就要遭人白眼。（莫尼等：《性学总览》，第265页）

把餐桌和钢琴的腿罩起来，是怕人们由此联想到女性的大腿，可见当时人们的神经已经脆弱到何种程度。这样的性虚伪，现代人几乎是无法想象的。

## 2. 性虚伪的危害

明明满肚子男盗女娼，却标榜自己道德高尚；本来是性欲的自然而正常的表达，却被指责为下流淫秽。性虚伪严重影响了人们的正常生活，剥夺了人们享受幸福的权利，同时也造成了一系列恶劣的后果。如《性学总览》中说，性虚伪造成了性压抑，性压抑的同时则使性产生了神奇的诱惑力，从而使反性欲变成了一种负的性迷恋：

> 这一局面在19世纪达到了高峰，更不用提及3个世纪以前的宗教裁判所时期，妇女被看成没有性欲的生物。性要求与性亢奋被视为道德败坏，或者是有病，或者被看成仅在社会下层妇女中才会出现的事情。但是，这种性压抑产生了一种自身相当矛盾的现象：压抑的同时又产生一种神奇的吸引力。性行为因同恐惧与犯罪感有联系，因而产生了一种过去从未有过的诱惑力量和一种迷人的危险的滋味，赋予了性行为一种永久的、持续的以及具有压倒一切力量的猛烈性质。更为自然的刺激物受到禁止，更为中性的刺激物获得了更为奇特的含义。禁止看一位妇女的腿，甚至禁止人们想象妇女的腿所带来的情形，便使人觉得桌子或钢琴腿都有些诲淫。能引起性反应的刺激物也愈加细微。但是，这一情形就如同是与风车的叶片开战：越多的人反对性欲，环境就越变得性欲化。反性欲变成了一种负的性迷恋。（同上，第268页）

《性学总览》中还认为，性虚伪使下层妇女盲目地反对性欲，从而陷于无性欲，这就进一步增加了她们生活中的不幸：

> 雷恩沃特（1965年，1966年）可以在社会阶级所属与婚后性行为的兴趣和享受之间确立一种相互联系。妇女在性兴趣和享受方面表现出的阶级依赖性的下降趋势，仍比男子的更强。这就意味着：一，下层妇女常常持有一种反性欲态度，对性欲表示敌视，因而最无性欲。她们中有54%的人对性行为持否定态度，而中产阶级的妇女中仅有14%持此态度。（同上，第278页）

第二章 性心理

而对中国人来说，盛行于清代的性虚伪给中国形象带来了严重的损害。高罗佩在《秘戏图考》中说，因为中国人对自己的性生活秘而不宣，使西方人误认为中国人的性生活"是一个可怕的堕落的粪坑"：

> 清代士人夸张的假正经不仅妨碍了学术研究，而且导致了西方对中国性生活产生一种完全错误的印象。由于中国人对待他们的性生活的神秘态度，十九世纪，在中国的西方观察者似是而非地假定它是一个可怕的堕落的粪坑。这种错误观念被有关中国的西方书本广为传播，时至今日，仍流行在相当数量的西方公众的心目中。（高罗佩：《秘戏图考·英文自序》）

当然，性虚伪最大的祸害，还在于葬送了无数人的幸福。人生本来短暂，性享受本来就是大自然的恩赐，然而，那些可恶的性虚伪者却用错误的、荒谬的观念去教唆人们放弃性享受的天赋权利，使人们在从事性行为时战战兢兢，唯恐堕于所谓的下流淫秽。因此，性虚伪者的论调受到了不少有识之士的抨击。如恩格斯就曾一针见血地指出，性虚伪者对自然性欲表现出的道德义愤，不过是小市民的矫情和假道学，是用来掩盖秘密的猥亵言谈而已：

> 恩格斯在肯定德国诗人格奥尔·格维尔特的诗"表现自然的、健康的肉感和肉欲"时说，那种对人的自然性欲表示高尚的道德义愤，只不过是小市民的矫情和假道学。他说："德国社会主义者也应当有一天扔掉德国市侩的这种片见、小市民的虚伪的羞怯心。其实这种羞怯心不过是用来掩盖秘密的猥亵言谈而已。"（见张国星主编：《中国古代小说中的性描写》，第8页）

现代学者潘光旦在《性心理学》中引用意大利社会思想家柏瑞笃的话，对性虚伪者作出了诛心之论。柏瑞笃认为，一个总是说秽亵话的人，与一个专门反对说秽亵话的人，他们的动机是一样的，都是出于性饥饿：

> 意大利社会思想家柏瑞笃（Vilfredo Pareto）发挥行为动因之说（theory of residues），说甲乙两人的言词举措虽有不同，甚或完全相反，而其言行的动因也许是同样的一个。例如一个淫荡的人，开口闭口，总说些秽亵的话，而一个持禁欲主义的道学家则不遗余力地反对一切性的言动，认为凡属性的言动总是龌龊的或有罪孽的，甚至于专找这种言动来做他的抨击的对象——这两个人的动因只是一个，性的饥饿！这和霭氏的议论正可以彼此发明。根据性感过敏的理论，可知从事于"淫业"的人，和从事于"戒淫事业"的人，可能是一丘之貉；而后一种人的过敏的嫌疑更是来得大，因为经济的理由不能假托，而道德的理由可以假托。（见霭理士：《性心理学》，第425页）

以上观点太值得深思了。因为事实上，性并不是什么可怕的东西，只要人们对它采取一种正确的态度，充分地认识它、了解它，它只会给人们的生活带来更多的乐趣。只有那些对性十分无知的人或平时性压抑过度的人，才会觉得性是一种可怕的东西，因为在他自己的经历中，或许曾经因为性而干出过见不得人的事，所以他认为别人也会这样做，从而狭隘地认为对性必须加以限制，不能让别人自然地谈论。因此，对他人在性问题上的自然表达采取压制甚至惩罚措施的人，恰恰暴露出他内心的无知、阴暗和脆弱。

### 3. 从容谈性是人类的必然趋势

早在一百多年前，马克思主义的创始人恩格斯就曾预言，最终会有那么一天，人们会习惯于从容地谈论他们白天或夜里所做的那些令人惬意的事情：

一读弗莱里格拉特的诗，的确就会想到，人们是完全没有生殖器官的。但是，再也没有谁像这位在诗中道貌岸然的弗莱里格拉特那样喜欢偷听猥亵的小故事了。最后终有一天，至少德国工人们会习惯于从容地谈论他们自己白天或夜间所做的事情，谈论那些自然的、必需的和非常惬意的事情，就像是在罗曼语民族那样，就像荷马和柏拉图、贺雷西和尤维纳利斯那样；就像旧约全书和《新莱茵报》那样。（《马克思恩格斯全集》，第21卷，第9页）

《性经验史》一书中也明确指出，关于性，我们必须谈论它，因为它关系到大家的最大福祉：

关于性，我们必须谈论它，我们必须公开谈论它，而且谈论的方式也不再有合法与非法之分，即使谈论者自己仍然坚持这种区分（这些冠冕堂皇的表白也是旨在揭示性）。我们必须谈论的性不再仅仅是惩罚或者宽容的对象，而是管理的对象。要把它置于有用性的体系之中，为了大家的最大福祉而去规范它，让它在最佳状态之中发挥作用。（福柯：《性经验史》，第18页）

英国作家劳伦斯在《性与可爱》一文中，为了唤起人们对性的重视，甚至用某种武断的口气说，性就是美，对性的憎恨，也就是对美的憎恨：

其实，性和美是一回事，就像火焰和火是一回事一样。如果你憎恨性，你就是憎恨美。如果你爱上了有生命的美，你就是在敬重性。（见《读懂"性"福》，第308页）

到今天，在如何看待性的问题上，情况已经发生了很大的变化，各种性学著作如雨后春笋，层出不穷；各种各样的性用品公开出现于各种商店、媒体；不同形式的性文化节也在各地先后举行，引起不小的轰动……然而，中国人还是羞于谈性。他们中的不少人，虽然经常光顾各种带色情服务的场所，虽然观赏过数不清的性爱光盘，虽然生活作风极不检点，但是，一谈到性问题，便马上会装出一副正人君子样，要求人们对此最好避而不谈，因为谈论它会影响青少年的健康成长，却根本不懂：不公开谈论性问题，才是影响青少年健康

第二章 性心理

成长的巨大隐患。因为对于青少年来说，只有让他们了解关于性的较为完整的知识，并告诉他们怎样做是正确的，怎样做是错误的，他们才会选择正确的行为；否则，一味地隐瞒，故作神秘，让青少年像无头苍蝇那样自己去摸索，能不出问题吗？能不发生悲剧吗？所以，公开地、从容地谈论性问题，向青少年传播正确的性知识，才是真正对青少年负责任的态度。

而且，在当代中国，不光是青少年需要系统地了解性知识，有许多成年人，也需要补性知识的课。在今天，缺乏基本的性知识，视谈论性问题为不正经甚或下流的还大有人在，可以想见，这些人的性生活肯定也是单调乏味、停留于原始水平的。因此，为了提高人们的素质，为了提升人们的幸福指数，营造一个公开、从容地谈论性问题的社会环境，是摆在我们面前的重要课题。

第三章

# 性交的利弊与性交禁忌

性交本身是极其简单的：一对"性致"盎然的男女待在一起，只要顺着本能行事，便能完成性交的行为。然而，围绕性交却又有不少复杂的问题：性交对身体健康有好处呢还是有坏处？怎样性交才能让男女双方都感到满意呢？一天之中，什么时候性交最合适呢？两次性交之间相隔多长时间才是恰当的呢？外部环境对性交有影响吗？应该怎样选择合适的性交对象？……这些问题常常困扰着性行为活跃的人们。在本章中，我们先来看一看古人对上述问题是如何应对的，再告诉大家正确的处置之道。

## 一、好女与好男——怎样选择合适的性伴侣

正常的性交需要有合适的性伴侣。所谓合适的性伴侣，包括外表长相、性格气质、文化修养、社会地位等诸多因素，这其中，外表长相无疑是最为重要的。正如恩格斯在《家庭、私有制和国家的起源》中所说：男女双方只有在容貌相悦的基础上才能产生爱情。可见外表长相在男女双方相爱相恋中的重要地位。不过，这里所谓的"容貌相悦"，指的并不是单纯的长得好看或漂亮，它牵涉到一系列复杂的心理感受和评价。因为每个人"相悦"的对象不可能都很漂亮、英俊，他们有的甚至可能长得很丑，却照样能吸引另一方。那些情窦初开的少男少女，最容易被异性的外貌长相所吸引，只要对方长得漂亮或帅气，便会朝思暮想，魂牵

梦萦，这其实并不是真正成熟的情爱心理，因为它缺乏理性的指导。

在如何选择性伴侣的问题上，中国古代性学家有一套独特的、自成体系的看法，可以为当今人们在择偶时提供借鉴。

### 1. 好女——适合与之性交的女子

中国古代性学家认为，健康的，在长相、性格等方面符合某种条件的女子，不仅能让男子充分享受性的乐趣，而且有益于男子的健康。这样的女子，古代房中书称之为"好女"，按现代话来讲，就是适合与之性交的女子。综合古代房中书关于"好女"的论述，我们发现，她们主要具有以下几个方面的特征。

（1）在外表长相上，不一定非要长得很漂亮，但要求不胖不瘦，高矮适中；肌肉丰满，皮肤细腻光滑；身体和骨骼柔软，四肢百节的骨头都没于肌肉之中；头发细，眼睛小，眼珠黑白分明。

（2）在年龄上，要求年纪轻、乳房未充分发育的女子；有的则要求在25～30岁之间、未曾生育的女子。

（3）生殖器方面，阴道位置要长得高些；阴部不要有毛，如果有，也要求细软柔滑。

（4）声音柔和，说话从容顺畅。

（5）性情温婉和顺，谦抑谨慎。

（6）性交时，体液流溢，身体摇动，无法自控。

古代性学家认为，男子若与这样的女子交合，"非徒取悦心目，抑乃尤益寿延年。"下面我们来看一下古代房中书中的具体论述：

黄帝曰：入相女人，云何谓其事？

素女曰：入相女人，天性婉顺，气声濡行，丝发黑，弱肌细骨，不长不短，不大不小，凿孔居高，阴上无毛，多精液者；年五五以上，卅以还，未产者。交接之时，精液流漾，身体动摇，不能自定，汗流四逋，随人举止。男子者，虽不行法，得此人由不为损。（《素女经》）

冲和子曰：婉婉淑慎，妇人之性，美矣。能浓纤得宜，修短合度，非徒取悦心目，抑乃尤益寿延年。

欲御女，须取少年未生乳，多肌肉，丝发小眼，目精白黑分明者，面体濡滑，言语音声和调；而下者，其四支百节之骨皆欲令没，肉多而骨不大者；其阴及腋下不欲令有毛，有毛当令细滑也。（《玉房秘诀》）

凡妇人不必须有颜色妍丽，但得少年未经生乳、多肌肉，益也。若足财力，选取细发，

第三章 性交的利弊与性交禁忌

窈窕淑女，君子好逑　近代瓷盘绘

目精黑白分明，体柔骨软，肌肤细滑，言语声音和调，四肢骨节皆欲足肉，而骨不大，其阴及腋皆不欲有毛，有毛当软细。（孙思邈：《房中补益》）

此外，明代洪基的《摄生总要》、朝鲜人金礼蒙所编纂的中国明代以前的房中书中，都提出了与上述几乎相同的观点。

仔细分析古代性学家关于"好女"的论述，我们发现，其中有些标准是与人们日常的看法相符的，诸如"不长不短，不大不小"、"面体濡滑"、"言语音声和调"、"天性婉顺，气声濡行"等等；有些标准则令人困惑，如要求"少年未生乳"、"凿孔（阴道）居高，阴上无毛"、"小眼"等等，其依据是什么？因牵涉到神秘的房中修炼术，非三言两语所能说清。不过，孙思邈关于"凡妇人不必须有颜色妍丽"的观点，还是值得我们格外重视的，因为虽然"爱美之心，人皆有之"，但正如"花之艳者，或有绝毒"，并非所有的美女都是合适的性伴侣，因此，孙思邈的观点，说明古人在这个问题上还是十分冷静和理智的。

相比之下，古代文人关于"好女"的论述，则因其世俗性、全面性，以及其独特的视角，更易为大众所理解和接受，在这方面最具代表性的当数清初的李渔。在《笠翁偶集》中，李渔从肤色、目、眉、手等方面论述了什么样的女子为"好女"：

妇女妩媚多端，毕竟以色为主。《诗》不云乎，"素以为绚兮"，素者白也。妇人本质，惟白最难。常有眉目口齿般般入画，而缺陷独在肌肤者。

……相肌肤之法，备乎此矣。若是则白者、嫩者、宽者为人争取，其黑而粗、紧而实者，遂成弃物乎？曰不然，薄命尽出红颜，厚福偏归陋质，此等非他，皆素封伉俪之材，诰命夫人之料也。

目细而长者，秉性必柔；目粗而大者，居心必悍；目善动而黑白分明者，必多聪慧；目常定而白多黑少，或白少黑多者，必近愚蒙。

中国古代性学报告

眉眼二物，其势往往相因。眼细者眉必长，眉粗者眼必巨，此大较也。然亦有不尽相合者，如长短粗细之间，未能一一尽善，则当取长恕短，要当视其可施人力与否。张京兆工画眉，则其夫人之双黛，必非浓淡得宜，无可润泽者。短者可长，则妙在用增；粗者可细，则妙在用减。但有必不可少之一字而人多忽视之者，其名曰曲。……

两手十指，为一生巧拙之关，百岁荣枯所系。……且无论手嫩者必聪，指尖者必慧，臂丰而腕厚者必享珠围翠绕之荣，即以现在所需而论之：手以挥弦，使其节累累，几类弯弓之决拾；手以品箫，如其臂形攘攘，几同伐竹之斧斤；抱枕携衾，观之兴索；捧卮进酒，受者眉攒——亦大失开门见山之初着矣。

由李渔的以上论述，我们可以总结出三点：一是"好女"的肤色必须白，然世上女子，毕竟肤色洁白者少，不白者多，那么这些不白的女子是否成了无用之物呢？李渔说："此等非他，皆素封伉俪之材，诰命夫人之料也。"二是眼睛要细长善动，并且黑白分明，因为眼睛细长者，"秉性必柔"，即性格一定温柔；眼睛善动且黑白分明者，"必多聪慧"。这也从一个侧面说明了《玉房秘诀》中主张好女必须"丝发小眼，目精白黑分明"的原因。三是手指必须嫩而尖，因为"手嫩者必聪，指尖者必慧"，若是手指短粗之女子，则"抱枕携衾，观之兴索"，会直接影响男子的性欲。不过，所谓"手嫩者必聪，指尖者必慧"的说法，似过于武断。

在清代小说《肉蒲团》中，提出了鉴别"好女"的"中看"与"中用"的标准，颇值玩味。书中指出，从"中看"的角度说，好女必须"瘦"、"小"、"娇怯"，但这种"中看"的女子却不是好的性伴侣，即不"中用"。"中用"的女子则必须"肥"、"大"、"强健"。我们来看一下书中的具体描述：

未央生才爬上身，被他紧紧抱住，亲一个嘴，叫一声心肝，未央生就遍体酥麻起来，觉得妇人睡过许多，未尝有此一抱之乐。这是甚么原故？要晓得，妇人里面有中看中用二种，中看者，未必中用；中用者，未必中看。那中看的妇人，要有三宜，那三宜？

宜瘦不宜肥，宜小不宜大，宜娇怯不宜强健。

所以画上画的美人，都是画瘦小娇怯的，再没有画肥大的身子，健旺的精神。凡画的美人，是画与人看的，不是把人用的。那中用的，也有三宜：

宜肥不宜瘦，宜大不宜小，宜强健不宜娇怯。

怎见得中用的妇人，要者这三宜？凡男子睡在妇人身上，一要温柔似褥，二要身体相当，三要盛载得起。瘦的妇人，与石床板榻一般，睡在上面，浑身都要疼痛，怎能像肥胖妇人，又温又软，睡在上面，不消干事，自然会麻木人的身体，最爽人的精神，所以知道瘦不如肥。与矮小妇人同睡，两下的肢体，不能相当，凑着上面，凑不着下面；凑着下面，凑不着上面，竟像与孩子一般，那能有趣，所以知道小不如大。男子

第三章 性交的利弊与性交禁忌

身子之轻重，多者百余斤，少者亦有七八十斤，若不是强健妇人，那里承载得起？睡在娇怯妇人身上，心下惟恐压坏了他，追欢取乐之事，全要以适性为主，那里经得要战战兢兢，所以知道娇怯不如强健。这等说起来，中看中用两件事，竟是相反的。若能于相反之事，相兼得来，这样妇人，只要有八分姿色，就是十足的了。花晨年纪虽大，实能兼此二美。未央生睡在床上去，花晨就露出所长，把一双嫩臂，搂住他上身，一只嫩腿，搂住他下身，竟像一条绵软的褥子，把他裹在中间，你说快活不快活？（《肉蒲团》，第十七回）

"中看者，未必中用；中用者，未必中看"，此种说法，与前述孙思邈的"凡妇人不必须有颜色妍丽"恰相对应，反映了古人对审美与实用两者的取舍态度：审美固然重要，实用更为重要；当审美与实用两者不可兼得时，舍审美而取实用也。当然，所谓"舍审美"也不是彻底的舍，只是把它控制在某种限度内。

其实，确定什么样的女子是"好女"，并为"好女"确立各种各样的标准，并不是古人的专利，现代人也乐此不疲。在《时尚健康》杂志中，就为我们提供了这方面的丰富信息。

什么样的脸蛋，让我们有性幻想？

她一定有"娃娃脸"的特征，大眼睛、小鼻子、小下巴及饱满的嘴唇，这并不是强调孩子气，而是这样的女人看上去更女性化、青春可人。这种共识甚至跨越了文化差异和地域差异。（《时尚健康》男士版，2009年第4期）

纵观调查，按照目前的审美趋势，女人身上的毛，越少越性感，男人身上的毛，越少越不性感。当然你可以坚持自己是个自然主义者，也可以对自己身体毛发百般雕琢，前提是找到互相合口味的姑娘，其他就都不是问题。（同上，2008年第12期）

通过观察女性的步态就能推测出她们在床上的表现。研究表明，那些步伐较宽、迈步坚定有力且臀部扭动幅度更大的女性一般更容易体验性高潮。（同上，2011年第8期）

其中，"女人身上的毛，越少越性感"、"小鼻子"，与古人的观点几乎一致；"大眼睛"，则与古人的观点恰好相反。至于下巴的大小、嘴唇是否丰满及女子步态与性高潮的关系，古人对此似并未有特别的关注。

## 2. 恶女——不适合与之性交的女子

男女交合，除了享受性交的乐趣，增进身体健康，还有一个极其重要的目的，就是传宗接代。中国古人很早就认识到父母的身体素质对子女的身心健康有决定性的影响，加上古人性交，通常不采取避孕措施，因此，古人对男子在性交时选择合适的女子看得极其重要，一个突出的表现，就是反复告诫男子，千万不要与"恶女"性交。所谓"恶女"，就是在身心等方面存在明显缺陷、因而不适合与之性交的女子。

古代性学家关于"恶女"的论述，大致可以概括为以下几个方面。

（1）外表长相。在身体部位上从上至下依次为：头秃或头发枯黄、卷曲、蓬乱，眉毛竖着长，眼珠浑浊、外凸，耳朵小而耳轮薄，鼻子高或大，嘴唇短而薄，口大（一说口小），鼻梁嘴唇间多青气，牙齿稀疏或杂乱无章，虎头，面宽，嘴边及下巴有粗长的毛，脖子粗，喉头凸起，驼背，凸胸，臀部瘦削，腿上长毛，皮肤粗糙、松弛，骨节粗大，身上骨多肉少，身材矮小，身上多痣。

（2）年龄。年近40或40岁以上的女子，老年女子或幼女（此点当有特殊所指）。

（3）性情。不和顺，妒忌，淫乱，懒惰，不讲卫生，居心不良。

（4）健康状况。气虚，经脉不调，长有疥癣，疯癫，白痴，腿瘸，眼瞎，耳聋，哑巴，狐臭，口臭，身体常发冷，欲火郁积。

（5）声音。声如豺狼，声音细弱，声音雄壮，粗声粗气。

古人认为，凡与具有上述特征的"恶女"交合，"皆贼损人"，或"有损无益"，即会给人的健康带来明显损害，当然更不可能孕育出品质优良的后代。我们来看一下古代房中书对此问题的具体论述：

若恶女之相，蓬头皯面，槌项结喉，麦齿雄声，大口高鼻，目精浑浊，口及颔有高毛似鬃发者，骨节高大，黄发，少肉，阴毛大而且强，又多逆生，与之交会皆贼损人。

女子肌肤粗不御，身体癯瘦不御，常从高就下不御，男声气高不御，胫股生毛不御，嫉妒不御，阴冷不御，不快善不御，年过卌不御，心腹不调不御，逆毛不御，身体常冷不御，骨强健不御，鬈发结喉不御，腋偏臭不御，生淫水不御。（《玉房秘诀》）

皮粗肉糙，口大声雄，形容憔悴，体气、发焦、崩带。痨弱黄瘦，白痴疯疥，久病方愈，气脉不全。肥胖笼东，大瘦如柴，阴贼妒忌，处性不良，狠毒无笑。年及四旬，生产过多，皮宽乳慢，有似猪胞，阴房毛粗。形质不全，跛足眇目，耳聋音哑，努臀突脐，龟背豺身，蛇行雀跃。（《汉武帝房中提要》）

又忌薄唇大鼻，疏齿黄发，皮燥瘤疾，情性不和，莎苗（阴毛）强硬，声雄肉涩，肢体不膏，性专妒忌，生痣既多，已上并不可犯之。（刘词：《混俗颐生录》）

凡御女人，先明五弃：声雄皮粗，发黄性悍，阴毒妒忌，此一弃也；貌恶面青，头秃腋气，背驼胸凸，雀跃蛇行，二弃也；黄瘦羸弱，体寒气虚，经脉不调，三弃也；癫聋喑哑，跛足眇目，癣疥瘢疯，大肥大瘦，阴毛粗密，四弃也；年四十以上，产多阴衰，皮宽乳慢，有损无益，五弃也。（邓希贤：《修真演义》）

女有四远：滥淫难受，逢敌尽欢；老妇幼女，血气不完；少寡恚欲，火气郁结；身有毒疮，懒不好洁。俱不可近。（邓希贤：《既济真经》）

大都妇人之质，贵静而贱动，贵重而贱轻，贵厚而贱薄，贵苍而贱嫩。故凡唇短嘴小者不堪，此子处之部位也；耳小轮薄者不堪，此肾气之外候也；声细而不振者不堪，此丹田之气本也；形体薄弱者不堪，此藏蓄之宫域也；饮食纤细者不堪，此仓廪血海之源也；发焦齿豁者不堪，肝亏血而肾亏精也；睛露臀削者不堪，藏不藏而后无后也；颜色娇艳者不堪，与其华者去其实也；肉肥胜骨者不堪，子宫隘而肾气诎也；袅娜柔脆，筋不束骨者不堪，肝肾亏而根干不坚也；山根唇口多青气者不堪，阳不胜阴，必多肝脾之滞逆也；脉见紧数弦涩者不堪，必真阴亏弱，经脉不调而生气杳然者也。此外如虎头、熊项、横面、竖眉及声如豺狼之质，必多刑克不吉，远之为宜。（《张介宾：《宜麟策》》

帝问曰：人之大伦，有夫妇而后有子孙。妇德妇貌，不可不撰乎？

素女答曰：妇德，内美也；妇貌，外美也。先相其皮，而后相内。若妇人发焦黑，骨大肉粗，肥瘦失度，长短非常，年岁不合者，子孙不育。言语雄壮，举动暴忽，阴内干涩，子宫不暖，及淋露赤白浊沥狐臭者，大损阳气。（《素女妙论》）

需要说明的是，古代房中书中所谓的"恶女"，并不是就道德判断而言的，即其意思不是"坏女人"，而是就不适合与之性交而言的，有的甚至是专门就不适合与之生子而言的。古人的上述观点，有不少是可取的，可以作为今人优生优育的借鉴。但也有一些属于明显的糟粕，需要加以剔除。其中包括：（1）所谓与年龄达到四十或四十岁以上的女人交合就会"有损无益"，无疑是极其错误的，既无科学依据，亦且违背人性。（2）腿瘸、耳聋、眼瞎、哑巴等，属于身体方面的残疾，并不影响残疾人正常的性要求，把这些人一律视为"恶女"，无疑是十分不妥的。（3）耳朵小，耳轮薄，鼻子高，嘴大，嘴唇短，面宽，等等，亦属于人的不同长相，与是否适合性交无关，不应称之为"恶女之相"。其他如认为身材矮小、身上多痣、说话粗声粗气的女子就不适合与之性交，亦明显存在偏颇。

在清代小说《闹花丛》中，还有关于女子"色眼"的描述。在古人看来，这种有"色眼"的女子当然也应归入"恶女"之列：

却说文英归来，心事匆匆，如有所失。他是酷好女色的，如何放得过？又晓得门内侨寓一家姓余的，有一闺女，名唤顺姑，年纪有十五六岁，尚未受茶。文英一日在他门首盘桓，只见他上穿一领桃红线绸锦袄，下着一条紫锦绅湘裙，金莲三寸，站在门首。这还是他通身的俊俏，不过言其大概。独有一双眼睛生得异样，这种表情，就是世上人所说的色眼。大约不喜正视，偏要邪瞧，别处用不着，惟有偷看汉子极是专门。他又不消近身，随你隔几十丈路，只消把眼光一瞬，便知好丑。遇着好的，把眼色一丢。那男人若是正气的，低头而过，这眼丢在空处了；若是一何色眼的男子，那边丢来，这边丢去，眼角上递了情书，就开交不得了。(《闹花丛》，第七回)

这种带有"淫相"、"色眼"的女子，正人君子当然是避之唯恐不及的，然而，从小说的描写中我们看到，那些轻佻之徒、浮浪子弟却趋之若鹜，视之为尤物，可见物以类聚、人以群分乃不易之至理。

在一些明清小说中，也提到有一些在性格特征或行为举止方面异于常人的女子，她们在中国古人眼里，无疑亦属于"恶女"。如在清代小说《一片情》中，总结出了容易造成女子出轨的五种缺点，包括嘴馋、贪利、好色、好游玩和好淫：

凡妇人之可挑者有五。那五件？第一好嘴，嘴若一馋，就好将些饮食去打动他；第二好利，利心一萌，就好将些财帛去打动他；第三好色，这着也容易腾那，若有美少年如桂三官的人物，假充校尉，妆个相儿，到临时暗地掉包，不是夸口说，半生也不知做过多少；第四好嬉游，或烧香玩水，这也是我的专门；第五好淫，这一发与和尚对络。(《一片情》，第三回)

在清代小说《浓情快史》中，则提到有一种女子"淫相"，描绘得极是具体、传神：

江采道："此女年已及笄，情窦开矣，看模样像个贪淫的。"张玉道："怎见得？"江采道："你看他斜倚门间，若有所思；掠发支颐，频整衣衫；行立不定，侧目窥人，俱是麻衣相法上的淫相。"(《浓情快史》，第二回)

其实，把女子分为"好女"与"恶女"，并非中国古人所独有，国外也有类似的做法。如在印度古代著名的《欲经》中，明确提出有十五种女人是不能被享用的：

下面这些女人不能被享用：

麻风病人

精神病人

被驱出种姓的女人

暴露秘密的女人

公开表达性交渴望的女人

特别白皙的女人

特别黝黑的女人

身有怪味的女人

属自己近亲的女人

是自己女朋友的女人

过禁欲生活的女人

最后还有：亲戚的妻子、朋友的妻子、婆罗门的妻子和国王的妻子。(见《世界性

第三章 性交的利弊与性交禁忌

爱经典全书》，第 232 页）

在上述"不能被享用"的女人中，"属自己近亲的女人"、"是自己女朋友的女人"、"亲戚的妻子"、"朋友的妻子"、"婆罗门的妻子和国王的妻子"与"恶女"无关，因为她们只是因为身份特殊而不适合做性伴侣；"被驱出种姓的女人"与印度特殊的社会结构有关；其他种类的女子则与中国古人所谓的"恶女"存在可比性。如"麻风病人"和"精神病人"，《汉武帝房中提要》中有"白痴疯疥"，《修真演义》中有"癣疥瘢疯"；如"过禁欲生活的女人"，《既济真经》中有"少寡悫欲，火气郁结"；如"身有怪味的女人"，《汉武帝房中提要》中有"体气"，《玉房秘诀》中有"腋偏臭不御"，等等。

### 3. 好男——理想的男性性伴侣

中国古代社会提倡男尊女卑，男人可以挑剔女人，给她们的好坏定出三六九等，女人则没有资格对男人挑三拣四，因此，中国古代性学家并未讨论到"好男"与"恶男"的问题。这样一来，对此问题要有所了解，就必须深入到明清小说的相关描述中。因为这些小说描写男女之情，常常带有男女平等的味道，从中可以看出女子对什么样的男子容易动情。

在明代小说《金瓶梅词话》中，讨论了什么样的男人才有资格偷情的问题，书中提出的条件有五项：一是长相好，二是阴茎粗壮，三是有钱，四是年轻，五是有时间，即所谓"潘驴邓小闲"。由此可见，只有具备以上条件的人才是书中认为的理想的男性性伴侣：

> 话说西门庆央王婆，一心要会那雌儿一面，便道："干娘，你端的与我说这件事成，我便送十两银子与你。"王婆道："大官人，你听我说：但凡挨光的两个字最难。——怎的是挨光？似如今俗呼偷情就是了。——要五件事俱全，方才行的：第一，要潘安的貌；第二，要驴大行货；第三，要邓通般有钱；第四，要青春小少，就要绵里针一般，软款忍耐；第五，要闲工夫。此五件唤做'潘驴邓小闲'。都全了，此事便获得着。"西门庆道："实不瞒你说，这五件事，我都有。第一件，我的貌虽比不得潘安，也充得过；第二件，我小时在三街两巷游串，也曾养得好大龟；第三，我家里也有几贯钱财，虽不及邓通，也颇得过日子；第四，我最忍耐，他便就打我四百顿，休想我回他一拳；第五，我最有闲工夫，不然，如何来得恁勤！干娘，你自作成。完备了时，我自重重谢你。"西门庆当日意已在言表。（《金瓶梅词话》，第三回）

从明清小说的相关描述来看，在女子眼中，理想的男性性伴侣的条件不外以下几点：一是长得漂亮，二是举止文雅，三是文才出众，四是温柔体贴，五是阴茎粗壮，六是懂得性交技巧，七是有一定的经济基础（不一定非得十分富有）。

那么，在上述诸因素中，哪个或哪些因素才是最重要的呢？这当然会因人因事而异。若纯粹从性的角度来说，阴茎粗壮、懂得性交技巧就比其他因素显得更重要一些。在清代小说《肉蒲团》中，说到未央生看上了女子艳芳，请小偷赛昆仑帮忙。赛昆仑首先便问未央生性交时持久力如何："贤弟往常与妇人办事，大约有多少提，方才得泄？"然后再问未央生的阴茎有多大："我今只问你，这件物事多少大，有几寸长？"当发现未央生在这两方面明显不具优势时，赛昆仑便劝未央生最好打消偷情的念头。未央生争辩说，自己才貌双全，还是有可能打动美女的："妇人与男子相处，也不单为色欲之事，或是怜他的才，或是爱他的貌。若是才貌不济的，就要靠本事了。小弟这两件都选去得，或者他看才貌分上，恕我几分也不可知。"对此，赛昆仑的反驳堪称绝妙："才貌两件是偷妇人的引子，就如药中的姜枣一般，不过借他气味，把药力引入脏腑。及至引入之后，全要药去治病，那姜枣都用不着了。男子偷妇人若没才貌，引不得身子入门，入门之后，就要用着真本事了。难道在被窝里相面，肚子上做诗不成？若还本钱细微，精力有限的，就把才貌两件，引了进去，到办事的时节，一两遭干不中意，那妇人就要生疏你了。"未央生听了以后，无言可答，也就兴致索然，打消了原来的念头。（见《肉蒲团》，第六回）

据此，可以发现，《肉蒲团》的作者认为，作为一个理想的男性性伴侣，才貌固然重要，但那只是外在的，关键还在于要有好的性交技巧和与之相配的"工具"，否则是不会真正让女子满意的。

当然，以上观点，都是小说家之言，难免有夸张之嫌；尤其是多就男子如何与女子偷情来立论，亦难免存在偏颇，读者对此务必留意。另外，关于什么样的男性才是理想的性伴侣，在本书关于性交技巧、性高潮等的论述中都会涉及，为避免重复，在此就不赘述了。

## 二、性交频率

所谓性交频率，是指每隔多长时间性交一次。在人类所能感受的各种快感中，通过性交达到性高潮所带来的快感是最强烈、最具诱惑力的，因此，每一个正常的人，都希望能不断地享受这种性高潮带来的乐趣。然而，性高潮后出现的疲劳感，尤其是不间断地多次重复性交造成的身体上的不适，使人们认识到，性高潮固然快乐，没有节制的性高潮却会对健康带来损害。因此，性交是需要节制的。这种节制包括两个方面，一方面是对放纵自己性欲的节制；另一方面是没有明显的性欲时，不要强迫自己去性交，此正如魏晋时期的《素女经》中所说："不欲强快，强快即有所损。"所谓"强快"，即在身心俱疲的情况下，强迫自己去性交。在元代李鹏飞的《三元延寿参赞书》中则进一步指出："顾强而为，是怯夫而试冯妇之术，适以劇虎牙耳。"冯妇是古代的搏虎高手，一个人若没有冯妇那样的搏虎本领，勉强自己去与虎搏斗，最终只会被虎吃掉。这个比喻是十分形象的。

那么，如何实施节制呢？中国古代性学家的建议是合理地控制泄精的间隔时间。至于

第三章　性交的利弊与性交禁忌

这个间隔时间的长短，古代性学家们有丰富的论述，我们择要介绍如下：

素女曰：人有强弱，年有老壮，各随其气力，不欲强快，强快即有所损。故男子年十五，盛者可一日再施，瘦者一日一施；年二十，盛者日再施，羸者可一日一施；年卅，盛者可一日一施，劣者二日一施；卌，盛者三日一施，虚者四日一施；五十，盛者可五日一施，虚者可十日一施；六十，盛者十日一施，虚者廿日一施；七十，盛者卅日一施，虚者不写。

素女法：人年二十者四日一泄，年卅者八日一泄，年卌者十六日一泄，年五十者廿日一泄，年六十者即闭精勿复更泄也。若体力犹壮者，一月一泄。凡人气力自相有强盛过人者，亦不可抑忍，久而不泄，致痈疽。若年过六十而有数旬不得交接，意中平平者，可闭精勿泄也。（《素女经》）

年廿常二日一施；卅，三日一施；四十，四日一施；五十，五日一施；年过六十以去，勿复施写。（《玉房秘诀》）

若能一月再施精，一岁二十四气施精，皆得寿百二十岁。

道人刘京云：春三日一施精，夏及秋一月再施精，冬常闭精勿施。夫天道，冬藏其阳，人能法之，故得长生。冬一施，当春百。（陶弘景：《御女损益篇》）

御女之法，能一月再泄，岁二十四泄，皆得二百岁，有颜色，无疾病。若加以药，则可长生也。人年二十者，四日一泄；三十者，八日一泄；四十者，十六日一泄；五十者，二十日一泄；六十者，闭精勿泄，若体力犹壮者，一月一泄。凡人气力自有强盛过人者，亦不可抑忍，久而不泄，致生痈疽。若年过六十，而有数旬不得交合，意中平平者，自可闭固也。（孙思邈：《房中补益》）

素女曰：人年二十者，四日一泄；三十者，八日一泄；四十者，十六日一泄；五十者，二十日一泄（此法语也。所禀者厚，饮食多，精力健，或少过其度。譬之井焉，源深流长，虽随汲随满，又惧其竭也。若所禀者薄，元气本弱，又食减精耗，顾强而为，是怯夫而试冯妇之术，适以蹢虎牙耳。道弱者亦须禁止，不可依此施泄）；人年六十者，当闭精勿泄，若气力尚壮盛者，亦不可强忍，久而不泄，致生痈疾。（李鹏飞：《三元延寿参赞书》）

帝问曰：男子精血盈满，神气充足，何以知之乎？

素女答曰：男子二八天癸至，而血气不足，精神未定，故戒之也。年至二十，血气渐盛，而精聚肠胃，三日而一泄焉。三十而血气壮盛，而精在两股，五日一泄焉。年四十，精聚腰脊，七日一泄焉。五十而血气将衰，精聚背膂，半月一泄。年至六十四岁，天癸尽，卦数满，血气衰，精液竭矣。六十以上，能保全余气，兴壮者尚可泄。

年七十，不可妄思欲动情。

帝问曰：有无知无赖之子，自赖强壮，一日三泄或五泄者，何乎？

素女答曰：暴泄者暴虚，后必痿躄。若泄而不休，自招夭亡。（《素女妙论》）

为了使大家便于了解，我们把上面的论述列成下表：

| 著作<br>年龄 | 《素女经》 | "素女法" | 《玉房秘诀》 | 《素女妙论》 | 《房中补益》 | 《三元延寿参赞书》 | 《御女损益篇》 |
|---|---|---|---|---|---|---|---|
| 十五岁 | 一天两次（盛），一天一次（瘦） | | | | | | |
| 十六岁 | | | | 戒之不泄 | | | |
| 二十岁 | 一天两次（盛），一天一次（羸） | 四天一次 | 两天一次 | 三天一次 | 同"素女法"；十五天一次，寿二百岁 | 同"素女法"，解释了其中的原因 | 十五天一次，寿一百二十岁。春季：三天一次；夏、秋季：十五天一次；冬季：不泄（泄一次，当春百次） |
| 三十岁 | 一天一次（盛），两天一次（劣） | 八天一次 | 三天一次 | 五天一次 | | | |
| 四十岁 | 三天一次（盛），四天一次（虚） | 十六天一次 | 四天一次 | 七天一次 | | | |
| 五十岁 | 五天一次（盛），十天一次（虚） | 二十天一次 | 五天一次 | 十五天一次 | | | |
| 六十岁 | 十天一次（盛），二十天一次（虚） | 三十天一次（壮），不泄（弱） | 不泄 | 壮者可泄，弱者不泄 | | | |
| 七十岁 | 三十天一次（盛），不泄（虚） | | | 不泄 | | | |

据上表，我们可以得出这样几点认识：

（1）在性交频率的问题上，古代性学家的观点存在很大的差异。如同样是 40 岁的男子，《素女经》主张 3 天或 4 天一泄，《素女妙论》主张 7 天一泄，"素女法"则主张 16 天一泄。

（2）"素女法"中提出的性交（或泄精）频率的认同度较高，孙思邈的《房中补益》和李鹏飞的《三元延寿参赞书》都照录了"素女法"中的文字。但从现代人的眼光来看，"素女法"中建议的性交频率偏低，这或许与古人的平均寿命比现代人短有关；但要求 20 岁的青年 4 天泄一次，无疑是偏苛了。

（3）《御女损益篇》中提出"春三日一施精，夏及秋一月再施精，冬常闭精勿施"的观点，反映了古代特殊的天人关系论在性学领域的具体应用，对人们有一定的启发意义，但其提出的标准似过于牵强，尤其是主张冬季不泄精，甚至认为冬季泄一次精造成的伤害

第三章 性交的利弊与性交禁忌

相当于春季泄一百次精，即所谓"冬一施，当春百"，无疑是缺乏客观依据的。有趣的是，在性交与季节的关系上，西方古代哲学家也有类似的看法，虽然具体内容并不相同。如据《性经验史》一书记载："第欧根尼·拉尔修转述了毕达哥拉斯的一句话：'冬季要多性交，夏天则不宜；春秋季的性活动要非常节制，因为它在这整个季节中是痛苦的和有害的。'"（福柯：《性经验史》，第214页）

（4）古代性学家认为，性交频率与人们的寿命直接相关，如《御女损益篇》中说："若能一月再施精，一岁二十四气施精，皆得寿百二十岁。"《房中补益》中则说："御女之法，能一月再泄，岁二十四泄，皆得二百岁，有颜色，无疾病。若加以药，则可长生也。"这种观点，反映了古人一种特殊的信仰，并没有令人信服的证据。

（5）需要说明的是，古代性学家所谓的几天一泄，与几天进行一次性交是两个不同的概念，因为古代性学家多主张久交不泄，这与我们现代人的理解不同，必须加以注意。

（6）古代性学家关于性交频率的观点，是专就男子而言的，对于女子的性交频率，他们根本不予关注，反映了典型的重男轻女思想。

（7）古代性学家在论述性交频率时，明确指出不同年龄、不同体质的人要采用不同的性交频率，如"素女法"中说："年六十者即闭精勿复再泄也。若体力犹壮者，一月一泄。凡人气力自相有强盛过人者，亦不可抑忍，久而不泄，致痈疽。若年过六十而有数旬不得交接，意中平平者，可闭精勿泄也。"反映了古代性学家在此问题上的科学精神。

对性交频率的研究，不仅受到中国古代性学家的重视，也受到西方古代性学家的重视。如英国著名性学家霭理士在《性心理学》一书中说：

　　在以前，频数的规律是有过一些的，从很古老的时候就有。希腊的政治家索朗（Solon）教人一月三次，希腊的医师们的主张大致也是如此。宗教革命的领袖马丁·路德（Martin Luther）定下的规矩是一星期两次，赞成这规矩的人大概占最大的一个多数。哈费医师（O. Harvey）把美国各家的统计表加以综合研究的结果，发现最中庸的频数是一月八次，约占百分之五十，两端所跨的变异的范围是从最少的一月三次到最多的一月十五次。（霭理士：《性心理学》，第371页）

刘达临也有类似介绍：

　　关于对性交频率的看法，在古代欧洲是众说纷纭，但是也可以看到它的发展过程。古希腊的改革家梭伦认为，在家庭中，为人不怠忽夫妻之务，一个月三次就够了。后来，宗教改革家马丁·路德作了以下的规定："一周两次，是女性的义务，一年104次，如此，我和你都没有害处"。但是，这是马丁·路德42岁时的规定，如果他当时只有20岁，大概是会增加次数的。

　　但是，以后性交频率却向趋多发展。安德烈·摩洛伊说，文艺复兴时期的男女"拥有动物的冲动，决没有心理上的顾虑来控制肉体上的动作"。那时流行一句话："一次是试食，也是病人的食物；两次是绅士的礼仪；三次是淑女的义务；四次是妻子的权利"。（刘达临：《世界古代性文化》，第302～303页）

霭理士自己也对性交频率的问题有过研究，不过，霭理士在对此问题作了一番研究后，得出的结论却是"我们没有法子定下甚么可以共同遵守的规律来"：

> 对于有性的关系的人，性交接的频数也是一个尺度，在有的人，每夕必交接一度，习以为常，历有年所，也并不感觉到甚么损害；而有的一个月只能有一次，过此他认为就要过度了。总之，即在一般的健康程度很过得去的人中间，性能的个别的变异是很大的，因此，我们没有法子定下甚么可以共同遵守的规律来。（霭理士：《性心理学》，第378页）

但是，不能定出"可以共同遵守的规律"，并不代表性交频率杂乱无章、毫无规律可循。因为，通过现代性学家的大量调查，还是找到了某种规律：每周两次左右。

当然，我们这里说的每周两次，是抛开了所有的特殊性，如健壮或瘦弱、老年或青年等等，一切皆取其"中"：身体状况取其"中"，年龄也是取其"中"——大约四五十岁的年纪。这样，处于不同年龄、具有不同身体状况的人，其性交频率就可以以每周两次为基数，或增或减。

如在《金赛性学报告》中就指出，在30多岁的人群中，有5%～15%的人每天都性交，而且，该"报告"的作者认为，这样做不但没有坏处，反而对健康有益：

> 问：性交过度是否损害身体健康？我太太和我每天最少做爱一次。是否让身体稍做休息比消耗过度来得好？我们都很健康，以现在这种频率，会不会使我们的身体有一天再也无法对性刺激产生反应？
>
> 答：你说的恰好与事实相反，以你们目前性交的频率，可以保证你和你太太在年老时，仍能维持性反应和活跃的性交。
>
> 在本世纪前，某些专家认为男人生来就有固定存量的精液，因为有这种想法，便产生出"别太早浪费生命的泉源——精液"之类的警告。
>
> 我们现在了解男人从青春期开始直到生命终点，会不断制造精子和精液，除非是因生病或受伤而中止。对女人而言，即使在停经期停止排卵，如果健康良好且有规律的性活动，其生殖器官仍能持续发挥良好的性功能。
>
> 你也应该知道，每天做爱一次并不是特别罕见的。三十几岁的人大约有5%～15%表示他们每天都做爱。（瑞妮丝等：《金赛性学报告》，第193页）

而据另外一些资料，有的性能超强的人，能一天性交8次；有的人到了50多岁，仍能每周性交12～15次：

第三章 性交的利弊与性交禁忌

问：是不是你男朋友特别帅，所以在床上就特别好？

答：也有很多人长得帅，在床上就不用功了啊。他们觉得你一看他那张脸就能高潮呢。我男朋友说我的身体很特别，很软，什么样的高难动作都做得出。和我做爱他特别享受，所以才能一天做八次。他和以前的女朋友从来没有这么多的。他以前的女朋友总是说做太多会痛。他也不知道自己有这个潜能呢。(《男人装》，2007年第11期)

问：我说了你一定不相信。我跟我的新任丈夫真是春风得意。他现年五十三岁，我现年四十一岁；他患有高血压，以药物控制，每三个月的例行检查结果都很好。

我的问题是：我们每周大约性交十二至十五次，而且愈来愈好。过去的八个月来，我们生活得相当美满，不过，以他高血压的情形来说，这样对身体会不会有害？

答：即使在性行为中血压会升高，而在高潮时达到顶点，不过，只要血压控制得宜，性生活应无大碍。有项研究显示：高潮时的血压值，比中度体能活动所造成的血压变化还低。(瑞妮丝等：《金赛性学报告》，第628～629页)

从理论上来说，一个人每天进行多次性交，只要他没有身心疲劳的感觉，事后没有什么不适之感，就是可以接受的，大可放心进行。但是，性交毕竟会带来生命能量的消耗，虽然这种消耗可以从饮食和休息中获得补充，但并不是所有的消耗都是能完整地补回来的。而且，正如中国古人所说："暗中教君骨髓枯"，有的损伤是当下感觉不到的。因此，《时尚健康》中的一则建议应该引起我们的注意：

一个年轻的、精力充沛的男人如果想保持他的精力，一天最多射两次精液，否则，他的能量就会变得很低。(《时尚健康》男士版，2008年第2期)

## 三、"房中之事，能生人，能杀人"——性交的利与弊

性高潮能给人带来巨大的乐趣，然而高潮过后疲倦乏力的感觉还是让人感到一丝不安与担忧；尤其是纵欲造成的头昏脑涨甚至某种虚脱的感觉，更是让人产生怀疑：对于人类来说，性交是必需的吗？对于人的健康来说，性交是好处多还是害处多？对于这个问题，中国古代性学家有深入的思考，其中有不少观点对现代人是有启发意义的。

### 1. "淫声美色，破骨之斧锯"——性交的危害

中国古代一夫多妻的家庭制度使人们对家长的健康问题尤其关注。因为在这种家庭制度中，家长的健康、健在对家庭的兴旺、妻妾的幸福起着至关重要的作用。而在实际生活中，人们发现，对家长的身体影响最大的便是性生活：在享受娇妻美妾、左拥右抱的过程中，

妻妾成群的男子

家长的健康状况常常会出现明显的下降。因此，中国古代性学家很早就发出警告："凡人之所以衰微者，皆伤于阴阳交接之道尔。夫女之胜男，犹水之胜火"，"御女当如以朽索御奔马，如临深坑下有刃，恐堕其中"。(《素女经》)在《阴符经》中，更是直截了当地说："淫声美色，破骨之斧锯也。世之人若不能秉灵烛以照迷情，持慧剑以割爱欲，则流浪生死之海，害生于恩也。"而且，这种观点，在社会上一直有很大的影响，如《金瓶梅词话》第七十九回中说："二八佳人体似酥，腰间仗剑斩愚夫；虽然不见人头落，暗里教君骨髓枯。"清末民初的淮南民歌《小乖姐》中也说："小乖姐生得白如霜，杀人不要刀和枪，金莲好比勾花鬼，吐沫好比迷魂汤，鲜花好比五阎王。"

中国古代性学这种视性交为洪水猛兽的观念，一方面固然是基于对现实生活的观察和总结，另一方面也与古代中国人的宗教信仰和特有的精神世界有关。从宗教信仰方面来说，无论是道教还是佛教，其主旨多是禁欲的，多把禁绝性交视为崇高，并由此产生了不近女色、断绝淫欲等清规戒律。从中国人特有的精神世界来说，无论是道家还是儒家，都主张清心寡欲、无欲则刚，把逐欲或纵欲视为违背生命本真的东西。平心而论，无论道教还是佛教、道家还是儒家，其寡欲甚至绝欲的思想均是有一定道理的。因为当人们排除对物欲（包括色欲）的追求，让精神进入无思无虑的状态时，确实可以产生舒适、充实、自信等感觉，并使身体的健康状况得到很好的调整。

把性交视为一种对人体有害的行为，并不是中国古代性学所特有，在其他国家和民族中也有类似的看法。如《性经验史》一书中说：

> 亚里士多德说过，头脑是第一个感受到性行为后果的器官，因为它是全身中"最冷的部分"；精液的排泄，由于吸收了身体中"纯粹自然的热量"，因而造成了一种发冷的一般后果。迪奥克勒把胆囊、肾、肺、眼睛和脊髓列为最受纵欲危害的器官。

第三章 性交的利弊与性交禁忌

在《问题》一书看来，眼睛和肾受害最大，可能是因它们为性行为付出的要比其他器官多，也可能是因为过多的热量会使它们产生液化现象。（福柯：《性经验史》，第215页）

另据刘达临的《世界古代性文化》称："中部澳大利亚的土著人说：'阴道是一把火，烈火熊熊，阴茎一插进去，就会被烧毁。'一个毛利老人也说：'摧毁男人的东西是阴门。'"（刘达临：《世界古代性文化》，第183页）这种观点，换成古代中国人的说法，就是：阴道是"生我之门，死我之户"。

不过，中国古代性学家视性交为影响健康的危险行为，却并没有因此否定性交。他们认为，不性交会造成种种疾病，其危害甚至要超过性交。这又是为什么呢？

## 2. "阴阳不交，坐致疾患"——不行性交之弊

中国古代哲学把天下万物分为阴与阳两部分，如天属阳，地属阴；日属阳，月属阴；男人属阳，女人属阴，等等。同时又指出，天地阴阳必须发生相互作用，否则，孤阴独阳，就会闭塞不通，造成种种弊端。因此《周易》中说："一阴一阳之谓道"（《系辞传》），"天地不交，而万物不通"（《否卦·象传》）。大地尚且需要交合，何况人乎？所以《素女经》中明确反对戒绝性交："黄帝问素女曰：今欲长不交接，为之奈何？素女曰：不可。天地有开阖，阴阳有施化，人法阴阳，随四时，今欲不交接，神气不宣布，阴阳闭隔，何以自补？"

中国古代性学家认为，男女不行性交，不但违背天道，甚至会带来各种疾病。在东晋葛洪的《抱朴子内篇》中说："人不可以阴阳不交，坐致疾患"，"人复不可都绝阴阳，阴阳不交，则坐致壅阏之病，故幽闭怨旷，多病而不寿也。"南北朝时的褚澄认为，女子来月经后，若超过十年不与男子交合，就会月经不调；若月经来后思慕男子却不行性交，不用超过十年，亦会月经不调。而月经不调，则会导致其他的疾病：

女人天癸既至，逾十年无男子合则不调；未逾十年思男子合亦不调。不调则旧血不出，新血误行，或溃而入骨，或变而之肿，或虽合而无子。（褚澄：《褚氏遗书》）

元代的李鹏飞在《三元延寿参赞书》中为我们举了两个例子，一个是男子不行性交而"疮发于阴，至烂"，即阴茎部位生疮腐烂；一个是女子不行性交而"病腰背痛，寒热"：

书云：男子以精为主，女子以血为主。故精甚则思室，血盛则怀胎。若孤阳绝阴，独阴无阳，欲心炽而不遂，则阴阳交争，乍寒乍热，久而为劳。富家子唐靖，疮发于阴，至烂。道人周守真曰：病得之欲泄而不可泄也。《史记》济北王侍者韩女，病腰背痛，寒热。仓公曰：病得之欲男子不可得也。

值得我们注意的是，在中国古代著名的性学典籍《御女损益篇》、《房中补益》、《素女经》等中，都讲到了一种称为"鬼交"即与鬼交合的病，并且称这种"鬼交"病完全是因

为不行性交而又心中渴望造成的：

彭祖曰：凡男不可无女，女不可无男。若孤独而思交接者，损人寿，生百病，鬼魅因之共交，失精而一当百。(陶弘景：《御女损益篇》)

或曰：年未六十，当闭精守一，为可尔否？曰：不然。男不可无女，女不可无男。无女则意动，意动则神劳，神劳则损寿。若念真正无可思者，则大佳长生也，然而万无一也。抑郁闭之，难持易失，使人漏精尿浊，以致鬼交之病，损一而当百也。(孙思邈：《房中补益》)

彭祖曰：男子不欲无女，女子不欲无男，若强而闭之，则意动悄逸，神扰心乱，难持易失，梦与神(鬼)交，精流自出，意未感动，阳道先屈。(金礼蒙编：《医方类聚·房中补益》)

由此可见，这种"鬼交"病对人体健康的影响是很大的，因为人在与鬼交合时会"失精"(包括男子射精和女子阴精流泄)，而且这种"失精"与通过正常性交的"失精"不同："鬼魅因之共交，失精而一当百"，即"鬼交"时失精一次，相当于正常性交时失精百次，其危害当然是十分巨大的。

在《素女经》中，则详细讲述了"鬼交"病的成因及治疗方法：

采女曰：何以有鬼交之病？

彭祖曰：由于阴阳不交，情欲深重，即鬼魅假象，与之交通。与之交通之道，其有胜于人，久处则迷惑，讳而隐之，不肯告人，自以为佳，故至独死而莫之知也。若得此病，治之法：但令女与男交，而男勿写(泻)精，昼夜勿息，困者不过七日必愈。若身体疲劳，不能独御者，但深按勿动，亦善也。不治之，煞人不过数年也。欲验其事实，以春秋之际，入于深山大泽间，无所云为，但远望极思，唯含交会阴阳，三日三夜后，则身体翕然寒热，心烦目眩，男见女子，女见男子，但行交接之事，美胜于人，然必病人而难治，怨旷之气，为邪所凌。后世必当有此者，若处女贵人苦不当交。与男交以治之者，当以石硫黄数两，烧以熏妇人阴下身体，并服鹿角末方寸匕，即愈矣。当见鬼涕泣而去。一方服鹿角方寸匕，日三，以差(瘥)为度。

那么，"鬼交"病究竟是一种什么性质的病呢？对此，现代人通常会有两种认识，一种是把它视为性梦，即做梦时梦见与他人性交，然后导致梦遗。但"鬼交"与性梦明显存在区别，因为性梦有随意性，梦交的对象或为熟人，或为心中思慕的人，且有时为甲，有时为乙，且不会经常出现；"鬼交"的对象则是固定的，而且几乎天天会前来性交，而得此病的人，则会"讳而隐之，不肯告人，自以为佳"。另外，性梦对人的健康的影响不很明显，只有长期梦遗的人才会有神经衰弱、记忆力下降等症状，而"鬼交"则会"至独死而莫之知"。另一种认识是把它视为荒诞不经，认为是古人特有的迷信思想。对此，我想还是应该慎重

第三章 性交的利弊与性交禁忌

对待，因为若真的属于无稽之谈，它不可能同时出现在众多著名性学典籍的记载中。所以，关于"鬼交"病的真相，有待我们进一步的研究。

撇开"鬼交"不谈，我们回过头来评估一下中国古代性学家关于不行性交之弊的论述，发现其中的大部分观点还是很有道理的，思欲而又强行禁欲，确实会给身心带来危害。

不过，话又说回来，不行性交会给身心造成疾患，并非对所有人而言的，因为在现实生活中，确实有那么一部分人，他们长期过着没有性伴侣的单身生活，却照样保持着身心健康。因此，问题的关键不在于有无性生活，而在于有无性欲：如果有性欲，而且很强烈，却又强自抑制，久而久之，必会对身心造成伤害；若无性欲，则不行性交，自然不会对身心造成损害。对此，中国古代性学家早就认识到了。如魏晋时期的《御女损益篇》中就有这样的记载：

采女问彭祖曰：人年六十，当闭精守一，为可尔否？

彭祖曰：不然，男不欲无女，无女则意动，意动则神劳，神劳则损寿。若念真正无可思而大佳，然而万一焉。（陶弘景：《御女损益篇》）

在这个问题上，现代性学家也持相同的观点：

问：对人类而言，性的发泄（不论是性行为或自慰）对生理或心理健康是必需的吗？

答：可能只有某些人在心理上非常需要性的发泄，但是完全禁欲（abstinence from sexual activity），包括自慰，对生理健康方面并没有任何妨碍。有些人非常满意在某段长时间内或终其一生没有性活动，而其他人则会因为缺乏正常的性活动而不满足或沮丧，甚至根本不可能没有性活动。这些反应都是正常的。（瑞妮丝等：《金赛性学报告》，第127页）

不过，需要说明的是，这种"完全禁欲"而又"对生理健康方面并没有任何妨碍"的人是少而又少的，正如《御女损益篇》中所说："然而万一焉"，一万个人中才可能有一个。

3. "阴阳交接，须有节度"——节制性交之道

在中国古代性学家眼里，性交是一种危险的行为，然而不性交又会给身心造成伤害，那么，应该如何正确对待性交呢？中国古代性学家的建议是：有节制地性交，并要懂得性交之道（即所谓房中术）。我们来看一下相关的论述：

黄帝问素女曰：吾气衰而不和，心内不乐，身常恐危，将如之何？

素女曰：凡人之所以衰微者，皆伤于阴阳交接之道尔。夫女之胜男，犹水之胜火，知行之，如釜鼎能和五味，以成羹臛；能知阴阳之道，悉成五乐。不知之者，身命将夭，何得欢乐？可不慎哉！

……

黄帝曰：阴阳交接，节度为之奈何？素女曰：交接之道，故有形状，男致不衰，女除百病，心意娱乐气力强。然不知行者，渐以衰损。（《素女经》）

《道林》云：命本者，生命之根本，决在此道。虽服大药及呼吸导引，备修万道，而不知命之根本。根本者，如树木，但有繁枝茂叶而无根本，不得久活也。命本者，房中之事也。故圣人云：欲得长生，当由所生。房中之事，能生人，能杀人。譬如水火，知用之者，可以养生；不能用之者，立可死矣。（陶弘景：《御女损益篇》）

在关于如何节制性交的问题上，要说论述得风趣、透彻，还数清代小说《肉蒲团》：

单说人生在世，朝朝劳苦，事事愁烦，没有一毫受用处。还亏那太古之世，开天辟地的圣人，制一件男女相悦之情，与人息息劳苦，解解愁烦，不至十分憔悴。照古儒说来，妇人腰下之物，乃生我之门，死我之户。

据达者看来，人生在世，若没有这件东西，只怕头发还早白几年，寿延还略少几岁。不信但看世间的和尚，有几人四五十岁头发不白的，有几个七八十岁肉身不倒的。或者说和尚虽然出家，一般也有去路，或偷妇人，或狎徒弟，也与俗人一般，不能保元固本，所以没寿。这等请看京里的太监，不但不偷妇人，不狎徒弟，连那偷妇人、狎徒弟的器械都没有了，论理就该少嫩一生，活活几百岁才是，为何面上的皱纹比别人多些，头上的白发比别人早些？名为公公，实像婆婆。

京师之内，只有挂长寿匾额的平人，没有起百岁牌坊的内相。可见女色二字原于人无损。只因本草纲目上面，不曾载得这一味，所以没有一定的注解。有说他是养人的，有说他是害人的。若照这等比验起来，不但还是养人的物事。他的药性与人参附子相同，而亦交相为用。只是一件，人参附子，虽是大补之物，只宜长服，不宜多服；只可当药，不可当饭。若还不论分两、不拘时度饱吃下去，一般也会伤人。

女色的利害与此一般，长服则有阴阳交济之功，多服则有水火相克之弊；当药则有宽中解郁之乐，当饭则有伤精耗血之忧。

世上之人若晓得把女色当药，不可太疏，亦不可太密；不可不好，亦不可酷好。未近女色之际，当思曰此药也，非毒也，胡为惧之；既近女色之际，当思曰此药也，非饭也，胡为溺之。如此，则阳不亢，阴不郁，岂不有益于人哉！（《肉蒲团》，第一回）

论中首先把性交视作"与人息息劳苦，解解愁烦"之事，反映了作者对世情的洞悉，人生态度的旷达；称"京师之内，只有挂长寿匾额的平人，没有起百岁牌坊的内相（太监）。可见女色二字原于人无损"，反映了作者目光之犀利，认识问题之深刻；最后说"女色的利害与此（指人参附子）一般，长服则有阴阳交济之功，多服则有水火相克之弊；当药则有宽中解郁之乐，当饭则有伤精耗血之忧"，则反映了作者学识之渊博，立论之高明。因此，

第三章 性交的利弊与性交禁忌

著名学者潘光旦也视之为的论:"关于性交对于健康的正面关系,中国人大体上是向来认识的,历来在这一点上最详细与最近情的讨论,记忆所及,当推性爱小说《肉蒲团》的一篇'楔子';此书全部的笔墨,失诸过于刻画与想入非非,即其'参透肉蒲团'的结论亦犯不中不节的毛病,与楔子中的见解自相矛盾。不过只就楔子一部分而言,其中大半的议论,当可邀当代性卫生学者的首肯。"(见霭理士:《性心理学》,第83页)

另在清代小说《姑妄言》中,亦有类似的论述,与《肉蒲团》可互相发明:

他这病,当日因无妻室,故不甚举发。今娶了妻子,且又是少而美、美而淫的,可忍得住?十日半月三二日定要高兴一番。高兴之后,次次定要睡倒。一日,阴氏因爱他得很,违着心苦劝他。他那里舍得,定要常常钻研,不上个把月,把一个美小官弄成个黄皮寡瘦。又睡到将及一月,才起得来。此时方知道本草上不曾载的这种发物如此利害,才稍减了些。我因此在本草上后添了一段,使后人见之好知避忌:

妇人阴物一名曰牝,通称曰屄。北人名曰巴子,闽人呼曰唧歪,川人谓之批。形如淡菜,有肥瘦大小毛光不等,虽微有小异,其形总一。性咸有微毒,少服令人阳不亢,常服则多嗽,多服则体弱成虚怯症不治。家产者良,衙中产者虽比家产较美,然多毒,误服有毒者,生杨梅下疳诸恶疮。野产者味极佳,有大毒,恐有杀身之祸,病人不宜服,一切病后尤忌,服之必发,名曰色复。醉饱后服之,伤五脏,生怪病。每服后忌一切冷物,恐成阴症,反凉水。

这种物件,自古及今以至万国九州,无人不把他当做家常茶饭,见了我这话,大约没有一个不笑其迂者。但要明白内中的道理,自然有益而无损。譬如人参,偶然服些,自有补益。若把他当做饭吃将起来,可有不伤命者。岂是人参之过,乃服参人之过耳。

(《姑妄言》,第六回)

性交必须有节制,其理已明。那么,又该如何节制呢?对此,中国古代性学家介绍了三种方法。

第一种方法:独卧。男子在美色面前,往往很难自持;加上女子有时也会主动引逗男子,因此,若男子经常与女子同处一室,共卧一床,便很难避免性交之事。为了避免频繁性交,古人想出了一个办法:不与女子同床共枕,而是一个人独睡。此即所谓"不见可欲,使民心不乱"(《老子》,第三章)。如陶弘景在《御女损益篇》中说:"彭祖曰:上士别床,中士异被。服药千裹,不如独卧。"

独卧使人清心寡欲,并使身心处于放松的状态,能保证较好的睡眠质量,确实有益于人的健康。如明代龙遵叙的《食色绅言·男女绅言》中说:"人主惟汉武帝七十余岁,梁武帝、宋高宗八十余岁。……梁武敕贺琛曰:朕绝房事三十余年,不与女人同室而寝亦三十余年。"另据清代石成金的《长生秘诀·虚弱戒房事》载,宋代的包恢,就是依靠独睡这种方法,年届88岁,仍精神矍铄:

昔包承斋恢，年已八十八，以枢密登拜郊台，精神老健。贾似道问之，必有摄养奇术。恢曰："有一服丸子药，乃不传之秘方。"似道坚叩之，恢徐曰："老汉全靠吃了五十年独睡丸。"满座大笑。予谓人能服独睡丸怡养，再加以食半饱成自辅，寿之延长，定可保矣。

第二种方法：交而不泄。中国古代性学家认为，性交之所以会给身体带来伤害，主要原因是性交导致男子泄精，使男子的精华丧失。因此，男子如果只与女子性交而不泄精，则不但能享受性交的乐趣，还能强身健体。如《紫闺秘书·采补修身诀法》中载："素女曰：男子以泄精为乐，若此闭精不泄，有何乐哉？彭祖曰：泄精之后玉茎衰弱，身体困倦，不能再举，何为乐哉？若能固济根蒂，受持功法，闭而不泄，则玉柱金枪，彻夜不倒，交接久长，一夜可战百女，亦不能倦也。女子爱色之情，不能少息，始终快美，至于不忘，此所谓之无穷也。"这种观念，涉及中国古代房中术的核心理念，我将在第十四章中详细介绍。

第三种方法：加强沟通。性交是男女双方的事，若一方要节制，另一方不同意，则很难真正做到节制。因此，男子在节制性交的问题上，一定要与女子沟通，晓之以理，动之以情，争取得到女子的诚心配合。如清代沈嘉澍的《养病庸言》中说：

凡夫妇久别重逢，要格外谨慎。凡人所以与妻妾相狎昵者，为其互相爱也。然我爱妻妾，必欲弄得精髓枯竭，缠绵床蓐，使妻妾劳力于服事，瘁于担忧；卒之不免于奄然物化，又俾妻妾做孤鸾单凤，一生一世，酸苦伶仃，是非特不爱之，而适以害之矣。妻妾爱我，必欲陷我于死，亦不爱我实甚，而害我实甚。以上两层念头，常摆在心上，作镇心之宝，又时常讲解与妻妾听，则己之欲固不戢而自消，而妻妾之心亦恍然醒悟。

此种方法，如釜底抽薪，若真能切实施行，其效果当会十分明显，只是男女之间往往碍于面子，不愿启齿。

## 4."阴阳有七损八益"——论性交的作用

从前面的介绍中，我们可以看到中国古代性学家关于有节制的性交之好处的一些论述，如《素女经》中说：性交可以使"男致不衰，女除百病，心意娱乐气力强"，陶弘景称性交"可以养生"，《肉蒲团》中也称性交为"养人的物事"，等等。但是，这些都只是泛泛之论。在《玄女经》及《素女经》中，则对性交的好处及功效有深入细致的研究，具体内容包括"九法"、"八益"、"七损"等等，它们是中国古代性学的重要组成部分，值得我们认真对待。

（1）九法——九种性交姿势和方法及其功效

《玄女经》云：黄帝曰：所说九法，未闻其法，愿为陈之，以开其意，藏之石室，行其法式。

第三章 性交的利弊与性交禁忌

玄女曰：九法，第一曰龙翻。令女正偃卧向上，男伏其上，股隐于床，女攀其阴，以受玉茎。刺其谷实，又攻其上，疏缓动摇，八浅二深，死往生返，势壮且强。女则烦悦，其乐如倡，致自闭固，百病消亡。

第二曰虎步。令女俯俛，尻仰首伏。男跪其后，抱其腹，乃内玉茎，刺其中极，务令深密，进退相薄，行五八之数，其度自得。女阴闭张，精液外溢，毕而休息，百病不发，男益盛。

第三曰猿搏。令女偃卧，男担其股，膝还过胸，尻背俱举，乃内玉茎，刺其臭鼠，女还动摇，精液如雨，男深按之，极壮且怒，女快乃止，百病自愈。

第四曰蝉附。令女伏卧，直伸其躯，男伏其后，深内玉茎，小举其尻，以扣其赤珠，行六九之数，女烦精流，阴里动急，外为开舒，女快乃止，七伤自除。

第五曰龟腾。令女正卧，屈其两膝，男乃推止其足至乳，深纳玉茎，刺婴女，深浅以度，令中其实，女则感悦，躯自摇举，精液流溢，乃深极内，女快乃止，行之勿失，精力百倍。

第六曰凤翔。令女正卧，自举其脚，男跪其股间，两手据席，深内玉茎，刺其昆石，坚热内牵，令女动作，行三八之数，尻急相薄，女阴开舒，自吐精液，女快乃止，百病销灭。

第七曰兔吮毫。男正反卧，直伸脚，女跨其上，膝在外边。女背头向足据席，俯头，乃内玉茎，刺其琴弦，女快，精液流出如泉，欣喜和乐，动其神形，女快乃止，百病不生。

第八曰鱼接鳞。男正偃卧，女跨其上，两股向前，安徐内之，微入便止，才授勿深，如儿含乳，使女独摇，务令持久，女快男退，治诸结聚。

第九曰鹤交颈。男正箕坐，女跨其股，手抱男颈，内玉茎，刺麦齿，务中其实；男抱女尻，助其摇举，女自感快乃止，七伤自愈。（《素女经》）

为了方便读者理解，我们把上述内容列表如下。

| 姿势名 | 姿势 | 方法 | 功效 |
| --- | --- | --- | --- |
| 龙翻 | 女子仰卧，身体躺平，男子伏于女子身上，从正面进入 | 阴茎刺击谷实（女子阴道深五寸处），又刺击阴道上部，行八浅二深之法 | 百病消亡 |
| 虎步 | 女子俯伏，抬臀低头，男子跪在女子身后，双手抱女腹，从后面进入 | 阴茎快而深地刺击中极（阴道深处），共四十次 | 百病不发，男子更健壮 |
| 猿搏 | 女子仰卧，男子抬起女子的大腿架于肩上，使女子的臀和背都离开床，从正面进入 | 阴茎先刺击臭鼠（阴道口或阴蒂），再深入阴道 | 百病自愈 |

| | | | |
|---|---|---|---|
| 蝉附 | 女子俯卧，臀部稍上举，男子趴伏女子身上，从后面进入 | 阴茎叩击赤珠（阴道末端子宫颈口），共五十四次 | 七伤（男性生殖系统疾病的七种表现）自除 |
| 龟腾 | 女子仰卧，屈双膝，男子用手推女子的双腿至胸部，从正面进入 | 阴茎刺击婴女（阴道较深的部位），等女子十分兴奋后再刺入阴道深处 | 精力百倍 |
| 凤翔 | 女子仰卧，举起双脚，男子跪在女子的大腿之间，从正面进入 | 阴茎深入阴道，刺击昆石（所指待考）部位，让女子摇动身体二十四次 | 百病消灭 |
| 兔吮毫 | 男子仰卧，伸直双腿，女子跨坐男子身上，把头转向男子双脚的方向，低头，放入阴茎 | 阴茎刺击琴弦（一说指阴道内深一寸处，一说指大小阴唇） | 百病不生 |
| 鱼接鳞 | 男子仰卧，女子跨坐男子身上，双腿向前，放入阴茎 | 阴茎稍微进入阴道，不要深入，让女子一个人摇动身体，持续时间要长 | 治疗各种气血郁结不通的病 |
| 鹤交颈 | 男子箕坐，女子跨坐在男子双腿上，手抱男子的脖子，放入阴茎 | 阴茎刺击麦齿（阴道内约二寸处），男子抱女子的臀部摇动 | 七伤（男性生殖系统疾病的七种表现）不治而愈 |

（2）八益——八种性交姿势和方法及其功效

　　素女曰：阴阳有七损八益。一益曰固精。令女侧卧，张股，男侧卧其中，行二九数，数毕，止。令男固精，又治女子漏血。日再行，十五日愈。

　　二益曰安气。令女正卧，高枕，伸张两臂，男跪其股间刺之，行三九数，数毕，止。令人气和，又治女门寒。日三行，十五日愈。

　　三益曰利脏。令女人侧卧，屈其两股。男横卧，却刺之，行四九数，数毕，止。令人气和，又治女门寒。日四行，二十日愈。

　　四益曰强骨。令女侧卧，屈左膝。男伏刺之，行五九数，数毕，止。令人关节调和，又治女闭血。日行五，十日愈。

　　五益曰调脉。令女侧卧，屈其右膝，伸其左臂。男据地刺之，行六九数，数毕，止。令人脉通利，又治女门辟。日六行，二十日愈。

　　六益曰畜血。男正偃卧，令女戴尻跪其上，极内之，令女行七九数，数毕，止。

第三章　性交的利弊与性交禁忌

令人力强，又治女子月经不利。日七行，十日愈。

七益曰益液。令女正伏举后，男上往，行八九数，数毕，止。令人骨填。

八益曰道体。令女正卧，屈其臂，足迫尻下。男以臂胁刺之，以行九九数，数毕，止。令人骨实，又治女阴臭。日九行，九日愈。(《素女经》)

为了方便读者理解，我们把上述内容列表如下。

| 八益名 | 姿 势 | 方 法 | 功 效 |
|---|---|---|---|
| 固 精 | 女子侧卧，张开双腿，男子侧卧在女子双腿间，放入阴茎 | 抽送十八次。每天行两回，共十五天 | 使男子固精，治女子血漏之症 |
| 安 气 | 女子仰卧，头高枕，张开双臂，男子跪于女子两腿之间，放入阴茎 | 抽送二十七次。每天行三回，共十五天 | 使人气血平和，治女子阴道虚寒 |
| 利 脏 | 女子侧卧，弯曲双腿，男子横躺，从背后进入 | 抽送三十六次。每天行四回，共二十天 | 使人气血平和，治女子阴道虚寒 |
| 强 骨 | 女子侧卧，左膝弯曲，男子趴伏女子身上，从后面进入 | 抽送四十五次。每天行五回，共十天 | 使人关节调和，治女子经血不通 |
| 调 脉 | 女子侧卧，右膝弯曲，伸开左臂，男子用手撑床，放入阴茎 | 抽送五十四次。每天行六回，共二十天 | 使人经脉通畅，治女子阴门辟（"辟"字所指待考） |
| 畜 血 | 男子仰卧，女子跪坐在男子身上，把阴茎全部放入 | 由女子摇动六十三次。每天行七回，共十天 | 使人力气强壮，治女子月经不畅 |
| 益 液 | 女子俯伏，抬起臀部，男子从后面进入 | 抽送七十二次 | 使人骨髓充实 |
| 道 体 | 女子仰卧，弯曲手臂，脚靠近臀部，男子从正面进入 | 抽送八十一次。每天行九回，共九天 | 使人骨髓充实，治女子阴道有臭味 |

(3) 七损——七种因性交不当造成的伤害及治疗方法

素女曰：一损谓绝气。绝气者，心意不欲而强用之，则汗泄气少，令心热目冥。治之法，令女正卧，男担其两股，深按之，令女自摇，女精出止，男勿得快。日行九，十日愈。

　　二损谓溢精。溢精者，心意贪爱，阴阳未和而用之，精中道溢。又醉饱而交接，喘息气乱则伤肺，令人咳逆上气，消渴，喜怒，或悲惨惨，口干身热而难久立。治之法：令女正卧，屈其两膝侠男。男浅刺，内玉茎寸半，令女子自摇，女精出止，男勿得快。日行九，十日愈。

　　三损谓杂脉。杂脉者，阴不坚而强用之，中道强写，精气竭；及饱食讫交接，伤脾，令人食不化，阴痿无精。治之法：令女正卧，以脚钩男子尻，男则据席内之，令女自摇，女精出止，男勿快。日行九，十日愈。

　　四损谓气泄。气泄者，劳倦汗出未干而交接，令人腹热唇焦。治之法：令男子正卧，女跨其上，向足，女据席，内玉茎，令女自摇，精出止，男子勿快。日九行，十日愈。

　　五损谓机关厥伤。机关厥伤者，适新大小便，身体未定而强用之，则伤肝；及卒暴交会，迟疾不理，不理劳疲筋骨，令人目眣眣，痈疽并发，众脉槁绝，久生偏枯，阴痿不起。治之法：令男子正卧，女跨其股踞，前向，徐徐按内之，勿令女自摇，女精出，男勿快。日行九，十日愈。

　　六损谓百闭。百闭者，淫佚于女，自用不节，数交失度，竭其精气，用力强泄，精尽不出，百病并生，消渴，目冥冥。治之法：令男正卧，女跨其上，前伏据席，内玉茎，令女自摇，精出止，男勿快。日九行，十日愈。

　　七损谓血疾。血疾者，力作疾行，劳因汗出，因以交合，俱已之时，偃卧，推深没本，暴急剧病因发，连施不止，血枯气竭，令人皮虚肤急，茎痛囊湿，精变为血。治之法：令女正卧，高抗其尻，申张两股，男跪其间深刺，令女自摇，精出止，男勿快。日行九，十日愈。(《素女经》)

为了方便读者理解，我们把上述内容列表如下。

| 七损名 | 症　状 | 原　因 | 治疗方法 |
| --- | --- | --- | --- |
| 绝　气 | 出汗过多，气短，心中烦热，两眼昏花 | 没有性欲而勉强性交 | 女子仰卧，男子扛女子双腿，阴茎深深插入，让女子摇动身体达到高潮，男子不要泄精。每天行九回，十天可痊愈 |
| 溢　精 | 咳嗽，气逆，消渴，喜怒无常，心中悲切凄惨，口干，身体发热，不能久站 | 男女性欲未充分调动而性交，中途泄精；或醉饱后性交 | 女子仰卧，双膝弯曲，夹住男子，把阴茎放入阴道半寸，让女子摇动身体达到高潮，男子不要泄精。每天行九回，十天可痊愈 |

第三章　性交的利弊与性交禁忌

| | | | |
|---|---|---|---|
| 杂脉 | 脾脏损伤，消化不良，阳痿，无法射精 | 阴茎不坚挺而勉强交合，中途强行泄精，使精气衰竭；或饱食后即性交 | 女子仰卧，用脚钩住男子的臀部，放入阴茎，让女子摇动身体达到高潮，男子不要泄精。每天行九回，十天可痊愈 |
| 气泄 | 腹中燥热，唇干舌焦 | 劳动后身体疲惫，汗出未干而性交 | 男子仰卧，女子脸朝男子双脚，跨坐男子身上，放入阴茎，让女子摇动身体达到高潮，男子不要泄精。每天行九回，十天可痊愈 |
| 机关厥伤 | 两眼昏花，生痈疽，经脉枯槁断绝，偏瘫，阳痿 | 大小便刚完就强行性交，或毫无准备而性交，且不管速度快慢或身体劳累 | 男子仰卧，女子跨坐在男子的大腿上，脸向前，慢慢放入阴茎；不让女子摇动身体，待女子阴精溢出，男子不要泄精。每天行九回，十天可痊愈 |
| 百闭 | 百病并生，消渴，两眼昏花 | 与女子淫乐而没有节制，使精气耗竭 | 男子仰卧，女子跨坐男子身上，身体前伏，放入阴茎，让女子摇动身体达到高潮，男子不要泄精。每天行九回，十天可痊愈 |
| 血疾 | 精液不停地泄出，血液枯竭，精气衰微，皮肤松弛、起皱，阴茎疼痛，阴囊潮湿，精变为血液 | 辛苦劳作、快速行走后身体劳累出汗，未经休息而性交，性交结束后又仰卧，把阴茎深深插入进行性交 | 女子仰卧，把臀部高高抬起，张开双腿，男子跪在女子两腿之间，阴茎深深进入阴道，让女子摇动身体达到高潮，男子不要泄精。每天行九回，十天可痊愈 |

从上列三表中可以看出，"九法"是模仿九种动物的动作特点设计出来的性交姿势和方法，中国古代性学家认为它们有可以使"百病不生"、"百病消亡"、"精力百倍"等作用；"八益"是指八种不同的性交姿势和方法可以给身体带来的八个方面的益处；"七损"则是指性交不当给身体造成的七种伤害以及通过性交来对治的方法。"九法"、"八益"和"七损"有一个共同的特点，即都是通过设定某些特殊的性交姿势和方法，来治疗疾病，强身健体。

那么，《素女经》中介绍的上述内容有没有道理呢？通过不同姿势和方法进行的性交，真的能起到治病健身的作用吗？

我认为，"九法"、"八益"、"七损"的内容十分丰富，是古代性学家关于性交"能杀人，能活人"以及男子久交不泄可强身健体等理论的具体化，其中既有不少有价值的内容，也有牵强附会或夸大其词的地方，需要我们仔细甄别。

首先，认为通过某种特殊的性交姿势和方法可以治病防病，寓健身于享乐，无疑是很有创意的想法。尤其是"九法"中模仿猿、蝉、鹤等动物的动作来设计性交姿势，并冠以"猿搏"、"蝉附"、"鹤交颈"等充满诗意的名字，给人以耳目一新的感觉。从动物的动作特征中汲取智慧，这其实是古代哲人关于天人合一的理论在性学上的运用，由此，我们很容易想到东汉末年华佗创制的五禽戏。

华佗是中国历史上著名的医生，擅长外科手术，倡导运动养生。他在长期观察的基础上，模仿虎、鹿、熊、猿、鸟五种动物的活动形态和特点，创作了一套健身体操，并名之为"五禽戏"。

从晋时陶弘景的《养性延命录》中，我们可以了解五禽戏的一些大致内容：

虎戏者，四肢距地，前三踯，却二踯，长引腰，侧脚，仰天，即返距行，前，却，各七过也。

鹿戏者，四肢距地，引项反顾，左三右二，伸左右脚，伸缩亦三亦二也。

熊戏者，正仰，以双手抱膝下，举头，左擗地七，右亦七，蹲地，以手左右托地。

猿戏者，攀物自悬，伸缩身体，上下一七，以脚拘物自悬，左右七，手钩却立按头各七。

鸟戏者，双立手，翘一足，伸两臂，扬眉用力，各二七，坐，伸脚，手挽足趾各七，缩伸二臂各七也。

从上述内容来看，五禽戏主要是一种伸缩四肢、转动身体的运动，与现在流行的各种健身操极为相似。据称，五禽戏中每一禽戏的功能各不相同，经常练虎戏可增长气力，使精力旺盛；经常练鹿戏能使腰肾坚固，利于长距离行走；经常练熊戏能增强脾胃功能，利于消化；经常练猿戏能增强人的灵活性，并利于智力开发；经常练鸟戏则利于提高人的平衡能力。

华佗发明五禽戏后，首先在他的弟子中推广，并且取得了明显成效。如他的一个名叫吴普的弟子坚持练五禽戏，到90多岁时，仍然耳聪目明，牙齿坚固；他的另一个弟子樊阿则因练五禽戏，活到100多岁时，仍然精力旺盛。

从以上介绍中，我们可以发现，华佗发明的五禽戏与"九法"中介绍的内容具有同构性，既然华佗的五禽戏的效果已为实践所证明，那么"九法"的有效性也是值得我们重视的。退一步来说，对于这些方法是否真的能像其介绍的那样可以使人"百病消亡"、"七伤自愈"，我们可以存疑，但是，它们对身体健康会带来一定的好处，应是无疑的。而且，现代性学研究也已经证实，不同的性交姿势与人体健康之间确实存在一定的联系，如吴阶平编译的《性医学》一书中说："健康人性交时，采取男的在上面或男的在下面的姿势对心率和血压的影响差别不大；但是需要双方用力的那些姿势应当避免，否则容易增加心率，

第三章 性交的利弊与性交禁忌

一曰虎　二曰熊　三曰鹿　四曰猿　五曰鸟

五禽戏图

而且容易促发冠心病患者的心律不齐。"（吴阶平等编译：《性医学》，第136页）"采取坐位或立位姿势性交可减少心绞痛发作的次数或减轻疼痛的程度。据推测，卧位姿势可能减少了左室舒张程度。"（同上，第137～138页）"各种原因的慢性关节炎都可能对性功能产生不良影响。……当患者性交姿势轻、中度受限时，医生应简略地介绍如何尽量减少关节过度负重引起的不适和减少关节大幅度运动。例如，女性关节炎患者髋外展或外旋困难时，则可采用后进位姿势；若男性有中度髋部疾患，可采用侧位或女跨位姿势。"（同上，第204～205页）

其次，中国古代性学家认为不同的性交姿势和方法可以治疗疾病、强身健体，但他们没有说哪些性交姿势和方法会导致疾病，由此我们可以得出一个结论：从总体上来说，中国古代性学家认为性交是有益于健康的，"是养人的物事"。关于性交的治病功能，清代的《埋忧集》中记载了这样一则有趣的故事：

> 京师有富家子周某者，娶妻某氏，有殊色，情好颇笃。其后专务娈童，常数月不进内。妻为之饮食俱废，怏怏寝疾，某始入视，命召大夫视之。大夫至，某适他往，一老妪导之入房。诊视毕，出语妪曰："病由幽闭日久，郁火不舒，治宜越鞠丸以发其郁。但其始并非由外感寒湿积食所致，必得精壮少年侍之，俾悦而好之，以快其气；融而化之，以调其血；投以所好，以悦其胃；畅其所欲，以夺其火。然后导之于窍，以利其湿；补之以阳，以解其寒。半月后，病当自愈。此真万金良药也。不然，恐非丸散所能奏功。"言毕，更不书方而去。妪反述于其妻，妻以为然，密倩妪觅得少年数辈，如法治之，病若失。月余，某入，见其妻光艳焕发，如晨葩着雨，神采倍常，大喜。拥之入帷，将与之狎，忽见帐后数人，皆面黄肌瘦，形如枯腊，骈肩而立。惊问若辈何来，其妻遽遽对曰："药渣药渣。"（朱翊清：《埋忧集·卷五·药渣》）

现代性学借助科学的手段，对性交的利弊展开了研究，研究结果显示，性交对于人类来说，不仅是利大于弊，而且是好处多多，不胜枚举。在此择要进行介绍。

一是可以降低死亡率，延年益寿。

研究表明，缺乏性爱会损害健康，甚至缩短寿命；另一项研究表明，45～59岁的男子，每周有两次性事的人的死亡率，比那些每月只有一次甚至更少的人要低50%；还有研究结果表示，那些至少一周发生一次性行为的大学生免疫系统明显比那些不这么活跃的学生强得多。"性行为是一种提升健康水平的方法，类似于服用维生素、运动以及营养均衡的节食"，Stein（美国性学专家）说，"这不仅是关于婚姻的问题，对公众健康也有重大意义。"（《时尚健康》男士版，2004年第1期）

二是有益于心脏健康。

性活动对心脏的影响与其他形式的运动对心脏的影响差不多。我们应该把性活动当作一项运动来看待。证据清楚地表明，无论是对正常的心脏还是患病的心脏来说，性交均会带来相当大的益处。（莫尼等：《性学总览》，第971页）

性交过程中可活动全身的每一块肌肉，消耗热量，被称做是床上的"田径运动"。性高潮的到来使心跳加快，心脏勃血量增加，对心脏健康大有好处。（《时尚健康》男士版，2008年第2期）

三是可以减少疼痛。

令人欣慰的是，经常有性活动可以减低关节痛，因为刺激了肾上腺分泌类固醇，这是人体对抗发炎及降低疼痛而自然产生的物质。（瑞妮丝等：《金赛性学报告》，第628页）

专家发现，做爱过程中，人的身体中很多沉睡的感觉会在瞬间苏醒，身体的敏感度会被最大限度地调动起来。同时，大脑还会向血液中释放一种叫做脑内啡（endorphins）的化学物质，这是一种"快乐荷尔蒙"，能够减少疼痛，提高愉快感。（《时尚健康》男士版，2008年第2期）

四是有利于女性健康。

也正是男人的性行为，保证了女性器官的健康，使它们能够发挥正常的功能。"如果女人与男人发生性关系，她们的健康状况要比没有这种关系时好。第一方面的原因是，子宫因性交而湿润了，如果子宫没有适当的湿度，便收缩得厉害，而过度的收缩会引起身体的疼痛。第二方面的原因是，由于性交使血液变热，流速加快，从而使月经来得更顺畅；如果月经不调，妇女容易患病。"对于女人来说，男性的进入和精液的吸收是她们保持体质平衡的根据，也是使她的体液进行必要流动的关键。（福柯：《性经验史》，第224页）

问：在一项调查中，医师被问道："如果一年都没有性行为是不健康的吗？"有18%的医师说："对，那是不健康的。"这是真的吗？为什么没有性行为有害健康呢？

答：没有任何科学证据认为没有性行为会使人生病，即使某些证据显示，对多数人而言，某种常态的性发泄或高潮是健康的基本要素。更年期的妇女不管是经由自慰或正常性交行为达到高潮，她们的外生殖器、阴道组织与尿道会比完全没有性行为的女性来得更健康。（瑞妮丝等：《金赛性学报告》，第127～128页）

五是可以预防癌症。

经常射精的男性可以降低患上前列腺癌的几率，能够刺激内啡肽（endorphin）的释放，可以睡得更好，有愉快感。（《时尚健康》男士版，2004年第12期）

调查发现，终生享受规律性爱的夫妇很少得癌症。那是因为做爱过程中血液中出现的脑内啡能刺激免疫系统细胞，有效地抵抗疾病，预防癌症。（同上，2008年第2期）

此外，性学家们指出，性交还可以减少伤风感冒的发生、减肥、保持生殖器的功能，可以改善前列腺、膀胱甚至牙齿的功能，可以改善人的嗅觉，可以强健骨骼、增加肺活量、促进排毒、防止失眠等等，在此就不一一列举了。若我们由此反观"九法"、"八益"、"七损"中关于性交可以"令人骨实"、"令人力强"、"精力百倍"、"百病不生"、"治女闭血"、"治女子月经不利"等的论述，是不是也会对古人的真知灼见由衷地感到佩服呢！

第三，"七损"中明确指出，不适当的性交会引起各种疾病，如没有性欲而强行性交会使人心中烦热、两眼昏花，阴茎不坚挺而勉强交合、饱食后即性交会使人脾脏受损、消化不良及阳痿，与女子淫乐而没有节制会使人百病并生、消渴，等等。虽然我们不能认定没有性欲而强行性交、阴茎不坚挺而勉强交合等肯定会造成"七损"中所说的某种疾病，但这些行为无疑是不健康的，是在性生活中应努力避免的，长期这样做，肯定会对身体健康带来不利影响。

第四，"九法"、"八益"和"七损"中也存在一些牵强附会、夸大其词甚至错误的内容。如其中关于"行六九之数"、"日九行，十日愈"等说法，尤其是"八益"中称某种性交姿势"日再行"、"日三行"、"日四行"即可治愈某种疾病或带来某种好处的说法，明显是机械的、牵强的，带有某种数字崇拜的味道。数字崇拜源于《周易》的"九六之学"，它把九视为最大的阳数，并认为它象征吉利。这种观念对中国传统文化产生了很大的影响，如称帝位为"九五之尊"，称农历九月初九为"重阳"，等等。"九法"、"八益"和"七损"中涉及性交次数和时间时，往往用"九"数，与这种观念有很大的关系。我们很难说某种性交动作做九次和八次、做九天或八天其效果就会有多大的不同，因此，在这个问题上，我们只要把它视为古人的一种特殊表达方式即可，用不着拘执。

还有就是夸大性交姿势和方法的治病效果，如"九法"中称"龙翻"可以使"百病消亡"，"猿搏"可以使"百病自愈"，"鹤交颈"可以使"七伤自愈"等等，"八益"、"七损"中关于连续行某种性交姿势，少则十天，多则二十天便可治愈某种疾病的说法，无疑都有夸大之嫌，带有某种性交崇拜的味道，我们切不可盲目信从，耽误疾病的治疗。

再有就是"七损"中在论及用性交的方式治疗"七损"时，几乎每一则都说"女精出止，男勿快"，意即在性交时让女子达到高潮，男子则不要泄精，这种方法的可操作性亦值得怀疑。从理论上说，这种方法是古代性学理论关于久交不泄可使男子强壮的理论的推衍，但是，当男子已然"七损"时，再让他在性交中让女子达到性高潮而自己坚持不泄精，这能做到吗？如"五损谓机关厥伤"中说："机关厥伤者……令人目眹眹，痈疽并发，众脉槁绝，久生偏枯，阴痿不起。治之法……勿令女自摇，女精出，男勿快。日行九，十日愈。"一个"众脉槁绝"、"阴痿不起"的男子，居然还能让女子"精出"，而且能"十日愈"，这似乎是不大可能的事。

虽然"九法"、"八益"、"七损"中存在一些不足之处，但是，瑕不掩瑜，其对中国古代性学的贡献仍是主要的。以上总结只是述其大略，还需要我们进一步做深入细致的研究和整理工作。

## 四、"男子易动而易安，女子难动而难静"——男女在性方面的差异

兵法云："知己知彼，百战不殆。"古人把男女性交视为战斗，因此，要想取得"战斗"的胜利，使性交获得圆满成功，男女之间就必须互相了解。中国古代性学家认为，男子与女子的区别不光反映在生理结构上，也反映在性心理、性感受和性能力上，因此，必须采取适当的应对措施，才能使双方同享性快乐，并使"恩爱永结"：

世有论阴阳相比之说，云男子如渴得浆，女子如热得凉。辞虽浅俗，诚切妙道。吁！一女子可御十夫，一夫难度十女。世之庸人房欲无节制，阴盛阳衰，未战先弱，往往皆然。（《孙真人房中长要记》）

夫妇即人伦之始，匪媾合真情无以洽，然男属阳易动而易安，女属阴难动而难静。今人媾合不知制御志意，恣意扇鼓，须臾即泄，往往不满女欲，以致乖远情意。若依前法待之，不特宜其炼合，亦且两情相孚，而恩爱永结矣。（邓希贤：《既济真经》）

论曰：且如蜂儿，见花蕊娇嫩，恣意贪窃，人亦如之。蜂蝶采蕊，惠而且益；人采阴，伤而损气。一妇人可敌十男子，尚且未倦，一男子焉敌十妇？男子有情易动则易灭，如渴得浆；妇人情难动则难灭，如热得凉。且如采花窟者，兴来，便跳上马，兴阑之后何可？及将精浆霎时走失，男子如猛火得水，御暴渴仰一般，岂知妇人情怀未畅，其心如炎蒸，得凉风力健则愈爽，她情欲正美，男子无力，岂能遂其意乎？（《素女房中交战秘法》）

上述论述主要包含这样三层意思。

第三章 性交的利弊与性交禁忌

一是男子与女子在性欲及性欲的满足方面存在明显差异，男子是"易动而易安"，即容易性欲冲动，但也很容易平静下来；女子是"难动而难静"，即不易性欲冲动，但性欲冲动后却很难平静下来。对此，中国古代性学家比喻说："男子如渴得浆，女子如热得凉。""如渴得浆"，即口渴时喝到了水；"如热得凉"，即身上燥热时受到凉风的吹拂。"如渴得浆"，喝完水马上便会不渴，所以男子"易动而易安"；"如热得凉"，身上燥热时需要吹一会儿凉风才能凉快下来，所以女子"难动而难静"。应该说，这种比喻是十分形象且富有智慧的。

中国古代性学家注意到了男女存在这种性差异的事实，但是他们没有解释造成这种性差异的原因。现代性学家认为，它与男女不同的生理构造及特点直接相关：

> 没想到吧？约有1/4的女性在事后想马上再来一次。这并不是因为你做得不够好。这是因为血液从阴茎排出的速度要比从阴道排出的速度更快，做爱造成女性兴奋的时间会持续得更长，性高潮时，女性的伏隔核与大脑奖赏系统相关的区域被激活，与快乐相关的大脑前扣带皮层也被激活。也就是说：她还没有从你那里得到彻底的满足。（《时尚健康》男士版，2011年第7期）

不过，也有现代性学家认为，男女之间的这种在性欲方面的差异主要是由后天教育造成的：

> 谎言四：男性比女性容易性唤起，而且有更强烈的性要求。实际上男女对性刺激的生理反应模式是相似的，只不过由于传统观念对女性性表现长期压抑，使女性的性反应速度和强度表现出与男性的差别。事实证实，只要女方能摆脱种种精神束缚，她们会具有和男子相同的反应能力和强度，甚至她们的性要求会比男性更强烈，因为她们具有多次性高潮的能力。（《男人装》，2007年第7期）

本书认为，男性与女性的性欲谁更强些及其形成的原因，有待性学家的进一步研究；至于女性比男性更"不易"满足，则是不争的事实，因为它与男性和女性不同的生理构造有关："血液从阴茎排出的速度要比从阴道排出的速度更快。"

二是女子的性能力要远远超过男子，即所谓"一女子可御十夫"、"一夫难度十女"、"一妇人可敌十男子，尚且未倦，一男子焉敌十妇？"对于男子来说，这确实是不得不接受的"残酷"事实，现代性学家也从不同的角度确认了这一点，认为"在达到性高潮的能力方面，女性胜过男人一筹"，"男人对此只能望尘莫及"，甚至认为："一旦让男人体会过了女人的性高潮，他们恐怕再不愿意做回男人了"：

> 没有任何男性能像女性那样，能反复多次在几分钟内又达到性高潮。性交频繁的年轻男子一小时最多只能有六、七次性高潮，少数能做到这一点的男性，甚至在老年女性面前也要自叹弗如。如果人们试图对此下结论，最有可能的一种大概是，在获得

性高潮能力的曲线上面，两端的女性居多。也就是说，更多的妇女要么属于无性高潮类型，要么属于多重性高潮类型。男子的表现则更集中在中间。虽然那些无性高潮类型的妇女通过心理训练后可能获得性高潮，但极不可能将男子训练成女性那样，获得多重性高潮。总的看来，在达到性高潮的能力方面，女性胜过男性一筹。（莫尼等：《性学总览》，第316页）

三是既然男子与女子在性欲方面存在差异，且男子的性能力不及女子，男子就应该在性交时采用一定的方法，而不应只图一己之快，"恣意扇鼓，须臾即泄"，以致"不满女欲"，"乖远情意"。至于具体的方法，本书将在"性交姿势与性交技巧"及"房中功夫"两章中作详细介绍。

## 五、"男女媾精之际，更有避忌"——论性交禁忌

所谓性交禁忌，指的是不适合性交的环境、时间、身体状况等。中国古代性学家认为，性交时若不遵守这些禁忌，不但会让人损气损寿，疾病缠身，还会带来灾祸，殃及子孙。几乎所有的中国古代性学家对性交禁忌都极为重视，在中国古代的性学典籍中，随处可见对性交禁忌的介绍和强调。在世界各国的性学中，很少见到像中国古代性学那样在性交禁忌方面花费如此多的功夫和笔墨。

中国古代性学关于性交禁忌的内容极其丰富，为了使读者有一个直观的印象，我们先引述其中有代表性的几种观点：

房中禁忌：日月晦朔、上下弦望、六丁六丙日、破日、月廿八、日月食、大风甚雨、地动、雷电霹雳、大寒大暑、春秋冬夏节变之日。送迎五日之中不行阴阳。本命行年禁之重者：夏至后丙子丁丑，冬至后庚申辛酉，及新沐头、新远行、疲倦、大喜怒，皆不可合阴阳。至丈夫衰忌之年，皆不可妄施精。

《素女论》曰：五月十六日，天地牝牡日，不可行房，犯之不出三年必死。何以知之？但取新布一尺，此夕悬东墙上，明日视之，必有血色。切忌之。（《素女经》）

《素女经》：黄帝问素女曰：男女受气，阴阳俱等。男子行阳，常先病耳目。本其所好，阴痿不起，气力衰弱，不能强健，敢问疗之道。

素女曰：帝之所问，众人同有。阴阳为身，各皆由妇人，夭年损寿。男性节操，故不能专心贪女色。犯之竭力，七伤之情，不可不思，常能审慎，长生之道也。其为疾病，宜以药疗之。今所说犯者七：

第一之忌：日月朔晦，上下弦望，六丁之日，以合阴阳，伤子之精，临敌不战，时时独起，小便赤黄，精空自出，夭寿丧命。

第三章 性交的利弊与性交禁忌

第二之忌：雷电风雨，阴阳晦暝，震动天地，日月无精光，以合阴阳，生子令狂癫，或有聋盲瘖哑失神，或多忘误，心意不安，忽常喜、惊、恐、悲、忧、不乐。

第三之忌：新饱食饮，谷力未行，太仓内实，五脏防响，以合阴阳，六腑损伤，小便当赤，或白或黄，腰脊疼痛，头项寄强，或身体浮肿，心腹胀满，毁形夭寿，天道之常。

第四之忌：新小便，精气微弱，荣气不固，卫气未散，以合阴阳，令人虚乏，阴阳气闭，绝食无味，腹胀满结，怫郁不安，忘误，或喜怒无常，状如癫发。

第五之忌：作事步行身体劳，荣气不定，卫气未散，以合阴阳，脏气相干，令人气乏，喘息为难，唇口干燥，身体流汗，谷不消化，心腹胀满，百处酸痛，起卧不安。

第六之忌：新息沐浴，头身发湿；举重作事，流汗如雨，以合阴阳，风冷必伤，少腹急痛，腰脊疼强，四肢酸疼，五脏防响，上攻头面，或生漏沥。

第七之忌：共女语话，玉茎盛强，以合阴阳，不将礼防，气膝理开，茎中痛伤，外动肌体，内损腑脏，结发塞耳，目视眡眡，心中怵惕，恍忽喜忘，如杵舂臼，咳逆上气，内绝伤中，外绝痿弱，身可不防。（《素女方》）

彭祖曰：消息之情，不可不知也。又须当避大寒、大热、大雨、大雪、日月食、地动、雷震，此是天忌也。醉饱、喜怒忧愁、悲哀恐惧，此人忌也。山川神祇、社稷井灶之处，此为地忌也。既避此三忌，又有吉日，春甲乙、夏丙丁、秋庚辛、冬壬癸，四季之月戊己，皆王相之日也。宜用嘉会，令人长生，有子必寿。其犯此忌，既致疾，生子亦凶夭短命。（陶弘景：《御女损益篇》）

御女之法，交会者当避丙丁日，及弦望晦朔，大风大雨，大寒大暑，雷电霹雳，天地晦暝，日月薄蚀，虹霓地动，若御女者则损，人神不吉，损男百倍，令女得病，有子必癫痴顽愚、瘖哑聋聩、挛跛盲眇、多病短寿、不孝不仁。又避日月星辰、火光之下，神庙佛寺之中，并灶圊厕之侧，冢墓尸柩之傍，皆悉不可。（孙思邈：《房中补益》）

另在魏晋时期的《玉房秘诀》、元代李鹏飞的《三元延寿参赞书》、明代万全的《万密斋医学全书》、清代石成金的《长生秘诀》等书中，都有相关的论述。

看了上述引文，估计读者的第一个感觉便是头昏脑涨，因为其中的一些术语如"六丁六丙日"、"破日"、"天地牝牡日"、"王相之日"等概念，普通读者是很难知其含义的；第二个感觉便是：这些说法有道理吗？

关于性交禁忌的理论与中国古人特殊的宇宙观、天人观和宗教观联系在一起，是中国古代性学中较为复杂的一个问题。为了对这个问题有较好的把握，我将尽可能地把中国古代性学家的相关论述汇集到一份表中，先来看一下他们究竟说了些什么。

# 第三章 性交的利弊与性交禁忌

| | 禁忌内容 | 不知避忌的后果 |
|---|---|---|
| 天文 | 雷电风雨,阴阳晦暝,震动天地,日月无精光 | 生子令狂癫,或有聋盲瘖哑失神,或多忘误,心意不安,或常喜、惊、恐、悲、忧、不乐。(《素女方》) |
| | 大风大雨,大寒大暑,雷电霹雳,天地晦暝,日月薄蚀,虹霓地动 | 人神不吉,损男百倍,令女得病。有子必癫痴顽愚,瘖哑聋聩,挛跛盲眇,多病短寿,不孝不仁。(《房中补益》) |
| | 雷风,天地感动 | 血脉涌,生子必痈肿。(《玉房秘诀》) |
| 地理（或地点） | 山川神祇、社稷井灶之处 | 致疾,生子凶夭短命。(《御女损益篇》) |
| | 名山大川,神祠社庙,僧宇道观,圣贤像前,井灶前后 | 令人寿夭,小则生病。生男,令其丑貌怪相,形体不全,灾疾夭寿。(《万密斋医学全书》) |
| | 山林园沼,道堂佛殿,宝塔神祠,江淮河济 | 犯者不惟自损,即种子亦多残疾不良,盖有禀赋之不正也。(《修真演义》) |
| | 天地五岳,川渎祠坛之近侧,神圣祠宇,及诸鬼神像前,井灶溷厕之旁 | 各有害,多令人夭亡或生怪形奇状之子。(《素女妙论》) |
| 时辰 | 五月十六日(天地牝牡日,天地交合之辰) | 三年后必死。(《素女经》)减算寿,损阳道,终身不复。(《混俗颐生录》) |
| | 日月晦朔,上下弦望,六丁之日 | 伤子之精,临敌不战,时时独起,小便赤黄,精空自出,夭寿丧命。(《素女方》) |
| | 丙丁日,弦望晦朔 | 人神不吉,损男百倍,令女得病。有子必癫痴顽愚,瘖哑聋聩,挛跛盲眇,多病短寿,不孝不仁。(《房中补益》) |
| | 晦朔弦望 | 损气,生子必刑残。(《玉房秘诀》) |
| | 春夏秋冬节变之日,本命行年月日 | 损血气,泄正纳邪,所伤正气甚矣。(《御女损益篇》) |
| 身体状况 | 新饮酒,饱食 | 谷力未行,太仓内实,五脏防响,六腑损伤,小便当赤,或白或黄,腰脊疼痛,头项寄强,或身体浮肿,心腹胀满,毁形夭寿。(《素女方》)腹中彭亨,小便白浊,生子必癫狂。(《玉房秘诀》) |
| | 饱食过度 | 房事劳损,血气流溢,渗入大肠,时便清血,腹痛,病名肠癖。(《三元延寿参赞书》) |

131

| | | |
|---|---|---|
| 身体状况 | 大醉 | 气竭肝伤,丈夫则精液衰少,阴痿不起;女子则月事衰微,恶血淹留,生恶疮。(《三元延寿参赞书》) |
| | 新沐浴,发肤未燥 | 令人短气,子必不全。(《玉房秘诀》)风冷必伤,少腹急痛,腰脊疼强,四肢酸疼,五脏防响,上攻头面,或生漏沥。(《素女方》) |
| | 作事步行身体劳 | 脏气相干,令人气乏,喘息为难,唇口干燥,身体流汗,谷不消化,心腹胀满,百处酸痛,起卧不安。(《素女方》)筋腰苦痛,子必夭残。(《玉房秘诀》)五劳虚损,少子。(《房中补益》) |
| | 忍小便 | 令人得淋病,或小便难,茎中痛,小腹强。(《御女损益篇》)使人淋,茎中痛,面失血色。(《房中补益》)得淋,茎中痛,面失血色,或致胞转,脐下急痛死。(《三元延寿参赞书》) |
| | 新(刚)小便 | 令人虚乏,阴阳气闭,绝食无味,腹胀满结,怫郁不安,忘误,或喜怒无常,状如癫发。(《素女方》)经脉得涩,子必妖孽。(《玉房秘诀》) |
| | 盛怒 | 茎脉痛。(《玉房秘诀》)发痈疽。(《御女损益篇》)令人发痈疽。(《房中补益》) |
| | 妇人月事未绝 | 令人成病,得白驳。(《房中补益》)生白驳,又冷气入内,身面萎黄,不产。(《三元延寿参赞书》) |
| | 恐惧 | 阴阳偏虚,发厥,自汗盗汗,积而成劳。(《三元延寿参赞书》) |
| | 金疮未差(瘥) | 动于血气,令疮败坏。(《三元延寿参赞书》) |
| | 服丹石以快欲 | 肾水枯燥,心火如焚,五脏干烈,大祸立至。(《色欲当知所戒论》) |

由上表,我们可以看到,中国古代性学关于性交禁忌的范围是极其广泛的,上自天文,下至地理,还包括具体的时间、人体当下的状况等等,可谓无所不包。这在世界上其他国家的性学中是很难见到的。之所以会在中国古代性学中呈现这样一种面貌,与中国古代特有的精神世界、对天人关系的认识及人体生理的了解有密切的关系。

(1) 中国古代的宗教信仰有明显的泛神论倾向,在中国古人看来,万物皆有神,雷有雷神,风有风神,灶有灶神,厕有厕神,他们有意志有喜怒,就更不要说寺庙里供奉的神佛了。而神对人类的生活起着主宰和决定作用,因此,人类对神必须保持虔敬的态度,不

《点石斋画报》中的卧佛显灵图

能有丝毫的冒犯。而在古人眼里，性交是一种极隐私的行为，若在神像面前进行性交，便是对神的亵渎和冒犯，当然会造成各种灾患。在清代的《点石斋画报》中，有"卧佛显灵"一则，称有一对男女，在杭州卧佛寺中的卧佛面前性交，"忽见卧佛骤然而起，瞠目视之，举手作欲扑之势"：

> 迩来佛门弟子，往往鬓然禅榻，不恤以现身说法，同参欢喜之禅；而我佛慈悲，亦若怜众生之孤穷，借此方丈之地，以为慈航普渡者。盖菩萨低眉，久不作金刚努目矣。虽然，莫谓佛之无灵也。杭垣有卧佛寺焉，殿宇巍峨，香烟鼎盛，中奉卧佛一尊，身长二丈余，大可数围，每日焚香膜拜者颇不乏人。日前，有一美丈夫偕一丽人，阳托拈香礼佛为名，阴赴濮上桑间之约，遂于黄昏时候，诣寺顶礼毕，将卧于佛足之下解衣磅礴。方欲梦入阳台，忽见卧佛骤然而起，瞠目视之，举手作欲扑之势。大惊，急披衣起，跟跄奔归。若是，则清净之地，尚不至变为淫秽之场也。谁谓佛真块然无灵哉！

所记当然不可能是事实，但无疑反映了人们的某种禁忌观念。

至于为什么在打雷、刮风、下雨时不宜性交，清代的石成金在《长生秘诀》中有这样的解释：

> 有识之人，凡闻雷声，即不仰卧；遇起狂风，不敢高语，所以存敬畏也。盖暴风疾雨，或雷轰电掣，皆天地威怒之候，此时应当静坐敬畏以避之，岂可为交媾之事乎？譬如父母威怒，其子孙除不惧怕，反加嬉笑，则父母未有不责罚之理。凡有雷电，或大风大雨之时，若犯房事，不独生灾损寿，倘一有孕，日后生子，定是不仁不义，忤逆凶恶之人，且多相貌丑怪残缺者。可不慎哉！（石成金：《长生秘诀·雷雨戒房事》）

在自然界，风和日丽、天晴无雨属于常态，阴天下雨、打雷刮风则属于变态。常态的天气让人心平气和，在这种状态下进行性交能使人身心愉快；变态的天气则让人内心不安，在这种情况下进行性交便容易出现意外。试想一下，假如正在性交时，突闻霹雳或狂风折木，肯定会对心理带来不好的影响。因此，中国古代性学家要求人们在"雷电风雨，阴阳晦暝，

第三章 性交的利弊与性交禁忌

在风和日丽、风景如画的环境中交合有利于身心健康

"震动天地"时不行性交,无疑是有一定道理的。其中的有些内容虽有夸大之嫌,如认为在"日月无精光"、"日月薄蚀"、"虹霓"时也不要进行性交,在此时进行性交会有各种可怕的后果,但作为一种提醒,使人们在自然界发生特殊变化时多加防范,还是有其价值的。

(2)除了认为在性交时不能冲犯神灵,中国古代性学家还认为,在一些特殊的日子,如"上下弦望"(指上弦月、下弦月及月圆时)、"六丁之日"(指丁卯、丁巳、丁未、丁酉、丁亥、丁丑这六个日子)、冬夏二至之日、五月十六日等进行性交,会严重地损伤元气、影响寿命。个中原因,是他们认为,这些日子属于自然界发生特殊变化的时候,如五月十六日是"天地交合之辰",冬夏二至是"阴阳相争之时",等等,故不适合性交。至于为什么五月十六日是天地交合之辰,冬夏二至是阴阳相争之时,又为什么在这些日子不宜性交,我们来看一下古代性学家的具体解释。

明代的龙遵叙在《食色绅言》中介绍冬至日应禁止性交的原因说,冬至时一阳初生,阳气很弱,好比初春草木刚刚萌生时一样,此时进行性交,便会严重地损伤阳气:

关中隐士骆耕道常言:修养之士宜书《月令》置诸左右,夏至宜节嗜欲,冬至宜禁嗜欲,盖一阳初生,其气微矣。如草木萌生,易于伤伐,故当禁之,不特节也。且嗜欲回时皆损人,但冬夏二至,阴阳争之时,尤损人耳。清净则内腠拒闭,虽大风苛毒弗之能害。(龙遵叙:《食色绅言·男女绅言》)

清代石成金的《长生秘诀》中主张夏至和冬至前后一月之间都不要性交,对此,他的解释是:

俗云:六腊不交兵。言夏季六月内多酷热,而冬季十二月内多严寒,此时交兵,彼此皆损。而交媾一事,比交战尤甚。因夏之一季,是人脱精神之时,心旺肾衰,液化为水,至秋始凝,此季最难调养。其冬至后乃一阳初生,其气尚微,易于伤伐。善养生者,于夏、冬二至前后一月之间,酷热严寒之际,不拘老少,皆宜禁欲独宿,保养元气,乃却病至要之法。

予邻人江鹏，年将九十，康健犹如壮年。问其养寿之法，无他奇神秘，惟少壮时，六腊寒暑之月独宿静养，是以至老不衰，且无疾病之苦。信不诬矣。（石成金：《长生秘诀·寒暑戒房事》）

在唐末五代时刘词的《混俗颐生录》中，则专门说明了在五月十六日不宜性交的原因：

又每年五月十六日是天地交合之辰，特忌会合，主减算寿，损阳道，终身不复。曾见犯者有验。大约五月是人蜕精神之月，老者夺之，少者加之。宜晏居静虑，节嗜欲，制和心志，冀安用。况夏月心旺肾衰，肾化为水，待秋乃凝，冬始坚。夏中最须保惜，尤为要妙。

从上述解释可以看出，中国古代性学家主要是从天地阴阳变化的角度来说明禁忌的原因：冬季阳弱，故不适宜性交；夏季阳亢，亦不适宜性交；性交应该在阴阳平衡的状态下进行。这些论述，是古代哲学中的阴阳理论在性学中的具体运用，若撇开其中迷信的成分（如"天地交合之辰"、"本命行年月日"）或极端化的内容（如"三年后必死"、"生子必刑残"），还是值得我们重视的。

（3）在上表中，我从"天文"、"地理（或地点）"、"时辰"、"身体状况"四个方面来介绍中国古代性学家关于性交禁忌的观点，其中最值得我们重视的是与身体状况相关的性交禁忌。中国古代性学家认为，人在大醉、饮食过饱、劳累过度、盛怒、恐惧等情况下都不应该性交，这种观点，无疑是极有道理的，值得现代人重视和借鉴。至于其中关于不知避忌而造成的后果，有的是很正确的，已为实践所证明；有的则仍有待证实，不能盲目信从。在清代石成金的《长生秘诀》中，对忧愁恼怒时和醉饱之后不应进行性交的原因有具体的解释：

人遇有事，忧愁恼怒，则神思疲惫，全要安静怡养。世人不知，或寻房事以消遣。殊不知神疲之际，又竭其精，譬如天气大旱，又遭飞蝗，不几禾苗殆尽，欲人民安饱乐业，何可得哉？予故曰：恼怒房事，大非摄生之宜。（同上，《长生秘诀·恼怒戒房事》）

孙真人《修养诀》云："醉饱若行房，五脏皆反覆。"极言五脏动摇，谨戒勿犯也。大约人于酒醉之后，血脉奔乱，神气昏败。此时虽静卧怡养，尚恐酒毒停聚，腐伤脏腑，致害不小，何况交合乎？凡饱食之后，脾胃为饮食胀塞，自必气壅难运。此时若又交合，则是脾土肾水两脏俱伤，岂不危乎？故色欲惟醉饱之后，尤须切戒。

《长寿谱》曰：昔人云："醉饱莫行房，五脏皆反覆。"极言其大有损伤也。但酒醉行房，则血气流溢，渗入大小肠脐，多成便血、肠癖、血淋、痈疽、痔毒等症。食饱行房，则脾胃损伤，多成中隔、气鼓、脐痛、偏枯等症，不可不慎。（同上）

在元代李鹏飞的《三元延寿参赞书》中，有"金疮未差（瘥）而交会，动于血气，令疮败坏"的说法，认为人体上若有因刀枪等金属器械造成的伤口，在未愈合时就不能性交，

第三章　性交的利弊与性交禁忌

135

否则会"令疮败坏",造成严重后果。在明末清初的长篇小说《醒世姻缘传》中,就有这方面的例子。书中说,有一个外科大夫艾回子给人治疮,都快治好了,结果那人没听医嘱,在疮好以前与女子性交,以致毒发命丧。(见《醒世姻缘传》,第六十六回)

　　总之,关于性交禁忌的论述,是中国古代性学中较为独特的内容,有不少是值得现代人重视和借鉴的。但是,"尽信书,则不如无书",这些性交禁忌过于繁杂,有的还充满神秘色彩,若一一遵行,性交便会成为索然无味之事,因此,正确的方法,无疑是"择其善者而从之"。

# 第四章

# 性交姿势与性交技巧

性交同时具有传宗接代和享受快乐两大功能。传宗接代的重要性虽大于享受快乐，然而，人类的绝大部分性活动却是为了享受快乐。作为一种富有创造性的生灵，人类在如何更好地享受性乐趣方面花费了大量精力，作出了种种探索，发明了丰富的手段和方法，这其中，性交姿势和性交技巧无疑是非常重要的内容。

## 一、性交姿势

性交是男女两性配合进行的行为，这种配合可以采取不同的形式，如男上女下、男下女上、男左女右、男右女左等等。这种在性交时男女配合的不同形式，就是性交姿势。不同的性交姿势可以给男女以不同的性刺激和性快感，因此，无论在历史上还是现实中，人们对性交姿势的探索一直有浓厚的兴趣，在这方面发明颇多。有专家曾经这样说："到美国之后，教人性交的书泛滥得很，图文并茂，见怪不怪，随手翻阅，发现还是体位为主。看来，在性爱的范畴中,体位花样是大家最关心的议题。"（《男人装》，2006年第2期）这里所谓的"体位花样"，指的就是性交姿势。

在中国古代性学经典《合阴阳》、《天下至道谈》、《洞玄子》、《素女经》等中，介绍了不少性交姿势，其中最具代表性的有九法、十势和卅法。

## 1. 九法

九法即性交的九种姿势，在魏晋时期的《素女经》中有具体介绍，明代的《素女妙论》和清代的《紫闺秘书》都作了转述。九法包括龙翻、虎步、猿搏、蝉附、龟腾、凤翔、兔吮毫、鱼接鳞和鹤交颈，都是根据动物的动作特点来设计的：

《玄女经》云：黄帝曰：所说九法，未闻其法，愿为陈之，以开其意，藏之石室，行其法式。

玄女曰：九法，第一曰龙翻。令女正偃卧向上，男伏其上，股隐于床，女攀其阴，以受玉茎。刺其谷实，又攻其上，疏缓动摇，八浅二深，死往生返，势壮且强。女则烦悦，其乐如倡，致自闭固，百病消亡。

第二曰虎步。令女俯俛，尻仰首伏。男跪其后，抱其腹，乃内玉茎，刺其中极，务令深密，进退相薄，行五八之数，其度自得。女阴闭张，精液外溢，毕而休息，百病不发，男益盛。

第三曰猿搏。令女偃卧，男担其股，膝还过胸，尻背俱举，乃内玉茎，刺其臭鼠，女还动摇，精液如雨，男深按之，极壮且怒，女快乃止，百病自愈。

第四曰蝉附。令女伏卧，直伸其躯，男伏其后，深内玉茎，小举其尻，以扣其赤珠，行六九之数，女烦精流，阴里动急，外为开舒，女快乃止，七伤自除。

第五曰龟腾。令女正卧，屈其两膝，男乃推止其足至乳，深纳玉茎，刺婴女，深浅以度，令中其实，女则感悦，躯自摇举，精液流溢，乃深极内，女快乃止，行之勿失，精力百倍。

第六曰凤翔。令女正卧，自举其脚，男跪其股间，两手据席，深内玉茎，刺其昆石，坚热内牵，令女动作，行三八之数，尻急相薄，女阴开舒，自吐精液，女快乃止，百病销灭。

第七曰兔吮毫。男正反卧，直伸脚，女跨其上，膝在外边。女背头向足据席，俯头，乃内玉茎，刺其琴弦，女快，精液流出如泉，欣喜和乐，动其神形，女快乃止，百病不生。

第八曰鱼接鳞。男正偃卧，女跨其上，两股向前，安徐内之，微入便止，才授勿深，如儿含乳，使女独摇，务令持久，女快男退，治诸结聚。

第九曰鹤交颈。男正箕坐，女跨其股，手抱男颈，内玉茎，刺麦齿，务中其实；男抱女尻，助其摇举，女自感快乃止，七伤自愈。（《素女经》）

翻译成现代语言，九法的内容如下：

第一是龙翻。让女子仰卧，男子趴在女子身上，两腿处于女子两腿之间，女子手抚自己的阴部，让阴茎进入。用阴茎刺触阴道的谷实部位，又刺阴道的上部，慢慢地摇动，行八浅二深之法。阴茎略软时插入，较硬时回抽，阴茎必会十分强壮。女子肯定会十分兴奋，快乐如狂。男子此时闭精不泄，能消除百病。

第四章 性交姿势与性交技巧

第二是虎步。让女子俯卧，臀部抬起，头伏在床上。男子跪在女子的身后，双手抱女子的腹部，把阴茎插入，刺触阴道中的中极部位，一定要深而且繁密，进进出出，与阴道相摩擦，这样抽送四十次，就是恰当的次数。这时女子的阴道一张一闭，阴精向外流出。结束性交后休息，可以百病不生，男子更加强健。

第三是猿搏。让女子仰卧，男子肩扛女子的大腿，女子的双膝后退至胸部的位置，臀部和背都向上举，然后把阴茎放入，刺触阴道中的臭鼠部位，女子就会不停地摇动身体，阴精像雨一样纷纷下泄。男子把阴茎深深插入，阴茎必会极其壮盛。等女子到高潮后就停止，可令百病不治而愈。

第四是蝉附。让女子俯卧，伸直身体，男子趴在女子身后，深深地插入阴茎，把臀部稍稍抬起，以刺触阴道中的赤珠部位。这样抽送五十四次，女子十分兴奋，阴精向外流出，阴道内部急速跳动，阴道外部舒展张开。等女子到高潮后就停止，能消除七伤。

第五是龟腾。让女子仰卧，屈起双膝，男子把她的双足推到胸部的位置，深深地插入阴茎，刺触阴道中的婴女部位，深和浅保持适度，但一定要触到，女子会感到快乐，身体自然摇动并往上举，阴精流出。然后把阴茎插入阴道的极深处，等女子到高潮时停止。男子在性交时不要泄精，能使精力百倍。

第六是凤翔。让女子仰卧，把脚举起，男子跪在女子的大腿之间，双手按席，深深地插入阴茎，刺触阴道内的昆石部位。阴茎又硬又热，向阴道内深入，让女子做动作，来回二十四次，用臀部快速碰击男子的下体，女子的阴道舒展张开，阴精流出。等女子到高潮后停止，能使百病消失。

第七是兔吮毫。男子仰卧，把脚伸直，女子跨坐在男子身上，膝部在男子身体的两边。女子的头朝向男子的脚，用手按席，低头，把阴茎放入阴道，刺触阴道内的琴弦部位，女子快活，阴精像泉水一样流出。女子欣喜和乐，从她的神情动作中表现出来。等女子到高潮时停止，能使百病不生。

第八是鱼接鳞。男子仰卧，女子跨坐在男子身上，双腿向前，慢慢地放入阴茎，但稍微放入即可，刚开始时不要深，要像婴儿含着乳头一样。让女子独自摇动身体，时间一定要久。等女子到高潮后男子退出阴茎，能治疗各种郁积不通的病。

第九是鹤交颈。男子叉开双腿而坐，女子跨坐在男子的大腿上，用手抱住男子的脖子，把阴茎放入，刺触阴道中的麦齿部位，一定要触到；男子用手抱女子的臀部，帮助女子摇动抽插。等到女子自己感到痛快时停止，能使七伤不治而愈。

原文中的"谷实"、"中极"、"婴女"、"昆石"等部位，因在古代性学中所指含义不是十分确切，故在此不作翻译，以免误导读者。

## 2. 十势

十势即性交的十种姿势，在马王堆汉墓出土的帛书《合阴阳》、《天下至道谈》中都有介绍。十势分别是虎游、蝉附、尺蠖、麇桷、蝗磔、猿据、詹诸、兔鹜、蜻蛉和鱼嚶：

一曰虎游，二曰蝉柎（附），三曰斥（尺）蠖，四曰囷（麇）桷，五曰蝗磔，六曰爰（猿）据，七曰瞻（詹）诸，八曰兔鹜，九曰青（蜻）令（蛉），十曰鱼嚶。（《合阴阳》）

故：一曰虎流；二曰蝉付（附），思外；三曰尺扡（蠖）；四曰囷（麇）暴；五曰黄（蝗）柘（磔），息内；六曰爰（猿）居，思外；七曰瞻（詹）诸；八曰兔务（鹜）；九曰青（蜻）灵（蛉），思外；十曰鱼族（嚶）。此谓十执（势）。（《天下至道谈》）

以上引文的大致意思是：一是模仿老虎行走，二是模仿蝉一样吸附，三是模仿尺蠖屈伸前行，四是模仿獐鹿用角触碰，五是模仿蝗虫展翅，六是模仿猿猴攀缘蹲踞，七是模仿蟾蜍趴伏，八是模仿兔子奔跑，九是模仿蜻蜓飞翔，十是模仿鱼喋喋。

与九法相比，十势的描述较为笼统，但它与九法一样，都是模仿动物的动作特点来设计性交姿势。

## 3. 卅法

在大约成书于唐代的《洞玄子》中，介绍了卅法即性交的三十种姿势。书中称，性交的姿势很多，但大同小异，因此总结出了三十种性交姿势，"可谓括囊都尽"：

洞玄子云：考核交接之势，更不出于卅法，其间有屈伸俯仰，出入浅深，大大是同，小小有异，可谓括囊都尽，采摭无遗。余遂象其势而镂其名，假其形而建其号，知音君子，穷其志之，妙矣。

（一）叙绸缪。

（二）申缱绻（不离散也）。

（三）曝鳃鱼。

（四）麒麟角（已上四势为外游戏，皆是一等也）。

（五）蚕缠绵（女仰卧，两手向上抱男颈，以两脚交于男背上，男以两手抱女颈，跪女股间，即内玉茎）。

（六）龙宛转（女仰卧，屈两脚，男跪女股内，以左手推女两脚向前，令过于乳，右手把玉茎内玉门中）。

（七）鱼比目（男女俱卧，女以一脚置男上，面相向，嗌口嗍舌。男展两脚，以

第四章 性交姿势与性交技巧

手担女上脚，进玉茎）。

（八）燕同心（令女仰卧，展其足，男骑女，伏肚上，以两手抱女颈，女两手抱男腰，以玉茎内于丹穴中）。

（九）翡翠交（令女仰卧，拳足，男胡跪，开着脚，坐女股中，以两手抱女腰，进玉茎于琴弦中）。

（十）鸳鸯合（令女侧卧，拳两脚，安男股上，男于女背后骑女下脚之上，竖一膝置女上股，内玉茎）。

（十一）空翻蝶（男仰卧，展两足，女坐男上，正面，两脚据床，乃以手助为力，进阳锋于玉门之中）。

（十二）背飞凫（男仰卧，展两足，女背面坐于男上，女足据床，低头抱男玉茎内于丹穴中）。

（十三）偃盖松（令女交脚向上，男以两手抱女腰，女以两手抱男腰，内玉茎于玉门中）。

（十四）临坛竹（男女俱相向立，嗚口相抱于丹穴，以阳锋深投于丹穴，没至阳台中）。

（十五）鸾双舞（男女一仰一覆，仰者拳脚，覆者骑上，两阴相向，男箕坐，着玉物，攻击上下）。

（十六）凤将雏（妇人肥大，用一小男共交接，大俊也）。

（十七）海鸥翔（男临床边，擎女脚以令举，男以玉茎入于子宫之中）。

（十八）野马跃（令女仰卧，男擎女两脚登右肩上，深内玉茎于玉门之中）。

（十九）骥骋足（令女仰卧，男蹲，左手捧女项，右手擎女脚，即以玉茎内入于子宫中）。

（二十）马摇蹄（令女仰卧，男擎女一脚置于肩上，一脚自擎之，深内玉茎入于丹穴中，大兴哉）。

（廿一）白虎腾（令女伏面，跪膝，男跪女后，两手抱女腰，内玉茎于子宫中）。

（廿二）玄蝉附（令女伏卧而展足，男居股内，屈其足，两手抱女项，从后内玉茎于子宫中）。

（廿三）山羊对树（男箕坐，令女背面坐男上，女自低头视内玉茎，男急抱女腰，砑勒也）。

（廿四）鹍鸡临场（男胡蹲床上坐，令一小女当抱玉茎内女玉门，一女于后牵女衿裾，令其足快，大兴哉）。

（廿五）丹穴凤游（令女仰卧，以两手自举其脚，男跪女后，以两手据床，以内玉茎于丹穴，甚俊）。

（廿六）玄溟鹏翥（令女仰卧，男取女两脚置左右髆上，以手向下抱女腰，以内玉茎）。

（廿七）吟猿抱树（男箕坐，女骑男胜上，以两手抱男，男以一手扶女尻，内玉茎，一手据床）。

（廿八）猫鼠同穴（男仰卧以展足，女伏男上，深内玉茎。又，男伏女背上，以将玉茎攻击于玉门中）。

（廿九）三春驴（女两手两脚俱据床，男立其后，以两手抱女腰，即内玉茎于玉门中，甚大俊也）。

（卅）秋狗（男女相背，以两手两脚俱据床，两尻相拄，男即低头，以一手推玉物内玉门之中）。（《洞玄子》）

以上文字较易理解，故不再作白话翻译。从其中的内容来看，有的与九法中的姿势相似，如卅法中的"白虎腾"与九法中的"虎步"相似，"玄蝉附"与"蝉附"相似，等等，但大部分内容均为九法中所没有。

在明清小说中，小说家们在描写男女性交场面时，也有描写性交姿势并给其命名的爱好，如在明代小说《别有香》中，描写和尚了空与一女子性交，便介绍了"游蜂酿蜜"、"白云归洞"、"驾鹤归西"、"虚舟逐浪"等十七种姿势。（见《别有香》，第四回）

在清代小说《株林野史》中，也介绍了"狮子滚绣球"、"朝天一柱香"等性交姿势。（见《株林野史》，第十一回）

在清代小说《肉蒲团》中，说到未央生因妻子玉香对性交不感兴趣，便买来一本春宫画，想借此引动她的性欲。书中说该春宫画的特点是每一页上都有画、有题跋，且有每一种性交姿势的名称，包括"纵蝶寻芳之势"、"教蜂酿蜜之势"、"迷鸟归林之势"等等。（见《肉蒲团》，第三回）

关于中国古代性学典籍重视性交姿势的原因，荷兰汉学家高罗佩认为，那是因为中国古代要求男子久交不泄，如果男子通过单一的性交姿势保持不泄，便容易对性交失去兴趣，因此中国古人发明了种种不同的性交姿势，以使男子对性交保持兴趣：

> 书中还进一步详细描写了性交者在性交时所能采取的各种姿势。必须强调指出的是这种描述并无取悦读者之意（房中书的目的是提供严肃的指导而并非娱乐），而只是为了以各种方式防止男子失去兴趣，不尽夫妇之道。因为限制达到性高潮很容易引起这种现象。（高罗佩：《中国古代房内考》，第67页）

上述原则也提供了一种解释：为什么古代房中书把那么多的注意力放在各种可使性行为臻于圆满的姿势上。要男人在合乎法则的性行为体验中保持充分兴趣而又不让

第四章 性交姿势与性交技巧

自己达到高潮，这些变化显然是必要的。（高罗佩：《秘戏图考》，第16页）

现代性学也认为，经常变换性交姿势能使男子在性交时保持较长的时间不泄，所以40岁以上的男子在性交时多会经常变换姿势。（见《时尚健康》男士版，2006年第9期）

对于性交姿势的重视，不光是中国古人的爱好，外国古人也有同好。在古罗马著名诗人奥维德的《爱经》中，就提出女子们应该根据自己的身材特点选择性交姿势，以更好地展示自己迷人的一面。如身材颀长的女子应选择双膝跪在床上的姿势，这样可以展示她腰部的线条；长得漂亮的女子应选择仰卧，让男子能更好地欣赏她的脸蛋：

每个女子都要认识自己。请按照你的体格，选择这样或那样的姿势。同一姿势并不适合所有妇人。脸蛋儿特别漂亮的女子应当仰卧；对自己背部满意的女子应当把背部显示出来。是不是卢喀娜在你的腹部留下了皱纹呢？你呀，你就学帕提亚人那个样，背转身来战斗。弥拉尼翁肩背阿塔兰塔的双腿，如果你的腿部好看，也应当这样显示出来。矮个儿的女子就采用骑士的姿势；而赫克托尔的妻子——她是底比斯人，由于身材颀长，从不像骑马那样跨在丈夫身上。她双膝跪在床上，头儿稍稍后仰：这样的女子应当令人鉴赏整个腰部的线条。倘若你的大腿富于青春魅力，而你胸部也完美无瑕，那么男子就站着，你自己则斜斜地躺在床上。不必为披散了头发、像酒神狂女那样而感到害羞，转动起你的头来，任秀发飘动。有千百种姿势可享受维纳斯的欢乐，而最简单又最不吃力的姿势，则是右边半身侧卧了。（奥维德：《爱经》，第174～175页）

在古代印度的性学经典《欲经》中，认为一个有智慧的男人应该在与女子性交时采用各种姿势，这样他就会得到女子的尊敬：

一个足智多谋的人应该追随各种野兽和鸟类的不同方式来使性交方式成倍增加。对于这些不同种类的性交，应根据每个国家的习惯以及每个人的爱好去完成。它将在女人的心中产生爱情、友谊和尊敬。（见《世界性爱经典全书》，第261页）

书中还介绍了各种不同的性交姿势，而且，值得注意的是，书中也像中国古人一样，提出人应该仿照不同动物的特点来设计性交姿势：

当男性和女性的小腿都向外伸直并彼此互相交叠，就称为"缠绕姿势"。它有两种类型：侧式和仰卧式，根据他们躺下的方式而定。在侧式中，男性应该不变地以左侧躺下，而让女人以右侧着地。观察所有种类女人的卧姿，都可看到这一规律。

在以"缠绕姿势"开始性交后，女人用大腿紧压她的恋人，这就称为"挤压姿势"。

若女人将她的大腿穿过她恋人的大腿，这就称为"盘旋姿势"。

若女人在阴茎插入后，用阴道使劲地紧握阴茎，这就称为"牝马的姿势"。

……

若女人把她的一条腿放在她恋人的肩上，另一条则伸直出去；然后又把后者放到他的肩上，把前者伸直出去，并且持续这样交替做下去，这就称为"竹子的爆裂"。

若她的一条腿放在头上，另一条则伸出去，这就称为"钉钉子"。这只能从实践中学得。

若女人的两条腿都收缩起来，并放在她的胃部，这被称为"螃蟹的姿势"。

……

若一个男人靠在一面墙上以支持自己，女人则坐在他手上，他的两手交合在一起，从下面抓住她。同时她的胳膊搂住他的脖子，她的大腿绕在他的腰上，她的脚触在男人靠的墙上，她用脚来使自己运动。这就称为"悬挂性交"。

若一个女人像只四足动物一样用手和脚一起站着，她的恋人则像公牛一样爬在她身上，这被称为"母牛的性交"。在这种时候，通常可在乳房上做的所有事情都应该在背部做。

用同样的方式，可进行狗的性交、山羊的性交、鹿的性交、驴子的用力攀登、猫的性交、虎的跳跃、象的压迫、野猪的摩擦以及马的攀登。在所有这些情况中，行动应该模仿这些不同动物的特性。（见《世界性爱经典全书》，第259～260页）

## 二、性交技巧

性交是一门艺术，它的目标很明确，即在性交中既让自己达到性高潮，又让性伴侣达到性高潮，然而，要达到这个目标却并不容易。对于男子来说，要使自己达到性高潮非常容易，要使女子达到性高潮则并不轻松，在性交时若不掌握一定的性交技巧，一味蛮干，结果往往会适得其反。对于女子来说，要使自己在性交中达到性高潮并不容易，要使男子在性交中达到性高潮则较为容易，但要使男子在性交中享受舒适的性高潮亦很不容易；若女子不懂一定的性交技巧，只知躺在那里任男子摆布，或只顾自己痛快而不顾男子的感受，也会被男子视为乏味的女人。这一切都说明，无论对于男子还是女子，在性交时都需要掌握一定的性交技巧，有了好的性交技巧，不仅能使性生活和谐美满，还能使你成为对方心目中不可替代的性伴侣，使你们的关系稳固、长久。因此，对于性交技巧的研究，一直是古今性学中的重要课题。

### 1. 中国古代性学论男子的性交技巧

中国古代一夫多妻的家庭制度决定了男子必须在性交时讲究性交技巧，否则，不但会

第四章 性交姿势与性交技巧

造成家庭不和，还会给男子的身体健康带来严重的影响，因此，中国古代性学对男子的性交技巧问题十分重视，有着丰富的思想。

（1）五欲之征齐备，方可交合——前戏的重要性

性交是人们生活中一项特殊的活动，一次和谐的性交，需要男女双方的密切配合。首先，从精神上，需要男女双方排除杂念，专心于与对方的调情嬉戏；其次，从肉体上，也要有充分的准备，包括男子的阴茎勃起，女子的阴道分泌液体等。而要使身心处于上述状态，就需要有很好的前戏。早在马王堆汉墓帛书《合阴阳》中，就提出了前戏的方法及判断女子前戏效果的标准——"五欲之征"。所谓五欲之征，指的是女子在前戏中产生的五种征兆，包括"气上面热"、"乳坚鼻汗"、"舌薄而滑"、"下汐股湿"、"嗌干咽唾"。书中指出，只有当女子出现上述五欲之征时，才能正式进行性交：

戏道：一曰气上面执（热），徐响；二曰乳坚鼻汗，徐抱；三曰舌溥（薄）而滑，徐屯；四曰下汐股湿，徐操；五曰嗌干咽唾，徐搣（撼），此胃（谓）五欲之征。征备乃上，上揕而勿内，以致其气。气至，深内而上撅之，以抒其热，因复下反之，毋使其气歇，而女乃大竭。

上述文字的意思是：嬉戏娱乐的原则和方法是：一是精气上行而脸部发热，便徐徐呼气；二是女子乳头竖起，鼻上渗出汗珠，当慢慢拥抱；三是舌苔甘淡而滑利，当缓缓相依；四是女子阴道中分泌的液体流到大腿，当徐徐操动；五是女子不断做出吞咽动作，便徐徐地摇动。这些叫做五欲的征兆。五欲的征兆齐备，便可正式进行性交。挺刺而不深入，以引致女子的精气。精气到来，便深刺并向上撅臀部，以发散热气。接着反复抽送，不要使精气停歇，于是女子就大为尽兴。

在唐代的《洞玄子》中，也介绍了男女前戏的具体步骤与方法：

凡初交会之时，男坐女左，女坐男右，男乃箕坐，抱女于怀中。于是勒纤腰，抚玉体，申嬿婉，叙绸缪，同心同意，乍抱乍勒，两形相搏，两口相嗋，男含女下唇，女含男上唇，一时相吮，茹其津液。或缓啮其舌，或微龇其唇，或邀遣抱头，或逼命拈耳，抚上拍下，嗋东嗋西。千娇既申，百虑竟解，乃令女左手抱男玉茎，男以右手抚女玉门。于是男感阴气，则玉茎振动，其状也，峭然上耸，若孤峰之临迴汉；女感阳气，则丹穴津流，其状也，涓然下逝，若幽泉之吐深谷。此乃阴阳感激使然，非人力之所致也。势至于此，乃可交接。

在明代的《修真演义》中，也指出男女在性交前，一定要先"凝神定性"，"温存玩戏"：

凡欲交合，先自凝神定性，抱定女人，温存玩戏。咂彼唇舌，捻彼双乳，令女握弄玉茎，使他心动。后以手探阴户，若微有滑津，方可入炉。依法缓缓施功，女必畅快而先败矣。

前戏图（之一）

（邓希贤：《修真演义》）

在清代的《紫闺秘书》中，则明确指出，"男人之乐，以妇人之乐为乐"，所以必须先让女子乐起来，而且，作者认为，在女子不乐的情况下强行性交，还会造成"男精先泄，真气自取衰败"：

男子之乐，以妇人之乐为乐，妇人既不乐，有何乐乎？初上马时，不可性急，须是将她抱搂、澄清、把息定，如不经意一般，休放精离开。待她心动情切，方可用事。此时妇人如涸鱼得水，男子如饥鹰思肉，斯时上马，方得其意，战力不乏。（《紫闺秘书·素女房中交战秘诀》）

今之世人，不务女情之感动，男子只知自己之快乐，不晓戏女之道，玉茎纳入阴门，女情未动，男精先泄，真气自取衰败，终身不省，岂不误哉！凡与女人交合，先须温存相抱，轻怜痛惜，鸣谨吞舌，玩弄胸乳，令女人手弄玉茎，男人以手指探阴户，至琴弦微有滑津，此女人淫心动矣，方可交合行动，则不输矣。（《紫闺秘书·采补修身诀法》）

现代性学对中国古代性学中关于女子需要前戏的理论予以了充分的支持。现代性学认为，女子平均需要 20 分钟左右的前戏时间，才能很好地享受一次性交：

在性交之前，一定要花大量的时间来刺激她。Dubberley 告诉我们："如果男人用超过 20 分钟来做性交前爱抚，那么在阴茎插入性交过程中，93% 的女人可以达到性高潮。"Knowles 补充道："如果 10 次中有大约两次女方没有达到性高潮，这很正常，你们应该感到很放松。让女人得到性高潮，不仅仅是男人的问题，女人自己也应该对此承担责任。"（《时尚健康》男士版，2006 年第 4 期）

一个女人在做爱之前需要多长时间热身？性学专家调查发现有的女人很快，5 分钟之内就好；有的女人则很慢，需要半个小时甚至更久。平均来说女人需要 20 分钟预热，

第四章　性交姿势与性交技巧

前戏图（之二）

才能愉快地投入到一场性爱中去。(《时尚健康》男士版，2008年第2期)

（2）交合切忌太深

在明代性学专著《素女妙论》中，提出了"交合不可太深"的观点。书中认为，交合太深，会使人得四肢不遂、面黄腹胀、骨蒸潮热等疾病：

> 交会之要，切忌太深，深则伤于五脏。若至谷实则伤肝，其病眼昏眵泪，四肢不遂；至愈阙，则伤肺，其病恶心哕逆，痰喘昏晕；至昆户则伤脾，面黄腹胀，烦懑冷痢；至北极则伤肾，腰脚萎软，骨蒸潮热；忽浅忽深则伤心，其人面热虚嗽，梦魇遗精。所以交合不可太深。女子丹穴在脐下三寸，勿令伤之。又不可太速，不可太慢，太速则伤血，太慢则损气，并有损而无益焉矣。

书中指出，阴茎刺入阴道的部位，最好是琴弦和菱齿：

> 男子须察女人情态，亦要固守自身之宝物，勿令轻漏泄。先将两手掌摩热，坚把握玉茎；次用浅抽深入之法，耐久战，益美快。不可太急，不可太慢，又勿尽意深入，深则有所损焉。刺之琴弦，攻其菱齿，若至其美快之极，女子不觉噤齿，香汗喘吁，目合面热，芳蕊大开，滑液溢流，此快活之极也。

要准确理解上述两段引文的意思，必须首先对文中的琴弦、菱齿、谷实、昆户等部位有确切的把握。据《素女妙论》，琴弦在阴道内一寸处，菱齿在阴道内二寸处，谷实在阴道内五寸处，愈阙在阴道内六寸处，昆户在阴道内七寸处，北极在阴道内八寸处。

关于阴茎不要刺入阴道太深，在《医心方》卷二十八中也有类似的表述："阴阳之和在于琴弦、麦齿之间，阳函昆石之下，阴困麦齿之间。浅得气，远则气散。"这里的"麦齿"即"菱齿"，"昆石"即"昆户"。意思是阴阳交合在琴弦和菱齿之间最为和谐，阴茎到了昆户部位就会受损，阴道的菱齿以内的部位受到刺触也会受损。

现代性学认为，阴道的前三分之一部位神经比较集中，对性刺激较为敏感，G点也正处于这一部分；而里面的三分之二部位则缺乏神经，对性刺激不敏感。如《人类性特征新发现》一书的作者之一惠普尔博士说：女人最敏感的地方在她的阴唇边，深插只会给男人带来迅速的高潮顶点，而浅插则会使女人更容易达到性爱高潮。（见《时尚健康》男士版，2006年第1期）因此，中国古代性学认为阴道插入浅能使女子感觉美快的观点是符合科学的，至于阴茎深入阴道内部就会使人得各种疾病的说法，则无疑有夸大之嫌。

（3）九浅一深与九状六势——阴茎抽送的方法

对于一般男子来说，当阴茎插入阴道以后，他关心的便是自己何时泄精及女子能否达到性高潮的问题，对于自己应该如何抽送阴茎考虑较少。而中国古代性学则对这个问题有深入的研究，提出了九浅一深及九状六势的阴茎抽送方法。

在明代性学著作《素女妙论》中，对九浅一深有这样的说明：

帝问曰：何谓九浅一深之法？

素女答曰：浅插九回，深刺一回，每一回以呼吸定息为度，谓之九浅一深之法也。自琴弦至玄珠为浅，自妥谿至谷实为深。凡太浅不美快，太深有所伤。

关于九状六势，则见于唐代的《洞玄子》，实际上是描绘了阴茎在阴道中抽送的十五种不同的动作：

洞玄子云：凡玉茎或左击右击，若猛将之破阵，其状一也；或缘上暮下，若野马之跳涧，其状二也；或出或没，若（击）波之群鸥，其状三也；或深筑浅挑，若鸦白之雀喙，其状四也；或深冲浅刺，若大石之投海，其状五也；或缓耸迟推，若冻蛇之入窟，其状六也；或疾拟急刺，若惊鼠投穴，其状七也；或抬头拘足，若鸱鹰之揄狡兔，其状八也；或抬上顿下，若大帆之遇狂风，其状九也。

洞玄子云：凡交接，或下捺玉茎，往来锯其玉理，其势若割蚌而取明珠，其势一也；或下抬玉理，上冲金沟，其势若剖石而寻美玉，其势二也；或以阳锋冲筑璇台，其势若铁杵之投药臼，其势三也；或以玉茎出入攻击左右辟雍，其势若五锤之锻铁，其势四也；或以阳锋来往磨耕神田、幽谷之间，其势若农夫之垦秋壤，其势五也；或以玄圃、天庭两相磨搏，其势若两崩岩之相钦，其势六也。

由以上引文可见，九状六势只是对阴茎在阴道中抽送的不同动作的描绘，而没有说明这些不同的动作有何优点或缺点，因此，其观点在社会上的影响不大。相反，九浅一深作为一种性交方法，在社会上却有很大影响。在明清小说中，在描写男女性交时，常会说男子行九浅一深之法，如清代小说《浓情快史》第九回中说："三思兴发，行九浅一深之法，直至花心。"即使到现在，人们对九浅一深仍颇有兴趣：

一个出色的情人，就像一个出色的音乐家，非常懂得节奏是韵律的基础，当然也是性交的基础。为了在性交过程中得到更多的快乐，男人必须不断变换自己的插拔节奏，

第四章 性交姿势与性交技巧

比如9次浅、1次深，就被认为是一种很有效的方法。这时，你自然也就成为了一个出色的情人。(《时尚健康》男士版，2006年第1期)

当然，也有人说九浅一深未必科学：

> 九浅一深未必就是科学的，女人喜欢你的横冲直撞，在性事的前半部分，你可以让抽送的深浅比例保持在3:7，当然，随着你们的状态渐入高潮，加快频率，准没错儿。

(同上，2011年第7期)

其实，九浅一深与是否科学关系不大，它只关乎男女在性交时是否感到快乐，若有助于快乐，便是可行的；若行之乏味，当然亦可放弃。但有一点可以确定：在性交时，女子喜欢浅插，男子喜欢深插，因此，九浅一深，浅插的次数远远超过深插，无疑是充分照顾到了女子在性交时的感受。

（4）泄精之法，当弱入强出

中国古代性学对男子泄精后什么时候把阴茎抽出阴道也有明确的规定，这就是弱入强出。所谓弱入强出，即射精时把阴茎弱纳于阴道中的琴弦和麦齿之间，在阴茎仍坚挺时抽出。反之，如果在阴茎疲软后抽出阴道，古代性学家认为这会对男子的健康造成伤害：

> 《子都经》曰：施泄之法，须当弱入强出（何谓弱入强出？纳玉茎于琴弦麦齿之间，及洪大便出之，弱纳之，是谓弱入强出。消息之，令满八十动，则阳数备，即为妙也）。

> 老子曰：弱入强出，知生之术；强入弱出，良命乃卒。此之谓也。(陶弘景：《御女损益篇》)

在唐代的《洞玄子》中，也强调男子必须在阴茎坚挺时抽出阴道，即所谓"不可死还，必须生返"：

> 候女动摇，取其缓急，即以阳锋攻其谷实，捉入于子宫，左右研磨，自不烦细细抽拔。女当津液流溢，男即须退，不可死还，必须生返。如死出大损于男，特宜慎之。

要求男子须在阴茎坚挺时抽出阴道，这与古代性学认为男子可通过性交吸取女子阴气的理论有关，因为根据这种理论，只有坚挺的阴茎才能吸取女子阴道中的阴气，而疲软的阴茎则只会造成阳气的丢失。

### 2. 女子的性交"绝技"

中国古代性学的一个重要特点是男主女副，即性交的主要目的除了生育后代，就是为男子提供快乐和补益男子的身体，虽然它也经常关注女子的性快乐，但那是因为女子的性快乐让男子更快乐。正是出于这样的目的，那些有着很好的性交技巧、能让男子享受到极乐的女子便成了男子心目中的宝贝。

在明清小说中，常常可以见到一些女子性交高手，她们凭借自身的绝技，在性交时大显身手，让男子欲仙欲死，欲罢不能。

（1）以阴辅阳三绝技

在清代小说《怡情阵》中，说到井泉与玉姐性交，井泉向玉姐介绍了女子通乐娘在性交时经常运用的三种绝技：俯阴就阳、耸阴接阳和舍阴助阳：

井泉道："我的心肝，真知趣的人也，时常听得人传说有三种绝技，我的心肝知之否？"

玉姐道："其实不知，我的乖，你不说与我听？"

井泉道："第一种是俯阴就阳，第二种是耸阴接阳，第三种是舍阴助阳。通乐娘多与男子交合，常叫男在下仰睡，他爬上身去，把阳物套入毯中，立起来套一阵，坐一阵，又坐下揉一阵，或揉或套，必令你花心受刺，不但奉承男子，他自己原有乐处，常对人说道：'叫男子弄他，就如央人挠痒痒的一般。'这叫俯阴就阳，就是头一种绝技。通乐娘若睡在底下多男交媾，再不叫男子一人着力，定要将身耸动起来协济男子，男子抵一抵，他迎一迎；男子抽一抽，他让一让，不但替男子省一半气力，他自家也讨一半便宜，省得里面玄关攻不到，抵不着。他常对人说：'天下快活的事，不是一人作得来的，阴也要凑，阳也要凑，凑来凑去，恰好自然快活，这才叫作阴阳交媾。若女子不送不迎，就像弄木人一般，也没甚么兴趣。所以作名妓的人，要晓得这种道理，方才讨得男子喜欢，图得自个快乐。'这叫作耸阴接阳，是他第二种快活的绝技。弄到那快活尽头处，精就将失了，将来未来之际，浑身的皮肉骨头一齐酸麻起来，昏昏沉沉，就如睡去一般，毯也不动，毡子也不动，阴精阳精自然丢了。这叫舍阴助阳，是他第三种绝技。"（《怡情阵》，第七回）

（2）使"花房"充实如处女

不少男子有处女情结，一方面固然是因为处女象征纯洁，另一方面则是因为处女的阴道较紧，能给阴茎以充分的刺激。然而，处女没有性交经验，缺乏房室情趣，是一大缺憾。至于那些性交经验丰富的熟女，则通常阴道不再紧凑。无法两全其美，是男子心中的一大遗憾。于是，在明清小说家的笔下，便产生了这样一些奇特的女子：她们有着丰富的性交经验，然而其阴道却像处女一样紧，即使生子之后，也能使其在三日内复如处女。

有此绝技的女子首推汉成帝时的皇后赵飞燕。在据传由汉代江东都尉伶玄所著的《赵飞燕外传》中称，赵飞燕虽与男子性交，但事后"内视三日"，可使阴道内充实如处女。赵飞燕在入宫前与射鸟者有性关系，入宫后凭借内视之术，使汉成帝信其仍为处女：

飞燕通邻羽林射鸟者。飞燕贫，与合德共被。夜雪，期射鸟者于舍傍，飞燕露立，

第四章 性交姿势与性交技巧

闭息顺气，体温舒，亡疹粟，射鸟者异之，以为神仙。飞燕缘主家大人得入宫召幸，其姑妹樊嬺为丞光司帝者，故识飞燕与射鸟儿事，为之寒心。及幸，飞燕瞑目牢握，涕交颐下，战栗不迎帝。帝拥飞燕三夕不能接，略无谴意。宫中素幸者从容问帝，帝曰："丰若有余，柔若无骨，迁延谦畏，若远若近，礼义人也，宁与女曹婢胁肩者比邪？"既幸，流丹浃藉。嬺私语飞燕曰："射鸟者不近女邪？"飞燕曰："吾内视三日，肉肌盈实矣。帝体洪壮，创我甚焉。"飞燕自此特幸，后宫号赵皇后。

那么，赵飞燕是从何处学得此内视之术的呢？据明代小说《昭阳趣史》称，赵飞燕小时候名宜主，她是从一本书上学来的：

宜主天性聪慧，诗词歌赋，琴棋书画，看过就能解惑。一日，在万金箱内检得一件医书，是彭祖留下方脉，拿来看了一遍，正觉有味。里面有一款道："凡女人与男人交媾过了，须如此如此，运气之日还如处女。"不觉嘻嘻的笑，拿到房中细细看了，便晓得运气诀窍。（《昭阳趣史》，卷之二）

在清代小说《株林野史》中，说到灵公与夏姬性交，夏姬告诉灵公，她有一种绝技，"虽生子之后，不过三日，花房充满如故"：

灵公便拥抱入帷，解衣共寝，只觉夏姬肌肤柔腻，着体欲融，欢会之时宛如处女。灵公怪而问之。夏姬道："妾有传法，虽生子之后，不过三日，花房充满如故。"灵公便道："寡人虽遇天仙，亦不过如此矣！"（《株林野史》，第四回）

在清代小说《野叟曝言》中，也称明帝的妃子陆妃"得飞燕内视之术"，"交合之趣，妙不可言"：

皇帝幸过，抱着陆妃笑语道："宫中美貌者颇多，朕所爱惟贵妃一人；今得卿与何妃，可称三绝。贵妃得飞燕内视之术，故年长于朕，犹如处子，交合之趣，妙不可言。两卿虽少逊贵妃，而力量过之，任朕之颠倒起落，不以为苦，且能颠倒起落以息朕之劳，增朕之兴，甚惬朕怀。文白早晚出京，朕即召贵妃入侍，与卿等长枕大被，作一联床胜会也。"陆妃不敢答应。皇帝亦沉沉睡去。（夏敬渠：《野叟曝言》，第一百十六回）

这种所谓女子内视三日，可使其复如处女的技巧，无疑有夸张的成分，因此，它更多的是反映了男子的一种性向往。

（3）会"咬"阴茎的阴道

阴茎在阴道中的感觉，最好是又紧又软，温暖而又滑腻。然而，对于有多次性交经历的女子来说，最容易出现的问题是阴道宽松，对阴茎产生不了有效刺激，让男子不能很好地尽兴，因此，若女子的阴道能像手或嘴一样松紧自如，无疑能让男子更感快乐。在清代小说《姑妄言》中，说到金矿与女子阴氏性交，发现阴氏有一种绝技，阴道"一夹一夹的，像人拿嘴含着咂的一般"，使金矿"快活难当"。（见《姑妄言》，第六回）

在清代小说《巫梦缘》中，说到王嵩与汪存姐性交，也称汪存姐阴道中的花心"紧紧对着龟头，一耸一耸，就如咬的一般"。（见《巫梦缘》，第九回）

说女子阴道中的花心能像嘴一样"咬"阴茎，这无疑是夸张之词，但要说女子的阴道能夹弄阴茎，则并非不可能之事。因为阴道中有肌肉，通过对这些肌肉的锻炼，可使其增加力量，女性在性交时，可用意念指挥这些肌肉的运动，从而对阴茎产生一紧一松的刺激。对此，《金赛性学报告》中有这样的论述：

> 尽管色情小说中常提到能控制阴道肌肉的女人可以带给男伴高潮，但是大部分的性研究者对阴道肌肉的潜力不像色情故事作者那么乐观。
>
> 某些女人的确在骨盆附近有较强的肌肉，她们比较能感觉这些肌肉，也较能自主地收缩和放松。但是这些肌肉的动作是否与女人的性反应或高潮直接有关，或者与她的伴侣有关，则不甚清楚。
>
> 如果这些肌肉的强弱和控制很重要，目前并不确定是否能设计特定的运动来增加其强度和控制。这方面主要的研究是"耻骨尾骨肌"（pubococcygeus muscle），它是横跨骨盆底部由前向后延伸，支撑着膀胱的肌肉，并围绕在尿道、阴道和肛门口附近。
>
> 一般而言，研究者会先测量女性耻骨尾骨肌的收缩强度，教导她做几个礼拜的凯格练习（Kegel excercises），然后再测量耻骨尾骨肌运动后的收缩强度。参与研究的女性，在运动前后分别回答她们的性反应状况。直到现在，这些专案研究的结果相互冲突。这些差异或许是因为现有的测量设备不足，只有少数的女性参与，实验的时间太短，或者是她们所接受的训练是否恰当等等。
>
> 也有可能这些研究计划注定会成功（不管是否包括骨盆运动），因为这些计划将焦点放在女性的性行为上，教导她们了解自己的身体，特别去体会自己骨盆内的感觉，也给她们询问有关性问题的机会——这些都可以改进性功能。（瑞妮丝等：《金赛性学报告》，第203～204页）

尽管《金赛性学报告》中称"对阴道肌肉的潜力不像色情故事作者那么乐观"，但它承认"某些女人的确在骨盆附近有较强的肌肉……也较能自主地收缩和放松"，事实上就已经表明，女子若能自如地调动这些肌肉，便会在性交时给男子更好的刺激。

### 3. 懂得性交技巧的好处

（1）使女子对男子倾心相爱

中国古代性学认为，一个男子若懂得性交技巧，能使女子常常享受性高潮，便会得到女子的倾心相爱。在马王堆汉墓帛书《天下至道谈》中，甚至称那些懂得性交技巧的人为

情投意合的青年男女

"天士":

娱乐之要,务在迟久。句(苟)能迟久,女乃大喜,亲之弟兄,爱之父母。凡能此道者,命曰天士。

意思是:获得男女性交之乐的关键,在于性交一定要持久。如果男子能在性交时做到持久,女子就会十分高兴,对男子亲如兄弟,爱如父母。凡是能掌握性交持久之道的人,可以称为天士。

明清艳情小说中的主人公往往都是性交技巧高明的人,他们在与女子性交时常常如鱼得水,让与之有性关系的女子死心塌地,不作他想。

在明代小说《欢喜冤家》中,说到富豪陈彩看上了女子犹氏,便偷偷设计害死了犹氏的丈夫潘璘。后来,犹氏因生计无着,只好嫁给陈彩。新婚之夜,犹氏发现陈彩的性交技巧明显高于潘璘,便心中"爱极,是以枕席之情尽露":

夜已深了,陈彩与犹氏上楼。陈彩扯犹氏睡,犹氏解衣就枕。陈彩捧过脸儿,唆过一下道:"好标致人儿,咱陈彩好福气也。"说罢,竟上阳台。犹氏金莲半举,玉体全现,星眼含情,柳腰轻荡。而陈彩年虽大于潘璘,而兴趣比潘璘大不相同,故犹氏爱极,是以枕席之情尽露。陈彩十分美满,便叫犹氏道:"你前夫好么?"犹氏摇首。又问道:"我好否?"点点头。道:"既好,舍不得叫我一声?"犹氏低低叫道:"心肝,果好。"那陈彩便着实的做弄一番,犹氏爽利,两下丢了。(《欢喜冤家》,第七回)

(2)使女子得享高潮乐趣

有不少女子,虽然与男子有过不止一次的性行为,但因为男子本事不济或不懂性交技巧,使她们从未享受过性高潮,亦不知道性高潮为何物。这样的女子,如果遇到懂得性交技巧的男子,便会很容易地享受到性高潮带来的乐趣。而一旦她们因此享受到了性高潮,便会从心底里感谢这个男人,并发出若不遇你,将枉过此生的感慨。

在明代小说《浪史》中，说到浪子与文妃性交，因浪子性交技巧高明，文妃觉得自己"自出娘肚皮，不曾经这样有趣"，于是感叹"便是没饭吃，没衣穿，也拼得个快活受用"。（见《浪史》，第五回）

在明代小说《初刻拍案惊奇》中，说到吴大郎与滴珠性交，因吴大郎深谙风月，弄得滴珠"浑身快畅，遍体酥麻"，"只恨相见之晚"：

> 吴大郎是个精细的人，把门拴了，移灯到床边，揭帐一看，只见兜头睡着，不敢惊动他。轻轻的脱了衣服，吹息了灯，衬进被窝里来。滴珠叹了一口气，缩做一团。被吴大郎甜言媚语，轻轻款款，扳将过来，腾的跨上去，滴珠颤笃笃的承受了。高高下下，往往来来，弄得滴珠浑身快畅，遍体酥麻。元来滴珠虽然嫁了丈夫两月，那是不在行的新郎，不曾得知这样趣味。吴大郎风月场中接讨使，被窝里事多曾占过先头的。温柔软款，自不必说。滴珠只恨相见之晚。两个千恩万爱，过了一夜。（凌濛初：《初刻拍案惊奇》，卷之二）

在清代小说《姑妄言》中，说到姚泽民掳获劳正之妻钟氏，因见钟氏美貌，便要强奸。钟氏初时拒绝，后来发现姚泽民房术高强，远超丈夫劳正，且使她得尝性高潮的趣味，便"乐侍衾裯"：

> 钟氏虽到了这个地步，到底是儒门之女，宦室之妻，愧心尚在，左推右拒的不肯。姚泽民的淫兴那里还能止遏得住，以主帅之尊，竟行起强盗之事来。叫了三五个妇女，将他按在床上，剥了衣裤……
> 
> 钟氏先被他按住强淫，因见他威严势重，口中虽不敢骂，心中着实愧恨，泪流满面，全是那万不得已的样子。弄到后来，渐入佳境，他方知妇人嫁了丈夫，不只但戳戳而已，竟有这许多深微的妙处，眼泪一时也不知往那里去了。先那一种羞怒之色，变做个笑吟吟的庞儿。（《姑妄言》，第二十二回）

在清代小说《蜃楼志全传》中，说到笑官与素馨是一对情人，后来，乌岱云强行与素馨发生性关系，素馨发现乌岱云的性交技巧胜过笑官，使自己得享"妙境"，居然移情别恋。（见《蜃楼志全传》，第五回）

以上所引皆系小说中的情节，当然有不少夸大之处，女子们有自己的贞节观，绝不会因男子有性交技巧便不顾廉耻。然而，对于那些不懂性交技巧或轻视性交技巧的男子来说，以上情节无疑有其警示作用：同样的两个男子，若其中一个懂得性交技巧，另一个丝毫不懂，女子们肯定会选择前者而放弃后者。

在一篇题为《谈性》的文章中，作者苏青说："尝见许多正派的女人都死心塌地为她浮荡而不忠实的丈夫效劳"，为什么呢？因为这些丈夫有丰富的性经验，能让她们享受性乐趣：

第四章 性交姿势与性交技巧

*主动挑逗男子的女子*

旧式婚姻十九总是白头偕老的，即使是非婚姻交合，女的则也愿从一而终。死心塌地的女人是幸福的，她们只有唯一的性经验，以为天下男人尽如此矣，倒也没有别的想头。男人可不见得如此老实，不论在古代或现今，他们除了极少数的例外，大概总是二色以上的居多。男人经过相当次的尝试，经验自然丰富起来了，技术也高明，反而常能使太太服帖。尝见许多正派的女人都死心塌地为她浮荡而不忠实的丈夫效劳，初看甚奇怪，仔细一想便恍然大悟了。（见《读懂"性"福》，第169页）

### 4. 不懂性交技巧的害处

以上讲了男子懂得性交技巧的好处，那么，男人若不懂性交技巧，又会怎么样呢？

在清代小说《醒世姻缘传》中，说到狄希陈娶薛素姐为妻，因狄希陈在房中降不住薛素姐，便常常被薛素姐欺侮：

> 就是行个房事，你也拿不住他的性子。他的龙性无常：他一时喜快，你慢了些，他说你已而不当慢条斯理的；他一时喜慢，他又说你使性棒气没好没歹的；他一时兴到，你失了奉承，说你有心刁难；他一时兴败，你不即时收兵，又说你故意琐碎。往往的半夜三更，不是揭了被，罚狄希陈赤身受冻，就是那三寸金莲，一连几跺，跺下床来，不许上床同睡。常常的把狄希陈弄成外感，九味羌活汤、参苏饮、麻黄发汗散，如常修合了不断。（《醒世姻缘传》，第九十一回）

清代小说《姑妄言》中的贾文物，也因不谙性交技巧，被妻子富氏"轻则骂而重则打"：

> 他名字叫做贾文物，如今又学起假斯文来，一举一动无不文文绉绉。后来演习惯了，虽到夫妻交合之时，那富氏急得要死要活的时节，他也还是这等彬彬儒雅，不由他不怒目切齿。富氏此时三十多岁的壮妇，正是欲火蒸炎的时候。俗语说：妇人三十四五，站着阴门吸风，蹲着牝户吸土。可是看得这般举动的，把怒气整整积到十分。别的怒气向人诉说诉说，也可消去些许，这一种气，虽父母兄弟之前，亦难出之于口。况左右不过是些婢妇，向谁说得，只好自己郁在胸中。因其人而蓄者，即以其人而泄之，

*中国古代性学报告*

抗拒男子性要求的女子

所以一见了面，轻则骂而重则打，从无好气。（《姑妄言》，第十五回）

在中国古代社会，因女子无权休夫，所以女子通常只好忍受丈夫的无能。在现代社会，女子的地位已大大提高，在这种情况下，男子若不能在床上称女子之心，便很有可能遭到女子的拒绝或抛弃。

在许多男子心目中，只要自己的生殖器又长又大，性交时间又够持久，自己便是个中高手，自然会得到女子的青睐。其实他们不知道，性交的关键是要使女子享受到性交乐趣和性高潮，而不在于自己能坚持多长时间的抽送。更有一些男子，当发现性伴侣在自己持久而有力的抽送下仍不能达到性高潮时，便断定该女子是性冷淡，而根本不想从自己身上去找原因。其实，中国古人早就明白了其中的道理，他们把女子比喻为田地，把男子比喻为农夫，田地中庄稼的好坏，收成的高低，关键在于农夫的辛勤耕耘和施肥播种，好的农夫能让贫瘠的土地获得高产，更不要说本来就肥沃的土地了。

## 三、口交

口交指用口和舌头刺激性器官的行为，包括男性用口和舌头刺激女性的阴蒂或阴道，女性用口和舌头刺激男性的阴茎等。在中国古代性学经典中，几乎不见有对口交的论述，最多只是写到男女在性嬉戏时用口接吻。然而，在明清艳情小说中，口交则随处可见，无论是女子对男子口交，还是男子对女子口交，都成了极其自然的行为。

### 1. 女子为男子口交

在以男尊女卑为核心价值观之一的中国古代，女子的任务就是侍候男子，一切以男子为中心。这一观念反映在两性性行为中，就是女子要尽其所能地让男子享受到性快乐，包

第四章 性交姿势与性交技巧

括通过口交来调动男子的性欲甚至让男子达到性高潮。

（1）女子为男子口交的目的

荷兰汉学家高罗佩在《中国古代房内考》中说："给男口交是允许的，但只是作为实际性交的预备手段和辅助手段，绝不可使男人完全射精。人们认为少量精液或分泌物的丧失可以从女人的唾液中获取阴气作为补充。"（高罗佩：《中国古代房内考》，第67页）在《秘戏图考》中，高罗佩重复了这一观点（见《秘戏图考》，第15页）。本书作者不知道高罗佩认为女子在口交时"绝不可使男人完全射精"依据的是什么资料，因为在作者所知的中国古代性学的资料中，并未见有限制男子在口交时完全射精的内容。根据明清艳情小说中的相关资料，我们发现，女子为男子口交，主要有以下三个方面的目的。

a. 作为前戏，刺激男子的性欲

在明代小说《金瓶梅词话》中，有多处关于女子为男子口交的描写，其中大多是描述男女性交时作为前戏，女子用口交来刺激男子的性欲。如在该书的第十回中，描写西门庆与潘金莲性交，潘金莲为西门庆口交。

在该书的第二十八回中，也有类似的描写。

b. 使男子享受性高潮

有时候，女子为男子口交，并不是作为前戏，而是为了让男子通过口交射精，而且有的女子还会把男子射出的精液吃下去。在明代小说《金瓶梅词话》中，描写潘金莲为西门庆口交，就把西门庆射出的精液"口口接着，多咽了"。（见《金瓶梅词话》，第七十四回）

c. 满足女子的欲望

有的女子为男子口交，一方面固然是为了让男子兴奋，但同时也是为了满足自己的欲望。在明代小说《金瓶梅词话》中，说到有两个女子，一个是潘金莲，一个是王六儿，都有吸吮阴茎的癖好，"一夜他也无个足处"。如该书的第三十七回中这样描写王六儿：

> 原来妇人有一件毛病，但凡交姤，只要教汉子干他后庭花，在下边揉着心子才过，不然，随问怎的不得丢身子。就是韩道国与他相合，倒是后边去的多，前边一月走不的两三遭儿。第二件，积年好哑乱把，把乱把常远放在口里，一夜他也无个足处。随问怎的出了毡，禁不得他吮舔挑弄，登（顿）时就起。自这两桩儿，可在西门庆心坎上，当日和他缠到起更才回家。

在该书的第七十二回中，则说潘金莲"淫情未足，定从下品鸾箫"，"品弄了一夜，再不离口"：

> 妇人云雨之际，百媚俱生。西门庆抽拽之后，灵犀已透，睡不着，枕上把离言深讲。

交接后,淫情未足,定从下品鸾箫。这妇人的说,无非只是要拴西门庆之心。又况抛离了半月,在家久旷幽怀,淫情似火,得到身,恨不得钻入他腹中。那话把来品弄了一夜,再不离口。

这里的"品鸾箫",就是为男子口交,因为阴茎长而圆,与箫相似,故称。

(2) 对女子为男子口交的态度

对于男子来说,很少有不喜欢女子为自己口交的,对此,《海蒂性学报告》中说:

> 在问到"你喜欢口舌刺激你的阴茎达到高潮吗"时,几乎所有男士都表示他们非常喜欢。(海蒂:《海蒂性学报告——男人篇》,第 444 页)

口交之所以对男子有很大的吸引力,主要原因有两个:一是口的刺激要比阴道更为强烈,尤其是口中有柔软的舌头,灵活自如,这是阴道所不及的;另一方面是当一个女子愿意为自己口交时,男子心中会油然产生一种满足感和亲密感。

男子们如此热衷口交,那么女子们是否愿意为男子口交呢?根据《金赛性学报告》,只有 50% 左右的女子喜欢为男子口交:

> 有关"有 75% 的女人喜欢对男人口交"的资料是不正确的。虽然不同的研究显示有 50% 到 80% 的女人有口交行为,但只有 35% 到 65% 的女人感觉欢愉,其他的不是没有感觉(可做也可不做),就是完全不喜欢。(瑞妮丝等:《金赛性学报告》,第 207 页)

而有的女子之所以不愿意为男子口交,是因为她们不喜欢精液的气味:

> 54% 的女性表示男性精液的气味让她们不愿意为自己的性伴侣口交。(《时尚健康》男士版,2010 年第 9 期)

因此,有性学专家建议,男子们为了让女子愿意为自己口交,可以采取各种措施,包括让女子更多地了解自己的阴茎,或在阴茎上抹上冰激凌、巧克力之类的东西。(见同上,2009 年第 3 期)

其实,以上办法都属雕虫小技,真正让女子心甘情愿地为你口交的要诀是使自己充满魅力,让女子死心塌地地爱你。

### 2. 男子为女子口交

中国古代的男女关系虽然一直以男子为中心,但是,在"男子之乐,以妇人之乐为乐"(《紫闺秘书·素女房中交战秘诀》)观念的指导下,有的男子也会为女子口交。

(1) 男子为女子口交的目的

在明清艳情小说中,有不少关于男子为女子口交的描写,从这些描写中可以发现,男子为女子口交的目的,多是作为前戏的一种手段,刺激女子的性欲,为阴茎插入阴道作准备。关于男子为女子口交的原因,荷兰学者高罗佩说:"给女口交之所以被认可,则是因为它既是女人性交前的准备,又可同时为男人引出阴气。"(高罗佩:《中国古代房内考》,第68页)关于口交可"为男人引出阴气"的说法,当属高罗佩自己的发挥。

在明代小说《灯月缘》中,描写真生与蕙娘性交,真生闻到蕙娘阴户中"芬香扑鼻",便主动为蕙娘口交。(见《灯月缘》,第一回)

在清代小说《桃花艳史》中,则有男子姜勾本应女子刘氏的要求,为刘氏口交的描写:

> 那刘氏向姜勾本说道:"姜相公,你给我品一品箫?"姜勾本笑道:"就是我愿意去品,你那里有箫?"刘氏笑道:"不就给我吹笙?"姜勾本听说"吹笙"二字,遂即起来,把刘氏的两腿分开,将阴户往上高耸,姜勾本伸进舌尖,咂的刘氏痒麻异常,叫鬼叫乖,情声不绝。(《桃花艳史》,第三回)

不过,与中国古人多把为女子口交作为前戏的手段不同,现代女子则常常借助口交来达到性高潮。《海蒂性学报告》认为,有42%的女子经常借助阴蒂口交达到高潮:

> 另一种广为流行的阴蒂刺激的方式,即为阴蒂口交。然而,女人可以经常从阴蒂口交中达到高潮吗?根据本研究的发现,借阴蒂口交而达到高潮的比例,与借手做阴蒂刺激而达到高潮的比例相较,两者平分秋色,数值相当:约有44%的女人可借手做阴蒂刺激的方式来达到高潮,而另有42%的女人则可以经常借阴蒂口交达到高潮。(海蒂:《海蒂性学报告——女人篇》,第250页)

(2)对男子为女子口交的态度

有性学家指出,像男子一样,绝大多数的女子也喜欢男子为自己口交。(见同上,第251页)那么,男子愿意为女子口交吗?

《海蒂性学报告》认为:"大部分男人对口交是百分之百的狂热。"(同上,《海蒂性学报告——男人篇》,第572页)一些男子认为,口交"是美妙绝伦的事",是他们的"最爱":

> 对我而言,口交是件美妙绝伦的事,但必须在那个女人也喜欢的情况下。有些女人就不喜欢这件事。那里的气味和口感是如此诱人,我喜欢把整张嘴埋进她的阴唇里,而且我一定吞下每一滴蜜汁。虽然有时候有点呛人,但话说回来,完全擦洗干净的阴部也会因为没有味道而失去很多吸引力。(同上,第580页)

男子之所以愿意为女子口交,也是基于两个方面的原因:一个是男子喜欢看到女子在口交时兴奋、激动的样子;另一个是心理方面的,因为女子通常是比较羞涩的,当一个女子愿意在一个男子面前"打开"的时候,标志着她对这个男子已十分信任。不过,阴道与阴茎相比,因为位于身体的"里面",所以比较容易有体味,这对男子也是一个考验,因为只有在他喜欢女子这种特有的体味的情况下，他才会愿意给女子口交。

（3）男子为女子口交的方法

一个没有口交经验的男人，不知道怎样口交女人才会感到舒服，这就决定了口交也是需要学习的。学习的最好方法是实践，即通过一边为女子口交，一边与她沟通来掌握口交的技巧。不过，专家们的建议也是男子掌握口交技巧的一条重要途径。

专家们指出，口交的关键是要循序渐进，通过由外而内、由边缘而中心的刺激方式进行口交，通常都会有好的效果，同时也要不断观察女子在口交时的身体反应：

> 进入口交阶段并不意味着袭击。最初轻吻她的大腿股，以及内外阴唇，然后用你的舌头在更深的地方有力地、大面积地舔。观察她臀部的律动，看看她喜欢什么样的节奏。倾听她的喘息和呻吟，当你是用不同口交技巧的时候。然后观察她接近高潮时的表征，比如她阴唇的颜色会因为大量血液的流入而迅速变成深红色。或者腾出一只手放在她的腹部，在她接近高潮的时候，她的腹部肌肉会立刻开始不断收缩。（《时尚健康》男士版，2008年第2期）

在为女子口交时，要防止过或不及两个极端，所谓"过"，就是一上来就为女子口交，最好是先用拥抱、接吻、抚摸等来过渡：

> 口交无论对于男女都是一件可以爽翻的事情。不过男人和女人在这方面也存在很大的不同：我们巴不得一上床就把她的脑袋按到被子下面去，女人们则往往更愿意在足够兴奋足够湿润足够膨胀以后你再去照顾那里。所以，不要一开始就让自己消失在她的视野里！（《性福圣经》，第83页）

所谓"不及"，是指把口交纯粹当作前戏，因为有的女子更喜欢把口交看作"正戏"。所以，不要当看到女子因口交而兴奋时就马上停止口交，而行阴茎抽送，而应该根据不同女子的特点采取相应的行动。

在口交方式中，有一种称为"六九式"的口交姿势，为广大读者所熟知。这种口交姿势，因男女双方中的一方仰卧、一方俯卧，且两人头脚的方向相反，同时用口刺激对方的性器官，仿佛上下放置的"6"和"9"字而得名。早在中国的明代小说《绣榻野史》中，就已经有关于用"六九式"进行口交的描绘：

> 金氏道："不要闲话，我有一件本事，要合你做一做，待本事还钱便了。"大里道："你说来。"金氏道："去到床上睡。"
>
> 两人精赤赤的抱了头颈上床，叫大里仰眠了，金氏骑跨在大里身上，把头调转，两手捏了毬儿，毬口来品哑，又把舌头在毬头上卷舔，把毬门向大里口边摩擦，要他舔刮。金氏道："这叫做鸾颠凤倒，便是铁汉子也弄矮了，你晓得么？"大里道："快活难当。"应道："我曾听见不曾做，看如今真个过不得了。"金氏咬住毬头，只是不

放。大里道:"我的毬要来在你口里,你不要怪我。"大里忍不住毬就泄了,金氏一口都咽下去了。(吕天成:《绣榻野史》,上卷)

由此可见,中国古人在性观念上是较为开放的,而且充满了探索精神,只要是能增进性快感的动作,他们就会去尝试,去体验。

### 3. 怎样看待口交

虽然绝大部分男女都喜欢口交,然而,仍然有人反对口交,视之为变态,是一种不正常的性心理。例如,在古代印度的《欲经》中就说,有身份地位的男人永远不应该采用口交:

口交,是永远不应被有学问的婆罗门、执掌一个国家事务的大臣或是一个有良好荣誉的男人采用的,因为虽然经纶允许这一活动,但没有理由说明为什么要做它,只是在某些特殊情况下才需要用到它。(见《世界性爱经典全书》,第273页)

在刘达临的《世界古代性文化》中也说,在古代西方,曾有人因为口交而被判刑:

口交在基督教义的性准则中比较含糊,有谁对谁的口交、射精与否、受精的一方把精液咽下与否、偶犯还是惯犯等区别。当时有一例判决是,男子把精液射入一个女人的嘴里,应判苦修三年;若他们已成习惯,则判罪七年。(刘达临:《世界古代性文化》,第353页)

那么,究竟应该如何看待口交呢?它是一种反常的性行为,还是一种正常的性活动呢?我们通过以下两个方面来回答这一问题。

(1)口交是一种较为普遍的性行为

根据《金赛性学报告》,90%以上的年轻夫妻和50%以上的老年夫妇都有口交的经历:

许多已婚夫妇都有口交的经验,这也是一种古老而广泛的性习惯,不只是限于美国文化而已。

有份研究报告指出,小于二十五岁的年轻夫妇有90%以上的人有口交经验。另外对一百对包括各种年龄异性伴侣的研究,也显示相同的比例。(瑞妮丝等:《金赛性学报告》,第206页)

在年老夫妇中,口交刺激是普遍的性行为。最近一份对美国五十岁以上的人所做的研究指出,56%的男人对女伴口交,而49%的女人承认接受口交。(同上,第208页)

既然占人口绝大多数的人有过口交经历,而且绝大多数人表示喜欢口交,我们还有什么理由认为口交是一种变态的性行为呢?

(2)口交是符合自然的性行为

英国性学家霭理士对于口交的对错与是否正常有过系统的讨论,他的观点是,口交应该和接吻一样，是符合自然的行为：

> 舐阴（即以舌舐女子的阴部，西文为 cunnilinctus，普通误拼为 cunnilingus）和咂阳（即以舌咂男子的阳具，西文为 fellatio）都可以说属于接吻一类；并且也不能看作违反自然，因为在它种动物和未开化的民族中间，我们一样的可以找到这一类的活动。把它们看作厮磨的一些方式与积欲的一些帮衬，它们原是很自然的，并且，在一部分人的经验里，它们正是所以获取性快感一些无上的条件；至于这种活动的是否合乎审美的标准，那是另一问题了，大概总算不上美吧。不过这一类的活动是可以走入歧途的，假如畸形发展到一个境界，弄得喧宾夺主，取正常的性交合而代之，那就不免受"邪孽"或淫秽一类的讥诮了。（霭理士：《性心理学》，第 48～49 页）

霭理士还认为，口交应该是人类的天性，"这种吮咂的冲动是很自然的，即在从未听人道及过的男女，兴会所至，往往会无端的自动的想到"，因此，对于口交，不应该有什么负面的感觉：

> 寻常的交接而外，更有两种主要的接触，一是女对男的咂阳，二是男对女的舐阴。这种吮咂的冲动是很自然的，即在从未听人道及过的男女，兴会所至，往往会无端的自动的想到。我发现一般神经不大健全而道德的成见很深的人不断的发问，这种或那种不大寻常的性接触的方式是不是有害的，或是不是一种罪过。对于这种人，这一类的方式可以引起一番神经上的震撼，他们认为至少"从审美的"立场说，这种方式可以叫人作三日呕。不过他们似乎忘记了这一点，就是，所谓最寻常与最受人公认的性交方式又何尝"美观"呢？他们应当了解，在恋爱的神秘的领域里，特别是到达了床笫之私的亲昵的境界以后，一切科学与美学的冷静而抽象的观点，除非同时有其他特殊的人文的情绪在旁活动，是照例不再有地位的，有了也是不配称的。一般板执而讲求形式主义的人，一到性的题目上，尽管美意有余，总嫌理解不足，我们对他们，只是很婉转的把莎翁的一句百读不厌的老话提醒给他们听："恋爱说起话来，自有它的更善的知识，而知识说起话来，总充满着更亲密的爱。"（同上，第 460 页）

性学家们还认为，口交不仅能使女子更好地享受性高潮，男性在其中也是获益匪浅。首先是男性不用再为自己是否有能力在性交中让女子达到性高潮而焦虑，因为口可以代替阴茎完成这项任务；其次是女子经常为男子口交，可以对阴茎起到锻炼作用："其实口交不仅可以让你感觉很爽，而且还能帮助你的阴茎锻炼：因为不断地收缩肌肉会让你的下身充满力量。经常进行这样的锻炼，你的小弟弟能够举着帽子勃起。"（《性福圣经》，第 107 页）第三是对于那些阳痿的男子来说，其阴茎可在女子之口的吸吮下造成负压，使血液迅速涌进阴茎而致阴茎能够勃起。因此，口交既能增进男女的性快感，又能促进男女间情感的交流，人们没有理由对之拒绝。

## 四、肛交

　　肛交指男子把阴茎插入女子或男子的肛门进行性交的行为。不过,在本节中所说的肛交,主要指男子对女子肛门的性交。关于男子对男子肛门的性交,将集中在"同性恋与同性性行为"一章中介绍。

　　在中国古代性学经典中,未见关于男子对女子肛交的论述。荷兰汉学家高罗佩认为:"给男口交是允许的,但只是作为实际性交的预备手段和辅助手段,绝不可使男人完全射精。人们认为少量精液或分泌物的丧失可以从女人的唾液中获取阴气作为补充。基于同样的理由,给女肛门交也是允许的"。(高罗佩:《中国古代房内考》,第67~68页)但是,高罗佩的观点,更多的是出于一种推断,并无确凿的资料证据。在明清艳情小说中,有不少关于男子与女子肛交的描写,从中可以看出中国古人对于肛交的态度、观点及具体的操作方式等。

### 1. 男子与肛交

(1) 男子对肛交的感受

　　据明清艳情小说中的描写,凡是有过肛交经历的男子,都会对肛交产生兴趣,有的男子甚至认为,与女子肛交,比与女子阴道性交的感觉还要快活,还要有趣。

　　在明代小说《浪史》中,说到男子陆姝与一女子肛交时,告诉该女子,肛门比阴道"更浅更小",让人快活无比。(见《浪史》,第二十三回)

　　在明代小说《绣榻野史》中,描写大里与女子金氏肛交,大里的感觉也是"心肝的屁眼,比小官人的更妙,更比毳里锁得快活"。(见吕天成:《绣榻野史》,上卷)

　　有的男子在肛交时为什么会觉得比阴道性交更好,原因是肛门周边的肌肉发达,能给男子紧而有力的感觉。

(2) 酷爱肛交的男子

　　有的男子与女子肛交是出于好奇心;有的是兴之所至,偶一为之;而有的男子则是生性中就有此一爱好。如明代小说《金瓶梅词话》中的西门庆,就称自己"不知心里怎的,只好这一桩儿"。(见《金瓶梅词话》,第三十八回)

　　在明代小说《龙阳逸史》中,说到有一个李员外,"平日间,最喜的是后庭花",所谓"后庭花",指的就是肛交。(见《龙阳逸史》,第二回)

(3) 李代桃僵——肛交的特殊作用

　　中国古代重视贞操,要求初次结婚的女子必须是处女,检验的方法主要是看她的处女膜是否完好。有的女子在结婚前就与别的男子有肌肤之亲,因两人不可能结婚,为了既满足性欲,又保持女子的处女之身,便采用以肛交代替阴道性交的办法。

清代纪昀的《阅微草堂笔记》中记载了这样一件事情:河南有一个退休的官员,年60余岁,常常养三四个幼妾,等这些女子到20岁时,便把她们嫁出去;而娶这些女子的男子发现,她们竟然都是处女,因此都认为该巨宦有德。后来大家才慢慢知道原委,该巨宦只是与这些女子肛交,而不做阴道性交:

> 郭石洲言河南一巨室,宦成归里,年六十余矣,强健如少壮。恒蓄幼妾三四人,至二十岁则治奁具而嫁之,皆宛然完璧,娶者多阴颂其德,人亦多乐以女鬻之。然在其家时,枕衾狎昵,与常人同。或以为但取红铅供药饵,或以为徒悦耳目,实老不能男,莫知其审也。后其家婢媪私泄之,实使女而男淫耳。有老友密叩虚实,殊不自讳,曰:"吾血气尚盛,不能绝嗜欲,御女犹可以生子,实惧为生后累;欲渔男色,又惧艾瑕之事,为子孙羞,是以出此间道也。"此事奇创,古所未闻。(纪昀:《阅微草堂笔记·滦阳续录四》)

一个处女与别的男子虽然没有性交,但已做了肛交,这个女子还是贞洁的吗?当然不能说是贞洁的。不过,若当事人不泄露真相,别人肯定还是认为她是贞洁的,因为她仍然是处女,处女膜还没有破。因此,这种做法,无疑是钻了习俗的空子,因为习俗只是以处女膜是否完整来衡量是否处女。纪昀在记述了上述某巨宦的故事后,发表了一则议论,对于认识此类事情的性质颇有启发:"夫闺房之内,何所不有?床笫事可勿深论,惟岁岁转易,使良家女得再嫁名,似于人有损;而不稽其婚期,不损其贞体,又似于人有恩。此种公案,竟无以断其是非。戈芥舟前辈曰:'是不难断,直恃其多财,法外纵淫耳。昔窦二东之行劫,必留其御寒之衣衾,还乡之资斧,自以为德。此老之有恩,亦若是而已矣。'"(同上)文中用"法外纵淫"来为此类事情定性,应是比较恰当的。

## 2. 女子与肛交

### (1) 初次肛交的女子

在明清艳情小说关于肛交的描写中,多是由男子提出肛交的要求,女子不好意思拒绝,便勉强答应。因为在一般女子的心目中,阴茎只能进入阴道,肛门只是大便的器官,里面很不干净,怎么能让阴茎放进去呢?因此,当女子初次体验肛交时,心里免不了有紧张和恐惧的成分。另外,当阴茎进入肛门后,绝大多数初次经历此事的女子的感觉也都是疼痛难忍。

在明代小说《金瓶梅词话》中,说到西门庆与潘金莲肛交,潘金莲自始至终只有痛苦,

没有乐趣。(见《金瓶梅词话》，第五十二回)

在明代小说《绣榻野史》中，说到大里与女子金氏肛交，金氏皱着眉头，"疼得难过"，但为了让大里舒服，她还是努力忍受：

> 金氏照依小官一般，把屁股突了靠在床边，大里就伸了舌头，把金氏屁股眼舔湿。金氏道："你怎么这样爱我，这个处所，那个是肯舔的。"大里慢慢的把毪儿插进去，金氏是头一次，疼得难过，把牙齿咬的龅龅响，眉头蹙了半歇。大里问道："你怎么妆做这个模样？"金氏道："不要管我，你射你的。"大里道："心肝像是有些疼，不快活？"金氏道："只要你快活，我心里欢喜，我便割杀入迸痛，你也不用管的。"(吕天成：《绣榻野史》，上卷)

在明代小说《载花船》中，说到粲生与女子尹监(即唐代的上官婉儿)肛交，尹监的感觉也是"内如刀裂"，疼痛之极。(见《载花船》，第三回)

当然，以上说的都是初次经历肛交的女子的感觉，在有了第一次以后，她们慢慢地也会不再觉得疼痛，而会享受到个中的乐趣。否则，如果女子在肛交时只有痛苦，没有乐趣，便不会再有女子愿意做此事了。

(2) 酷爱肛交的女子

在明清艳情小说中，还写到有一些酷爱肛交的女子，她们喜欢在肛交中享受性高潮。

在明代小说《浪史》中，说到有一个名叫文如的女子，生性喜欢肛交。(见《浪史》，第三十三回)

在清代小说《姑妄言》中，说到一个名叫计氏的娼妓，她的爱好也是肛交，而且计氏对于肛交的好处还有一番理论：男子中阴茎大的少，阴茎小的多，小阴茎插入阴道，常常让人没有感觉，尤其是一旦男人早泄了，更是让人扫兴；而男子把阴茎插入肛门，不但没有这方面的弊病，还会在肛交时使阴道也能感受到快乐。(见《姑妄言》，第七回)

关于肛交能使阴道感受到快乐，在明清艳情小说中也有一些旁证。如清代小说《巫山艳史》中，说到月姬与丈夫初次肛交，便感觉到"阴户骨酸痒异常，浑身麻木"。(见《巫山艳史》，第十回)

在《姑妄言》的另一个章节中，描写童自大与妻子铁氏肛交，铁氏也是在肛交中感受到了阴户麻痒，"比每常交媾还更有趣"。(见《姑妄言》，第十三回)

关于肛交，值得我们注意的有两点。一是肛交对于阴茎短小的人较为适合，因为肛门比阴道要紧而窄，阴茎短小的男性能感受到更多的刺激。如《姑妄言》中说，童自大的妻子铁氏的阴道较为宽松，童自大的阴茎却很小，故在阴道性交时很少享受到乐趣，而在肛交中，他却感受到了极大的乐趣："童自大道：'不瞒你说，你身子胖大，底下的那件宝贝虽是肥得出奇，只是又深又厚，又宽又大，我的这件东西有限，弄进去，摸不着一个边岸，就像小孩子走到一个大城门里站着,那里见个影儿。就是你容易也不得爽利。倒是这后门里紧揪揪,弄得你也好,我也好,两好并一好,可不好么。"(《姑妄言》,第十三回)二是女子在肛交时常常能感受到性兴奋或性高潮,如前引《巫山艳史》中说月姬"酸痒异常,浑身麻木",《姑妄言》中说铁氏"一阵麻痒起来,阴精溢出"。这些并非小说家的夸大之词,现代性学也指出,因为"肛门密布着能够对性欲产生反应的神经末梢,一些女性报告了来自肛门性交的性欲高潮"(克鲁克斯等:《我们的性》,第260页)。

(3)女子肛门内的结构和肛交时肛门内的反应

明清艳情小说在描写肛交时,还写到女子的肛门内有其特殊的结构。如在明代小说《浪史》中,说女子的肛门深处有一个叫"乇根"的部位,阴茎只要碰到这个部位,女子就会快活不已。(见《浪史》,第二十四回)

在清代小说《灯草和尚》中,则说女子的肛门里也像阴道中一样,有一个花心,"如圆眼核儿大"。(见《灯草和尚》,第六、七回)

女子肛门中的"乇根"和"花心"究竟是什么,是否真的存在这样的部位,我们从现代性学中找不到相关的资料,故只是把它介绍出来,存而不论。

在明清艳情小说中,还说当女子因肛交而感觉兴奋时,肛门中会分泌出一种像油一样的东西,小说中称为"乇油"或"丫油"。如明代小说《浪史》中说,此乇油白色,能使肛门中润滑。(见《浪史》,第三十三回)

明代小说《绣榻野史》中也说,大里与金氏在肛交时,从肛门中带出一块油来。(见吕天成:《绣榻野史》,上卷)

清代小说《姑妄言》中则称此油为"丫油"。(见《姑妄言》,第十三回)

然而,现代性学却认为,"直肠不像阴道能产生润滑"(瑞妮丝等:《金赛性学报告》,第210页),肛门"没有自动润滑机制"(《男人装》,2006年第3期),那么明清艳情小说中说的这种能润滑肛门的"油"又是什么呢?这有待性学家们的探讨。

(4)肛交时的注意事项

肛门是大便的通道,因此,肛交时有时会有粪便出来,搞得大家很扫兴。为了解决这个问题,有人想出了一个巧妙的办法:事先往肛门里填塞紫菜。在明代小说《绣榻野史》中,大里与金氏肛交,金氏就先往自己的肛门里塞了紫菜。(见吕天成:《绣榻野史》,上卷)

在清代小说《姑妄言》中,说到娼妓计氏与男子肛交前,不光往肛门里塞紫菜,还塞木耳、香末等,既解决了防止粪便泄出的问题,又解决了味道臭的问题:

(计氏)又有许多的妙想,恐有爱洁净的人嫌此地秽污,设或有粪屑带出,岂不为人憎恶?临弄时,他将紫菜木耳用水泡软,拌上许多的香末,先填入后庭中。同人弄时,不但一点秽物带不出,且抽得有许多香气扑鼻。(《姑妄言》,第七回)

第四章 性交姿势与性交技巧

《金赛性学报告》中则指出，肛交时应该使用润滑剂，同时要注意动作的轻、慢和浅，还要注意卫生问题：

> 直肠不像阴道能产生润滑，因此，直肠组织容易受伤害或刺激，这样一来便容易感染。你们应该使用润滑剂，插入时应该轻一点，抽动时慢一点，或者比阴道性交来得浅些。肛交之后若要再行阴道性交，一定要彻底清洗阴茎，否则直肠的细菌会传染到阴道，造成感染。（瑞妮丝等：《金赛性学报告》，第210页）

### 3. 怎样看待肛交

肛交与口交有某种相似之处，口交是用口舌去接触小便的部位，肛交则是用阴茎去接触大便的部位。但肛交与口交又有明显的不同，因为小便的部位毕竟兼具生殖的功能，它不是纯粹的排泄器官，同时也是性器官，用口舌去接触性器官，这并无什么不妥；而肛门是纯粹的排泄器官，是一个肮脏的地方，用阴茎去接触肮脏的地方，不少人肯定会有心理障碍。然而，即便如此，根据相关的统计，有过肛交经历的人还是不在少数：

> 43%的女性尝试过肛交，22%只做过一次，19%偶尔有肛交，2%经常有肛交。这份研究调查的女性都是已婚的。在两份其他的科学研究中，3%和9%的女性经常有肛交，但是并不清楚有多少女性是已婚的。（同上）

> 和口交一样，肛交也被一些人认为是一种同性恋性行为。不过，大约在10%的异性恋者有规律地进行阴茎对肛门的插入，而且大约有25%的成年人至少体验过一次肛交。（克鲁克斯等：《我们的性》，第260页）

以上数据互相间虽稍有出入，且所指对象并不相同，但是，43%的已婚女性有过肛交经历，10%左右的已婚女性经常肛交，其中有40%的女性表示喜欢肛交，近10%的20岁以下男性经常肛交……这些数据告诉我们，有过肛交经历、喜欢肛交的人已是一个十分庞大的群体。那么，他们的做法是否正常呢？

据刘达临的《世界古代性文化》，在西方历史上，肛交曾经被视为一种需要惩罚的罪行：

> 更重一些的罪行则是既有避孕效果、又有寻求快乐的刺激动机的"反常体位"性交和肛交、口交。在公元590年到850年的基督教文献中，把"反常体位"性交定义为"狗一样地""从后面性交"。当时记载："若某男与其妻从后边性交，初犯者苦修40天。"肛交常被后人和后入位性交混同起来，其实它受罚更重。当时有两例对肛交者的判决：一例判10年苦修赎罪，另一例判15年。（刘达临：《世界古代性文化》，第353页）

在现代，有的性学家也认为，经常肛交会对健康造成伤害，因此不可掉以轻心：

> 长期的肛交行为可使阴茎龟头损伤，可使肛门括约肌松弛、肛门黏膜充血、红肿

或裂开，甚至出现大便失禁、直肠脱垂。肛交是否需要治疗以及能否治疗都是有争议的问题，有人认为肛交是正常性活动的组成部分。但是，由于长期肛交会造成局部器官的严重损害，也可能造成一方严重的心理伤害，因而不可掉以轻心。(《中国性科学百科全书》，第374页)

其实，在讨论肛交是否正常、是否应该顺其自然的问题上，我们必须正视这样几个问题：1. 肛交确实能带来性快感甚至性高潮；2. 有肛交经历的人数非常之多；3. 肛交不是纯粹的生理问题，而是涉及心理、情感等方面的问题，因为双方都能接受肛交的异性，通常需要彼此间有较深的感情；4. 肛交确实应注意卫生问题，因为肛门是不洁的地方，粪便中会有各种细菌。综合以上各点，我认为，对于肛交，只要注意卫生，只要不是过度依赖，就是一种两性间正常的、自然的行为。在这个问题上，英国性学家霭理士的观点无疑有很好的参考价值：

> 我们还得记住很重要的一点，就是，凡属对于夫妇双方能增加满足与解除欲念的一切行为与方式，全都是好的，对的，而且是十足的正常的；唯一的除外的条件是，只要这种行为与方式不引起身心两方面的创伤。(霭理士：《性心理学》，第460页)

## 五、手淫

手淫也叫自慰，指用手或其他物品刺激性器官以满足性欲的行为。其实，无论是手淫还是自慰，其概念本身都不是十分恰当的。如就"手淫"来说，因为"淫"有放纵、不正当的男女关系等意思，其意思是很负面的，从而使"手淫"的概念本身就带有负面的价值判断，告诉人们这是一种不好的行为；而手淫究竟是好还是不好，目前仍存在争议，而且反对认为手淫不好的观点明显占有上风，这就使"手淫"的概念很有改换的必要。而就"自慰"来说，虽然去掉了"手淫"一词中的负面意义，但它明确是指自己对自己性器官的刺激，而不像"手淫"那样既可以指自己对自己性器官的刺激，也可以指自己对他人或他人对自己性器官的刺激，因此两者的含义其实并不完全相同。从这个意义上来说，称"手淫"为"手慰"，似乎更为恰当。但是考虑到"手淫"一词使用已久，为了不给人们在阅读时增加麻烦，本书仍沿用"手淫"一词。

在如何对待手淫的问题上，中国古代性学主要有这样三个特点：一是反对男子手淫，二是不反对女子手淫，三是对手淫者态度宽容，并无惩罚措施。

### 1. 反对男子手淫

中国古代性学之所以反对男子手淫，与古代性学家对精液的认识有关。他们认为精液

第四章　性交姿势与性交技巧

中藏有元气，男子在性交时泄精，可以从女子体内的阴气中获得补偿，而通过手淫泄精，则是元气的白白损失。如民国时期的养生家丁福保说：

>青年犯手淫者，其害约有三端。一、全身倦怠，作事无精神，皮肤苍白，不喜运动，行步疲乏。二、精神衰弱，似患忧郁症，易于悲哀忿怒，或心跳不眠，甫交睫即梦魇，失记忆力与判断力，喜潜居暗室，不乐与人聚谈，易生厌世观念，甚有因此而自杀者。三、生殖器发生障碍，如阳物短小及阳痿、遗精、早泄等症，其重症无生育子女之望，其轻症虽能生育子女，大抵体质羸弱，有兰摧玉折之虞，又间有畸形及白痴者，则为社会之蠹矣。……
>
>青年不知精液为脑与神经之滋养分，又为兴奋状态之主要成分，其可贵过于血液数十倍，乃往往恣情纵欲，直类无缰野马，绝足奔驰，不受羁勒，久之则日形消瘦，脚软无力，不能远行，泄精后，屡发头痛心惊肉跳，似患怔忡，天气稍寒或稍热，则因衰弱过甚，已不能抵抗外界之寒热，发怕冷畏暑之现象。读书作文，因脑力薄弱，不能思索，一举一动，毫无精神，遂现疲劳不堪之状。（丁福保：《最真确之健康长寿法》）

清代养生家石成金则通过一个男性手淫者的自述来告诫男子不要手淫：

>吾少小未闻义理，忆年十六时，情窦初开，喜阅叙述男女之小说。如某某等书，铺叙污秽之处，穷极无遗，其中若有大乐存焉。于是吾心怦动不已，而起犯手淫。嗣后习以为常，恬不为怪。初则描摹书中之情趣而已，继而不知不觉中，见有美色亦思描摹之，盖每况愈下矣。……唯望吾同病之人，切勿谓其害未睹而可安之，我即前途之覆辙也。（石成金：《养生镜·房事部·附录》）

现代性学家认为，中国古代性学反对男子手淫的观点是受到中国传统医学的影响，"无可厚非"：

>中医认为肾乃生命之根本，肾气足，精血旺，则五脏六腑功能协调，肾气虚则反之。血气未耗完便会转化成精，精密于肾中，封藏于骨内，而手淫则会把这些精给消耗掉，导致骨髓空洞，精神萎靡，暴躁乖戾。受到中国传统文化的影响，古代的中医认为手淫是消耗生命的刽子手，这无可厚非。（《男人装》，2008年第12期）

## 2. 不反对女子手淫

一方面因为女子手淫时，不会像男子一样泄出精液；另一方面因为女子每个月月经到来时，都会自然流失不少血液而对身体没有影响，因此，中国古代性学家认为：女子手淫，最多不过损失一些阴气，而女人的阴气是取之不竭的。所以，他们对女子手淫并不反对。此正如荷兰汉学家高罗佩所言：

对于一个男人而言，手淫是被断然禁止的，因为这意味着徒失精液。至于女人的自慰和同性恋则被看得比较宽容，因为女人的阴气被认为是取之不竭的。（高罗佩：《秘戏图考》，第15页）

在清代小说《野叟曝言》中，有关于女子手淫的描写，但从作者描写时所用的语气来看，女子手淫是极自然之事，仿佛吃饭穿衣一般。（见夏敬渠：《野叟曝言》，第三十一回）

### 3. 对男性手淫者持宽容态度

中国古人讲究中庸之道，做什么事都反对走极端。虽然医家和养生学家认为手淫有害健康，但是，当一个男子性欲勃发、身边又无可以性交的女子时，又该怎么办呢？中国古人有一种观点是：与其窒欲伤神，不如纵欲怡情。在这种情况下，手淫未尝不是一种好的解决途径。

在明清小说中，把手淫称为"勒贯"、"打手铳"或"打手枪"，既形象又风趣。在明代小说《别有香》中，说到仆人报儿偷窥自己的主人与女子月惜性交，看得高兴，便"勒个贯儿"。（见《别有香》，第十回）

在清代小说《巫梦缘》中，说到书生小王因许久不与女子性交，性欲不得发泄，便通过手淫来泄欲：

只见小王坐着看书，越长得花堆玉砌了。露花长桂姐两岁，小王嵩一岁，见了好不动火。看了一会，只见小王把书推开了，口里喃喃的道："许久不和女人弄耸，好不火盛。"说言未了，把手在裤裆里提出阳物来，连忙一擦一擦，打起手铳来。（《巫梦缘》，第八回）

在清代小说《肉蒲团》中，描写神偷赛昆仑与书生未央生聊天，赛昆仑说到自己在行窃时，经常看见人家年少女子的裸体，有时忍不住了，就通过打手枪——手淫来解决问题。（见《肉蒲团》，第四回）

在上引的三段资料中，我们可以发现一个共同的特点，就是作者在描述书中人物手淫时，都是采用白描的手法，对手淫者的行为不作任何评价，而把它视作一种极其自然的行为。也正是从这种描写手法中，可以反映出作者对手淫的态度：手淫是一种极其正常的行为，不值得大惊小怪。

第四章 性交姿势与性交技巧

第五章

性高潮

性高潮是男女性活动中身心极度愉悦的一种享受，在男性通常表现为射精及由此带来的快感；在女性则表现为全身痉挛，阴道收缩，精神恍惚迷离，有的女性甚至也会像男子一样感到有液体射出。性高潮是男女性活动的重要追求目标，一般说来，性高潮的达成，标志着一次性活动的结束。性高潮历时很短，男性的平均性高潮时间为6秒左右，女性比男性要长得多，平均为30秒左右。

达到性高潮的途径通常有两种：性交和手淫。对于绝大多数男性来说，无论通过性交还是手淫，均能轻易地达到性高潮。而对于女性来说，情况则要复杂得多，因为绝大多数女性可以通过手淫达到性高潮，但有不少女性却很难通过纯粹的阴道性交达到性高潮。然而，长期以来，人们一直把阴道性交看作获得性高潮的唯一正当途径，由此便产生了一系列的问题。在本章中，我们主要介绍中国古代性学对男女性高潮尤其是女性性高潮的描述，探讨男女性高潮的不同特点、多重性高潮、性高潮的重要性以及如何更好地达到性高潮等问题。

## 一、女子的性兴奋与性高潮

现代性学通常把性反应历程分为四个阶段：性兴奋期、性持续期、性高潮期和性消退期。中国古代性学没有这样的划分，它注重的主要是两个阶段：兴奋期和高潮期，并对这两个阶段有许多具体而形象的描述。

## 1. 五征、五欲、十动、九气 —— 女子性兴奋的表现

中国古代虽然提倡男尊女卑，但同时也深知男子的性享受有赖于女子的配合，因此对女子在性活动过程中的各种表现和反应有细致入微的观察，认为男子只有深入了解女子的这些反应，并在此基础上采取相应的步骤，才能真正享受到性交的乐趣。早在大约成书于魏晋时期的《素女经》中，就提出了女子性兴奋的各种表现：

黄帝曰：何以知女之快也？素女曰：有五征、五欲，又有十动，以观其变，而知其故。

夫五征之候，一曰面赤，则徐徐合之；二曰乳坚鼻汗，则徐徐内之；三曰嗌干咽唾，则徐徐摇之；四曰阴滑，则徐徐深之；五曰尻传液，则徐徐引之。

素女曰：五欲者以知其应，一曰意欲得之，则屏息屏气；二曰阴欲得之，则鼻口两张；三曰精欲烦者，则振掉而抱男；四曰心欲满者，则汗流湿衣裳；五曰其快欲之甚者，身直目眠。

……

素女曰：十动之效，一曰两手抱人者，欲体相薄阴相当也；二曰伸其两肱者，切磨其上方也；三曰张腹者，欲其液泄也；四曰尻动者，快善也；五曰举两脚拘人者，欲其深也；六曰交其两股者，内痒淫淫也；七曰侧摇者，欲深切其左右也；八曰举身迫人，淫乐甚也；九曰身布纵者，肢体快也；十曰阴液滑者，精已泄也。见其效以知女之快也。

所谓五征，是指脸红、乳头变硬、鼻尖出汗、嗓子发干、频咽唾液、阴部润滑、有体液流到臀部这五种女子性兴奋的征候。

五欲则是从女子的五种动作中判断女子的欲望：女子屏住呼吸，表示她希望性交；女子口鼻张开，表示她希望阴茎插入；女子颤抖着抱紧男子，表示她欲望旺盛；女子流出的汗湿透了衣服，表示她渴望性欲得到满足；女子身体绷直，闭目而躺，表示她达到了极度的快乐。这里的最后一条其实是女子性高潮时的反应。

至于十动，也是根据女子的十种动作来判断女子内心的欲望。如女子用双手抱紧男子，表示她希望与男子贴近，使性器官发生接触；女子举双脚勾住男子，表示她希望男子能把阴茎插得深一些；女子的身体向两侧摆动，表示她希望男子的阴茎摩擦其阴道的左右，等等。其中的第九和第十条，也属于女子性高潮时的表现。

九气则论述了女子的动作与内脏之气的关系：

《玄女经》云：黄帝曰：善哉！女之九气，何以知之？

玄女曰：伺其九气以知之。女人大息而咽唾者，肺气来至；鸣而吮人者，心气来至；抱而持人者，脾气来至；阴门滑泽者，肾气来至；殷勤咋人者，骨气来至；足拘人者，筋气来至；抚弄玉茎者，血气来至；持弄男乳者，肉气来至。久与交接弄其实以感其意，九气皆至。（《素女经》）

第五章 性高潮

不过，相比于前面的五征、五候等论述，九气之说中的有些说法似显得有些牵强，如说女子抱紧男子，说明脾气到了；女子抚摸男子的乳头，说明肉气到了，等等，很难说两者间的关系必然如此。当然，说女子呼吸急促并频咽唾液是肺气到了，阴道润滑是肾气到了，大致是没有错的。

明代医家万全在《万密斋医学全书》中提出了"五至"的说法，可谓是对《素女经》"九气"说的发展和完善：

> 女有五至者，面上赤起，媚靥乍生，心气至也；眼光涎沥，斜觑送情，肝气至也；低头不语，鼻中涕出，肺气至也；交颈相偎，其身自动，脾气至也；玉户开张，琼液浸润，肾气至也。五气俱至，男子方与之合。（万全：《万密斋医学全书·协期篇第五》）

把女子在性交时的表情和动作与其内脏之气或全身之气相联系，反映了中国古代性学家认识和研究人类性行为的一个独特的视角，说明性交是需要调动全身的机能来参与的一项特殊的活动，这种观点无疑是有道理的。至于其具体的论述是否正确，则有待进一步的研究。

在明清小说中，对女子性兴奋时的表现有大量具体的描述。如明代小说《灯月缘》中，描述真生与一直寡居的兰娘性交，兰娘假装睡着，但当真生故意不动时，兰娘又主动把身子向上凑，把兰娘在性交时想强自克制、又克制不住的状态表现得十分逼真。（见《灯月缘》，第四回）

在清代小说《绿野仙踪》中，描绘了蕙娘与周琏性交时，蕙娘开始时是"蹙着眉头"，接着是觉得"可以容受"，然后是"半迎半凑"，最后是"恨不得将周琏咽在肚内"，把蕙娘从抗拒到接受再到兴奋之极的过程描绘得极为传神。（见李百川：《绿野仙踪》，第八十一回）

关于女子在性兴奋时的表现，现代性学也有不少描述。不过，现代性学多侧重于从生理变化的角度去描述，而不像中国古代性学那样侧重于女子心理和动作的描述：

> 性兴奋时期是性反应循环的第一个时期，它以一些常见于男性与女性的反应为特征，包括肌肉紧张，心率和血压一定程度的增加。两性性解剖的几个区域变得充血。例如，阴蒂、小阴唇、阴道、乳头、阴茎和睾丸都增大，大多数颜色加深。一些反应，如出现性潮红（在胸部或乳房出现粉红或红疹）在两性都可以出现，但是在女性多见。（克鲁克斯等：《我们的性》，第161页）

### 2. 女子的性高潮及其获得的方法

#### （1）女子性高潮的具体表现

中国古代性学对女子达到性高潮时的表现有细致入微的观察，并通常用"身直目眠"、

"口鼻气冷"等词来描绘：

> 五曰其快欲之甚者，身直目眠。……九曰身布纵者，肢体快也；十曰阴液滑者，精已泄也。见其效以知女之快也。（《素女经》）

这里的"身直目眠"，指身体绷直，合目而睡；"身布纵者"，指的也是身子挺直平躺。这确实都是女子达到性高潮时的典型表现。

在唐代白行简的《天地阴阳交欢大乐赋》中，则用"色变声颤"、"慢眼而横波入鬓，梳低而半月临肩"来描绘女子达到性高潮时的状态，可谓得其神髓：

> 女乃色变声颤，钗垂髻乱，慢眼而横波入鬓，梳低而半月临肩。男亦弥茫两目，摊垂四肢，精透子宫之内，津流丹穴之池。于是玉茎以退，金沟未盖，气力分张，形神散溃。

明清艳情小说的一个重要特点，就是侧重描写性交的过程和性交的乐趣，因此，对于性高潮的描写，是明清艳情小说中不可或缺的内容。小说家们在描写女性的性高潮时，充分发挥他们驾驭文字的本领及想象力，为我们呈现了丰富多彩的高潮场景。

明代小说《别有香》中，描写子承与维娘性交，维娘在达到高潮时的表现是"有一点痒来；及挠着了痒，又不觉麻了；到麻了身子，做不得主，又酥了去"。（见《别有香》，第六回）

而《别有香》中描写半儿与黎氏性交，黎氏达到高潮时的情形则是"眼儿开不得，手儿动不得，脚儿抬不得，像酥煞了的一般"。（同上，第十回）

在明代小说《灯月缘》中，描写真生与一女子性交，该女子达到性高潮时的情形是"四肢渐渐酥软，星眸紧闭"，"直挺挺不能掀起凑合"。（见《灯月缘》，第六回）

在清代小说《绿野仙踪》中，描写女子蕙娘达到性高潮时的情形是"像经了火的糖人儿，提起这边，倒在那边"。（见李百川：《绿野仙踪》，第八十二回）

在清代小说《姑妄言》中，描写宦萼与妻子侯氏性交，侯氏达到性高潮时的情形是"面如火热，鼻青唇白"，"四肢瘫软，遍体酥麻"。（见《姑妄言》，第十一回）

由以上引文可见，中国古代性学家和明清艳情小说家笔下的女子性高潮的基本情形是相同的，都是四肢瘫软，闭目无言，直挺挺仰卧。然而在他们的具体描写中，却毫无雷同，可见他们驾驭文字能力之高超。

在明清小说的笔下，还有一种达到极致的女性性高潮的情形：达到高潮的女子竟然会暂时死去，要由男子做人工呼吸使她活转过来。如在清代小说《怡情阵》中，说到白琨与妻子李氏性交，李氏在达到性高潮后，"闭目合眼，不多时，早昏过去"，亏得白琨有经验，"忙用嘴接嘴，接吸气片时，方才悠悠醒来"。（见《怡情阵》，第二回）

在清代小说《绿野仙踪》中，女子金钟儿也是在与温如玉性交时"昏昏去了"，后通

第五章 性高潮

过温如玉"口对口儿出入,传递气息","才慢慢的苏醒过来":

> 只见金钟儿双眸紧闭,鼻子口里打起倒喧气来。须臾面色青黄,两只小金莲乱蹬了几下,昏昏去了。……如玉系久经风月之人,最知骨窍……伏在妇人身上,口对口儿出入,传递气息。好一会,才慢慢的苏醒过来,二目半闭半睁,呻吟不已。(李百川:《绿野仙踪》,第五十二回)

现代性学对女子达到性高潮时的具体表现也有不少的描述,从这些描述中可以发现,除了其中的一些科学术语,绝大部分内容与中国古代性学的描述相一致:

> 瞳仁是放大了,鼻孔也张开了,唾沫禁不住的要流出来,舌尖也不由自主的要来回翻动;这些综合起来,无非表示一种官觉的欲望的满足快要来到,而有迫不及待之势。……同时还有一种自然的倾向,就是说些支离破碎、半吞半吐、没有意义的字眼。瞳仁的放大引起怕光的现象,所以进入解欲的过程以后,时常眼睛就会关闭。(霭理士:《性心理学》,第27页)

(2)女子的多重性高潮

在明清小说中,常常把女子达到性高潮称为"丢",因为女子在性高潮时常常会"射精"(关于女子射精的问题将在下面集中介绍),而且"射精"后会感觉浑身乏力,所以称为"丢"。值得注意的是,在明清小说家描述女子达到性高潮时,有时描写不光达到一次,而往往是连"丢"数次,即多次达到性高潮。这种女子在一次性活动中多次达到性高潮的现象,现代性学称之为多重性高潮。

在明代小说《八段锦》中,描写高子兴与女子诸氏性交,诸氏便达到了两次性高潮。(见《八段锦》,第二段)

在明代小说《别有香》中,讲到一个女子与一个少年性交,该女子则连续达到了三次性高潮。(见《别有香》,第十二回)

在清代小说《姑妄言》中,描写贾文物与其妻子富氏性交,使富氏一连三次达到性高潮。(见《姑妄言》,第十五回)

现代性学认为,绝大多数的女子都可以有多重性高潮,如果对一个已达到性高潮的女子持续刺激,通常在几分钟内就可以出现5~6次性高潮:

> 如果一个能够有规律地获得性高潮的女性在她首次达到高潮的一个很短的间隔之后再次给予适当的刺激,那么在大多数情况下她就能在她完全满足之前获得第二次、第三次、第四次甚至是第五次性高潮。与男性在一个短时间内通常不能获得一次以上的性高潮相反,许多女性,特别当阴蒂被刺激时,可以在几分钟之内获得5~6次完整的性高潮。(克鲁克斯等:《我们的性》,第173页)

虽然女性大多有多重性高潮的能力,然而,性学家们也发现,真正享受到多重性高潮的女子却并不多。在1953年,金赛报道他研究的女性样本中大约有14%经常有多重性高潮;在《今日心理学》1970年的调查中,有16%体验到多重性高潮。(见克鲁克斯等:《我们的性》,第173页)为什么在可能性和现实性之间会存在如此大的差距呢?性学家们指出,所谓绝大部分女性有多重性高潮的能力,是指她们只要实施阴蒂刺激,便可享受到多重性高潮;而在现实生活中,大部分女性都是通过阴道性交来获得高潮,因而要受到男性的性能力及互相配合的默契度等的制约,从而使绝大部分女性事实上无法享受到多重性高潮。

由此来反观上述引文中明清小说对于女子多重性高潮与现代性学关于女子多重性高潮的资料,可以发现,明清小说中女子多重性高潮的次数通常较少,多为两到三次,而现代性学认为女子通常可以达到5～6次性高潮,之所以会出现这样的差别,是因为明清小说中所说的女子多重性高潮都是通过阴道性交而非通过手淫获得的。而且,根据现代性学的资料,女子通过阴道性交达到的多重性高潮,多数亦为2～3次:

> 金赛研究所在一九四〇及一九五〇年代搜集的资料显示,只有8%到9%的女人有多于一次的高潮,其中多数在一次性交中只有二至三次高潮。(瑞妮丝等:《金赛性学报告》,第201页)

与此同时,性学家们也指出,女性可以有多重性高潮,并不意味着所有的女子都要以多重性高潮作为自己追求的目标:

> 事实上,只要愿意的话,所有的女人都有能力享受多次高潮。不过,这并非意味享有高潮的次数愈多愈好,甚至对那些没有高潮或还想要多次高潮的女人来说,这也并不意味她们表现不正常。关键在于:女人对自己可以享有多次高潮的能力相当无知,因而造成了莫大的限制。也就是说,女人必须先知道自己有权选择可以享有的一次以上的高潮,然后才会开始去要求这项权利,同时女人也必须拥有付诸行动的自由,才能亲身体验对自己性欲的认识与了解。(海蒂:《海蒂性学报告——女人篇》,第87页)

事实上,有的女性在达到一次性高潮后,如果继续对她进行性刺激,她们会感到不舒服:

> 我今年二十四岁,有一个交往五年的男朋友。我们有很棒的性生活,几乎每天都做爱。我总是达到高潮,经常是通过口交的方式,但是有时候光是性交也能达到高潮。我的好朋友总是自夸她的多重高潮——一夜春宵可以有十、十二甚至十六次高潮!我每次只有一次高潮,我开始怀疑自己的身体或者是心理是否有毛病。高潮后,我的阴蒂对任何刺激都十分敏感。如果我的男朋友还想继续做爱,我会推开他,不愿再亲热。(瑞妮丝等:《金赛性学报告》,第200～201页)

> 在高潮之前,我已经兴奋得不得了。高潮过后,我简直无法动弹,非常满意,好像我可以再来10次高潮也无所谓似的。不过,我实在没办法,因为那时要是我再被刺激一下,我就会变得异常烦躁。我喜欢静静地躺着,慢慢放松阴道壁的肌肉,那会让

第五章 性高潮

我的脚趾有放电的感觉。（海蒂：《海蒂性学报告——女人篇》，第95页）

因此，性学家们指出，女性性高潮次数的多少，完全应由她们自己的感觉来决定，而不应该有某种模式，更不应该简单地认为多重性高潮就比一次性高潮要优越：

> 许多女性在高潮过后都不喜欢再有任何刺激……既然不可能客观地比较女性的高潮，所以无法断定一个女人的高潮比其他人好或差，唯一的评量标准是你对自己做爱经验的满意程度。（瑞妮丝等：《金赛性学报告》，第201页）

（3）女子"射精"

中国古代性学家认为，当女子达到性高潮时，也会像男子一样射精。如明代的岳甫嘉在《种子编》中说：

> 女子面红唇赤，鼻尖微冷，声息微喘，是即女子施精时也。此精不论经前经后，交媾毕时俱有，但不若男精中有结块成形者，为少异耳。

据明清小说中的描绘，女子射精时，其感觉与忍不住要撒尿相似。（见《欢喜缘》，第四回）

在清代小说《肉蒲团》中，说到未央生与妻子玉香性交，玉香达到性高潮时，产生了一种想要"射"的感觉，因没有经验，便告诉未央生"我要不好了"；未央生向她解释说，这叫"丢"，也就是女子泄阴精。（见《肉蒲团》，第三回）

因为女子的阴精是女子在性高潮时出来的，所以，一些中国古人认为，这种阴精有很高的营养价值（在道教方士看来，这种阴精能补益阳气，甚至能使人长生不老），当女子阴精出来时，把它喝下去，将有益于身体健康。如明代小说《绣榻野史》中，说到大里与金氏性交，金氏射出阴精后，大里就用茶钟把它接起来，然后喝下去。（见吕天成：《绣榻野史》，上卷）

在清代小说《怡情阵》中，说到井泉与李氏性交，也是把李氏泄出的阴精喝了下去。书中还说阴精的颜色"像淡红豆汤，不十分浓厚"。（见《怡情阵》，第四回）

既然女子的阴精是女子身上的精华，因此，在中国古代，还有一种观念，认为女子泄阴精会对健康不利。如清代小说《醒世姻缘传》中就说："女人的身子比金子还贵哩，丢一遭，待好些时保养不过来，会丢的女人，那脸是焦黄的，劳病了，极是难治哩。"（《醒世姻缘传》，第五十八回）在清代小说《一片情》中，也说到天成与妻子性交，其妻子很快就会泄精，但泄精后就会生病：

> 小姐身边有四个丫鬟伏侍，一春芜、一夏莲、一秋菊、一水仙，四婢中惟春芜体心，独他的床铺，在小姐床后。还有一件奇事，小姐凡与天成交媾，不上百余抽，那小姐阴精一阵一阵冒将出来，若再举动，即要害病两日。（《一片情》，第十三回）

当然，以上情况属于例外，并不具有普遍性。

对于女子射精的现象,现代性学也作了大量的研究。一些性学家认为,女子的精液是通过刺激G点喷出的,它不同于尿液,内含果糖,有40%的女子在达到性高潮时有喷射精液的现象：

  有多少女性在高潮时会射出液体,并没有确定的数字。有一些研究报告指出约40%的女人在高潮时,至少有过一次射出液体的经验,而有些报告的比率则较低。对此液体的来源众说纷纭,有人说是尿,也有人说是阴道腺体的分泌物。然而不管科学家最后的结论为何,必须了解的是：你所发生的现象是正常的,而且其他女性也会发生,不要对此感到困窘——只要带条毛巾到床上,并告诉你的伴侣这是正常的事。

  虽然研究者对女性射出液体迄今仍有争论,但言情小说的作者几世纪以来仍继续歌颂女性射出液体的美妙过程。虽然女性射出液体是性爱小说里常有的情节,但实际情况并不尽然,液体的量也不如故事中那么夸张。(瑞妮丝等：《金赛性学报告》,第142页)

  关于格雷分贝格位点性高潮的最令人惊奇的是,有时候伴有一些液体从尿道口喷射出来。研究指出,这种液体来源于第4章讨论的"女性前列腺"。这个系统的导管直接排入尿道。有些女性,格雷分贝格位点性高潮导致液体从这些导管排入尿道。考虑到格雷分贝格位点组织与男性前列腺的同源本质,我们猜测女性的液体喷射与男性精液中前列腺成分相似（Zaviacic & Whipple,1993年）。这种想法得到了研究的支持,对女性喷射的液体标本进行化学分析发现它含有高水平的酶——前列腺酸性磷酸酶（PAP）,它是精液中前列腺成分的特征（Addiego et al.,1981年；Belzer et al.,1984年）。

  许多女性认为分泌液有点精液的气味。一项研究表明在女性喷射液中含有果糖……且果糖浓度明显高于尿液中果糖的浓度。(克鲁克斯等：《我们的性》,第169页)

日本人把女子射精称为潮吹,比喻它像潮水冲击岸边的岩石,浪花四溅,并认为女子能够潮吹是很幸福的一件事：

  会潮吹的女人是极品

  潮吹,出自日本的名词,欧美称为女性射精（Female ejaculation）,意指女性在高潮时,会喷出大量液体,这摊无臭无味的透明液体急速涌出,很像海浪打上岸边岩石,浪花四散,称为潮吹。

  其实没那么邪乎,至少4成女性都能。不是尿失禁,也不是普通的阴道分泌物。潮吹的引发与位于阴道上壁的G点有关。G点有女性摄护腺之称,相对于男性摄护腺是精液发动的起点,研究认为女性射精喷出液体也来自G点。女性如果在性行为或自慰时刺激G点,就有机会达到高潮,出现"女性射精"现象。(《时尚健康》男士版,

第五章 性高潮

2009年第7期）

我女朋友ML高潮的时候，总是有尿出来，弄到身上让我觉得很扫兴，请问怎么才能控制住这个呢？

……

答：自豪吧，你已经刺激到女人的G点了，那并不是你误解的尿，而是潮吹的爱液。就是说女性在受到性刺激过程中，达到或者接近性高潮时排出少量清澈液体的现象。能够让女人潮吹的男人是多么幸福，日本甚至为此出书，用48种手法来教男人如何用手使女人达到潮吹。（《男人装》，2011年第2期）

综上所述，女子射精虽然不是女子性活动中常见的现象，但它确实是客观存在的，而且女子在射精时能享受到前所未有的性高潮。另外，女子所射的精液中含有果糖，说明明清小说中描写的一些男子乐于喝下这种精液并称之为玉液琼浆，并不是出于杜撰。

（4）阴道高潮与阴蒂高潮

所谓阴道高潮，通常指用阴茎刺激阴道而达成的女子性高潮；而阴蒂高潮，则指通过刺激阴蒂而达成的女子性高潮。在中国古代性学中，女子性高潮基本上指的就是女子的阴道高潮，而与阴蒂高潮无关。阴蒂在中国古代性学中也称为花心（阴道内一些特殊的性敏感部位也被称为花心），对花心的刺激，在性交中只起辅助的作用。如在清代小说《巫山艳史》中，说到李公子与秋兰性交时，看到秋兰的阴部"一条细缝儿，微露红心"，才"伸手指进去，拨弄花心"。（见《巫山艳史》，第二回）

在清代小说《姑妄言》中，说到竹思宽看见火氏的花心，也只是"一阵乱舔"，然后就进行性交。（见《姑妄言》，第三回）

因此，在中国古代性学中，女子享受阴道高潮乃是天经地义的，有个别女子通过刺激阴蒂来享受性快乐，则常常被视为不正当的或被人讥嘲的事。这在西方也存在类似的情况。如西方学者弗洛伊德认为，女子通过刺激阴蒂来达到性高潮是不成熟的表现，因为阴蒂相当于一个矮小的阴茎，对阴蒂的刺激，相当于对男性阴茎的刺激，因此它是不被允许的：

弗洛伊德认为阴道性高潮较阴蒂性高潮要更加成熟，因此更倾向于阴道性高潮。这个理论的生理基础是假定阴蒂是一个矮小的阴茎。这就产生这样一个结论：对阴蒂直接刺激产生的性感觉、唤起和高潮都是男性，而非女性的性欲，因此令人不快（Sherfey，1972年）。在青春期，女性被假定将其性欲中心由阴蒂转到阴道。如果她不能完成这种转变，有时就需要进行心理治疗以尝试帮助她获得"阴道"性高潮。不幸的是，这种理论导致许多妇女错误地相信她们是性行为失调。（克鲁克斯等：《我们的性》，第166页）

现代性学经过深入研究，得出了颠覆性的结论：绝大部分女子无法从阴道性交中达到高潮，而绝大部分女性可以通过阴蒂刺激达到性高潮；部分女性之所以能从阴道性交中达到性高潮，是因为阴道性交间接或直接地刺激了阴蒂。

（5）女性达到性高潮的特殊途径

女性要获得性高潮，主要靠两种途径，一种是通过阴道性交，一种是刺激阴蒂。然而，有那么一些女子，她们可以通过上述两种途径以外的渠道使自己获得性高潮。

在清代小说《肉蒲团》中，说到一个名叫花晨的女子，轻易很难达到性高潮，为了使自己能较快地达到性高潮，她想出了三种办法：看春意、读淫书、听骚声。我们来看看书中关于"听骚声"的描述：

> 花晨道："我生平极喜听人办事，可以助我的兴。当初先夫在日之时，故意叫他偷丫鬟，又要他弄得反响，干得反急。等丫鬟极快活不过，叫唤起来，我听到兴浓之际，然后咳嗽一声，他就如飞走来，抱我上床，把麈柄塞进去，狠春乱捣，不可按兵法，只是一味狠野战。这等干起来，不但里面快活，连心窝里都快活。只消七八百抽，就要丢了。这个法子，比看春意、读淫书，更觉得有趣。"（《肉蒲团》，第十七回）

另据《性学总览》的介绍，有些女子光凭头脑想象，就可以让自己达到性高潮：

> 根据现代的观点，阴蒂高潮和阴道高潮之间的区别只是比喻式的，而不是解剖式的。事实上，乳头的刺激也可能产生性高潮，许多喂奶的母亲已证实了这点。一些妇女只要能得到对其他敏感的性感区的刺激，甚至一些罕见的妇女只是通过头脑中的幻想，也能产生性高潮。（莫尼等：《性学总览》，第874页）

> 克隆比斯和克莱因佐格于1950年进行的研究，重点是自身性唤起对心脏的影响。这项研究只涉及两个受试者：一位通过意淫达到性高潮的妇女，另一位是通过手淫达到性高潮的男子。尽管这位与众不同的妇女在达到性高潮的前后身体始终保持一动不动的状态，但她的心率则从每分钟60次上升到了每分钟103次，收缩压从休息状态的110毫米汞柱，上升到性高潮时的160毫米汞柱。在此以后，收缩压急剧下降至正常。（同上，第968页）

《我们的性》一书也认为，无论男女，都有人可以通过性幻想使自己达到性高潮，只不过女子比男子要更容易些：

> 在清醒状态下，男性仅仅通过性幻想就能达到性高潮的可能性极小，到目前为止，我们还未见到这方面的第一手资料，金西及其同事报告，在5000名男性中仅3～4人曾发生过这一现象。相反，在女性这种现象的发生率明显增高（约2%，Kinsey et al., 1953年）。（克鲁克斯等：《我们的性》，第128页）

科学家们还发现，人类的性高潮与大脑的中隔区密切相关，因此，只要用一种特殊的装置直接刺激该中隔区，便可使人产生高潮：

第五章 性高潮

给一个有情绪障碍的男性患者提供一种自我刺激装置，他使用该装置，最高次数达1500/小时，刺激是针对大脑中隔区的。该患者说电刺激可以产生强烈的性快感。并坚决反对把此装置从他身边拿走。另一位癫痫患者也认为刺激大脑可直接产生强烈的性快感和多次性高潮反应。（克鲁克斯等：《我们的性》，第149页）

今天，人们已经从阴道性交是达到性高潮的唯一正确途径的观念中走了出来，承认了通过阴蒂刺激来达到性高潮的行为的正当性。但是，我们不能据此就否定阴道性交的意义，这不光是因为阴道性交关乎传宗接代（虽然传宗接代也可以不通过阴道性交，如试管婴儿）、关乎男女间情感的沟通，还在于阴道性交关乎男女间阴阳物质的交流，与人类健康有着密切的关系。

### 3. 女子获得性高潮的好处

性高潮是人类身心的最高享受，女性在性高潮时的忘形和失控使她们体味到生命中的奇异之乐。而且，就在这种享乐的过程中，女性的身心状况都会得到较好的调整和改善，从而使女子的生活态度更加积极，对未来更充满信心。具体而言，性高潮对女性的好处主要体现在以下几个方面。

（1）使女性感受到生活的美好

在明清小说中，常常有这样的情节：女子与丈夫成婚后，因丈夫身体弱或素质差等原因，使女子从未享受过性高潮；后来，女子遇到另一个身体壮且知趣的男性，终于享受到了性高潮的乐趣，此时，她们会情不自禁地发出感叹：想不到性交竟会有如此乐境。

在明代小说《初刻拍案惊奇》中，描写滕生与有夫之妇狄氏性交，"弄得狄氏遍体酥麻，阴精早泄"，狄氏便感叹"若非今日，几虚做了一世人"：

> 那滕生是少年在行，手段高强，弄得狄氏遍体酥麻，阴精早泄。原来狄氏虽然有夫，并不曾经着这般境界，欢喜不尽。云雨既散，挈其手道："子姓甚名谁？若非今日，几虚做了一世人。自此夜夜当与子会。"（凌濛初：《初刻拍案惊奇》，卷之六）

在明代小说《欢喜冤家》中，说到任三与花二娘性交，使花二娘得享性高潮，花二娘的反应是"不想此事这般有趣"：

> 花二娘从做亲以来，不知道这般有趣。任三见他知趣，故出气力，两个时辰方才罢手。未免收拾整衣。二娘道："我不想此事这般有趣，今朝方晓得这般滋味，但愿常常聚首方好。"（《欢喜冤家》，第一回）

在明代小说《禅真后史》中，说到女子劳氏与一个和尚偷情，劳氏想把另一女子田氏也拉入其中，田氏半推半就，不好意思去做，劳氏便对田氏道："彼时浑身畅快，遍腹作痒，

性命也不要了，兀顾什么羞耻"。（见方汝浩：《禅真后史》，第五十二回）

以上均系小说家言，当然有夸大之处；那些女子不守贞节，与其他男子私通，也有失妇道。但是，正是通过这些越轨之举，她们享受到了性高潮，并由此而有"否则此生白活了"的感叹，由此可见性高潮于她们生命的意义。

（2）使女子感到身心愉快

关于性高潮对于女子身心的好处，民国时期的性学家张竞生有这样的论述：

> 交媾如得其法与合度，则极有益于身体与精神上的愉快，一人的神经系与感触腺最灵敏的莫过于在生殖器的地方。生殖器运动时则身内一切官骸皆发电气的作用：筋松骨软，血管膨胀，两颊晕红，双眼如醉似睡，口鼻里发生一种至感动人的音浪，即细至一毛一发也生了电气在那里颤动。这个可说是周身最精微最完全最快乐的运动呢！

（张竞生：《美的人生观》）

一些女子也反映，性高潮可以使她们精神振奋，身心平静：

"高潮令我有耳目一新的感觉，五官为之重新振奋，好似刚自睡梦中苏醒，活泼、有朝气、光华四射，把每天呆板无聊的生活都美化了。"

"高潮带给我无可比拟的快乐，对我来说，每一条前往高潮之路，都是上通极乐天堂之径。高潮可以抚平我的怒气，安慰我内心的渴望，每一次高潮至少能维持我连续48小时的身心平静。所以，有朝一日，假使连高潮都不能再让我获得休憩养生的机会，我想我准会以自杀了结此生。"（海蒂：《海蒂性学报告——女人篇》，第57页）

### 4. 性高潮缺乏

虽然绝大部分女子可以通过阴蒂刺激的方法达到性高潮，但是，据《金赛性学报告》的调查统计，仍有10%左右的女子无论用任何方法都无法达到性高潮。（见瑞妮丝等：《金赛性学报告》，第305页）《我们的性》中也称："在美国，将近5%～10%的成年女性，无论通过任何方式，如自己的或性伙伴的刺激，都从未经历过性高潮。"（克鲁克斯等：《我们的性》，第457页）

女子达不到性高潮，有的与生理因素有关，有的与心理因素有关，有的则与不懂刺激方法有关。

在清代小说《醉春风》中，说到俞门子娶了妻子以后，却不喜欢与妻子性交，而喜欢与另一女子三娘子性交，原因就是自己的妻子不懂风情，在性交时没有性高潮，像死人一样。（见《醉春风》，第七回）

在《海蒂性学报告》中，也有一些女子陈述她们没有性高潮的苦恼：

第五章 性高潮

"我曾经试过各种办法,可是,还是无法达到高潮。我一直都这么觉得:要是我能享有一次高潮的话,我一定会感到更加满足。直到今天,每回做完爱,我都不曾觉得满意。没有高潮,让我觉得很挫折、没有安全感。这让我产生很强烈的悲哀,在我一生中,这是最让我感到难过的事。我不晓得处在这样无法令人满意的性生活中,我是否还要继续跟丈夫维持婚姻关系。"

"高潮总是从我身旁溜走,无论我怎么努力也做不到。天知道!我试过各种办法了。我一直尝试要达到高潮,甚至还在上帝面前发誓:这辈子一定非要达到高潮不可!哪怕那时我已85岁,人老珠黄了,即使只有一次,也就让我死而无憾了。"(海蒂:《海蒂性学报告——女人篇》,第118页)

女子在性交时没有性高潮,不光给女子带来心理上的缺憾,也会给女性的生理带来不良的影响。据《海蒂性学报告》称,女子在性交中长期享受不到性高潮,会出现骨盆腔充血的症状,并造成长期的腰酸、痛感以及情绪不安等。(见同上,第271~272页)

正因为女子性高潮缺乏会带来诸多负面影响,现代性学设计出了专门治疗女子性高潮缺乏的方法,核心内容是让女子学会手淫,学会在性交时消除紧张感,并仿照女子在达到高潮时的动作调整自己的身体:

性高潮缺乏的治疗方案由4个部分组成。首先,对于从来没有过性高潮的妇女,要她进行指导下的手淫(洛皮科洛和洛比茨,1972)。使用手淫的基本理由是因为这种方法最易于引起性高潮。据金赛1948年说,对普通妇女用手淫达到性高潮的可能性为0.95,而性交达到性高潮的可能性为0.75。

治疗性高潮功能障碍的第3个主要部分是排除对性唤起的压抑。很多性高潮缺乏的妇女在进入性高潮中受到压抑,怕在丈夫面前失去控制,怕表现出一付极度兴奋和无比欢乐的难堪相。这类妇女手淫时可以有强烈的性欲冲动(但不是性高潮),甚至背着丈夫独自手淫时还会产生性高潮。出于这种情况,可让患者反复体验大肆夸张了的性高潮,如猛烈痉挛,大声喊叫和其他极端行为。知道这仅仅是在表演,夫妇俩都愿意参加。在完成规定的家庭活动时,夫妇俩反复体验了性高潮。开初的惧怕和困窘变成了娱乐和习以为常的事(洛比茨和洛皮科洛,1972)。

……

治疗性高潮功能障碍的第4个部分是教会妇女某些动作。在极度性兴奋的情况下,这些动作经常激发性高潮。在强烈的性高潮中,这些动作本是自发的、无意的(辛格和辛格1972),但有意地去做这些动作便可能产生性高潮。这些性高潮刺激包括盆骨冲撞、把双脚并拢且打直、收缩大腿肌肉、屏住呼吸、将横隔膜下推、收缩阴道肌肉,头尽量向后的移动声门。(莫尼等:《性学总览》,第1232~1233页)

其实，对于因心理因素和不懂性交方法而导致的性高潮缺乏来说，经过正确的指导，女子们都可以达到性高潮。如在上面所举的例子中，玉香因对性交有抵触情绪，故无法达到性高潮，后来，未央生买来一本春宫图册与玉香一起欣赏，玉香便渐渐对性交有了兴趣，并终于达到了性高潮。（见《肉蒲团》，第三回）所以，对于女子性高潮缺乏的情况，只要男女之间协调配合，采取积极的措施，问题大多能够得到解决。

## 二、男性性高潮与射精

与女性性高潮相比，男性性高潮较为简单，因为对于绝大多数男性来说，只要摩擦阴茎及龟头，都会引起射精并达到性高潮。因此，关于男性性高潮，似乎没有展开讨论的必要。然而，如果我们把问题深入一步，则会发现，围绕男性性高潮，仍有许多值得探讨的问题，如女性有多重性高潮，那么男性有没有？射精等同于男性性高潮吗？男性的精液是否宝贵，它是由蛋白质、氨基酸等组成的普通物质，还是蕴涵着某种生命力的宝贵物质？等等。

### 1. 男性性高潮

在中国古代性学中，对男子达到性高潮时的状态描述较少，这主要有两个原因，一是中国古人认为男子的精液是很宝贵的，除了用于传宗接代，否则最好藏之不泄，因此，在性交过程中，他们要求男子久交不泄，而不泄精通常就达不到性高潮；二是中国古人把性交看作是男女在一起享乐之事，而享乐的主要内容是看女子如何在男子的刺激下变得痴迷、疯狂，因此，他们对女子在性高潮时的表现常常有极为细致的描述，而对男子在性高潮时的状态则很少予以关注。即使在明清艳情小说中，说到男子性高潮时，也大多用"乐极，一泄如注"一笔带过。如明代小说《别有香》中描写一少年的性高潮："那少年见了笑道，好浪态，一泄如注。"（《别有香》，第十二回）在另一处也说："生一笑，亦不觉的欢来毕事。"（同上，第十三回）在清代小说《姑妄言》中，描写富新与女子空氏性交，达到性高潮时，也是"不觉浑身一麻，一泄如注"。（见《姑妄言》，第十八回）在清代小说《绿野仙踪》中，描写周琏达到性高潮时的情形，也不过寥寥数语："霎时精液泉涌，周琏觉得从顶梁骨上失魂，酥麻到脚心底内。"（见李百川：《绿野仙踪》，第八十一回）

现代性学对男性性高潮时表现的描述也不是很多，《金赛性学报告》中把男性性高潮分为两个几乎同时发生的阶段，一是感觉到射精不可逆转，二是射精：

> 对男性而言，高潮包括两个不同且分开的部分，不过多数男性都同时发生。第一，前列腺和其他内分泌腺（见图九）会收缩，迫使分泌物到尿道底部（里面的一端），

第五章 性高潮

达到性高潮的男子

这就是所谓的"发射",只要这些状况发生,射精便不能停止。数秒过后,阴茎和尿道收缩,迫使精液自阴茎顶端射出,形成高潮。像女性一样,这些收缩都不到一秒,而肌肉的收缩不止是阴茎和尿道,还包括肛门、其他的生殖器官以及骨盆腔附近。(瑞妮丝等:《金赛性学报告》,第135~136页)

另外,《金赛性学报告》还从女性感受的角度,来描述男子性高潮时的情形:

女人不太可能感觉到男人射精,因为阴道内侧三分之二处只有很少的神经,不过有其他现象可以辨识。射精时,阴道外侧三分之一处可以感觉到阴茎的脉搏跳动,或者将手在靠近阴茎底部也可以感觉得到。高潮时他的睾丸会比较靠近身体,你也可以触摸得到。(同上,第200页)

《我们的性》一书中也把男性性高潮分为两期,发射期和爆发期,其内容与《金赛性学报告》基本一致:

如果继续进行有效刺激,许多人就可以从平台期进入性高潮。……在发生射精时分为两个时期。第一期或发射期,精液积聚在尿道壶腹部,此期伴有一种不可避免要发生性高潮的主观感觉。第二期或爆发期,精液通过肌肉收缩从阴茎排出。(克鲁克斯等:《我们的性》,第165页)

与女性在达到性高潮时的丰富感受与表现相比,男性性高潮的表现确实简单了些,不过,这也与事实相符,因为女子性高潮的持续时间有30秒左右,而男子性高潮的时间则只有短短的6秒。

2. 射精的机理

中国古代性学认为,精液由人体中的精气凝聚而成,人在没有性欲时,这些精气分布于脏腑之中,滋润着人体百脉;等到性欲一发动,这些精气便会聚集起来,最后通过阴茎泄出去:

膀胱为左肾之腑，三焦为右肾之腑，三焦有脂膜如掌大，正与膀胱相对，有二白脉自中而出夹脊，而上贯于脑。上焦在膻中，内应心；中焦在中脘，内应脾；下焦在脐下，即肾间动气，分布人身。方其湛寂，欲念不兴，精气散于三焦，荣华百脉；及欲念一起，欲火炽然，翕撮三焦，精气流溢，并以命门输泄而去，可畏哉！（李鹏飞：《三元延寿参赞书》）

常人精每亏少，但凡交感，激挠一身之骨骼，搅动一身之精髓，情欲才动，心君亦淫，三尸搬于上，七魄摧于下矣。方得精自两颈而上，由五脏升泥丸，与髓同下，自夹脊、双关至外肾交姤。此为五浊世间法，故李宜春曰："精之在体，在骨骼，犹金之有液，水之有脂，因欲火下炽，遂克化而为物。"（龙遵叙：《食色绅言·男女绅言》）

在中国古代性学中，这些散布于脏腑中的精气又称为元精，而从阴茎泄出的精液则称为交感之精，如明代的万尚父在《听心斋客问说》中说：

客问：元精与交感之精何以异？曰：非有二物。未交之时，身中五脏六腑之精，并无停泊处，却在元炁中，未成形质，此为元精。及男女交媾，精自泥丸顺脊而下，至膀胱外肾施泄，遂成渣滓，则为交感之精矣。

关于射精的机理，西方学者曾有一种理论，认为是由身体发热引起的精液积聚和喷射。因为人在性交时会通过摩擦生热，这种热量渗入体液后便会使体液产生泡沫，这些泡沫中最富有活力的部分最终就会变成精液：

性行为从一开始就被解释成一种激烈的机械行为，目标在于射精。首先，生殖器的摩擦和波及全身的运动产生了一种发热效果；此后，随着搅动，热量渗入体液，遍布全身，形成较多的液体，最终产生了"泡沫"。"所有液体被搅动时都产生泡沫。"这时，"分离"的现象出现了，这个泡沫状液体的最活跃的、即"最丰富和最有力的"部分被带到头脑和脊髓，进入腰部。然后，这股发热的泡沫到达肾脏，从那儿经过睾丸到达阴茎，在这里，经过一阵剧烈的痉挛，它被射出。（福柯：《性经验史》，第222页）

现代性学则认为，男性射精与脊髓、丘脑等部位的反应及多巴胺的积聚有关：

如果说勃起是在大脑中孕育而在阴茎中发生，那么射精则恰恰相反。由勃起的阴茎及其周围部位产生的触觉刺激会令感觉神经向脊髓发射信号，并最终传回大脑。

由于越来越多的神经刺激从生殖器返回到丘脑中，多巴胺也会逐渐地积累，积累到一定程度时，丘脑就会发生剧烈反应，并将产生的冲击波传递到大脑的其他部位。

部分冲击波还会令新的神经向骨盆传递信号。这一系列协调性的收缩都是在骨盆底肌肉、前列腺、精囊和附睾中进行的，在收缩的过程中，精子和精液会被推进到尿道中，最后从阴茎射出。（《时尚健康》男士版，2009年第4期）

第五章 性高潮

### 3. 节欲保精的重要性

在中国古代性学看来，精液是生命的重要物质基础，是男子身上的宝贝，不可轻易泄出，精液泄尽，生命也就完结。如元代的李鹏飞在《三元延寿参赞书》中说，"精液为宝"，弃损精液，则"衰老而命坠"：

　　《经颂》云：道以精为宝，宝持宜秘密。施人则生人，留己则生己。结婴尚未可，何况空废弃？弃损不觉多，衰老而命坠。

　　《仙书》云：阴阳之道，精液为宝。谨而守之，后天而老。

明代的汪昂在《勿药元诠》中也说，精液是神和气的基础，精液耗竭，则"百脉枯槁"：

　　人生之血，百骸贯通，及欲事作，撮一身之血，至于命门，化精以泄（人之受胎皆禀此，命火以有生。故庄子曰：火传也，不知其尽也）。夫精者，神倚之如鱼得水（神必倚物，方有附丽。故关尹子曰：精无人也，神无我也。《楞严经》曰：火性无我，寄于诸缘），气依之如雾覆渊。不知节啬，百脉枯槁。（汪昂：《勿药元诠·色欲伤》）

明代的龙遵叙在《食色绅言》中也说，男子当"绝欲宝精"，因为"精竭命亦随逝"：

　　夫人之生，禀父精母血成其躯壳，及乎壮年，与嗜欲俱，却将所受之精流于爱河欲海。丧之早者不满下寿，丧之迟者不满中寿，丧之晚者不满上寿。若欲身安寿永，惟当绝欲宝精。神之寿命主乎精气，犹灯之有油，如鱼之有水，油枯灯灭，水涸鱼亡。奈何愚人以苦为乐，见色弃生？岂知精竭命亦随逝！（龙遵叙：《食色绅言·男女绅言》）

清代的《紫闺秘书》中说，男子的精液仿佛明珠碧玉，若轻易泄精，则仿佛"将珠玉投于污泥之中"：

　　夫惜气保真者，真也。天有三奇日月星，地有三奇乙丙丁，人有三奇神气精。保精者，则百病不生。须要保守精气，不可等闲漏泄。术曰：保精惜气，如明珠碧玉无价。人之精岂可有价乎？若将精气等闲漏泄，如将珠玉投于污泥之中，岂可再得？可不慎乎！（《紫闺秘书·采补修身诀法》）

有人追问：人在泄精时享受到了快乐，如果不泄精，怎么享受快乐呢？《紫闺秘书》的回答是：随着你不断泄精，连生命都无法维持，你又怎么享受快乐呢：

　　或问曰：人以泄精为乐，今关而不泄，何为乐乎？答曰：子知阴动阳静之理乎？夫阴动阳静，是内虚外实也。一泄其精，则四肢不举；二次泄精，神气昏乱，性命反复，号曰行尸，所乐安在？问者敬服。真人曰：一度之泄，一次火灭；一度不泄，是一次添油。（《紫闺秘书·素女房中交战秘书》）

在古代西方，也有着与中国古代性学家类似的思想。这些西方古人认为，精液的不断排出，虽然使人享受到了快乐，但同时也使生命付出了高昂的代价，因为它包含着"生命本身"的那部分东西丧失了；而保精不泄，则可使身体具有强大的能量：

因此在这种对养生法的关注中，就出现了一种自相矛盾的现象：人们寻求在性活动与节欲之间的平衡，性活动不能说是一种邪恶，可是"减少"它似乎总比"增加"它好。如果人体自然会产生一种有繁殖力的生命物质，那么把它排出体外尽管在原则上符合本性的要求，但是也会给人体带来危险的后果。整个人体，特别是那些最重要、最脆弱的器官，会冒险为这种本性使然的消耗付出高昂的代价。而保存这种极力逃逸的物质，可以成为赋予身体以最强大的能量的手段。（福柯：《性经验史》，第217页）

不论精液是来自整个机体，还是源于灵魂与肉体相互连接的地方，或者是漫长的体内食物消化的结果，排泄精液的性行为都令生命付出了高昂的代价。快感也许会很好地与性行为相伴，因为这是自然的安排，好让人不忘记生儿育女；但是这种性行为对生命本身是一种沉重的打击，使得所有包含着"生命本身"的那部分东西丧失了。这就是亚里士多德对性交过后"明显的"虚弱所作的解释。（同上，第227页）

在当代中国，也有一些学者认为，精液中除了西方性学家所描述的那些物质成分，还应该有一种被称为"生命力"的东西，它靠科学仪器无法测出，但它肯定是存在的：

科学的分析已经发现精液是一个包容着大量维生素、矿物质、微量元素、荷尔蒙、蛋白质、离子、酵素和其他的生命营养物质的宝库。

但是在精子里还有一种宝贵的东西，它是当今的科学不能分析出来的，并且还比任何维生素重要得多，它可能被称为"生命力"。尽管它未能显现在任何科学仪器上，但它是超出想象的，因为它能把生和死分开来。人参根是另一种自然植物，经过化学分析显不出特别的东西，然而它使生命恢复的力量现在已普遍承认。（杨林：《夫妻双修功》，第4页）

中国古代性学家关于男子应该节欲保精的观念，对于普通人来说，无疑是过于苛严了。因为在现代社会，不少男子平均每周一至数次有规律的性交或手淫，都会导致泄精，若在泄精时常常想着中国古人的谆谆告诫，无疑会成为巨大的压力，使性生活索然无味。因此，对于中国古人的这些观念，我们必须一分为二，作出正确的理解。

首先，中国古人的这些观念，应该作为对纵欲者的一种劝告，而不应成为普通人的生活准则。精液中的绝大部分是水，再加上蛋白质、果糖等少量营养物质，因此，它的泄出，对生命不会造成多大的影响，因为人是一个活的机体，他在不断进行新陈代谢，现有的能量消耗了，可以通过其他的手段补回来；更何况"精满自溢"，你不主动去泄它，它就会通过梦遗等方式自动泄出。因此，有规律地泄精，这是正常的，也是必需的。

其次，中国古人认为精液是男子的身中之宝，这也是正确的，我们可以肯定地说，精液的成分不光是现代性学所说的那些东西，它还有我们现在未知的东西，把这种东西称为"生命力"，也未尝不可。但是，对于普通人来说，这种"生命力"与他的身体健康没有

第五章　性高潮

多少关系，也就是说，这种蕴涵着神秘生命力的精液，对普通人不起作用，留在体内，对生命不会产生明显的补益；泄漏出去，对生命也不会带来明显的危害。那么，这种神秘的生命力对什么人会起作用呢？就是那些修炼之士，尤其是佛道的修炼之士。因为修炼之士通过特殊的修炼手段，使精液中的这种神秘生命力处于激活状态，在这种情况下，保精不泄，意味着生命力的保存和积聚；泄漏精液，则无疑意味着生命力的明显消耗。关于这个问题，我将在本书的"房中功夫"一章中展开介绍。

现代性学也发现，精液中除了以上所讲的那些物质成分，还存在一些激素，如睾丸酮及雌激素，它可以对女子的身体造成影响。男子若在性交时把精液直接射入阴道，可使女子产生幸福感并变得更美丽：

> 科学研究指出，当女人们与不戴避孕套的男人做爱，她们将感到要比那些男人戴着避孕套的女人更幸福。正如生物学家所说，其原因是在男性的精液中含有增进情欲的激素，其中包括睾丸酮及雌激素，它们可渗透到女性的血液中并进而进入大脑。在这项研究中，科学家对他们所在学校的293名女大学生进行了查询。研究人员先按她们的伙伴使用避孕套的情况分组，然后通过公式化的心理测验来评定她们体验的情绪，结果发现如果伙伴从未使用过避孕套，她们往往觉得自己是幸福的，其次是伙伴有时使用避孕套的女大学生觉得也还可以，而如果伙伴经常使用避孕套，她们在精神上可能并未感到幸福甚至还有压力。（《健康世界》，2004年第2、3期）

另外，现代性学虽把男子泄精视为极其正常之事，但同时也指出，过度泄精也会使男性体内的能量降低，影响健康：

> 一个年轻的、精力充沛的男人如果想保持他的精力，一天最多射两次精液，否则，他的能量就会变得很低，甚至很危险。（《时尚健康》男士版，2006年第1期）

> 科学表明，如果你在晚上射精超过4次，那么在第5次开始，你精液中的精子活跃度就基本已经降到0点，所以，所谓的一夜N次郎并不代表生育能力强。（同上，2011年第7期）

因此，世上没有永远免费的午餐，快乐的获得，总是要付出代价的，但是千万不要以健康甚至生命为代价。

### 4. 吞精与养生

因中国古人称精液是男子身中之宝，便有人发出奇想，既然精液是宝，那么，如果把精液吞下肚去，岂不对健康大有补益？在中国历史上，不光有这样想的人，而且还有这样做的人。据《耳目记》载，周时（武则天称帝时）的舒州刺史张怀肃、唐代的左司郎中任正名都有吞服人精的嗜好："周舒州刺史张怀肃好服人精，唐左司郎中任正名亦有此病。"

在明清小说中，描写男女性交至男子泄精时，亦有女子把精液吞下去的情节，但那只是为了表达女子对男子的感情，以及渲染性交时的场景，与以之作为养生手段无关。在明清小说中，唯有《野叟曝言》一书，对如何服用精液及吞食精液对健康的好处有极为详尽的描述。

书中写到，财主李又全富甲一方，妻妾成群，受到一位龙虎山道士的指点，专食健壮男子的精液。他先是让人观察正在小便的男子，若阴茎长得壮大的，便先用兴龙酒把他灌醉，再让他服下锁龙丸，让他的精液不会因阴茎受到刺激而泄出；接着就让众姬妾与之性交，让他全身的精液积聚起来；再让他服下兴龙酒、追龙汤，使精液得通，李又全便于此时喝该男子的精液。（见夏敬渠：《野叟曝言》，第六十八回）

书中还介绍了李又全喝文素臣之精液时的具体过程，并且说，文素臣之精液又香又甜，李又全喝下此精液后，性欲旺盛，性能力大增。（同上，第六十七回）

这些情节当然属于小说家的杜撰，但它确实从一个侧面反映了中国古人的性观念。在现实生活中，喝精液（尤其是女子喝其性伴侣之精液）常常是男女性交时的一个小插曲，并无借此来养生的意思。从以上关于精液成分的介绍中可知，精液中确实有一些营养物质，但它并无特异之处，因此，吞精既无损健康，也不会对健康有神奇的作用。不过，在这个问题上，性学家们也提出了很有价值的劝告：若某男子有病，尤其是传染病，则其精液千万不能喝：

> 没有证据显示吞下精液（男人在高潮时射出的液体，包含精子）会对健康有害，除非此精液来自已有性传染病者。由精液传染的疾病包括淋病、披衣菌感染、B 型肝炎，还可能包括 AIDS 病毒。甚至只是嘴巴接触到这些患有疾病者的性器官（没有吞下精液），也会传染到疱疹、梅毒和人类乳头状瘤病毒等。（瑞妮丝等：《金赛性学报告》，第 209 页）

第五章 性高潮

第六章

助性手段

助性手段指能刺激性欲或有助于更好地进行性行为的各种东西或方法，包括性玩具、色情书画等。中国古代生活方式简单，生活节奏缓慢，这就使人们有更多的时间去享受生活。尤其是那些富有的知识分子，家里妻妾成群，又无餍地追求性享乐，于是发明了种种助性的办法，从色情小说、春宫画、人造性具到三寸金莲，可谓无奇不有，蔚为大观。

## 一、"淫词小说"与春宫画

### 1．"淫词小说"

"淫词小说"是清代统治者对涉及性描写的小说的统称。在小说中具体描写性行为和性心理，往往能较好地刺激读者的性欲，因此，人们一直把有性描写的小说视作一种有效的助性手段。在中国历史上，无论是汉魏六朝时期的小说，还是唐人传奇等，都有一些涉及性描写的作品，但是历代统治者均未予以理会。自明末至清代，一方面由于涉及性描写的作品大量出现，另一方面由于统治者在如何对待性的问题上日趋保守，从而出现了把涉及性描写的小说称为"淫词小说"并严加禁绝的措施。

（1）明清时期的"淫词小说"

在中国历史上，特别是中晚明及清初的时候，产生了大量描写性行为、性心理的作品,其中较具代表性、影响较大的有《金瓶梅》、《肉蒲团》、《株林野史》、《昭阳趣史》、《浓情快史》、《灯草和尚》等。这些作品曾在社会上广泛流传,对当时的社会生活尤其是人们的性生活产生了很大的影响。

对于《金瓶梅》、《灯草和尚》等涉及性描写的小说,清代统治者一概称之为"淫词小说"。关于明清时期"淫词小说"的概况,《中国历代禁毁小说海内外珍藏秘本集粹·总序》中有较好的说明,现引述于此,以方便读者了解:

> 在小说中不加藻饰地描写性行为,大约始于托名汉伶玄的《飞燕外传》。以后虽有继者,然大多仍未出揭露宫闱内幕的范围,其直接性行为描写在叙述中也不占很大比重。但到中晚明,情况发生了较大变化。大约产生于弘治、正德,流行于嘉靖时的《如意君传》,虽仍以揭露宫闱为题材,其恣肆的性行为描写,已开中晚明小说性描写之先河。以后,"三言二拍"和《金瓶梅》则将这种刻露的性行为描写,纳入对普通人现实生活的描摹之中。这其中又以《金瓶梅》的描写最为惊世骇俗。
>
> ……在《金瓶梅》的影响下,明末清初还产生了一批叙述淫荡之事、性描写十分赤裸的"小说"。虽然这些小说与才子佳人小说对峙分流,但同样没有《金瓶梅》的历史和美学内容。恰如大陆文学家鲁迅所说:"然《金瓶梅》作者能文,故虽间杂猥词,而其他佳处自在;至于末流,则着意所写,专在性交,又越常情,如有狂疾,惟《肉蒲团》意象颇类李渔,较为出类而已。其下者则意欲媟语,而未能文,乃作小书,刊行于世……"(《中国小说史略》)这些小书,如《绣榻野史》、《浪史》、《昭阳趣史》、《灯草和尚》、《株林野史》、《浓情快史》等,不下数十种。多取材市井,也有假于史乘者,无不极写淫人淫事。这类性描写触目惊心的书,几乎在每一张禁书单上都被排在前列。……但也有不少作品,如上举《绣榻野史》、《浪史》等,不仅没有审美价值,又因其张扬肉欲,铺陈丑态淫声,带有强烈性刺激、性挑逗意味的色情描写,现在也不适宜在社会上扩散以污染空气。

(2)明清时期对"淫词小说"的禁毁

因为《昭阳趣史》、《灯草和尚》等作品中充斥着对性行为与性心理的露骨描写,与统治者提倡的社会和家庭道德规范产生严重冲突,因此屡遭统治者的禁毁。据史料记载,明正统七年(1442年),国子监祭酒李时勉上疏奏请禁毁瞿佑所著《剪灯新话》等书籍,开了禁毁书籍之风。李时勉在上疏中称:"不惟市井轻浮之徒争相诵习,至于经生儒士,多舍正学不讲,日夜记忆,以资谈论,若不严禁,恐邪说异端日新月盛,惑乱人心,实非细故。"由此可见,李时勉奏请禁书的目的,是害怕《剪灯新话》等书中的"邪说异端""惑乱人心"。但是,明代的禁令并不是很严,即使像《金瓶梅》这样的作品,也并未遭到政府的明令查禁。

第六章 助性手段

到了清代，则对涉及性描写的作品采取了严厉的查禁政策。顺治九年（1652年），清世祖下令"严禁琐语淫词"，"违者从重究治"。康熙二十六年（1687年），清圣祖下诏对"一切淫词小说……立毁旧板，永绝根株"。嘉庆十五年（1810年），御史伯依保奏请禁止《肉蒲团》、《浓情快史》、《如意君传》、《灯草和尚》等书，得到朝廷批准。道光十八年（1838年），江苏按察使设局查禁"淫词小说"，所列书目中有《昭阳趣史》等115种，书目后还有"其他小说足以诲淫诲盗者，一概严禁收毁"等语。清代其他关于查禁"淫词小说"的禁令还有很多，在此就不一一列举了。

《灯草和尚》、《昭阳趣史》、《浓情快史》等小说，沉迷于对性行为、性心理的描写，易使普通读者溺于肉欲之中，尤其易使未成年人意志消沉、不思进取，政府下令禁止，似无可厚非；像《金瓶梅》、《肉蒲团》之类的小说，虽不乏大段的性描写，然作者文笔优美、学养深厚、说理风趣，不加分析地一禁了之，则值得商榷；至于是像《红楼梦》这样的旷世名著，亦屡列清廷禁书之目，则不免使人愤慨：如此禁书，依据何在？须知，对像《红楼梦》这样的名作的禁毁，遭殃的不仅仅是《红楼梦》而已，而是对当时中国人的文化创造力的严重摧残。因为，如果没有此类荒唐的禁令，现代的中国读者将能享受到更多的像《红楼梦》这样的文化精品。

在清代陈其元的《庸闲斋笔记》中，我们可以看到《红楼梦》遭禁的原因："淫书以《红楼梦》为最，盖描摹痴男女情性，其字面绝不露一淫字，令人目想神游，而意为之移，所谓大盗不操干矛也。"（陈其元：《庸闲斋笔记》，卷八）因为《红楼梦》会让人"目想神游，而意为之移"，于是把它视为淫书之最，真可谓欲加之罪，何患无辞。

（3）色情小说与淫秽小说

上面说到，清廷往往把那些涉及性描写的小说称为"淫词小说"，至于何谓"淫词小说"，则从无明确的定义，而完全由地方官在执行时凭自己的主观意志来认定，这就给执法带来很大的随意性，一些好的文化精品被冠以"淫词小说"，也就在所难免了。

那么，什么叫"淫词小说"呢？所谓"淫词"，指淫秽的言词；所谓"淫秽"，指在性行为上放纵，违反道德准则。因此，所谓"淫词小说"，指的是描绘放纵的性行为的小说。而事实上，在清代，性行为不管是放纵的还是不放纵的，都是不允许描述的。因此，清代统治者所谓的"淫词小说"，实质上就是有性描写的小说。关于清代禁毁"淫词小说"的原因，《中国历代禁毁小说海内外珍藏秘本集粹·总序》中有深入的分析："在封建时代，是稍涉礼教规定之外的两性关系，就被视为淫秽的，更不要说性爱了。礼教所承认的两性关系的唯一形式就是夫妻……人情小说大量出现，因切近生活不可避免地要描摹现实生活中大量的两性关系，这些关系不能完全依照礼教模式，有些甚至完全与礼教对立，这无疑触动了传统文化最敏感的神经，不同程度地构成了对礼教的亵渎和挑战。大力禁毁那些含有悖违礼教道德的男女关系内容的小说,正是为了从根本上维护礼教和封建社会的秩序。"

在《中国古代房内考》中,高罗佩把明清时期的"淫词小说"分为"色情小说"和"淫秽小说"两类:

> 作者把包含大量性描写的小说区分为两类,一类是 erotic novels,即色情小说,指并不专以淫秽取乐,而是平心静气状写世情的小说,代表作是《金瓶梅》;另一类是 pornographic novels,即淫秽小说,指专以淫秽取乐,故意寻求性刺激的下流小说,代表作是《肉蒲团》,此外,书中还介绍了《绣榻野史》、《株林野史》和《昭阳趣史》三书。这两类小说虽然都有大量性描写,但性质不同。前者在文学史和社会史的研究上占有很高地位,这是大家都公认的;而后者则从内容上讲是庸俗的,在艺术形式上也没有多少可取之处,是享乐过度、厌倦已极的心理表现,有时情节反而是为性描写而设计。(见高罗佩:《中国古代房内考·译者前言》)

其实,在美国,早就有把文学作品区分为色情文学、淫秽等的做法。据《我们的性》,在美国,色情文学并不违法,淫秽文学则属于违法,而淫秽文学的特点是暴力的、侵略性的、堕落的与非人性的:

> 我们把用于性唤起目的的有关性的本质的形象和文字材料定义为色情文学。
>
> 色情文学本身在美国并不违法,但被认为是猥亵的材料就违法。这样,许多有关色情文学的争论就集中于如何从法律上界定淫秽(obscenity)这个暗示个人或社会判定某事物令人厌恶的词汇。这一范畴通常包括暴力的与侵略性的或是堕落的与非人性的。狂暴与堕落的色情文学的核心是以性刺激和娱乐为目的描述不平衡力量,其中暴力型色情文学涉及侵犯和残忍,暴力以强奸、毒打、肢解甚至谋杀的形式表达;堕落型色情文学是对主体的具体化和诋毁。(克鲁克斯等:《我们的性》,第 608~609 页)

虽然如此,我们还是必须承认,对于色情小说与淫秽小说的判定仍然是十分困难的,它不仅受人们的认识水平的限制,还受到不同时代的风尚和观念的影响。在某个时代被视作色情小说或淫秽小说的作品,在另一个时代也可能被视作文化经典;在某个国度被视为经典的作品,在另一个国度亦有可能被视为淫秽小说。古今中外有许多不朽的经典如《红楼梦》、《十日谈》、《查太莱夫人的情人》等,都曾有过这种经历。

在这个问题上,西方国家也走过不少弯路,在此略作介绍,以资参考。

在19世纪下半叶的英国,对涉性作品的惩处十分严厉,当时有一个名叫科伯恩的审判长,对涉性作品作武断的判定。他认为,一部作品,不管它写得多么的好,只要在书中有一段性描写,或用了一两个淫秽的词,那么,该作品就属于色情文学。科伯恩把这一观念应用于希克林案的判决,因此该裁决后来被称为"希克林法"。当时有不少作品都深受该法之害。霭理士是英国著名的性学家,《性心理学》一书的作者。1898年,由霭理士修订的

第六章 助性手段

《性逆转》（主要研究同性恋问题）一书在英国出版。该书出版后,被有关部门定为"诲淫"的书。关于此事,《性心理学》一书中有这样的介绍：

> 大约半年以后,法院被迫开庭宣判,但判决书中竟然没有一个字明确提到霭理士和他的这部著作,法官只是在宣布释放那位被捕的先生时含沙射影地说道："也许一开始你就上当了,以为有什么人可能说过这是一部讨论科学的书；但任何一个活人,只要随便翻翻就看得出来,这不过是一种托词和欺骗,其目的是想兜售这部污秽邪恶的读物。"尽管英国社会上强大的保守势力通过法庭用非法的手段斥责这部书污秽邪恶,没有任何科学的价值,并且闹得满城风雨,企图一举摧毁先驱者们对于人类的性现象的研究,但结果适得其反,这部书很快就被翻译成德、法、西班牙和意大利等欧洲的几种主要的文字,传播到世界各地,不少专家学者撰文赞扬他,许多读者写信感谢他；他终于经受了一番暴风雨般的考验。霭理士通过1898年伦敦的这次审判,深刻地体验到"英国民族的某些令人憎恶的特点：清教徒的习俗,精神上的懦弱和伪善的传统陋习",思想变得更加深沉起来。（见霭理士:《性心理学》,第508页）

到了20世纪30年代,西方社会开始变得开明,在对涉性作品的判断和处置上也开始变得理性,其中较具代表性的是法官约翰·伍尔西对《尤利西斯》一书的判决：

> 1933年,美国纽约南区区级法院法官约翰·伍尔西在詹姆斯·乔伊斯的《尤利西斯》一案中,做出了有历史影响的判决,这个判决得到了纽约巡回上诉法庭的支持。事情是有人控告《尤利西斯》为淫秽读物,要对作者进行严惩。伍尔西法官做了一个这样的实验,他找来了两个熟人,凭他的了解,这两个人的性欲都属中等。伍尔西法官请他们从头至尾看完《尤利西斯》并说出自己的感受,他们同意了。后来,伍尔西法官宣布说："我有兴趣地发现,他们两个人都同意我的观点,把《尤利西斯》作为进行淫秽检查的必读物,认真地把它读完。结果是：它并没有激起人的性冲动或淫秽思想的倾向。这两个人对该书的唯一反应是：带着悲剧色彩、极其强有力地表现了男人和女人的内心世界。"
>
> 伍尔西法官这种做法的历史意义是,不再以"长官意志"来决定性文艺作品的命运,而以公众感受、实实在在的社会影响为根据。（刘达临：《世界古代性文化》,第409～410页）

到了20世纪50年代末,人们对性描写的宽容度进一步提升。1959年,英国颁布了《淫秽书刊检测法》,这个法律规定了一套崭新的检测淫秽色情的方法,即在认定一本书是否淫秽色情时,必须具备两个条件：一是某部分的全部内容能促使人腐化堕落；二是对读者必须检查他所处的所有条件,获得书的渠道,受教育的高低,是否能从听、读、看三方面来理解书中的性内容和性描写——只有在这两个条件同时具备的情况下,才能认定该书是淫秽色情的。（参见同上,第411页）

（4）明清"淫词小说"的功过利弊

时至今日，人们对明清"淫词小说"的认识已经发生了很大的变化：有些"淫词小说"已被认定为不朽的文学名著；有些"淫词小说"成了人们平时阅读消遣的对象；有些"淫词小说"则仍紧锁"禁宫"，普通读者难得一见。那么在今天，我们究竟应该以怎样的心态，去看待这些"淫词小说"呢？

要回答这个问题，首先应明确一个概念，即此处所说的"淫词小说"与明清统治者所谓的"淫词小说"已明显不同，《红楼梦》、《金瓶梅》等小说已不包括在内，因此，此处所说的"淫词小说"，实即指《肉蒲团》、《灯草和尚》、《昭阳趣史》等淫秽小说。对于这一类的"淫词小说"，估计多数读者会抱有这样一种心态：一方面认为它们是猥亵下流的，有害世道人心；一方面又充满好奇，欲一睹庐山真面目。其实，这种矛盾的心理本身就透露出了一个十分重要的信息：都说"淫词小说"会毒害人的心灵，或许并不至于吧？

a."淫词小说"对世道人心的影响

认为"淫词小说"会危害世道人心，使人堕落，甚至诱人犯罪，是人们一个普遍的共识。但若问为什么会形成这样一种共识，则似乎除了来自正统的宣传，再难找到有说服力的理由。那么，正统的宣传又是依据什么呢？追问至此，我们发现，正统的宣传其实只是基于某种假设，而缺乏强有力的证据。对此，现代学者已从不同的角度提出了质疑。

安德烈·洛亚在《性知识的禁忌》一文中认为，文学作品中的淫猥描写，如果大家采取一种正常的态度，本来没有什么害处；只是因为被那些所谓的道德家一禁止，才在读者心中产生了不正当的情感。他举例说，一个维多利亚时代的男子，只要看到女人的脚踝，便会有性冲动；而现代人即使看到女人光裸的大腿，也不会动心，这说明性刺激可以人为地制造出来：

> 反对检查文字，还有一个理由：直率无饰的淫猥描写，只要是公开的、不觉得羞耻的，其害处倒要少些；偷偷摸摸秘密弄出来，反引起人们的兴趣，其危害要更大些。尽管有法律在那儿，几乎每个小康家庭的人在他青春期中，都曾看过不高雅的画页；并且，他们因为这种画页难于觅得，要是得着了，反以之自豪。传统的人认为这些东西是有害的，但是，几乎没有人肯承认他受过那些东西的害处。无疑地，这些东西可以暂时激起人们的性欲，但是，一个人性欲经验的多少，要看他身体的情形而定，而使他情欲激起的时点又视他所受的社会习俗而定。一个维多利亚时代的男人只要看见女人的脚踝，就足以刺激他，而现代的人呢？大腿以下的东西都不能引他动心。这不过是服装的问题。假如大家时兴裸体，则裸体就不会刺激我们；到时候，男子必会强迫女子穿起衣服，以使她们有性的吸引力，譬如在有些原始部落里就是这样办的。

> 关于文字图画，也是一样的道理：维多利亚时代足以刺激人的东西，在比较直率

第六章 助性手段

的时期中，就失却了它这种力量。过饰礼节的人愈限制性的吸引的程度，则稍为有点什么，就足以使这种吸引力发生效力。淫猥书画之所以能吸引人，十之八九是因为道德家们在青年人的心里，对性方面灌输了一种不正当的情感；其余的是因为生理的作用，姑且不论法律的情形如何，都是会发生的。因此之故，虽然恐怕很少人会赞同我的意见，我自己坚决地主张，关于淫猥出版的问题，不应有任何法律的干涉。（见《读懂"性"福》，第96～97页）

在一些关于强奸案件的分析中，我们经常听到的一种观点是：这些强奸犯之所以会做出如此下流的违法行为，是因为他们受到了色情书刊的影响。然而，在《我们的性》一书中，作者指出，虽然强奸犯往往比普通人更喜欢接触暴力色情文学，但暴力色情文学与强奸之间并不存在因果关系：

> 对女性的性暴力态度与强奸之类的行为，是不是大量接触性暴力媒体的直接结果，其结论尚不清楚。强奸犯看来比非强奸犯更加倾向于购买色情文学作品这一唯一的事实未必意味着一种因果关系。当然也有一些其他的可信的解释，例如，使男性社会化成为易于向女性使用暴力的环境类型本身，也具有可能容易接触暴力色情文学的特征。因而，虽然案例研究表明接触这种媒体往往与强奸相关，它却无法告诉我们这种关系的确切实质。（克鲁克斯等：《我们的性》，第23页）

另外，蒙特利尔大学的一些科学家经过调查证实，一个成年人并不会因为观看有色情内容的东西而改变自己的性倾向或性爱习惯：

> "看色情内容并不会改变你的性爱习惯和行为。"蒙特利尔大学的科学家说。蒙特利尔大学负责这项研究的专家采访了大学里的异性恋男性，并调查他们的性习惯和性乐趣，结果发现这些受访者已经找到了他们喜爱的性爱方向，并能描述出他们喜欢的色情内容。"看到一个新鲜的性爱方式不会改变这个男性的性倾向，除非他对它早有兴趣。"蒙特利尔大学的专家说。这项研究还有个很有意思的结论：某些网上的性爱方式并没有让好奇者在现实的尝试过程中获得快感。（《时尚健康》男士版，2010年第7期）

当然，我在此引述上列资料，目的并不是为"淫词小说"作辩护，认为它们对人的心理不会产生不良的影响。事实上，一个正常的成年人在观看淫秽作品时，肯定会对心理造成某种程度的负面影响，但当他停止观看后，这种负面影响通常会很快消除。然而，对于一个未成年人来说，情况可能会很不一样。因此，在这个问题上，还是《中国性科学百科全书》上的观点较为公允：

> 色情文学对人究竟产生何种影响，人们所持观点不一。历史上几乎所有国家都曾有人认为它是导致社会堕落，引发性犯罪的根源，因而对其以法律的形式严加禁止。但也另有人认为上述观点往往是建立在直觉印象误解的基础上的。大量现代社会学研究证明色情文艺只是导致性犯罪的部分原因。社会对性表达的禁锢而导致的性神经过

敏可能诱发性犯罪。但色情文艺确有其明显的消极作用。成年人多看色情作品容易变得意志消沉。更重要的是，色情文艺对未成年人的身心健康发育有着极为不利的影响，对未成年人产生错误的诱导，使其形成错误的印象和观念，并影响其继起的行为。(《中国性科学百科全书》，第509页)

b. 明清"淫词小说"的"现代价值"

上面我们谈论了"淫词小说"对世道人心的影响，结论是它对世道人心确实会有某种负面影响，但是对这种影响不能盲目夸大。接下来我们再来谈一下"淫词小说"的"现代价值"的问题，即这些数量丰富的明清"淫词小说"，对于现代人来说，是一堆垃圾、一堆毒草，还是可供开发利用的资料抑或一个宝库？对此，现代学者主要有这么三种观点。

一种观点是视之为垃圾。这种观点以茅盾为代表，在《中国文学内的性欲描写》一文中，他认为中国的"淫词小说"自开始就走进了恶魔道，在文学上没有一点价值，而且要为社会上流行的不健康的性观念负责：

> 所有中国小说内实写的性交，几乎无非性交方法。这些性交方法的描写，在文学上是没有一点价值的，他们本身就不是文学。不过在变态性欲的病理的研究上，却也有些用处。(见《中国古代小说中的性描写》，第19页)

> 我们不能不说中国文学内的性欲描写是自始就走进了恶魔道，使中国没有正当的性欲描写的文学。我们要知道性欲描写的目的在表现病的性欲——这是一种社会的心理的病，是值得研究的。要表现病的性欲，并不必多描写性交，尤不该描写"房术"。不幸中国的小说家却错认描写"房术"是性欲描写的唯一方法，又加以自古以来方士们采补术的妖言弥漫于社会，结果遂产生了现有的性欲小说。无论如何抬出劝善的招牌，给以描写世情的解释，叫人家不当他们是淫书，然而这些粗鲁的露骨的性交描写是只能引人到不正当的性的观念上，决不能启发一毫文学意味的。在这一点上，我们觉得中国社会内流行的不健全的性观念，实在应该是那些性欲小说负责的。(同上，第30页)

第二种观点是不作明确的褒贬，但并不认为它们是一堆垃圾，而是努力去发现其中存在的可取之处。如高罗佩在《中国古代房内考》中说：

> 江南的高雅艺术家和文学家完全无视这种风花雪月的生活的阴暗面，一心投入对风雅生活的狂热崇拜。但不能否认，恰恰正是通过他们的努力，明代的风雅文化才在江南达到登峰造极。

> 然而，尽管通过这些孜孜不倦的努力，使人们对风雅生活的崇拜达到无以复加的地步，但有些学者、艺术家已越来越厌倦写雕琢堆砌的诗歌，与逢场作戏的妓女调笑显得乏味透顶，美酒佳肴也完全倒了胃口。况且，从北方断断续续传来的消息也透露出明朝气数将尽，使他们意识到这些世俗享乐全都好景不长。有些人因感于这种末世

第六章 助性手段

的气氛而遁迹山林,潜心佛理和道术;而另一些人则相反,他们狂热寻求新的刺激,更加放荡不羁。

后一伙人热衷于肮脏下流的东西,他们用街头巷尾粗俗下流的俚语写淫秽透顶的小说,并用艳词丽句的色情诗句点缀他们粗俗的文字。他们着力描写令人反感的性交细节,以致大段大段尽是淫猥描写。除去书中的诗写得很有水平,尚可宽慰的是,这些小说从不求助于性虐待和其他心理变态的过分渲染;尽管这些作者早已厌倦了这些肉欲的享乐,但他们却从未打算用鞭笞或其他施虐或受虐的行为来刺激肉欲。(高罗佩:《中国古代房内考》,第 410～411 页)

毕淑敏在"美好的性,是阳光下的火炬"一文中也认为,对明清的"淫词小说",很有分析提炼的必要:

食色,性也。我们是食的大国,我们有非常发达的烹调术语。它从古至今,源远流长地传递下来了,并有远播世界的可能。在我们悠久的古文化里,也有关于性的文字,但夹杂着对女性的歧视和单纯技术观点,很有分析提炼的必要。可惜近代以来,玉石俱焚,基本中断了。一般人无法得见。(见《读懂"性"福》,第 117 页)

第三种观点是认为明清"淫词小说"对现代人而言具有多方面的价值,一是可以藉此了解明清社会的性风俗、性心理,二是可以证明中国的艳情小说在世界艳情小说史上有突出的地位,三是可以提供明清社会生活的实情:

中国政治史料甚发达而社会生活史料较欠缺,明清小说是了解当时社会的重要材料。艳情小说除了提供当时一般社会生活史料外,又特别反映了当时的性风俗、性心理等,为后人研究此一时期的性文化提供了丰富的资料。……不单保存了一些房中理论,更重要的是记录了许多此方面的具体例证,展现了明清两代多彩多姿的性文化活动。在世界艳情文学史中,中国艳情小说有很突出的地位。比较西洋艳情小说,中国小说起源早,类型多,表现出一种比较健康自然的性观念,和西洋处在宗教强大压力下的反抗性的艳情小说,所表现的被扭曲的性观念大异其趣。日本的艳情小说,则是从翻译到模仿明清艳情小说再发展出来的。(《思无邪汇宝·总序》)

根据一般的说法,小说在某种意义上,可视为用美学方法写成的历史——风俗史、心灵史。如果将小说置于民族的全部文化中,则小说就不仅是文化的产物,也是文化的载体和组成部分。因此,人们理应注意小说审美价值以外的其他文化价值。即使是那些艺术上几乎毫无可取的小说作品,作为一种文化遗存,也可能因其具有一定的文化内容而成为人们认识历史文化甚或探索民族心路历程的资料——中国古代小说研究,似乎更应该重视这个问题……很多中国古代小说的审美价值,实际上远逊它们的文化资料价值……中国古代小说是一种与中国"正统"文化既有联系又有差异的精神现象。这种"亚文化"较之"经典文化",较少理想性和虚饰成分,更贴近民族历史、社会生活、精神面貌的实际。(《中国历代禁毁小说海内外珍藏秘本集粹·总序》)

在上述三种观点中,我更倾向于第三种观点。因为,虽然"淫词小说"中大量淫秽下流的描写会给人们的心理造成某种负面影响,但是,它往往能更真实地揭示人们的性心理。当时的作者创作此类"淫词小说"的一个重要目的就是盈利,而要盈利就要有读者群,就要适合读者的口味。因此,"淫词小说"中的性描写,绝不是纯粹的胡编乱造,而是在某种程度上反映了当时的性风尚,迎合了当时一部分人的性心理和性嗜好。另外,诚如茅盾所言,明清"淫词小说""有两句话可以包括净尽:一是色情狂,二是性交方法——所谓房术"(见《中国古代小说中的性描写》,第19页),对"房术"的描绘往往充斥全书,但这些"房术"亦并非一无是处,它们一方面可以看作是中国古代性学家的房中理论的具体运用,另一方面对于现代人的性生活亦有借鉴作用。至于这些"淫词小说"对于研究明清时期的历史、文化、社会状况的价值,当然更是不能小觑。

## 2. 春宫画

春宫画指描绘男女性嬉戏和性交情形的绘画,也叫春画、春意儿、秘戏图。关于春宫画的得名,《汉语大词典》中说:"宋有《春宫秘戏图》,后以'春宫'指淫秽、色情的图画。"刘达临在《中国历代房内考》中说:"由于它最初产生于帝王的宫室,描写春宵宫闱之事,所以称为春宫。"(刘达临:《中国历代房内考》,第688页)说法不同,但春宫画最初用来描绘宫中帝王的性事,则是无疑的。

### (1) 春宫画的历史

关于春宫画的起源,明代郎瑛在《七修类稿·辩证七》中说:"汉成帝画纣踞妲己而坐为长夜之乐于屏,春画殆始于此也。"但是,明代的沈德符在《敝帚斋余谈·春画》中则认为,春宫画当起始于汉景帝时的广川王:"春画之起,当始于汉广川王画男女交接状于屋,召诸父姐妹饮,令仰视画。"关于广川王画男女交接状于屋之事,《汉书·卷五十三·景十三王传第二十三》中有这样的记载:"子海阳嗣,十五年,坐画屋为男女裸交接,置酒请诸父姊妹饮,令仰视画。"

沈德符是中国历史上第一个对春宫画的历史进行概述的人,因此,他的观点受到了后世性学研究者的重视。据沈德符的观点,春宫画起于汉代,南北朝时的齐废帝以及隋炀帝、唐高宗、武则天等都与春宫画有关;到了明代,则以唐伯虎和仇实甫的春宫画最为有名:

春画之起,当始于汉广川王画男女交接状于屋,召诸父姐妹饮,令仰视画;及齐后废帝于潘妃诸阁壁,图男女私亵之状。至隋炀帝乌铜屏,白昼与宫人戏,影俱入其中。唐高宗镜殿成,刘仁轨惊下殿,谓一时乃有数天子。至武后时遂用以宣淫。杨铁崖诗

第六章 助性手段

**孟蜀宫妓图** 明代唐伯虎绘。一些春宫画中的上乘作品，其风格与此极为相似。

云："镜殿青春秘戏多，玉肌相照影相摩。六郎酣战明空笑，队队鸳鸯浴锦波。"而秘戏之能事尽矣。后之画者，大抵不出汉广川、齐东昏之模范，惟古墓砖石中画此等状，间有及男色者，差可异耳。……此外有琢玉者，多旧制。有绒织者，新旧俱有之。闽人以象牙雕成，红润如生，几遍天下，总不如画之奇淫变幻也。工此技者，前有唐伯虎，后有仇实甫。（沈德符：《敝帚斋余谈·春画》）

不过，沈德符把隋炀帝设乌铜屏，唐高宗建镜殿，武则天对镜淫乐均归入春宫画，似显得有些牵强。

根据中国传统观念，春宫画属于淫画，因此，极少有画家会在春宫画上署上自己的名字，这就给我们概述春宫画的历史带来了不少困难。

唐代的周昉是著名的画家，他以一幅《春宵秘戏图》成为中国历史上第一位春宫画画家。在明代张丑的《清河书画舫》的一个注中，有关于《春宵秘戏图》的描绘：

乃周昉景元所画，鸥波亭主（即元代著名画家赵孟頫，1254～1322年，也以其春宫画著称）所藏。或云天后，或云太真妃，疑不能明也。传闻昉画画妇女多为丰肌秀骨，不作纤纤婷婷之形。今图中所貌，目波澄鲜，眉妩连卷，朱唇皓齿，修耳悬鼻，辅靥颐颔，位置均适，且肌理腻洁，筑脂刻玉，阴沟渥丹，火齐欲吐，抑何态秾意远也。及考妆束服饰，男子则远游冠、丝革靴，而具帝王之相；女妇则望仙髻、绫波袜，而备后妃之容；姬侍则翠翘束带，压褉方履，而有宫禁气象。种种点缀，沉着古雅，非唐世莫有矣。

夫秘戏之称，不知始于何代。自太史公撰列传，周仁以得幸景帝入卧内，于后宫秘戏而仁常在旁。杜子美制宫词，亦有"宫中行乐秘，料得少人知"之句，则秘戏名目其来已久，而非始于近世耳。

按前世之图秘戏也，例写男女二人相偎倚作私亵之状止矣。然有不露阴道者，如景元创立新图，以一男御一女，两小鬟扶持之，一侍姬当前，力抵御女之坐具，而又一侍姬尾其后，手推男背以就之，五女一男嬲戏不休。是诚古来图画所未有者耶。（见邓之诚：《骨董琐记》，卷六）

宋代礼教盛行，提倡存天理，灭人欲，当然不会允许有人去画春宫画，更不会允许春宫画在社会上公开流行。如据明代张萱的《疑耀》记载，在宋代宫廷曾经出现过女子裸体相扑表现："宋嘉祐间正月十八上元节，上御宣德门，召诸色艺人，各进技艺，赐予银、绢，内有妇人裸体相扑者，亦被赏赉。"嘉祐是宋朝仁宗皇帝的年号。仁宗皇帝在宣德门观看女子裸体相扑表演，甚至给表演者以赏赐，可见他是一位很开放的皇帝。然而，这种行为在道学家眼中不仅是大大的不雅，而且有违礼教。当时，司马光就给皇帝上了一道《请停裸体妇人相扑为戏》札子，内中说道："今上有天子之尊，下有万民之众……而使妇人裸戏于前，殆非所以隆礼法示四方也。"司马光说得振振有词，连皇帝也不好说什么，只好停止女子裸体相扑的表演。可见，在宋代，"隆礼法"的重要性是压倒一切的。

但是，在明代沈德符的《万历野获编》中，我们还是发现了宋代春宫画的蛛丝马迹。据该书记载，作者曾见过一幅宋代人画的春宫画，名叫"熙陵幸小周后图"，画的是宋太宗赵光义与亡国之君李后主的小周后性交的情形：

偶于友人处，见宋人画熙陵幸小周后图，太宗头戴幞头，面黔色而体肥，器具甚伟；周后肢体纤弱，数宫人抱持之，周作蹙额不能胜之状。盖后为周宗幼女，即野史如云：每从诸夫人入禁中，辄留数日不出，其出时必詈辱后主，后主宛转避之。即其事也。此图后题跋颇多，但记有元人冯海粟学士题云："江南剩得李花开，也被君王强折来。怪底金风冲地起，御园红紫满龙堆。"盖指靖康之辱，以寓无往不复之旨。（《沈德符：《万历野获编·卷二十八·果报》）

元代曾经从事过春宫画创作的有著名画家赵孟頫。虽然没有确切的史料，但在一些春宫图册和"淫词小说"中，都可以看到赵孟頫与春宫画的关系。如在清初小说《肉蒲团》中，写主人公未央生与玉香结婚后，因玉香思想保守，在行房时呆板无趣，未央生便想用赵孟頫所绘的春宫画来影响她："未央生见他没有一毫生动之趣，甚以为苦。我今只得用些陶养的功夫，变化他出来。明日就书画铺中，买一副绝巧的春宫册子，是学士赵子昂（即赵孟頫）的手案。共有三十六幅，取唐诗上'三十六宫都是春'的意思，拿回去与玉香小姐一同翻阅。"（《肉蒲团》，第三回）在明代春宫册《鸳鸯秘谱》的一个小引中，也提到赵孟頫所作的春宫画《十二钗》："嘻！赵翰林（指赵孟頫）为《十二钗》，暨六如《六

第六章 助性手段

唐伯虎临摹的《韩熙载夜宴图》（局部）中的男女形象

奇》，十洲《十荣》等图，其亦欲挽末流之溺耶？"

到了明代，中国古代的春宫画创作进入了它的全盛时期，唐伯虎、仇英等著名画家公开参与到春宫画的创作中，使春宫画无论在数量和质量上都远远超过了前代。关于明代春宫画的状况，荷兰学者高罗佩有深入而全面的研究：

明代的春宫画通常都装裱成横幅手卷，或作旋风装折叠册页。前者大多是男女性交的连续画面，画有他们的各种姿势。这种手卷高约10吋，长10至20呎。原纸通常不超过8吋见方。它们作24幅一套、36幅一套或其他数字，每套的幅数各有典故……并在每幅画的后面还衬以写着艳诗的纸页或绢页。无论它们的艺术价值如何，这些手卷和册页的主人都不惜破费加以装帧。手卷用绫子镶边，古锦为护首，最后用玉或象牙雕成的别子别紧。册页以木夹板或外裱古锦的硬纸板为封。（高罗佩：《中国古代房内考》，第418～419页）

这些附有讲解性诗词的描绘各式各样的性行为的大幅套色版画册，是居住于南京及其周围地区的过分风雅而稍微无聊的士人群的嬉戏实验。正是他们设计了图画，创作了诗词和序言，并私下印成画册，只署上各种笔名或编造的斋号。（同上，《秘戏图考·英文自序》）

高罗佩还专门介绍了唐寅和仇英从事春宫画创作的状况：

不过，有一位江南画家对提高裸体女人画的水平起了带头作用。这就是上文已经提到的著名画家唐寅。他以嗜好醇酒妇人而声名狼藉，并且总是喜欢不断调换口味。有许多关于他如何同他看中的女子开各种玩笑，并终于得到她的风流韵事。（同上，《中国古代房内考》，第420页）

无论就艺术才能还是个人嗜好来说，没有人比唐寅更适合于画春宫画。他显然说服了他的一些情人为他作模特儿，所以才能把大幅的裸体画画得惟妙惟肖，足以显示唐寅的观察力。

仇英《贵妃晓妆》图中的女子形象

几年以后，著名画家仇英继而效仿，除去画全身着衣的恋人，也开始画裸体男女。（高罗佩：《中国古代房内考》，第421页）

兹把明代较具代表性的一些春宫画册列表如下：

| 名　称 | 画面数量 | 备　注 |
| --- | --- | --- |
| 素娥篇 | 46幅 | 图文各半，邺华生撰，黄一楷刻 |
| 胜蓬莱 | 15幅（彩色） | 系残册，名称取自第一图配诗的最后一行"此宵会合胜蓬莱" |
| 风流绝畅 | 24幅（彩色） | 仿自唐寅的春宫画 |
| 花营锦阵 | 24幅（彩色） | 杭州养浩斋刻印，风格仿唐寅绘画 |
| 风月机关 | 20幅（彩色） | 其中有些画仿自《花营锦阵》 |
| 鸳鸯秘谱 | 30幅（彩色） | 上有印文"牡丹轩绣梓" |
| 青楼剟景 | 20幅（彩色） | 上有印文"群玉斋梓" |
| 繁华丽锦 | 62页 | 有图有文 |
| 江南销夏 | 12幅（暗红色） | |
| 《金瓶梅》插图 | 200幅 | 崇祯本 |

清代虽然禁止春宫画的绘制和流传，但禁令的执行并不是很严格。据清人庸讷居士的《咫闻录》："一时风气，凡馈大宪礼，必有秘戏图册。"

第六章　助性手段

《风流绝畅》中的春宫画

既然春宫画成了官场中的必备礼品，因此，绘制春宫画的人当不在少数。不过，执行禁令不严并不代表绘制春宫画是正大光明的行为，社会舆论对春宫画家还是抱持一种谴责的态度，认为他们虽未受到法律的惩罚，但仍然会在冥冥之中受到报应。在《咫闻录》中，记载了一个名叫马振的春宫画家，就是因为热衷于绘制春宫图而变成了瞎子，后来，他痛改前非，居然双目复明：

> 关中马振，近时画家之著名也，善工笔。一时风气，凡馈大宪礼，必有秘戏图册。而马振之所画者，即景生情，能穷闺闼中之媚态，极其微妙，喧传一时，其值增至六六之数。二十日乃成一册。马振以工之省，而值之肥，喜画之；人以振之名而工之佳，亦向求之。于是日夜摹写，两目成瞽。夫藉鼠毫以养家者，全在于目；目盲而笔停，笔停而家危矣。心焦意急，医治不瘳；朝夕祷神，斋戒沐浴，诣坛扶乩，批云："名号丹清品至清，如何秽笔绘淫形；戒人以色人知戒，滋欲焉能不瞎睛。"马又求曰："嗣后当痛改前非，并劝友人亦不绘秘戏图矣，求神救之！"又批云："子非害病瞎双睛，药石何能挽此盲；七七静修断外慕，云收雾去月光明。"马乃设坛静坐，亦学扶乩，朝夕运炼。坐至四十九日，前之不知朝暮，今见往来人影矣。乃悬手举笔，笔自能动，初则满纸面花。复静坐月余。一日悬笔试之，见笔滚滚飞舞作圈，一笺数千圈乃已。次日又试之，又复作圈数千。连试十八日，目竟明。视之，乃天神天将之像也。其眉目头面，手足身体，尽是圈成，而且一笔到底，并无粗细，真铁笔也；即白描名手，亦不造乎至极。是盖神鉴其悔过迁善之诚，而特降其坛以图之，使之凛乎不敢再犯。从此马振不图淫形，不谈淫事。年逾七十，尚可不用瞹焉。予曾亲见其神画，并亲闻其所述前事。书之，以为画家喜绘秘戏图者戒之焉。（庸讷居士：《咫闻录·卷六·秘戏图》）

关于马振之事，清代的《点石斋画报》亦以一图一文的方式予以了登载，只是文字与《咫闻录》中所载略有不同。

《点石斋画报》中的因疑悔过图

在《点石斋画报》中，还记载了一个名叫顾畹香的春宫画师，他因自己的三个女儿偷看自己的春宫画作而暗生疑心，并发誓此后不再作春宫画：

> 顾畹香，吴中画师也，生三女，年皆及笄。月之某夜，顾他出，三女向其案头翻阅画稿，得绣像《南楼记》一册。时室内无人，三女聚而展玩，颊晕红潮，相掩映于银缸侧畔。其室与邻舍相隔只半截板壁，邻有少年闻笑声，以小梯斜倚作壁上观。其友自外至，取拂具挑落其帽，三女惊而入。顾归，见书卷零乱，旁有小帽，以问女，皆推不知，而辞色之间不甚从容。次日，见邻人戴新帽而出，趋问曰："君头上冠新买耶？"其人怩怩对曰："买数日矣。"顾益疑，以家丑攸关，未便深究。既忽自讼曰："此吾择术之不慎也。"遂取生平所作横陈图，尽付一炬，誓再不以淫巧店奇。亦可谓勇于自新者矣。（《点石斋画报·因疑悔过》）

不过，在清代，制作春宫作品有时也会受到惩处。在《点石斋画报》中就登载了这样一件事情：有一个外国男子，向一家雕像店订货，要求雕刻春宫像，并立下了契约。后来，该雕像店的老板和伙计都因此被"拘送公堂"：

> 女娲抟土，男女定形，实为秘戏图之滥觞，厥后见诸图画者。若太极两仪阴阳八卦，隐寓男女构精之义，此皆古圣人燮理权衡，用以赞天地之化育。他若《楞严经》所谓嚼蜡横陈，松雪词所谓我身有你，你身有我。或参禅悦，或谱清词，非同奇邪之辈刻画丑态，但知射利，不顾诲淫也。某西人向虹口张和尚所开雕作嘱雕春宫，写有西文券据，为西包探琼拘送公堂，判将张和尚及其雕伙施洪芝责押有差。或疑写券定雕之西人何得逍遥事外，不知此物在西人并不为奇，十余年前，犹有洋片春宫出卖市上，据云系用活人照出者。此何事而可对景写照耶？盖西人于房中之戏本不甚秘密，彼定雕者未知有违华禁也。故但以华法处华人，而不知者不罪云。（《点石斋画报·禁作淫巧》）

虽然春宫画被视为淫画，有伤风化，但是，在中国古代，普通人想要买到春宫画似乎

第六章 助性手段

《点石斋画报》中的禁作淫巧图

亦并非难事。在一些明清小说中,时常能见到某些家庭中有春宫画的描述,且摆放得很随意,并没有密封秘藏。在清代小说《醒世姻缘传》和《怡情阵》中,都有这样的情节:

  杨太医将椅子向床前搬了一搬,看着旁边侍候的一个盘头丫头,说道:"你寻本书来,待我看一看脉。"若说要元宝,哥哥箱子内或者倒有几个,如今说本书,垫着看脉,房中那得有来?那丫头东看西看,只见晁大舍枕头旁一本寸把厚的册叶,取将过来,签上写道"春宵秘戏图"。杨太医说道:"这册叶硬,搁的手慌。你另寻本软壳的书来。若是大本《缙绅》更好。"(《醒世姻缘传》,第二回)

  只见房里东壁上挂着一幅百美图,是西洋画的,十分精致。又摆了一张沉香木桌儿,桌上摆着一样锦的酒杯,宣德年的古铜炉,汉朝的龙泉瓶,其余古今书籍、筝琴牙棋,甚是幽雅。又有一套春宫图儿,井泉取过看时,却是四十八幅,一幅上画着两个春宫,共计九十六个图。每图两个人,共计男女一百九十二个,有一百九十二样故事。……二人看罢,笑了一会。(《怡情阵》,第四回)

  而且,在清代,连帝王也加入到了观赏春宫画的行列。据《清代野记》载:"穆宗朝,有翰林侍读王庆祺者,顺天人,生长京师,世家子也。美丰仪,工度曲,擅诣媚之术。初直南书房,帝爱之,至以五品官加二品衔毓庆宫行走,宠冠同侪,无与伦比。日者有一内监见帝与王狎坐一榻,共低头阅一小册。太监伪为进茶者,逼视之,则秘戏图,即丰润县所售之工细者。两人阅之津津有味,旁有人亦不觉。此内监遂出而言于王之同列,同列羞之,

绘工精细的春宫图（之一）

相戒不与王齿。或又曰：帝与王同卧起，如汉哀董贤故事。是则未为人见，不能决也。"（张祖翼：《清代野记·词臣导淫》）

由此可见，人同此心，心同此理。封建朝廷虽以卫道士自居，但帝王也是人，也有七情六欲，自然不能免俗。上述资料也从一个侧面说明：对于人的自然欲望，最好的办法是引导，而不是采用压抑禁止的做法。因为压抑禁止的做法不但不能起到作用，反而容易使人变得虚伪。

（2）情色艺术珍品——春宫画评价

中国古代画家为我们留下了数量丰富的春宫画，它们姿态各异，神情逼真，或描绘男女嬉戏调情，或描绘男女赤裸拥抱，或描绘男女性交之乐……描摹极工，纤毫毕现，其情趣、意涵明显高于现代色情照片。中国古代画家高超的绘画技术，极得荷兰学者高罗佩的好评，他把中国古代春宫画称为"色情艺术的珍品"。

高罗佩主要从以下三个方面来肯定中国古代的春宫画。

一是画中人物符合正常的解剖学比例，面部表情极为逼真：

这些技法娴熟、方位不同的裸体男女画表明，虽然中国画家通常对描绘裸体顾虑重重，但这仅仅是因为必须遵从一种故作正经的传统禁令，而当然不是因为受艺术技巧的限制。这些版画也充分证明，与研究中国插图艺术的许多西方学者的流行看法相反，当必要的时候，中国画家的确能够描绘出生活的原型。（高罗佩：《秘戏图考·英文自序》）

男女的裸体都以写实的风格来画，符合正常的解剖学比例。例如，没有一幅画像较早和较晚的日本春宫画那样，把男性生殖器画得特别大。男性裸体都体格魁梧，肩宽颈粗，肌肉发达。男性生殖器总是画成包皮翻起，龟头外露，阴毛稀少，只盖住生殖器周围一小片。女性裸体是以丰满的臀部和大腿为特点，但胳膊细腿短。她们都有

第六章 助性手段

绘工精细的春宫图（之二）

硕大的乳房，但并不偏爱某种样式的乳房。有些是像西方古典绘画中的那种坚挺、滚圆的乳房，有些是尖而下垂的乳房。特别典型的是，充分发育的阴阜与圆圆的小腹是分开的。阴毛稀少，只有一小片，大部分只在阴户上方。如果画出阴蒂，则画得很小。男人和女人都腋毛稀少。

至于画技，可以注意的是它把面部表情画得很好，比如表现性高潮时的情绪，就极为逼真。（高罗佩：《中国古代房内考》，第433页）

二是其中描绘的各种性交姿势既有实用价值，又是重要的历史资料：

这些版画从医学观点上来说也是重要的资料。它们描绘了各式各样的姿势，按这类姿势进行的性行为或许能臻于完美——如同其他关于性生活的细节一样。因为它们被相当具体地描绘下来，这些版画就成为研究中国的性生活和性习俗的有用史料。（同上，《秘戏图考·英文自序》）

三是表达手法细腻，具有优雅的魅力：

这些画册本来是供一小伙享乐过度、厌倦已极的文人取乐，记录他们"风花雪月"、欢乐一时的生活。但即使在江南的齐梁繁华末世社会被满族征服扫荡之后，它们仍然长存于世。尽管这些套版画公开描写肉欲横流的东西，但却以其细腻的表达和优雅的魅力而被人们列入色情艺术的珍品之中。（同上，《中国古代房内考》，第437页）

不过，也有学者认为，中国古代春宫画家不懂真实的人体比例，因此他们在裸体人物的描绘上并不成功。如林语堂在《理想中的女性》一文中曾说："中国画家在人体写生的技巧上，可谓惨淡地失败了"：

一个女性体格的全部动律美乃取则于垂柳的柔美的线条，好像她的低垂的双肩。她的眸子比拟于杏实，眉毛比拟于新月，眼波比拟于秋水，皓齿比拟于石榴子，腰则拟于细柳，指则拟于春笋，而她的缠了的小脚，又比之于弓弯。这种诗的辞采在欧美未始没有，不过中国艺术的全部精神，尤其是中国妇女装饰的范型，却郑重其事的符合这类辞采的内容。因为女人肉体之原形，中国艺术家倒不感到多大兴趣。吾人在艺术作品中固可见之。中国画家在人体写生的技巧上，可谓惨淡地失败了。即使以仕女画享盛名的仇十洲（明代），他所描绘的半身裸体仕女画，有些很像一颗一颗的番薯。不谙西洋艺术的中国人，很少有能领会女人的颈项和背部的美的。（见《读懂"性"福》，第279～280页）

与西方的裸体绘画艺术相比较，春宫画中的人体并不是很好看，如女性的小腿太细，肚子太大，五官也不够精致，等等。但是，中国古代的春宫画，与中国传统绘画的风格是一脉相承的，即它并不是对客观对象的翻版，它反映的是画家内心的感受。因此，当我们观看春宫画中的某些精品时，常常会被其中表现的神态、韵律所吸引，而不会过多地去关注人体比例的问题。

在清代小说《绿野仙踪》中，描述了一个买卖春宫画的情节，对我们认识春宫画很有启发性：

只见萧麻子走来，手里提着一个包袱，向如玉道："有件东西，烦大爷估计估计。"说着在桌儿上将包袱打开，看时，是二十四册《寿山石春宫》。如玉看罢，也不言好歹。萧麻子道："值多少银子？"如玉道："这些东西，没什么凭据。看人爱不爱，总以人物得神情为第一。花卉屋宇，诸般配合次之。"（李百川：《绿野仙踪》，第五十三回）

"总以人物得神情为第一"，既反映了古人品评春宫画的标准，亦是春宫画家描绘春宫画的一个重要原则。

论述至此，有一点必须说明，即春宫画毕竟是对男女性事的赤裸描绘，因此，它是登不得大雅之堂的。它不仅在明清时期被归于禁绝之列，即使在现代，也是不能公开出版的。在《现代汉语词典》中，对春宫画的解释是"淫秽的图画"，由此可见人们的态度。另外，春宫画的质量、水平也是良莠不齐，唐伯虎、仇英等画家的画作固属其中的精品，一些仿唐、仇的画作也有较高的质量，但也有大量人物丑陋、粗制滥造的春宫画，它们是地地道道的春宫画中的垃圾。

（3）避火消灾，导欲惩欲——春宫画的特殊功用

在传统中国人的眼中，春宫画属于淫画，它刺激人的邪欲，败坏世道人心。然而，有那么一些人，却想方设法挖掘春宫画的实用价值。在他们的努力下，终于"发现"春宫画在现实生活中有以下三个方面的特殊功用。

功用一：避火。

叶德辉是湖南湘潭人，生平藏书甚丰。据近人高拜石的《古春风楼琐记》载，叶德辉常常往他珍藏的图书中夹入一两张春宫画，有人问他为什么要这么做，他说这样做可以避火，并解释道："火神原是个小姐，服侍她的丫环有36位之多，后被玉皇大帝贬为灶下婢，因

第六章 助性手段

此她变得急躁易怒。她平时穿淡黄色衣服，一发威时便穿红衣而引起火灾，但因出身闺阁，即在盛怒之时，看到这玩意，也不禁害羞起来，避了开去。"（高拜石：《古春风楼琐记·叶麻子藏书故事》）高罗佩在《中国古代房内考》中也说："售书商也经常在店里存放几张春宫画，用以避火消灾；因此，'避火图'一词也就成了春宫画的一种委婉的说法。"（高罗佩：《中国古代房内考》，第452页）

功用二：作护身符。

高罗佩在《中国古代房内考》中说，因为性交代表阳气充足，因此，春宫画也就代表阳，具有驱除阴邪的作用，故有人把春宫画作为护身符：

> 春宫画不仅是为性指导或消遣而作，而且也被用作护身符。性交代表处于顶点的给人生命的"阳"气，画有性交的图画据说可以驱走代表黑暗的"阴"气。直到近些年还有一种风俗，特别是在中国北部，即把春宫画绘在肚兜（婴儿盖肚子的三角巾）的衬里上。……在中国和日本，人们还把这种画放在衣箱里防虫。（同上）

功用三：导欲惩欲。

所谓导欲惩欲，指正确地引导并节制欲望。在明代春宫画《鸳鸯秘谱》的题词中，有这样一种说法：

> 《易》曰："男女构精，万物化生。"至哉斯言也！奈何世人不能惩欲，竟以此为欢娱之地，而使生我之门为死我之户。噫！赵翰林为《十二钗》，暨六如《六奇》、十洲《十荣》等图，其亦欲挽末流之溺耶？空空子为《陈欲集》，溺者其几于振乎。好事者大搜诸集，得当意者次列如左，命之曰《锦春图》，仅三十局，庶几乎不滥竽自耻也。至若态度之精研，毫发之工致，又已饶之矣。且也悟真者披图而阅之，导欲以惩欲，生生不息，化化无穷，岂徒愉心志、悦耳目而已哉！故曰：满怀都是春，舍兹其奚辞。
>
> 天启四年岁次甲子牡丹轩主人题

辞意略显隐晦，但观其大意，无非是说春宫画可以"挽末流之溺"，即可使人不致沉溺于欲海中无法自拔，"悟真者"通过观览春宫画，便可起到"导欲以惩欲，生生不息，化化无穷"的作用。至于春宫画是否真的能起到这种作用，那就完全取决于观览者的素质了。

（4）欢喜佛

在中国古代，有一种与春宫画类似的裸体绘画或雕塑，称为欢喜佛。欢喜佛是佛教的天神，原为古印度传说中的神，名为欢喜天，后为佛教密宗所沿用。欢喜佛的像主要有双身、单身两种。双身像中的男天相传是大自在天的长子，性情凶猛暴戾；女天为观音菩萨所化，两者结成夫妇，作裸体拥抱状。

关于欢喜佛的起源，清人徐珂在《清稗类钞》中认为，因为佛教盛行，信佛独身者众多，

欢喜佛

以致某部落仅剩下数人；某喇嘛为防人种灭绝，于是创作出欢喜佛，以告诉人们性交以产生后代是佛所允许的："欢喜佛，作人兽交媾状，种类甚多，有男与雌兽交者，有女与雄兽交者。相传出自蒙古。某喇嘛因佛教盛行，人多持独身主义，而不欲结婚，于是人种日衰，一部落仅有数人，见而大悲，恐人类之灭绝也，遂幻其说，谓交媾本佛所有事，制为各种雌雄交媾状，名之曰欢喜佛，独身之俗渐消。后盛行于满洲，而流弊所及，遂至淫风大甚，男女无别。大内交泰殿，即供奉欢喜佛之所也。"（徐珂：《清稗类钞·宗教类·欢喜佛》）这种说法的可靠性似乎值得怀疑，因为要人们不废交媾，至多把欢喜佛描绘成佛与佛交媾、人与人交媾或佛与人交媾即可，似用不着绘成人与兽交媾。

据史料记载，在古代宫廷和一些寺庙中，常能见到欢喜佛。明人沈德符在《敝帚斋余谈》中就称自己曾在内庭见过欢喜佛：

　　余见内庭有欢喜佛，云自外国进者，又有云故元所遗者，两佛各璎珞严妆，互相抱持，两根凑合，有根可动，凡见数处。（沈德符：《敝帚斋余谈·春画》）

在清代小说《野叟曝言》中，亦形象地描绘了形状各异、千奇百怪的欢喜佛：

　　金相押着番尼，从后殿穿入，见有三间小殿，正面塑着观音、文殊、普贤三尊赤身佛像，两旁壁上画着无数赤身的人物禽兽，不觉骇然。因立定了脚，逐细看视，只见观音股间露出牝户，文殊、普贤各各露阳物。文殊阳物翘然，观音睨视而笑；普贤一手拈弄观音的乳头，文殊右脚一指斜嵌观音牝内。两边壁上也有佛像，也有神仙，也有菩萨金刚，也有善男信女，也有鬼物精灵，也有牛马猪羊龙蛇鹤麟，俱是赤身，各露阴阳二道。有一男交一女的，有两男交一女的，有人交禽兽的，有禽兽交人的，有两菩萨金刚神鬼交一禽兽的，有两禽兽交一菩萨金刚神鬼的，扮出诸般淫戏之式，与春宫无二，各极其变。殿前四个金字匾额，是"大欢喜地"。（夏敬渠：《野叟曝言》，

第六章　助性手段

第八十九回）

欢喜佛究竟有什么作用？据《清稗类钞》，其作用是让信佛的人不废交媾之事。这或许可作为一种解释。沈德符则指出，据资深的太监讲，欢喜佛是用来指导初婚的帝王如何性交的："大珰云，帝王大婚时，必先导入此殿（指有欢喜佛的殿）。礼拜毕，令抚摩隐处，默会交接之法，然后行合卺，盖虑睿禀之纯朴也。"（沈德符：《敝帚斋余谈·春画》）这种说法当是可信的，因为明代的田艺蘅在《留青日札》中也说："其所为男女淫亵之像者，名曰欢喜佛，传闻欲以教太子，盖虑长于深宫之中，不知人事故也。"

### 3. "淫词小说"、春宫画与性行为

明清统治者把"淫词小说"和春宫画视作诲淫手段，严加禁绝。然而，如果我们细细考察"淫词小说"和春宫画在古代社会生活中的作用，尤其是从其与性行为的关系的角度加以考察，就能发现，"淫词小说"和春宫画的作用是丰富而具体的，它包括刺激性欲、融洽夫妻关系、提供性交指导、作为少男少女的性启蒙等多个方面，并不是单纯用"诲淫"二字就能概括和定性的。

（1）刺激性欲

刺激性欲，这是"淫词小说"和春宫画的主要功能，也是它们被禁绝的主要原因。在明清小说中，经常会描述书中的人物因观看"淫词小说"或春宫画而激起性欲的情形：

> 再说温素馨自与笑官连夜欢娱，芳情既畅，欲火难禁，自从先生到来，至园中走了四五遭，并不见笑官影子，春才又不见进来，日间只与妹子闲谈，晚上却难安眠。挑灯静坐，细想前情，想到一段绸缪，则香津频咽；想到此时寂寞，则珠泪双抛。辗转无聊，只得拿一本闲书消遣，顺手拈来，却是一本《浓情快史》。从头细看，因见六郎与媚娘初会情形，又见太后乍幸敖曹的故事，想道："天下那有这样的奇事，一样的男人，怎么有这等出格的人道？前日我与苏郎初次，也就着实难当，若像敖曹之物，一发不知怎样了。这都是做小说的附会之谈，不可全信。"心上如此想，那一种炎炎欲火，早已十丈高升，怎生按捺得住？奈闺阁深沉，再无别法，只得打定主意，明日到园中静候笑官，以会欢会。（《蜃楼志全传》，第五回）

> 其妇丈夫在日，或夕高兴行房，必取春书来看，检寻个势儿，学他做作。忽一晚开箱取物，偶见此书，把来翻看，上面画的样儿，都是件件和丈夫做过的，因想起当初的欢娱，心里就火热起来。心里热得过，那毬儿里，就像男子汉的毬儿硬的一般，内里也臊臊起来。臊得过，又湿起来，好生挨不过。（《别有香》，第四回）

> 花春出来，信步行至慧源房内。慧源无事，桌上放着一本《金瓶梅》在那里观玩。

正在欣赏春宫画的女子

花春假意问道："师父看的是甚么经卷？"慧源笑道："经卷看他则甚？贫尼看的是一部消闲趣书。"花春遂挨身坐下，同他展玩。……看到情浓之处，不觉淫心动荡，道："空摹其神，何如实仿其事？"慧源就起身闭上房门，拥入罗帏，风流一度。（《空空幻》，第六回）

性欲是性交的前提，只有以高涨的性欲为基础，才有可能给当事人带来美妙的性体验。因此，"淫词小说"和春宫画可以刺激人的性欲，并不能证明其有多坏，对于夫妻生活不和谐或性冷淡的人，它的正作用甚至大于副作用。只是对未成年人或自控能力较差的人来说，接触这些"淫词小说"或春宫画有可能使他们失去控制，做出不该做的事情来。因此，对于"淫词小说"和春宫画能刺激性欲的问题，应该作具体分析，一禁了之，当然简单，但是是不是过于简单了呢？

与"淫词小说"和春宫画一脉相承，现代社会又有了限制级电影和裸体照片等。为了论述方便，下面我把上述东西概称为色情作品。现代性学对色情作品对刺激性欲的作用有较多的调查和研究，这些调查和研究主要可以分为以下三个方面的内容。

一是色情作品对绝大多数人能产生刺激性欲的作用。据刘达临等人的调查，在中国大学生中，看了色情作品后，有87.6%的男大学生会产生脸红、心跳、愉快、想尝试等反应，有71.2%的女大学生会产生类似反应；在中学生中，有33.4%的男生会感到脸红、心跳、气急，有31.7%的女生有类似反应。（见刘达临：《中国历代房内考》，第877、915页）

有趣的是，科学家们还发现，看某种类型的色情作品不仅能激发性欲，还能提高精子的数量和活力：

科学家最近研究发现："三人行"（threesome）的色情镜头可以激发精子的产量与活力。一个由52名青年男子参与的实验——看过性交镜头后提供精液试样，结果发现：看到两男一女性行为的受访者精子的能动性较强。科学家推测的原因是：镜头中的第

第六章 助性手段

三者（男性）意味着竞争，因此会刺激受访者生产旺盛的精子。（《时尚健康》男士版，2006年第1期）

二是大部分人喜欢看色情作品。色情作品可以刺激性欲，那么人们是否喜欢这种刺激，即是否喜欢看色情作品呢？在这个问题上，男女两性存在明显的差异。男性因为比较外向，所以通常都会承认自己喜欢看这类作品。女性因为比较矜持，加上传统教育要求女性克制自己的欲望，因此她们往往会压抑自己，或者比较不愿意说实话。关于男性是否喜欢看色情作品，蒙特利尔大学的一项调查极具代表性："蒙特利尔大学的这项调查本来是想找到不看色情内容的男性，结果却是所有的受访者都对色情内容充满兴趣。"（同上，2010年第7期）

那么女性的情况又如何呢？我们来看这则调查：

你是否认为女人也喜欢看男人的裸体或色情图片：

是（男：70.53%　女：62.96%）

说不清（男：18.04%　女：20.50%）

否（男：11.43%　女：16.54%）

传统性学一直告诉我们：女人不喜欢看色情品，女人更"内向"。但是，女人不喜欢看色情品这件事，是女人天生和男人有差别，还是女人被文化塑造成了这个样子？有一点是肯定的，女人不喜欢看色情品这件事，符合传统父权文化对两性角色的定义，符合男人的利益。只有这样，男人才更容易保证女人不出墙，保证自己的"私有财产"的使用权不外移。有研究显示，看色情品的女人与男人的生理反应一样冲动。（同上，2006年第1期）

而据另外一则调查，在35～44岁年龄段的人中，有接近一半的人（49%）曾通过观看色情录像来为性生活增加情趣；而在21～24岁年龄段的人中，有40%的人有过这种经历；在25～34岁年龄段的人中，有32%的人有过这种经历。（见《性福圣经》，第140页）

《福布斯》杂志的一则统计则从另一个侧面反映了色情作品受欢迎的程度：

色情产品在我们社会中的重要性日渐增加，原因何在？根据《福布斯》杂志1978年的统计，色情产品比唱片和电影业两者加起来的营业额还高，每年可达40亿美金。（海蒂：《海蒂性学报告——男人篇》，第642页）

三是有极少数人对色情作品表示厌恶。根据刘达临等人的调查，在中国大学生中，有1.1%的男生和7.1%的女生对色情产品表示厌恶。（见刘达临：《中国历代房内考》，第877页）可见不喜欢色情作品的人的数量是极少的。而且，在这极少的数字中，还包括有些人没有表达真实的想法。那么，这些人为什么会厌恶色情作品呢？这个问题较为复杂，在《金赛性学报告》中，为我们提供了两种解释，一是没有性高潮的女性通常不喜欢色情作品，二是对自己的性魅力缺乏自信的人也不喜欢色情作品。（见瑞妮丝等：《金赛性学报告》，

因阅览色情作品而动情的男女

第 172 页）

既然绝大部分人都喜欢看色情作品，那么是否就应该对色情作品的出版发行采取不加限制的做法呢？这其实是两个性质不同的问题，它与一个国家的文化传统、意识形态、社会现实等存在密切的联系。在当今世界，有的国家对色情作品的管理十分宽松，有的国家则管理得十分严厉，我们很难说这两种国家在道德水平、治安状况方面孰高孰低、孰好孰坏。因此，我在此不准备对此问题作过多的讨论。在此想进一步说明的是，虽然大部分人喜欢看色情作品，但是此类作品的负面影响仍是不容忽视的。对于男性或女性来说，当他们对色情作品有了充分的了解后，男性或者会对自己的性伴侣感到乏味，女性则会对自己的另一半更加挑剔。以下两则材料很有说服力：

最近（这一辈子头一回）我去看了一部春宫片。除了目睹真实的性爱场面在彩色宽银幕上出现，加上特写镜头的震撼外，我简直不能相信片中男人的持久力。他们硬得像石头，而且持续和两三个女人进行平常以及高速的肛交和阴道性交。如果这是正常的，我太太就没说错，我遇到麻烦了。（海蒂：《海蒂性学报告——男人篇》，第352 页）

也就是说，色情作品会使性变得更加透明，其代价就是每个人都会面临更加严峻的"考验。"

（2）融洽夫妻感情

大量的事实证明，夫妻感情不睦，往往与性生活不和谐密切相关；很少有床上亲密恩爱的夫妻，在日常生活中会恶言相向。因此，若能让性生活不和谐的夫妻变得和谐，实在是功德不小的一件事。而有时候，春宫画就能起到这样的作用。

在清代小说《姑妄言》中，讲了这样一个故事：童自大的妻子铁氏是个悍妇，平时从不给童自大好脸色，但当她看了童自大买来的春宫画后，便"凶暴之气，一点俱无"：

铁氏因想起昨日的春宫图，取出来向他道："这东西是那里的呢？"……童自大

第六章 助性手段

道:"我是扯谎哄你,怕你嗔说拿银子买这东西。我是买了来的,你若爱,只管长远留着。"铁氏喜道:"这却好,我想你怎么越发呆了,拿银子买这样好宝贝,我怎肯嗔你,不强似当日买监生么?你想想,这东西有多少用。你买了那一张监生的纸来,放了这几年,可有一点用处么?"他坐在凉床上,叫童自大坐在他怀中,将春宫放在桌上,二人细细同看,指指点点,说其中妙处。那铁氏看得勃然兴动,放细了喉咙,做娇声问道:"你得了这书,也曾同人做过这个样子么?"童自大道:"我除你之外,妇女们连看还不敢看他一眼,就满心要试,叫我同谁去做?"铁氏将他脖子咬了一下,笑道:"难道宁要同别人试,我不是妇人,就做不得的不成?"童自大此时坐在他腿上,如靠了一个大厚椅,背垫了一个锦(绵)软坐褥,已经兴发,又见他乜斜着双眼,温温柔柔,每常见那凶暴之气,一点俱无,从不曾经此光景,遂道:"怕你不肯,我巴不得呢,趁此时就试试罢。"(《姑妄言》,第十三回)

不过,在明清小说中,说到春宫画对于融洽夫妻感情的作用,描写得最传神、最具说服力的还数《肉蒲团》。书中写到,未央生新娶的妻子玉香,因自小受道学教育,不会夫妻间调情之事,行房时也"没有一毫生动之趣"。未央生为了改变此种状况,买来了一套春宫图。玉香看了春宫图后,方始开窍,与未央生仿画行房后,"道学变做风流"。(见《肉蒲团》,第三回)

(3) 性教育与性启蒙的手段

虽说"食色,性也"(《孟子·告子》),人对异性的思慕是人的天性,但是,究竟应该怎样与异性"同效于飞之乐",则仍是需要学习的。那么这种学习该如何进行呢?在中国古代,主要有两种方法,一种是由母亲在女儿出嫁时密授,另一种就是依靠春宫图。

这种用于性教育的春宫图在古代也叫嫁妆画。关于嫁妆画,刘达临在《中国历代房内考》中有这样的描述:

> 古代流传下来一种"嫁妆画",是一幅画卷,由8幅、12幅或16幅画面组成,画的内容都是各种不同的性交姿势。当女儿出嫁时,父母就以这种画置于嫁妆中,让女儿带至夫家,新婚之夜铺在床上,小两口就按此去做。(刘达临:《中国历代房内考》,第405页)

用春宫画指导新婚男女的性交实践,这种做法,在中国有十分悠久的历史。早在东汉时期,著名文学家张衡写过一首《同声歌》,里面有"列图陈枕帐,素女为我师"之句,明显指的就是附有春宫图的房中书:

> 邂逅承际会,得充君后房。
> 情好新交接,恐栗若探汤。
> 不才勉自竭,贱妾职所当。

清代的嫁妆画

绸缪主中馈，奉礼助蒸尝。
思为莞蒻席，在下蔽遥床，
愿为罗衾帱，在上卫风霜。
洒扫清枕席，鬹芬以狄香，
重户结金扃，高下华灯光。
衣解金粉卸，列图陈枕帐。
素女为我师，仪态盈万方。
众夫所希见，天老教轩皇。
乐莫斯夜乐，没齿焉可忘。

而对于情窦初开的少男少女来说，"淫词小说"和春宫画则无疑成了性启蒙的读物。在明清小说中，屡屡写到有一些少年女子，因为看了"淫词小说"或春宫画，以致春心大动，巴不得早日出嫁，以践书或画中所见之乐：

他不但生得模样妖娆，而且识一肚子好字，就是他母亲计氏教的。他十三四岁时就千伶百俐，也不去看那女史孝经正经书籍，专偷看他母亲所蓄在枕席上与丈夫助情的样样奇淫小说。他记性又好，看过全全记在胸中。这样鬼精灵也似的女儿，看了这些风流淫话，可还贞静得住？但无可奈何，只得死忍。巴不得早嫁一刻，早去效一刻之颦。(《姑妄言》，第十一回)

一日，温世幸买了一本春宫图儿，放在袖中，要送与温氏赏鉴学样。不想一时失落，找寻不见，又不敢问人，以为不知掉在何处，也就罢了。不想掉在堂屋门槛底下，恰被这女儿拾得。他翻开一看，见都是男女如此如此，忙放在袖中，到床上放下帐子推睡，逐张逐张细看。虽见男子的那东西放入妇人此道之内，十分动心，却不知何故，要问人又不好开口。到夜间，用个指头塞入小牝中试试，有疼有乐。(同上，第二十三回)

只见一日，红叶假意对着俊卿道："小姐，吾方在门首拾得一卷描花样在此，吾

# 第六章 助性手段

也不曾仔细看，也不知是甚么花样。"俊卿道："在那里？"红叶道："在这里。"拿来看时，却是春意交欢图。红叶故意道："吾也不知，却是怎的，小姐你不要看。"俊卿道："待吾看看何妨。"红叶道："妇人家看不得的。"俊卿道："吾两个私自看一看何妨，那里有人晓得。"那时红叶方才拿出来细细一玩，却都是出像的风月事，也有交颈而戏，也有叠股而眠，写得情景浓艳。他是十六七岁女儿，又兼聪明乖巧，见了这些事体，当时不觉兴动于中，春心顿发。便叫红叶藏好了，自家回到房里去，惟有短叹长吁，自言自语道："多大年纪，没有男子戏耍，可不错过了我的青春也。"(《浪史》，第十一回)

不过，这种启蒙的方式，都是偷偷摸摸进行的，而且最后都使当事人情欲难忍，当然是不可取的。这说明，"淫词小说"和春宫画虽有性启蒙的作用，但因其本身属于成人读物，内容多以刺激性欲为主，故并不是真正合适的性启蒙读物。

(4) 诱人堕落的工具

清代统治者禁绝"淫词小说"和春宫画的重要原因，就是它们诲淫。对此，明清艳情小说家们也是认同的。就在他们所写的小说中，就常常可见女子因观看这些作品后失节或男子用这些作品引诱女子失节的情节。在清代小说《肉蒲团》中，描写未央生用春宫画打动妻子玉香，使玉香由道学变成风流。后来，未央生因故外出，玉香忍受不了寂寞，又成天看"淫词小说"和春宫画，性欲无处发泄，以致失身于家中仆人权老实。(见《肉蒲团》，第十四回)

另外，"淫词小说"和春宫画也常常被社会上的一些无良之人利用，作为勾引女子的手段。

在清代小说《野叟曝言》中，说到某公子想勾搭美丽贞静的女子璇姑，让李四嫂帮他牵线。李四嫂为了完成任务，便打算借助"淫书淫画"来打动璇姑：

(李四嫂)把璇姑之事打算起来道："……我有四着棋子，是专开情窦的对锁钥匙，任你千贞万烈都走不穿、跳不过的。到得情窦开时，便如黄河水决闸关他不住，我不引他，他自会来寻我。这四着棋子是叫他耳听着淫语淫声，眼看着淫书淫画。我如今才说得几句淫话，没曾打动，那里便觉是决绝回音？明日须把那三着棋子一齐都下，自然便有效验。"……公子道："前面两着棋子别人家未必现成，我家却无所不有。我嫌那淫书上绣像呆板，叫名手画师另画，真个面目娇艳、情态妖淫，比着平常的春官册页还胜几倍，只消拿两部去就是。"(夏敬渠：《野叟曝言》，第三十一回)

在清代小说《浓情快史》中，则描述了张六郎用"淫词小说"《娇红传》勾引媚娘的过程：

六郎见媚娘一眼看着他，便向袖里取出《娇红传》来，道："小娘子看一看，想

用春宫图引诱年轻女子

是有趣的。"媚娘失口道："我侄儿有一本，前已见过。"六郎道："我未曾看完，不知中间是什么故事？"媚娘道："你看便知。"六郎故意摊在桌上翻看，把媚娘看一眼道："这是什么意思？"媚娘带笑，回转了头。(《浓情快史》，第三回)

由此可见，"淫词小说"和春宫画恰如一柄双刃剑，用得好，可以为夫妻生活增加乐趣；用得不好，则会使人堕落，甚至助纣为虐。因此，在如何对待"淫词小说"和春宫画的问题上，我们必须采取谨慎的态度。

## 二、性玩具

性玩具是指人们在性活动时用来刺激性欲、借以达到更好性享受的各种器物。它们可以是工业产品，如各种电动的振荡器、充气人体；可以是复杂的手工制品，如缅铃、御女车；可以是简单的手工制品，如角先生、硫黄圈；可以是某种自然物品，如香蕉、萝卜；也可以是身边能随手拿到的物品，如发卡、蜡烛……性玩具反映了人类丰富的想象力和创造力。

中国古代社会长期稳定，使古代中国人有更多的精力去关注如何提高生活质量，如何更好地享受生活，从而有了不少的发明和创造。这种状况也反映在性玩具的制作和使用上。据各种古代笔记和小说记载，中国古代的性玩具种类极为丰富，诸如角先生、缅铃、锁阳、银托子、硫磺圈、悬玉环等等，不一而足。

### 1. 角先生

角先生是一种模仿男子生殖器勃起时的形状制成的一种器具，也叫角帽儿，因多用牛角制成，故称。角先生有单头和双头两种形制。单头的一端制成龟头的形状，一端穿孔，可以系丝绳，使用时一端系在小腿部，一端放入阴道，女子可通过摆动自己的腿来获得刺激；

第六章 助性手段

单头的角先生与双头的角先生

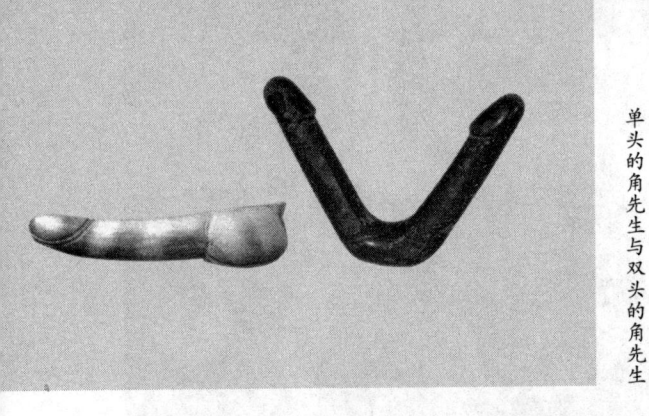

当两个人同时使用时，亦可把尾端系在一个人的腰部，一端放入阴道。当然亦可手持操作。双头的角先生长度相当于两个单头的角先生，两端均制成龟头的形状，可供两个女子同时使用。双头的角先生也叫双头淫具，通常用木头、象牙等制成。在明代小说《浪史》中，就讲述了文妃和安哥两个女子使用双头淫具的情况。（见《浪史》，第三十九回）

在中国古代，还有一种子宫保温器，本是用来治疗子宫寒冷的，因形状与角先生很像，也被用来作为性玩具。关于这种子宫保温器，刘达临在《中国历代房内考》中有这样的描绘：

> 姚灵犀的《思无邪小记》中还有这样一段记载：子宫保温器系韧皮所制，长六寸许，有棱有茎，绝类男阳，其下有大圆球如外肾，球底有螺旋铜塞，器内中空，注以热水，则全体温暖，本以疗治子宫寒冷、不能受孕之病，乃用者不察，多以代"藤津伪具（角先生的另一名称）"。（刘达临：《中国历代房内考》，第489页）

另据刘达临的《世界古代性文化》，在古希腊，也有类似角先生的性玩具：

> 类似中国古代"角先生"的那种人造阴茎，于公元前3世纪出现于古希腊，他们称之为"女性的仆人"或"男人的代用品"。此物起源于一些木制或石制的神像有勃起的阳具，一些处女在新婚前夕裸露下身坐上去以"破身"，以表现对神的虔诚。后来人们发现这种东西还有使人快乐的作用，于是就仿制它并单独使用了。古希腊有一些鞋匠，用皮革做成小小的仿制品，向那些希望自寻其乐的女子兜售，这一切都是公开的，无人以此为耻。（同上，《世界古代性文化》，第300页）

在明清时期，朝廷对淫书淫画严加禁绝，然而，对性玩具在市场上的销售，则似乎采取听之任之的态度。在清代小说《姑妄言》中，说到童自大因无法满足妻子的性欲，想买几根角先生来助阵，结果，他很轻易地达到了目的：

> 次日，童自大起来，想道："我看奶奶的那件东西实在有些怕人子，靠着我这个匪物，想图他欢喜，是再没用的。我常看见那角先生，得一个大大的来送他取乐，才可以换得他的后庭，但不知在那里卖？"吃罢早饭，走了出来，问那家人童禄道："你可知道卖角先生的铺子在那里？"……童禄道："哦，那个么，在承恩寺斜对过魆黑的那一条廊底下有几十家卖他，老爷到那里要几担也有。老爷要买得多，小的跟了去挑，

中国古代性学报告

手持角先生的女子

也饶他几个来顽顽。"……他袖了个银包，也不带人，自己步到廊下。走入时，香气窜脑。到一家铺内，见摆列着无数。童自大拣了一个比他阳物粗长些的，那开铺的道："尊驾买了作何用？"童自大不好说买了送他夫人，扯谎道："要同人顽戏做酒杯。"要知这件东西是件冷货，做他的多，买他的少，不过是发卖与过路客人。见他说买了吃酒，巴不得总成他多买几个，说道："要嫖婊子顽耍，一个就罢了。既是要做罚酒杯子，大大小小多买几个才有趣。"将一个顶大的拿过来，道："这个原做了是吃酒顽耍的，妇人中那里用得（这）样大物。"又取过一个至小的，道："这留给量窄的人吃。"童自大想道："据我看起来，这个大的或者竟用得呢，若买了这个二号的去，要不中用，岂不白走一回，索性都买了去罢。"问道："你这三件要几个钱？"那人听他问这话，心中忖道："原来是个大利巴，我且烹他一烹。"便道："买这样东西是论不得价的，只在尊意。若遇了出手的大老官，甚么十两五两，万不然照本钱二两银子是一分少不得的了。"童自大从不曾买过，不知价值，又不好争讲。他平素极吝，此时竟慷慨起来，说道："银子便依你二两，有甚么好春方，送我些做搭头。"（《姑妄言》，第十三回）

在明清小说所提到的性玩具中，最常见的便是角先生。综合角先生在性活动中的用途，大致可以分为这样四个方面。一是用于男女性交前调情。如在清代小说《浪史》中，即提到先用角帽儿引动女子的欲望。（见《浪史》，第十三回）

二是独居的女子手淫时借以满足性欲。在清代小说《醉春风》中，说到赵玉娘与丈夫长期分离，每当性欲旺盛，难以遏制时，便用角先生来解欲。（见《醉春风》，第八回）

三是性能力差的男子用来弥补自己的缺陷，以满足妻子的性欲。清代小说《姑妄言》中，说到甘寿不能遂妻子熊氏之欲，经常受罚。后来，他买了角先生给妻子用，熊氏得了甜头，自此对甘寿另眼相待。（见《姑妄言》，第十二回）

四是社会上的一些无良之人用来作为诲淫的工具。在明代小说《八段锦》中，描写索

# 第六章 助性手段

买角先生的女子们

娘为了引诱丁娘与华春发生关系，便用上了角先生。（见《八段锦》，第八段）

在现代人使用的各种性玩具中，最常见的是振动器，也叫振荡器，外形与男性生殖器相似，内置电池，打开开关，会自动震颤、转动。用它刺激阴蒂或放入阴道，可使女性很快便达到性高潮。在《海蒂性学报告》中，介绍了一些女子因使用振动器达到高潮的情形：

自慰的时候，我把振动器放在床上，面朝下趴着，然后摆动我的下体在振动器上来回摩擦。特别是集中刺激于我的阴蒂和阴唇。我喜欢把我的腿合拢，再把脚踝交叠起来，这样我就可以用腿的动作去控制整个自慰的过程，以便我的下体能如愿地接触那只振动器。有时，我会大幅摆动我的身体，有时则不。我发现我愈兴奋，就会摆动得愈大。（海蒂：《海蒂性学报告——女人篇》，第42页）

有一次我玩振动器，那一次的高潮简直要把我整个人都拆成碎片，强烈得不得了。此外，我还会觉得有痛感，可是，痛得令我非常高兴。我常常会想：是否死亡的滋味便是如此？就像火箭飞弹向外太空冲刺而去。我的高潮来得非常强烈，就像在高山峻岭间徜徉。（同上，第389页）

从以上介绍可以看出，振动器能给女人带来强烈的性高潮，其程度甚至超过了与男子性交，因此，有的女子发出了这样的疑问：经常使用振动器，会不会造成依赖？会不会从此就对与男子性交失去兴趣？对此，性学家们认为，这种担忧是多余的，因为振动器常常会使你更想与男子做爱，而不是相反。

角先生是古代中国人最喜欢的性玩具，振动器则是最受现代人喜欢的性玩器，而两者有一个共同点，就是外形极像男性生殖器。这说明了什么问题呢？这说明，在古今人类的性活动中，男性生殖器始终是最受关注的核心。

2. 缅铃

在中国古代的各种性玩具中，最神秘而又神奇的当数缅铃。缅铃又叫勉铃、勉子铃，

鹏鸟图 选自明代的《三才图会》

据传出自缅甸，形状如铃，故称之为缅铃。缅铃有两种形制，一种形如豆子，一种形如龙眼，都是空心的球体，外包铜、银或金，内置某种物质。当缅铃与人体接触时，会自己震颤发声，让人感觉酥麻。在女子手淫或与男子性交前，把它置入阴道，会刺激女子的性欲，甚至能让女子达到性高潮。

由此可见，缅铃的最神奇之处，就是它能自动。缅铃为什么会自动呢？古人说，那是因为缅铃的里面放入了一种特殊的物质。关于这种物质究竟是什么，古人则说得神乎其神。如明代学者谈迁在《枣林杂俎》中说，缅铃里面所置为鹏鸟的精液：

> 缅铃，相传鹏精也。鹏性淫毒，一出，诸牝悉避去。遇蛮妇，辄啄而求合。土人束草人，绛衣簪花其上，鹏翾之不置，精溢其上。采之，裹以重金，大仅为豆。嵌之于势，以御妇人，得气愈劲。然夷不外售，夷取之始得。滇人伪者以作蒺藜形，裹而摇之亦跃，但彼不摇自鸣耳。（谈迁：《枣林杂俎·缅铃》）

清代学者赵翼认为，缅铃内所置为缅甸的一种淫鸟的精液：

> 闻孟艮边外有碎蛇，每日必上树，跌而下至地则散如粉，俄又合成一蛇，蜿蜒而去，盖其生气郁勃，必一散以泄之也。为接骨治伤之胜药，然余在滇未得见。又缅地有淫鸟，其精可助房中术。有得其淋于石者，以铜裹之如铃，谓之"缅铃"。余归田后，有人以一铃来售，大如龙眼，四周无缝，不知其真伪。而握入手，稍得暖气，则铃自动，切切如有声，置于几案则止，亦一奇也。余无所用，乃还之。（赵翼：《檐曝杂记·卷三·碎蛇缅铃》）

刘达临在《中国历代房内考》中则介绍了另外一种说法，说是有一种名叫䴉的鸟，它的精液淋于树上后会生成一种树瘤，缅铃内所置即为此种树瘤：

> 云南有一种叫"鹊不停"的树，长得奇形怪状，普通的鸟不敢停于此树，唯有一种叫䴉的鸟，不仅栖于此树上，而且在树上交合，精溢于树上，乃生瘤。当地有人断瘤制成丸，一近人肌肤便辄自跳跃，置于阴部则跳跃加剧，相传闺房密用。（刘达临：

第六章 助性手段

《中国历代房内考》，第487页）

所谓鹏精、淫鸟精、鹗鸟精的说法，无疑是一种附会，目的是增强缅铃的神秘性，以抬高其身价。在明代小说《绣榻野史》中，说到有一种缅铃，外包七层金子，内置水银，似较为可信：

> 金氏遂把手去在麻氏小肚下边一阵乱摇，只见缅铃在毡里边，又乱滚起来，弄得麻氏遍身酸痒，忍不住把脚一动，金氏一时间不小心，不曾压得住，将的一声，缅铃往外边一滚，就流将出来了。麻氏道："大嫂真个快活，方才流出来的，等我摸看。"摸看了缅铃，道："圆圆的，怎么在里边会滚动？"金氏道："这是云南缅甸国里出产的，里边放了水银，外边包了金子一层，烧汁一遍，又包了金子一层，这是七层金子包的，缅铃里边水银流出，震的金子乱滚。"（吕天成：《绣榻野史》，下卷）

荷兰学者高罗佩认为，缅铃与日本一种称为琳之玉的性玩具极为相似，而琳之玉的构造正是内置水银，外裹金属：

> "勉铃"正是日本"琳之玉"（rin-no-tama）的原型和根源。"琳之玉"是人工制造供女子用以自慰的工具，在日本被列入"张形"（hari-kata）一类东西。"琳之玉"常常见于西方著作的描写，并在十八世纪应用于欧洲。它们是用薄银片做成的小球，成对使用。其中一个装有一滴水银，另一个装有金属舌，在被摇动或碰撞时会震颤发声。把这对小球放入阴道，用薄纸团塞住，当女子移动大腿或摇动身体时，小球的摇动和声响便会造成快感。显然中国的"勉铃"与"琳之玉"在构造和用法上十分相似。（高罗佩：《中国古代房内考》，第216页）

在明清小说中，不时可以看到对缅铃及其具体运用的描绘，可见缅铃虽然制作精巧，功能神奇，在当时社会亦并非稀罕之物。

> 妇人与西门庆尽脱白绫袄，袖子里滑浪一声，吊出个物件儿来，拿在手内沉甸甸的，绍弹子大，认了半日，竟不知甚么东西。但见：
>
> 原是番兵出产，逢人荐转在京。身躯瘦小内玲珑，得人轻借力，展转作蝉鸣。
> 解使佳人心胆，惯能助肾威风。号称金面勇先锋，战降功第一，扬名勉子铃。
>
> 妇人认了半日，问道："是甚么东西儿，怎的把人半边胳膊都麻了？"西门庆笑道："这物件你就不知道了，名唤做勉铃，南方勉甸国出产的，好的也值四五两银子。"妇人道："此物使到那里？"西门庆道："先把他放入炉内，然后行事，妙不可言。"……（《金瓶梅词话》，第十六回）

> 梁生、胡旦又仍旧戴着枷锁，说他皮箱里面不见了一根紫金簪，一副映红宝石网圈；梁生皮箱内不见二丸缅铃，四大颗胡珠，说都是御府的东西，押来起取。晁源自问自答的向头上拔下那支簪来，又掇过一个拜匣开将来，递出那网圈、缅铃、胡珠，送在

锁阳图

晁夫人手内。晁夫人接过来看，说道："别的罢了，这两个金圪搭（疙瘩）能值甚么，也还来要？"正看着，那缅铃在晁夫人手内旋旋转将起来，唬得晁夫人往地下一撂，面都变了颜色。晁老叫人拾得起来，包来放在袖内。可煞作怪，这几件物事没有一个人晓得的。(《醒世姻缘传》，第十七回)

　　侯捷的大管家私下孝敬了姑老爷两个缅铃，一个有黄豆大，是用手攥着的；一个有榛子大，有鼻如钮，是妇人炉中用的。宦萼大喜，赏了他二百两银子。……次早，用丝绵包好，如宝贝一般收贮候用。(《姑妄言》，第十一回)

由以上描述，我们可以进一步得出关于缅铃的以下几点认识：一是缅铃系贵重之物，普通人不易得到，如《金瓶梅》中说"南方勉甸国出产的，好的也值四五两银子"；《杏花天》中则说："此宝出于外洋，缅甸国所造，非等闲之物，人间少有，而且价值百金。"二是缅铃使用时会嗤嗤作响，让使用者身体酥麻，如《姑妄言》中说："侯氏遍体酥麻，乐得哼声不绝"；《杏花天》中说："珍娘顿时遍体酥麻，牝户发痒非凡"，"珍娘道：'果然沉重，嗤嗤的响叫不止'"。三是识之者甚少，尤其是女子，故男子常拿它来炫耀。四是功效显著，在中国古代的各种性玩具中，缅铃的助性功能应该是最强的，原因就在于缅铃会自动，"仿佛活的一般"。

### 3. 锁阳

锁阳是一种多年生寄生草本植物，多寄生于蒺藜科白刺等植物的根上，无叶绿素，茎圆柱状，暗紫红色，有散生鳞片。有补肾阳、益精血等作用。因其形状类似男性生殖器，故亦被妇女用来作为自慰的工具。

关于把锁阳作为性玩具，最早见于元代陶宗仪的《辍耕录》：

　　鞑靼田地野马或与蛟龙交，遗精入地，久之，发起如笋，上丰下俭，鳞次栉比，

第六章　助性手段

《点石斋画报》中的女见欢图

筋脉联络，其形绝类男阴，名曰锁阳，即肉从容之类。或谓里妇之淫者就合之，一得阴气，勃然怒长。土人掘取，洗涤去皮，薄切晒干，以充药货，功力百倍于从容也。（陶宗仪：《辍耕录·卷十·锁阳》）

在陶宗仪的描述中，已有把锁阳神秘化的倾向，如认为锁阳源于野马与蛟龙交合时"遗精入地"；如称女子把锁阳放入阴道，可使锁阳"勃然怒长"，等等。这种倾向，在清代小说《怡情阵》中，可谓登峰造极。小说作者极尽夸大之能事，称锁阳像一条五彩的怪蟒，能跳能动，能胀能缩。并借方士之口，称锁阳是东海东边的灵草根儿结成，使用时套在男子的生殖器上，像天生的一般，能大能小。（见《怡情阵》，第四回）

在明清小说中，曾经提到一种名叫广东膀的性玩具。广东膀的外形像男性生殖器，使用时先用热水浸泡，便能长大变硬，具体用法则与角先生相同。在清代小说《株林野史》中，即有对广东膀使用方法的详细介绍。（见《株林野史》，第七回）

据书中所述，广东膀应是一种与锁阳类似的植物，因作者对广东膀究系何物语焉不详，我们无法确知广东膀是用什么东西制成的。

在清代的《点石斋画报》中，载有一种名为女见欢的植物，产自西洋，高一尺多，没有枝叶，极其柔软。如果女子把它插入阴道交媾，则该植物便会勃然生长，几天之内就能长到一人高，且能开花，其花娇艳无比：

女见欢者，草名也。产自西洋，长尺余，无枝叶，状如王瓜，性柔软，任人团屈不断。或有荡妇戏作淫具，即勃然而兴，不数日长与人等，长定即花，花止一朵，千瓣重台，

隋炀帝在任意车中行乐图

# 第六章 助性手段

形如罂粟，而骄艳过之，有红黄紫白各种。若不经妇人，虽日久不长，此名之所由来也。按中国有合欢树、忘忧草、连理枝，而独无是名。倘得将种移栽，异卉奇葩，亦足为园林生色，而惜乎其不克多见也。(《点石斋画报·女见欢》)

据上所述，则女见欢也属与锁阳类似的一种植物，至于究竟有没有这样的植物，就不得而知了。

## 4. 任意车

无论是角先生、缅铃还是广东膀，都属于小型的性玩具，可以用手拿着把玩。在中国古代，人们为了更好地享受男女性交的乐趣，还制造了一些大型的性玩具，如任意车、云床、雨床之类，其特点是男女二人（或一人）处于其中，依靠某种机械的辅助来进行性交。这种大型的性玩具因为结构复杂，制作精巧，当然不是普通人士所能享用的。

在明代詹詹外史评辑的《情史·情豪类》中，记述了一种名为任意车的性交专用车，据称由隋朝时一个名叫何稠的人制造，何稠造此车的目的是为了献给喜欢享乐的隋炀帝。这种车的特点是四周挂有用鲛绡织成的帏幔，车里的人可以看见车外的景色，车外的人却看不见车内的情形；车上挂有许多铃铛，车行时铃铛作响，可掩盖车内男女调笑及性交时发出的声音；而且还"可以升楼阁，如行平地"：

稠又进转关车，车周挽之，可以升楼阁，如行平地；车中御女，则自摇动。帝尤喜悦，问此何名，稠曰："臣任意造成，未有名也。"帝乃赐名"任意车"。车幌垂鲛绡网，

233

杂缀片玉鸣铃，行摇玲珑，以混车中笑语，冀左右不闻也。

在明代小说《隋炀帝艳史》中，则称此车为御女车，并说是一个名叫何安的人所造：

> 忽有一人，姓何名安，自制得一驾御女车，来献与炀帝。那车儿中间宽阔，床帐衾枕，一一皆备，四围却用鲛绡，细细织成帏幔。外面窥里面却丝毫不见，里面却十分透亮。外边的山水草木，皆看得明明白白。又将许多金铃玉片，散挂在帏幔中间。车行时，摇荡的铿铿锵锵，就如奏细乐一般。任车中百般笑语，外边总不听见。一路上要行幸宫女，俱可恣心而为，故叫做御女车。炀帝看了满心欢喜道："此车制得甚妙，途中不忧寂寞矣！"遂厚赏何安。（《隋炀帝艳史》，第十三回）

### 5. 御童女车

同样据明代詹詹外史评辑的《情史·情豪类》载，何稠除了向隋炀帝献任意车，还献了一辆御童女车，是专门用于与年少的处女性交的。年少的处女因处女膜未破，加上未完全发育，与成年男子性交时便会畏惧推拒。此御童女车则可把童女的四肢固定在车上，使童女无法反抗，以让男子一恣情欲："大夫何稠进御童女车，车之制度绝小，只容一人，有机处其中，以机碍女之手足，纤毫不能动。帝以试处女，极喜，乃以千金赠稠，旌其巧也。"

在清代小说《蜃楼志全传》中，说到有云床和雨床两种助性器械，其中云床的功能与御童女车极为相似：

> 原来，摩刺新制云、雨二床，都系洋人所造：云床以御幼女，倘有抢来幼稚女子，不解欢娱，怕他动手动脚，只消将他推上云床，自有关捩将手足钳住，以恣意欢淫。雨床更为奇巧，遇着欢会之时，只消伏在女人身上，拨动机关，它自会随心纵送，着紧处还有两相迎凑之机。当下众侍女将自芳脱去衣裳，推上云床。这小小女孩子晓得什么？谁料上得床来，两手不能动弹，两足高分八字，只急得哀哀痛哭。两边四名侍女执灯高照，各各掩口而笑。（《蜃楼志全传》，第十九回）

从以上描述看，任意车或者雨床通过机械的手段来辅助人们的性享受，反映的是古人的奇思妙想和精巧工艺，无伤大雅，甚至还有某种可取之处；御女童车和云床则是强奸幼女和进行性虐待的工具，反映的是暴力、罪恶和堕落，因而是必须坚决摒弃的。

### 6. 银托子

银托子是用银制成的一种托子，使用时束在阴茎根部，以增加阴茎的长度和力度。在明代小说《金瓶梅词话》中，常常提到这种银托子在性交中的作用："西门庆睡了一个时辰，睁开眼醒来，看见妇人还吊在架下……向纱褶子顺袋内，取出淫器包儿来。先以初使上银托子，次只用硫黄圈来。"（《金瓶梅词话》，第二十七回）在第三十八回中，也说"西门庆先把勉铃教妇人自放牝内，然后将银托束其根"。不过，《金瓶梅词话》中并未具体介绍银托子的形状和使用方法，但可以肯定它是当时人们熟知的一种性玩具。

有意思的是，古代印度人也使用银托子。在《欲经》中，对这种银托子有具体介绍。银托子有各种形制，或形状如阴茎，外表粗糙，使用时戴在阴茎上；或只是单根的金属线，使用时绕在阴茎上，以增强摩擦。这种性玩具虽名为银托子，但除了用银制成，也常常用金、铜、铁、象牙、牛角等制成：

> 或者，他应该利用某些银托子，这是一些戴在或绕在阴茎上以增加它的长度或粗壮程度的东西，这样做使它能与阴道配合。根据跋布罗维亚的意见，这些银托子应该用金、银、铜、铁、象牙、水牛角、各种木头、锡或铅制成，应该柔软、冰凉，能激发性能力，并很适合原定目标。然而筏磋衍那却说，它们应该根据每个人的天生喜好而制成。
>
> 以下是各种不同的银托子：
>
> "臂章"（Valaya），与阴茎大小完全一样，外面做得很粗糙，布满球状物。
>
> "夫妻"（Sanghati），由两个"臂章"组成。
>
> "手镯"（Chudaka），把三个或更多的"臂章"组合在一起，以使它接近所要求的阴茎的长度。
>
> "单镯"，是根据阴茎的尺寸，把单根金属线绕在阴茎上而成。
>
> Kantauka 或是 Jalaka 是一种两头开口的管子，中间是空的，外表粗糙，布满柔软的球粒，用时系在腰上并使之与阴道侧面配合。
>
> 如果弄不到这种东西，那么用木苹果做成的管子，或葫芦瓶的管状颈，或用油和植物汁液使之柔软的芦苇，把它用绳子系在腰上，并和一排软木片系在一起，则也可以使用。
>
> 以上都是可与阴茎连在一起或直接用在阴茎上的东西。（见《世界性爱经典全书》，第 374～375 页）

## 7. 硫黄圈

在《金瓶梅词话》第二十七回中说还提到一种性玩具，就是硫黄圈。在该书的第三十八回，也描绘了使用硫黄圈的情况。书中并未细述硫黄圈的具体形状，但都说它是戴在龟头部位，因此它应是一种环状的东西，目的是在性交时增加对阴道的摩擦和刺激。而之所以称为硫黄圈，肯定是在其上附有硫黄，因为中医认为，硫黄有温肾、壮阳等作用。

与使用硫黄圈类似，古人还有把山羊的眼睑系到阴茎上的做法：

第六章 助性手段

公元13世纪，蒙古国王发现了第一种催情用具，他们发现如果把山羊眼睑系到阴茎上，眼睑上的睫毛会给女性带来快感。（《时尚健康》男士版，2003年第8期）

现代人则用硅胶制成阴茎环，使用时套在阴茎上，阴茎环上附有各种小玩意，如毛发、螺纹等，用来刺激阴蒂或阴道，其作用与硫黄圈颇为相似：

如果他的"口径"偏小或者是你处在产后恢复阶段的松弛期，一种套在阴茎上的硅胶环可以解决这个遗憾。阴茎环有完全套住阴茎的或不完全套住阴茎的两种。一般面目十分狰狞，正好弥补了阴茎表面十分光滑的缺憾。不知道男人们使用的时候是否有穿着雨鞋走路的感觉，倒是可以省下买套套的钱了。有的环上长满柔软的毛发、凸起、螺纹，有的甚至伸出一个电动小刷子，在做爱的时候可以一直刺激女人的阴蒂，非常体贴。

阴茎不够粗壮的男人可以考虑使用这个玩具，因为阴茎环真的会弥补他硬件上的小小缺憾。唯一需要注意的是，切勿使用勃起后无法取下的金属环。（同上，2008年第2期）

## 8. 白绫带子

在明代小说《金瓶梅词话》中，经常提到西门庆随身携带的淫器包，里面装着"银托子、相思套、硫黄圈、药煮的白绫带子、悬玉环、封脐膏、勉铃，一弄儿淫器"。银托子、硫黄圈和勉铃已在上面作了介绍，接下来再介绍一下白绫带子。

白绫带子是一种带状的东西，用白绫做成。先在白绫上装上些春药，再把它叠成带状，用针线缝紧。性交时把它系在阴茎根部，有加长阴茎等作用。在《金瓶梅词话》中，详细描述了潘金莲为西门庆制作白绫带子的原因、制作过程及使用的情况：

潘金莲想着要与西门庆做白绫带儿，三不知走到房里，拿过针线匣，拣一条白绫儿，用扣针儿亲手缄龙带儿。用纤手向减妆磁盒儿内，倾了些颤声娇药末儿，装在里面周围。又进房来，用倒口针儿撩缝儿，甚是细法，预备晚夕要与西门庆云雨之欢。（《金瓶梅词话》，第七十三回）

在清代小说《姑妄言》中，也说到有一种白绫带子，其形状和作用与《金瓶梅词话》中所说完全一样。书中描述童自大去商铺购买角先生，因出手大方，商家便以白绫带子相赠：

童自大从不曾买过，不知价值，又不好争讲，他平素极吝，此时竟慷慨起来，说道："银子便依你二两，有甚么好春方，送我些做搭头。"那人这三个先生值不过三五钱银子，因见他是外行，故拿大价哄他，谁知他一口就依了，满心暗喜，说道："既承照顾，只是难为了小铺些。"就取过一根白绫带子，有五六寸长，中一段装着药，说道："行房时将这带子束在根下，比每常分外坚久粗硬，一根可用五七次。尊驾若试验果好，

悬玉环图

下次还求照顾。"(《姑妄言》,第十三回)

## 9. 悬玉环

悬玉环也是西门庆淫器包中的淫器之一,不过书中并未介绍悬玉环的具体形状及用法。高罗佩在《中国古代房内考》中对悬玉环有具体的介绍:

> 这些工具中还有"悬玉环"。有一幅这一时期的套色春宫版画(《秘戏图考》卷一图版8)可以证明,这是一种玉环,套在勃起的阴茎根部,用一条白绸带绕过两腿,绑在腰上来固定它。这种玉环的一件实物标本见于图版15中。它是用象牙制成,前面饰有浮雕的双龙。龙的舌头相互盘绕,形成一个凸起的螺旋。一方面,这个螺旋代表的是二龙正在戏耍的"夜明珠"(通常被认为是太阳、生育力和魔力的象征),但另一方面,这个螺旋当其进退移动之际,无疑又有刺激女子阴蒂的实际功用。系环的绸带是从龙尾之间的孔里穿过。(高罗佩:《中国古代房内考》,第373~374页)

## 10. 牛亲哥

牛亲哥是谑称,其实是一种用牛尿脬做成的性玩具。把牛尿脬剪成一定的尺寸,再用针线密密缝好,用嘴往里吹足气,便成为一根类似男性生殖器的东西。因为用牛的尿脬做成,身边没有男子的女子用它来解决性饥渴,故称之为牛亲哥。牛亲哥见于清代小说《姑妄言》:

> 长舌妇的男子去了几年,他这样个骚淫妇人,可能久违此道?他想了个妙法,烦人去买了个牛尿脬来,假说要装东西,他拿到房中,端像(详)了一会,左量右量,又将下身叉了叉,量定了尺寸,拿剪刀剪开,用倒扣针儿细细缝起。缝完了,拿嘴一吹,有一围粗细,六寸余长,亮锋(铮)铮不硬不软的一根宝物,心中大喜。根下用一根新头绳扎紧,夜间以为消遣之具。不用时解开头绳放了气,装在腰间钞袋内。因心爱之甚,美其名曰牛亲哥。(《姑妄言》,第十五回)

第六章 助性手段

在《姑妄言》第二十四回中,讲到了另外一种"牛亲哥",是把切碎的牛肉灌入牛肠子而成。

除了用牛尿脬、牛肠子来制性玩具,也有用猪尿脬制成性玩具的,由此可见中国古人触类旁通的本领。在明代小说《八段锦》中,就描绘了索娘与余娘把玩用猪尿脬做的性玩具的情形。(见《八段锦》,第八段)

性玩具最主要的功能是刺激性欲和满足性欲,因此,凡是能起到这一作用的各种物件,皆可作为性玩具。从以上介绍来看,在性玩具的"发明创造"和运用方面,中国古人发挥了丰富的想象力,从而产生了数量可观的"创造",极大地丰富了人们的性生活。

现代人对性玩具亦有浓厚的兴趣,据性学家们调查,全球有超过四分之一的人拥有振动器或按摩器,而在25～34岁和45岁以上的年龄段的人中,这个比例超过了三分之一。(见《性福圣经》,第140页)而在英国,则有50%的人拥有性玩具。(见《男人装》,2010年第3期)另据英国最大的性用品零售商作出的统计显示,90%的英国人认为自己的性生活质量需要提高,他们中的40%认为使用性玩具是提高性生活质量的最好方法。(见《时尚健康》男士版,2008年第2期)

现代中国人在使用性玩具的问题上较为保守,但据2006年的一则统计,仍有14%的人使用过性玩具。其中20～30岁的男性和20岁以下的女性最喜欢性玩具,北上广女性和小城市男性最喜欢性玩具。(同上,2007年第6期)

另外,值得注意的是,女用自慰器的购买量,对于男女来说都是最高的。《时尚健康》中说,女用自慰器通常是女人买了自己用,男人买了送给女人用,当然,也可能是男女一起用。不管怎么说,女性是性用品的最大使用群体。(同上,2006年第12期)所谓女用自慰器,指的是阴茎状的振动器之类,再一次证明在人类性活动中,男性生殖器始终是受关注的核心。而之所以会出现这样的情况,是因为男女的生理结构不同:当男子射精后阴茎疲软,性交便无法继续进行;而女子则无此类明显的标志,仿佛可以随时或一直进行。因此,对男性生殖器的关注,亦从一个角度说明,在性交方面,与女性生殖器相比,男性生殖器似乎是存在缺陷的。

## 三、三寸金莲

三寸金莲指女子裹小了的脚,因其长度在三寸左右,故称。在中国自宋代至清末的将近一千年的漫长历史中,众多的女子纷纷加入到裹足的行列中,以裹足为荣,以不裹足为耻,把一项严重摧残身体健康的行为视为理所应当。而且,当时的男子们也大多对三寸金莲充满迷恋,不仅把它作为观赏的对象,作为评判女子高下的标准,也作为性交时一种重要的

窅娘缠足图　选自《明刻历代百美图》

## 第六章　助性手段

助性手段。这一现象，不仅使西方人惊讶不已，即使是现代的中国人，也觉得不可思议。

### 1. 金莲的起源

说到三寸金莲的起源，人们通常会追溯到五代时李后主的宫嫔窅娘，据史料记载，李后主命窅娘用帛缠脚，使脚成新月状，然后在人工制作的金莲上舞蹈。时人见到窅娘美丽的舞姿，纷纷仿效，从而开启了缠足之风。

关于缠足的起源，元人陶宗仪在《南村辍耕录》中考索甚详：

> 张邦基《墨庄漫录》云："妇人之缠足，起于近世，前世书传，皆无所自。"《南史》：齐东昏侯为潘贵妃凿金为莲花以帖地，令妃行其上，曰："此步步生莲花。"然亦不言其弓小也。如《古乐府》、《玉台新咏》，皆六朝词人纤艳之言，类多体状美人容色之姝丽，及言妆饰之华，眉目唇口腰肢手指之类，无一言称缠足者。如唐之杜牧之、李白、李商隐之辈，作诗多言闺帏之事，亦无及之者。韩偓《香奁集》，有咏屧子诗云："六寸肤圆光致致。"唐尺短，以今校之，亦自小也，而不言其弓。惟《道山新闻》云："李后主宫嫔窅娘，纤丽善舞，后主作金莲，高六尺，饰以宝物细带缨络，莲中作品色瑞莲，令窅娘以帛绕脚，令纤小，屈上作新月状，素袜舞云中，回旋有凌云之态。"唐镐诗曰："莲中花更好，云里月长新。"因窅娘作也。由是人皆效之，以纤弓为妙。以此知扎脚自五代以来方为之，如熙宁、元丰以前人犹为者少，近年则人人相效，以不为者为耻也。（陶宗仪：《南村辍耕录·卷十·缠足》）

据此可知，在五代以前，并无中国女子缠足之事；至宋代，始有女子缠足，但为者不多；

239

金莲小鞋图

至元代,"则人人相效,以不为者为耻。"

荷兰学者高罗佩对缠足起源于窅娘的说法抱有某种怀疑,但是,他也承认缠足出现于唐末宋初:

> 据说李煜为窅娘制造了一个六英尺高的大莲花,又用布带把她的脚缠起来,使她的尖足仿佛月牙,让她在莲花上表演他喜欢的舞蹈。因此,窅娘一向总是被画成缠足的形象。……据说窅娘缠足竟引起了普遍的羡慕,所有妇女都争相仿效。
>
> 尽管有人怀疑是否真是从窅娘才开了缠足的风气,但是文献的和考古的证据却表明,这一习俗确是在这一时期或其前后即唐、宋之间约五十年的时间里出现的。(高罗佩:《中国古代房内考》,第284页)

自元代开始,缠足之风在中国社会上一直盛行不衰,其间虽有清初的禁止缠足令,但仍然未能挡住这股缠足的浩荡之风。直到清朝灭亡,缠足才正式退出历史舞台。

## 2. 金莲是怎样缠成的

一个正常的成年女子,却只有三寸长的脚,这样的女子,若让她穿上三点式在舞台上进行展示,肯定是一幅极怪异的景象,然而中国古人却以之为美。那么,三寸金莲又是怎样缠出来的呢?

缠足通常从女孩子四五岁时开始,先让她穿上一种尖头鞋,以限制脚的自然生长。等长到6~8岁时,便开始用裹脚带缠裹女孩的双脚,因为这个时候的女孩脚上的骨头和关节还在生长之中,较富于柔韧性和可塑性。但不让正常生长的骨骼生长,必然给女孩带来极大的痛苦,据说许多女孩在刚开始裹脚时,经常在半夜被疼醒。

裹脚带大约一寸多宽、七八寸长,把四个小的脚趾尽可能地卷压到大脚趾下面后,再用裹脚带一道道紧紧缠住。这就需要人为的扳压之力,因此中国古人形象地把这种扳压称为"扳弓"。通过扳弓缠压,就大大缩短了脚的长度,使脚的前部和脚跟尽可能地靠在一起。经过四到六年的时间,就会形成一种尖角形的脚,而脚背则高高拱起,这就是所谓的三寸金莲。

在一本反映清末江南风情世态的小说《花柳深情传》中,具体地描述了当时的裹脚习

脚穿金莲小鞋的女子

俗以及赵姨娘为小姐阿莲裹脚的情形：

> 浙江风俗，世家大族之女无不裹脚，若裹脚至三寸，则以为做女子分所应得。若寻常居家者则个个脚皆三四寸，若五寸外，不但做媒者碍口，则女子自己亦觉难以见人，必不敢至亲友处赴席。至出阁时，亲友见其脚大，无不耻笑，甚有以"满床脚大鲲鱼"取为浑名，大脚女子至羞愧不能自容，且有以脚大而为本夫所弃者。浙东风俗如此，故赵姨娘为阿莲裹脚恐其不小，特从上海屈臣氏买妙莲散等药为其煎洗。看官知道，此药系图利起见，假立名目，其药系矫揉造作，约束气血，有干天和。煎洗以后，未有不因之肿烂者。阿莲不胜痛苦，日间寸步难移，夜间缩在被中，稍得热气，血气融和，奈缠裹太紧，血气不能流通，异常疼痛。（萧鲁甫：《花柳深情传》）

什么样的脚配什么样的鞋，三寸金莲好不容易缠成了，便需要有一种与之相衬的鞋。在金莲小鞋的制作方面，中国古人也花了不少的工夫。这种鞋常常是软底软面，轻巧优雅，鞋帮上绣有各种装饰性的图案。

金莲小鞋常常与裹腿配合使用。裹腿用素绸做成，下面镶有花边，用带子系在小腿上，下垂时正好盖住弓起的脚背。

## 3. 三寸金莲的魅力与功用

由于中国古代男子对三寸金莲有特殊的癖好，因此，那些有着三寸金莲的女子，其身价自然不同。在通常情况下，人们在评价一个女子时，通常会以容貌、身材、肤色等为重要的标准。然而，在崇尚缠足的年代，这些标准的重要性似乎都要排在三寸金莲之后。

在明代小说《玉闺红》中，说到有一个名叫张小脚的女子，在丈夫死后，公然像妓女般地接客。张小脚长得并不好看，然而，因为她有一双出众的小脚，生意十分兴隆：

> 张小脚长得一脸横肉，五短身材，肥臀大乳，并无甚动人之处。就属那一双小脚，真是天上少有，地下无双，因此小脚之名大振。张小脚的门庭，顿时热闹起来。（《玉闺红》，第四回）

第六章 助性手段

专门用于喝酒的三寸金莲瓷酒杯

而在清代小说《情梦柝》中，讲到有一个名叫荆锡仁的同知，想招书生胡楚卿为婿。胡楚卿虽知荆小姐人长得漂亮，但听说她可能未缠过足，便对荆小姐毫无兴趣，想让父亲去回了这门亲事：

> 吴江县有一个同年，姓荆名锡仁，来归德府做同知，晓得胡楚卿童年隽乂，托鹿邑知县作伐，愿纳为婿，就请到内衙读书。县尹将荆锡仁之意达于文彬。文彬大喜，茶过，送出县尹，正要进来与夫人儿子商议，谁知胡楚卿在书房先已听得。见父亲送出知县，走至厅后，见一个管家对书童道："当初我随老爷在嘉兴做官，晓得下路女子，极有水色，但脚大的多，每到暑天，去了裹条，露出两脚，拖着一双胡椒眼凉鞋与男人一般。如今荆小姐自然是美的，只怕那双脚与我的也差不多。"正在那里说笑，不料被楚卿听了，想金莲窄小，三寸盈盈，许多佳趣俱在这脚上，若大了，有什么趣？况且风俗如此，总是裹也未必小，不如对父亲说，回了他们到好。（《情梦柝》，第一回）

在明代小说《金瓶梅词话》中，说到媒婆把孟玉楼介绍给西门庆，西门庆去见孟玉楼时，媒婆就专门让他"验看"孟玉楼的金莲：

> 妇人（孟玉楼）起身，先取头一盏，用纤手抹去盏边水渍，递与西门庆，忙用手接了。道了万福，慌的薛嫂向前用手掀起妇人裙子来，裙边露出一对刚三寸恰半扠，一对尖尖趫趫金莲脚来，穿着大红遍地金云头白绫高底鞋儿，与西门庆瞧。西门庆满心欢喜。（《金瓶梅词话》，第七回）

由于中国古代的男人们对三寸金莲情有独钟，连金莲小鞋也因此沾了不少光。当时的男人们经常玩一种称为金莲杯的游戏，就是把装有酒的酒杯放入金莲小鞋中，然后端着它喝酒。

在元代陶宗仪的《南村辍耕录》中，专门有"金莲杯"一条，上面说："杨铁崖耽好声色，每于筵间见歌儿舞女有缠足纤小者，则脱其鞋载盏以行酒，谓之金莲杯。"在《金瓶梅词话》中，也描述西门庆脱下潘金莲的金莲小鞋"吃鞋杯耍子"：

> 两个飐云尤雨，调笑顽耍。少顷，西门庆又脱下他一只绣花鞋儿，擎在手内，放一小杯酒在内，吃鞋杯耍子。妇人道："奴家好小脚儿，你休笑话。"（同上，第六回）

在清代小说《绿野仙踪》中，写到富家子弟周琏与妙龄美女蕙娘偷情，对蕙娘的三寸

手持金莲小鞋的男子

金莲及金莲小鞋痴迷不已，就用金莲小鞋盛着酒杯喝酒：

（周琏）猛见蕙娘裙下，露出一只鲜红平底缎鞋，上面青枝绿叶，绣着花儿，甚是可爱，忙用手把握起，细细赏玩，见瘦小之中，却具着无限坚刚在内，不是那种肉多骨少，可厌可恶之物。不禁连连夸奖道："亏你不知怎么下功夫包裹，才能到这追人魂、要人命的地步。"……又将蕙娘的鞋儿脱下一只，把酒杯放在里面，连吃了三杯。（李百川：《绿野仙踪》，第八十三回）

更有一些金莲的"瘾君子"，对三寸金莲的气味迷恋不已，可谓典型的"金莲癖"。据燕贤的《足闻》载，民国初年，妓女舍爱卿曾遇一人，凡所需索，无不有求必应。但每次去找她时，只是要求她立即打开裹脚布，使两只小脚裸露，然后捧着她的脚不停地挨次狂嗅。等到双足嗅遍，通体舒泰，就付钱走人。

为什么小脚的气味令这些人如此着迷呢？在一份笔记中，曾记载作者对此之回味：

金莲滋味，余已领略之矣！其味奚似？初触及鼻官时，略带香皂气息，当非真味。迫与唇舌接近之后，绝似幼童苹果般之颊，佳人莲藕之臂。似香非香，耐人寻思，无物可比。

比之为牡丹，牡丹有其艳而无其香；比之为寒梅，寒梅胜其香而逊其艳。惟莲花略近，香远益清，近嗅淡如，亭亭净植，不冶不凡。名之曰"金莲"，可谓天然巧合，非匠心所能到也。（转引自张仲：《小脚与辫子》，第28～29页）

另外，三寸金莲及金莲小鞋在男女定情、偷情等过程中也常常扮演重要的角色。如《绿野仙踪》中说到金钟儿移情何公子，对金钟儿痴迷的温如玉无奈返回家中，决心从此用功读书，与金钟儿一刀两断。谁知不到一个月，金钟儿请人送来她的两只金莲小鞋，表示忏悔，温如玉立即旧情复燃，前嫌尽释：

（温如玉）将锦缎包儿打开，里面是一只大红洋缎平底鞋儿，绣着粉白淡绿许多

第六章 助性手段

捏弄女子三寸金莲的男子

的花儿在上面，石青线鸳鸯锁口，鹦哥绿绉绸提根儿。锁口周围，又压着两道金线。看鞋底儿上，微有些泥黑。不过三寸半长短。如玉见了此物，不由的淫心荡漾，意乱神迷起来，将这两只鞋儿，不忍释手的把玩。看了这一只，又拿起那一只，约有半个时辰方止。（李百川：《绿野仙踪》，第五十回）

至于《金瓶梅词话》中描写西门庆借捏潘金莲的小脚来挑逗潘金莲，则更是为大家所熟知：

> 却说西门庆在房里，把眼看那妇人，云鬟半軃，酥胸微露，粉面上显出红白来。一径把壶来斟酒，劝那妇人酒。一回推害热，脱了身上绿纱褶子，"央烦娘子，替我搭在干娘护炕上。"那妇人连忙用手接了过去，搭放停当。这西门庆故意把袖子在桌上一拂，将那双箸拂落在地下来。一来也是缘法凑巧，那双箸正落在妇人脚边。这西门庆连忙将身下去拾箸，只见妇人尖尖趫趫刚三寸恰半扠一对小小金莲，正趫在箸边。西门庆且不拾箸，便去他绣花鞋头上只一捏。那妇人笑将起来，说道："官人休要啰唣！你有心，奴亦有意。你真个勾搭我？"西门庆便双膝跪下说道："娘子，作成小人则个！"那妇人便把西门庆搂将起来说："只怕干娘来撞见。"西门庆道："不妨。干娘知道。"（《金瓶梅词话》，第四回）

对于三寸金莲在中国古代社会生活尤其是男女关系中的作用，荷兰学者高罗佩有较为全面的总结和分析：

> 从宋代起，尖尖小脚成了一个美女必须具备的条件之一，并围绕小脚逐渐形成一套研究脚、鞋的特殊学问。女人的小脚开始被视为她们身体最隐秘的一部分，最能代表女性，最有性魅力。宋和宋以后的春宫画把女人画得精赤条条，连阴部都细致入微，但我从未见过或从书上听说过有人画不包裹脚布的小脚。女人身体的这一部分是严格的禁区，就连最大胆的艺术家也只敢画女人开始缠裹或松开裹脚布的样子。禁区也延

及不缠足女人的赤脚，唯一例外的是女性神像，如观音。女仆像有时也如此。

女人的脚是她的性魅力所在，一个男人触及女人的脚，依照传统观念就已是性交的第一步。几乎每部明代或明代以后的色情小说，都以同样的方式描写这一步。当一个男子终于得以与自己倾慕的女性促膝相对时，要想摸清女伴的感情，他绝不会以肉体接触来揣摸对方的情感，甚至连她的袖子都不会碰一下，尽管他不妨做某种语言上的探试。如果他发现对方对自己表示亲近的话反应良好，他就会故意把一根筷子或一块手帕掉到地上，好在弯腰捡东西的时候去摸女人的脚。这是最后的考验，如果她并不生气，那么求爱就算成功，他可以马上进行任何肉体接触，拥抱或接吻等等。男人碰女人的乳房或臀部或许还说得过去，会被当作偶然的过失，但摸女人的脚，却常常会引起最严重的麻烦，而且任何解释都无济于事的。（高罗佩：《中国古代房内考》，第286～287页）

## 4. 金莲与性

三寸金莲缠成后，小脚背高高弓起，而脚心则形成一条呈 V 字形的深深的肉沟，这条肉沟覆盖着一层厚厚的筋膜或韧带似的组织；由于裹脚的女子走路很少，因此，这条肉沟往往非常柔软而多肉，这对中国古代男子充满了诱惑，他们常常把这条肉沟与女子的阴部等量齐观，而在性交时赋予它特殊的作用和意义。他们会用手指、口、舌头以至阴茎抚爱这一肉沟，而当男子不断地揉搓、舔弄、吮吸金莲小脚以及它的特殊的肉沟时，男女双方都会变得亢奋异常。

对此，《中国古代性残害》一书中说："据行家所述，握女子三寸金莲也有许多姿势，包括了正握、反握、顺握、逆握、倒握、侧握、斜握、紧握、横握、前握、后握等十一式，而握之外又有揉之、抚之、捏之种种变化，而在古代中国，三寸金莲常是女人的'性感带'，只要金莲被男人一握一捏，立刻春情荡漾，不克自持，这真是今人所难以想象之事。"（赖琪等：《中国古代性残害》，第53页）

在近人姚灵犀的《采菲录》中，则详细描述了三寸金莲及金莲小鞋对刺激性欲的作用：

民元春季，余旅行是地，租寓民家，因与房东之女通。女年十九，已嫁而孀，乃归依其母。平素淡妆素服，风致娇然，但眉间隐含荡意。是女口操晋音，不无怯态，而其肤理之光润，实较南方女子为胜，不能无动于中，遂于一夕潜入其室，俟女母已寝，家中更无他人，余遂得肆所欲。

女先布被枕于砖炕上，嘱余先眠，己则对镜梳洗。余拥被坐待，作水晶帘下旁观。见女敷粉点脂，女北地浓艳之妆，是固未能免俗，第临御之际，得此挑引性欲，享尽快乐，实视淡妆为佳也。妆竟，复濯其足，然后束以绸条，套以绫罗，又自炕箱中取大红睡

第六章　助性手段

缠足女子的闺房之乐

鞋出著之，始登床。余南人，夙不习此，颇以为异，执其足而谛观之，鞋为红缎所制，尖觥无匹，比日间所著鞋更窄小，帮绣细花，中嵌春宫图，亦极工致。下视软底，入握如棉，诚为妙物。女斯时冶状毕露，戏伸红菱以逗余势，立即供兴，且兴炽倍于平常，信乎戈戈莲焉，为助淫具也。

在世界各民族中，三寸金莲可谓中华民族特有的现象。中国的三寸金莲曾引起国外许多学者的极大兴趣，如在 19 世纪末 20 世纪初，法国医生马蒂格农对中国的裹脚习俗做了大量的观察和记录，并专门撰文论及三寸金莲对中国男人的诱惑力：

中国人很喜欢的一些春宫雕刻，在所有这些淫荡场景中，我们都能看到男人色迷迷地爱抚女人的脚的形象。当中国男人把女人的一只小脚把弄在手的时候，尤其在脚很小的情况下，小脚对他的催情作用，就像年轻女郎坚挺的胸部使欧洲人春心荡漾一样。关于这一话题，所有和我交谈过的中国人都异口同声地回答说："噢，多么小巧可爱的三寸金莲！你们欧洲人无法理解它是多么精致、多么香甜、多么动人心弦！"（转引自《古代为什么把女人裹小脚叫做三寸金莲》）

另一位外国学者莱维则对中国女子的三寸金莲作了极为生动形象的比喻：

金莲小脚具有整个身体的美；它具有皮肤的光洁白皙，眉毛一样优美的曲线，像玉指一样尖，像乳房一样圆，像口一样小巧，穿着鞋子像嘴唇一样殷红，像阴部一样神秘。它的气味胜过腋下、腿部或身上腺体分泌的气味，还具有一种诱惑人的威力。（同上）

### 5. 古代中国女子为什么要缠足

今天，三寸金莲已彻底成为历史，不仅早已无人缠足，即使是曾经在 20 世纪初缠过足的老太太，活在世上的也极其罕见。今人对三寸金莲的基本评价是：对女性身心健康的摧残，愚昧，落后，近乎荒唐。然而，这么一种愚昧落后的行为，为什么能在中国历史上风行几近一千年呢？为什么历史上有那么多的男子会对三寸金莲痴迷不已呢？看来，对三寸金莲，我们不能采取简单否定的态度，而应深入历史及人类的心理结构，尽可能客观地进行剖析。

综合古今中外的各种观点，关于中国古代女子为什么要缠足，主要有以下三种解释。

一是认为把女子的脚裹成三寸金莲，能增强男女性交时的快感。如曾在中国住过四十年的社会学家纳吉奥·鲁佐就曾断言说：富有的中国男人们喜欢找裹有三寸金莲的女人做小老婆，是因为金莲小脚使得与她们性交就像和处女性交一样。

与纳吉奥·鲁佐持相同观点的学者很多，如19世纪中国驻俄罗斯大使孙慕汉（译音）在接受《申报》记者采访时认为，女人裹脚可使女人性欲增强，他说：

> 女人的脚越小，她的阴道肌肤就越美妙。有这样一句老话：女人脚越小，其性欲就越强。因此，在大通——一个女人们最有效地裹脚的地方，女人们的结婚年龄比在其他地方小得多。其他地区的女人们也可以用人为的方式造就同样的阴道肌肤，但唯一的办法是裹脚，使阴部得到集中发展。通过裹脚，阴道壁的褶皱组织会一层一层地增长加厚。（转引自《金莲小脚具有整个身体的美》）

19世纪末的学者辜鸿铭说："女子缠足，则肉聚于臀股，异常丰美，其私处亦因之遒紧，此实中国特有之美法，非外人所可梦见者也。"（转引自张仲：《小脚与辫子》，第61页）

但是，荷兰学者高罗佩则持相反的观点，他说："有些作家试图把缠足与女人的阴部联系起来，他们断定缠足会引起某种特殊的阴阜和阴道反射，但这一理论已被医学专家明确否定。"（高罗佩：《中国古代房内考》，第288页）

二是认为女子裹脚是为了限制女子的行动自由。因为儒家提倡女子以贞静为美德，裹脚造成女子行走困难，恰好可以使她们安处家中，减少与外人接触。如元代伊世珍的《瑯嬛记》中载："本寿问于母曰：'富贵家女子必缠足，何也？'其母曰：'吾闻之，圣人重女而使之不轻举也，是以裹其足，故所居不过闺阁之中，欲出则有帷车之载，是无事于足也。'"但是，这种观点也不为高罗佩所认同：

> 另一些人提出的更笼统的理论则断言儒家助长了这种习俗，因为它有助于限制妇女的行动，使她们足不出户，因此，缠足也就成为妇女端庄淑静的标志。这种理论也过于牵强，完全不能令人满意。（同上）

三是认为女子缠足可以人为地制造出一种性隐秘，并借此刺激人们的性欲。如有性学专家指出：

> 缠小脚在封建社会是妇女的极度隐私，除了丈夫和关系极密切的人之外，不能随意让人观看，这让小脚与性的隐秘结合在一起，甚至被称为"导淫之具"。（《时尚健

第六章 助性手段

康》男士版，2009年第4期）

我认为，在上述三种观点中，第一种观点最值得怀疑，因为缠足使女子的运动量大大减少，而女子缺乏锻炼是不可能使阴部肌肉得到集中发展的，因此，所谓缠足能使男女增强性交时的快感，更多的是由心理因素造成的。第二种观点有一定的道理，但它只是结果而不是原因，即女子缠足可使女子更易保持贞静，而不是为了使女子保持贞静而让她们去缠足。正如窅娘缠足的目的是为了使舞姿更加优美，而后世女子缠足却扼杀了舞蹈在中国的发展一样，我们绝不能把结果当成原因来理解。第三种观点点出了问题的某种真相，但未能完全揭示真相，因为在我看来，女子缠足确实是人为地制造了一种"性的隐秘"，但是，中国古人为什么选择脚而不是别的部位，实在是有其深意的。

脚在人体中是一个特殊的部位，其特殊性就在于它是经常被包裹起来的，鞋和袜子就是专门为包裹脚而设计的。这种状况，与女子的胸部和阴部颇为类似，因为这两个部位也是经常被"包裹"起来的。不易见到的地方就会充满神秘感，一些人之所以有恋足癖，也是与此有密切关系的。据伶玄的《赵飞燕外传》称，汉成帝患了阳痿的病，但只要用手接触赵合德的脚，便会正常勃起："（汉成帝）尝蚤猎，触雪得疾，阴缓弱不能壮发；每持昭仪足，不胜至欲，辄暴起。昭仪常转侧，帝不能长持其足。樊嬺谓昭仪曰：'上饵方士大丹，求盛大，不能得，得贵人足一持，畅动，此天与贵妃大福，宁转侧俾帝就耶？'昭仪曰：'幸转侧不就，尚能留帝欲，亦如姊教帝持，则厌去矣，安能安动乎？'"这当然是一个较为极端的例子，但它从一个侧面反映了脚尤其是美女的脚是能起到某种刺激性欲的作用的。

其实，把脚与性相联系，在人类社会中是一个较为普遍的现象。英国性学家霭理士就明确指出，人类一直有把脚与性器官相等同的做法或倾向：

> 把足和性器官联系在一起，原是中外古今很普遍的一个趋势，所以足恋现象的产生可以说是有一个自然的根底的。就在犹太人中间，说到性器官的时候，有时候婉转的用"足"字来替代，例如，我们在《旧约·以赛亚书》里就读到"脚上的毛"，意思就是阴毛。在许多不同的民族里，一个人的足也是一个怕羞的部分，一个羞涩心理的中心。在不久以前的西班牙就是如此，在一七七七年，贝朗（Peyron）写着说，西班牙妇女掩藏她们足部的风气如今正渐渐的不大通行了，"一个把足部呈露出来的女子，到如今已不再是一个准备以色相授的表示了"；我们不妨再提一笔，足的色相的授与等于全部色相的授与，在古代的罗马也复如此。无论什么时代，一个正常的在恋爱状态中的人也认为足部是身体上最可爱的一部分。（霭理士：《性心理学》，第206页）

据此，我认为，中国古代女子之所以要缠足，正是为了人为地制造一个性敏感带，而脚恰恰因为其天生具有的优势而为人们所选中。然而，这一人为制造性敏感带的过程却让中国古代女子付出了沉重的代价，也让中国古代社会背上了沉重的包袱。回想19世纪末20世纪初那些为了废除缠足而奔走的人们所付出的艰辛，教训是十分深刻的。

# 第六章 助性手段

# 第七章

# 提高性能力的方法

健全的性功能是性交的前提，一个人的性功能是否正常，直接关系到性交的进行及性享受程度的高低。通常说来，一个性欲强烈、性能力出众的人，他在性享受和性快感方面也会超过普通人。因此，古往今来，只要是生理和心理健全的人，通常都会希望自己对异性更具性魅力，对性交的掌控能力更强，在性交中的表现更出色。为达此种目的，人们采取了多种措施，发明了各种办法。

## 一、按摩

按摩本是中医治疗疾病的一种方法，指用手按压人体的某些部位以通经活血、缓解疼痛、开窍醒脑等。早在《黄帝内经·素问·血气形志篇》中就已有关于按摩的记述："形数惊恐，经络不通，病生于不仁，治之以按摩醪药。"实践证明，按摩对于增强机体功能、预防和治疗某些疾病有一定的作用。那么，按摩对于提高性能力又能起什么作用呢？根据相关资料，人体中的某些部位或穴位与人的性能力有密切的关系，通过对这些部位或穴位的正确刺激，能起到提高性能力的作用。

### 1. 暖外肾

外肾即男子的睾丸。睾丸是男子生殖器官的一部分，能产生精子。中国古代性学认为，睾丸与男子的性能力有密切的关系，因此，在日常

按摩外肾图 选自清代的《导引图》

生活中，必须防止睾丸受到损伤；同时，又要采取某种手段保持睾丸的功能和活力。然而，因为睾丸位于阴囊内，平时很少有人会去注意对睾丸的锻炼和保养，这样久而久之，睾丸的功能就会提前退化，从而导致男子性能力的下降。在清代的《紫闺秘书》中，介绍了一种称为"暖外肾"的按摩方法，据说可以保持和提高睾丸的功能：

> 刘几，洛阳人，年七十余，精神不衰，体干清健，犹剧饮。广素闻其善养生，因问之。几曰："我有房中补导之术，欲授子。"广曰："方困小官，家唯一妇，何地施此？"然见几每一饮酒，辄一漱口，虽醉不忘。因此可以无齿疾。脯食后少许物辄止。几有子婿陈令，颇知其术，曰暖外肾而已。其法以两手掬而焕之，端坐调息，至十息，两肾融，液如泥沦，又腰间。此术至妙。
>
> 又，本朝回回教门善保养者无他法，惟暖外肾使不着寒。见南人着夏布裤者，甚以为非，恐凉伤外肾也。云夜卧当以手握之令暖，谓此乃生人性命之根本，不可不保护。此说最有理。（《紫闺秘书·修养十一诀》）

通过按摩外肾、使外肾不受凉等来保持或提高男子的性能力，这是人们在实践中总结出来的，应该有一定的功效。当然，外肾也不是越暖越好，因为根据现代医学，睾丸的温度过高，会大大降低精子的活力，影响生育能力，因此，外肾保暖也要适可而止。

## 2. 刺激穴位

现代性学认为，人体中一些特殊的穴位，如涌泉穴、三阴交、关元等都与人的性能力有密切的关系，正确地按摩这些穴位，对提高人们的性能力有明显的作用：

> 男人的第一大壮阳穴位当属涌泉穴，在足底前1/3处，足趾后屈时呈凹陷处，比较好的按摩方法是盘膝而坐，两手对搓发热后，紧握住脚底，从趾根处起，对踝关节至三阴交一线往返用力摩擦20～30次，然后左右手分别搓涌泉穴，搓动时要平静心态，稳定节奏。（《男人装》，2008年第7期）

第七章 提高性能力的方法

腹股沟区是一个比较薄弱的部位，是指下腹部两侧的三角区域。这个区域有腹壁形成的一个"裂隙"，中间有腹股沟管穿过，男性的精索（对女性来讲，是子宫圆韧带）就通过腹股沟管。精索中就有运输精子的管道——输精管、供应营养的血管、支配行动的神经。所以说，腹股沟区是向睾丸输送精子到达精囊的"交通要道"。因此，正确地按摩这个部位，能有效地促进血液循环，改善局部的供血，进一步完善神经调控，促进精子的蠕动等，对提高精子的活力及质量有一定的好处。具体的按摩手法是：平卧后，顺着腹股沟的方向，自上而下地按摩 30～50 次，力度中等，以感觉腹股沟区稍稍发热为止，每周坚持 3～5 次比较适宜。（《男人装》，2009 年第 8 期）

刺激商阳。商阳穴位于食指尖端桡侧指甲旁。刺激该穴具有明显的强精壮阳之效，可延缓性衰老。

旋压关元。关元穴位于脐下 3 寸处，属于沿头面正中贯穿胸腹的任脉。"任脉"与男女生殖系统都有密切关系，具有强精壮阳效果。

刺激三阴交。三阴交，顾名思义，是肝经、脾经、肾经三条阴经交会之处。三阴交穴本身属于脾经，位于胫骨内侧、脚内踝上约 10cm 处。针灸该穴是增强性功能最常用的穴位之一。（《时尚健康》男士版，2010 年第 9 期）

对上面所介绍的穴位进行适当的刺激，对于增强性能力确实有较明显的作用。关键是要持之以恒，且刺激一定要适度，不能过分。

## 二、气功修炼

气功是我国特有的一种修身养性、强健体魄的方法，分为静功和动功两类。静功采取坐、站、卧等姿势，全身放松，排除杂念，或意念集中于一处，并采用特殊的呼吸方式；动功由一套设计好的动作组成，锻炼时动作舒缓，或以意引气，或按摩身体的某些部位。经常锻炼气功，可起到增强体质、减少疾病的作用。

人们在经过一段时间的气功修炼后，通常会感到性欲增强，性能力比以前有所提高，这是因为气功修炼时全身放松，排除杂念，使人体的机能得到了很好的调节。当然，常见的气功修炼的主要目的并不是提高性能力，不过，在中国古代，确实有一些通过气功修炼来提高性能力的特殊功法。

在《紫闺秘书》中，介绍了一种性交结束后通过气功修炼来"兴阳"的功法：

人如油灯一般，油尽则灯灭，气短则易亡，亡则不能复，岂可不明此理？下马仰卧，用手于胸腹上掺擦五脏还位，及均匀于气；亦不可缩脚侧卧，免致下疾之患。次早起来，更以养神法助之，望东方取气三口，咽之，用手陕气，亦按至丹田，三存三跳，伸缩提掇百骨，插手过头，坠手合掌，热索出气三口，背手闭眼，井花水半口灌漱，以舌团围和津液作丸咽之，乃名神火能取阳法。毕，然后洗面盥漱。每日更取子午正气，以补元阳，邪魔不敢近，寒暑不能侵。此诀能近道兴阳，明此三者，虽曰非通仙，足可延年而益寿也。（《紫闺秘书·素女房中交战秘诀·总论》）

这种功法的特点是：性交结束后，仰卧，用手按摩胸腹，调匀呼吸。第二天起床后，吸东方之气，咽入丹田，再配以导引、咽津等动作。至于效果如何，则需尝试后才知。

另在明代岳甫嘉的《种子编》中，介绍了一种炼精之法，据称可以使精气旺盛，提高性能力。具体做法是：在半夜子时，披衣而坐，先把两手搓热，然后用右手兜住睾丸，用左手按住肚脐，把意念集中于肾脏部位，端坐1个小时左右：

炼精之法，全在肾家下手。内肾一窍，名玄关；外肾一窍，名牝户。真精未泄，乾体未破，则外肾阳气至子时而兴，人身之气与天地之气两相吻合。精泄体破，而吾身阳生之候渐晓，有导而生者，次则寅而生者，又次则卯而生者。有终不生者，始与天地不相应矣。炼之之诀，须半夜子时，即披衣起坐，两手搓极热，以右手将外肾兜住，以左手掩脐而凝神于内肾约半个时。久久习之，而精自旺矣。

在上面介绍的两种气功修炼方法中，第一种方法自称能"近道兴阳"，第二种方法的效果是"精自旺"，相比之下，第一种方法的效果似乎更好一些，但这种方法操作起来过于麻烦，一般人很难真正照此去实行。因此，还是第二种方法方便易行，若能持之以恒，自会有明显的效果。

除此之外，中国古代气功中还有一种通过撮谷道来壮阳的做法。谷道是中医学术语，指直肠到肛门的一部分。具体做法是：端坐，全身放松，意念集中于肛门部位，吸气时提肛，呼气时放松肛门部位的肌肉。久久练习，可使肛门、会阴等部位的肌肉发达，并能受意念控制，从而提高性能力。

## 三、春药

在中国古代性学中，把能刺激人的性欲，使性器官的形状、功能发生某种程度的变化并能使人更好地获得性快感的药物称为春药。春药名目繁多，如先天丸、颤声娇、紧牝丸、相思锁、红铅丸，等等；制作手段各异，或取动物的某个部位制成，或以某些草药合成，或用各种药石炼成；使用方法不一，或事前吞服，或临阵搽抹，或置于马口，或放入阴道；所起功效各不相同，或能使阴茎变粗变长，或能使阴道变窄变紧，或能使男子久交不泄，或能使女子纵欲无度。然而，历史上对春药的争议也最多，或奉之为房中神药，或斥之为催命毒药，或称之为无稽之谈，或视之为有待发掘之宝藏。为了对春药问题有一个较为完整、

第七章 提高性能力的方法

科学的认识,在此力图全面而客观地呈现中国古代春药的种类、成分、作用、在社会生活中的影响及现代性科学对春药的认识。

## 1. 春药的种类

春药在中国有悠久的历史,早在马王堆汉墓出土的帛书《十问》中,就记载了黄帝与大成关于吃动物的睾丸等来增强性功能的讨论:

  君必食阴以为常,助以柏实盛良,饮走兽泉英,可以却老复壮,泽曼有光。接阴将众,继以蜚虫,春爵员骎,兴彼鸣雄,鸣雄有精,诚能服此,玉策复生。太上执遇,廱彼玉窦,盛乃从之,员骎送之;若不执遇,置之以豺。诚能服此,可以起死。

意思是,你一定要经常服用一些滋阴的东西,再加上一些柏实就更好,喝牛羊奶或以动物的睾丸、阴茎煎汤喝,就可以由衰老恢复健壮,使容颜润泽有光彩。如果要多次和女子交合,就要吃飞鸟、雀卵等,还有公鸡,公鸡有睾丸,如能服食这些东西,性机能就会恢复。体质好的人阴茎能进入阴道与女子性交,可以顺其自然,用雀卵补益即可;如果阴茎不能勃起,就吃麦粥和雀卵。如果能服用这些东西,就可以治好阳痿。

在此后的历史中,关于春药的记述不绝于书。如在《后汉书》中,有甘始、东郭延年、封君达等方士"饮小便"(即回龙汤,用童男童女的小便提炼而成)的记载;在《三国志》中,有关于名士何晏服用"五石散"(用丹砂、雄黄、云母、石英、石钟乳五种矿石制成,服后能使体内大热)的记载;在魏晋时期的《神仙传》《列仙传》等书中,有关于方术之士服五加皮酒、五味子等以壮阳、长寿的记述,等等。因为春药的名目过于繁多,为了使对春药的介绍呈现某种系统性,在此主要以春药的功能为依据来展开介绍。

(1)使男性生殖器变大加长的春药

在男女性生活中,男性生殖器的形状、大小、功能往往起着重要的、有时甚至是决定性的作用。虽然不少性学家认为,男性生殖器的形状、大小与性生活是否和谐无关,但是,中国古代性学却毫不掩饰地把粗长坚硬的男性生殖器视为上品。因此,在各类春药中,数量最多、最受人们关注的便是那些能使男性生殖器变粗变长、持久耐战的春药。对此,在古代著名的房中书《洞玄子》、《玉房秘诀》、《摄生总要·房术秘诀》、《紫闺秘书》等中有大量的记载。

a. 长阴方

在《洞玄子》中,载有一则"长阴方",以肉苁蓉和海藻为原料,使用时搽在阴茎上,据称可以使阴茎加长三寸:

  肉苁蓉三分 海藻二分

肉苁蓉图。肉苁蓉是春药中重要的成分

右捣筛为末，以和正月白犬肝汁涂阴上三度。平旦新汲水洗却，即长三寸，极验。

### b. 令男子阴大方

在《玉房秘诀》中，载有一则"欲令男子阴大方"，把蜀椒、细辛、肉苁蓉放入狗胆中，用它来摩擦阴茎，据称可以使阴茎加长一寸：

蜀椒 细辛 肉苁蓉 凡三味，分等，治，下筛，以内狗胆中，悬所居上卅日，以磨阴，长一寸。

在《玉房指要》中，亦载有一则"治男子令阴长大方"，称服用十天、二十天后，即可使阴茎变大，但所用材料与《玉房秘诀》中所载颇不相同：

柏子仁五分 白敛四分 白术七分 桂心三分 附子二分

右五物为散，食后服方寸匕，日再。十日、廿日长大。

### c. 兴阳蜈蚣袋

在明代洪基的《摄生总要·房术秘诀》中，介绍了一种"兴阳蜈蚣袋"，以蜈蚣、甘草和甘遂为原料，盛入白绢袋中，捆在阴茎部位，据称可使阴茎变粗，享尽房中乐趣，并能益寿延年：

蜈蚣一条，去头足为末 甘草三分为末 甘遂三分为末

右共一处，用素白绢作成袋，扎于玉茎下，方行前功，三七日可成。此时观形势完备，舒展长大，粗不可言。其龟苍老后，不须用药，以固定元阳，方可入炉采战，取胜无厌。

此诀为人不可不知也，知者乐一生，不但延年，而广后嗣矣。

### d. 相思锁

在洪基的《摄生总要·房术秘诀》中，还记载有一种名叫"相思锁"的春药，以辰砂、肉苁蓉、麝香、地龙（即蚯蚓）为原料制成，使用时置于马口，据称能使阴茎变粗变长，

第七章 提高性能力的方法

菟丝子图。菟丝子有添精益髓之功效

同时也能使阴道胀满，从而使阴茎无法脱离阴道：

  辰砂三钱 肉苁蓉酒浸焙干三钱 麝香五分 地龙七条瓦上焙干

  右为末，用龟血调为丸，麦子大，用一丸于马口内，行事玉茎粗长，阴门胀满不脱，吃水即脱。

在明代小说《浪史》中，也提到有一种名叫"相思锁"的春药，其功能作用与《房术秘诀》中所载相似，只是使用时不是置于马口，而是吞入腹中。（见《浪史》，第二十二回）

浪子服下相思锁后，在性交时，阴茎与阴道同时胀起，而且，浪子要泄精时，须先喝一口冷水，此与洪基《摄生总要》中的记载完全一致，可见《浪史》中说的相思锁，即《摄生总要》中所载的相思锁。

e. 壮阳丹

在清代的《紫闺秘书》中，载有一种"壮阳丹"，由海马、大麻、麝香、菟丝子等为原料制成，据称使用时只要用鼻子闻上几下，便能使阴茎"坚硬如铁"，而且比平时还要大七分：

  清新草 尖草 海马 没药 大麻 麝香 石燕 丁香 菟丝子 砂 川椒 附子 八角 茴香

  将前药十四味为末，用银器内炼蜜为丸，如梧桐子大。每服三十丸，好酒送下。保养丹田，助精补虚，大有神效。若过之时，仍加巴戟、川练子、威灵仙，如此三味，同前药为末，砂硃为衣，捏饼子，令人闻息入鼻内，其阳便兴，坚硬如铁，能大七分。欲要解者，吃红枣一枚解。服者保养，能助阳甚久，仍取一时之乐也。（《紫闺秘书·素女房中交战秘诀·附壮阳丹》）

以上系中国古代房中书中提到的较具代表性的能使男性生殖器变粗变大的春药，此外，在明清艳情小说中，也提到不少具有类似功效的春药，在此就不一一介绍了。

（2）使男子耐久不泄的春药

男子服用春药后，使生殖器变大变硬，这只是外观上的改变，解决了"中看"的问题，但关键还是要性交时"中用"。在"中用"的问题上，中国古代医家也有诸多的"发明"，有不少春药，均称可"耐久不泄"、"虽敌十女不衰"。

a. 兴阳丹

在宋代陈希夷的《房术玄机中萃纂要》中，载有一味"兴阳丹"，以雄狗胆和麝香为原料制成，使用时涂于龟头，可使男子久交不泄：

雄狗胆一个　麝香用当门子一钱

右将麝香入狗胆内，搅匀，线悬于当风处阴干。每用少许津涂茎头，行事耐久不泄，甚妙。

b. 西施受宠丹

在陈希夷的《房术玄机中萃纂要》中，还有一味"西施受宠丹"，据称能使男性连御十女不衰：

丁香　附子　良姜　官桂　蛤蚧各一钱　白矾　山茱萸　硫黄各七分

右为细末，炼蜜为丸，如梧桐子大，每服三丸，空心温酒送下，虽敌十女人不衰，强壮坚大，女受其美如欢洽也。

c. 强龟益女丹

在明代洪基的《摄生总要·房术秘诀》中，载有一味"强龟益女丹"，以红豆、良姜、五味子等为原料制成，使用于涂在阴茎部位，据称不仅可使男子连续与十位女子性交，而且不会对女子的健康造成损害：

红豆　砂仁　良姜　五味子　晃脑

各等分为细末，每次少许，津调玉茎上，可度十女，女亦无损。房中要药也。

（3）使女子阴道窄小的春药

在中国古代性学中，男性生殖器崇尚粗而长，女性生殖器则要求窄而小，这当然是基于这样的前提：男女双方的性器官结合得越紧密，性快感就越强烈。因此，在中国古代，就有了不少据称能使阴道变窄变紧的春药。

a. 令女玉门小方

在《玉房指要》中，记载了两个"令女玉门小方"，用硫黄与远志或硫黄与蒲华为原料制成，使用极为方便，效果则据称十分明显：

硫黄四分　远志二分

第七章　提高性能力的方法

259

为散，绢囊盛着玉门中，即急。

又方：

硫黄二分　蒲华二分

为散，三指撮着一升汤中，洗玉门二十日，如未嫁之僮。

b. 令妇人阴急小方

在《洞玄子》中，载有两则"疗妇人阴宽、冷，急小、交接而快方"，以石硫黄为主要材料，据称可使女子的阴道窄小如十二三岁的少女：

石硫黄二分　青木香二分　山茱萸二分　蛇床子二分

右四味捣筛为末，临交接内玉门中少许，不得过，多恐最孔（指阴道）合。

又方：

取石硫黄末三指撮，内一升汤中，以洗阴，急如十二三女。

c. 金屋得春丹

在宋代陈希夷的《房术玄机中萃纂要》中，载有一则"金屋得春丹"，用料十分简单，仅为石榴皮和菊花，把它们研成细末，用水煎成汤后洗阴户，据称可使女子的阴道如童女：

石榴皮　菊花各等分

右为细末，水一碗煎七分，温洗阴户，状如童女，真春宵一刻，千金之美。

d. 始皇童女丹

在明代洪基的《摄生总要·房术秘诀》中，介绍了一种"始皇童女丹"，以石榴皮、茱萸等为原料，把它们研成细末，放入阴道中，据称可使"胜如童女"：

石榴皮　青木香　茱萸去肉核　生明矾

各等分为细末，津调入阴户，胜如童女。

（4）使男女双美的春药

能让男女双方同时享受到性快感，无疑是性交的最佳状态，但像上述能使男子久交不泄、夜御十女的春药，则大多只注意到男子的性快感，女子只是男子享受性快感的工具。然而，中国古代性学早就注意到，男子真正的性快感是建立在女子获得性快感的基础上的，当女子只是作为男子的泄欲对象在那里痛苦忍受的时候，除了某些具有性虐待倾向的男子，绝大多数男子是不会感到发自内心的快乐的。因此，中国古代性学特别要求男子在与女子性交时尊重女子，关注女子的性感受，以达到双方的协调同步。这些内容，无论在《洞玄子》、《素女经》等性学专著中，还是在《金瓶梅》、《肉蒲团》等小说中，都有充分的反映。因此，可以说，至少在男女性关系这个问题上，中国古代性学是一直有尊重妇女、男女平等的传统的。具体反映在春药这个问题上，则是"发明"了不少能使男女"双美"即同时享受到性交乐趣的春药。

a. 乐安公主热炉方

在宋代陈希夷的《房术玄机中萃纂要》中，载有一则"乐安公主热炉方"，以川椒、吴茱萸、蛇床子等为原料制成，使用时把它放入阴道中，据说能使男女"双美"：

川椒　枯白矾　吴茱萸　蛇床子各等分

右为末，交接之时用少许纳阴户，男子兴阳，双美。

b. 美女颤声娇

在陈希夷的《房术玄机中萃纂要》中，还载有一种"美女颤声娇"，以白矾、蛇床子、木香等为原料制成，使用时放入女子阴道，据称可以使"男欢女悦"：

白矾三钱　晁脑一钱　蛇床子二钱　木香一钱

右为细末，炼蜜为丸，如黄豆大，每用一丸入阴户内，男欢女悦，其妙不可言。

在明代小说《金瓶梅词话》中，也提到一种名为"颤声娇"的春药，用时抹于龟头上，插入阴道，可使男女畅美，只是不知此颤声娇与上述美女颤声娇是否同一种东西。（见《金瓶梅词话》，第七十七回）

（5）女用春药

所谓女用春药，指专供女子使用，以刺激女子性欲、使女子享受极度性快感为目的的春药。使用时或口服，或把它放入阴道，亦可把它涂抹在阴茎上或置于马口中。

a. 美女一笑散

在宋代陈希夷的《房术玄机中萃纂要》中，载有一味"美女一笑散"，用龙骨、山茱萸、石榴皮等为原料制成，使用时放入女子阴道，据称可使"女情欢美"：

青木香　龙骨　山茱萸　蛇床子　远志　官桂　石榴皮各等分

右为细末，每次少许，男津诚入女户，行九浅一深之法，女情欢美，四肢困懒，情不能已也。

b. 武三思进韦后快女丸

在陈希夷的《房术玄机中萃纂要》中，还载有一种"武三思进韦后快女丸"，用五味子和柿子皮为原料制成，用时放入阴道，据称能"令女极美"：

五味子不拘多少　柿子皮酒浸三宿阴干

右为末，吐津为丸，如指顶大，送入阴户，令女极美。

第七章　提高性能力的方法

c. 揭被香

在清代小说《姑妄言》中，提到一种名为"揭被香"的春药，用时放入女子阴道，既能刺激女子的性欲，使阴道中又热又痒，又能发出一种异香。（见《姑妄言》，第十一回）

（6）使女子主动来求男子的春药

在中国古代，还有一类特殊的春药，据称当男子看中某女子时，只要让该女子服用或接触此类春药，该女子便会主动上门来找男子。这当然是无稽之谈，但也从一个侧面反映了古代男子的性幻想。

a. 惹意牵裙散

在宋代陈希夷的《房术玄机中萃纂要》中，载有一种名为"惹意牵裙散"的春药，以牡丹花、天仙子、天茄花为原料制成，据称只要把它弹入女子喝的茶或酒中，该女子便会对弹药的男子有意：

　　牡丹花　天仙子　天茄花各等分

　　右为末，弹在茶酒内与妇人食之，其女妇即有意也。

b. 高衙内秘录自送佳期求配方

在陈希夷的《房术玄机中萃纂要》中，还载有一则"高衙内秘录自送佳期求配方"，以藿香、川芎、麝香等为原料制成，据称只要把它弹在女子的身上，女子便会主动上门：

　　藿香　三奈　川芎　丁香各一钱　麝香五分　蜡具狐心二个，瓦上焙干存性

　　右为细末，少许弹在妇人身上，即至。

在清代小说《姑妄言》中，也提到有一种名为"自送佳期"的春药，"不拘酒中饭中茶中，暗暗与妇人吃下，便阴中深处热痒难当……定要同男子交媾之后，方才止得"。（同上，第十九回）

## 2. 春药的害处

虽然春药名目繁多，且一些房中书及不少明清艳情小说把某些春药的作用夸得神乎其神，然而，从春药产生的时候起，中国古代的许多性学家就对春药持质疑和批评的态度，有的甚至认为春药导人纵欲，对健康有百害而无一利。总结他们的观点，并结合明清艳情小说中的相关描述，我们可以把春药的害处归纳为以下几个方面。

（1）虚炎独烧，真阳涸竭——春药对男性的危害

春药的主要作用是刺激性欲，促进生殖器过度充血，而要达此目的，就需要使用麝香、附子、白矾、阳起石等所谓的"热药"，而这些东西在古代性学家看来，只会造成男子虚

火上升，五脏干燥。如《素女妙论》中就说，"五石壮阳之药，腽肭增火之剂"，只会造成"真阳涸竭"；书中甚至说，真正能使男子阴茎粗大坚硬、持久不泄的方法是"两情相合"，"得修养之术"，这无疑是很有道理的：

　　帝问曰：方外之士，能用药物，短小者令其长大，软弱者令其坚硬，恐遗后患乎？将有补导之益乎？

　　素女答曰：两情相合，气运贯通，则短小者自长大，软弱者自坚硬也。有道之士能之，故御百女而不痿。得修养之术，则以阴助阳，呼吸吐纳，借水救火，固济真宝，终夜不泄。久久行之，则益寿除疾。若用五石壮阳之药，腽肭增火之剂，虚炎独烧，真阳涸竭，其害不少。

在元代李鹏飞的《三元延寿参赞书》中也说，借助春药来助阳，只会使肾水枯竭：

　　书云：阴痿不能快欲，强服丹石以助阳，肾水枯竭，心火如焚，五脏干燥，消渴立至。

明代养生家高濂在《遵生八笺》一书中考察了历代的各种春药，明确指出，其中虽偶有"一二得理"，但绝大多数为虎狼之药，往往导致"奇祸惨疾"：

　　饮食男女，人之大欲也，不可已，亦不可纵。纵而无厌，疲困不胜，乃寻药石以强之，务快斯欲，因而方人术士得以投其好，而逞其技矣。构热毒之药，称海上奇方：入于耳者有耳珠丹，入于鼻者有助情香，入于口者有沉香合，握于手者有紫金铃，封于脐者有保真膏一丸、金蒸脐饼、火龙符，固于腰者有蜘蛛膏、摩腰膏，含于龟者有先天一粒丹，抹其龟者有三厘散、七日一新方，缚其龟根者有吕公绦、硫黄箍、蜈蚣带、宝带、良宵短、香罗帕，兜其小腹者有顺风旗、玉蟾裈、龙虎衣，搓其龟者有长茎方、掌中金，纳其阴户者有揾被香、暖炉散、窄阴膏、夜夜春，塞其肛门者有金刚楔。此皆用于皮肤，以气感肾家相火，一时坚举，为助情逸乐。用不已，其毒或流为腰疽，聚为便痈；或腐其龟者，烂其肛门。害虫横焰，尚可解脱，内有一二得理，未必尽虎狼也。

　　若服食之药，其名种种，如桃源秘宝丹、雄狗丸，不可救解，往往奇祸惨疾，溃肠裂肤。前车可鉴，此岂人不知也！欲胜于知，甘心蹈刃。观彼肥甘淳厚，三餐调护，尚不能以月日起人癃瘵，使精神充满，矧以些少丸末之药，顷刻间致痿阳可兴，疲力可敌，其功何神？不过使彼热毒，如蛤蚧、海马、狗肾、地龙、麝脐、石燕、倭硫、阳起、蜂房、蚁子之类，譬之以烈火灼水，燔焰煎燂，故肾脏一时感热而发，岂果仙丹神药，乃尔灵验效速也耶？保生者，可不惕惧以痛绝助长之念！（高濂：《遵生八笺·色欲当知所戒论》）

关于春药对男子身体造成的伤害，明代小说《隋炀帝艳史》中有形象的描述：

　　只因炀帝有旨寻求丹药，早惊动了一班烧铅炼汞的假仙人，都将麝香附子，诸般热药，制成假仙丹，来哄骗炀帝。也有羽衣鹤氅，装束得齐齐整整，到宫门首来献的；

第七章　提高性能力的方法

也有破衲头，腌腌臜臜，装做风魔之状，在街市上卖的。这个要千金，那个要百换，并没一个肯白送。众内相因炀帝要得紧，又恐怕是真仙人，一时恼了飞去，没处跟寻，只得下高价，逢着便买，遇着便收。不多时，丹药就如粪土一般，流水的送入宫来。炀帝得了，也不管是好是歹，竟左一丸、右一丸的服了与众美人狂荡。原来那药一味都是兴阳之物，吃下去倒也暖暖烘烘，有些熬炼。炀帝满心欢喜，只认作仙家妙药，今日也吃，明日也吃，不期那些热药发作起来，弄得口干舌燥，齿裂唇焦，心胸中就如火烧一般，十分难过。见了茶水，就如甘露琼浆，不住口的要吃。一日到晚，吃上几百盅，犹不畅意，心下着忙，只得宣御医来看。（《隋炀帝艳史》，第三十二回）

在明清艳情小说中，常常可以看到这样的情节，一些男子，或为了追求房中享乐，或为了修炼房中术，因而服用某种春药，结果，这些春药在让他享受性交乐趣的同时，也成了催命之药。

在明代凌濛初的《二刻拍案惊奇》中，就描写了甄监生因服食春药而丧命的过程。（见凌濛初：《二刻拍案惊奇》，卷十八）

在明清艳情小说所述的因服食春药而死的人中，最为人们所熟知的有两个人，一个是汉成帝，一个是西门庆。在此，我们来看一下明代小说《昭阳趣史》中关于汉成帝之死的描绘：

次日起来，与飞燕同到合德宫中说些闲话。到午后，三人同饮。合德道："姐姐昨夜欢娱，使妾孤衾独睡，陛下曾念及妾否？"成帝道："这才一夜，就怨着我哩！"合德道："妾岂敢怨，只是不能为情耳。"成帝道："闲话休提，且开怀尽醉。"三人你敬我劝，把成帝灌得沉醉。合德只要图自己快乐，私将丹药化了七粒与成帝吃了。谁想这丹是火里养成百日，又把水去浸他，就是冷水也沸起来；换了新水又浸，直待水不热了才可服。你道这丹全是个火精，如何吃得七粒？只见成帝吃了下去，便昏昏不能自持。飞燕见他昏昏睡去，只道有些怪他，故意睡了，就别合德回去。合德扶成帝睡在九龙帐中，成帝只是笑嘻嘻不止，合德有些慌了，到得半夜，昏昏更甚。成帝晓得自己不好，要起作仆卧。合德急将茶汤来救，只见成帝精出如泉，到黎明，余精涌出，沾污被内，不可解救。须臾，成帝驾崩。（《昭阳趣史》，卷之四）

在中国历史上，明代是春药较为泛滥的时代，这不仅可从明代的艳情小说中得到反映，也为不少史书、笔记所证实。如明代沈德符在《万历野获编》中说：

国朝士风之敝，浸淫于正统而糜烂于成化。当王振势张，太师英国公长辅辈尚膝行白事，而不免身膏草野。至宪宗朝，万安居外，万妃居内，士习遂大坏。万以媚药进御，御史倪进贤又以药进。至都御史李实、给事中张善，俱献房中秘方，得从废籍复官。以谏诤风纪之臣，争谈秽媟，一时风尚可知矣。（沈德符：《万历野获编·卷

二十一·佞幸》)

在明代流行的各种春药中，最有名的当数"红铅"，系用少女初次来潮的月经提制而成，不过，亦有用第二、三次或第四、五次来潮的月经提制而成的。如明代张时彻的《摄生众妙方》中有"红铅接命神方"，其中说："用无病室女，月潮首行者为最，次二、次三者为中，次四、五为下。"关于红铅的功效，《摄生众妙方》中说："此药一年进二、三次，或三、五年又进二、三次，立见气力焕发，精神异常。草木之药千百服，不如此药一二服也。"

正因为红铅的功效被说得神乎其神，明代服用红铅的人极多，甚至连皇帝也加入了服用红铅的行列。据明代沈德符的《万历野获编》载，明世宗朱厚熜服用红铅，颇有效果，因此，挑选大批童女入宫，以供炼药之用：

嘉靖中叶，上饵丹药有验，至壬子冬，命京师内外选女八岁至十四岁者三百人入宫。乙卯九月，又选十岁以下者一百六十人，盖从陶仲文言，供炼药用也。其法名先天丹铅，云久进之可以长生。(沈德符：《万历野获编·补遗卷一·宫词》)

然而，服用红铅虽能收一时之效，最终结果却并不尽如人意，如据《万历野获编》称，明穆宗朱载垕服用红铅后，"阳物昼夜不仆，遂不能视朝"：

嘉靖间，诸佞幸进方最多，其秘者不可知，相传至今者，若邵、陶则用红铅，取童女初行月事，炼之如辰砂以进。若顾、盛则用秋石，取童男小遗，去头尾，炼之如鲜盐以进。此二法盛行，士人亦多用之。然在世宗中年始饵此及他热剂，以发阳气，名曰长生，不过供秘戏耳。至穆宗以壮龄御宇，亦为内官所蛊，循用此等药物，致损圣体，阳物昼夜不仆，遂不能视朝。(同上，《万历野获编·卷二十一·进药》)

因此，明代医学家李时珍对红铅明确持否定的态度，他在《本草纲目》中说：

妇人入月，恶液腥秽，故君子远之，为其不洁，能损阳生病也。……今有方士邪术，鼓弄愚人，以法取童女初行经水服食，谓之先天红铅，巧立名色，多方配合，谓《参同契》之金华，《悟真篇》之首经，皆此物也。愚人信之，吞咽秽滓，以为秘方，往往发出丹疹，殊可叹恶！按萧了真金丹诗云：一等旁门性好淫，强阳复去采他阴；口含天癸称为药，似恁沮泪枉用心。(李时珍：《本草纲目·人部·妇人月水》)

(2) 春药对女性健康的损害

在各类春药中，虽然有的春药也照顾到女性的性享受，但大部分春药还是为男性制作的，因此，它们更多地只考虑男性的性享受，有的甚至不惜因此损害女性的健康。在明清艳情小说中，常常有这样的情节：男性服用春药后，与女子性交，结果使女子阴精大泄，昏迷不醒。这种情况，对男性似乎是极好的性刺激，对女性则无疑会造成身体的损伤。如在《洞玄子》中，载有一种名为秃鸡散的春药，据说此药用久以后，会使女子阴部出疹，无法坐卧。据《洞玄子》称，有一位蜀郡太守，当他七十岁时，开始服食一种春药，此后居然接连生下三个男孩。

第七章 提高性能力的方法

但是，服食此药时间一长，却发现他妻子阴部出疹，坐卧都觉疼痛异常。该太守心中不忍，便把此药扔到庭院中，表示以后不再服用。结果，此药被院中的雄鸡啄食。但见雄鸡很快就开始追逐雌鸡，并扒在雌鸡背上，一面与之交配，一面不断地啄雌鸡头上的毛。一连好几天，雄鸡都没有从雌鸡背上下来，雌鸡头上的毛则早已被啄光了。因此，此药就被命名为秃鸡散或秃鸡丸：

治男子五劳七伤、阴痿不起、为事不能。蜀郡太守臣敬大年七十，服药得生三男。长服之，夫人患多玉门中疹，不能坐卧，即药弃庭中，雄鸡食之，即起上雌鸡其背，连日不下，啄其冠，冠秃，世呼为秃鸡散。亦名秃鸡丸。方：

肉苁蓉三分　五味子三分　菟丝子三分　远志三分　蛇床子四分

右五物，捣筛为散，每日空服酒下方寸匕，日再三。无敌不可服。六十日可御卌妇。又，以白蜜和丸，如梧子，服五丸，日再，以知为度。

关于春药对女子可能造成的伤害，我们还可以通过明清小说中的相关描述来进行了解。在明代小说《绣榻野史》中，说到有一个方士授给大里两包春药，其中一包是放入阴道内的，方士明确告诫大里说："此药只得施于娼妇，人家女人不可用，此药能损寿，多用则成弱症也"：

那里晓得大里曾遇着过一个方上人，会采战的，赠他丸药二包。一包上写着字道："此药擦在玉茎上，能使长大坚硬，通宵不跌倒头，若不用解药，便十日也不泄。"一包又写着："这药入于妇人阴户内，能令阴紧干燥，两片涨热，里边只作酸痒，快乐不可胜言，阴精连泄不止。若进多遭不用乐，阴户肿疼，几日不消。若男子要泄，含冷水一口；妇人阴户上，把甘草水一洗，便平复如旧。"又写道："此药只得施于娼妇，人家女人不可用，此药能损寿，多用则成弱症也。"大里看完笑道："今晚也愿得我，定用于他见一番手段了。"先取一粒抹在自家龟头上，又取一粒结在汗巾头上，袖带了扬州有名回子做的象牙角先生，怎么得个好天色夜呢。（吕天成：《绣榻野史》，上卷）

在清代小说《无声戏》中，也说到有一种春药，名叫"群姬夺命丹"，如果在同一个女子身上连用两次，"随你铁打的妇人，不死也要生一场大病"：

那术士有三种奇方，都可以立刻见效。第一种叫做坎离既济丹，一夜止敌一女，药力耐得二更；第二种叫做重阴丧气丹，一夜可敌二女，药力耐得三更；第三种叫做群姬夺命丹，一夜可敌数女，药力竟可以通宵达旦。

某公子当夜就传了第一种，回去与乃正一试，果然欢美异常。次日又传第二种，回去与阿妾一试，更觉得矫健无比。

术士初到之时，从午后坐到点灯，一杯茶汤也不见。到了第二三日，那茶酒饮食，渐渐的丰盛起来，就晓得是药方的效验了。及至某公子要传末后一种，术士就有作难之色。某公子只说他要索重谢，取出几个元宝送他。术士道："不是在下有所需索，只因那种房术，不但微损于己，亦且大害于人，须是遇着极淫之妇，屡战不降，万不得已，用此为退兵之计则可，平常的女子，动也是动不得的。就是遇了劲敌，也只好偶尔一试；若一连用上两遭，随你铁打的妇人，不死也要生一场大病。在下前日在南京偶然连用两番，断送了一个名妓。如今怕损阴德，所以不敢传授别人。"（李渔：《无声戏》，第七回）

既然这类春药能损女子之寿，甚至会夺女子之命，为什么还要使用它呢？原因只有一个，它们能给男子带来性快乐。这也从一个侧面反映了某些男子在性观念上的自私心理。

（3）诲淫诲盗，伤风败俗

由于春药是用来刺激性欲、增强性能力的，因此，若所服之人缺乏自制能力，便很容易做出伤风败俗之事。在古医书《银验方》中，记载了一种名为益多散的春药。此药由一个名叫华浮的人合制，但华浮合成此药后，未及服用就死了。后来此药为华浮的奴仆益多所得。益多当时已七十多岁了，老态龙钟，但服食此药后，很快就白发变黑，颜貌红润滑泽，并且性欲大增，便与华浮家的婢女番息、谨善两人私通，后来甚至娶此两人为妻，生下了四个孩子。华浮死后，他的夫人与婢女谨善住在一起。有一天，益多外出饮酒回来，在华浮妻子的房里见到了谨善，竟毫无顾忌地与之交合。华浮妻子在旁看到后，欲心难忍，也主动与益多交合。此后，益多、番息、谨善、华浮的妻子常在一起淫乐无度。后来，华浮的妻子感到主人与奴仆发生性关系，实在有损体面，便杀了益多：

妾夫华浮年八十房内衰，从所知得方。方用：生地黄，洗薄切一廿，以清酒渍令浃，浃乃干捣为屑十分；桂心，一尺准二分；甘草，五分炙；术，二分；干柒，五分。凡五物，捣末下筛治合后食，以酒服方寸匕，日三。

病华浮合此药，未及服之，没。故浮有奴，字益多，年七十五，病腰屈发白，横行伛偻，妾怜之，以药与益多，服廿日腰伸，白发更黑，颜色滑泽，状若卅时。妾有婢字番息、谨善二人，益多以为妻，生男女四人。益多出饮酒醉归，趣取谨善，谨善在妾旁卧，益多追得谨善，与交通，妾觉，偷益多，气力壮动，又微异于他男子。妾年五十，房内更开，而憪怠不识人，不能自绝断女情，为生二人。益多与妾、番息等三人，合阴阳无极。时妾识耻与奴通，即煞益多。折胫视，中有黄髓更充满，是以知此方有验。

在明代沈德符的《万历野获编》中，则记述明世宗时的陶仲文依靠进献春药而得皇帝宠信，官至礼部尚书，朝中大臣都受其蛊惑，以致江湖术士纷纷献方。这种状况，对于世俗教化当然会产生极坏的影响：

陶仲文以仓官召见，献房中秘方，得幸世宗。官至特进光禄大夫、柱国少师、少

第七章 提高性能力的方法

傅、少保、礼部尚书、恭诚伯，禄荫至兼支大学士俸。子为尚宝司丞，赏赐至银十万两，锦绣蟒龙斗牛鹤麟飞鱼孔雀罗缎数百袭，狮蛮玉带五六围，玉印文图记凡四。封号累进至"神霄紫府阐范保国弘烈宣教振法通真忠孝秉一真人"。见则与上同坐绣墩，君臣相迎送，必于门庭握手方别。至八十一岁而殁，赐四字谥。其荷宠于人主，古今无两。时大司马谭二华纶受其术于仲文，时尚为庶僚，行之而验。又以授张江陵相，驯致通显，以至今官。谭行之二十年，一夕御妓女而败，自揣不起，遗嘱江陵慎之。张临吊恸哭，为荣饰其身后者大备，时谭年甫逾六十也。张用谭术不已，后日以枯瘠，亦不及下寿而殁。盖陶之术前后授受三十年间，一时圣君哲相，俱堕其彀中，叨忝富贵如此。汉之慎恤胶，唐之助情花，方之蔑如也。（沈德符：《万历野获编·卷二十一·秘方见幸》）

更有甚者，一些不法之徒，为了修合春药，竟不惜残害他人的性命。据《万历野获编》载，明朝太监高寀，因听信术士的胡言，认为吃男童的脑髓可以使被阉割的生殖器重新长出来，便杀害了不少男童："近日福建税珰高寀妄谋阳具再生，为术士所惑，窃买童男脑髓啖之，所杀稚儿无算，则又狠而愚矣。"（同上，《万历野获编·卷六·对食》）《万历野获编》中还提到有一个名叫孙太公的人，用一些能产生大热的药让男童喝下去，使男童的生殖器胀疼不已，接着又很快割下男童的生殖器，以此生殖器来修合春药：

顷年，又有孙太公者，自云安庆人，以方药寓京师，专用房中术游缙绅间。乃调热剂饮童男，久而其阳痛绝胀闷，求死不得，旋割下和为媚药，凡杀稚儿数十百矣！为缉事者所获，下诏狱讯治，拟采"割生人律"。或以为未允，士大夫尚有为之求贷者。会逢大赦，当事恐其有词，与奸人王日乾等同毙之狱。（同上，《万历野获编·卷二十八·食人》）

为了获得春药，也催生了一些极其愚蠢可笑的行为，如据清人诸晦香的《明斋小识》说："黄溪东有樊将军庙，后槛塑夫人像，相传面上粉可作媚药，镇中无赖，群锁其颐，随施随刮，终年苦陀哆。"居然把泥塑像脸上的粉视作春药，真是愚不可及。

### 3. 怎样正确认识春药

以上对中国古代春药的种类、"功效"等作了较为全面的介绍，接下来的问题是：春药真的有如此神奇的功效吗？它们是古人一种夸张的说法，还是实有其事？现代社会有没有这一类的春药？要回答这些问题，我们必须对春药的实质作一番全面的考察。

（1）春药反映了古人的性幻想和性探索

在人类所能获得的诸种享受中，性的享受无疑是最刺激、最令人快乐的，因此，当人们体验到性享受的极乐后，便想不断地甚至更好地去体验这种极乐。尤其是当某些人的身体因衰老、疾病等原因无法享受性快乐时，更会想方设法去恢复这种功能。而在诸种方法中，服食某种药物或食物无疑是最方便、最快捷的，因此，很容易成为人们的首选。因为在实际生活中我们可以发现，某些食物或草药如牛羊肉、鹿鞭、鹿茸、人参等确实有明显的强身健体或壮阳的作用，因此，古人希望通过某种春药来刺激性欲、增强性快感，亦是顺理成章的事情。

而且，借助某种食物或药物来提高自己的性能力，并不是中国古人独有的做法，在世界各国的历史上，大多有这方面的尝试和记载，对此，《时尚健康》中有这样的介绍：

> 古希腊人认为，如果男子吃了大量的橄榄和蒸熟的大麦，就会具备超凡的性能力，可以"彻夜鏖战"。印度的《迦摩经》中记载的一个壮阳偏方是用大米、麻雀蛋、洋葱和蜂蜜在一起炖。其他民族也各有所好，如朝鲜人吃毒蛇，日本人吃海蚌，埃及人吃大蒜，中国人则通过人参来"滋阴壮阳"。
>
> 法国皇帝亨利四世在与众爱妃同房前，都要喝一大杯打了蛋黄的白兰地，因为这会使他不知疲倦。意大利冒则说，在吃过一顿丰盛的牡蛎宴之后，他甚至能把修女勾引到手。
>
> 在欧洲，苹果酒被认为有很好的催情功效，有钱人则喜欢用鱼子酱加香槟来助性。土豆是俄罗斯人最喜欢吃的蔬菜，而烤土豆则被男人视为"房中秘技"，因为他们认为它可以使做爱时间延长。研究人员发现这种说法有一定道理，他们在烤土豆的皮中发现了一种化学物质，它可以减轻皮肤的敏感程度，从而延缓高潮的到来。（《时尚健康》男士版，2007年第4期）

在古代印度的《欲经》中，也介绍了利用某些食物或药物来增强性能力的做法：

> 如果一个男人，将白荆棘果、长胡椒和黑胡椒的粉末和蜂蜜混合在一起擦在他的阳器上，然后与女人性交，他将使她服从他的意志。
>
> ……
>
> 加了糖的牛奶，里面放上公山羊的睾丸再煮沸，喝下去也能使性能力增强。（见《世界性爱经典全书》，第371、372页）

因此，古代中国人对春药的探索并不是孤立的现象，而且，他们的这种探索也不是徒劳无功，现代医学和性学已经证明，某些食物对于刺激性欲、提高性功能确实有明显的作用。如《时尚健康》中说，蜂蜜、乌梅、大蒜、鸡蛋等都有助于提高性兴奋、性功能和性欲：

> 蜂蜜——具有强健全身，提高脑力，养颜，增加血红蛋白，改善心肌等作用，可帮身体吸收制造雌激素的硼，有助于帮助身体改善内分泌失调的问题。每天喝一杯蜂蜜水有助于提高性兴奋。
>
> ……

乌梅——进食乌梅后，会促使腮腺分泌出较多的腮腺素，具有"回春"的作用，焕发青春，提高性功能和性欲。(《时尚健康》男士版，2007年第9期)

研究证明大蒜可以迅速增强性欲和性能力。大蒜可以促进阴茎的血流量和血流速度，使阴茎勃起更有力度。大蒜也可以增加女性阴部血液循环，刺激性感觉。每天食用900毫克大蒜就可以达到最佳效果。(同上，2008年第2期)

做一半就软了？别着急，你只需要每天早晨都吃上一份鸡蛋就可以了，水煮荷包蛋或煎蛋都行。鸡蛋是最好的可以为你提供维生素B的食物，而维B是为你释压、保持镇定的关键性物质。(同上)

另外，《时尚健康》中还指出，虾、泥鳅、牡蛎、鹌鹑、鸽子等都有壮阳的功能，而且这些功能均有中医药学理论的支持：

中医告诉我们，只要掌握吃的诀窍，我们绝对可以在床上更展雄风。下面这些食物的功效，都有中医药学理论支持。

虾 味道鲜美，味甘、咸，性温，有壮阳益肾、补精、通乳之功。

泥鳅 味甘，性平，有补中益气、养肾生精的功效。对调节性功能有较好的作用。泥鳅中含一种特殊蛋白质，有促进精子形成的作用。

牡蛎 又称蛎蛤，在中西医理论里都是壮阳佳品。其味咸，性微寒，有滋阴潜阳、补肾涩精功效。男子常食牡蛎，可以提高性功能及精子的质量。对男子遗精、虚劳乏损、肾虚阳痿等有较好的效果。

鹌鹑 鹌鹑肉可"补五脏，益精血，温肾助阳"，男子经常食用鹌鹑，可以增强性功能，并增气力、壮筋骨。

鸽肉 白鸽的繁殖力强，性欲极强，这是因为白鸽的性激素分泌特别旺盛，所以人们把白鸽作为扶助阳气强身妙品，认为它具有补益肾气、强壮性机能的作用。白鸽蛋的功效更胜于白鸽肉。(同上，2010年第9期)

既然如此多的食物都有增强性功能的作用，那么，把它们按某种方法配制成药物，作用是否会更好呢？春药就是基于这种思维方式产生的。因此，暂且撇开中国古代的春药是否有效的问题，其思维方式、探索精神还是值得肯定的。

(2) 古代春药的功效多基于某种迷信

在古代一些中国人的眼里，春药有神奇的功效，诸如可使生殖器变大变小、使性交时间随心所欲、使性交对象不召自来，等等。这种观念，无疑有不少荒唐的成分，大多没有可信性。因为，如果我们仔细分析这些春药的药方，可见其材料多为阳起石、肉苁蓉、蛤蚧、海狗肾、犀牛角等等，它们或在外形上与男性生殖器相似，或认为其本身即有某种特殊的功能（如雄海狗的性能力较强；蛤蚧在交配时，即使被人捉住，也不会松开，等等），这事实上反映的是古代中国人认识世界的一种较为常用的方法——类比，即根据两种事物在某些特征上的相似，作出它们在其他特征上也可能相似的结论。现在人们常说的吃什么补什么，就属此种方法。而事实上，这种方法往往经不起推敲。明人汪价在其《广自序》中，即对此种方法提出了批评：

> 先祖遇一异人，授以龙虎吐纳之法，习练四十年，道成。夏月盖重衾，卧炕日中，无纤汗。冬以大桶满贮凉水，没顶而坐，竟日不知寒。余以骨顽无仙分，不之向学，然于玄牝要诀，颇熟闻之，大要以宝神啬精为主。世之愚伧，纵情彫伐，以致阳弱不起，乃求助于禽虫之末。蛤蚧，偶虫也，采之以为媚药；山獭，淫毒之兽，取其势以壮阳道；海狗以一牡管百牝，鬻之助房中之术。何其戕真败道，贵兽而贱人也。且方士挟采阴之说，谓御女可得长生，则吾未见蛤蚧成丹，山獭尸解，海狗之白日冲举也。

现代性学家也明确指出，古代性学认为牡蛎、犀牛角、人参根等能壮阳的观点，只是一种迷信。如《我们的性》中说：

> 几乎所有类似男性外生殖器的食物在一段时间或另一段时间内都被视作壮阳药（Eskeland et al.，1997年）。我们中许多人都听到过有关沙参（一种牡蛎——译者注）的笑话，尽管对于一些人来说坚信这种特别的贝壳类动物的特性并不是开玩笑的事情。可以想象沙参工业通过这种广泛的虚构之事赚了多少钱。其他有时候被考虑含有壮阳药的食物包括香蕉、芹菜、黄瓜、西红柿、人参根和马铃薯。特别是在亚洲国家，人们普遍相信有些动物，如犀牛和驯鹿的角研磨后是有效的性刺激剂（你有没有使用过术语角状的来描述一种性状态？现在你知道它的起源了）。不幸的是非洲犀牛的数量已经减小到接近灭绝的程度，这在很大的程度上是由于错误地相信犀牛角是一种有效壮阳药造成的。（克鲁克斯等：《我们的性》，第155页）

在《性学总览》中，也明确把诸如此类的东西宣布为"无效物质"，认为它们充其量只是能产生某种心理作用而已：

> 人们在不同文化背景的不同时代，利用若干种物质来达到调节情欲的目的，这些物质中有烟草、洋葱、牡蛎、芦笋、薄荷、大蒜、胡萝卜、胡椒、八目鳗、鱼、鱼子酱、巧克力、蛋、犀牛角粉和许多其他东西（埃利斯，1936；埃利斯和阿巴伯内尔，1967）。人参广泛地受到中国人青睐，并且在美国和欧洲市场上久盛不衰。人们相信这些东西，这些东西就可能会产生一种心理作用，从而有助于改善性反应能力，在某些情况下至少可以得到暂时改善。（莫尼等：《性学总览》，第1091页）

（3）古代春药的实际功效尚待进一步研究

按照现代性学的主流观点，中国古代春药的所谓功效都是一种夸张的说法，这些春药并不具有真正的实用价值。这种观点当然也是值得商榷的。如上面提到的红铅，虽然对身体有害，但它具有明显的壮阳作用，则是不容怀疑的，明穆宗服用后阴茎昼夜不倒，即其明证。在此，我想进一步以秋石为例，来说明这一问题。

秋石是中国古代的一种药物，以童男童女的小便制成，至少在唐代即已出现，有不少人把它作为春药。在明代，有人甚至把它作为壮阳长生之药献给皇帝。关于秋石的制作，李时珍的《本草纲目》中有这样的记述：

> 秋石须秋月取童子溺，每缸入石膏末七钱，桑条搅，澄定倾去清液。如此二三次，乃入秋露水一桶，搅澄。如此数次，滓秽涤净，咸味减除。以重纸铺灰上晒干，完全取起，轻清在上者为秋石，重浊在下者刮去。古人立名，实本此义。男用童女溺，女用童男溺，亦一阴一阳之道也。（李时珍：《本草纲目·人部·秋石》）

关于秋石的作用，《本草纲目》中有这样的说明："滋肾水，养丹田，返本还元，归根复命，安五脏，润三焦，消痰咳，退骨蒸，软坚块，明目清心，延年益寿。"（同上）书中还介绍了一种秋石还元丹，称久服可补精血："秋石还元丹久服去百病，强骨髓，补精血，开心益志，补暖下元，悦色进食。久则脐下常如火暖，诸般冷疾皆愈。久年冷劳虚惫者，服之亦壮盛。"（同上）

但同时，李时珍也指出，秋石久服会使人得渴疾：

> 古人惟取人中白、人尿治病，取其散血、滋阴降火、杀虫解毒之功也。王公贵人恶其不洁，方士遂以人中白设法煅炼，治为秋石。叶梦得水云录极称阴阳二炼之妙，而琐碎录乃云秋石味咸走血，使水不制火，久服令人成渴疾。盖此物既经煅炼，其气近温。服者多是淫欲之人，借此放肆，虚阳妄作，真水愈涸，安得不渴耶？况甚则加以阳药，助其邪火乎？惟丹田虚冷者，服之可耳。观病淋者水虚火极，则煎熬成沙成石，小便之炼成秋石，与此一理也。（同上）

那么，秋石是不是一种有效的春药呢？现代性学对此尚有争议。据刘达临的《中国历代房内考》，李约瑟和鲁桂珍认为它是一种"相当纯净的性激素制剂"，李广定、张秉伦等则否定此种说法：

> 到了20世纪，对秋石的看法仍有分歧。1963年，英国的李约瑟和鲁桂珍两位博士宣称，他们业已证明："在公元十至十六世纪之间，中国古代医学化学家们以中医传统理论为指导，从大量的人尿中成功地制备了相当纯净的性激素制剂（秋石方），并利用它们治疗性功能衰竭者。"他们写了许多文章、专著，在世界上引起巨大轰动，一时"秋石是性激素"之说大为流行，并几乎成为定论。
> 
> 但是到了1981年，台湾大学教授李广定发表论文，否定"秋石是性激素"之说，从而引起争论。迄今为止，国内对此事的最新研究是张秉伦、孙毅霖对秋石方的模拟

实验及分析。他们的结论是：

（秋石方）不是甾体性激素制剂，而仅仅是与人中白具有类似功能的、以无机盐为主要成分的药物。（刘达临：《中国历代房内考》，第424页）

由此可见，对于秋石的性质和作用，尚待进一步深入研究。至于其他不少古代春药，也存在类似情形。因此，荷兰学者高罗佩的观点是值得我们关注的：

讲药物的部分还有待于古代中医学研究者作进一步考察。书中提到的大部分药材在今天中国和日本的药店备有的药材当中都可找到，因此可以用来进行分析。据我所知，这些古代壮阳药并不含有有害成分。选择这些成分似乎是由于它们的滋补作用，比如较高的蛋白质含量；或者仅仅由于它们的外形容易使人产生联想，如肉苁蓉（Boschniakia glabra）形如勃起的男性生殖器。同样鹿角也属于后一类。（高罗佩：《中国古代房内考》，第204～205页）

（4）现代"春药"

现代性学对古代春药的有效性普遍持否定态度，那么，现代有没有春药呢？现代春药与古代春药有什么区别呢？它们之间的优劣高下如何呢？

要回答这些问题，首先需要说明现代春药的内涵。事实上，现代春药并不是一个严格的概念，因为现代性学很少使用春药这种提法。因此，这里所谓的现代春药，指的是现代医学发明制造的有利于增强和改善性功能的药物，与古代春药所说的能使性器官变长变粗、变窄变紧等有较大的不同。在此，我们简要地介绍一下伟哥、育亨宾、鸦片制剂等现代"春药"。

a. 伟哥

伟哥又叫万艾可，其作用是扩张阴茎区域的血管，让阴茎能充分勃起，因此，它对于治疗阳痿，提高性生活质量有十分明显的效果。关于伟哥，《时尚健康》中有这样的描述：

如果你不爱运动，又挑食，又或者所有的运动和食疗都无法让你达到4级勃起，还好有蓝色小药丸可以让你笑傲床笫之间。据实验证明，伟哥（万艾可）能够提高你阴茎勃起状态时的阴茎血流量，从而达到充分、持久的勃起。因为各种原因不能勃起，或是勃起不够硬的男性，依靠伟哥（万艾可），96%的人都对达到的硬度满意！——这对男人来说真是一个好消息。此外，研究人员发现，达到最佳勃起硬度，还可以增加性爱男女双方的快感和性满意度，这是男人和女人都满意的最佳状态。（《时尚健康》男士版，2008年第2期）

但是，服用伟哥也有副作用，其中之一便是嗅觉的灵敏度下降，好在只是暂时的下降：

服用伟哥，你将无法分辨空气中有没有爱的气息。德累斯顿医学院的研究表明，

第七章　提高性能力的方法

100毫克的伟哥用量能带来嗅觉能力明显的暂时下降。日耳曼科学家宣称,伟哥使鼻部血管膨胀,堵塞了气味受体的功能通道。(《时尚健康》男士版,2007年第9期)

第二个副作用是对于那些长期服用硝酸酯类药物的人来说,同时服用伟哥可能会有生命危险:

> 伟哥最开始是一种辅助治疗心血管疾病的药物,其实它的原理就是扩张血管,治疗ED也是同样的道理,就是扩张阴茎区域的血管,让阴茎供血更丰富。如果没有ED的人吃了伟哥也不会有什么不好的反应,因为伟哥本身并不刺激性欲。但是,对于那些长期服用硝酸酯类药物的人来说,同时服用伟哥会造成血压低、休克的后果,严重的,还可能造成死亡。所以,出现故障的男人不要随便用药,需要去医院认真咨询医生。(同上,2008年第2期)

b. 育亨宾

育亨宾是从生长在西非热带中的一种名为育亨宾的树的汁液中提取的生物碱,据称它可能是一种真正的壮阳药:

> 研究人员目前正在研究一种最终可能会具有,或至少对一些人具有壮阳品质的药物。20世纪20年代以来,不断有报道说育亨宾盐酸盐或育亨宾,一种从生长在西非热带常绿育亨宾树树液中得到的生物碱结晶,具有壮阳的属性。斯坦福大学的研究人员对雄性鼠进行的实验显示,注射育亨宾可以在这些动物中引起强烈的性兴奋和性交活动(Clark et al., 1984年)。数据显示这种药物可能是一种真正的壮阳药,至少对老鼠是这样。一些最近对男人进行的研究提示育亨宾治疗对性欲或性交活动具有积极的效果,至少对那些患有勃起功能障碍的男人是这样。(克鲁克斯等:《我们的性》,第155页)

关于育亨宾,《时尚健康》中称它可能使阴茎"暂时增大":

> 目前没有任何的数据表明有任何的草药对增大阴茎尺寸奏效。有些药物比如育亨宾(从茜草科柯楠树皮提炼出的生物碱)、淫羊藿提取物、冬虫夏草和东革阿里可能会引起血管舒张,或者静脉放大。不过对于完全勃起来说,那只是暂时的增大。(《时尚健康》男士版,2006年第1期)

这里说的"暂时的增大",也许就是古代春药和现代"春药"的一个重要的区别。因为古代春药说到能使阴茎增大时,那是持久的增大;而现代"春药"所造成的增大,只是暂时的增大,只要停止用药,便会恢复原状。

c. 鸦片制剂

鸦片制剂包括海洛因、吗啡、美沙酮等。现代性学认为,经常使用鸦片制剂,可以降低性兴趣和性活动。但有不少人使用它来延长勃起时间，推迟性高潮的到来：

> 过去印度男子一直用鸦片推迟性高潮的到来，延长勃起的时间，人们普遍注意到鸦片制剂有降低血清睾酮水平的作用，在许多情况下会引起药物依赖性阳痿（具有可逆性）。
>
> 但是怀疑仍然存在。例如库什曼报告说，使用美沙酮达一年的男人中，随着时间一月月地过去，性欲、勃起功能和射精时间比正常的人明显增多，说明体内逐渐生成了一种对制欲药的耐药性。（莫尼等：《性学总览》，第1092页）

但是，长期使用鸦片制剂会对男女两性的性功能造成严重损害，对此，《我们的性》一书中说：

> 有大量的证据提示经常使用鸦片制剂，如海洛因、吗啡和美沙酮，常常可以明显有时是极大地降低所有性别的性兴趣和性活动（Ackerman et al., 1994年；Finger et al., 1997年）。与鸦片制剂有关的严重受损的性功能在男性可能包括勃起功能障碍和阻碍射精，在女性可以降低性高潮的感受能力。（克鲁克斯等：《我们的性》，第157页）

d. 鹿鞭酒

鹿鞭能壮阳，这似乎是众所周知的事实，因此，不少中国人有喝鹿鞭酒壮阳的习惯。不过，凡事都要有一个度，喝鹿鞭酒也须有节制。关于用鹿鞭酒壮阳，现代性学家有这样的观点：

> 据医书上说鹿鞭所含的雄性激素非常大，具有暖腰补肾、滋补壮阳、补精蓄髓等功效，对阳痿早泄、肾虚尿频、男性不育等具有极佳的疗效，对于性能力不足的男性具有返老复壮的功用。所以鹿鞭酒能壮阳的确不假，偶尔补充一下还是可以的，不要长期依赖，否则，作用就不明显了。（《男人装》，2008年第6期）

当然，用鹿鞭酒壮阳，并非始于现代，古代中国人也早已知晓，如在《本草纲目》中，就有鹿肾"补中，安五脏，壮阳气"（李时珍：《本草纲目·兽部·鹿》）的说法，之所以把它置于"现代春药"之下，是因为它是较为罕见的现在仍在使用的"传统春药"。

# 第八章

# 性器官的大小、形状与功能

性交是阴茎与阴道发生接触与摩擦的行为，因此，就很自然地会涉及阴茎、阴道的大小、形状及功能的问题。正如每个人的长相各不一样，阴茎和阴道的大小形状等也是各不相同的。既然性交不是单方面的行为，而是男女双方共同配合的行为，便存在配合是否融洽的问题。而男女之间在性交时的配合是否融洽，与阴茎和阴道的大小形状、两者是否匹配、其功能发挥是否令人满意等有十分密切的关系。

在中国古代性学中，对于阴茎大小的问题、阴道形状的问题以及阴茎和阴道的好坏评判等问题有过很多的讨论，其观点大多与现代性学相一致，而深入细致的程度则似有过之，这主要体现在对不同的阴茎及阴道应如何更好地发挥其功能以及它们对人们的性生活以至社会生活的影响等方面的论述上。

## 一、阴茎的大小与好坏

在中国古代性学中，涉及对阴茎的看法和评价，有两个互相联系的问题：一个是阴茎的大小，一个是阴茎的好坏。虽然在一般人看来，阴茎大总比阴茎小好，但中国古代性学家却不这么看，在他们看来，大不等于好，小不等于坏；大小是外形的问题，好坏则是综合功能的问题，两者不能混淆。

1. 阴茎大小的重要性

阴茎大小是个极为敏感的问题，因为对它作出回答很容易得罪人。若说阴茎大好，则那些阴茎小的人便会有意见；若说阴茎大小无所谓，则不仅阴茎大的人会有意见，那些阴茎小的人也会说你虚伪。关于阴茎大小的问题，事实上可以分为两个层次来看待，一个是纯自然的层次，一个是功能性的层次。从纯自然的层次来说，有的男子阴茎长得大，有的男子长得小，这是一种纯自然的现象，正如有的男子个子长得高，有的男子脑袋长得大，有的男子胳膊长得长，等等，完全是遗传等因素造成的，本身没有高下之分。就像有的女子喜欢个子高的男子，有的女子喜欢腿长的男子，这也完全是个人不同的趣味所致。而从功能性的层次言，情况就较为复杂。因为对功能作出判断的主要是女子，有的女子喜欢阴茎大的，有的喜欢长的，有的喜欢粗的，有的则认为无所谓，趣味各不相同；加上男子不可能像自由市场上的货品那样在那里展示自己的下体，女子事实上也极少有机会去一一比较，因此，我们事实上也很难从女子那里获得准确的答案。

如此一来，关于男子阴茎大小是否重要的问题似乎变成了一笔糊涂账。但是，由于这个问题是如此的重要（根据金赛的调查，在男子所关心的与性相关的问题中，最重要的是阳痿和早泄的问题，其次就是阴茎大小的问题），我们不能让它变成一笔糊涂账，而应努力把它搞清楚。而要达此目的，首先就需要对古今中外在此问题上的各种观点作出周密的考察。

（1）怎样衡量阴茎的大小

在中国古代，因为没有像现在这样的性学调查，因此，对于阴茎大小的判定大多具有随意性。一般情况下，某男子的阴茎，只要比他生活圈子中的其他男性的阴茎大，人们便说他的阴茎大；反之，就说他的阴茎小。而且，这种对大小的判定，也缺乏客观依据。因为事实上，说某男子的阴茎大，指的是他在勃起状态下的尺寸大，至于疲软状态下的尺寸，那是没有多少意义的，可是人们往往只是根据一个男子在疲软状态下的阴茎尺寸来推测他在勃起状态下的尺寸，这就会有失准头。在这个问题上，《男人装》中的一则资料值得我们参考：

> 尽管正常成年男子的阴茎确实有大小之分，但是，自然界有某种平衡机制，较小阴茎的膨胀容积百分比可达100％，而较大阴茎的容积变化要小得多，从而较小者能得到部分的补偿。这样，在阴茎勃起状态下，大小不等的阴茎的大小差别变小，甚至相差无几。所以说上帝永远是公平的，第一状态小，就一定会让你在第二状态下变得极其勇猛。（《男人装》，2006年第11期）

在如何判定阴茎大小的问题上，现代的一些性学调查给我们提供了相关的数据：

你认为男人的阴茎勃起时平均长度是多少？

第八章 性器官的大小、形状与功能

正确答案：五到七英寸。（瑞妮丝等：《金赛性学报告》，第35页）

根据某官方数据，我国正常男人的阴茎勃起时平均长度为11cm，疲软时的平均长度为5～6cm。阳物如此数据确凿、昭然若揭，真不知道这是男人的幸福还是不幸。（《时尚健康》男士版，2004年第11期）

80%的东方男性勃起长度大约在12cm～15cm。

90%的欧美黑种人的长度是最可观的，接近20cm。但是，他们的坚挺度不好，不能跟亚洲人和欧美白种人媲美。（同上，2011年第6期）

根据上述资料，我们大致可以得出这样的结论：

中国男子阴茎勃起时的平均长度为13厘米左右，因此，凡勃起时阴茎长度超过13厘米的，均可归入大的行列；小于13厘米的，则归于小的行列。另外，所谓阴茎大小，包括长短和粗细两个因素，即所谓阴茎大，指的是既长又粗；阴茎小，指的是既短又细。但是，另外还有长而细和短而粗两种情况，我们很难简单地说它们是大还是小。因此，以上的划分方法只具相对的意义，千万不能绝对化。

（2）阴茎大的好处

男性都希望自己的阴茎大，那么，大的阴茎除了上面所说的可以用来炫耀，是否有其他实际的功能呢？现代性学家认为，男子的阴茎大，可以更深地插入阴道，对于获得性快感和更好地受孕有好处；另外，阴茎越长，产生的精液就越多，更易让女子享受性快乐：

阴茎适度地长一些，大一些，能更深地插入，对感受更大的性快乐和易于使对方受孕，都有一些好处。（刘达临：《世界古代性文化》，第9页）

阴茎的尺寸确实说明一定的问题。你的阴茎越长，说明产生的精液越多，让女人享受的快乐就越多。这个结果是根据研究人员在纽约州立大学利用人造的阴茎得出的结论。（《时尚健康》男士版，2008年第7期）

而在古代中国人看来，阴茎大的男人能更好地获得女性的青睐。在明代小说《金瓶梅词话》中，说到男子获得女子芳心的五个条件是潘、驴、邓、小、闲，其中排在第二位的驴，就是指要有像驴一样大的生殖器。（见《金瓶梅词话》，第三回）在清代小说《一片情》中，也说男子要让老婆对自己一心一意，"大本钱"即阴茎大最为要紧：

诗曰：

从来水性妇人心，不遂欢情恨怎平；

若果风流能惯战，村楼翻作楚云亭。

这首诗，单表人要跟老婆，须三事俱全，那老婆自然跟得牢。那三件事？一要养得他活；二要管得他落；三要有本钱，中得他意。三事之中，大本钱尤要紧。若没这本

钱降伏他，莫说茶前饭后，都是闹；有个大本钱来拨动他，就顺顺溜溜的随了去。(《一片情》，第八回）

（3）女性在乎男子阴茎的大小吗

上面说到，有人认为，阴茎大能让女子更好地享受性乐趣，阴茎小的男子则会遭到女子的嫌弃。那么，事实果真如此吗？在这个问题上，我们发现，性学家们明显地分为两派，一派认为女子喜欢大的阴茎，一派则认为大多数女子不在乎男子阴茎的大小。究竟谁的观点更符合事实呢？要回答这一问题，需要首先把两家的观点都摆出来。

a. 女子偏爱大的阴茎

根据一份调查报告，有一半以上的女性在乎阴茎的长度或周长：

21%的女性在乎阴茎的长度，33%的女性在乎阴茎的周长。(《性福圣经》，第13页）

另外，据《时尚健康》称，有一半以上的女性认为阴茎大一些，能使她们更兴奋：

面对"小弟弟"的时候，姑娘们怎么撒谎：

- 说大小真的不重要　31%
- 面对平均尺寸，也称赞：哇，好大耶　30%
- 说一样的满足　36%
- 实在是平均值以下的，也说：噢，不小耶　3%

实际她们心里想

- 大一些，其实更兴奋　55%
- 干吗没有自信，其实真的不重要　35%
- 希望能演好，别笑场　10%（《时尚健康》男士版，2009年第7期）

一些女子甚至公开说，没有女性不在乎阴茎的大小：

超级艳星泰拉·帕特里克在《FHM》的性专栏里曾指出："没有女性不在乎男性性器官尺寸的大小，一个不理想的尺寸会让男人抬不起头来。"听到美女的这席话，兄弟们难免肝颤加心虚，但从乐观的一面来看，你的女伴必须在脱掉你的内裤之后，才能发现其中的秘密，那时候，她即便后悔恐怕也有点来不及了。(《男人装》，2007年第3期）

在女人是否在乎阴茎大小的问题上，明清小说中的观点较为明确：女人在乎阴茎的大小，而且都喜欢大的阴茎。在明清小说中，有大量关于阴茎大的男子受到女性青睐的描述，在此我们摘录几则。

在明代小说《初刻拍案惊奇》中，说到何正寅想勾引女子赛儿，便设法把自己又长又大的阴茎在赛儿面前展示出来，赛儿见后，果然上钩：

第八章　性器官的大小、形状与功能

元来何正寅有个好本钱，又长又大，道："我不卖弄与他看，如何动得他？"此时是十五六天色，那轮明月照耀如同白日一般，何道说："好月！略行一行再来坐。"沈公众人都出来，堂前黑地里立着看月，何道就乘此机会，走到女墙边月亮去处，假意解手，护起那物来，拿在手里撒尿。赛儿暗地里看明处，最是明白。见了何道这物件，累累垂垂，甚是长大。赛儿夫死后，旷了这几时，怎不动火？恨不得抢了过来。（凌濛初：《初刻拍案惊奇》，卷三十一）

　　在清代小说《碧玉楼》中，写到碧莲看见吴能的阴茎又粗又大，便爱之不已。（见《碧玉楼》，第二回）

　　在清代小说《绿野仙踪》中，描写玉磬儿看见温如玉的阴茎又长又大，便惊喜不已。（见李百川：《绿野仙踪》，第五十二回）

　　至于那些阴茎小的男子，则会遭到女子的嘲弄和嫌弃。在清代小说《碧玉楼》中，说到王百顺因阴茎微小，受到妻子张氏的责怪：

　　张氏初过门时，性情温柔，极其贤慧，夫妇之间，百般和顺。既至后来，渐渐生心，常不如意。凡行床时，就嫌其阳物微小，遂怨恨道："奴的命薄，摊了你这不中用的人。自从奴嫁于你，一年有余，行房从没得个快活。你怎能够将阳物养得长大粗硬，教奴受用受用，也不枉奴嫁你一场。"每朝每日常说，说得王百顺也动了心了，一心想要阳物粗大。（《碧玉楼》，第一回）

　　在清代小说《姑妄言》中，说到一个名叫素馨的婢女，嫁了一个阴茎短小的丈夫，觉得毫无乐趣，便一心想找一个阴茎大的男子：

　　只这素馨同主人弄了多年，深知其中奥妙。今主人一旦别恋新知，将他撇下，若像那三个丫头独守孤帏，倒还挨了过去，又每夜同着空负虚名的丈夫共卧，可有食放在嘴边肯不去吃？及至吃时，如一个极馋的人有一块肉，只许他咂咂香味，不容他大啖，自然引得越馋起来。他常被吴实弄得毫无乐趣，更觉难过，真急得要死。每每要寻个救急的人，恐舍了身子，还寻了像自己男人一类的，岂不是糟鼻子不吃酒，虚担其名了？又不好问人：你的阳物可大？这句话如何出口。（《姑妄言》，第五回）

　　在《姑妄言》的另一处，说到女子卜氏于新婚之夜发现丈夫阴茎微小，便大哭大叫，寻死觅活。（见同上，第十回）

　　以上情节虽然都是小说家的虚构，但其中反映的观念则应是明清社会的实情：有不少女子希望自己所嫁的或相与的是阴茎大的男子，若碰上阴茎小的男子，则无疑是很倒霉的事。

　　b. 女子不在乎阴茎的大小

　　有不少性学家认为，女性其实并不在乎男子阴茎的大小，《金赛性学报告》甚至认为，许多女性反映的通常不是男子的阴茎太小，而是过大：

282

写信给我们的男人通常忧虑他们的阴茎过小，不知道是否可以"满足"女人。然而研究指出，女人通常不会对阴茎的大小有所偏好；事实上，我们所接获的来信中，女性对此问题的关心通常集中于，认为她们的性伴侣阴茎过大，而非过小。（瑞妮丝等：《金赛性学报告》，第36页）

刘达临在《世界当代性文化》中也说，75%的女性不在乎男子阴茎的大小，因为阴茎大小与性快感并无必然联系：

三是认为男性阴茎的大小与性快感的强弱并无必然关联。实验中发现，只要女方性欲发挥充分，阴道周围必然随之高度充血，结果可以使阴道腔变小，阴道口肌肉缩窄，这样，即使阴茎小了些，仍然能紧贴阴道壁，所以性快感并不减弱。这个实验结果正和美国《论坛》杂志的调查结论相符，调查结论称：75%的女性认为阴茎的大小并不影响和伴侣的关系，男人的感情和态度比他的阴茎尺寸更重要。（刘达临：《世界当代性文化》，第55页）

而据2010年举行的一项调查称，女性更喜欢中等长度的阴茎：

不要指望她会惊叹"你的家伙真大！"2010年的一项相关调查表明，女性更喜欢中等长度的阴茎。事实上，女性也是视觉动物，目睹你在她身上的"辛勤劳作"会令她感到更兴奋。专家表示，视觉在性爱过程中的重要性要超出其他感官，因此，主动展示"工具"或在床边放置一面镜子都可以提升情趣感。（《时尚健康》男士版，2011年第8期）

上述观点其实都颇值得怀疑，认为"女人通常不会对阴茎的大小有所偏好"、"75%的女性认为阴茎的大小并不影响和伴侣的关系"、"女性更喜欢中等长度的阴茎"等等，如果把它们视作某种现实中的客观情况，或许还勉强说得过去，但如果把它们作为立论的前提，就有很大的偏颇了。在女子是否在乎阴茎大小的问题上，大部分女子其实是没有发言权的，因为大部分女子见过的阴茎是极其有限的，有的甚至一辈子就只见过丈夫的阴茎，在这种情况下，你问她阴茎大好还是小好，对于她其实是无法回答的，即使回答了，也纯粹是凭主观想象，因为她没有比较，而没有比较就不存在鉴别。

此外，有的性学家常常用阴茎大小不影响正常性交来否定女子对大阴茎的偏好，这在逻辑上也是有问题的。因为若只从是否会影响性交的角度而言，则长相、身材、皮肤等都不会造成性交障碍，但东方女子为什么多会偏爱健壮、帅气、白皙的男子呢？所以，在女子是否在乎阴茎大小的问题上，若是搞调和、怕得罪人，则我们可以说女子们不在乎；若要说事情的真相，则必须承认：女子们肯定在乎！

（4）使阴茎增大的方法

既然男子都希望自己的阴茎比别人大，很多女子也偏爱大的阴茎，那么阴茎小的男子

第八章　性器官的大小、形状与功能

该怎么办呢？最好的办法，似乎就是通过某种手段，让小阴茎变成大阴茎。在中国古代的一些性学典籍中，为我们介绍了几种使阴茎增大的方法。

在明代的《修真演义》中，介绍了一种通过按摩导引等使阴茎增大的方法。在每天的子时后午时前静坐，存想阴茎部位；再分别用左右手兜阴茎，摩小腹；之后把阴茎在左右腿上摔打；又与女子性交，以采女子之气；最后用双手搓阴茎，这样，便"久久自觉长大矣"：

  交合之时，男若玉茎长大、填满阴户者，女情必易畅美，展茎亦有法焉。语曰：工欲善其事，必先利其器。不可不知也。当于每日子后午前阴消阳长之时，静室中披衣，向东端坐，凝神屏虑。腹不宜饱，饱则气漱血室；惟俾无饥，饥则血气流行。口嘘浊气，随以鼻吸清气，漱津液，闭咽送下丹田，运入玉茎，以七数为度，或二七，或三七，至七七止。将两手搓热如火，右手托肾囊并握玉茎，左手于脐下左转摩八十一次。次换右手，脐下右转摩八十一次，再伸右手于尾间，玉茎根提起向上，就根捏住，以茎于左右腿上摆击，不计其数。后乃抱女，缓缓纳玉茎于阴户，采女津液，吸女鼻气，闭咽存送玉茎以养之。后复以两手如搓索状，搓之不计其数，久久自觉长大矣。若行采战，先用绢带束固茎根，次以两手上下同肾囊捧起，漱津吸气，咽送丹田，随提尾间起接，使上下相思，助壮阳势，然后行事。（邓希贤：《修真演义》）

在明代洪基的《摄生总要》中，也介绍了一种使阴茎增大的方法，步骤与《修真演义》中所说的上半段相似：

  夫欲展龟身长大者，于子时后午时前，乃阴消阳长之时，静室中披衣端坐，凝神定气。腹中当令戴饥，空则气脉流通，饱则气窒不通。仍用中乘导引法，闭气咽津，送下丹田，运至玉茎。两手搓热如火，用一手兜住阴囊握茎，一手于丹田脐腹上摩九九之数，换手依前法右转，再摩九九之数。毕，就根捻住，在左右腿上敲打，不计其数，久久行之，自然长大矣。（洪基：《摄生总要·房术秘诀》）

在清代小说《碧玉楼》中，也说到一种使阴茎增大的方法，只是比较神秘，操作时，先把阴茎装入一个锦囊，然后再服丹丸，吞灵符：

  百顺说："因阳物微小，行房时不能取妇人之乐，特求先生赐一妙术，能使阳物粗大，学生自当重谢。"长者闻听此言，说道："这却不难，须得一百天的工夫，方能养成，不知相公肯与不肯？"百顺说："只要老先生肯施妙术，学生多住几天，有何不肯？"

  ……

  到了次日，长者叫他身体沐浴洁净，与他一个锦囊小袋，叫他将阳物装在里头，终日静养，不许胡思乱想。若要胡思乱想，阳精走泄，其法就不灵了。又与他一丸增阳补肾丹，用白水送下。到夜晚三更时分，又与他一道灵符，烧化成灰，用黄酒送下。

准备做阴茎增大手术的男子

每日如此。及至到了一百天整，果然阳物粗肥，又且长大，约有尺许，而且是用则能伸，不用仍屈。(《碧玉楼》，第四回)

其实，希望通过某种方式使小阴茎变成大阴茎，并不是中国古人独有的想法，在古代印度，也有这方面的探索。在《欲经》中，就介绍了一种据说能使阴茎增大的方法：

> 如果一个男人希望使他的阴茎变大，他应该用某些长在树上的昆虫的毛来摩擦它，然后，在连续十个晚上用油摩擦它之后，又再次同以前一样用昆虫毛来擦它。通过持续地这样做下去，阴茎会逐渐胀大，之后他应该躺在吊床上，让阴茎从吊床的网上垂下去。然后他应该用清凉剂来使因肿胀而产生的疼痛消退。这种肿胀，被称为"suka"，在达罗毗荼国的人中普遍存在并持续终生。(见《世界性爱经典全书》，第 375～376 页)

然而，现代性学家认为，除了通过某种手术，像通过运动、药物、注射剂等等来增大阴茎都是无效的：

> 不论透过是催眠、运动、药物、乳膏、帮浦、维生素丸、注射剂，或者是杂志广告上数以百计能增大男性阴茎的产品，都是无效的；更甚的是，有些还有不良的影响。

(瑞妮丝等：《金赛性学报告》，第 76 页)

关于使阴茎增大的手术，现代性学家认为，通过精心设计的韧带松解手术，可以使阴茎延长 4～6 厘米，但不能使阴茎变粗。手术的具体方法是这样的：

> 阴茎延长包括海绵体延长和皮肤延长。海绵体的延长长度有限，皮肤的延长主要通过设计"M"形切口延长。阴茎筋膜在耻骨联合上方增厚形成阴茎浅悬韧带，切断该韧带能使阴茎延长 3.2～5.0cm。距阴茎浅悬韧带 1.4～1.9cm 的深面有阴茎深悬韧带，该韧带强韧而短，越向深面宽度越窄，切断其 1/3 可使阴茎再延长 0.8～1.2cm。(《时

# 第八章 性器官的大小、形状与功能

尚健康》男士版，2007年第3期）

（5）男子的外形与阴茎大小的关系

女子大多在意男子阴茎的大小，然而，在通常情况下，男子都是穿着裤子的，而且，即使在男子不穿裤子的情况下，也未必处于勃起状态，那么，怎样判断某男子的阴茎是大是小呢？

一般人会以为，若一个人长得很强壮，其阴茎必粗壮；若一个人长得很瘦小，其阴茎也必细小。然而，明代的《素女妙论》则指出，人的外形是否强壮与阴茎是否粗壮无必然之联系，强壮的人阴茎可能细小，而瘦小的人其阴茎可能壮硕：

> 帝问曰："男子宝物，有大小长短硬软之别者，何也？"素女答曰："赋形不同，各如人面，其大小长短硬软之别共在禀赋，故人短而物雄，人壮而物短，瘦弱而肥硬，胖大而软缩，或有专车者，有抱负者，有肉怒筋胀者，而无害交会之要也。"

清代小说《姑妄言》也认为，外形与性器官之间并不成正比例的关系：

> 且男人的阳物既有大小不同，妇人阴户岂无阔窄之异？奇矮极小之男子有极大极粗子（之）壮阳，何见得娇怯秀美之妇人而无深松阔大之牝物乎？（《姑妄言》，第四回）

虽然男子的外形与阴茎大小没有必然的联系，然而，胖子的阴茎通常比较短小，则是不少人的共识。对此，现代性学家认为，人们之所以认为胖子的阴茎比较短小，有三个方面的原因：一是胖子体形较大，相比之下，阴茎会显得较小；二是胖子的脂肪厚，露出体外的阴茎就会少一些；三是胖子一般对性兴趣不大，会引起勃起方面的问题，但不能据此认定胖子的阴茎会比较短小：

> 研究发现，男性越胖，即使阴茎长度不变，但外观就是会显得越短，虽然实际长度并没有变化，但由于阴茎被包埋在脂肪层越多，露出的阴茎就会相对较短，每增肥5公斤，平均缩短0.78厘米。其实主要还是心理作用。肥胖者因为荷尔蒙分泌的关系，对于性比较没有兴趣，这样难免会引发勃起功能障碍和性生活不佳等问题。要根本解决问题，还是要从减肥下手，只要适度减肥，阴茎就会看起来比较长。研究也发现，有三分之一的肥胖者减肥后，不用依赖药物就能重振雄风。（《男人装》，2006年第8期）

虽然如此，人们还是绞尽脑汁去寻找男子的外形与阴茎大小之间的联系。在中国古代，有一种比较流行的说法，认为男子的鼻子与阴茎大小有关。在明代小说《载花船》中，说到武则天命女官若兰替她去全国各地挑选男子，就授给她一条判定男子阴茎大小的秘法："必试观其鼻之丰隆尖削，即知龟之巨细精粗"：

> 武后道："……夫欲知龟，更有要法焉。人重衣隐蔽，安得尽人人之龟而递阅之，

以定其高下？必试观其鼻之丰隆尖削，即知龟之巨细精粗。若鼻虽丰厚，而色带微红者，此酒徒也，酣然一醉，但知黑甜乡里生涯，岂解温柔场中滋味。且阳气已泄于外矣，其龟必冷，其收必速，摈而勿取。此选龟之大法也。当今少年皆假装骨董人耳，岂能鉴拔真材，而取实效耶！"若兰道："臣妾敬闻命矣！圣谕当宝而藏之心骨。"武后道："朕观卿才赡德充，性淳辞美，必能副朕至望。欲倩卿代朕海内一行，聘访良器数辈，毕我终身之愿……"（《载花船》，第一回）

后来，若兰奉命外出寻访男子，外人称之为尹监。尹监发现一个名叫于楚（字粲生）的男子，鼻子大而且直，她判断粲生的阴茎应该不小，结果证明尹监的判断没有错：

这尹监又喜粲生面庞俊雅，举止优闲，存心细观其鼻，却更丰而且直。彼此关情，两下留意，才一会面，与自牵连。

……

（粲生）其具仍前直竖，坐在浴盆之内，就像盆底中间立着个肉棒一般，植立不移，众女侍掩口而退。尹监看了暗道："据天后之言，此具虽不能名列上乘，亦可录入选场，以待后效者。"（同上，第二、三回）

然而，在明代小说《痴婆子传》中，则认为鼻子大小与阴茎的大小无关。书中写到，一个老婆子在回忆其年轻时的经历时说，她曾碰到一个男子，身材魁梧，"鼻大如瓶"，她以为该男子必有很大的阴茎，尝试之后，发现其阴茎大小不过中等：

予妹娴娟适费家。费婿亦业儒，与予夫善。而讯弹文墨意，遂合成莫逆（连襟复为通家）。予以姨常见之，见其魁梧矫岸，真一丈夫，而鼻大如瓶。

予自思曰："是必伟于阳者。"心愿识之，因盈郎而通意于费。费最善钻窥，闻之色喜。时夫偶延费饮，顷刻间，夫大醉，留费宿书阁而入卧，夫卧齁如雷。予悄然出闺往见，费惊喜，不出一言，惟抱予置膝，令予坐，以面向费，而费以势插焉，乃中材耳。谓鼻大而势粗者，其以虚语欺我哉。（《痴婆子传》，卷下）

现代性学认为，男人的鼻子与其阴茎大小并无必然联系，如黑人的鼻子通常比较扁，但不能就此认定黑人的阴茎小。

在《男人装》中，登载了一则资料，认为男人的中指与阴茎之间有一定的联系：中指越长，阴茎也会越长，因为男子中指的长度与他胚胎时接受的睾丸激素的量有关，而睾丸激素越多，阴茎就会长得越长：

根据我多年的研究，发现世界各地的文化其实都有共通之处，比如：中指都代表男性生殖器。这是为什么呢？

……

真正的答案是：因为中指能告诉对方一切，特别是女人。利物浦大学的研究人员证实，男性中指的长度与他在胚胎时期接受的睾丸激素量有关。当然，这就说明它也

第八章　性器官的大小、形状与功能

与你的小弟弟有关：睾丸激素越多，你的小弟弟就长得越长。很有意思是吧，指示着你男性气概的那个手指头，正是要戴上婚戒的那个指头，这可不仅仅是一个巧合。(《男人装》，2009年第7期)

2. 阴茎的好坏与鉴别之道

在明清小说中，阴茎又称阳物、玉茎、龟等。在明代小说《载花船》中，有一段对阴茎的赞美之词，颇有意味：

> 夫龟者，秉造化灵奇至气而成性，阳之所凝结，筋骨之难拟形，既刚而且寓柔，可直而不能屈。大则采精炼鼎，赞助仙源；中则孕育婴儿，接续宗祀；小则搓花破窍，承欢丽娇。凡女子年长，而梦遗小便者，得龟而止；过笄未配，致成剧疾者，遇龟而瘥。孀妇失之，疾染痿黄；戍妇客妻，旷废多死。夫妇反目，借龟而生欢喜之心；男女萍逢，交龟而忘死生之见。龟又有功于人，亦云大矣。(《载花船》，第一回)

然而，古人称阴茎"秉造化灵奇至气而成性"，"龟又有功于人，可谓大矣"，指的是那些好龟，而不是不中用的或差的龟。那么，何谓好龟，何谓不中用的或差的龟呢？在明清小说中，对此多有论述。

（1）阴茎的好坏

a. 好的龟

在明清艳情小说中，往往会夸赞小说主人公的阴茎长大粗壮，热而坚久。但因作者的经验或写作功力的不同，他们笔下的阴茎虽然都值得夸赞，但还是有程度的不同。在此，我们大致按照程度从高而下的顺序作一介绍。

首先出场的是明代小说《如意君传》中的薛敖曹，书中称他的阴茎能举起一斗粟重量的东西，而且龟头上有小坑，阴茎勃起时，坑中有肉鼓起似蜗牛状。后来敖曹被举荐给武则天，武则天视之为异宝，称之为"如意君"。(见《如意君传》)

排在第二的要数张昌宗，《如意君传》中称他的阴茎"头丰根削"、"鲜红柔润"。(同上)

排在第三的要数未央生，《肉蒲团》中称他的阴茎像筷子一样长，茶钟一样粗，而且性交时"先小后大，先冷后热"，像"豆腐放在热处，越烘越硬"。(见《肉蒲团》，第十五回)

以上描述，当然多系小说家的夸张说法，但其中还是反映了当时人们在此问题上的某种共识。

b. 不中选的龟

以上讲的都是好龟，在明清小说中，也经常会说到一些在大小形状和功能上都较差的龟，主要表现为太细、太短或勃起不坚、容易早泄等等，在此也略作介绍。

在清代小说《姑妄言》中，说到奇姐与男子性交结束后品评他们阴茎的高下，除了王彦章、疙瘩头、郑二、周四外，其他四个人的阴茎都存在明显的不足，如金三的不足是又细又软，又小又快；李六的不足是阴茎虽大，却不坚硬。（见《姑妄言》，第十四回）

在此引这样一个例子，目的在于说明男子的阴茎确实存在很大的差异，而不在其他。

在明代小说《僧尼孽海》中，说到李亚卿的阴茎虽大，但容易疲软，因此他妻子常常为此怨天怨地。（见《僧尼孽海·封师》）

（2）鉴别阴茎好坏的方法

正是因为阴茎有好坏之分，在明清小说中，总结出了不少鉴别阴茎好坏的方法，如在明代小说《载花船》中，把龟分为八种：瘫痪之龟、朽腐之龟、躁率之龟、具员之龟、小试之龟、卤莽之龟、最上一等龟和术士之龟，其中前三种为最下等的龟，中间三种为平常人所具有的龟，第七种龟最为难得，第八种龟则对女子有损，要小心提防：

武后道："凡男女之分，以阴阳也。有虽具阳体，而宛然阴形者，其物短缩，其形委垂，即百药饵之，奇计诱之，而终不得一坚举者，其人曰天阉，其名曰瘫痪之龟，为众阴之所深弃者。原体微渺，其冷如冰，虽可怒张，入鼎不及百合者，名曰朽腐之龟。历境少而寒色侵也，坚垂而巨细画一，毫无分忽之相殊，则遇牝便尔忘阳身，且不能入穴，其名曰躁率之龟，得手而溢者也。此三者龟中之最下矣。若乃手一握而尚宽，身将尺而跳跃，其形美矣，试置鼎中，则其质如绵，其体微温，虽未泄气喷精，早已垂首折足，名曰具员之龟。固有美形，终难大用，或养而后效者也。若头尖如刃削，体瘦似麻秸，品则陋矣，犹幸阳气充盈，如火之方燃，皮包便口，千战而不败，无量女流，撄锋胆落，其名曰小试之龟，是未可登于衽席之选者也。形既杜武可观，量复虽久不倦，体甚刚而质亦甚炎，亦可为龟中之翘楚矣；但当女情正炽之时，不能即举以合其机宜，女兴已阑之后，复未肯少杀其强梁猛悍之性，其名曰卤莽之龟，是未中肯綮者也。此三者，龟之适中，平常之人皆能有之。必也十指不能握，过膝尚有余，其坚如铁，其热如炉，进牝则无微不到，提拽则花屋是求，彻昼夜而无倦容，历三五而少息色，一泄不妨再举，徐疾暗揣女情，此最上一等者矣，千万人中，或有其一耳。是在识者知之，此龟之等级也。更有人焉，术工采炼，妄冀延龄，龟体本小，养而成大；龟身甚寒，育而犹火。当其入户也，制遏欲火，故徐为进出，忽而三浅一深，忽而五浅，忽而九浅，甚至善于闭精，断不轻泄。懵懵者因彼久坚，遂目为龟中至宝，不知阴精尽采，女之荣卫全枯，纵极一时之趣兴，必戕生命于将殂，切宜慎之，未可取也。（《载花船》，第一回）

据以上引文，最上一等的龟的特点是：粗："十指不能握"；长："过膝尚有余"；硬："其坚如铁"；热："其热如炉"；久："彻昼夜而无倦容，历三五而少息色。一泄不妨再

第八章 性器官的大小、形状与功能

举"。另外还有此龟的主人要识趣："进牝则无微不到，提拽则花屋是求"，"徐疾暗揣女情"。这样的阴茎当然是极其难得的，故书中说"千万人中，或有其一耳"。

在明代小说《如意君传》中，武则天向薛敖曹回忆自己与不同的男子性交的经历，历数唐太宗、唐高宗、怀义和尚、张昌宗、张易之、薛敖曹等人的阴茎，认为最佳的还是薛敖曹。

在该书的另一处，上官婉儿与吏部侍郎崔湜谈论好的阴茎的特点，指出一要皮筋少，二要龟头大，三要肉厚皮薄，等等，反映了小说作者对此问题的研究之深入。

现代性学对如何判定阴茎的高下好坏基本持回避的态度，但也认为与长而细的阴茎相比，短而粗的阴茎更具优势：

> 你或许已经知道，男性更重要的要素在于粗。这也是人类阴茎与其他灵长类动物相比的独特之处。……人类的阴茎是通过血管收缩机制实现勃起的，当性冲动发生时，血管收缩，血液大量进入阴茎的海绵体，之后，阴茎静脉血管立刻变得像水坝一样紧闭，这让阴茎变硬，还大大增加了它的长度和直径。(《时尚健康》男士版，2008年第10期)

### 3. 相互匹配和性交技巧比阴茎大小更重要

阴茎的好坏虽有其"客观"的标准，但这些所谓的标准其实只有理论上的意义，而很少有实际意义。因为在现实生活中，男女交朋友、结婚，看的首先是对方的人品、长相和经济条件、社会地位等，不可能涉及男子阴茎大小与否的问题。因此，阴茎大小好坏的问题，只有到男女之间有了性关系之后才会涉及，而且，即使到了那个时候，也不能根据阴茎的状况来决定是否结婚或婚姻是否继续，因为人是活的，总会找到办法来解决现实中出现的各种问题。

其实，早在明代的《素女妙论》中，就明确指出，男子阴茎的大小长短并不重要，关键在于男女性交时，要互爱互敬，以情相待：

> 帝问曰："郎中有大小长短硬软之不同，而取交接快美之道，亦不同乎？"素女答曰："赋形不同，大小长短异形者外观也，取之接快美者内情也。先以爱敬系之，以真情按之，何论大小长短哉！"

虽然在明清小说中一味宣扬阴茎大的好处，但是，在这些小说中的不少地方我们也可以看到，阴茎大也有其坏处。如明代小说《如意君传》中的那个薛敖曹，就因为阴茎长得太大，而没有女子愿意嫁给他：

> 间与敖曹游娼家，初见其美少年，歌讴酒令，无不了了，爱而慕之。稍与迫睹肉具，无不号呼避去。间有老而淫者，勉强百计导之，终不能入。敖曹肉具名既彰，无肯与婚者。居时常叹嗟，有悲生之感。

同样，明清小说中皆瞧不起小阴茎，然而，在清代小说《肉蒲团》中，也有观点认为小阴茎也能找到好归宿。小说中说到未央生因阴茎太小，被赛昆仑嘲笑，只好死了偷良家女子之心。但他在细思之下也发现，虽然自己的阴茎很小，但自己的妻子却照样能享受性快乐，原因是妻子的阴道也很小，不需要大阴茎。（见《肉蒲团》，第七回）

现代性学也认为，对于性交来说，阴茎长不是必须的，因为女子的阴道只有前面的三分之一段对刺激敏感，里面的三分之二段对刺激并不敏感，因此，绝大部分阴茎都能满足对阴道刺激的需要。（见《时尚健康》男士版，2009年第7期）

其实，男性的阴茎无论是太长、太细、太粗、太弯或太短，都可以通过采取不同的体位和性交姿势来弥补。（同上，2004年第11期）

总之，天生我材必有用，世界上的万物，正因为长短不齐、大小不一，才使世界显得丰富多彩、绚丽多姿，因此，一个男子，无论自己拥有什么样的器官或面貌，你所追求的，永远是适合你自己的，而不一定非要与别人一样的。

## 二、女性性器官的好坏及其结构与功能

《周易》说："一阴一阳之谓道。"前面讲完了阳，接下来就必须讲阴，否则事物就是不完整的。与男子的阴茎显而易见不同，女子的阴道是藏在里面的。显而易见的东西可以用大小软硬等来区别和形容，藏在里面的东西则要用宽松深浅等来区别和形容。在中国古代性学家眼里，阴道的结构和功能比阴茎要复杂得多，因此论述起来也要多费一些周折。

### 1. 阴道的好坏等级

（1）好的阴道

概括而言，中国古代性学关于好的阴道的标准就是五个字：紧、暖、香、干、浅。紧指阴道要紧，使阴茎有被严密包裹的感觉；暖指阴道里面要温暖；香指阴道发出的气味要香；干指阴道内要干爽，分泌物不能多；浅指阴道不能太深，使阴茎有探不到底的感觉。不过，在具体表述上亦各有不同。如《金瓶梅词话》中作"温紧香干"：

少顷，妇人脱了衣裳。西门庆摸见牝户上，并无毳毛，犹如白馥馥、鼓蓬蓬、软浓浓、红绉绉、紧揪揪，千人爱，万人贪，更不知是何物。有诗为证：

温紧香干口赛莲，能柔能软最堪怜。
喜便吐舌开口笑，困时随力就身眠。
内裆县里为家业，薄草崖边是故园。
若遇风流清子弟，等闲战斗不开言。（《金瓶梅词话》，第四回）

第八章 性器官的大小、形状与功能

在中国古代，常常用花来形容女子的阴部

清代小说《姑妄言》中则或作"紧暖香干"，或作"紧暖香干浅"：

那侯氏貌虽不扬，倒好一个阴户。也有个西江月赠他道：

紧暖香干俱备，光光滑滑堪怜。有时吐舌笑开颜，困便懒张两片。清水池边故土，裤裆县里家园。有时忽动兴纬绵，战斗千回不倦。（《姑妄言》，第九回）

奇姐笑道："妇人的阴户，有五好五不好。五好呢，是紧暖香干浅……"（同上，第十四回）

具体用字虽然不同，但大致意思都是差不多的。

在明清小说中，还描述了一些"非同凡流"的阴道，除了上述的五种好处，还"别有胜人之处"，如阴道内"湿不泛滥"、性交后使男子不觉疲惫，等等。

（2）不好的阴道

既然好的阴道的特点是紧暖香干浅，则不好的阴道的特点无疑便是宽寒臭湿深。《姑妄言》中正是这么说的："妇人的阴户有五好五不好，好呢，是紧暖香干浅；五不好呢，是宽寒臭湿深。"（同上）

明代医家万全说，有五种女子不适合与之交接生子，而其中的四种正是阴道长得不好的，它们分别是螺阴户、文阴户、鼓花头、角花头。所谓螺阴户，是指阴道内有像螺一样的纹；文阴户，是指阴道极小，难以交合；鼓花头，指没有阴道，像鼓一样紧绷；角花头，指阴户中有像角一样的东西：

《金丹节要》云：骨肉莹光，精神纯实，有花堪用，五种不宜：

一曰螺阴户，外纹如螺蛳样旋入内；二曰文阴户，小如筋头大，只可通，难交合，名曰石女；三曰鼓花头，绷紧似无孔；四曰角花头，尖削似角；五曰脉或经脉未及十四岁而先来，或十五六而始至，或不调，或全无。此五种无花之器不能配合太阳，焉能结仙胎也哉！（万全：《万密斋医学全书·择配篇第三》）

明代医家李时珍也认为，有螺、纹、鼓、角、脉这五种特征的女子不可与之交合，其内容与万全所说相似：

　　五不女：螺、纹、鼓、角、脉也。螺者，牝窍内旋，有物如螺也；纹者，窍小，即实女也；鼓者，无窍如鼓；角者，有物如角，古名阴挺是也；脉者，一生经水不调，及崩带之类是也。（李时珍：《本草纲目·人部·人傀》）

现代学者潘光旦认为，李时珍所谓的纹与鼓，属于处女膜变异的范围：

　　中国医书称五不女：螺、纹、鼓、角、脉，脉一作线。五种之中，至少纹与鼓两种是属于处女膜变异范围内的，纹是膜大窍小，鼓是膜大且厚，几于无窍，俗所称石女或实女，大抵不出这两种。（见霭理士：《性心理学》，第82页）

在清代小说《姑妄言》中，提到有两种不好的阴道，一种是极其宽松，另一种是寒冷如冰，且阴道内分泌的液体极多。（见《姑妄言》，第十四回）

综上所述，评判的原则基本一致，即阴道紧暖香干浅就好，否则就不好。

## 2. 女性性器官的结构及功能

### （1）阴道的内部结构

中国古代性学家认为，阴道不仅是生育的重要器官，也是给人带来性快感的关键器官，因此，他们对阴道结构的探索有浓厚的兴趣。早在马王堆汉墓帛书《天下至道谈》中，即把阴道分成了十二个部位：

　　一曰笄光，二曰封纪，三曰洞瓠，四曰鼠妇，五曰谷实，六曰麦齿，七曰婴女，八曰反去，九曰何寓，十曰赤缴，十一曰赤毁九，十二曰碾石。

另在明代的《素女妙论》中，则把阴道分为八个部位：

　　女子阴中有八名，又名八谷：一曰琴弦，其深一寸；二曰菱齿，其深二寸；三曰妥豁，其深三寸；四曰玄珠，其深四寸；五曰谷实，其深五寸；六曰愈阙，其深六寸；七曰昆户，其深七寸；八曰北极，其深八寸。

虽然中国古代性学家在阴道结构的研究中费了不少劲，不仅把它分为各个不同的部位，又为各个部位命了名，但是，这种划分究竟有什么依据，每一部位的特点又是什么，古代性学家却没有明确的解释，这就使这样的努力缺乏实质的意义。荷兰汉学家高罗佩在对上述内容作了仔细研究后，努力想找出某种头绪，但最终仍然不得要领：

　　阴户和阴道的构成部分为一批词语所区分，不过这些词语的真实含义在大多数情况下靠臆测。它们中的两个在唐代史料《大乐赋》……的一个注释中有解。其文曰："女人阴深一寸曰'琴弦'，五寸曰'谷实'，过实则死也。"不过，别的古文献如《洞

第八章　性器官的大小、形状与功能

293

玄子》和《素女经》也在不同的场合使用了这两个词语。"琴弦"似指小阴唇,"谷实"则指阴道口。

大阴唇被称作"辟雍"(本为一种依璧环的式样建造的"大学"的专名)或"琼台"。"玉理"似乎指会阴,"金沟"可能指阴蒂。后者罕见提及,似乎古代中国人对其功能无清晰概念。除了上文提到的"琴弦"一词外,小阴唇也叫"鸡冠"。阴道口叫"谷实"(见上文),也叫"麦齿"、"幽谷"。孕育孩子的地方叫做"子宫",这个名词今天仍是一个普通的医学术语。

明代史料《素女妙论》……的第三篇罗列了阴道的八个部分。……

这个部位表似乎作得武断。"谷实"显然就是"榖实",而"昆户"显然是……"昆石"的别称。这个目录表对搞清阴道的众多奇特名称或《医心方》的引文提到的部位起不了什么作用。它们当中的一些词语,像"臭鼠"和"婴女"……可能是流行于公元开始的几个世纪的诙谐字眼,其他名称可能有现在所不知道的深刻含义。(高罗佩:《秘戏图考》,第271～273页)

(2)阴道内的"花心"

中国古代性学家把阴道分为八个或十二个部位,因缺乏实际意义,并没有受到广泛的重视。相反,有一个概念,即"花心",却被广泛运用。花心的本义即花的中心部位,因中国古代称女子的阴道为"花",故有此说。那么,花心指的是阴道中的哪个部位呢?

考察明清小说关于花心的描述,我们可以得出这样几点认识:(1)花心的位置因人而异,或在阴道的深处,或在距阴道口一两寸的地方;(2)花心的大小不一,或比大拇指略大些,或如鸡蛋一样大;(3)花心的形状像母鸡的鸡冠,感觉上是似肉非肉、似骨非骨;(4)花心仿佛是女性性欲的总开关,只要用阴茎顶住花心,或不停地触碰花心,女子就会阴水直流,并很快达到高潮。

那么,此"花心"在女性身上是客观存在的呢,还是小说家杜撰出来用来吸引读者的呢?我认为,这不是小说家的杜撰,而是他们的经验之谈,因为此"花心"实即当今性学界仍在争论不休的所谓G点之类的部位。

G点是德国妇产科医师格雷芬伯格(Grafenberg)提出来的,也叫格雷芬伯格位点,简称G点。G点位于阴道前壁,在距离阴道口三分之一到二分之一之间,大小像一枚硬币一样,摸上去像一组细小的黄豆。关于G点,现代性学家有这样的描述:

有许多研究对于德国妇产科医师格拉芬柏(Grafenberg)所提出的女性"G"点有所反驳。有些研究者无法证实它的存在,而有些研究者指出在女性的阴道壁处有个敏感地带,类似"G"点的特性。

据说,"G"点是一小块组织(大小、形状类似豆子),约两英吋,位于阴道前壁。

此处对于性刺激相当敏感，当这区域变大时，其大小约是美国钱币一角般大。

许多专家认为需要有更多的研究，才能证实"G"点的存在。毋庸置疑的是，许多女人认为阴道的某些地方对性刺激确实比其他地方更敏感。（瑞妮丝等：《金赛性学报告》，第53页）

格雷分贝格位点位于阴道前壁，距表面约 1cm，阴道开口三分之一到二分之一之间。它包括包绕尿道的许多腺体（斯金纳腺）和管道。人们认为 G 点相当于男性的前列腺，源于同样的胚胎组织（Heath，1984 年）。

尽管许多女性没有这个提高感觉的区域，但是 G 点仍引起了许多人的关注，因为有报告说，刺激某些女性的 G 点会使她们产生性兴奋、高潮，甚至射出液体。（克鲁克斯等：《我们的性》，第 86～87 页）

有些性学家认为，G 点是女性性器官中快感最集中的部位，刺激 G 点引起的性快感要超过刺激阴蒂。但是，G 点并不好找，要想更好地刺激 G 点，最好采用女性在上的性交体位，或者直接使用手或振荡器去刺激 G 点。（见《时尚健康》男士版，2003 年第 1 期）

也有性学家认为，阴道内的性敏感点并不止 G 点一个点，还有其他的点，如 A 点和 U 点，并称 A 点位于 G 点和子宫颈之间，U 点则位于 G 点和阴道口之间：

在谈到女性的性感区时不能不谈到 G 点，不过在性学界内，时至今日关于 G 点是否存在的争论仍然没有终止。而值得人们关注的是，根据晚近性学报道，近 15 年来在阴道内又发现了新的性敏感点，这就是 A 点和 U 点。据说 A 点在 G 点与子宫颈之间，而 U 点位于 G 点与阴道口之间，因此在采取不同体位时可能对这三个不同的阴道内性敏感点产生不同的刺激。不过这些关于阴道内性敏感点的新发现尚待进一步研究证实。（《健康世界》，2004 年第 2、3 期）

有的性学家则认为，阴道内的敏感点不止一个两个，而是多个，它们与阴蒂一起组成"阴蒂复合体"，让女性更好地享受性刺激：

研究人员相信，在阴道的最里面、最靠近她的肚脐的那一侧，存在着一种被称做 A 点的东西。"抚摸这一点，她几乎可以立刻变湿。"你可以一次试着刺激多个热点来让这个阴蒂复合体发生反应，比如把食指和中指都插进她的体内，同时伸出你的拇指，就像你模仿在路边搭顺风车的手势。这会让你的手指更紧贴在她的阴道壁上，同时刺激 G 点和 A 点，让她感受到三倍的快感。（《时尚健康》男士版，2009 年第 6 期）

在以上引文中，值得我们注意的是关于 A 点的描述："A 点在 G 点与子宫颈之间"，"在阴道的最里面、最靠近她的肚脐的那一侧，存在着一种被称做 A 点的东西。"由此可见，A 点在阴道中极深的部位，子宫颈的附近。在明代小说《金瓶梅词话》中，曾经提到一个名叫"牝屋"的部位，与 A 点极为相似。（见《金瓶梅词话》，第二十七回）

第八章　性器官的大小、形状与功能

然而，关于G点是否存在以及应该如何正确看待G点，现代性学家中存在不少争议。有的性学家认为，G点根本就不存在，他们甚至通过一项特殊的试验来否定G点的存在：

科学家们声称：G点只是神话！他们邀请了1800名具有相同基因和不同基因的双胞胎女性参与调查，询问她们是否有G点。在具有相同基因的双胞胎中，如果其中一个有G点，那么另外一个也应该具有，因为她们俩的基因是相同的。然而，结果却并非如此。调查总数显示，相同基因的双胞胎姐妹拥有的G点高潮数量并没有比非相同基因的双胞胎姐妹们多。(《时尚健康》男士版，2010年第11期)

有的性学家认为，即使承认女性身上存在G点，我们对它仍知之甚少，而且，"把G点性高潮作为一种新的性成就来追求是自欺欺人的"。(克鲁克斯等:《我们的性》，第169页)

对于持上述观点的性学家，我认为他们有必要好好了解明清小说中关于"花心"的描述，因为比格雷芬伯格要早好几百年，中国古代的性学家们已经知道了G点(甚至包括A点)是一种客观存在。只是是否所有的女性都有G点，则确实是一个有待进一步研究的问题。

# 第九章

# 不同类型的人与性

从不同的角度，或根据不同的特点，我们总是可以把社会上的人划分为不同的类群。这样的划分，往往有利于我们对某种问题作更好的把握和分析。因此，在本章中，我们也努力根据某种特点，把人分为不同的类，然后对与其相关的性问题展开具体的介绍和分析。如根据职业的不同，本章将分别介绍太监和娼妓；根据宗教信仰的不同，本章将分别介绍和尚与道士；根据生理状况的不同，本章将分别介绍阴阳人和残疾人；根据心理状况的不同，本章将分别介绍双性恋和人妖；根据年龄段的不同，本章将分别介绍老年人、处女和未成年人，等等。通过对上述内容的展开和介绍，读者们将会发现，在中国古代，人们在性行为上的表现是极其丰富多样的；与此同时，中国古代性学家对性问题的认识也是极为独特和深刻的。

## 一、双性恋

双性恋即对同性和异性均有性爱的意愿。据《中国性科学百科全书》，大约占人口1%～5%的人属于双性恋者，可见其数目不可小觑。（见《中国性科学百科全书》，第377页）

### 1. 入则粉黛，出则龙阳——有着"丰富"性生活的双性恋者

据史料记载，中国历史上的一些名人如苻坚、袁枚、郑板桥等都属

于双性恋者，他们既与男子性交，亦与女子性交，而且沉迷于此。

苻坚是两晋时期的前秦王，曾统一北中国。在《晋书》和《魏书》中，都有关于苻坚同时宠幸清河公主及其弟慕容冲的记载：

> 初，坚之灭燕，冲姊为清河公主，年十四，有殊色，坚纳之，宠冠后庭。冲年十二，亦有龙阳之姿，坚又幸之。姊弟专宠，宫人莫进。长安歌之曰："一雌复一雄，双飞入紫宫。"（《晋书·卷一百十四·载记第十四》）

袁枚字子才，号简斋，后号随园，世称随园先生，是乾隆时期的进士。他博学多识，洒脱不羁，以诗称于世。据现代学者张在舟称，袁枚之所以男女皆爱，是出于他对美的总体爱赏，即不管男女，只要长得漂亮，他就喜欢：

> 袁枚的好男色很有一个特点，即他此好并不是因为觉得男色较之女色有更加吸引人的地方，而是出于他对美色的总体爱赏。因此，男子也好，女子也好，只要美丽袁枚就会喜欢。他是一个对男女二色同时兼嗜、不会去厚此薄彼的人，也就是一个双性恋者。在他一生之中，除去桂官、金凤等男宠，陶、方、陆、钟诸姬妾至少已可以凑成十二金钗。（张在舟：《暧昧的历程》，第330页）

清代的郑板桥家里有妻有妾，亦常与妻妾"敦伦"，以传宗接代，但他同时也喜欢男色，自称"好色，尤多余桃口齿及椒风弄儿之戏"（郑燮：《板桥自叙》），可见郑板桥对自己的这种双性恋特征并不隐瞒。

在明清小说中，也有不少关于双性恋者的描写。在明代小说《别有香》中，说到有一个姓卜的富人，男女兼好，而且不问美丑，只要是人就行：

> 西湖地方，有一富室姓卜，袭祖父的势，挂一个青衿。别人好色，或好了水路，便不好旱路；或好了旱路，便不好水路，没有两样兼好。那卜生两件兼好，就是极丑的丫头，他也要去偷偷；就是极呆的小厮，他也要去括括。总是说得好：只要有个洞儿，他就钻了，不问甚么人品姿色。故人起他个插（绰）号，叫做夜盲子。（《别有香》，第六回）

在明代小说《八段锦》中，亦描写一个名叫羊学德的人，伺候妻子华氏唯恐不够恭敬，却又在外面搞龙阳，弄得不尴不尬，却又乐此不疲：

> 那苟美都做了贴旦，标致不过，在台上做作，引得羊学德妻子的规戒顿忘，旧兴复发。见美都下台，便搂住道："我的心肝！你如此态度，不由人魂飞，到场毕，凭你怎么，要了却我的心愿去。"美都道："若奶奶知道，粗棍抽你，我却救你不得，须自家打算。"学德道："休管她！粗棍抽我，我也将粗棍抽她。"……扯得去，须臾了事，各散回家。
> 
> 学德到家敲门，腊梅开门放进。……华氏道："拿行货子来我瞧！"学德忙扯裤子，华氏伸手一摸，将来鼻边一闻，骂道："你这欺心的亡八！你娘清水的毡不入，

第九章 不同类型的人与性

却去弄那屎屁股！你不跪住，还想来睡么？"……那华氏一把捏住麈柄，叫腊梅拿桌上的木筷子来，便把麈柄夹住，将膝裤带两边收紧。学德连声叫疼，道："随娘打几下罢，这刑法实在难当。若夹断了，你就一世没得受用；若夹伤了，也有几日动不得手。望娘饶了罢！"华氏笑道："也等他受一受苦。"学德百般央告，才松了夹棍，叫他上床。（《八段锦》，第二段）

在清代小说《姑妄言》中，则描写一个名叫魏卯儿的男子，做了好几年的龙阳，积下了不少财产，便洗手不做龙阳，并娶了一房妻子。然而，在新婚之夜，因喝了些酒，他躺在妻子身边，居然习惯性地等妻子来弄他：

他因见新人果然美貌，心中十分欢喜，众人敬他喜酒，他钟钟不辞。到人散时，他的酒也有了十分。进到房中，那新人早已睡下，他忙脱衣上床，钻入被中。摸那新人时，也脱得一丝不剩。他大醉了的人，忘其所以，将屁股往新人胯下乱拱。那边氏忍不住笑问道："你这是做甚么？"他道："我同你成亲。"边氏道："你成亲如何是这样的，你错了。"他模模糊糊的道："我从小就是这样，成过几千次了，如何得错？"边氏笑道："我也曾成过，是对面来，却不是这样的。"魏卯儿被他提醒，方想起是娶老婆，不是伴孤老，才转过脸来，爬上肚皮，做了一出武戏。（《姑妄言》，第八回）

双性恋在国外也多有发生，如据刘达临的《世界古代性文化》，罗马皇帝尼禄就是一个双性恋者：

尼禄认为，"无论男女，没有一个人的身体是贞洁的，只是大部分人将自己的丑恶作了巧妙的掩饰而已"。所以，他就利用皇帝的特权为所欲为，肆无忌惮。在夜晚，他常化了妆走上街道，恣意地猥亵男子，强奸妇女，任何人如想反抗，就会被处死。他曾强奸了一个维斯太神庙的女祭司，还对一个名叫斯波罗斯的男性进行阉割，甚至想将他变成一个女人。尼禄后来和这个阉人举行了婚礼，婚礼以后，又像迎新娘般地将他引进新房，并对他像妻子一样。他还经常和斯波罗斯乘马车招摇过市，斯波罗斯身上穿戴皇后服饰，尼禄还时常吻他。

尼禄想尽一切办法来发泄他那畸形的情欲，他设计了一种游戏：自己身披兽皮，从笼中窜出，扑向被绑在柱子上的男人或女人，乱抓乱咬他们的阴部。（刘达临：《世界古代性文化》，第137页）

在霭理士的《性心理学》中，记载了一位特殊的双性恋者，他一方面承认自己是双性恋者，同时又努力让自己的同性恋倾向不表现出来，并把精力更多地转向科学研究：

有一位先辈是朋友宗的一个信徒，他是一个男子，家世中有不少的分子在神经上有不健全的倾向，同时却又有很特出的智力，这位男子本人也复如此。他自己又有同性恋的冲动，但除了很轻微的表现而外，他是从来不让这种冲动发展出来而见诸行的；他已经结婚，不过他的异性恋的冲动却不强烈。他在通讯里写道："双性两可的人似乎最能博爱，其对象是全人类，不止是一个人；一样是以心力事人，这也许是更尊贵而更有用的一种。即如科学的研究也未始不是以心力事人的一种，一个人一生能写出若干篇的科学论文来，对真理多所发明，即不啻替自己添了许多化身，其为造福人群，岂不比生育一大批的儿女似乎更见得有用。"这是同性恋的倾向转入科学创作的一例。（霭理士：《性心理学》，第321页）

在《海蒂性学报告》中，也记载了一些男性双性恋者，他们表达了自己在性爱方面的一些感受。如一位双性恋者称，他既喜欢与女子做爱，也喜欢与男子做爱，但是相比之下，还是更喜欢与男子做爱，原因是男人的生理结构相同，做爱时更轻松：

> 我比较喜欢和男人做爱，因为两人的身体相似，彼此更了解、更轻松。也因为我们的器官在外面，所以容易些。我也喜欢和女人做爱，可是要花一段时间来调整彼此的心态。阴蒂常常让我困惑，因为它很难找。初次做爱的女人尤其令我紧张，往往进行多次以后我才能达到高潮，跟女人做爱是比较需要技术的。我也喜欢自己打手枪，对我而言，感觉美妙极了。（海蒂：《海蒂性学报告——男人篇》，第759页）

不过，说到双性恋者的内心感受，明人尺牍集《折梅笺》中的两封书信很有参考价值。有一个姓孔的人，是一个双性恋者，身边有不少得宠的男子和女子，他的一个姓许的友人对此表示不解，便写信给孔生，希望他能节制此事，信中说："相如为一文君便害消渴瘦矣，仙郎之为文君者数辈，头颅腰肢当作何状？且也钟爱龙阳君，平分风月。倘亦有泣鱼争宠之事，仙郎将潜入后园花下，以拒众文君乎？抑浘蓝田种玉，割断龙阳爱耶？寡欲多子，此四字金丹，吾为仙郎药之。"（《折梅笺·卷八·朋友丰韵》）孔生接信后，对朋友的观点大不以为然，他在回信中说，在男宠和女宠之间平分感情，并不是很难的事，汉哀帝既宠董贤，亦宠婕妤；卫灵公虽宠弥子瑕，但并未冷落南子（卫灵公之妻）："入则粉黛，出则龙阳，此属之放浪子，孰谓谨厚者亦复为之耶？所语云云又大不然。截董贤之袖者，婕妤岂至无欢？啖弥子之桃者，南子未闻冷落。一天子一诸侯，何尝无储君无世子者。所惠金丹拜而受之，曰：某未达，不敢尝。敬复。"（同上）

由此可见，真正的双性恋者，对于男子和女子，是一视同仁的，并不会厚此薄彼。当然，就具体的个体来说，他可能会更喜欢某个男子或某个女子，但这都是由个体的条件差异造成的，而不是基于性别的考虑。

2. 更偏爱异性的双性恋者

双性恋者的特点是，无论同性还是异性，他都能作为性爱对象予以接纳，而内心无丝毫别扭的感觉。不过，也有一些双性恋者，他虽然对同性和异性都能接纳，但在内心的天

第九章　不同类型的人与性

平上，他还是更偏爱异性。这不光表现在他在日常生活中，主要是与异性发生性行为，而与同性的性行为是偶尔为之；还表现在若让他在同性与异性间作出抉择时，他还是会舍同性而取异性。

在明代小说《金瓶梅词话》中，描写西门庆与众多女子的性爱关系，可见西门庆爱好女色；但书中又描写西门庆与书童和王经的同性性关系，可见他对男色也是颇有癖好。不过，在女色和男色之间，西门庆毕竟是偏重女色，男色只是他性生活中的一些点缀。如书中描写他与书童的性行为，只是因为看见书童酒后神色撩人，"淫心辄起"：

> 书童一面接了放在书箧内，又走在旁边侍立。西门庆见他吃了酒，脸上透出红白来，红馥馥唇儿，露着一口糯更牙儿，如何不爱？于是淫心辄起，搂在怀里，两个亲嘴咂舌头。那小郎口噙香茶桂花饼，身上薰的喷鼻香。西门庆用手撩起他衣服，褪了花裤儿，摸弄他屁股。因嘱付他："少要吃酒，只怕糟了脸。"书童道："爹分付，小的知道。"两个在屋里正做一处。……那平安就知西门庆与书童干那不急的事，悄悄走在窗下，听觑半日。听见里边气呼呼，跐地平一片声响。西门庆叫道："我的儿，把身子吊正着，休要动。"就半日没听见动静。只见书童出来，与西门庆舀水洗手，看见平安儿、画童儿在窗子下站立，把脸飞红了，往后边拿去了。（《金瓶梅词话》，第三十四回）

至于西门庆与随从王经发生性行为，则是因为他进京办事，身边无女子相伴，加上晚上做梦与女子性交，发生了梦遗之事，故暂且拿王经来泄欲：

> 西门庆因其夜里梦遗之事，晚夕令王经拿铺盖来书房地平上睡。半夜叫上床，脱的精赤条，搂在被窝内，两个口吐丁香，舌融甜唾。（同上，第七十一回）

在清代小说《姑妄言》中，说到阮最爱一个龙阳小子，原因是其妻子在性交时像个泥美人，没有一点情趣；而当他见到女子娇娇后，便一心一意想跟娇娇在一起：

> 阮最的妻子郑氏虽然貌也美，心甚淫，却像个泥美人，一点风韵也没有，所以阮最常道："与他行房，竟是弄死人一样，有何趣味？"他倒爱一个龙阳小子，叫做爱奴，时常干他的后庭。自从见了娇娇之后，精魂俱失，一心一意魂梦颠倒的想念着他。但他系老子的爱宠，可敢轻易动手动脚，只好无人处撩一半句俏话儿勾引。那知娇娇爱他比他相爱还胜数倍。男去偷女甚是艰难，女要偷男易如反掌，只消眼角微微留情，话语暗暗递春，不知不觉就相合而为一了。（《姑妄言》，第八回）

在《海蒂性学报告》中，说到有一个自认为是异性恋的男子，称自己为了缓解性欲，可以跟其他男子有性关系。该男子的定位无疑是有问题的，因为真正的异性恋者，是无法容忍与同性的性关系的。所以，该男子应该是一个偏向异性的双性恋者：

> 我能忍受的"偶然"性关系是跟陌生男孩，为了在生理上缓解性欲，否则像我这样一个异性恋者，婚姻生活太单调了。我知道这似乎很愚蠢，不过这样才是人生。（海

蒂：《海蒂性学报告——男人篇》，第165页）

在《时尚健康》杂志中，说到有一个男子，与女朋友分手后，竟与男性朋友发展出了恋情。他怀疑自己的性取向出了问题，然而，专家告诉他，他的性取向是正常的，没有问题。（见《时尚健康》男士版，2010年第3期）

该男子的性取向是否真的没有问题？关键在于如何理解"有问题"。在该例子中，也就是要确定该男子是否仍是一个异性恋者。专家的观点是他的性取向没问题，理由是在心理空虚且需要性安慰的时候，5%的人会选择身边的朋友，无论他是男是女。然而在我看来，若该男子在失恋后选择的是身边的女性朋友，当然没问题，但他选择的却是身边的男性朋友，这就"有问题"了，这个"问题"就是证明该男子属于双性恋者，只是在性取向上更偏向异性。至于双性恋是不是"有问题"，则是另外一个问题。应该说，纯粹的双性恋与同性恋一样，是与生俱来的，从这个角度说，它是没有问题的；但是，若因为双性恋而影响到别人的生活，这就是"有问题"了。

### 3. 双性恋者的怪异性心理

爱是自私的，因此，作为一个男子，是不会允许自己的妻妾或性爱伙伴与他人发生性关系的。然而，某些双性恋的男子却有一种怪异的性心理，就是乐见自己的性爱男伙伴与性爱女伙伴发生性关系。

在明代小说《浪史》中，说到男子浪子与陆姝是一对同性恋人，后来，浪子与文妃结婚，却与陆姝继续保持同性性关系。一次，他在与陆姝肛交后，告诉陆姝，如果你想与我的妻子性交，"吾也舍得与你"：

> 浪子走到房里来，只见陆姝正脱得赤剥了，上床睡者（着）。浪子见他雪白样好个身儿，雪白样好个柄儿，雪白样好个臀儿，十分兴动，麈柄直竖，道："你便仰面睡下，如妇人一般的干你，却不有趣？"当下陆姝仰面睡下，竖起双股，超在臂上，将麈柄投进去，闹了一会。……浪子见他模样，十分爱惜道："吾两个热闹，你这里可听得些风声儿么？"陆姝假道："没有甚么声。"浪子恳问道："你委实听得也不听得？"陆姝才说道："也有些。"浪子道："你可瞧一瞧么？"陆姝道："你两个是贵人，我便是走使的，怎敢瞧着？"浪子道："他是吾妻，你是吾妾，瞧也不妨。你这个好模样，就要干他，吾也舍得与你。"（《浪史》，第二十八回）

在明代小说《绣榻野史》中，也讲述了一个类似的故事。有一个叫东门生的男子，与秀才赵大里搞同性恋。后来，东门生娶金氏为妻，赵大里与金氏经常见面，便互相眉来眼去。东门生得知此事后，不但不恼，反而心中暗喜，希望他们两人之间也发生关系：

> 又有一个小秀才姓赵名大里，比东门生年纪小十二岁，生得标致得很。东门生千

第九章　不同类型的人与性

方百计，用了许多的手段，竟把大里哄上了。白天是兄弟，夜里同夫妻一般。东门生虽则死了媳妇，却得大里的屁股顶缸。又过了几年，东门生到了二十八岁，忽有个姓孙的媒婆，来说隔街琼花庵西首，姓金的绸缎铺老板的女儿，年方十九岁了，又白又嫩，又标致得很。东门生十分欢喜，便将盛礼定下，拣了个上好吉日，娶过门来。东门生见了模样，真个美貌无双，一发欢喜得很。略略一打听，人说金氏做女儿时节，合小厮们常常有些不明不白的事，东门生也不计较这样事儿。……大里因在他家读书，常常看见金氏，心中爱他道："天下怎么有这样标致的妇人，怎得等我双手捧住乱弄不歇呢？"金氏也因见了大里，爱他俊俏，心里道："这样小官人，等我一口水吞了他才好哩！"两个人眉来眼去，都有了心了。东门生略略晓得些风声，只因爱金氏得紧的意思，倒要凭他们快活呢。又常恨自家年纪小的时节，刮童放手铳，斫丧多了，如今年纪长来，不会久弄，大里又是嫡亲的好朋友，心里道："便待他两个人有了手脚，倒有些趣味。"（吕天成：《绣榻野史》，上卷）

后来，陆姝与文妃、赵大里和金氏都发生了性关系，而浪子、东门生都听之任之，甚至还高兴地参与其中，乐此不疲。

以上情节虽出自小说家的虚构，但并非不符合情理。因为，当一个男子在同性恋中担任主动角色时，担任被动角色的男子在他的心目中已不是一个纯粹的男子，而是有了女性的意味；让这个有着女性意味的男子与自己的妻子发生性关系，他就不会有戴绿帽子的感觉，而会产生某种难以说清的怪异的性心理。

其实，类似这种允许自己的同性恋伙伴与自己的妻子性交的事情，在历史上也常常发生。据刘达临的《世界古代性文化》称，在17世纪的西方社会，有一个名叫默文·卡斯尔哈温的伯爵，就让自己宠爱的男仆与自己的妻子性交，而且，可恶的是，他竟然让这些男仆与自己的女儿性交。（见刘达临：《世界古代性文化》，第332页）

这个例子当然过于极端，但是它告诉我们，人类的性心理是十分复杂的，在条件允许的情况下，有的人能干出匪夷所思的疯狂事情来。

### 4. 女性双性恋者

在中国古代的一些资料中，我们可以看到关于女子双性性行为的描述，即女子既与男性发生性行为，又与女性发生性行为。这方面的资料可参阅本书第十三章中关于女子同性恋的论述。但是，因为缺乏这些发生双性性行为的女子的心理状况的资料，我们无法确定她们是否是双性恋者。因为正如发生同性性行为的人不等于同性恋者一样，我们也不能依据某人发生了双性性行为就确定他是双性恋者。

在《海蒂性学报告》中，记载了一些双性恋的女子，据她们的反映，她们与男人和女人都上过床，她们对男人和女人都有性兴趣，但说到进行性行为时的乐趣，她们认为还是与女子更胜一筹。（见海蒂：《海蒂性学报告——女人篇》，第296、675页）

以上几则资料说明，双性恋的女子，更看重性生活时的身心感觉。她们有机会对男子和女子的不同性技巧作出评判，评判的结果，则是女子的性技巧要超过男子，而这无疑是需要男性们反思的。

### 5. 怎样看待双性恋

在《中国性科学百科全书》中，明确定义双性恋"属于性取向障碍"，并认为"双性恋常常伴有一定程度的性心理障碍，例如性身份障碍"，同时指出："双性恋者涉及的性行为多种多样，并有明显的淫乱倾向，在一些性病如艾滋病的传播中可能起重要作用。"（见《中国性科学百科全书》，第377～378页）我认为，双性恋者对同性和异性均会产生性爱欲望，这是他们与生俱来的，并非他们故意如此，从这个角度说，双性恋者是无辜的，因此，对他们应持同情理解的态度。但是，双性恋者对于他们的这一本性必须有所选择和克制，对于偏爱异性的双性恋者，则必须克制其对同性的性爱欲望；对于偏爱同性的双性恋者，亦最好选择并发展其异性恋的一面，若实在无法克制对同性的欲望，则不妨干脆选择同性恋；对于同性、异性难分轻重的双性恋者，则应发展其异性恋的一面，努力克制其同性恋的一面。总之，对于双性恋者来说，最好的做法，是对其性取向作一明确的选择，而不能任其游移于两者之间，因为克制毕竟是一种美德，恰如异性恋者亦必须克制其某些性欲一样。当然，以上原则说起来容易，在具体操作中也会遇到不少困难，如选择异性性取向的双性恋者，突然遇到了让其无法忘怀的同性；或选择同性性取向的双性恋者，碰上了让其寤寐思之的异性，等等，这都需要双性恋者根据实际情况，作出恰当的抉择。

## 二、阴阳人

所谓阴阳人，即一个人的身体中兼有男女两性器官，中国古代性学又称之为男女兼形、二形、人痾，等等。阴阳人有不同的表现形式，在元代朱震亨的《格致余论》中，指出了几种不同形式的阴阳人：

> 兼形者，由阴为驳气所乘而成，其类不一。以女函男有二：一则遇男为妻，遇女为夫；一则可妻而不可夫。其有女具男之全者，此又驳之甚者。

这里的"女函男"，当指外部为女阴，但女阴中有男性生殖器，所以既可以与男子性交，也可以与女子性交，即所谓"遇男为妻，遇女为夫"；但其中有一种则"可妻而不可夫"，

阴阳人铜像 制作于唐代

即有男性生殖器而不能用,故只能作妻。

在明代李时珍的《本草纲目》中,则指出有三种形式的阴阳人,一种是既可与男子性交、又可与女子性交,一种是半个月呈女性特征、半个月呈男性特征,一种是只可做妻子而不能做丈夫。此即在以上朱震亨所说的阴阳人形式的基础上,增加了一种半个月为男子、半个月为女子的形式:

> 变者,体兼男女,俗名二形,《晋书》以为乱气所生,谓之人痾。其类有三:有值男即女、值女即男者,有半月阴、半月阳者,有可妻不可夫者,此皆具体而无用者也。(李时珍:《本草纲目·人部·人傀》)

在中国古代史籍和历代笔记小说中,关于阴阳人,涉及较多的主要有三种,一种是可男可女的阴阳人,一种是上半月为男、下半月为女的阴阳人,一种是由女子变为男子的阴阳人。

### 1. 可男可女的阴阳人

可男可女的阴阳人,其特点是身上所长的阴道和阴茎均能正常使用,故遇到男子,可用其阴道;遇到女子,可用其阴茎。在《宋书》中,就记载有这样的人:

> 晋惠、怀之世,京、洛有兼男女体,亦能两用人道,而性尤淫。案此乱气之所生也。自咸宁、太康之后,男宠大兴,甚于女色,士大夫莫不尚之,天下皆相仿效,或有至夫妇离绝,怨旷妒忌者。故男女气乱,而妖形作也。(《宋书·卷三十四·志第二十四·五行五·人痾》)

值得注意的是这种可男可女的人"性尤淫",估计是由其特殊的生理结构所致。至于书中说这种兼男女体的人的出现是因为"乱气之所生"、"男女气乱,而妖形作也",则未免附会过甚。

明代作家张景的《疑狱集》中说，在宋咸淳间（公元1265～1274年），有一户人家，招了一个尼姑教其女儿绣花。一天，该女孩突然有了身孕。在家人的追问之下，该女孩说是与尼姑发生了关系，因为该尼姑是一个阴阳人："妾有二形，逢阳则女，逢阴则男。"后来，该尼姑被官府斩首。（见张景：《疑狱集·续集·卷八》）

该故事在明代小说《僧尼孽海》中亦有反映。据小说中的说法，该女孩的父母听说尼姑有男性生殖器后，便把她送到官府，但官府在查验之下，却发现她确实是个女子，并无男性生殖器。后来，一个有经验的官员介绍了一种有效的查验方法：把该尼姑的裤子脱去，在她的阴部洒上盐肉水，再牵来一条狗，让狗用舌头去舔其阴部。果然，在狗的不断舔舐之下，该尼姑的男性生殖器暴露了出来，最后该尼姑被处死：

宋咸淳间，一人寓江西，招一尼教其女刺绣。女忽娠，父母究问，女曰："尼也。"父母怪之，女曰："尼与我同寝，常言夫妇咸恒事，时偶动心，尼曰：'妾有二形，逢阳则女，逢阴则男。'揣之，果然男子也。遂数与合，因而有娠。"父母闻于官，尼服验之无状，至于宪司。

时翁丹山作宪，亦莫能明。某官曰："昔端平丙申年，广州尼董师秀颇有姿色，通诸佛经咒，而女红更臻其妙，往往化缘止求口粮度日，不爱财帛，凡一切功德主，咸敬重之。官家富室妇女留习经咒女红者，师秀无不与之偕寝处，同饮食，意或稍息，师秀即飘然辞去，略不沾滞，以故人家男子谓师秀真修行佛弟子也。师秀尤好与寡妇家往来，非眷恋于此，即趑趄于彼，寡妇争强留不舍。偶有少年欲淫之者，卒揣其阴，则阳物大而且长，乃男子也。事闻于官，师秀称：'从幼出家，身本妇人，何妄云男子？'官命两坐婆验，则是女也。官将责少年，少年曰：'我以为妇人，将奸之。揣其阴，见阳物甚大，乃目所见，手所扪，何谓妇人？'一坐婆曰：'验来本是妇人，但我闻世有二形之人，其外是女，可与男交，其内有阳物，可出而与女交。当令仰卧，以盐肉水渍其阴，令犬舐之，其形即出。'如法试之，已而阴中果露男形如龟头出壳。转申上司。时彭节斋为经略，判云：'在天之道，曰阴与阳；在人之道，曰男与女。今董师秀身带二体，不男不女，是为妖物，所历诸州县富室大家，作过不可枚举，岂可复容于天地间。'额刺'二形'两字，决脊六十，枷令十日，押下摧锋军寨拘锁，月具存亡。"

申之如其说，验之，果然。遂处死。（《僧尼孽海·江西尼》）

在清代的《点石斋画报》中，也记载了一件男女难辨的阴阳人的事情。王阿三是宁波人，生下来就有阴阳二体，因其面貌姣好，父母一直把她当女孩抚养。后来，王阿三到一家妓院做工，在其返家时，被包探拘捕。后经医生反复查验，觉得王阿三既有男性生殖器，以女子的身份行动会有伤风化，故令其改为男人装束：

第九章 不同类型的人与性

《点石斋画报》中的畸阴畸阳图

宁波石浦人王阿三，生有阴阳二体，即俗所谓雌哺雄也。年十三，父母爱其姣好，令作女郎装束，虽莲船盈尺，而丰致嫣然。至十七岁，佣于沪北荣锦里张彩云妓院为大姐，已二年于兹矣。近以附轮返里，被法包探拘入捕房，葛同转一再研讯，令送仁济医馆黄春浦医生验视，将阴阳二具考究详明，虑其女妆有伤风化，着俟送县递籍，改作男装。沪报馆执笔人从而断之曰：此等案件，直可置之不理，包探拘拿，已觉多事，葛同转于案牍劳形之暇，犹能参究物理，偏遇此等废物，在不阴不阳、可阴可阳之间，虽有博物君子，亦无从着手，岂不令人发噱？昔孟子讥齐宣王之见牛未见羊，令我犹惜葛同转之见阳不见阴耳。其论如此，爰照录之，以博一粲。（《点石斋画报·畸阴畸阳》）

## 2. 半月为男、半月为女的女子

一个女子半月为男、半月为女，即其在半个月中男性生殖器明显，另半个月中女性生殖器明显，而且通常是上半个月显现为男性，下半个月显现为女性。

在明代沈德符的《万历野获编》中，记述吴中常熟县有一位缙绅夫人，就是半个月为男性，半个月为女性。当其变成男性时，便与家中的女奴性交。据这些女奴反映，当这位夫人显现为男性时，其阴茎比普通的男子要大，而且能通宵不倦，大家都苦不堪言：

人生具两形者，古即有之。《大般若经》载五种黄门，其四曰"博叉半"，释迦谓半月能男，半月不能男，然不云亦能女也。《素问》有"男脉应，女脉应"之说，遂具两形矣！晋惠帝世，京洛有人兼男女体，亦能两用，而性尤淫。解者以为男宠大兴之征，然亦不闻一月中阴阳各居其半也。又吴中常熟县一缙绅夫人，亦大家女也，亦半月作男。当其不能女时，藁砧避去，以诸女奴当夕，皆厌苦不能堪。闻所出势伟劲倍丈夫，且通宵不讫事云。按二十八宿中，心、房二星皆具二形，则天上已有之，何论人世。（沈德符：《万历野获编·卷二十八·人痾》）

在明代谢肇淛的《五杂俎》中，记载毘陵有一位缙绅夫人，其特点是一天中半天为男

雌雄莫辨图 选自清代的《点石斋画报》，讲述某男子装成女子后混迹妓院以谋生的故事

性，半天为女性（一说是半月为男性，半月为女性），她的丈夫专门为她准备了几个女子，供她在变为男子时性交之用。不过，这位夫人在变为男性时，其阴茎比普通男子要弱小些。（见谢肇淛：《五杂俎·卷之五》）

在清代小说《姑妄言》中，描写了一个名叫奇姐的女子，阴门上长有一段肉，上半月能变硬，与男子的阴茎相似，下半月则不能变硬：

> 不觉十月满足，邹氏生了一个女儿，那小阴上有段肉盖住阴门，却与男孩子毫不相似。邹氏想那仙狐的话，一丝不谬。说这女儿后来奇淫，就想他个乳名叫做奇姐。这奇姐到了十四五岁，生得妖丽非常，他下身那一段肉，长得有一虎还粗，长有六寸，间或硬起来时，只有圆滚滚一段没头没脑的物件。到了下半月，便不能硬，稀软的盖住阴门。人不认得，都说他是个门簾扆。（《姑妄言》，第十四回）

《姑妄言》中说，后来，奇姐与一个名叫牛耕的男子结婚。牛耕酷好龙阳，因此，奇姐与牛耕常常互为夫妻：在上半月，奇姐用那段硬肉与牛耕肛交；下半月，则是牛耕与奇姐性交。奇姐在上半月那段肉能硬时，还与家里的丫环性交。（见同上）

对于这种半月为男、半月为女的女子，荷兰学者高罗佩认为，这其实是女子的阴蒂在半个月中变大，大到仿佛男子的阴茎；在半个月中则又恢复原状：

> 应该注意的是，蒙古人种的妇女一般说来比其他种族的妇女阴蒂发育得要小。因此中国人讨厌大阴蒂，对这种生理现象充满疑惑。从《医心方》引文看来，古代中国人认为有些女人的阴蒂随月圆而变大。因此人们认为，这时她们必与（另一）女子交合，否则会死。月渐缺时，阴蒂又恢复到原来的大小，这时，她们必与男子交合，否则不能活。因此这种人两周为女，两周为男，并且据说生性极端淫荡。（高罗佩：《中国古代房内考》，第207页）

这种认为半月为男的阴阳人其实是女子的阴蒂变大的观点，应该是符合实情的。从前面所引《万历野获编》的记载来看，该缙绅夫人的"阴茎"可以通宵不倦，就是因为它不是真正的阴茎，故没有泄精的现象。而从《姑妄言》中所讲的故事来看，则明确指出是长

第九章 不同类型的人与性

在阴门上方的一段肉，当属阴蒂无疑。

3. 女化男

女化男即女子长到一定岁数时突然变成了男子。此类现象在历史上经常发生。在李时珍的《本草纲目》中，历数了中国古代关于女化男的记载：

《洪范·五行传》云：魏襄王十三年，有女子化为丈夫。《晋书》云：惠帝元康中，安丰女子周世宁，以渐化为男子，至十七八而性气成。又孝武皇帝宁康初，南郡女子唐氏，渐化为丈夫。《南史》云：刘宋文帝元嘉二年，燕有女子化为男。《唐书》云：僖宗光启二年春，凤翔郿县女子朱龁，化为丈夫，旬日而死。（李时珍：《本草纲目·人部·人傀》）

在清代王士禛的《池北偶谈》中，也记述了两则女化男的故事。一则中称有个女子长到十二岁时突然变成了男子，但其仍以女子的身份嫁给了一位男子，该男子发现真相后便解除了这桩婚姻：

近见《仁恕堂笔记》庄浪二事甚奇。一红尘驿军庄姓者妇寡，有一女已字人，年十二，忽变为男子。女羞不能自明，及就婚，其夫觉而闻之官，乃以聘礼还至夫家，听其别娶。而夫之母怜女之婉［嬿］，又以其女归之。今名庄启盛，现为庄浪厅书役。丁巳秋，又有庄浪女子十五岁，亦化为男。与庄事仅隔十年，皆在庄浪，亦异闻也。（王士禛：《池北偶谈·卷二十四·谈异五·女化男》）

另一则中则记述了一个四十多岁的寡妇，于某一天突然长出了阴茎，之后便经常与自己的媳妇性交，儿子忍无可忍，便把母亲告上了公堂：

山东济宁有妇人，年四十余，寡数年矣，忽生阳道，日与其子妇狎。久之，其子鸣于官，以事属怪异，律无明文，乃令闭置空室中，给其饭食。戊午年事也。（同上，《池北偶谈·卷二十五·谈异五·女化男》）

在清代的《点石斋画报》中，也记载某富翁的独生女儿在十八岁时突然变成了男子，令该富翁喜出望外：

嘉兴有某翁，富甲一邑，夫妇好佛乐善，仅生一女。至十八岁，忽得奇疾，声变雄，居心粗豪，语笑若痴。自撕双行躔，喜趿男子履。两老皆忧之。闻吴江徐翁精于医，命舟载千金延之来，出女诊视。徐翁笑曰："无妨，俾令媛随老夫去，不日定卜勿药也。"翁慨然允诺，另备香舟，俾与随之吴江。徐翁命洁邃房密室俾女居，选一美婢，谓之曰："令汝朝夕侍奉小姐，不可一事拂其意，功成赏汝金三百，不能愈则惟汝之咎。"婢不敢违。女虽日出诊脉，觉容光润泽，颇有丈夫气。两月后，翁忽唤婢入寝室，屏众独诘之曰："汝言两月来事，毋隐。"女垂首涨面，下泪跪曰："爷误我，此公子，非千

《点石斋画报》中的女转为男图

金,强来逼人,严命不敢违,爷误我!"翁大笑,携之起,即备舟写书招某翁来。翁挈二千金登堂,徐翁携女手出迎曰:"兄竟愦愦,如此美少年,强令作闺秀,能无闷损?但侄女已两月同寝处,奈何?"翁闻之,喜出望外,即跪谢曰:"此虽由大士灵感,亦赖神仙妙手,请以令侄女作儿妇,出一千作酬仪,一千作聘金。"徐翁笑,请即以二千金作奁资,翁固不允。乃择吉改妆,成礼,居然佳儿佳妇,欢宴累月而别,遂如姻娅往来焉。(《点石斋画报·女转为男》)

历史上除了有女化男的事情,还有不少男子化为女子的事情。据李时珍的《本草纲目》记载,早在汉哀帝时,便有一位男子化为女子,而且后来居然生了一个儿子:

《汉书》云:哀帝建平中,豫章男子化为女子,嫁人生一子。《续汉书》云:献帝建安二十年,越嶲男子化为女子。(李时珍:《本草纲目·人部·人傀》)

在明朝时,也有一个名叫李良雨的男子,在一次腹痛以后,男性生殖器突然缩入腹中,变成了女子的阴道,并且来了月经:

我朝隆庆二年,山西御史宋纁疏言:静乐县民李良雨,娶妻张氏已四载矣,后因贫出其妻,自佣于人。隆庆元年正月,偶得腹痛,时作时止。二年二月初九日,大痛不止。至四月,内肾囊不觉退缩入腹,变为女人阴户。次月经水亦行,始换女妆,时年二十八矣。(同上)

在清代王士禛的《池北偶谈》中,亦记载福建总兵官杨富的嬖童,居然生下了两个儿子:

福建总兵官杨富有嬖童,生二子,杨子之,名曰天舍、地舍,魏惟度亲见之。杨历官江西提督。近乐陵男子范文仁亦生子,内兄张宾公亲见之。(王士禛:《池北偶谈·卷二十四·谈异五·男子生子》)

那么,对于上述种种奇怪的现象,古人又是怎样解释的呢?从现有资料来看,主要有两种解释思路。一种是纯粹从生物学的角度去解释,认为是性交时男精母血结合不当造成的,此以南北朝齐时的司徒褚澄为代表。褚澄认为,在男女性交时,如果女血先至,血裹住了

第九章 不同类型的人与性

男子的精液,就会生男孩;如果男子的精液先至,裹住了女子的血,则生女孩;如果男精和女血同时到达,生下来的就是阴阳人:

> 齐司徒褚澄言:血先至裹精则生男,精先至裹血则生女。阴阳均至,非男非女之身。(李时珍:《本草纲目·人部·人傀》)

另一种则从神秘主义的角度加以解释,或认为是某些特殊的人物做了有违伦常之事,故生出不男不女的人来以示警告;或认为是天下将发生某种巨大变化的预兆。如《宋书》中就认为,晋惠帝时发生女化男的事件,就是因为刘渊、石勒推翻了晋朝,故才出现此妖异之事:

> 晋惠帝元康中,安丰有女子周世宁,年八岁,渐化为男,至十七八,而气性成。此刘渊、石勒荡覆晋室之妖也。汉哀帝、献帝时并有此异,皆有易代之兆。京房《传》曰:"女子化为丈夫,兹谓阴昌,贱人为王。丈夫化为女子,兹谓阴胜阳,厥咎亡。"(《宋书·卷三十四·志第二十四·五行五·人痾》)

李时珍在《本草纲目》中也说,历史上有不少人都用人事的变化来解释男化女、女化男之事,让人感到疑惑,但人体结构中的微妙变化,确实让人难以理解:

> 有男化女、女化男者,何也?岂乖气致妖,而变乱反常耶?京房易占云:男化为女,宫刑滥也;女化为男,妇政行也。春秋潜潭巴云:男化女,贤人去位;女化男,贱人为王。此虽以人事言,而其脏腑经络变易之微,不可测也。(李时珍:《本草纲目·人部·人傀》)

现代性学把阴阳人称为两性畸形,并把两性畸形分为真两性畸形和假两性畸形两种。所谓真两性畸形,就是其内生殖器既有睾丸又有卵巢,外生殖器则为一种性别或两性兼备,这种类型的两性畸形极为罕见。假两性畸形又分为两种:男性假两性畸形和女性假两性畸形,其中男性假两性畸形指内生殖器为睾丸而外生殖器为阴道;女性假两性畸形则是内生殖器为卵巢而外生殖器为阴茎。在前面列举的几种阴阳人的例子中,男化女当属女性假两性畸形,女化男则属男性假两性畸形。至于遇女为男、遇男为女的阴阳人,应当属于真两性畸形。当然,以上只是大致进行的归类,并不是绝对的。

关于两性畸形形成的真实原因,现代性学仍在探索之中,但大致认为是由婴儿出生前荷尔蒙讯息的传送及接收混乱造成的,对此,《金赛性学报告》中有这样的论述:

> 虽然我们无法确知这些异常是如何形成的,但是必然和性腺——不论睾丸或卵巢,以及两组依荷尔蒙发育为男性或女性的生殖管道衍生本身的性别发展有关,荷尔蒙决定了内生殖器及外生殖器的发育。造成上述男性或女性假阴阳体的情况的原因,就是出生之前这些荷尔蒙讯息的传送及接收混乱,导致男性或女性生殖器官的混乱。(瑞妮丝等:《金赛性学报告》,第447~448页)

但是,无论如何,阴阳人属于一种异常的现象,它给当事人造成了性别角色定位的混乱,也给他们的生活带来了很多烦恼和痛苦。为了解除他们的痛苦，现代医学有时也通过手术的方法帮助阴阳人变成真正的男人或女人。在刘达临的《中国历代房内考》中，记载了这样一个事例：

  1994年春天，湖南医科大学泌尿外科蒋先镇教授给一个患者丁伟做了变性手术。丁伟是个"男子"，从小皮肤白皙，有些女孩气，小阴茎上面有一道深深的沟。长大以后，有胡须，有喉结，有个女友丽丽，两人相互爱恋，就要结婚了。但是，有次B超检查，发现了他身上隐藏着一个女性生殖器官，那个小阴茎其实是增大的女性生殖器结构；但是，他的肾上腺异常增大，因此，雄性激素分泌过多，抑制了雌性激素的产生，使不正常的雄性特征显现，而女性特征隐匿，而女性生殖器发育也就不十分成熟。至于他的男性心理特征，例如喜欢女孩子，完全是后天形成的心理认同和社会角色造成的。他不是两性人，而是个真正的女性，只要做一个阴道成形术，并加一些药物调理，就会成为一个真正的女人，而且会生儿育女。丁伟知道这一切后，昏了过去。但后来在父母和亲友的反复劝说下，还是接受了手术，成为一个真正的女人，和丽丽分了手，而且和一个男子结了婚。（刘达临：《中国历代房内考》，第840～841页）

以上例子说明，丁伟属于阴阳人中的女性假两性畸形，故可以通过手术的方式使其隐藏的女性特征得以显现出来。因此，对于那些阴阳人来说，最好的办法，就是及时就医，通过医学的手段来确定自己的性别角色，而不是一味隐瞒，在痛苦中度过一生。

## 三、太监

  太监是中国古代侍奉帝王及其家属的人员，由阉割后的男子充任，也叫宦官、内监、内侍、阉人、阉官、寺人，等等。太监起于何时，已不可确考，但至少在春秋时期，诸侯国的宫廷中已使用太监。由于太监生活在君主的身边，因此常常干涉政治，有时甚至能左右朝政。如秦朝那个指鹿为马的赵高，东汉末年的十常侍，唐朝的高力士，明朝的魏忠贤，清朝的李莲英等，都是历史上著名的太监，而且都曾拥有过显赫的权势。由于太监的生殖器被阉割，成了不男不女的怪人，从而使他们无论在生理还是心理两方面都呈现出与普通人不同的特点。在今天，太监虽然已经成为历史，但是深入了解太监的生活状况，太监的心理（尤其是性心理），太监在阉割时所受到的摧残，对于深入了解中国历史，更好地把握中国古代性学的全貌，还是很有必要的。

### 1. 成为太监的方法

  中国古代宫廷中之所以要使用太监，一个主要的原因，是君主庞大的后宫队伍需要男

第九章　不同类型的人与性

春宫画中的太监形象（右立者即太监）

性来服务，然而，若用健全的男性来服务，很容易使皇帝戴上绿帽子，于是，统治者便想出了一个两全其美的办法：让一群没有阴茎的男子来后宫服务，无疑是既安全又有效的。

由于太监最主要的特征有两个：一是男性，二是没有阴茎，于是，把男子的阴茎割掉便成了制造太监的主要手段。另外，太监之所以不能有阴茎，是为了防止其与宫中的女子发生性行为，因此，若有的男子虽有阴茎而根本无法勃起，有时亦可充作太监，于是便产生了制造太监的一种辅助手段：采用捏揉男婴睾丸的方法使其生殖系统停止发育。

（1）阉割手术

一个男子要成为太监，必须把阴茎和睾丸同时割掉，这样的阉割手术无疑是充满风险的，因为一不小心，被阉割者就会命丧黄泉。古代中国人在长期的实践中，总结出了不少保证阉割手术顺利进行的诀窍。

首先当然是要有熟练地掌握阉割术的刀手，这样的刀手通常是祖辈相传，以确保手术时的精准。其次是要有有效的止血药物，因为同时割掉阴茎和睾丸，必会造成很大的创口，一旦血流不止，便会有生命危险，因此，刀手必须有有效的止血收口之药。第三是要使被阉割者的神志处于麻木状态，否则在行术时会有疼死的可能，因此，人们常常会让被阉割者在手术前大量喝酒或使用麻醉药。最后就是术后要有安全的养伤环境。古人发现，实施阉割术的人若术后受到风吹，伤口便会感染，以致丧命，因此，被阉割者在术后一定要到密封的屋子里养息一段时间。

在刘达临的《中国历代房内考》中，有关于如何实施阉割术的介绍：

> 阉割是一种对男性的性摧残，这种摧残是十分残酷的。怎样阉割呢？据《宸坦杂识》记载，正式的手续是，愿意净身入宫做太监的人必须要由有地位的太监援引，然后凭证人立下"自愿阉割书"，这才请来阉割者，进行施手术前的准备工作，选一个

吉日，把净身者先清理大小便，关在房内，房间必须密不通风，使净身者决不受凉而感冒。在这三四天禁闭期间，绝对不能饮食，以免有排泄的污物沾染手术后的创口，致使手术恶化，危及生命。正式阉割时，净身者被除尽衣裤，蒙上眼睛，手脚被绑得严严实实，有人还按头揿腰，防止他因痛极挣扎、流血过多而死。动刀前阉割者还要问他是否自愿，如果现在后悔了还来得及。只有获得十分肯定的答复后，才能动刀。（刘达临：《中国历代房内考》，第444页）

在《中国太监的性告白》一书中，则有关于阉割术的更为详尽的介绍。书中大致介绍了三种不同的阉割方法，第一种是操刀手把被阉割者的阴茎和睾丸割去后，把一根锡管插入尿道，在把伤口包扎好后，必须扶着受阉者在室内缓步走两三个小时，以活络全身血脉，三天内禁止饮食小便：

执行手术时，被阉者仰卧长凳上，由一人在后紧抱其腰，另一人分握他的两脚。这时刀手用帛布紧缚受阉者的小腹和鼠蹊部，再加胡椒热汤再三洗涤受阉者的生殖器和肾囊。

这时，操刀手即循例向受阉者郑重询问，是否甘愿净身？如果受阉者临时畏惧退缩，便开束缚让他离去；否则刀手便手持极为锋利的薄刃，用熟练的技术，举刀一挥，将生殖器及肾囊连根割去，然后急忙将事先准备好的锡管插入尿道，再用湿纸贴住伤口，并用绷带包扎。

之后，受阉者要活络全身血脉，由两人搀扶他在室内缓步慢行，连续走动两三小时后才可以躺下休息。在三日之内禁止饮食小便。三日之后，始可饮水，并将尿道锡管除去，任其小便。

这样，住在不通风的密室里休息百日左右，创口即可痊愈。

由于刀手都为累世祖传的专家，经验丰富，故受阉者大多不致发生意外。不过据说由于习惯使然，新太监大都患有遗尿症。（王岚：《中国太监的性告白》，第33页）

第二种是让受阉者先喝酒至沉醉，然后躺在条凳上。操刀手割去其阴茎及睾丸后，要去掉阴茎的海绵体，只留输尿管和输精管，输精管必须盘起来塞入体内，输尿管则要剪掉：

据《浪迹丛谈》记载，愿意阉割者要先喝烈酒，直到沉醉，甚至至昏迷后，便将之仰缚于条凳上。

条凳放在装满石灰的大盆中，仰缚是怕他挣扎，石灰是用来吸收流血。将阴部涂满药油。这种药油有麻醉用途。

一切准备就绪，刀子手就用锋利的刀，沿阳具的根部环而割之，深度须十分讲究，尤其是阴茎下部，及接近卵囊处为最难割，因为此处筋多，极易致命。

割后即取去阴茎的海绵体，全茎只剩下二根管子，一为输尿管，一为输精管。精管要盘曲起来塞入体内，尿管要剪掉。割掉阴茎后立即敷以止血药。

第九章 不同类型的人与性

手术后四五天内不准饮食,半月不准见风。住室四壁要用纸糊得严严实实。因为一旦见风,即有性命之忧。手术一个月左右结痂收口,阴部只有一个孔洞。(王岚:《中国太监的性告白》,第34页)

第三种是把阴茎和睾丸割掉后,要用高粱酒洗涤阉割处,并用烧红的烙铁烙伤口以消毒,最后把一根药捻插入事先留好的洞内。待五六天后,拔出药捻,若尿液随之流出,手术便告成功:

又据一史料记载:"阉割的手续(术)真是惨绝人寰。这个手术要在一间密不通风的暗室中进行。事前要受阉的人饿肚子,还要把体内的大小便尽量排泄一空。

"室内有一张床,把这人的手脚牢牢地绑实在床柱上,生殖器与连带的一串用丝线拢住缚好了,联系到屋梁上的一架辘轳上。

"施行手术的人当然是一个有经验的老手,持着一把锋利的剃刀,从阴囊下面往上轻巧一割,手法要熟练利落,操刀一割,连串的阳具、肾囊以及睾丸,立即与身体分离,司辘轳的人配合施手术的动作,把这一堆废物立时吊上去,使不文之物与这个未来太监身"首"异处。

"然后再把这堆废物放下来,用药末拌杂,投入一个瓷罐中,留着等待他死后,还要与臭皮囊放入棺中,方才算是全尸。

"受阉的人经此一割,受不住剧痛,立刻就发出凄厉的呼声,惨厉的程度犹如鬼哭神号,让听到的人为之毛骨悚然。惨叫一声以后,人也随着昏厥过去。施手术的人接着用高粱酒洗涤阉割处,并且要用烧红的烙铁,烙向受创的部分,这大约是消毒的作用。最后用一根药捻通入割后留着的洞内,外面更为他敷上药末,初步的手术,到此完毕。

"受阉以后几天都不能进饮食,任由被阉割者终日呼叫,时昏时醒。大约经过五六天的时间,施术的人再把他插入洞内的药捻拔出。假如随着能放出小便,那才算手术顺利,否则,不是内部在发炎,就是给疤阻塞了尿道,小便不通,就会胀死。"(同上,第35页)

当然,以上三种方法在实质上都是一样的,就是都要同时割掉阴茎和睾丸,只是在具体的步骤和做法上稍有不同罢了。但是,无论是哪种方法,都会让人不寒而栗,因为除了在手术时要承受彻骨的疼痛,冒着生命的危险,还要在术后过非正常男人的日子,若非为生活所迫或面临巨大的压力,估计不会有人愿意接受此类残忍的阉割术。

通过上述方法,一个太监就制造出来了。太监作为没有男性生殖器的男人,其外形和行为举止与普通男子都有明显的区别。如说话尖声细气,没有胡子,喉结不明显,肌肉柔软,松松垮垮;行动时身体的重心集中在腰部,两腿挨得很紧,步子小而快。而且,太监老得很快:"大多数的太监随着年龄增加会逐渐消瘦,因此,到了某个特定年龄层后,他们的皮肤会突然出现许多皱纹,四十岁的太监看起来就像六十岁的老太太。"(同上,第49页)

至于从太监身上割下来的阴茎和睾丸，则不能一扔了之，而要把它作特殊的防腐处理后密封包裹，悬吊在房屋的正梁上，并称之为"宝贝"。每当太监升职时，有关部门会验看该"宝贝"；而当太监死亡时，该"宝贝"则会被取下来缝在他的下体上，以保证他"进入阴间"时是一个完整的男子之身。

（2）揉捏婴儿睾丸以破坏其性功能

在制造太监的手段中，除了阉割，还有一种较为温柔的手段，就是揉捏婴儿的睾丸。据《中国太监的性告白》称，一个孩子生下来以后，如果父母决定以后让他当太监，便会请一种特殊的佣人来经常捏婴儿的睾丸，这样久而久之，睾丸的功能就会被破坏，这个孩子长大后便会显现出女性特征：

当时有些父母决定让自己的儿子长大后成为太监，于是，当孩子还在襁褓中时，便特意雇请一个"特别佣妇"来"照看"孩子。

这种"特别佣妇"拥有一种独门的养育手法，即：轻巧地捏揉幼儿的小睾丸，每天三次，每次用力捏到幼儿痛楚啼哭为止，并且慢慢增加力量，这样渐渐地破坏他的生殖机能，长大后生殖器便无法产生精液。

就这样，这个孩子的生殖器长期受到这种残忍手法的摧残后，便渐渐地萎缩；而后，随着年龄增长，慢慢显露出女性性征，没有喉结、双乳突出、臀部隆起、声音尖锐、行动扭捏，自然完全变成了太监的模样。

这种阉割手法比较人性，不见刀也不见血，和一些人妖施打女性荷尔蒙的做法雷同，是从体内改变性特征的阉割法。（王岚：《中国太监的性告白》，第20页）

不过，用这种方法制造的太监的人数应该很少，因为在相关的史料中，我们很少见到对这方面情况的介绍。

## 2. 太监的性生活

太监的生殖器虽然被割掉了，然而，太监的性欲却并未因此而消失，也就是说，太监也是有性欲的。一个正常的男子，可以通过性交或手淫来解除性欲，太监没有了阴茎，既无法性交，又无法手淫，那么，太监的性欲又怎样来解除呢？

（1）太监娶妻

一个男子，之所以要去做太监，大多是受生活所迫，因此，他们的命运，无疑是值得人们同情的。然而，一个太监，当他在宫中服役多年，一旦获得权力后，便会渴望过上一个正常男子那样的生活。此时，他会感到其人生中最大的缺憾，就是不能像正常男子那样与女子性交。于是，在历史上，有一些太监，当他们获得足够的权力后，便会想方设法娶

第九章　不同类型的人与性

妻纳妾。在明代沈德符的《万历野获编》中，介绍了历史上不少太监娶妻纳妾、奸淫民女的情况：

比来宦寺，多蓄姬妾。以余所识三数人，至纳平康歌妓。今京师坊曲所谓西院者，专作宦者外宅，以故同类俱贱之，不屑与齿。然皆废退失职，及年少佻达者为之。若用事贵珰，极讳其事。名下有犯者，必痛治，或致毙乃已，则犹愈于高力士之娶李元晤女，李辅国之娶元擢女也。擢女即元载从妹。今猥下妇女多与此辈往还，至有昵爱宦官，弃其夫而托身者，此唯京师有之。其内宦侪辈中，亦或争奸斗殴，然不敢闻之官，盖以国家有厉禁也。顷者邸报中，见禁中获妇人男装者，讯之，则宦官包奸久，而逋其夜合之资，匿避内府不出，以故假衣冠，阑禁廷索之。旨下，宦官付司礼监，妇人付法司，后不知究竟如何。及见石允常传，则国初更有异者。允常为浙之宁海人，举进士，为河南按察佥事，微行民间，闻哭甚悲，廉知其女为阉宦逼奸而死。因闻之朝，捕宦抵罪，此洪武末年事。景泰元年，大同右参将许贵，奏镇守右少监韦力转恨军妻不与奸宿，杖死其军；又与养子妻淫戏，射死养子。事下巡按御史验问。天顺元年，工部右侍郎霍瑄，又奏力转每宴辄命妓，复强取所部女子为妾。上怒，始遣人执之。天顺六年，守备大同右少监马贵收浣衣局所释妇女为妻，为都指挥杜鉴所讦，贵服罪，上命宥之。天顺七年，协守大同东路都知监右监丞阮和娶妻纳婢，又拷掠军士甚酷，为其所讦。命锦衣官密察得实，上亦命宥之。近日都下有一阉竖，比顽以假具入小唱谷道，不能出，遂胀死，法官坐以抵偿。人间怪事，何所不有。

元魏宦官张宗之，纳南宋殿孝祖妻萧氏。至唐时，内侍高力士、李辅国而外，如中尉刘宏规妻李氏，封密国夫人；上将军马存亮妻王氏，封岐国夫人。皆直书碑志者，其类甚多，不能悉纪。又唐朝年代纪云：宰相裴光廷娶武三思女为妻，高力士与之私通。则不但有正室，且有外遇矣。又元顺帝时，宦者孛失嬖妾杀其妻，糜其肉以饲犬。则又妻妾相妒，致相戕矣。异哉！（沈德符：《万历野获编·卷六·宦寺宣淫》）

文中所说的"元魏宦官张宗之，纳南宋殿孝祖妻萧氏"，是已知的太监娶妻的较早资料。而文中提到的高力士娶李元晤女，李辅国娶元擢女，在历史上更是十分有名，对此，《中国太监的性告白》中有这样的介绍：

唐玄宗时，高力士官至骠骑大将军渤海郡公。当时的唐室权臣如李林甫、杨国忠、安禄山、安思顺、高仙芝等人，也都与高力士深相结纳。大臣称高力士为"翁"，皇帝则呼之为"将军"，可见他的气势是多么逼人！

河间有个刀笔吏叫吕言晤，供职京师。他有个女儿叫国姝，高力士见其美丽又聪慧，乃娶以为妻。后来，高力士的妻子死时，从府第至墓地，送葬吊唁的车骑不绝于途，可见高力士当时是多么炙手可热。这是太监娶妻的第一个著名的故事。高力士也是历史上第一个明媒正娶，拥有妻室的太监。

唐代宗时代的太监李辅国，当时也是权势熏人。皇帝因为宠信他的缘故，便替他娶了一房妇人。这位妇人是元擢的女儿，元擢因此而当上了梁州刺史。（王岚：《中国太监的性告白》，第147页）

在上引沈德符的《万历野获编》中，说到京城中有一个太监，"以假具入小唱谷道，不能出，遂胀死"，透露出了太监与女子发生性行为时的一些细节，因为太监无阳具，便只好用假阳具刺激女子来发泄性欲。明代的田艺蘅在《留青日札》中也介绍了太监与女子性交的一些细节。据书中说，明朝中期，田艺蘅的父亲在北京做官，与太监侯玉交情很深。侯玉不但娶有妻子，还有不少长得很漂亮的小老婆。后来，田艺蘅的父亲去广东做官，侯玉专门送给他两名女子，其中一个女子名叫白秀。田艺蘅的父亲曾问白秀侯玉怎样与她们做爱，白秀说，侯玉在与她们性交时，常常会把她们遍体抓咬，一直要到自己浑身汗出兴尽，才会停止：

> 每一交接，则将女人遍体抓咬，必汗出兴阑而后已。其女人每当值一夕，则必倦病数日，盖欲火郁而不畅故也。（田艺蘅：《留青日札》，卷二）

在《中国太监的性告白》中，也记载清末太监小德张有好几房妻妾，他常常通过鞭打这些妻妾来发泄性欲：

> 清末的名太监小德张一人娶了好几房妻妾，并且采用鞭打等办法来发泄其性欲。
>
> 有一次，小德张的一个姨太太受不了他的摧残，跑到英租界的巡捕房去哭求救命，诉说在小德张家中常受笞杖和折磨，这一下小德张可气坏了，认为有玷家声，于是用钱贿赂了巡捕房的差人，差人把这个号啕大哭、请求救命的小妇人送回小德张家中。她重回虎口，结果自然不堪设想了。（王岚：《中国太监的性告白》，第150页）

（2）对食

所谓对食，本指宫中的女子相约为夫妇。如《汉书》中曾说中宫史曹宫与官婢道房对食："官婢曹晓、道房、张弃……等，皆曰宫即晓子女，前属中宫，为学事史，通诗，授皇后。房与宫对食"。颜师古引应劭注曰："宫人自相与为夫妇名对食，甚相妒忌也。"（《汉书·卷九十七下》）到了后来，又把太监与宫女结为夫妇称为对食。如明代小说《玉闺红》中说："原来国朝宫里，有这么一个制度，太监宫女如果情意相投，可以奏请宫内给侍同居，名唤对食。"书中说，太监魏忠贤与天启皇帝的乳母客氏就是对食的关系：

> 魏监自恃不凡，便渐渐骄恣不法起来。又勾搭上了天启爷的乳母客氏，两人昼夜宣淫，秽乱宫廷，残害忠良。看官知道，一个已净了身子的太监，怎会还能和人干那把戏？原来国朝宫里有这么一个制度：太监宫女如果情意相投，可以奏请宫内给侍同居，名唤对食。这也是先帝怜悯内监宫女们的孤苦，叫他们享点干情儿，解解寂寞而已。这魏监本非自幼净身，刀割之后，淫根并未完全除尽。进官以来，小心伏侍皇帝，

第九章 不同类型的人与性

也未及其他。及至得了宠，专了权，就有些饱暖思淫。再说客氏，本为天启爷的乳母，给侍禁中，已受了多年独被冷枕，一旦遇见魏监这样少年英俊，而且还有半截把戏可以将就，不禁大喜。魏监也因客氏是皇帝的乳母，将来诸事全要靠他，也就竭力奉迎。

（《玉闺红》，第一回）

对食在明代又叫菜户。明代的沈德符在《万历野获编》中说："按宫女配合，起于汉之对食，犹今之菜户也。"书中举例说，自己曾经在某寺院中看到一间密室，里面所设均是已死宫女的牌位，常常有太监前来祭奠，这些太监与其祭奠的宫女就曾是对食关系：

> 太祖驭内官极严，凡椓人娶妻者，有剥皮之刑。然至英宗朝之吴诚、宪宗朝之龙闰辈，已违禁者多矣。今中贵授室者甚众，亦有与娼妇交好，因而娶归者。至于配偶宫人，则无人不然。凡宫人市一盐蔬，博一线帛，无不藉手。苟久而无匹，则女伴俱姗笑之，以为弃物。当其讲好，亦有媒妁为之作合。盖多先缔结，而后评议者，所费亦不赀。然皆宫掖之中，怨旷无聊，解馋止渴，出此下策耳。……按宫女配合，起于汉之对食，犹之今菜户也。武帝时陈皇后宠衰，使女巫着男子衣冠帻带，与后寝居，相爱若夫妇。上闻穷治，谓女而男淫，废后处长门宫。此犹妖蛊也。至元魏孝文帝胡后，与中官高菩萨淫乱，则又不知作何状矣。余向读书城外一寺，稍久与主僧习，寺中一室，扃钥甚固。偶因汛扫，随之入，则皆中官奉祀宫人之已殁者，设牌位，署姓名甚备。一日其偶以忌日来致奠，擗踊号恸，情逾伉俪。余因微叩其故，彼亦娓娓道之，但屡嘱余勿广告人而已。（沈德符：《万历野获编·卷六·对食》）

在《中国太监的性告白》中，也介绍了明代太监与宫女对食的具体情况：

> 到了明代，太监与宫女匹配的"夫妻"称为"菜户"（又名"对食"），还有临时撮合的"夫妻"，被称为"白浪子"，已经成为宫廷中的公开秘密。
>
> 下班后，"菜户"们不但公然携手并肩、出双入对地到处溜达，而且还同居一室、同桌吃饭、同床睡，财物相通如一家，其伉俪情深，恐怕连世间真正的恩爱夫妻都自叹不如。
>
> 帝王们对于宫女太监结为"夫妻"的事往往是采取睁一只眼、闭一只眼的不闻不问态度。因为太监究竟不是真男人，无法给皇帝戴"绿帽子"；何况宫中女性数目太多，以皇帝一人的能力、精力，根本无暇"照顾"，何不做个"顺水人情"呢？（王岚：《中国太监的性告白》，第151页）

（3）同性恋

宫中的小太监往往长相清秀，体态一似少女，最易成为帝王的同性恋对象。如《中国太监的性告白》中就说，帝王在大婚前，不敢随便与宫女性交，便会把小太监的后庭作为泄欲的工具。（见同上，第71页）

事实上，清朝的末代皇帝溥仪就是以小太监为同性恋对象的。在潘季桐的《末代皇帝秘闻》中就说："溥仪甚至叫太监用口来替他手淫。换言之，也就是行同性爱罢了。"

在清代纪晓岚的《阅微草堂笔记》中，则记述明末魏忠贤专权时，两个年轻的太监为了躲避魏忠贤的追杀，只好屈身做他人之妾。因为其形貌与女子无异，得以逃过一劫。然而此两人也因此终生成了其"恩人"的同性恋对象：

> 前明天启中，魏忠贤杀裕妃。其位下宫女内监，皆密捕送东厂，死甚惨。有二内监，一曰福来，一曰双桂，亡命逃匿。缘与主人曾相识，主人方商于京师，夜投焉。主人引入密室，吾穴隙私窥。主人语二人曰："君等声音状貌在男女之间，与常人稍异，一出必见获。若改女装，则物色不及。然两无夫之妇，寄宿人家，形迹可疑，亦必败。二君身已净，本无异妇人，肯屈意为我妻妾，则万无一失矣。"二人进退无计，沉思良久，并曲从。遂为办女饰，钳其耳，渐可受珥。并市软骨药，阴为缠足。越数月，居然两好妇矣。乃车载还家，诡言在京所娶。二人久在宫禁，并白皙温雅，无一毫男子状，又其事迥出意想外，竟无觉者。但讶其不事女红，为恃宠骄惰耳。二人感主人再生恩，故事定后亦甘心偕老。然实巧言诱胁，非哀其穷，宜司命之见谴也。（纪昀：《阅微草堂笔记》，卷二）

**（4）谋求阴茎重生**

有些太监掌了权，娶了妻，纳了妾，表面上似乎可以过上正常男子的生活，可是，到了紧要关头，缺少性交的工具——阴茎，一切还是如同镜花水月。于是，这些太监们的最大愿望，便是被割去的阴茎能够重新长出来。

只要有需求，便会有供给。江湖上的一些术士们，听说手握重权的太监谋求阴茎重生，便主动前来献计：只要吞食童男的脑髓，便可使阴茎重生。

在中国古代，一直存在某种形式的童男崇拜。早在春秋时期的《道德经》中，便提倡通过修炼以达到婴儿的境界："抟气致柔，能如婴儿乎？"在道教中，则认为童子元气充足，属未破的纯阳之体。在中医中，也有把童子尿炼成秋石，可滋肾水、养丹田的说法。因此，凡与童子相关的东西，常常被赋予某种神秘的色彩。

所谓童子的脑髓能使阴茎重生的说法当然是无稽之谈，可是，那些残忍的太监们，居然信之不疑。据明代沈德符的《万历野获编》称，有一个在福建负责税务的太监高寀，就曾四处购买童子，把他们杀死后吞食其脑髓，以致"四方失儿者无算"：

> 近日福建抽税太监高寀谬听方士言：食小儿脑千余，其阳道可复生如故。乃遍买童稚潜杀之。久而事彰闻，民间无肯鬻者，则令人遍往他所盗至送入，四方失儿者无算，遂至激变掣回。此等俱飞天夜叉化身也。（沈德符：《万历野获编·卷二十八·食人》）

这样的情节，当然属于小说家的虚构。那么，太监的阴茎一割之后，是否就永远不会

第九章 不同类型的人与性

再长出来了呢？据《中国太监的性告白》一书称，太监的阴茎被割之后，还是有长出来的可能的，理由有二：一是太监的阉割手术通常是在少年时做的，此时身体还未发育，当太监长到十几岁身体发育时，是有重新长出来的可能的；二是清代太监的下身有三年一小修、五年一大修的规定，若阴茎不重新长出来，为什么要"修"呢：

那么，"玉茎"是否真能重生呢？

据史书及医书考证，少数太监确有重生玉茎的可能和理由。

于是，在清代，小太监入宫之初，由老太监携带，还另有太监专门负责予以检验，而且还有三年一小修，五年一大修的规定，所谓"修"，就是恐怕小太监阉割未净，所以每三年要看一看，五年要查一查，是否有凸肉长出来，玉茎重生，如果真有凸肉长出来的话，就要再用手术修割，这是法例所规定。

……

大抵小太监在未发育时期加以阉割，到了十六岁正式发育时，要是体力特强的话，极可能勃然长出新的"那话儿"来。

按中医理论，本来男性的生命发展都是以八岁为一期，十六岁为发育期，二十四岁是成熟期，这八年之中，可以逐步地一路长大起来，大有可能"返本还原"。（王岚：《中国太监的性告白》，第40～41页）

那些手握重权的太监，本来就是靠一割之力，得以进入宫禁，一步一步获得权力；然而，等到他们获得权力后，则又诅咒当初的一割，并不择手段地谋求阴茎重生，由此折射的，是人性的贪婪和制度的荒谬。当然，使用太监、阉割男子，并不是中国特有的现象。据西方历史学家希罗多德称，波斯人是世界上最早使用太监的民族，他们使用太监并设定相应的制度大约在公元前6世纪左右。（参见同上，第108页）另外，古代印度、埃及、希腊等也有阉割男子的做法；在基督教于欧洲崛起之后，在意大利教会的合唱团中，还有阉割男童让其担任高音歌者的做法。但是，无论就历史的传承不绝还是就阉割手术的"完美"程度（古代埃及、希腊阉割手术的成功率只有25%）而言，中国的太监制度在世界上都是首屈一指的。当然，这并不是值得荣耀的事情，因为太监制度无疑是对人性的严重摧残。但是，作为一种独特的历史现象，太监的生活及其心理还是有深入研究的必要。

## 四、娼妓

娼妓也叫妓女，是指以卖淫为业的女子。传说中国早在夏朝末年的夏桀时就有了娼妓，如《列女传》中记载："夏桀既弃礼义，淫于妇人，求四方美女，积之后宫，作烂漫之乐。"据称夏桀的女乐、倡优达3万人。

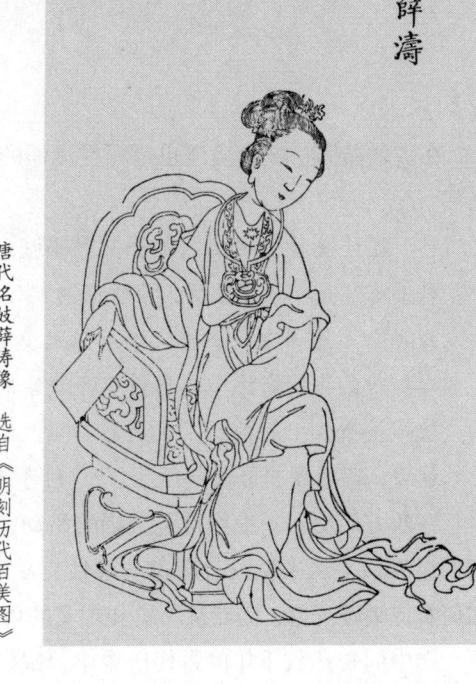

唐代名妓薛涛像　选自《明刻历代百美图》

第九章　不同类型的人与性

在中国古代，娼妓分为宫妓、官妓、营妓、家妓、私妓五种形式。所谓宫妓，指专门在宫廷中为帝王提供性服务的妓女，上面所说夏桀蓄养的娼妓，即为宫妓。官妓指在政府经营的妓院中提供性服务的妓女。官妓的设立始于春秋时的齐桓公，据《战国策》、《韩非子》等记载，齐桓公接受管仲的建议，在宫中设女闾，所谓女闾，即娼妓聚居的地方。如《战国策·东周》载："齐桓公宫中七市，女闾七百，国人非之。"清代周亮公的《书影》中也说："女闾七百，齐桓征夜合之资以佐军兴，皆寡妇也。"（周亮公：《书影》，卷四）管仲是齐桓公时的宰相，曾辅佐齐桓公在春秋时期称霸，他也因此被称为是妓院的创始人。营妓是指在军营中为将士提供性服务的妓女。据称，春秋时，越王勾践连年攻吴，士兵们都想回家，于是，勾践便组织了一个妇女慰问团去稳定军心，从而开了营妓的先河。不过，一般认为，营妓始于汉朝，历六朝、唐、宋而不衰。家妓指官僚、地主、富豪人家等家中蓄养的妓女，她们除了为主人提供性服务，也为主人提供歌舞表演等。家妓在唐代特别盛行。私妓指在私营妓院或私下卖淫的妓女，历史上一些著名的妓女，如唐朝的薛涛，宋朝的李师师，明朝的李香君等，都属于私妓。娼妓在中国古代社会长期存在，在汉、唐、五代等时期较为盛行，明清时期虽曾一度实行禁娼，但无法根绝。

在西方世界，据称妓女最早出现于公元前3000年的巴比伦王国。据霭理士的《性心理学》称，在古代巴比伦有一个习惯，凡是女子，都要有做娼妓的经历：

　　古代的巴比伦有一个宗教的习惯，就是，凡属女子都要到米立达（Mylitta）的神社那里去操几年的淫业。据希腊史家希罗多德士（Herodotus）的记载，那些姿色稍差的女子也许要等上三年四年才有男子过问，古代任何民族的婚姻习惯里，无疑均有这种现象，即健美者容易得偶，而反是者不免怨旷终身。（霭理士：《性心理学》，第39页）

在古代希腊，妓女卖淫也是司空见惯的现象。德国学者利奇德在《古希腊风化史》中说：

> 在妓院里，妓女们几乎一丝不挂地站在那儿供客人们根据各自的口味进行选择。以上陈述是相当可信的，有很多材料可以证明。《阿特纳奥斯》中写道："在欧布洛斯的喜剧《潘那克斯》里，难道你就没有看到那些既爱音乐又爱金钱的'捕鸟者'，精心打扮的维纳斯的小马驹们整齐地站成一排吗？她们身穿精心织就的透明的衣裳，就像神圣波江上的仙女。在她们中间，你只要花少许的钱便可买到快乐，以满足内心的欲望，而且不需冒任何风险。"（利奇德：《古希腊风化史》，第369页）

在西方历史上，也经常有禁娼的举动，至于禁娼的成果，正如大家目前所看到的，我们的世界似乎从来就没有缺过从事性交易的女子。娼妓的存在，关乎人类的本性，所以，如何看待娼妓现象，需要从历史和现实的角度作深入的思考。

在中国长达数千年的古代历史中，娼妓长期存在，并形成了丰富的青楼文化，其内容之丰富和纷繁，完全可以写成大部头的专著，非本书中的短短一节所能涵括。因此，在本节中，我们只能撷取其中的几个侧面，略作介绍。

## 1. 瓦舍与窑子

住有众多娼妓并从事性交易活动的地方称为妓院，妓院又有诸多别称，如青楼、勾栏、瓦舍、窑子等等。这些别称本来都不是专门指妓院的，如青楼本指比较华丽的屋子，唐代以后，才专门用来指妓院；勾栏本指城市中百戏杂剧的演出场所，明代以后才专指妓院。至于瓦舍和窑子，也有类似的情形。

瓦舍也叫瓦子，本指人群易聚易散的地方，取"瓦"的容易散解之义。宋代的吴自牧在《梦梁录》中说，"瓦舍"的说法，不知起于何时。到了南宋初年，因住在杭州军营里的军士多为西北人，为了稳定军心，官方便在杭州城的内外设立瓦舍，专门招集妓乐，供军士们娱戏：

> 瓦舍者，谓其来时瓦合去时瓦解之义，易聚易散也，不知起于何时。顷者，京师甚为士庶放荡不羁之所，亦为子弟流连破坏之门。杭城绍兴间驻跸于此，殿岩杨和王因军士多西北人，是以城内外创立瓦舍，招集妓乐，以为军卒暇日娱戏之地。今贵家子弟郎君，因此荡游破坏，尤甚于汴都也。其杭之瓦舍，城内外合计有十七处。（吴自牧：《梦梁录·卷十九·瓦舍》）

因为当时设立瓦舍的目的是招集妓女，供妓女在里面居住，故后来亦用瓦舍指妓院。

窑子的本来意义是烧制砖瓦的设施，然而，人们却把去妓院嫖妓又称为"逛窑子"，这种说法又是怎么产生的呢？对此，明代阴太山的《梅圃余谈》中有这样的说明：

狎客帮嫖丽春院图，选自明万历本《金瓶梅词话》，描绘西门庆等人在妓院中与妓女蹴鞠的情形

# 第九章 不同类型的人与性

近世风俗淫靡，男女无耻，皇城外娼肆林立，笙歌杂遝，外城小民度日艰者，往往勾引丐女数人，私设娼窝，谓之窑子。室内天窗洞开，择向路边墙壁作小洞二三，丐女修容貌，裸体居其中，口吟小词，并作种种淫秽之态。屋外浮梁过其处，就小洞窥，情不自禁则叩门入。丐女辈裸而前，择其可者投钱七文，便携手登床，历一时而出。

也就是说，窑子是专门为贫穷的人嫖妓而设立的，里面的妓女本来是女性乞丐，房屋也十分简陋。与普通妓院不同的是，房屋的墙上凿有几个洞，妓女裸体而居，外面的人能看见室内的情形，有意者便可入室与妓女性交，价钱也极为便宜。不过，文中并没有说明为什么称这样的场所为"窑子"。

在明代小说《玉闺红》中，则对"窑子"的来历有详细的介绍。小说中说，开窑子的主意，是一些穷人为自己想、为别人想而想出来的，因为穷人也有性欲，可是穷人又没有钱逛高级的妓院，于是他们便把路边荒废的破窑利用起来，把它搞成廉价的妓院。因为是用破窑改成的，故称之为窑子：

惟有那些走卒乞丐，每日所入无多，吃上没下，却也是一般肉长的身子，一样也要闹色。可是所入既少，浑家娶不起，逛私门头小教坊钱又不够，只有积攒铜钱，熬上个半月二十天才得随便一回。于是就有一般穷人为自家想，为人家想，想出了这一笔好买卖。那外城乃是穷人聚集之所，就有人拣几处破窑，招诱几个女叫化子，干起那送旧迎新、朝云暮雨的勾当来。名唤窑子，就是在破窑里的意里。那些女叫化子有得什么姿色，腌臜破烂，也只有专接那些贩夫走卒、鼠偷乞丐○○○○○○。你想女叫化子无非是讨饭不饱才肯来卖，穿的不用说破烂不堪，有什么风流俏俊能招致游客。倒是那开窑子的有主意，衣裳破烂索性不要穿他，人身上的皮都可以用水洗干净，就只给这几个女叫化子置点脂粉头油，打扮起来，身上脱得赤条条的，露着那□□红□儿。

教唱几支俚词歪曲,学上几套掩腿○○,颠摆送迎,就这样在破窑里任人观看。那长短、黑白、肥瘦、宽窄、高低、毛净,引得行人情不自禁,入内花钱买乐。既可以招致客人,又省得花衣裳钱,真是一举两得之妙。

……

话说开窑子这种事,在起初不过一二细民偶然想出的生财之道,也没想什么长局。不料风气一开,居然门庭若市,拥挤不动,当姐儿的丐女忙的连溺都没空儿撒,他们不得不另添新人,另开地方。一般无衣无食又兼无耻的男女,也竞相效尤。更有那些小教坊私门头生意不好、挨饿的姑娘,也都情愿牺牲色相,脱光了眼子,到这里来接客,又赚钱又省衣裳,那不乐干?一来二去,外城开设的窑子不计其数,却把那些私门头小教坊的买卖全夺去了。那窑子起初设在破窑里,所以叫做窑子。后来天气一凉,姑娘们一天到晚的光着身子,住在露天的破窑内,经不起秋风露冷,一个个害起病来。这些窑主们便连忙另谋栖处,便赁些破蔽(敝)民房,也用不着修楫(葺),就这么搬进去,究竟比露天的破窑好的多。另在靠街的土墙上凿几个窗户小洞,以便行人窥探这些光眼的姑娘们,仍然叫做窑子。(《玉闺红》,第五回)

## 2. 妓女降服嫖客的手段

男子嫖妓多是为了发泄性欲,妓女接客则是为了挣钱,双方目的不同,故在手段上也会各不相同。对于嫖客而言,最好是能在床上降服妓女,让她在自己面前磕头臣服,以获得更好的心理享受;对于妓女而言,则最好是尽快结束"战斗",在短时间内把钱挣到手。不过,妓女们也知道,若一味图快,嫖客们玩得不痛快,以后就没兴趣逛妓院了。因此,她们得把个中的火候掌握好:既不能太快,又不能让嫖客降服。

在清代小说《怡情阵》中,介绍了名妓通乐娘与嫖客性交时常常会采用的三种手段:俯阴就阳、耸阴接阳和舍阴助阳。通乐娘就是凭借这三种手段,使嫖客对她不能忘怀。(见《怡情阵》,第七回)

在清代小说《绣屏缘》中,说到子荣、神甫两个男子分别与妓女秀兰、莲娘性交,秀兰一上来就施展功夫,让子荣的身子作不得主,很快就把他降服了:

原来妓家规矩,一上身,恐怕人本事高强,先下个狠手,你不降服他,他便降服你。

子荣终是书生,被他一降就服了。(《绣屏缘》,第四回)

妓女通常都会长得比较漂亮,因为嫖客很少会对长得丑的妓女感兴趣。然而,在清代的《点石斋画报》中,则记述了一个天津土娼,长得很丑陋,却居然"名噪一时,门庭若市",原因就在于她"善淫"、"工媚",即会勾引男子,房中功夫极好:

天津土娼柳氏,貌丑而善淫,涂抹脂粉,倚门卖俏。北方人多矫健,以其工媚,争狎之,

《点石斋画报》中的悔偷灵药图

名噪一时，门庭若市，咸呼之曰柳树精。夫东施媒母，顾影自怜，遇大腹贾、牧猪奴，嗜痂成癖，爱恋不舍，且目为温柔乡，足以移情荡魄。即海上烟花薮中，亦或有此种云巢雨窟，盖登徒子邂逅夜度娘，嗜好既同，工力悉敌，转觉管弦歌舞为取厌之具，所谓醉翁之意不在酒也。故京调盛行则昆曲废，新戏层出而院本衰。（《点石斋画报·柳树成精》）

有的妓女为了吸引男子，还会采用一些特殊的手段。如《点石斋画报》中载，在清代的北京城有一家妓院，妓女的床头有一种用瓶子装的药，服了这种药，就会使男子的下体产生异样的感觉：

某资郎入都谋选，暇与二三知己访艳于枇杷门巷，妓以阿芙蓉膏饷客。一灯对榻，吐纳烟雾，消渴之余，馈饥正甚。忽于枕畔搜得糖果一瓶，揭其盖，入两指探取。妓见而夺去。某曰："此区区者而不予畀，何鄙吝乃尔。"遂舐其指上之余沥以解嘲，清芬一缕，沁入丹田，玉液琼浆鲜此甘美。既而同伴将归，某觉有物碍其胯，欲植立而不能焉。妓笑以冷茶进曰："馋猫儿合受此罚。"略啜即愈。归述其事于馆人，馆人咋舌曰："此何物可误食耶？昔吾子惑于此妓，致成痨瘵，致令不得生育。诸君前程远大，毋为此狭邪游也。"（《点石斋画报·悔偷灵药》）

妓女降服嫖客的手段当然还有很多，以上只是略举几例。高罗佩在《中国古代房内考》中记述了与中国名妓有过交往的一些外国人的看法，他们称那些名妓手段高明，使人念念不忘：

这种女人手段高明，擅长卖弄风骚，几句话便能引任何男人上钩，以至外国人只要一亲芳泽，便会忘乎所以，被她们的千姿百媚弄得销魂夺魄，及至回到家中，还会说到过京师，如上天堂，指望有朝一日能旧地重游。（高罗佩：《中国古代房内考·序》）

### 3. 有关妓女的若干规矩

一个身在妓院的妓女，其命运大致会经历三个阶段：第一个阶段是破身，正式成为妓女；

第九章 不同类型的人与性

西门庆梳拢李桂姐图，选自明万历年间刊本《金瓶梅词话》，描绘西门庆在妓女李桂姐破身前与众人饮酒庆贺的情形

第二个阶段是利用青春年华接客挣钱；第三个阶段是设计退路，以免自己人老珠黄时生计无着、孤独无依。与妓女的这一命运历程相联系，妓院中也设定了种种游戏规则，我们择出其中的几个，略作介绍。

（1）梳拢

所谓梳拢，即妓女第一次接客伴宿，因为妓女第一次接客后就得梳髻，故称。如《古今杂剧》中说："这周生说的是甚话，你才到俺家，不曾吃得两遭酒儿，怎地便要梳拢我女儿！"对于一个妓女来说，梳拢是她的第一次接客，也是她最值钱的一次接客。因为不少有钱人有一种癖好，喜与处女性交，为此他们不惜出大价钱。

在明代小说《醒世恒言》中，说到有一个名叫王美的妓女，长得貌美如花，因此，很早就有嫖客与鸨母来谈梳拢的价钱。书中说，关于梳弄，有个规矩，十三岁太早，称为试花；十四岁正当其时，称为开花；十五岁则嫌过时，称为摘花。王美因年到十五岁还未梳拢，故被人嘲笑：

只因王美有了个盛名，十四岁上，就有人来讲梳弄。一来王美不肯，二来王九妈把女儿做金子看成，见他心中不允，分明奉了一道圣旨，并不敢违拗。又过了一年，王美年方十五。原来门户中梳弄，也有个规矩。十三岁太早，谓之试花。皆因鸨儿爱财，不顾痛苦。那子弟也只博个虚名，不得十分畅快取乐。十四岁谓之开花。此时天癸已至，男施女受，也算当时了。到十五谓之摘花。在平常人家，还算年小，惟有门户人家，以为过时。王美此时未曾梳弄，西湖上子弟又编出一只《挂枝儿》来："王美儿，似木瓜，空好看，十五岁，还不曾与人汤一汤。有名无实成何干，便不是石女，也是二行子的娘。若还有个好好的，羞羞也，如何熬得这些时痒！"（冯梦龙：《醒世恒言》，

第三卷）

（2）纳妓为妾

在中国古代，男子逛妓院是极正常之事，正如高罗佩所说："与妓女交往被看作是单身男子和已婚男子都有权进行的户外娱乐。"（高罗佩：《中国古代房内考》，第68页）男子在与妓女的交往中，有时也会互相产生感情，于是，富有的男人便会把妓女从妓院中买走，成为自己的妾：

> 寻欢作乐的人可以到青楼宴饮，让姑娘们为他们跳舞唱歌，随后在那里过夜。在十九世纪和二十世纪之前，有教养的男人仅为泄欲而涉足妓院是罕见的，即此可见中国人之情趣。当时有一首名诗是描写倡女的悲哀。讲一个倡女被一位有钱的浪荡子弟纳为姬妾旋又被抛弃。这首诗之所以令人感兴趣，还因为它证明了，汉代有财力蓄养姬妾的中等阶层的男人常常从妓院买妾。这种习俗后来一直相沿不改。（同上，第90页）

高罗佩的观点是有事实依据的。据郭松义在《伦理与生活》一书中称，在明清时期，一些经常光顾妓院的富家豪商，愿意把颇具才色的娼妓买断，充作自己的小妾，如钱谦益纳柳如是、侯朝宗纳李香君，就属此类：

> 优伶娼妓也都属于贱籍，按照前面提到的法规，良贱是不能通婚的，有犯，民人杖九十，各离异改正，官吏或官员子孙杖六十，并离异。但买妾可不在此限。所以一些经常留恋于勾栏戏院的富家豪商，便把稍具才色的烟花卖唱女子买断，脱籍充作小妾。明清之际，江南名妓麇集，成为文人学子们放荡追逐的场所，有的一见倾心，互结永好。著名的像钱谦益纳柳如是，侯朝宗纳李香君，龚鼎孳纳顾湄等，更成了长期流传的佳话。以后，时代变迁，类似明清之际名士配名妓的故事已不多见，但买妓作妾的记载，仍不绝如缕。像乾隆时，超勇公海兰察纳女伶阿芸为侧室，"宠专房"；宗室学士宝廷典试福建，在返京途中以千金买船妓"桐严妹"为妾，都曾引起不大不小的反响。有一个叫孙艾的豪客，于金陵遍访教坊妓女，选中意者共七人，每人花银千两，共费7000两，买归以充媵妾。（郭松义：《伦理与生活》，第343页）

不过，纳妓为妾也并非毫无障碍。在一些有较高社会地位或家训较严的家庭，还是会禁止其家庭中的男子把妓女买进家门，认为这样做会影响其家族的声誉，如《性心理学》中就说："社会地位较高而道德标准较严的人家往往把不娶妓作妾的禁条，列入祖训，载在家谱，如有故违，身后不准入祠堂。"（见霭理士：《性心理学》，第406页）

（3）妓女从良

所谓从良，指妓女嫁人。因古代妓女属于乐籍，妓女嫁人需要先脱离乐籍，故称。而

第九章 不同类型的人与性

《点石斋画报》中的名妓下场图

所谓乐籍，是指乐户的名籍，因为古代的官妓属于乐部（官署名），所以称乐籍。

当有男子愿意娶妓女为妻时，通过一定的手续，妓女便可脱籍，如宋代王辟之的《渑水燕谈录》中说："子瞻（即苏东坡）通判钱塘，尝权领州事。新太守至，营妓陈状词以年乞出籍从良。"（王辟之：《渑水燕谈录·十》）

妓女的主要工作是接客挣钱，然而，妓女都是吃青春饭的，她不可能一辈子都靠接客来挣钱。等到她容颜老去，是不会再有男子愿意出钱嫖她的。在清代的《点石斋画报》中，就记述了一个名妓的凄惨命运。该妓名叫朱桂仙，年轻时艳名颇著，挥金如土，然而，等到她韶华逝去，她便一天比一天落泊，最后只好靠沿途叫卖自己做的香脆饼度日：

"十年一觉扬州梦，赢得青楼薄倖名"，是追悔语，是醒世语。卯角几时已臻耄老，每溯往事，回首不堪，古与今有同慨焉。朱桂仙者，平康中人，绮年颇著艳名，其往来之公子王孙殊鲜当意者，挥金如粪土，傲睨之气，不可逼视。日月无情，渐成老大而落花无主，一任飘零。近更深入烟瘴，其憔悴支离之态，亦不可逼视。生无以为养，亲手自造香脆饼置竹筐中，携一小孩，抱旧时琵琶，向各烟间唤卖。一日，遇旧识，亦鹑衣百结，为头颅已朽之郑元和，邂逅相逢，各诉幽怨，苦中得乐，即与挥弦拨轸，唱卖胭脂哭小郎二曲。旧识身无半文钱，经旁人凑青蚨三十翼以遣之去。嗟！嫖客何限而名妓何穷，窃恐后之视今亦犹今之视昔耳。（《点石斋画报·名妓下场》）

因此，聪明的妓女，往往会在她青春正盛的时候考虑退路，在众多嫖客中选择可以托付终身的男子，及时把自己嫁出去。

那么妓女嫁人是否容易呢？应该是比较容易的，原因有四：一是因为妓女大多长得漂亮；二是因为妓女接触的男子多，选择范围大；三是妓女尤其是名妓通常会有丰厚的私蓄；四是妓女阅人众多，房中技术高明，很会侍候男人。关于妓女从良，法国思想家卢梭在《一位性学家所见的日本》一文中有这样的说法：

一个曾在妓院里呆过几年的少女，并不会因此而减少了她的结婚机会。而且还有些人喜欢娶一个做过妓女的女子，因为他们希望她能有精明的性知识及技术，或是因白居易的两位舞妓樊素和小蛮选自《明刻历代百美图》。据唐人孟棨《本事诗》记载:"白居易有姬人樊素和小蛮,樊素善歌,小蛮善舞,小嘴长得艳若樱桃;小蛮腰则纤纤似柳。乐天公爱此二姬,诗曰:樱樱桃樊素口,杨柳小蛮腰。"

为他可以从她那儿得到一笔卖淫积蓄下来的嫁资。(见《读懂"性"福》,第100页)

### 4. 怎样看待娼妓现象

在中国古代,娼妓业一直十分兴盛,无论达官贵人、文人墨客,还是普通民众,有过嫖妓经历的人不在少数。尤其是在唐宋时期,那些大名鼎鼎的文人,如李白、白居易、苏东坡等,都有过嫖妓甚至养妓的经历。如林语堂在《妓女与妾》一文中说:

大多数著名的学者像诗人苏东坡、秦少游、杜牧、白居易之辈,都曾逛过妓院,或将妓女娶归,纳为小妾,故堂而皇之,毋庸讳言。(同上,第255页)

高罗佩在《中国古代房内考》中也说,在唐代,那些在场面上走动的官员和文人携妓参加活动,是一种时尚,李白、白居易、韩愈等概莫能外:

艺妓的存在已经成为一种社会制度,无论在长安还是在外省,都是风雅生活不可或缺的一部分。每一位在场面上走动的官吏和文人除妻妾外都携带一两名舞女作为随从,这已成为风尚。当妻妾留在家中时,男人宁愿带这些舞女到各地去,让她们唱歌跳舞,为宴会助兴,和替客人斟酒,活跃谈话气氛。著名诗人李太白就有两名这样的舞女,白居易前后也有好几个舞女,甚至连古板的儒家学者韩愈(768~824年)也有一名舞女形影不离。无数描写与朋友出游的诗篇都有题目如"携妓游某地而作"。

(高罗佩:《中国古代房内考》,第235页)

然而,在大部分人的心目中,嫖妓毕竟不是一种高尚的行为,尤其是嫖妓会影响夫妻关系,造成金钱的损失,甚至会传播性病,因此,一些有识之士对嫖妓明确持反对态度。如清代养生家石成金在《养生镜》中论述了娼妓的危害,一是娼妓无真情实意,只是用虚情假意骗取钱财;二是娼妓身体不洁,大多患有性病,因此,嫖娼既浪费钱财,又影响健康:

乃有一等人,以娼妇妓女,非良家妇女可比,且用银钱去嫖,似乎不伤道德,不为过恶。殊不知娼妓下贱,真情实意者,百中无一,大概是假意虚情,哄骗人之钱财。

第九章 不同类型的人与性

一入其觳，必致事业荒废，家产销耗，甚可惧也。

又可嫌者，凡为娼妓，送张迎李，身体不洁，患秽毒梅疮者十有八九。一染其毒，痛楚莫申。虽求请名医，百般治疗，亦是为难。即侥幸治好，其余毒传染妻妾子女，或致夭折，或生恶疮，往往有灭绝其嗣者。呜呼，贪一时之乐，而贻无穷之忧。岂不哀哉！岂不哀哉！（石成金：《养生镜·宿娼之祸害》）

在现代社会，娼妓仍然是一种值得重视的社会现象。虽然世界上的大部分国家都宣布卖淫嫖娼是非法行为，但从事这一行业的还是大有人在。据《金赛性学报告》的统计，有34%的美国男性有过嫖妓的经历：

每三名美国男性，即有一名曾经与娼妓至少发生过一次性行为。在一份对于五十岁以上男性的研究，7%的男性表示在五十岁以后至少有过一次与娼妓的性接触，而34%的人在其一生中至少有一次花钱和娼妓发生性行为。（瑞妮丝等：《金赛性学报告》，第233页）

针对目前中国性服务业的一些调查报告也显示，中国人购买性服务（即嫖妓）的人也不在少数，有26%的男性和16%的女性受访者有过这方面的经历；而20岁以下的男性中，竟有高达70.9%的人有过这方面的经历。（见《时尚健康》男士版，2006年第9期）

无论古今中外，娼妓现象确实一直令人困惑。从纯粹理性的角度说，人们多会承认嫖娼是一种不好的甚至堕落的行为，因此，世界上大多数国家都会立法禁止卖淫嫖娼。然而，现实却往往令人沮丧，这从不时曝光的各国一些政要的性丑闻中即可窥一斑。一方面，人们竭力抵御娼妓的诱惑；另一方面，一些人却又情不自禁地参与其中。这正如那些品尝过毒品的人一样，既知其致命的危害，又无法拒绝其极乐的诱惑。因此，它透现出来的，是人性的弱点。莎士比亚曾经说过，世界上没有贞洁的女人，只有没有受到诱惑的女人。话虽然说得过于绝对，但它反映了一个道理：人们在没有受到诱惑时，要做到高尚是较容易的，但是这种高尚是含金量较低的高尚；真正的高尚是在诱惑面前坚持原则，但是人们在面临足够巨大的诱惑时，又往往会丧失原则，这也是人性的弱点。古人歌颂莲花出污泥而不染，歌颂的不光是莲花的纯洁，而是从污泥中出来而仍能保持纯洁。或者，我们没有必要把问题拔得这么高，因为所谓出污泥而不染云云，只是就少数道德君子而言的，对于普罗大众来说，距离还是有些远。因此，我们还是回到现实中来。新中国刚刚成立时，宣布取缔娼妓，使娼妓现象在中国大陆一度消失。然而，时至今日，我国的地下性产业却已发展出了十分庞大的规模。据《时尚健康》的一则资料称："我国地下性产业的从业者据说是400万，年产值是5000亿。"（《时尚健康》男士版，2006年第9期）地下性产业的快速发展，折射的是人们欲望的膨胀，说得不好听一点，是低级趣味的恶性膨胀。那么，在我们当前的社会，低级趣味为什么会恶性膨胀呢？这才是真正值得我们深思的问题。

## 五、不守色戒的出家人

### 1. 花和尚

根据通常的理解，花和尚泛指不守佛教戒律的和尚，如《水浒传》中的鲁智深，既不忌荤酒，又不守朝廷法律。不过，此处所说的花和尚，则专指那些不守佛教色戒的和尚。佛教提倡人死后灵魂成佛，视色身为臭皮囊，视现实世界为幻相，因此，佛教拒绝一切现世的享受，把现世的享受看作成佛的障碍。而在现世的所有享受中，性享受无疑是最大的享受，所以佛教戒律首先要戒除的是色欲。如《沙弥律仪要略》中说：

在家五戒，惟制邪淫；出家十戒，全断淫欲。但干犯世间一切男女，悉名破戒。世人因欲杀身亡身，出俗为僧，岂得更犯！生死根本，欲为第一，故经云："淫泆而生不如贞洁而死。"噫，可不戒欤！（净空法师：《沙弥律仪要略》，上篇）

为了能戒除色欲，佛教信徒想出了种种办法。如明代的释真可说，要断淫欲，先要识破自身；要识破自身，便当推究我的身体存在以前的情况：如果我的身体一直存在，为什么要父母来生我？如果我的身体本来并没有，那么又为什么会突然产生？这样不断地推究，便能识破自身，把自身识破了，他身也就识破了；把他身识破了，则淫欲也就自然不会产生：

学人先要断淫欲，断淫欲之道亦无多歧。但能识破自身，则眼前虽有西施之容，子都之貌，自然忘之矣。且道身如何识破得他？先当推我未生之前，是身果有耶？果无耶？有何劳父母交媾而生，无则既本原无，如何无中忽有此身？如是推究，推究不已，则此身一旦洞然识破了。自身既识破了，则他身不待破而破矣。自他之身既破，且道将何物为能所淫欲之具哉！若如此推究，未能识破自身，当次观父母交媾时，母心先动耶？父心先动耶？父母心一齐动耶？父母心不动耶？父母心不动，两俱无心，无心则无我，无我谁生淫欲？父母心齐动，齐则一，一则亦无能所，淫心亦不能动。父母先后淫心动，先不是后，后不是先，本不相待，淫心亦无动。此以理推也，非情计也。又父母交媾时，我无淫心，身因亦无；我有淫心，父母不交媾，身缘亦无。须因与缘三者合，方有身。如三者合而果有身者，则父分多少，母分多少，我分多少？如是往复多少推之，推来推去，推去推来，推到情枯智干处，则是身是有是无，不待问之而自知矣。知则明，明则不惑，不惑则西施、子都皆我得无欲之前茅也。（释真可：《紫柏老人集》，卷九）

清末的来果禅师亦提出用参禅的方法来破除淫欲："果能想淫戒持清，不稍违犯者，只有参禅一法"，因为在参禅时，弃绝了人相和我相，能使淫根淫种俱绝：

参禅人要知身为淫本。中下行人，参禅用功，防淫尚防不胜防，犯淫何止一犯再

第九章 不同类型的人与性

犯。有防淫之念，未称得力功夫，再若犯淫，自称法门罪辈。防淫之形态者，三业未动，已具淫心，七恶奔驰，淫池水溢。见女色动淫心，过可能赦；见男色动淫念，逆罪难逃。有触摩身手者，有口吻彼口者，有私送爱物者，有私订淫约者，有淫人口者，有淫坐股者，有勒逼淫者，有互爱淫者。独男色互淫罪，与七逆同科，判处阿鼻四大劫罪。僧与女人淫，判处阿鼻一大劫罪。世间人云："万恶淫为首，百善孝为先。"况僧人乎？果能想淫戒持清，不稍违犯者，只有参禅一法。何以？禅正参时，绝人我相，何物为淫物乎？禅能参透，先断生死命根，不但淫根淫种俱绝，连下淫种之地，彻底掀扬。小则成罗汉，中则成菩萨，大则成诸佛是也。（释来果：《来果禅师语录·卷二·戒淫》）

而事实上，当我们详细阅读以上文字时，可以发现，这些方法，对于普通的僧尼来说，并不能真正起到戒绝淫欲的作用。因为人的性欲是与生俱来的，存在于人性的深处，与人的生理结构紧密相连。无论君子小人，只要是正常的人，都会有性欲；而有了性欲，便很自然地会想办法去解除性欲。而佛教则偏要逆此人之本性，不仅不让人想办法解除性欲，还企图让人不产生性欲。而其所提出的戒绝性欲的办法，则不外乎参禅，或从道理上来说清性欲的害处。这种方法，或可收一时之效，若想让僧尼一辈子都借此来戒除性欲，则无疑属于异想天开。道理很简单：性欲是天生的，它有强大的生理基础；理智是后天培养出来的，它具有不稳定性，当理智与性欲在根本的问题上（如一辈子不近女色，终生没有性行为）相搏时，获胜的往往不是理智。

另外，佛教之所以要求僧尼戒绝淫欲，与其追求的根本宗旨相关。佛教要求四大皆空，心无挂碍，若允许僧尼有性行为，便会使其身心不净，受世俗恩爱的牵缠。然而，从中国古代僧尼的构成来看，真正出于佛教信仰的人并不占多数，大多数都是出于生活上的考虑，因为出家人可免交租税，免服劳役，这对在贫困线上挣扎的人们来说，无疑是有很大诱惑力的。此外，从小奉父母之命出家，或因犯罪、避灾等原因出家的人亦不在少数。此正如清初学者尤侗所说："今日僧尼，几半天下，然度其初心，原不及此。其高者惑于福慧之说，下者为饥寒所驱迫，不得已而出此。或幼小无知，父母强而使之，及其中道而悔，无可如何者多矣。夫饮食男女，人之大欲存焉。今使舍酒肉之甘，而就蔬水之苦；弃室家之好，而同鳏寡之哀，此事之不近人情者。至于怨旷无聊，窃行非法，转陷溺于淫杀盗之中，不已晚乎？"（尤侗：《艮斋杂说》，卷四）这些人虽身在寺院，其心仍在世俗社会，因此，想让他们戒绝性欲，基本上是不可能的事。

正因为以上种种原因，在中国古代，和尚不守戒律，勾引、奸骗良家女子，公然嫖娼、教徒间搞同性恋的现象层出不穷，引起人们的强烈反感和愤慨，苏东坡斥责和尚"不秃不毒，愈秃愈毒"的说法在社会上广泛流行，明太祖朱元璋也称和尚是"国家懒民，民间蛀虫；色中饿鬼，财上罗刹"。在明代小说《禅真逸史》中，作者罗列佛教有三项"大罪"，坚决反对重佛：

> 夫佛氏崇尚虚无，绝灭人伦，悖逆天理，误天下之苍生者也。人禀阴阳之气，则生生化化终始不穷，理所必有。假令尽皈佛法，则灭而不生，人无遗类，成何世界？世俗子女难育，故借佛老之教以冀延旦夕之命，出乎不得已，谅非其本心也。虽云披缁削发，而男女之欲，人孰无之？不能遂其所愿，轻则欲火煎熬，忧思病死；甚且逾墙窥隙，贪淫犯法而不之顾。至于佛会之说，其恶尤著：科敛人财，聚集男女，阳为拜佛看经，暗里偷情坏法，伤风败俗，紊乱纲常，莫此为甚。其罪一也。天地生物，以滋养人群，若从释氏戒杀之说，则兽蹄鸟迹，充斥宇宙；鱼虫鳞甲，填满江河，人生又何赖焉？此尧舜之所焦劳而治也。坐关实无罪之囚，讲经为聚物之薮。持戒者，是贪官污吏忏悔之私门；削发者，乃强暴奸顽避罪之活路。圣人为民立教，仕禄于朝，农耕于野，商趋于市，工习于艺，莫不尽心殚力以资国家之用。惟此缁秃，暖衣饱食，游手好闲，口诵弥陀，心藏荆棘，蠹国害民，又莫此为甚。其罪二也。凡人既脱红尘，以皈净觉，则宜布衣蔬食，随缘而足。今之沙门，贪鄙万状，有如叩头乞食，剜肉点灯，屈膝桥栏，匍匐途路，沿门打坐，送渡求钱，此丧廉失耻，僧而乞丐，以求富者也；书符咒水，请圣参禅，惯分缘簿，善说因果，摇唇鼓舌，此僧而幻术，以求富者也；谈禅说法，塑佛印经，建寺建庵，修桥砌路，此又假公营私，托善缘以济所欲者也。至于涉险履危，梯山航海，贱入贵出，贸易开张，能思善算，以罔天下之利，此又僧而商贾者也；更若钻仓掘洞，鼠窃狗偷，据山掳掠，谋财害命，丧心肆恶，此则僧而贼盗者也；又若鬼主神谋，争田夺产，倚官托势，贿赂公行，争讼以求必胜，图谋以期必得，博弈赌钱，酗酒宿娼，逞无厌之欲，以为师徒衣钵计，此则僧而贪婪奸险，持诈力以乱天下者也。僧为世蠹，又莫此为甚。其罪三也。负此三大罪，重佛何为？（方汝浩：《禅真逸史》，第一回）

在清代小说《梧桐影》中，也称僧尼于世无益，"但作恶者，僧尼为甚"，因此反对普通人出家：

> 万恶淫为首，神天不可欺。但作恶者，僧尼为甚。凡世人将儿女送入空门者，真正痴愚。子女幼时焉知修行，大来看了老秃之样，就能无法无天。总由和尚清闲无事，未免胡思乱想，每想到微妙去处，不觉兴致勃发起来，就要无所不至的形容出来。但天下之大，愚匹夫甚多，肯放妻女入寺游玩，饱斋和尚，这等人最可耻。……真乃朝廷之惰民，民间的蛀虫，色中之饿鬼，淫盗之专谋。天下之人，受他蛊毒者，不可胜数。

（《梧桐影》，第二回）

在本节中，我们将展示中国古代和尚在性行为方面的种种情状，并努力揭示其背后的心理及社会原因。

第九章 不同类型的人与性

在常见的某些世俗人士对和尚的性欲和性能力的认识中，主要有这样三个观念：一是和尚十分虚伪，内心充满欲望，却假装六根清净；二是和尚的性欲比普通人强，是色中饿鬼；三是和尚性交时持久耐战，是房中高手。这样的观念有没有道理呢？我们说，若把它作绝对化的理解，肯定是不对的，因为佛教中不乏修炼有成的高僧，他们不仅不近女色，视声色名利如粪土，而且积功德于民间，于社会有较大贡献；若视之为部分佛教徒的某些特点，则亦是符合实情的。

（1）色心最难除

和尚们整日在寺院里念经坐禅，一个主要的目的，便是坚定对佛教的信仰，抵御声色名利的诱惑，达到四大皆空的境界。这其中，要让人不去追名逐利，比较容易做到；若要人彻底不想女色，则是难之又难。对此，清代小说《肉蒲团》中关于未央生初出家时受情欲折磨的一段描写，极具代表性：

> 谁想少年出家，到底有些不便，随你强制淫心，硬浇欲火，在日间念佛看经，自然混过，睡到半夜，那孽物不知不觉就要磨起人来，不住在被窝中碍手绊脚，捺又捺他不住，放又放他不倒，只得要想个法子去安顿他，不是借指头救急，就是寻徒弟解纷。这两桩事，是僧家的方便法门，未央生却不如此。他道出家之人，无论奸淫不奸淫，总要以绝欲为主。这两桩事，虽然不犯条款，不丧名节，俱不能绝欲之心，与奸淫无异。况且手铳即房事之媒，男风乃妇人之渐。对假而思真，由此以及彼，此必然之势，不可不禁。其初偶然一夜，梦见花晨与香云姊妹到庵拜佛，连玉香、艳芳也在里面。未央生见了，愤恨之极，就叫花晨与香云姊妹，帮助他拿人。谁想转眼之间，不见了玉香、艳芳两个，单单剩下四位旧交。就引他进禅房，大家脱了衣服，竟要做起胜会。把麈柄凑着牝户，正要干起，不想被隔林犬吠，忽然惊醒，方才晓得是梦。那翘然一物，竟在被窝里面，东钻一下，西撞一头，要寻旧时的门户。顽石捏了这件东西，正要想个法子安顿他，又忽然止住道："我生平冤孽之根，皆由于此，他就是我的对头，如今怎么又纵他起来。"就止了妄念，要安睡一觉。谁想翻来覆去，再睡不着，总为那件孽根，在被里打搅。（《肉蒲团》，第二十回）

也就是说，树欲静而风不止，和尚们虽天天想着戒除色欲，但胯下的这件东西，却时时在向你诉说欲望，此种煎熬，常常令那些意志不坚定的和尚们情不自禁地往邪路上走。

在明代小说《欢喜冤家》中，说柳州明通寺有一个法名了然的和尚，"素有戒行"，一天，艳妓李秀英来寺中闲耍，了然一见之下，便把持不住，害起相思病来：

> 且说柳州明通寺一个和尚，法名了然，素有戒行，开口便阿弥陀佛，闭门只是烧香诵经，那晓得这都是和尚哄人的套子。忽一日，有个财主，携带艳妓李秀英来寺闲耍，那秀英是柳州出色的名妓，娇姿艳态，更善琵琶，常于清风明月之下，一弹再鼓，听

和尚的春梦

见的无不动情。了然素闻其名,那日,走进寺来,了然不知,劈面一撞,李秀英便忽然一叹,了然见一笑,便尔留情,便想道:"人家良妇,实是难图,红楼妓女,这有何难?"须臾,见秀英同那人去了,了然把眼远远送他,到夜来好似没饭吃的饿鬼一般,恨不得到手。自此,无心念佛,只念着救命王菩萨,也懒去烧香。就去烧的香,也只求的观音来活现,整日相思。一日,走到西廊下,将一枝笔儿写道:

但愿生从极乐国,免教今夜苦相思。(《欢喜冤家·续》,第二回)

以上例子说明,和尚之所以会千方百计去找女性,实在是因为心中的理智无法战胜情欲。在这种非病非醉、不痒不痛的相思之苦的折磨之下,除了找到心目中的女子性交一番,似乎很难找到别的解药。

在明代小说《醒世恒言》中,作者对一个法名至慧的僧人的心理活动作了详细描写,十分传神:

话说昔日杭州金山寺,有一僧人,法名至慧,从幼出家,积资富裕。一日在街坊上行走,遇着了一个美貌妇人,不觉神魂荡漾,遍体酥麻,恨不得就抱过来,一口水咽下肚去。走过了十来家门面,尚回头观望,心内想道:"这妇人不知是甚样人家?却生得如此美貌!若得与他同睡一夜,就死甘心!"又想道:"我和尚一般是父娘生长,怎地剃掉了这几茎头发,便不许亲近妇人。我想当初佛爷,也是扯淡!你要成佛作祖,止戒自己罢了,却又立下这个规矩,连后世的人都戒起来。我们是个凡夫,那里打熬得过!却可恨昔日置律法的官员,你们做官的出乘驷马,入罗红颜,何等受用!也该体恤下人,积点阴骘,偏生与和尚做尽对头,设立怎样不通理的律令!如何和尚犯奸,便要责杖,难道和尚不是人身?就是修行一事,也出于各人本心,岂是捉缚加拷得的!"又归怨父母道:"当时既是难养,索性死了,倒也干净!何苦送来做了一

第九章 不同类型的人与性

正在与女子性交的和尚

家货，今日教我寸步难行。恨着这口怨气，不如还了俗去，娶个老婆，生男育女，也得夫妻团聚。"又想起做和尚的不耕而食，不织而衣，住下高堂清舍，烧香吃茶，怎般受用，放掉不下。（冯梦龙：《醒世恒言》，第三十九卷）

如果说以上都是修行较浅的普通和尚，其欲心未泯，容易理解，然而，在历史上，有一些颇有修行的和尚最终也过不了此色欲之关，则未免令人叹息。在《性心理学》一书中，学者潘光旦对和尚绝欲之困难，有这样的论述：

  关于宗教信徒的绝欲的困难，前人所称引的故事是很多的。唐代仪光禅师不胜情欲的压迫，竟至自宫，见当时人的小说李肃的《纪闻》。五代至聪禅师修行十年，终于破戒，见宋张邦畿《侍儿小名录》。宋玉通和尚持戒五十二年，最后也败于一个妓女之手，见明田汝成《西湖游览志》。宋时又有五祖山和尚名戒禅师者，小说称为五戒禅师，其事迹亦复相似。我疑心这三个和尚的故事其实是一个故事，因为使他们破戒的女子都叫做红莲，但也可以说，这一类的和尚事实决不会太少，因此，历代传说之余，总不免有一部分的事迹彼此相混。无论如何，这一类的故事终于成为传奇与杂剧的题材；元代王实甫的《度柳翠》，明代徐渭的《翠乡梦》、《玉禅师》，吴士科的《红莲案》，未详作者的《红莲债》，都是和这些故事有关系的……和尚绝欲已久，而神经比较脆弱的，也有做白日梦的，也有发生幻觉而"见鬼"的，则见清代某笔记所引释明玉所叙西山某僧和山东某僧的故事，西山僧做的是性爱的白日梦，山东僧见的是性爱的幻觉。流行很广的故事或寓言"沙弥思老虎"见清袁枚《续子不语》。老和尚《叫春》诗："春叫猫儿猫叫春，听它越叫越精神，老僧亦有猫儿意，不敢人前叫一声。"也是很多人都知道的。佛经内典有说：三十三天，离恨天最高，四百四病，相思病最苦。这些都是从绝欲经验中来的。（见霭理士：《性心理学》，第400～401页）

说到素有戒行的和尚突然间性欲难遏，以致做出逾墙穿穴之事，较具代表性的还数明代小说《禅真逸史》中的一段描述。书中说，钟守净是南朝梁时的和尚，戒律精严，学识渊博，梁武帝御笔亲封他为妙相寺的正主持、僧纲寺都法主、宏仁阐教大师。然而，就是这样一位素来清心寡欲、信仰坚定的和尚，在一次说法时，见到了美艳无比的黎赛玉，便神魂飘荡，无法自制：

> 钟守净端坐在坛上，开讲那"南无阿弥陀佛"六个字义，正讲到第六个佛字，道："善知识，欲解佛字，只不离了这些儿"，把手指着众人之心。众人把身一开，钟守净猛抬头，忽见黎赛玉站在人后。钟守净斜眼一睨，见他生得十分标致，有《临江仙》词为证：
>
> > 宝髻斜飞珠凤，冰肌薄衬罗裳。风来暗度麝兰芳。缓移莲步稳，笑语玉生香。微露弓鞋纤小，轻携彩袖飘扬。天然丰韵胜王嫱。秋波频盼处，佛老也心狂。
>
> 钟守净不觉神魂飘荡，按纳不住，口里讲那个佛字，一面心里想这个女菩萨，正谓"时来遇着酸酒店，运退撞了有情人"。这钟守净倒也是聪明伶俐的，不知怎地，看了黎赛玉一点风情，就是十八个金刚也降服不住了，一时错了念头，锁不定心猿意马。

（方汝浩：《禅真逸史》，第五回）

后来，钟守净挖空心思，想出种种办法，终于得以与黎赛玉同床共枕，了却风流债。（见同上，第七回）

小说家设计出以上种种故事，无疑是想告诉人们：就佛教的信仰来说，当然要戒绝色欲；然而就人的本性来说，戒绝色欲则并非易事。正是在这样的矛盾之中，才出现了种种的虚伪和欺骗。世俗之人当擦亮眼睛，不盲目信从，但同时对和尚之难守色戒，亦应适当持同情之态度。

（2）色中饿鬼

称和尚为色中饿鬼，无疑有诬蔑之嫌，但是，说和尚的性欲异于常人，比普通人要强，则基本是符合实情的。

一个人性欲的强弱受诸种因素的影响，包括年龄、健康状况、生活状态、性欲满足的程度等等。对于和尚来说，与普通人相比，和尚至少有两个方面的优势：一是烦心事少，和尚出家后，割断恩爱，没有了对家庭的牵挂，加上寺院负责和尚的吃住，因此，从衣食住行方面讲，和尚过的几乎就是无忧无虑的日子；二是和尚很清闲，除了个别负责烧火做饭、打扫卫生的和尚，大部分和尚除了念经打坐，基本上不需要干别的事情。而这两个方面，对于男子的性欲来说，有很重要的意义，因为清闲而没有忧愁的男子，通常身体会比较健康；而一个健康的男子，性欲自然也会比较强。另外，和尚没有妻室，佛教戒律又要求其不起淫欲，这也使和尚常常处于性压抑的状态，而性压抑的结果，常常是更为猛力的反弹，这就是和尚的性欲要强于普通人的主要原因。

在明初小说《水浒传》中，说"但凡世上的人，惟有和尚色情最紧"，为什么呢？因为和尚吃穿不愁，有的是闲时间，与富人相比，他不用为钱财的事忧愁；与穷人相比，他

第九章 不同类型的人与性

向年轻女子求欢的和尚

又不用起早贪黑地干活,所以无论穷人还是富人,都"输与这和尚们一心闲静,专一理会这等勾当":

看官听说:原来但凡世上的人,惟有和尚色情最紧。为何说这句话?且如俗人、出家人,都是一般父精母血所生,缘何见得和尚家色情最紧?这上三卷书中所说潘、驴、邓、小、闲,惟有和尚家第一闲。一日三餐吃了檀越施主的好斋好供,住了那高堂大殿僧房,又无俗事所烦,房里好床好铺睡着,没得寻思,只是想着此一件事。假如譬喻说,一个财主家,虽然十相俱足,一日有多少闲事恼心,夜间又被钱物挂念,到三更二更才睡,总有娇妻美妾同床共枕,那得情趣。又有那一等小百姓们,一日价辛辛苦苦挣扎,早晨巴不到晚,起的是五更,睡的是半夜,到晚来未上床,先去摸一摸米瓮,看到底没颗米,明日又无钱,总然妻子有些颜色,也无些甚么意兴。因此上输与这和尚们一心闲静,专一理会这等勾当。那时古人评论到此去处,说这和尚们真个利害。因此苏东坡学士道:"不秃不毒,不毒不秃;转秃转毒,转毒转秃。"和尚们还有四句言语,道是:

一个字便是僧,两个字是和尚,

三个字鬼乐官,四字色中饿鬼。(施耐庵:《水浒传》,第四十五回)

在明代小说《金瓶梅词话》中,也说有德行的高僧少,那些和尚无事萦心,专在色欲上留心,所以普通人"输与这和尚每许多":

看官听说,世上有德行的高僧,坐怀不乱的少。……此一篇议论,专说这为僧戒行。住着这高堂大厦,佛殿僧房,吃着那十方檀越钱粮,又不耕种,一日三餐,又无甚事萦心,只专在这色欲上留心。譬如在家俗人,或士农工商,富贵长者,小相俱全,每被利名所绊,

《点石斋画报》中的禅参欢喜图

或人事往来，虽有美妻少妾在旁，忽想起一件事来关心，或探探瓮中无米，囷内少柴，早把兴来没了，却输与这和尚每许多。有诗为证：

色中饿鬼兽中狨，坏教贪淫玷祖风。

此物只宜林下看，不堪引入画堂中。（《金瓶梅词话》，第八回）

在清代小说《一片情》中，则从和尚性压抑过甚的角度来解释和尚的性欲比普通人强的原因：

单说人既出了家，祝了发，只当以生死轮回为重，心如槁木死灰，六尘不入，十戒当遵。因甚一见女娘，欲火炎烧，比在家人更盛，却是为何？譬若天地生物，惟人最灵，即痴蠢如鸟兽，无知若虫蚁，也成双作对，一般有雌有雄。做一个人，反把阴阳亢而不雨，情欲郁而不伸，所以一经他手，则千奇百怪，俗人做不出的，都是和尚做出来。（《一片情》，第三回）

以上议论，反映了小说作者对世情的深入洞察，大多是深中肯綮的。

（3）房中高手

在明清艳情小说中，每当描写和尚与女子性交，通常都会称和尚房术高强，不仅阴茎粗大，时间长久，而且常常能让女子达到性高潮。如明代小说《别有香》中，描写和尚了空学得房中采战之术后，一次，见到一个美貌女子来寺庙中烧香，了空便用迷药把她迷倒，然后与之性交。但了空觉得与昏睡中的女子性交，了无趣味，便又为她解了迷药。该女子醒来后，虽又惊又急，但当体验了了空高明的性交技巧，使自己得尝从未经历的乐趣时，便沉迷不已。（见《别有香》，第四回）

在明代小说《禅真后史》中，写到和尚嵇西化与玉仙性交，说嵇西化"一来阳物伟巨，二则精力强健，三则善于按摩进退之法"，使玉仙由衷地说："天下之乐，莫过于此。今宵奇会，死亦甘心"。（见方汝浩：《禅真后史》，第五十回）

在清代小说《姑妄言》中，描写和尚万缘与桂氏性交，也称万缘的战法，高出他人之上。

第九章 不同类型的人与性

《点石斋画报》中的心中有妓图

（见《姑妄言》，第五回）

为什么上述小说中描写和尚与女子性交，定要称和尚习过房术，或称和尚阴茎粗大，持续时间长久呢？这种现象，首先当然是为了迎合社会上关于和尚房中功夫了得的传言。其次，当然也是某种实情的反映。因为那些色胆包天、竟敢破戒行淫的和尚，多是性欲强烈、在身体和精力方面有某种资本的人。第三则是和尚生活清闲，在清闲之中花时间琢磨性交技巧，也是很自然的事情。

### 2. 欲心未泯的尼姑

尼姑即出家修行的女性佛教徒，她们与和尚一样，也被禁止与异性发生性关系。但是，尼姑同样有性欲，当她们的正常性欲受到压抑时，她们中的某些人也会像有些和尚那样，做出违反佛教色戒之事，或勾引男子来庵中同住，或与和尚私通，有的则甚至像妓女一样公然接客。

#### （1）尼姑的性欲

在人们的心目中，女子的性欲通常比男子要弱，因此，女子出家，应是比较守得住的。然而，事实却并非如此。有不少尼姑，当明白自己将陪伴青灯度过漫长的一生时，常常会作出激烈的反抗。因为，女子的性欲虽然不容易被挑起，但是，中国古代性学家早就说过：男子易动而易静，女子难动而难静，要使女子在性欲上归于安静，也不是容易的事。关于女子的性欲，现代学者潘光旦曾经说过，女子的性欲表面上易绝，实际上难绝：

关于尼姑，《思凡》的一曲最能把绝欲的困难描绘出来。女子的性欲比男子为广泛，为散漫，表面上易绝，实际上难绝；狭义说来易绝，广义说来难绝，特别是在有过性交的经验的女子。所以佛姨母瞿昙弥想出家，而如来不许，对阿难说：若听女子出家，乃令佛法清净梵行，不得久住，譬如莠生稻田，善谷复败。又说：我之正法，千岁兴盛，以度女人故，至五百岁而渐衰微。（见霭理士：《性心理学》，第401页）

关于尼姑的性欲，在明代小说《醒世恒言》中载有一首《小尼姑》曲儿，说得很是传神：

小尼姑，在庵中，手拍着桌儿怨命。平空里吊下个俊俏官人，坐谈有几句话，声口儿相应。你贪我不舍，一拍上就圆成。虽然不是结发的夫妻，也难得他一个字儿叫做肯。（冯梦龙：《醒世恒言》，第十五卷）

在清代小说《野叟曝言》中，写到文素臣与双人坐船出行，同船的有两个十多岁的小尼，因双人长得白皙标致，引得两个尼姑常常出神地偷窥，并用眼色勾引：

只见房舱内两个小尼，搭伏着肩头，一手掀开隔断的毡条，在空格中间偷觑着双人的嫩脸，双双的都出神去。双人年止十七，生得粉面欺何，素腰压沈，丰姿绰约，浑如灵和疏柳，张绪当年。两个小尼情窦已开，见了这般年少风流，恨不肉儿般团成一片！夜里隔着一层疏榈，两片红毡，已是万种思量，千般模拟。又遇着五月将尽，天气正炎，双人赤着上身，露出无暇美玉，小尼此时恨不得把碗水儿将双人过下肚去。素臣痛诋佛教，他那里听见一字，只呆呆的注视双人。正在难割难分的时候，双人一心倾听素臣的议论，竟毫不知小尼在后偷觑，直至素臣把嘴一吮，双人回过脸来，却好打个照面。那两尼眉花眼笑，卖弄精神；这双人颈胀头红，惭惶颜面。素臣看得逼真，心里暗笑。（夏敬渠：《野叟曝言》，第十回）

清代小说《空空幻》中的情节则更是有趣，男子花春前去京城会试，路过一个尼庵，见到两个俊俏女尼，便出言挑逗。没想到那两个尼姑不但不恼，反而明确告诉花春，我们这些出家人都是净身不净心的，虽出红尘，却未除欲念，所以不妨结鸳鸯之侣，时时交颈：

花春道："情实有之，然非舟子迷津至此，焉得与二位一面？此乃天假之缘也。我想人生于世，犹如草头之露，水上之萍，青春不再，红颜能有几时？以二位具如此之丽质，何不花开并蒂，带结同心，以图琴瑟好逑之乐？乃反削发空门，徒使绣被生寒，孤帏耐冷，受那一种凄凉景况，是真可惜。"那尼僧笑道："我庵中出家者，皆是空门不空色，净身不净心的，故虽出红尘，未除欲念。清磬数声，惊不断阳台之梦；绣幨长拂，卷不开巫峡之云。何待结鸳鸯之侣，时时交颈鸳鸯；不必谐鸾凰之欢，夜夜成双鸾凤。从来化雨春风，都被出家人占尽。香阁佳人，焉得有此乐境。"花春闻说，深叹其言之不谬。

是夜二尼轮流取乐。花春将丹药吮入口中，真是通宵不倦。二尼悦道："不料相公一瘦弱书生，具此本领，乃色中之飞将，可以一当千。"迨至漏尽钟鸣，然后各自安睡。（《空空幻》，第五回）

以上故事虽属虚构，但其中反映的道理却并不差。尼姑也是人，尤其是那些年轻漂亮的女尼，对男女之情总是充满了憧憬，要她们在尼庵中心如止水、虚掷大好年华，无疑是不太切实际的。

第九章 不同类型的人与性

### （2）尼姑庵中的风流勾当

如果说，那些胆大妄为的和尚，敢把佛教寺院变成集体淫乱的场所，那么，有些性欲炽涨的尼姑，也敢把尼姑庵变成风花雪月之地。尼姑庵是一个颇为特殊的场所，因为根据佛教的规定，尼姑庵中不允许有男子居住，那么设想一下，当一群弱女子长期群居在一起，而内中又无修行高深的尼姑主持时，这些尼姑们将会做出什么事情来？荷兰汉学家高罗佩在《中国古代房内考》中说，古代中国人对尼姑庵并无好感，尼姑庵被看成是暗中行淫之所：

> 舆论对尼姑和尼姑庵凤无好感，明代小说和短篇故事过分渲染她们的所谓恶行。人们怀疑尼姑只是为了干下流勾当才信教，而尼姑庵则被说成暗地里行淫之所。人们通常以为尼姑登门，不是去给女人送春药，就是去拉皮条。……有个元代作家就曾劝人们不可让尼姑接近他们的家。况且人们怀疑，女人上尼姑庵，恐怕并不是去祈祷还愿，也不是去参加宗教仪式，而是打扮得漂漂亮亮去勾引男人。（高罗佩：《中国古代房内考》，第356页）

在明代小说《醋葫芦》中，有一段员外成珪与熊阴阳的对话，较有代表性地道出了当时发生在尼姑庵中的种种秽行以及人们对尼姑庵的观感：

> 成珪道："和尚家，我倒时常相处几个；那尼姑们，只因院君不放进门，我却一处也不晓得。闻有几座尼庵，说道里边有若干女众，不论老少，不计其数，从幼含花女儿出家的都有。不知怎的，不拘在山在市，都把个门儿镇日里紧紧关闭，日日又有道粮，并不出门抄化，我想这班都是真正好尼姑庵了。"

> 熊老道："员外，你真是个老实人，岂不晓得古人说：僧敲月下门，正为那关的，所以要去敲。里边专一吃荤吃酒，千奇百怪，胜似男人，无所不为，无所不做。还养得好光头滑脑梓童帝君相似的小官，把来剃了头发，扮做尼姑，又把那壮年和尚放在夹壁弄里。有人来时，只做念佛看经；没人来时，一味饮酒取乐。甚至假修佛会，广延在城在郭缙绅、士庶之夫人、小姐及人家闺女、孤孀到于庵内修斋念佛，不许男客往来。有那等不信的小伙子、恶少年要去看妇女、乱法会，又有那等开眼孔、假慈悲的举人、进士、乡宦们，有血沥沥的护法告示当门遍挂，你道谁敢再来多嘴？那些妇女们挨到黄昏夜静，以为女众庵中不妨宿下，其家中父亲、丈夫也不介意。谁知上得床时，便放出那一班饿鬼相似的秃驴来，各人造化，不论老小，受用一个。那粉孩儿样的假尼姑，日间已就陪着一位夫人、小姐，晚来伴寝，是不必说。其内妇人之中，有些贞烈性的，也只插翅难飞，没奈何，吃这一番亏苦，已是打个闷将，下次决不再来，惟恐坏了声名，到底不敢在丈夫跟前说出，那为丈夫的也到底再悟不透。及至那等好淫的妇人，或是久旷的孤孀，自从吃着这般滋味，以后竟把尼庵认为乐地，遭遭念佛，

《点石斋画报》中的佛地宣淫图

日日来歇，与和尚们弄出妊孕，倒对丈夫说是佛力浩大，保佑我出喜了。你道那班为父为夫的，若能知些风声，岂不活活羞杀？故此在下说，极可恶是那关门的尼姑哩！"
（《醋葫芦》，第十二回）

在明清时期关于尼姑庵秽行的各种记载和描写中，最有代表性的情节，常常是某青年男子进入尼姑庵游玩，被一群尼姑看中，便留其住下，日夜淫乐。青年男子也流连忘返，最后弄得形销骨立，奄奄一息，有的甚至因此命丧庵中。

在明代小说《初刻拍案惊奇》中，说到青年男子闻人生英俊潇洒，被尼姑静观引入翠浮庵，众尼姑见到闻人生，一个个兴奋不已，轮番与之淫乐：

众尼看见，笑脸相迎。把闻人生看了又看，愈加欢爱。殷殷勤勤的，陪过了茶，收拾一间洁净房子，安顿了行李。吃过夜饭，洗了浴，少不得先是庵主起手快乐一宵。此后这两个，你争我夺轮番伴宿。静观恬然不来兜揽，让他们欢畅，众尼无不感激静观。混了月余，闻人生自支持不过。他们又将人参汤、香薷饮、莲心、圆眼之类，调浆闻人生，无所不至。闻人生倒好受用。（凌濛初：《初刻拍案惊奇》，卷三十四）

在清代小说《醒世姻缘传》中，也描写男子狄希陈到莲华庵做法事，住在庵中，众尼姑天天轮流与之性交，弄得狄希陈"丰韵全消，骨高肉减"：

众姑子们每日掌灯时分，关闭了庵门，故意把那响器敲动，鼓钹齐鸣，梵咒经声，彻于远近，却一面在那白姑子的禅房里面置备了荤品，沽了醇醪，整了精洁的饭食，轮流着几个在佛殿宣经，着几个洞房花烛，逐日周而复始，始而复周。狄希陈虽是个精壮后生，也禁不起群羊攒虎，应接不暇，未免弄得个嘴脸丰韵全消，骨高肉减。（《醒世姻缘传》，第六十四回）

在清代的《点石斋画报》中，也记载有一个姓陈的浙江定海男子，进入某尼庵后，与庵中的三个尼姑轮流交媾，乐而忘返：

定海陈某，风神韶秀，不啻卫玠璧人，一日赴甬北观永昌会，瞥见二美尼，亭亭袅袅娜娜而来，其少者丰姿尤丽，如散花之天女，搔背之麻姑，心醉魂销，低徊不忍去。

第九章 不同类型的人与性

《点石斋画报》中的青豆房开图

尼见陈，亦如天台仙子之逢刘阮，顾盼有情。遂尾其后而行，至某庵，随之入，则尚有一尼，年约三十余岁，主庵事。设酒待之。至晚，庵主留之同宿，结欢喜缘，陈勉应之。次日，始与少尼赴巫山之会。自此鬓丝禅榻，日在温柔乡，大有"此间乐，不思蜀"之意。居无何，少尼谓陈曰："奴之所望于君者，欲效吴彩鸾嫁史箫故事，今日夜欢会，恐双斧伐孤树，不待智者而知其不能长久，盍姑出而谋秦台攀凤计乎？"陈诺诺如命，想情魔终未能遣除也。妖尼恣淫若此，安得倾三江之水，为佛地一涤其污秽哉！(《点石斋画报·佛地宣淫》)

更有甚者，有的尼姑庵居然仿效世俗中开妓院的做法，让庵中尼姑公然接客。如《点石斋画报》中载，在江浙一带，有不少女子兼做妓女的勾当，她们在头上留起刘海，除了不裹脚，其他打扮与世俗女子相似。这些尼姑经忏娴熟，各种乐器无所不能，因此往往自高身价，颇似有专业知识的高级妓女。(见《点石斋画报·香软红尘》)

另据《点石斋画报》载，有的尼姑庵不仅公然留男子在其中歇宿，还依仗官府的势力来保护自己。"画报"中称，某尼庵因私藏少年，秽声四播，当有好事者闯入尼庵捉奸时，庵中老尼居然理直气壮地告诫诸人，此尼庵颇有背景，大家不要自讨没趣：

尼庵中清修练行者固不乏人，而有借清净地结欢喜缘若新闻纸所载，某尼庵私藏少年，秽声四播，有好事者乘隙闯入密室，尼不及拒，见一榻，罗帐低垂，流苏璎珞极华丽，床前男子履一双，旁置溺器，桌上小帽短烟管，架上男袍褂数袭。诘为何人物，尼赧颊不答。纷攘间，一老尼入，合掌求大护法海涵，延出客座奉茶，老尼忽作色曰："此为王尚书家庵，卧者即贵公子，是我皈依弟子与徒辈为兄妹行，其少夫人女公子亦常住宿庵中，本属一家，无预外人事，客去休，捋虎须何为。"众愕眙，逡巡出。越日，纠多人往，则郡守禁闲人示高悬庵门，硃笔判字犹湿也。(《点石斋画报·青豆房开》)

从中我们也可以发现一个道理，尼姑们违背色戒，当然应由教中之机构来处理，但是，当尼姑们违犯色戒已经影响世道人心时，官府就应出面来予以处理。而从上述例子来看，官府不但不加查究，反而出面予以保护，由此造成的负面影响之大是不言而喻的。因此，一个社会的道德风尚的好坏，官方应该负主要的责任，若官风不正，世风必将不正。中国古代和尚、尼姑丑行不断，秽声远播，与世俗政府缺乏有效的监管有密切的关系。

### 3. 妖道

所谓妖道，指的是妖言惑众、犯上作乱或以邪术害人的道士。不过，这里所说的妖道，则专门指不守道教戒律，淫污良家女子或以欺骗、强迫等手段与徒弟行同性性行为的道士。金元以后，道教分为南北两宗，南宗称正一道，道士可娶妻；北宗称全真道，崇尚清修，道士不得娶妻。因全真道在社会上影响很大，故在一般人的心目中，道士也与和尚一样，不得与女子性交；若发生道士与女子性交之事，该道士便会被认为毫无道行，甚至被称为妖道。

另外，道教中有房中术，被有的道士作为修炼成仙的一种手段。房中术提倡御女多多益善、采阴补阳、还精补脑，历代学者多视之为邪术，故人们通常又把从事房中修炼的道士称为妖道。关于从事房中修炼的道士是否属于妖道，这个问题较为复杂，读者可参阅本书第十四章。在本节中，我们主要是从道士淫污良家女子和强行与同性发生性行为、从事与性有关的不法活动等角度来谈论妖道。

（1）勾引良家妇女

道教的信仰是长生成仙，为了实现这一目标，道教设计了一系列的修炼方法，包括行气、导引、胎息、存想、服食金丹、内丹修炼，等等。全真道在金元时期产生后，以内丹修炼为主要的手段。内丹修炼要求清心寡欲，不近女色，闭门静修。然而，一些道士在静修过程中，会发现性欲明显增强的情况，这对于有些意志力薄弱的道士来说，无疑是难以忍受的，于是他们便会想方设法、不择手段地去接近并勾引女性。因此，不光是和尚有"色中饿鬼"之称，人们也常常用"色中饿鬼"来称呼道士。在明代小说《初刻拍案惊奇》中，说到寡妇吴氏请道士黄知观等到家中做法事，黄知观见吴氏长得漂亮，便恨不得马上与她发生性关系。后来，黄知观设下计谋，使吴氏与他单独相会，终于与吴氏发生了苟且之事。（见凌濛初：《初刻拍案惊奇》，卷十七）

在清代小说《野叟曝言》中，也描写道士聂元以炼丹为名，接受连公子的供养，住在连公子家中，却与连公子的凤姨私下通奸：

公子在月光下四顾无踪，又吃大吓，浑身毛发，根根直竖起来，身子不摇自颤，竟抖倒在地，半晌动弹不得。定了一会，正要敲开凤姨房门，与他商议璇姑之事，忽然听得房中似有交媾之声，忙走上几步伏在门首侧耳细听，却是凤姨娇声浪气，唤肉呼肝，淫兴猖狂，无所不至！公子心头火起，用力一连几脚将门踢落，大叫："好淫妇！干得好事！"缘凤姨先因大莲牵头搭识了聂元，趁着春红死后，公子绝足不至后

第九章　不同类型的人与性

《点石斋画报》中的妖道成禽图

边,他两个夜夜宣淫。此时正在兴浓,忽听公子喊叫踢门。那道士却是惯家,上床时,把衣裤鞋袜巾帕等物,收放枕边,一听打门,抓了衣裤等物,吸着鞋儿就要破窗而出。因公子已是踢落房门,赶进房来,便飞一腿,将公子踢倒,夺开了路,跨出房门,纵身上屋,要向东边下去。忽然一想,走转西来,故意乱踹将去,踏碎了许多瓦片,踊身跳下,然后折过东来,轻轻的飞上围墙,自进丹房去了。(夏敬渠:《野叟曝言》,第二十九回)

在清代的《点石斋画报》中,则记述道士王某等在北京城里妖术惑众,把良家妇女诱入庵中,用迷药迷倒,然后奸污,最后全部被官府抓获:

京师西直门外白塔庵道人王某,自号纯阳老祖,售符箓施法水敛钱惑众,哄动一时,致有无知妇女纷纷愿列弟子行。该道乃以三六九等日创为传道之期。闺阁娇娃,除焚香膜拜外,环而听者,粉白黛绿,如醉如痴。若问其在庵所作何事,在妇女喜结僧道之缘,固不肯言,而亦不能言也。近有某旗人之女,被该道诱匿,控案请拘,当经兵勇严密围捕,擒获该道及赛济颠等道众七名,起出铁尺及七节钢鞭洋枪十数杆,并搜获妇女三口,解经官宪讯鞫,据妇女同供被用迷药强奸情形,凿凿有据,该道等亦自知罪无可逭,供认奸污各情不讳。想此案自当按律惩办矣。嗟彼妇女以入庙烧香之故,致玷名节,观此亦知自返否?(《点石斋画报·妖道成禽》)

在《点石斋画报》中,还记载有一件道士淫纵不法之事。江西进贤门外有一个纯阳观,观中的一个道士与某香铺之妇有私情,后来,该道士的徒弟也与该妇发生了奸情,该道士得知后,醋意大发,便把徒弟捆起来,在他身上浇上油,放在柴堆上一把火烧死了。该道士的胆子不可谓不大,心肠不可谓不毒:

江西进贤门外纯阳观为道人修炼之所,相安已久。一日,某道人将其徒手足捆绑,外加棉絮,将身卷紧,缠以铜丝,淋以洋油,缚于木架,置于柴堆,举火焚之,顷刻皮焦肉烂,惨不可言。谓其与某香铺之妇有奸也。先是某道士与妇有啮臂盟,后其徒亦复暗度巫山,至此妒奸起意,将其徒致死。尝有乡人目击情形,控诸南昌县,冯邑尊审悉各情,饬令收禁。僧道私刑谋死徒众,乾隆间案例俱在,法厅拟极。今该道人淫凶若此,想当援照办理也。(《点石斋画报·羽士淫凶》)

(2)道士间的同性性关系

全真教道士必须出家修炼,在道观里清一色都是男性,当有些道士性欲难忍时,便会很自然地发生同性性关系。尤其是师徒之间,对于师父的要求,徒弟不敢不答应,故有的道士,师徒之间总有些不清不白的关系。在明代小说《金瓶梅词话》中,说到岱岳庙里金住持的大徒弟石伯才,与其两个徒弟郭守清和郭守礼就有同性性行为:

> 原来这庙祝道士,也不是个守本分的,乃是前边岱岳庙里金住持的大徒弟,姓石,双名伯才,极是个贪财好色之辈,趋时揽事之徒。……他手下有两个徒弟,一个叫郭守清,一个名郭守礼,皆十六岁,生的标致,头上戴青缎道髻,用红绒绳扎住总角,后用两根飘带,身穿青绢道服,脚上凉鞋净袜,浑身香气袭人。客至则递茶递水,斟酒下菜。到晚来,背地便拿他解馋填馅。明虽为师兄徒弟,实为师父大小老婆。(《金瓶梅词话》,第八十四回)

在明代小说《初刻拍案惊奇》中,说到道士黄知观看上了寡妇吴氏,性欲难遏,便与手下的两个道童肛交,同时密谋如何把吴氏弄到手:

> 知观听得,不胜之喜,不觉手之舞之,足之蹈之,那里还管甚么《灵宝道经》、《紫霄秘箓》?一心只念的是风月机关、洞房春意。密叫道童打听吴氏卧房,见说与儿子同房歇宿,有丫鬟相伴,思量不好竟自闯得进去。
>
> 到晚来与两个道童上床宿了。一心想着吴氏日里光景,且把道童太清出出火气,弄得床板格格价响。搂着背脊,口里说道:"我的乖!我与你两个商量件事体:我看主人娘子,十分有意于我,若是弄得到手,连你们也带挈得些甜头不见得。只是内外隔绝,他房中有儿子,有丫鬟,我这里须有你两个不便,如何是好?"太清接口道:"我们须不妨事。"知观道:"他初起头,也要避生人眼目。"太素道:"我见孝堂中有张魂床,且是帐褥铺设得齐整。此处非内非外,正好做偷情之所。"知观道:"我的乖!说得有理,我明日有计了。"对他两个耳畔说道:"须是如此如此。"太清太素齐拍手道:"妙,妙!"(凌濛初:《初刻拍案惊奇》,卷十七)

在明代小说《韩湘子全传》中,则描写了一位老人自述在少年时被两个道士骗去当龙阳的事情:

> 要知山下路,须问过来人。我少年时节,也曾遇着两个游方的道人,卖弄得自家有掀天揭地的神通,搅海翻江的手段。葫芦内倒一倒,放出瑞气千条;蝇拂上拉一拉,撮下金丹万颗。见我生得清秀标致,便哄我说修行好。我见他这许多光景,思量不是天上神仙,也是蓬莱三岛的道侣,若跟得他去修行,煞强似做红尘中俗子,白屋里愚夫。

第九章 不同类型的人与性

《点石斋画报》中的道院藏春图

便背了父母,跟他去求长生。谁知两个贼道都是些障眼法儿,哄骗人的例子。哄我跟了他去,一路里便把我日当官差夜当妻,穿州过县,不知走了多少去处。弄得我上不上,下不下,不尴不尬,没一些儿结果。我算来不是腔了,只得弃了他,走回家来。我爹娘背地里商议道:"这孩子跟了贼道人走出许多时节,一定被贼道人拐做小官,弄得不要了。他心里岂不晓得女色事情?若再不替他讨个老婆,倘或这孩子又被人弄了去,这次再不要指望他回来了。"连忙的与我说亲行聘,讨了房下,生得一个儿子。(《韩湘子全传》,第六回)

(3)道院招女子接客

道教的宗旨是肉身成仙,因此,道士们不像和尚那样视世俗生活为梦幻泡影,镜花水月,而是更热衷于享受世俗生活,并企图在享受的过程中得道成仙。因此,为了炼丹服食,他们可以出仕为官,以积累资金;为了阴阳双修,他们可以置身花街柳巷。正因如此,道士们也常常会做出匪夷所思之事。

据清代的《点石斋画报》载,在北京城西华门侧的正大光明殿,有道士住持,这些道士居然胆大包天,购置了两名女子,让她们住入道院,公然接客:

> 古来庵寺之中,往往藏垢纳污,不守佛戒。在和尚则禅参欢喜,在女尼则冶容诲淫。其甚者,合僧尼于一处,宣淫佛地,种种不法,擢发难数。惟道士奉黄老之教,以清净寂灭为宗,虽其中不无败类,而寡廉鲜耻之事尚属罕闻。不谓京师皇城内西华门侧正大光明殿为敕建寺宇,有道人住持其间。今春购置二女,潜纳入庙,使之涂脂抹粉,招引堕鞭俊侣,挟弹王孙,月夕花晨,作风流胜会。道士亦趋承唯谨,缩头曳尾,不以一顶绿头巾为老君颓其声价,盖居然与卖笑生涯同一蹊径。(《点石斋画报·道院藏春》)

对于道士的种种不守戒规、甚至不守法律,在性的问题上屡屡违规的情形,在明代小说《禅真逸史》中有一段极风趣的描述,可谓道尽了道士的性生活。书中借道士杜子虚的话说，道士可有诸多名称，因其不像和尚那样剃发，去嫖妓时，不易被人认出，故可称"嫖头"；因道士嫖妓时会竭力满足妓女的性欲，故又称"花里魔王"。道士与女子性交，可称为"伏阴"；道士与道士性交，可称为"朝阳"。"朝阳"走的是"旁门"，那是没有钱的道士才采用的方法；若有钱，便径走"正门"了：

子虚道："此是春梦，有何灵应，不必介怀。且与你说正经话，如今升元阁前有一土妓，十分标致，我今作东，送贤侄往彼处一乐何如？"阿保笑道："尊叔是出家人，怎讲这嫖妓的话？"杜子虚道："你怎知我们传授，朝廷设立教坊，正为着我等。比如俗家，他自有夫妻取乐，我道士们岂无室家之顾？没处泄火，嫖妓取乐，乃我等分内事，当官讲得的。故和尚唤做光头，道家名为嫖头。"阿保大笑道："这话儿小侄平素未曾闻得。"杜子虚道："此话是我道家秘诀，你怎么知道！嫖头二字，有个来历，假如和尚光着头去嫖，被鸨儿识破，连了光棍手，打诈得头扁方住手。我们道家去嫖，任从妆饰，头上带一顶儒巾，就是相公；换了一个大帽，即称员外，谁敢拦阻，故叫做嫖头。又有一个别号，和尚加了二字，叫做'色中饿鬼'，道士添上二字，名为'花里魔王'。"阿保道："'色中饿鬼'是诮和尚无妻，见了女人如饿鬼一般。道家'花里魔王'，这是怎地讲？"杜子虚道："我等道士看经打醮，辛苦了一昼夜，不过赚得三五钱衬仪，若去嫖耍，不够一宿，故竭力奉承那妓者。年壮的精元充足，力量可以通宵；年老的根本空虚，须服那固元丹、暇须丸、涩精散、百战膏，助壮元阴，鏖战不泄。因此妓女们见了我道家，个个魂销，人人胆怯，称为'花里魔王'。"

阿保道："据老叔所言，做和尚不如做道士。但道士贫富不同，富足的方有钱嫖耍，贫苦的那话儿怎生发泄？"杜子虚呵呵笑道："俺们穷的道士，另开一条后路。不怕你笑话，我当初进观时，年方一十二岁，先师爱如珍宝，与我同榻而睡。一日先师醉了，将我搂定亲嘴，干起后庭花来，怎当这老杀才玉茎雄伟，我一时啼哭，先师忙解道：'这是我道教源流，代代相传的，若要出家做道士，纵使钻入地裂中去，也是避不过的。太上老君是我道家之祖，在母腹七十余年，方得降生。这老头儿金皮铁骨，精炁充满，善于采阴补阳，百战百胜。后过函谷关，见关吏尹喜丰姿可爱，与之留恋，传他方术修炼，竟成白日飞升。凡道家和妇人交媾为伏阴，与童子淫狎为朝阳，实系老祖留传到今，人人如此。'愚叔只得忍受。这唤做道教旁门。富足的径进正门，不入旁门了。"

（方汝浩：《禅真逸史》，第十三回）

需要说明的是，以上所述，均是那些不守道戒的道士在性生活上的丑行，我们不能以偏概全，把它视作道士们在性关系中的常态。在中国道教的历史上，不乏恪守道教教规，并达到很高修炼境界的有道之士，如唐代的司马承祯，宋代的陈抟老祖，金元时期的王重阳、全真七子，明代的张三丰，等等，他们均能依据道教的宗旨，潜心苦修，体悟大道真谛，

第九章 不同类型的人与性

忍世人所不能忍,以自身的身心为实验对象,发现了人体结构中的种种奥秘。他们的实验成果,反映在各种形式的丹经中,对于人类认识自身,是不可多得的宝贵财富。至于那些不肯真修实炼,只是打着道教的旗号四处招摇撞骗,行种种不法之事的妖道,他们是道教中的败类,与那些得道之士不能相提并论。

## 六、老年人

老年人指的是六七十岁以上的人。人到了老年以后,身体的各种功能都会逐渐退化,性功能也不例外。与年轻人相比,老年人无论在性欲、性感受还是在性器官的反应等方面都会有明显的不同。许多人到了老年以后就不再过性生活,认为这是理所应当的事。那么,老年人该不该有性生活呢?若应该有,老年人又应该怎样过性生活呢?在老年人与性的关系上,男女两性表现出较大的不同,故在本节中,我们分男性老年人和女性老年人两个部分来展开论述。

### 1. 老年男子与性

一个男子到了老年,通常会出现性欲下降,阴茎勃起强度减弱,不应期延长,精液减少等情况,针对老年男子在生理和心理上的这一系列特点,中国古代性学提出了自己的看法,有些看法与现代性学存在明显的区别。在此,我们先把这些观点展示出来,再分析其是非对错。

(1)"人年六十便当绝房内"

古代人的平均寿命比现代人短,故对老年人的理解也存在不同。古代通常把五六十岁的人称为老年人。在老年男子与性的关系上,古代性学家的一个明确的观点,就是老年男子当禁止性行为。如南朝梁时的著名道士陶弘景说,男子到了六十岁,便应断绝性交,除非你在性交时能做到不泄精,否则,以远离女子为上:

> 蒯道人言:人年六十便当绝房内。若能接而不施精者,可御女耳。若自度不辩者,都远之为上。服药百种,不如此事可得久年也。(陶弘景:《御女损益篇》)

唐代著名医学家孙思邈也认为,人到了老年,就应该闭精息欲。他举例说,有一个七十多岁的男子,突然感到性欲勃发,于是屡屡与妻子性交。孙思邈听说此事后,劝该老人不要这么做。他解释说:一盏灯,在灯油快燃尽的时候,通常会猛然亮一下;人也一样,在精气将尽的时候,性欲会突然旺盛,此时必须保持不泄精,否则只会加速死亡。果然,四十多天后,该老人得病而死:

性欲勃发的老年男子

　　昔正观初，有一野老，年七十余，诣余云：数日来阳气益盛，思与家姬昼寝，春事皆成，未知垂老有此，为善恶也？余答之曰：是大不祥。子独不闻膏火乎？膏火之将竭也，必先暗而后明，明止则灭。今足下年迈桑榆，久当闭精息欲，兹忽春情萌发，岂非反常耶？窃为足下忧之，子其勉欤！后四旬发病而死，此其不慎之效也。（孙思邈：《房中补益》）

　　元代的李鹏飞在《三元延寿参赞书》中持与孙思邈相同的观点，认为男人在年老时与女子性交，就仿佛灯火将灭时，又人为地把其中的油去掉，只能加速死亡：

　　书云：年高之时，血气即弱，觉阳事辄盛，必慎而抑之，不可纵心竭意。一度不泄，一度火灭；一度火灭，一度增油。若不制而纵情，则是膏火将灭，更去其油。

　　在清代养生家石成金的《长生秘诀》中，同样认为老年人性交，是透支身上的精气，只能"自促其寿"：

　　人年半百以后，精神气血渐次日衰。譬如油少之灯，若不添油，再加灯草多耗，欲灯之不灭，何可得乎？前人云：油尽灯灭，髓竭人亡。甚可畏也。每有一等老人，精气已衰，犹勉强房事，自促其寿，真可叹可怜。（石成金：《长生秘诀·衰老戒房事》）

　　在明清小说中，也大多认同古代性学家关于老年人性交有害健康的观点。如在明代小说《金瓶梅词话》中，描写年老的张大户与年轻女子潘金莲性交，身上便添了不少毛病，整天精神不振：

　　止落下金莲一人，长成一十八岁，出落的脸衬桃花，眉湾新月，尤细尤湾。张大户每要收他，只怕主家婆利害，不得手。一日，主家婆邻家赴席，不在。大户暗把金莲唤至房中，遂收用了。正是：

　　美玉无瑕，一朝损坏；珍珠何日，再得完全。

第九章　不同类型的人与性

大户自从收用金莲之后，不觉身上添了四五件病症。端的那五件？

第一腰便添疼，第二眼便添泪，第三耳便添聋，第四鼻便添涕，第五尿便添滴。

还有一桩儿不可说，白日间只是打盹，到晚来喷嚏也无数。（《金瓶梅词话》，第一回）

在清代小说《一片情》中，描写老年男子符成娶了如花似玉的新玉为妻，过了一个月，身上便添了好几桩病：

却说符成娶了新玉过门，见了这如花似玉的女人，不觉满心欢喜，曲意奉承，十分努力。新玉原是真黄花女儿，此时情窦未开，趣味未谙，胡乱混过满月。不料符成这一月多搬搬火，身上添上好几桩病起来，看看来不得了。你道那几桩病？

第一件，耳中蝉鸣鸦噪；

第二件，眼中流泪昏花；

第三件，鼻中不时潢涕；

第四件，嗓中痰喘交加；

第五件，膝中酸疼若醋；

第六件，臀中泄气如麻。（《一片情》，第一回）

在中国古人看来，既然老年人性交会导致种种疾病，当然应该避免性交，因为健康的重要性无疑比享受性交之乐要大，更何况有病之人也很难享受到性交的乐趣。

（2）老年男子的性欲与性能力

那么，中国古代性学家关于老年男子应当停止性生活的观点究竟有没有道理呢？要回答这个问题，必须先弄清与之相关的三个问题：一是老年男子究竟有没有性欲，二是老年男子的性能力如何，三是老年男子过性生活对健康究竟有多大影响。

关于第一个问题，老年男子有没有性欲，答案是肯定的。对此，现代性学的一些资料可以作证。在《海蒂性学报告》中，提到有一些七十多岁的老人，仍有很强的性欲，如有一个男子71岁了，每周仍手淫2～3次：

年龄会影响性，我从60岁开始就无法顺利勃起，而且不再性交。我现在已经71岁，每个星期自慰2～3次。（海蒂：《海蒂性学报告——男人篇》，第701页）

《海蒂性学报告》的资料中称，即使是80岁以上的男人，他们中的大多数，仍然觉得性的乐趣不减：

80岁以上的男人，更少有勃起和高潮，这完全是基于身体状况的改变。但是大多数人仍然觉得乐趣不减，许多人也在和他人发生性关系的方式中，发现了很多新鲜有趣的事。（同上，第706页）

现代性学的这些统计资料中所反映的情况，似乎与人们的想象存在差距。在人们的想象中，一个七八十岁的男人，应该是没有性欲了，在当前中国的许多家庭中，七八十岁的老夫老妻亦确实较少有性交的行为。关于这个问题，我想特别提醒的一点是，有不少老夫老妻停止了性生活，并不证明老年丈夫没有了性欲，他只是对自己的妻子失去了性欲。在《性学总览》提供的一则调查资料中就说，老年夫妻停止性生活，并不是其中的妻子不想过性生活，而是丈夫对性生活失去了兴趣：

> 在持久婚姻的晚年，性行为模式和同一配偶的单调，似乎促成了男性在婚姻性交方面的兴趣下降。在调查表中（法伊弗和戴维斯，1972年）35名男人和97名妇女说明了不再发生性关系的原因。妇女统统把停止性交的责任归咎于丈夫，而男人们一般都把这种责任归咎于他们自己，这就证实了早些时候的研究结果，即在婚姻之中通常是男人决定性关系是继续呢还是停止。（莫尼等：《性学总览》，第835～836页）

所以，我们必须清楚的是，若把老年夫妻中的妻子换成年轻的女性，则男子的性兴趣就很有可能重新被激发起来。因此，大多数老年人仍有性欲，应是客观的事实。

关于第二个问题，老年男子的性能力如何。在这个问题上，我们必须承认，在通常情况下，老年男子的性能力比起年轻男子来，肯定存在差距。对此，《海蒂性学报告》中有不少相关的资料：

> 我喜欢性交，尽管已经65岁，我仍然每次都能达到高潮。只不过现在花的时间比较久，精液不像以前那么多，勃起也不像15年前那么有力，而这也表示高潮的感觉变得比较温和。我现在一个星期和我太太做爱两三次，有时候4次。本可以做得更多，但是我太太老化得比我快，虽然她比我小4岁。（海蒂：《海蒂性学报告——男人篇》，第696页）

> 在年轻的时候，我可以毫无困难、随心所欲地勃起，但是现在要花比较久的时间，而且也不如以前坚硬。可是我们用了更多手和嘴的刺激，这样能让我太太达到高潮，即使我没办法勃起，我太太也能用阴蒂摩擦阴茎达到高潮，而我也能随之达到高潮。（同上，第698～699页）

> 事实上多数人在60岁的时候，还是可以勃起，只是并不频繁。在70岁的时候，勃起会比较困难，老人通常需要更多直接的身体刺激来达到勃起。（同上，第710页）

在明清小说中，也有不少关于老年男子性交的描写，比较传神地反映了他们力不从心的状况。如在明代小说《别有香》中，描写翁与姨性交时的情况，姨伸手摸翁的阴茎，翁痿垂不举，并对姨说，自己久不做此事，恐有负芳情。后在姨的反复挑逗下，阴茎始有反应。（见《别有香》，第十四回）

在明代小说《初刻拍案惊奇》中，描写一个老和尚与年轻女子杜氏性交时，老和尚"淫兴虽高，精力不济"，"不多一会就弄倒了"，使杜氏很不耐烦，把他讽刺挖苦了一顿。（见

第九章 不同类型的人与性

凌濛初：《初刻拍案惊奇》，卷二十六）

然而，我们说老年男子的性能力比年轻时明显下降，这是就通常的情况而言的，事实上，人们在性能力上的个体差异是很大的。有的男子，即使到了老年，也会有很强的性能力。据刘达临在《中国历代房内考》中称，汉武帝、宋武帝、元世祖忽必烈、清乾隆帝都是"老尚风流"的男子：

汉武帝刘彻是另一个老风流，他在六十二岁那年，让二十余岁的钩弋夫人怀孕，生子弗陵，也就是后来的汉昭帝。

南北朝时的宋武帝刘裕在公元四百一十七年攻下长安，灭了后秦，得到后秦高祖姚兴的侄女；她长得姿色艳丽，刘裕为她所迷，几至废事，这年刘裕五十五岁，可见刘裕也是个"人老心不老"的男人。

活到八十岁的元世祖忽必烈更是个精力过人的君主，据《马可波罗游记》说："忽必烈有皇后四人，后宫嫔妃合计超过万人。此外，鞑靼有一部落叫弘吉剌（Ungart），以出产美女而著称。此部落每年进贡两百名处女，经过最严格的检查考核（从体态身段、性情及至观察其睡态、全身的气味等等）后，挑出三四十名最完美的处女来，此后一年里，每三天三夜轮流一次，每次有六个处女陪忽必烈睡觉，等到全部轮完了，又重新轮起，第二年才换新的。这真是"天赋异禀"了。

高龄八十九的清乾隆皇帝也是个风流天子，他曾六次巡游江南（第六次南巡时已七十二岁了），他南巡只是为了挑选江南美女供其淫乐。所以当乾隆皇帝御舟沿运河过扬州时，特令两岸村镇民妇列队欢迎，好让他从素有艳名的扬州妇女中挑些中意的来玩玩。（刘达临：《中国历代房内考》，第1932～1933页）

在霭理士的《性心理学》中说，有一个男子，在他103岁的时候，居然还能分泌精液：

精液分泌的功能是没有一个确定的最后年龄的，有的男子到了耄耋之年还是能分泌精液，记载所及，有一个一百零三岁的男子还有这种功能。（霭理士：《性心理学》，第397页）

在《海蒂性学报告》中，记述了一个70多岁的男子，每周都要性交四五次，而且每次都能让女子达到性高潮：

我太太约在3年前过世，我们结婚有52年了。我不觉得自己目前正在谈恋爱，不过确实有个72岁的女士和我住在一起。她很性感，我也正在经历自己生命中的重要关键时期，我很喜欢和她发生性行为。我没有办法像以前一样勃起，但是我们每个星期性交四五次，她几乎每次都会达到高潮，我通常也至少会有一次，而且时常是两次射精。（海蒂：《海蒂性学报告——男人篇》，第708页）

基于以上资料，我们就可以回答上面所说的第三个问题了：老年男子过性生活对健康究竟有多大影响？答案是：必须考虑到每个人的个体差异，视具体情况而定。对于那些健康状况极差的男子，当然最好是停止性生活，以更好地保养身体；对于身体十分健康、性欲又较为强烈的老年男子来说，则不妨顺其自然，同时稍加节制即可。至于身体状况处于两者之间的老年男子，则不妨量力而行。总之，老年人只要身体情况允许，是可以过性生活的，因为适度的性生活有利于激发生殖器官的功能，防止其过早老化，这对于延年益寿，无疑是十分有益的。

（3）老夫少妻之利弊

好色之心，人皆有之，老年男子也不例外。中国古代实行一夫多妻制，因此，那些富有的老年男子，常常喜欢娶美丽的年轻女子为妻或为妾。这种老夫少妻的现象，也受到中国古代性学家的明确反对。如清代的石成金在《长生秘诀》中说，老夫少妻，不仅会严重影响男子的健康，还会让少年妻子因性欲无法满足而做出越轨之事：

世有一等人，年至五十多岁，间有强健而稍存余资者，则思取妾纳婢，以取欢乐。全不想衰老之人，何能抵敌少妇？且老虽爱少，其奈少不爱老，憎念一生，烈妇难守，何况妇非贞烈者多乎！妄图一时幻欢，自讨无限苦恼，深可叹也！（石成金：《长生秘诀·衰老戒房事》）

清代小说《一片情》中也说，老年男子与年轻女子结婚，女子对老年男子不会生出爱意，老年男子也很难满足年轻女子的性欲，因此，很容易发生年轻女子淫奔之事：

诗曰：

古来好色胆如天，只笑衰翁不自闲；

顿使芳心随蝶乱，空将画阁锁婵娟。

这首诗单道老人家，不可容留少艾在身边。男情女欲，总是一般的，而女犹甚。以少配少，若有风流俊俏的勾引，还要被他夺了心去；而况以老配少，既不遂其欢心，又不饱其欲念，小则淫奔，大则蛊毒，此理势之必然。（《一片情》，第一回）

《一片情》中还讲述说，有一个名叫符成的老年男子，娶了年轻女子新玉为妻，过了一个月，浑身便添了许多毛病，性交时阴茎也无法勃起，新玉对此十分不满，心中便生出对俊俏后生的渴望。（见同上）

在清代小说《醒世姻缘传》中，也描写一个名叫汪为露的老年男子，娶了一个年轻妻子，很快便把自己弄得人不像人，鬼不像鬼，"人人也都知道他死期不远"：

汪为露乍有了这年小新人，不免弄得像个猢狲模样：两只眼睛吊在深深坑里，肾水消竭，弄得一张焌黑的脸皮贴在两边颧骨上面，咯咯叫的咳嗽。狠命怕那新人嫌他衰老，凡是鬓上有了白发，嘴上有了白须，拿了一把鹰嘴镊子，拣着那白的一根一根的拔了。拔来拔去，拔得那个模样通像了那郑州、雄县、献县、阜城京路上那些赶脚

第九章　不同类型的人与性

357

讨饭的内官一般。人人也都知道他死期不远，巴了南墙望他，倘得他"一旦无常"，可得合村安静。(《醒世姻缘传》，第三十九回)

以上例子说明，老年男子娶年轻女子为妻，纯粹从生理的角度来说，弊病是很明显的：从老年男子来说，他的健康状况会急剧下降（当然，这只是就普通男子而言，对于那些深谙房术的男子来说，则或许不但不会影响健康，反而会有益健康）；对于年轻女子来说，性欲不能满足，身心均受到伤害。然而，虽然弊病如此明显，在古代中国，老夫少妻的现象却比比皆是。而且，即使在现代社会，只要条件允许，老年男子还是会渴望与年轻女子结婚。为什么会这样呢？这是因为老年男子心中大多存有对年轻女子的渴望。《海蒂性学报告》中的一些资料充分反映了这种状况。如一个老年男子说，他虽然心中非常清楚年轻女子不会喜欢一个老头，但是他还是会被年轻女子吸引：

> 我仍然会被年轻的女人所吸引，年轻女人对一个健康的老男人来说是很有吸引力的。但是我绝对不会傻到认为她们想和一个老头子上床，虽然我和25年前体重一样，长相也没变。我将会紧守着我所知道的和拥有的事物，除非有年轻的女人来勾引我，那我也许会和她私奔吧！(海蒂：《海蒂性学报告——男人篇》，第699页)

一个62岁的男子也说，年轻女孩比老年女人对他在肉体上或精神上产生的吸引力更大：

> 我个人觉得和我同年纪的女人，不管在精神或是肉体上都无法像年轻女孩一样吸引我。这是一个年轻人的社会，很少有年轻女人愿意和老人家做爱。(同上，第700～701页)

一个78岁的男子也承认，虽然自己年纪很大，但仍喜欢年轻女子。(见同上，第701页)

对于老年男子偏爱年轻女子的现象，英国性学家霭理士在《性心理学》中曾作过分析，他认为，老年男子不光是喜欢年轻女子，而且在喜欢年轻女子的时候，常常有一种不知顾忌、不识廉耻的倾向：

> 老成的人对青年的人，平时原有一种感情上的爱好，此种爱好也多少有些性的色彩，但这是不能说不正常的；反过来，青年人对异性的成年人也可以有这种表示，也是不足为怪的。但在老年的男子对青年的女子，这种表示却可以走上反常的路；而因为性能日趋衰弱的关系，他只需有些浮面上的性的接触，也往往可以满足。他的年纪越是老，他就越容易满足，而在寻求满足的时候，他越是不知顾忌，不识廉耻。(霭理士：《性心理学》，第253页)

在《时尚健康》登载的一篇由年轻女子写作的文章中，作者也颇为犀利地指出："我发现中国人在性和情感上有个毛病，那就是年轻的时候都矜持着，到老了却终于绷不住，成了老流氓"：

> 年轻本是放纵、犯错误、享受豪情的时候，全都爱端着；等岁数大了、明白了，

想享受了已经晚了。身边有很多这样的例子，小小年纪就步入同居，过着中年人的夫妻生活，到年纪一大把了，突然明白想开了又离婚，变成了四处撒野的老流氓们。年轻的时候该享受该胡搞的时候，都守着道德守着规矩，老了该收心该负责任了，却开始玩花哨、玩防空洞、狡兔三窟，玩青春的尾巴了。说实话，玩青春尾巴的人很不雅，太不审美了，有碍观瞻。(《时尚健康》男士版，2010年第10期)

由此可见，老年男子喜欢年轻女子，喜欢与年轻女子性交、结婚，确实是一种客观存在的事实。但这样的事实从表面上看，无疑是不和谐的：一个满脸皱纹的老男人与一个充满青春活力的年轻女子在一起，人们忍不住会发出鲜花插在牛粪上的感慨。那么，应该怎样看待这种现象呢？老年男子为什么会偏爱年轻女子呢？我认为，从根本上说，是因为爱美之心，人皆有之，美丽而又年轻的女子不光对青年男子有吸引力，对老年男子照样会有吸引力，这并不值得奇怪。但同时我们又必须清楚，老年男子对年轻女子的喜爱，并不是泛泛的喜爱，而是像霭理士所说，"多少都有些性的色彩"，有的甚至是有强烈的性的色彩。一个几乎与年轻女子的爷爷同辈的男人，为什么会对年轻女子产生性欲呢？这一点事实上也并不奇怪，因为通常说来，漂亮的脸蛋、白皙的皮肤、坚挺的乳房、修长的双腿、紧致而充满诱惑力的下腹，都会引起男人的性欲。问题的关键是：为什么老年男人对年轻女子的性欲会无法遏制，而常常会表现出来，甚至明明知道会损害自己的健康，还要去与年轻女子性交，甚至娶年轻女子为妻呢？有人说那是因为老年男子想从年轻女子身上感受青春的气息，以保持自己生命的活力；有人说那是因为男子到了垂暮之年，知道来日无多，便想更好地享受性乐趣，有及时行乐的意思。这些解释均有一定的道理，但并没有抓住问题的要害。有医学专家指出，那是因为老年男子肾气衰竭，虚火上升，不能像年轻男子那样较好地控制自己的性欲；历史上一些曾经奋发有为的皇帝，如唐太宗，在年轻时能严格要求自己，注重道德修养，不沉溺于女色，但到了老年，却纵欲无度，与年轻时判若两人，就与他们老年时肾气衰竭有关。这种说法，似乎更具说服力。

### 2. 老年女子与性

在性活动方面，女子与男子相比有天然的优势，因为男子随着年事增高，会出现阴茎勃起缓慢或无法勃起的情况，这会严重影响男子的性欲及性活动；而女子没有这方面的困扰，只要有性欲，她就可以毫无障碍地进行性活动。虽然老年女子会有阴道润滑不足等情况，但这完全可以通过使用阴道润滑油等来解决。

（1）老年女子"酷好"性生活

根据相关资料，女子终其一生，都可以有性活动，有的女子甚至年纪越老，越是"性致"

盎然。在中国历史上，有一些著名的女子，如武则天、慈禧太后等，都是在六七十岁的时候，仍有旺盛的性欲和丰富的性生活。

据《资治通鉴》记载，在武则天68岁的时候，太平公主推荐张昌宗进宫入侍武则天，张昌宗继而推荐其兄张易之入侍武则天，武则天对他们十分宠幸：

> 尚乘奉御张易之，行成之族孙也，年少，美姿容，善音律。太平公主荐易之弟昌宗入侍禁中，昌宗复荐易之，兄弟皆得幸于太后，常傅朱粉，衣锦绣。昌宗累迁散骑常侍，易之为司卫少卿。（司马光：《资治通鉴·唐纪二十二》）

关于慈禧太后"晚年淫肆"的记载，见于民初柴小梵的《梵天庐丛录》，其中说，慈禧太后好淫不比武则天逊色，她"初幸安德海"，"又幸李莲英、小德张"，而且宫内备有各种春药：

> 慈禧后晚年淫肆，不减武曌（则天），以德宗及新党之故，稍有顾忌，不欲以秽声资人口舌。然艳迹之播，已如日月之食，人皆见之。初幸安德海，安为丁宝桢斩后，又幸李莲英、小德张。西宫有所谓慎血胶（春药）者斗许，又有一种淫香，男子闻之，即摇摇思枕席，此皆阴令两广督抚秘密致之，以备绸缪助淫者。（柴小梵：《梵天庐丛录》，卷二）

在明代小说《灯月缘》中，则有关于老年女子通过手淫发泄性欲的描写。（见《灯月缘》，第三回）

类似的情节也见于清代小说《闹花丛》，书中说，有一个名叫秋香的女子，路过一个老婆子居住的房间，听到里面仿佛有交媾的声音，进去一看，才发现是老婆子拿着一根去了皮的萝卜在那里手淫。秋香不禁发出感慨："人言妇人欲念入土方休，不为虚语。"（见《闹花丛》，第二回）

现代性学经过调查，发现老年女子仍有较多的性生活。据《性学总览》称，在65岁的女子中，50%的人每周有一次性交，25%的人会手淫，而50岁的女子在这方面的比例则更高：

> 克里斯滕森和加隆（1965年）从50到90岁的妇女中搜集了资料，包括了性行为的六个方面：性交、拥抱、手淫、夜间做性交梦、同性接触及与动物接触。他俩发现，87.5%的50岁已婚妇女每周平均进行一次性交。对于60岁的妇女，这个比例下降到70%；而65岁的妇女比例为50%。同样在这些已婚妇女中，手淫（由50岁的30%到65岁的25%）和夜间做梦性交达到性高潮（50岁的27%和65岁的19%）仍然相当普遍。
>
> 在那些不再结婚的妇女中，37%的人在50岁还进行婚外性交，不过这种性交在后10年急剧下降。对这些妇女的补偿活动是手淫，其发生率仍有婚姻妇女手淫发生率的两倍。（莫尼等：《性学总览》，第833页）

《金赛性学报告》中也说，多数超过50岁的女子，仍有活跃的性生活：

> 多数的女人到了更年期并没有失去对性的兴趣。尽管有些女人的确会在此时感到性低潮，但可以用补充荷尔蒙来帮助她们（见第九章）。最重要的是，多数超过五十岁的人，包括更年期的妇女，仍然有健康、活跃的性生活。（瑞妮丝等：《金赛性学报告》，第34页）

在《海蒂性学报告》提供的资料中，一些老年女子也反映自己有强烈的性冲动，或有越来越好的性生活：

> 我一一详答这份问卷的原因，即是鉴于目前都没有针对70岁开外的女人所作的问卷调查（我今年已经78岁了），也没有针对寡居的女人所作的研究报告。到了我这个年纪，我已无任何家庭责任要负担，我也不想要母权式的性关系，但是，我仍然有很强烈的性冲动，因此，我只好找比我小上15～20岁的性伴侣来解决我的性需要。（海蒂：《海蒂性学报告——女人篇》，第377页）

> 我今年67岁，而我发现年龄其实并不会影响性生活。最近几年来，我都能享受到愈来愈好的性生活，我真的很高兴自己已经停经，进入更年期。（同上）

而且，值得注意的是，女子到了老年，不仅仍然有性欲，而且其性欲比年轻时更为强烈。如清代小说《一片情》中就说，女子年将半百，反而酷好性交，原因就是女子年老后阴气不足，阳气有余，所以对异性的渴望会更加强烈：

> 诗曰：
> 
> 垂老佳人事已休，何缘恋恋恋衾裯；
> 贪欢只爱多年少，弄得春心不自由。
> 
> 这首诗，单说妇人年将半百，这念头也该灰了，而反酷好，谓何？总是血衰，血衰则阴不足，阳有余。那牝儿里常是燥燥的，是这物来捆捆，便觉快活，所以一个不了，又寻一个。莫说我老婆老了，不偷汉子，便不提防。前人说得好："除死方休！"这话实实的。（《一片情》，第六回）

《一片情》中提出的关于老年女子"阴不足，阳有余"的观点，得到了现代性学的支持，只是具体表述不同而已。如《海蒂性学报告》中说，女子在停经以后往往表现出更强的性欲，原因就是女子停经后，雌激素无法继续对身体内的男性荷尔蒙发挥抑制作用：

> 从纯粹生理学的观点来说，性欲理应在停经之后大为增加，因为女人身上的男性荷尔蒙并不会受到停经的影响，加上雌激素在停经之后便无法继续对男性荷尔蒙发挥抑制的作用。因此，很多女人在停经之后才开始表现出更高涨的性欲，如果她们并未陷入沮丧的情绪中，而且能找到合适的性伴侣做爱的话，她们的性欲便会随着停经而日渐递增。（海蒂：《海蒂性学报告——女人篇》，第375页）

第九章 不同类型的人与性

那么，老年女子性欲不降反升，对身体会不会带来不好的影响呢？老年女子是否应该顺从此增强的性欲，去过更多的性生活呢？

（2）老年女子过性生活的好处

有不少老年妇女认为，到了自己这个年龄，理应停止过性生活，否则会给人老不正经的感觉。因此，当她们有了性欲，或者因此而发生性行为时，她们甚至会感到不好意思。现代性学则认为，这种观念是错误的，老年女子过性生活，有利于身体健康和长寿。

《金赛性学报告》中说，老年女子有手淫行为、定期享受性高潮，有利于保持生殖器的健康：

> 对老年妇女而言，自慰行为对健康有实际的好处。针对停经后妇女的研究显示，定期有高潮（经由性交、自慰、口交或其他方法）的妇女比没有性生活的妇女较少有阴道萎缩的情形，生殖器也较不容易有问题。（瑞妮丝等：《金赛性学报告》，第345页）

《性学总览》中也说，老年女子每周有一到两次性交，有利于增加生活乐趣，保持自身健康：

> 经常性交，比如每周一两次，有助于调节老龄，保持自身特性，社会结交和生活乐趣，同时还有利于保持生殖器的良好状态。尽管阴道上皮略微萎缩，但还能产生正常的润滑、性高潮时的阴道扩大和性高潮时子宫颈收缩等现象。（莫尼等：《性学总览》，第848页）

《海蒂性学报告》则明确指出，享受性爱的能力，是女人一辈子的天赋，因此，女人从出生到死亡，都能享受性爱之乐：

> 在我们的生活中，生殖行为与性愉悦两者，总是会被大家混为一谈。没错，在女人停经之后，便失去了生殖能力，阴道分泌也会随着减少，但是，她们达到性兴奋与高潮的能力却不降反增。女人在停经之后的生理变化仅限于生殖器官，至于享受性爱的能力，仍是女人一辈子的天赋。诚如我们在童年时期也不具有生殖能力，但是我们依然有能力可以享受性爱的快乐。所以，我们应该改变自己对身体的想法，自认一辈子都是性感的女人，从出生到死亡，都能享受性爱之乐，生殖下一代的功能，则不过是生涯中某个阶段的生理特点罢了。（海蒂：《海蒂性学报告——女人篇》，第376页）

《时尚健康》则从老年女子性交有利于健康长寿的角度来鼓励老年女子要有健康的性生活，因为研究表明，有正常性生活的女性的寿命远高于早早就结束性生活的女性：

> 调查中发现中老年女性停止性生活的年龄普遍较早，而实际上一个人的性生活维持到70岁以后是完全可能和正常的。中国女性往往因为世俗的观念而较早停止性生活，提前让自己进入老年期。科学研究已经无数次地证明了适度性爱对于健康生活的积极作用，例如它能帮助提高身体的免疫机能，使人的情绪处在更好的状态中等等。更有

研究表明有正常性生活的女性寿命远远高于那些早早就没有性生活的女性。医生所建议的雌激素治疗，目的之一也是为了帮助维持正常的性需要，提高更年期后女性的生活质量。(《时尚健康》男士版，2004年第11期)

既然老年女子有正常的性欲，过性生活又有利于健康长寿，那么，何乐而不为呢!

## 七、处女

处女即没有与异性发生过性行为的女子。在大多数情况下，处女初次与异性性交会导致处女膜破裂；处女膜破裂时会有鲜血流出，故处女初次性交时通常会感到疼痛。

### 1. 处女在初次性交时的感觉

在明清小说中，有不少关于处女初次性交的描写，在这些描写中，有一个共同的特点，就是当阴茎进入处女的阴道时，女子都会感到疼痛。

如在明代小说《灯月缘》中，描写真生与处女秀莲性交，秀莲的反应便是"攒蛾蹙额，辄作畏缩之状"。(见《灯月缘》，第八回)

在明代小说《隋炀帝艳史》中，描写隋炀帝与一个十二三岁的女子月宾性交，月宾禁受不住，痛楚欲死，躲到一旁，使隋炀帝也不得畅意：

> 炀帝因等待的兴浓情急，月宾上得来时，也没工夫温存调戏，便在意狂逞起来。不想用力太猛，月宾还是十二三岁的孩子，如何禁当得起，忽大声啼哭起来。炀帝听不进，连忙把身躯往上一松，鸳被上早溅了无数的淫秽。月宾痛楚欲死，得这一松，连忙背过身子，朝着床里曲做一团，咬牙啮齿的呻吟。炀帝见月宾这般模样，心下甚是怜惜，不舍得再来强他。然香温玉软，抱在怀中，一腔欲火，却又按纳不下，只得再三婉转，要月宾转过身来。月宾就像怕老虎的一般，听见叫他，吓得魂魄俱无，那里敢动一动。炀帝叫的缓些，月宾声也不做；若是叫得急了，月宾只叫："万岁可怜罢!"若将手去扯他时，月宾便号号的哭将起来。炀帝没法奈何，欲要以力强他，却又不忍；欲要让他睡了，却又难熬。在他身上抚摩一会，又在他耳根边，甜言美语的央及半晌，月宾只是骇怕，不敢应承。急得个炀帝翻过来，覆过去，左不是，右不是，十分难过。

(《隋炀帝艳史》，第二十七回)

在小说《欢喜缘》中，女子可儿初次破身，开始时的感觉也是"实是疼痛"。(见《欢喜缘》，第二回)

因此，即使到今天，在大多数男子的心目中，都认为与处女性交，处女开始时肯定会

第九章　不同类型的人与性

情窦初开的女子

感到疼痛，等到第二次、第三次性交，女子才会不再感到疼痛，并能慢慢地真正享受到性交的乐趣。

然而，现代性学却告诉我们，这种观念是明显错误的："认为所有女人在初次性交时都会感到疼痛，之后就不会再感觉疼痛，只是个神话，这种说法未必正确。"（瑞妮丝等：《金赛性学报告》，第186页）

《金赛性学报告》认为，只有33%的处女在初次性交时会有疼痛现象，而25%的处女在初次性交时不会感到疼痛，其他的处女只是感到轻微不适；另外，有40%的女子说，她们在非初次性交中，也会有疼痛现象：

> 曾经有份调查研究显示，女人在第一次性交时，25%的受访者没有感到任何疼痛，33%说有疼痛现象，其他女性则感到轻微不适。另一份在妇科医院对五百个女人所做的研究指出，其中40%说她们在做爱过程中，有时候会感到疼痛，或甚至每次都痛。不过，只有4%的人是因为这种疼痛而来就医的。

事实上，在性行为中感到疼痛可能发生于初次性交、第二次性交、第一百次，或每一次，或是其中的几次（就像在月经期间的经痛一样有个别差异），有些人可能从来不曾感到疼痛。不管何时发生疼痛，都需要接受诊断及治疗。（同上，第186～187页）

不过，《我们的性》一书中的资料与《金赛性学报告》存在出入，根据《我们的性》，初次性交时，有疼痛感的处女占73%：

> 一项研究发现，25%的女性初次性交时无疼痛感，40%的女性感到中度疼痛，33%的女性觉得疼痛剧烈。（克鲁克斯等：《我们的性》，第82页）

在《我们的性》中，还介绍了一种处女初次性交时降低不适的方法：把手指头润滑后伸入阴道，把处女膜努力向肛门方向牵拉：

> 如果女性在初次性交前用手牵拉处女膜，可降低性交的不适。开始牵拉前，首先

将手指润滑（唾液或水溶性无菌润滑剂）后插入阴道开口，然后向肛门方向压，直至感到有牵拉感。过一会儿松开手指。重复数次。然后，将两个手指插入阴道，打开手指将阴道壁牵向两侧，同时也将手指向肛门方向牵拉。（克鲁克斯等：《我们的性》，第83页）

那么，处女在初次性交时能不能达到性高潮呢？《金赛性学报告》称，只有极少数的处女会有性高潮，超过半数的处女是感到紧张和恐惧：

有一点是很重要的：不管有多少性经验，只有不到一半的女人能够单靠性交时的抽动而体验高潮。

一份针对大学女生的研究，发现她们在初次性交时，有超过半数只是感到紧张和恐惧。这两种感觉都不会带来性快感。只有39％的人觉得初次性交是很愉快的，极少数的女孩说她们有高潮。（瑞妮丝等：《金赛性学报告》，第183页）

## 2. 男子与处女性交时的感觉

不少男子有处女情结，他们希望自己性交的对象是处女，他们希望自己娶的妻子是处女；更有一些男子，为了能与处女性交，甚至不惜付出重金。

为什么大多数男子都喜欢处女呢？首先当然是处女象征着纯洁，这种纯洁包括两个方面：一方面是心灵上的纯洁，她没有过与其他男子的性经验，当然便象征着心灵上的贞洁；另一方面则是肉体上的纯洁，没有别的男子"占有"过她，她的肉体当然是纯洁的（在艾滋病、性病泛滥的今天，这一点尤其显得重要）。因此，当男子与处女性交时，他很自然地会生出一种安全感、自豪感，甚至还有一种彻底"占有"对方的感觉，而这些感觉，对一个男子来说，都是十分重要的。

那么，男子与处女性交，会不会感觉舒服呢？答案当然是肯定的，如在《隋炀帝艳史》中，说到隋炀帝与一个尚未破瓜的女子性交，隋炀帝的感觉便是"心下十分快畅"：

那女子急转身，看见是炀帝，慌说道："贱婢不知是万岁爷，有失回避，罪该万死！"便忙忙的要跪将下去。炀帝抱住不放道："你这样标致，哪个罪你，只要你解珮与我。"那女子道："贱婢下人，万岁爷请尊重，有人看见不雅。"炀帝笑道："一时戏耍，有甚么不雅！"遂悄悄将那女子抱入花丛之内，也不管高低上下，就借那软茸茸的花茵为绣褥，略略把罗带松开，就款款的鸾颠凤倒。原来那女子尚是个未破瓜的处子，不曾经过风浪，起初心下只要博君王宠幸，故含羞相就，不期被炀帝猛风骤雨一阵狼籍……炀帝见了又可爱，又可怜，心下十分快畅。（《隋炀帝艳史》，第十二回）

在前引的《灯月缘》中，描写真生与秀莲性交，真生的感觉也是"另有一种甜美趣味"（见《灯月缘》，第八回）；在《欢喜缘》中，描写与处女可儿性交的男子也是"越弄越

第九章 不同类型的人与性

觉欢畅，春兴勃然，止不住心肝乱叫，那人愈觉动火"（见《欢喜缘》，第二回）。

然而，清代小说《肉蒲团》则认为与处女性交是最无趣的，作者认为，真正能让男子在性交时享受到乐趣的女子，是20至30岁之间，有过性交经验的女子：

> 女色之中，极不受用的是处女，一毫人事不知，一些风情不谙，有甚么乐处？要干实事，必待二十以外、三十以内的妇人，才晓得些起承转合。与做文字一般，一段有一段的做法，一般有一般的对法，岂是开笔的蒙童做得来？（《肉蒲团》，第七回）

平心而论，《肉蒲团》中的观点应该是很有见地的。因为性交的乐趣来自男女双方的互相配合，处女无性交经验，又心存恐惧，她当然无法很好地与男子相配合，更不要说与男子互相激发快乐了。当然，我们也不能据此就否定与处女性交的乐趣，因为性享受毕竟是由感官上的快乐和精神上的快乐交融而成的，而处女无疑是能给不少人带来精神上的特殊享受的。

在中国古代性学中，在处女与性的关系的问题上，还涉及如何判断处女、处女在古代婚姻中的重要性等问题，可参见本书第一章中的相关论述。

第十章

# 同性恋与同性性行为

同性恋指相同性别的人之间的性爱行为。长期以来，人们把异性之间的性爱行为视为正常，而把同性之间的性爱行为视为反常。然而，现代性学已逐渐倾向于把同性恋视为正常的性爱行为。

在人类历史上，无论是中国还是外国，同性恋都是普遍存在的现象。在中国古代，有不少帝王、大臣及著名文人都曾参与同性恋活动，并留下了不少"佳话"和典故，诸如"分桃"、"龙阳"、"断袖"等等，都是人们耳熟能详的关于同性恋的代称。而且，它们多被记入正史，为人们了解这一特殊的社会现象提供了丰富的素材。

在中国古代性学经典中，极少提到同性恋。然而，在明清小说中，却对同性恋有大量的描述。而且，有的小说，如《宜春香质》、《弁而钗》、《龙阳逸史》等等，专门就是描写同性恋的。这些小说描写同性恋有一个重要的特点，就是对同性恋者的心理状态、同性性行为的方法、同性性行为过程中当事人的生理、心理感受等都有较多的具体描绘，而这正是西方及当代性学研究中较为缺乏的。

## 一、男性同性恋

同性恋分为男性同性恋与女性同性恋两种。虽然从理论上说，从事男性同性恋和女性同性恋的人数应该差不多，但是，人们对男性同性恋的关注程度却远远高于女性。这一方面是因为女性同性恋通常不易被人们发现，因为女性之间的亲密行为常常被视为正常现象；另一方面是因为中国古代社会重男轻女，男子的同性恋行为容易引起重视，而女子在这方面的行为则不太受到关注。因此，在中国古代的历史典籍、笔记及小说中，我们经常见到关于男性同性恋的记述和描写，而关于女性同性恋的资料则少得可怜。男性同性恋有不少代称，诸如龙阳、分桃、断袖、男风、南风等等；男性同性恋者也有小官、娈童、相公、小唱、男宠、嬖人等名称，它们都与某种文化背景或特定的历史事件有关。

### 1. 中国同性恋史上的"名人轶事"

（1）春秋战国时期的"分桃"、"龙阳"

有关中国男性同性恋的最早资料见于商周时期，在《尚书·商书·伊训》中有"敢有侮圣言，逆忠直，远耆德，比顽童，时谓乱风"的说法，这里的"比顽童"，就是搞男同性恋的意思（一说顽童指顽愚幼稚的人）。另据《战国策·秦策》称，在《周书》中，有"美男破老"的说法，这里的"美男"，无疑是指同性恋意义上的美貌的男宠。

到了春秋战国时期，同性恋成了一种公然无忌的现象，因为当时的一些国君公开搞同性恋，且不以为耻。在《韩非子·说难》中，记载了卫灵公与弥子瑕搞同性恋的故事：

> 昔者弥子瑕有宠于卫君，卫国之法：窃驾君车者罪刖。弥子瑕母病，人闻，有夜告弥子。弥子瑕矫驾君车以出。君闻而贤之，曰："孝哉，为母之故，忘其犯刖罪。"异日，与君游于果园，食桃而甘，不尽，以其半啖君。君曰："爱我哉，忘其口味以啖寡人。"

弥子瑕是卫国国君卫灵公的男宠，他与卫灵公一起去桃园吃桃，发现一个桃子的味道很甜，他吃了几口，把剩下的桃给卫灵公吃，卫灵公称赞他说：弥子瑕真是爱我啊，把好吃的东西让给我吃。正是这个故事，为我们留下了"分桃"的典故，后来成了男性同性恋的代名词。

战国时期的一位魏国国君也是同性恋者。据《战国策·魏策》载，魏王与男宠龙阳君坐在船上钓鱼，龙阳君钓到了十多条鱼后，突然哭了起来。魏王赶紧问他为什么哭，龙阳君说因为从钓鱼中想到了自己的身世，所以哭泣。因为自己刚钓到一条鱼时，心里很高兴，然而等到他钓到一条大鱼后，就把前面钓到的鱼忘了，那么大王会不会因为得到比我更美的人而把我也忘了呢：

> 魏王（此王或许是魏安釐王，但根据不充分）与龙阳君共船而钓，龙阳君得十余鱼而泣下。王曰："有所不安乎？如是，何不相告也？"对曰："臣无敢不安也。"王曰："然则何为涕出？"曰："臣为臣之所得鱼也。"王曰："何谓也？"对曰："臣

第十章 同性恋与同性性行为

之始得鱼也，臣甚喜，后得又益大，今臣直欲弃臣前之所得矣。今以臣凶恶，而得为王拂枕席。今臣爵至人君，走人于庭，辟人于途，四海之内，美人亦甚多矣，闻臣之幸于王也，必褰裳而趋王。臣亦犹曩臣之前所得鱼也，臣亦将弃矣，臣安能无涕出乎？"魏王曰："误！有是心也，何不相告也？"于是布令于四境之内曰："有敢言美人者，族！"（《战国策·魏策四》）

魏王为了安龙阳君之心，居然在国内四处张贴布告，禁止他人再向自己推荐美人，足见魏王对龙阳君的爱情之深。故后人又据此称男性同性恋为"龙阳"。

在春秋战国时期，与同性恋有牵连的还有齐景公。据《晏子春秋》载，齐景公长得很漂亮，有一个低级官员一直不礼貌地盯着他看，齐景公很恼怒，问那个低级官员为什么这么看他。该官员承认自己这样做是因为迷恋齐景公。齐景公打算杀了他。晏婴听说此事后，劝齐景公说，别人有爱你的权利，厌恶别人的爱是不吉祥的，何况这种行为也罪不至死。齐景公很高兴地接受了晏婴的劝谏，并且说，在我洗澡的时候，让他来抱我的背好了：

> 景公盖姣，有羽人视景公僭者。公谓左右曰："问之，何视寡人之僭也？"羽人对曰："言亦死，而不言亦死，窃姣公也。"公曰："合色寡人也，杀之！"晏子不时而入，见曰："盖闻君有怒羽人？"公曰："然，色寡人，故将杀之。"晏子对曰："婴（晏子名婴）闻拒欲不道，恶爱不祥，虽使色君，于法不宜杀也。"公曰："恶然乎，若使沐浴，寡人将使抱背。"（《晏子春秋》，卷八）

齐景公允许爱慕自己的男子来抱自己的裸背，则他肯定有同性恋的心理，否则，他的这一表态是很难让人理解的。

(2) 西汉时期的"断袖之癖"

在司马迁所著的《史记》和班固所著的《汉书》中，有不少关于皇帝与臣子发生同性恋关系的记述。据现代学者潘光旦的统计，西汉时期，几乎每一个皇帝都有过同性恋行为：

> 司马迁作《史记》，班固作《汉书》，在列传部分特立"佞幸"一门，也替我们留下好几个同性恋的例子。合并了两书中《佞幸传》的内容说，前汉一代几乎每一个皇帝有个把同性恋的对象，或至少犯一些同性恋倾向的嫌疑：
>
> 高帝　　籍孺
> 惠帝　　闳孺
> 文帝　　邓通、宦者赵谈、北宫伯子
> 景帝　　周仁
> 昭帝　　金赏
> 武帝　　韩嫣、韩说、宦者李延年
> 宣帝　　张彭祖

汉哀帝断袖图

元帝　宦者弘慕、石显
成帝　张放、淳于长
哀帝　董贤（见霭理士：《性心理学》，第 522～523 页）

在这些同性恋皇帝中，最有名的当数汉哀帝，因为他与董贤的同性恋故事，在历史上有很大的影响。

据《汉书》载，董贤是云阳人，长得很漂亮，汉哀帝见到他后，对他宠爱不已，甚至想把帝位传给他。有一次，汉哀帝与董贤一起睡觉，汉哀帝先醒，想起身时，发现董贤的身子压住了自己的衣袖。汉哀帝怕抽动衣袖会把董贤惊醒，便用刀割断了自己的衣袖：

> 董贤字圣卿，云阳人也。父恭，为御史，任贤为太子舍人。哀帝立，贤随太子官为郎。二岁余，贤传漏在殿下，为人美丽自喜。哀帝望见，说其容貌，识而问之，曰："是舍人董贤邪？"因引上与语，拜为黄门郎，由是始幸。问及其父为云中侯，即日征为霸陵令，迁光禄大夫。贤宠爱日甚，为驸马都尉侍中，出则参乘，入御左右，旬月间赏赐累巨万，贵震朝廷。当与上卧起。尝昼寝，偏藉上袖，上欲起，贤未觉，不欲动贤，乃断袖而起。其恩爱至此。贤亦性柔和便辟，善为媚以自固。（《汉书·佞幸传第六十三》）

正是因为《汉书》中的这一记载，中国的男性同性恋又多了一个谑称："断袖"或"断袖之癖"。

（3）魏晋南北朝时期"男宠大兴"

关于魏晋南北朝时期男性同性恋的状况，《宋书》中有这样的记载：

> 自咸宁、太康之后，男宠大兴，甚于女色，士大夫莫不尚之，天下皆相仿效。或

第十章　同性恋与同性性行为

有至夫妇离绝，怨旷妒忌者。(《宋书·卷三十四·志第二十四》)

在魏晋南北朝时期的同性恋中，最有名的当数梁朝诗人庾信与萧韶的故事。萧韶年少时，受到庾信的宠爱，两人间"有断袖之欢"。后来，萧韶发迹，当上了郢州刺史，当庾信前去拜访他时，萧韶居然不念旧情，且有骄矜之色：

> 韶昔为幼童，庾信爱之，有断袖之欢，衣食所资，皆信所给。遇客，韶亦为信传酒。后为郢州，信西上江陵，途经江夏，韶接信甚薄，坐青油幕下，引信入宴，坐信别榻，有自矜色。信稍不堪，因酒酣，乃径上韶床，践踏肴馔，直视韶面，谓曰："官今日形容，大异近日。"时宾客满座，韶甚惭耻。(《南史·卷五十一·列传第四十一》)

另外一个较为有名的同性恋故事发生在陈文帝和陈子高之间，对此，唐代李翊的《陈子高传》中有这样的记载：

> 陈子高，会稽山阴人，世微贱，织履为生。侯景乱，子高从父寓都下；时年十六，尚总角。容貌颜丽纤妍，洁白如美妇人，螓首膏发，自然蛾眉；乱卒挥白刃，纵横间噤不忍下，更引而出之数矣。陈司空霸先平景乱，其从子蒨以将军出镇吴兴，子高于淮渚附部伍寄载求还乡；蒨见而大惊，问曰，若不欲富贵乎？盍从我？子高本名蛮子，蒨嫌其俗，改名之。既幸，愈怜爱之。子高肌理色泽，柔靡都曼……性恭谨，恒执佩身刀，侍酒炙。蒨性急有所恚，目若虓虎，焰焰欲唉人，见子高则立解。子高亦曲意傅会，得其欢。蒨尝为诗赠之曰：
> 
> 昔闻周小史，今歌明下童；
> 玉麈手不别，羊车市若空；
> 谁愁两雄并？金貂应让侬！
> 
> 且曰，人言吾有帝王相，审尔，当册汝为后。子高叩头曰，古有女主，当亦有男后。蒨梦骑马登山，路危欲堕，子高推捧而升。

关于陈子高与陈文帝的故事，在《陈书》和《南史》中亦有记载，只是《陈书》和《南史》称韩子高而不是陈子高，但故事情节基本相同。

(4) 明清时期同性恋队伍中的君臣与文人

唐宋时期虽亦盛行同性恋，但关于名人与同性恋关系的资料则极为罕见。至明清时期，因为各种野史笔记的兴盛，使我们得以更多地了解当时社会上同性恋的情况。从相关资料来看，当时参与同性恋活动的人很多，其中的参与者既有帝王、臣子，也有著名的文人。

a. 帝王

在明代沈德符的《万历野获编》中，记述了嘉靖帝与一些美少年"同卧起"的情形：

> 今上壬午、癸未以后，选垂髫内臣之慧且丽者十余曹，给事御前，或承恩与上同

卧起，内廷皆目之为十俊。……其时又有一缇帅，为穆庙初元元宰之曾孙，年少美丰姿，扈上驾宰天寿山，中途递顿，亦荷董圣卿之宠，每为同官讪笑，辄惭恧避去。（沈德符：《万历野获编·卷二十一·十俊》）

这里的"亦荷董圣卿之宠"，即得到董贤一样的宠爱，而董贤正是汉哀帝的男宠。

在作于民国时期的《南巡秘记》中，则记述了乾隆帝与某戏班中的青衣旦小樱官"同床共枕"的故事：

中官曰："自尔家小樱官入宫，奏对皆称旨，凡饮食坐卧必令其坐足前矮几上，或说故事，或奏小曲，或为胡旋舞，圣心悦豫，有逾恒态。是夕小樱官已于侑酒后退宿外舍矣，忽宣召而入，命宿帐中。小樱官锦袄绣襦，颊映褪红，鬓发蜷领，美妇人无其丽也。无何，皇上命取石绵广褥，中涓皆惊愕，盖以行在久不御女，此褥竟未预备，相顾惶惶，莫知所措。嗣有某总管者乃于扬州画舫中留得此褥一具。盖褥虽可经用数次，而遇压则渐薄，不能如原状之丰盈。皇上意取恬适，故不宜再进。惟某总管之所留者，则确未经御用，于是某总管乃独得圣眷，命在帐前伺候。予以与某总管契合，亦得汲引直帐前。久之，闻帐中吃吃作笑声，心灼烁不敢窥也。破晓，闻上语小樱：'除非此物可济事，子亦宜知此味。'小樱笑曰：'有此妙物，愿赐一尝。'后遂喁喁耳语不可闻，逾一小时而特遣加紧驿骑发热河取黄角蜂之命下矣。是日，小樱奏技益洽圣意，常加诸膝以表宠爱。……"（许指严：《南巡秘记·补编·黄角蜂》）

在清代的帝王中，除了乾隆帝，有同性恋行为的还有咸丰帝、同治帝和宣统皇帝。关于宣统皇帝溥仪同性恋的经历，潘季桐的《末代皇帝秘闻》中有这样的记载：

溥仪自成平民以后，坦白地对来访记者承认：小时候喜欢手淫，特别喜欢把漂亮的小太监叫到身旁，替我那样，而且我叫他们怎样，他们当然就怎样……溥仪甚至叫太监用口来替他手淫。换言之，也就是行同性爱罢了。

b. 大臣

在明清时期酷好同性恋的大臣中，较有代表性的有两个人，一个是明代的严世蕃，一个是清代的毕沅。

严世蕃是嘉靖朝首辅严嵩的儿子，号东楼，由太常卿升工部左侍郎，掌尚宝司事，为人剽悍阴险。在《见只篇》中，有严世蕃宠幸优伶金凤的记载：

有优者金凤，少以色幸于分宜严东楼侍郎，东楼昼非金不食，夜非金不寝也。金既衰老，食贫里中。比有所谓《鸣凤记》，而金复涂粉墨，身扮东楼矣。（转引自张在舟：《暧昧的历程》，第7页）

毕沅字缰蘅，一字秋帆，自号灵岩山人，乾隆二十五年（1760年）状元。官至兵部尚书、湖广总督。于经、史、小学、金石、地理，无不通晓。毕沅同时又是一个著名的同性恋者。

第十章 同性恋与同性性行为

据清代赵翼的《檐曝杂记》载,毕沅与伶人李桂官相厚,李桂官因此而有"状元夫人"之名:

> 宝和班有李桂官,娇俏可喜,毕秋帆舍人狎之,得修撰,故李有"状元夫人"之目,余识之,故不俗,不徒以色艺称之。

据称,当时京城中凡有事求毕沅的人纷纷去找李桂官,使李桂官成为人们巴结的对象。另据钱泳的《履园丛话》称,毕沅在任陕西巡抚期间,他幕中的宾客,大多是同性恋者,因习俗称同性恋者为兔子,毕沅曾戏称要用军中的鸟枪兵弓箭手各五百名把这些兔子都打出去:

> 毕秋帆先生为陕西巡抚,幕中宾客,大半有断袖之癖;入其室者,美丽盈前,笙歌既协,欢情亦畅。一日,先生忽语云,快传中军参将,要鸟枪兵弓箭手各五百名,进署侍候。或问,何为?曰,将署中所有兔子,俱打出去。满座有笑者,有不敢笑者……后先生移镇河南,幕客之好如故,先生又作此语。余(钱氏自称)适在座中,正色谓先生曰,不可打也。问,何故?曰,此处本是梁孝王兔园!先生复大笑。(钱泳:《履园丛话》,卷二十二)

c. 著名文人

在明清时期的著名文人中,以同性恋著称的有张凤翼、袁枚和郑板桥。

张凤翼是明代著名的戏曲作家,字伯起,号灵墟,嘉靖举人,著有《文选注》、《红拂记》等。据《情史》记载,张凤翼酷好美少年,有一个倪生,是张凤翼所爱。后来,倪生与某女子结婚,弄得容貌清瘦,张凤翼打趣说,与其做家公,不如做家婆:

> 伯起先生好外,闻有美少年,必多方招至,抚摩周恤,无所不至。年八十余,犹健。或问先生多外事,何得不少损精神?先生笑曰:"吾于此道,心经费得多,肾经费得少,故不致病。"有倪生者,尤先生所欢,亲教之歌,使演所自编诸剧。及冠,为之娶妻,而倪容骤减。先生为吴语谑之云:"个样新郎忒煞搓,看看面上肉无多。思量家公真难做,不如依旧做家婆。"时传以为笑。(冯梦龙:《情史·情外类·张幼文》)

袁枚是清代的著名文人,字子才,号简斋,世称随园先生。袁枚利用自己的地位和影响,身边有很多男宠。据清代蒋敦复的《随园轶事》载,与袁枚有同性恋关系的男子,主要有桂官、华官、曹玉田、金凤等:

> 先生好男色,如桂官、华官、曹玉田辈不一而足。而有名金凤者,其最昵爱也,先生出门必与凤俱。某年游天台,凤亦同行。刘霞裳秀才,先生弟子也。时刘亦同在舟中,一见凤而悦之。刘年少美风姿,凤亦颇属意也。先生揣知两人意,许刘与凤同宿。(蒋敦复:《随园轶事·卷五·金凤》)

郑板桥即郑燮,字克柔,号板桥、板桥道人。乾隆进士,曾任知县,后以卖画为生。工诗词,

古代的笞臀之刑

善书画，尤擅兰竹，时人以诗书画三绝称之，是著名的扬州八怪之一。在《板桥自叙》中，郑板桥承认自己是个同性恋者：

> 板桥居士姓郑氏，名燮，扬州兴化人。酷嗜山水，又好色，尤多余桃口齿及椒风弄儿之戏。然自知老且丑，此辈利吾金币来耳。有一言干与外政，即叱去之，未尝为所迷惑。（《郑板桥文集·板桥自叙》）

这里的"余桃口齿及椒风弄儿之戏"，指的就是同性恋。而且，在《与豸青山人》中，郑板桥还承认，自己对美男的臀部情有独钟："夫堆雪之臀，肥鹅之股，为全身最佳最美之处"。因此，他反对对犯罪的男子施以笞臀之刑：

> 刑律中之笞臀，实属不通之极。人身上用刑之处亦多，何必定要责打此处。设遇犯者美如子都，细肌丰肉，堆雪之臀，肥鹅之股，而以毛竹板加诸其上，其何忍乎？岂非大杀风景乎！夫堆雪之臀，肥鹅之股，为全身最佳最美之处，我见犹怜，此心何忍！今因犯法之故，以最佳最美最可怜之地位，迎受此无情之毛竹大板，焚琴煮鹤，何其惨怛？见此而不动心怜惜者，木石人也。女人之两只乳，男子之两爿臀，同为物之最可爱者。人无端而犯法，其臀则未尝犯法，乃执法者不问青黄皂白，动辄当堂吃喝，以笞臀为刑罚之第一声，此理实不可解。我又不知当初之制定刑律者，果何恶于人之臀，惩罚时东也不打，西也不打，偏欲笞其无辜之臀也。臀若有口，自当呼冤叫屈。昔宰范县时，有一美男犯赌被捉，问治何罪，按律须责四十大板，当堂打放。余谓刑罚太重，曷不易之？吏对不可。余无奈坐堂，但闻一声呼喝，其人之臀已褪露于案前，洁如玉，白如雪，丰隆而可怜，笞责告终，几至泪下。人身上何处不可打，而必打此臀，始作俑者，其无后乎！足下尝谓犯法妇女之掴颊掌嘴，最为可怜可痛。桃腮樱口，岂是受刑之所在乎？板桥则谓男子笞臀，尤可痛惜。圣朝教化昌明，恩光普照，将来省刑薄税，若

第十章 同性恋与同性性行为

改笞臀为笞背，当为天下男子馨香而祝之！（《郑板桥文集·与豸青山人》）

郑板桥由爱男色而怜惜男子之臀，可见他对男色是发自内心地痴迷；高坐大堂之上而为受刑之臀"几至泪下"，亦反映了郑板桥的真性情。

其实，不光中国，西方历史上也有不少名人是同性恋者，如大名鼎鼎的西方哲学家苏格拉底、柏拉图、亚里士多德、伊壁鸠鲁等都是同性恋者：

> 卢基拿的书中有这样的记载："亚里士多德是男色家，利用自己的学问引诱美少年，常与弟子克里伊尼亚情语绵绵，并将先哲和弟子谈的猥亵的谈话读给他听。"克里伊尼亚有一个情人是妓女，这个妓女因为亚里士多德夺去了她的情人，向友人克里多尼亚诉苦，克里多尼亚想了一计，一夜在墙上大写了"亚里士多德诱惑了克里伊尼亚"的字样，对公众侮辱这个哲学家。
>
> ……
>
> 《男色论》一书中说："柏拉图、苏格拉底、阿基毕阿底斯都是男色者。亚里士多德曾经蓄养一个名叫巴顿的年轻人……伊壁鸠鲁更是待某个少年如妻似妾一般。"不论怎么说，在同性恋者之间类似男女间争风吃醋的现象还是存在的，柏拉图在《飨宴篇》里曾提到苏格拉底和他的年轻弟子阿西毕亚提之间的事：有一天，阿西毕亚提参加一个晚宴，看到他的老师苏格拉底和主人舒服地坐在一张靠椅上，就过去对苏格拉底说："你总会想办法和屋里最好看的人坐在一起。"苏格拉底被他的话所激怒，对主人说："我对这个家伙的爱总是在为我带来麻烦，自从他跟了我以后，他就不准我再看其他漂亮的男孩一眼，当然更不用说谈话了……"（见刘达临：《世界古代性文化》，第527、528～529页）

以上事实说明，同性恋与人的智力无关，与人的道德品质无关，它常常表现为一种与生俱来的倾向和爱好，需要我们以平常心待之。

## 2. 中国古代的同性恋之风

在中国古代，不光是那些帝王臣子、文人墨客有搞同性恋的雅兴，民间的同性恋之风更盛。这种盛行的同性恋之风主要反映在三个方面：一是出现了专门接男客的男性妓院，二是出现了福建、广东、江西等几个同性恋特别盛行的区域，三是形成了做小官（即被动的男同性恋者）的某些规矩或特殊做法。

（1）男性妓院

中国古代的男性妓院最早出现于北宋。宋人周密在《癸辛杂识》中说，北宋时期，东都就有一些男子靠出卖色相挣钱，在吴地的新门外，则出现了类似女性妓院的组织：

正在发生同性性行为的男子　清代殷奇绘

书传所载龙阳君、弥子瑕之事甚丑，至汉则有籍孺、闳孺、邓通、韩嫣、董贤之徒。至于傅脂粉以为媚，史臣赞之曰："柔曼之倾国，非独女德，盖亦有男色焉。"闻东都盛时，无赖男子亦用此以图衣食，政和中始立法告捕，男子为娼者杖一百，〔告者〕赏钱五十贯。吴俗此风尤盛，新门外乃其巢穴，皆傅脂粉，盛装饰，善针指，呼谓亦如妇人，以之求食。（周密：《癸辛杂识·后集·禁男娼》）

荷兰汉学家高罗佩对宋代的男妓现象曾有这样的描述：

这里仍须补充的是清代学者赵翼（1724～1814年）在他的《陔余丛考》卷四二中对男子同性恋的说明。他说北宋（960～1127年）时期曾有过一个靠做男妓谋生的阶层，政和年间（1111～1117年）颁布了一项法令，对这些人处笞一百并罚以重金。南宋（1127～1279年）时期，这种男妓仍在活动，他们招摇过市，打扮得像妇女一样，并且组织成行会。（高罗佩：《中国古代房内考》，第212页）

这种肇始于宋代的男性妓院在明代依然存在。在明代小说《弁而钗》中，称这种男性妓院为"南院"，并且说，南院即"聚小官养汉之所"，这些小官的行止一如妓女：

行来行去，撞入南院，此南院乃聚小官养汉之所——唐宋有官妓，国朝无官妓，在京官员不带家小者，饮酒时，便叫来司酒。内穿女服，外罩男衣，酒后留宿，便去了罩服，内衣红紫，一如妓女。也分上下高低，有三钱一夜的，有五钱一夜的，有一两一夜的，以才貌兼全为第一，故曰南院。（《弁而钗·情奇纪》，第一回）

在明代小说《龙阳逸史》中，则说到小官们为了与娼妓抢生意，竟然到官府告状，希望官府禁止娼妓，好让他们独做这档生意。妓女们听说后，又去官府据理力争。最后官府两下权衡，认为娼妓比小官更符合社会习俗，"一旦脂粉窝巢，竟作唾津世界，深为可恨"，便下令"禁止男风，以维风化"：

那些娼妓听说小官把他告了，这回巴不得要弄个真火，打场好官司，连忙去递了诉状，两边都打点是那一日见官，私下先打个好耍子。典史看了娼妓的诉词，其实说

第十章　同性恋与同性性行为

得悲切,便唤那几个为首的来先录口词。众娼妓也巴不得见一见青天老爷,诉一诉苦,都来跪在甬道上。各人把落在烟花,没奈何倚门献笑,要度口食的话,诉了一番。典史道:"说将来还是你娼家有理。只是一说,近来人上,个个都作兴了小官,连我不解这个意思,敢是你等娼妓,不肯辑理生意。"内中有两个老脸的娼妓,连忙答应道:"不瞒老爷说,娼妓们其实会得辑理生意的,凡是来的嫖客,一夜准准奉承他七八遭。第二日临起身的时节,还决要教他打个丁儿出门。"典史喝道:"胡说!可见都是你这一起,连那好娼妓名头都坏了,所以那些小官有这场鼓噪起来。也罢!你若要我禁止了那男风,依旧把你们在本地方赚钱过活,今夜个个便要当官才可。"……

那些小官只思量教这鲁春出来,告了这状,满望赢了官司,好打落个行业,怎知道典史老爷,倒准了娼妓口词,要禁止了男风,一齐不快活了。听便听了这句说话,个个还将疑将信。次日正打点教鲁春到县里去打听个真假,恰好那两个原差,拿了一张告示,来到刘松弄口贴下。众小官都忙不及的走出来看时,只见上写着:

金州南林县署,正堂事巡捕典史钟福,为禁止男风以维风化事:照得柳陌花衢,为豪侠纵游之地;朱楼翠馆,属王孙恣乐之场。近有无耻棍徒,蒙入桑榆,滥称小官名色,霸居官弄,断绝娼妓生涯。一旦脂粉窝巢,竟作唾津世界,深为可恨。为此出示,着地方总甲,立时严行驱逐外,敢有前项棍徒,潜于附近地方,希图蹈辙坑害善良者,许诸色人等,即时扭票,以凭究遣。邻里容留不举,事发一体连坐,决不轻贷。特示,右仰知悉。(《龙阳逸史》,第八回)

故事虽系小说家虚构,但明代既然男妓与女娼并存,就必然会发生互相抢生意的现象。

(2)"闽人酷重男色"——福建的同性恋风俗

在中国历史上的男性同性恋中,福建地区的同性恋之风是最引人注目的。明清时期,福建的男性同性恋之风最盛。这一点,在当时的笔记小说中都有突出的反映。如明代的沈德符在《万历野获编》中说,闽人酷重男色,男性之间有结契兄契弟的风俗,互相之间相爱如夫妻。若契弟日后娶妻,契兄还要承担所有的结婚费用。此外,闽人还有结契父契儿的风俗,这主要是对年龄差距大的同性恋男子而言的,年龄大的称为契父,小的称为契儿:

闽人酷重男色,无论贵贱妍媸,各以其类相结。长者为契兄,少者为契弟。其兄入弟家,弟之父母抚爱之如婿。弟后日生计及娶妻诸费,俱取办于契兄。其相爱者,年过而立,尚寝处如伉俪。至有他淫而告讦者,名曰"要奸"。"要"字不见韵书,盖闽人所自撰。其昵厚不得遂意者,或相抱系溺波中,亦时时有之。此不过年貌相若者耳。近乃有称契儿者,则壮夫好淫,辄以多赀聚姿首韶秀者,与讲衾裯之好,以父自居,列诸少年于子舍,最为逆乱之尤。闻其事肇于海寇,云大海中禁妇人在师中,有之辄遭覆溺,故以男宠代之,而靡豪则遂称契父。(沈德符:《万历野获编·补遗卷三·契

兄弟》）

另据清代施鸿保的《闽杂记》载，当时福建地方的同性恋中还有一种称为"扑翠雀"的做法，就是梨园子弟在台上演戏时，故意用眼睛斜睨自己的相好，该相好便赶紧用衣衿做出把眼神兜住的样子，若动作迟了，此眼神便会被旁人接走。这种荒唐的做法在当时十分盛行，有的人甚至因此互相争抢殴斗：

> 下府七子班，其旦在场上以眼斜睨所识，谓之扑翠雀，亦曰放目箭，曰飞眼来。其所识甫一见，急提衣衿作兜物状，跃而承之。迟则为旁人接去，彼此互争，有至斗殴涉讼者。道光甲午，昌黎魏丽泉元烺抚闽，曾严禁之。近来漳、泉各属此风复炽矣。（施鸿保：《闽杂记·卷七·扑翠雀》）

在明清小说中，我们也经常可以见到关于福建男性同性恋之风的描述。如在清代小说《无声戏》中，说到有一年，福建兴化府知府下令全郡男子都到天妃庙聚会，当时便有一些好龙阳的文人，专门带了文房四宝，站在人人必经的路口，凡见到长得漂亮的男子，便登记下来，以便造一本"男风册"：

> 这日凡是好南风的，都预先养了三日眼睛，到此时好估承色。又有一班作孽的文人，带了文房四宝，立在总路头上，见少年经过，毕竟要盘问姓名，穷究住处，登记明白，然后远观气色，近看神情，就如相面的一般，相完了，在名字上打个暗号。你道是甚么原故？他因合城美少辐辏于此，要攒造一本南风册，带回去评其高下，定其等第，好出一张美童考案，就如吴下评陇妓女一般。（李渔：《无声戏》，第六回）

《无声戏》中还说，福建的南风也像女子出嫁一样，有初婚和再醮之分，若未曾与其他男子有过性关系的小官，身价便高；否则，身价便会打折扣。书中说到有个名叫侍寰的人，因儿子瑞郎长得漂亮，便想待价而沽：

> 看官，你道侍寰为何这等没志气，晓得人要骗他儿子，全无拒绝之心，不但开门揖盗，又且送亲上门，是何道理？要晓得那个地方，此道通行，不以为耻；侍寰带债举丧之物，都要出在儿子身上，所以不拒窥伺之人。这叫做"明知好酒，故意犯令"。既然如此，他就该任凭瑞郎出去做此道了，为何出门看会之时，又吩咐不许到冷静所在与人说话，这是甚么原故？又要晓得福建的南风，与女子一般，也要分个初婚、再醮。若是处子原身，就有人肯出重聘，三茶不缺，六礼兼行，一样的明婚正娶；若还拘管不严，被人尝了新去，就叫做败柳残花，虽然不是弃物，一般也有售主，但只好随风逐浪，弃取由人，就开不得雀屏，选不得佳婿了。（同上）

后来，侍寰居然接受一个名叫季芳的男子的聘礼，把儿子瑞郎嫁给了季芳：

> 且说尤瑞郎听见受了许家之聘，不消吃药，病都好了。只道是绝交书一激之力，还不知他出于本心。季芳选下吉日领了瑞郎过门，这一夜的洞房花烛，比当日娶亲的

第十章　同性恋与同性性行为

光景大不相同。有撒帐词三首为证：

其一

银烛烧来满画堂，新人羞涩背新郎；
新郎不用相扳扯，便不回头也不妨。

其二

花下庭前巧合欢，穿成一串倚栏杆；
缘何今夜天边月，不许情人对面看。

其三

轻摩软玉嗅温香，不似游蜂掠蕊狂；
何事新郎偏识苦，十年前是一新娘。

季芳、瑞郎成亲之后，真是如鱼得水，似漆投胶，说不尽绸缪之意。（李渔：《无声戏》，第六回）

在清代小说《野叟曝言》中，说到文素臣与徒弟锦囊行到福建境内，锦囊有一次在院子里小便，有一个男子便上去挖他的屁股，理由是他们之间曾经说过一两句话。对此，文素臣只好无奈地感慨闽人的男风之盛：

次日即往福建，仍由江口搭船，从清湖起早，过仙霞岭。每日在路，俱有人瞧看锦囊，挨肩擦背，挤手捏脚的。素臣在前不觉，锦囊焦躁，但遇着挨擦的人，把肩一摆，摆得那人乱跌乱撞；遇着捏手捏脚的，把手一格，便俱负痛缩手不迭，大家惊诧，不信如此文秀小哥有这般蛮力。一日，下店以后，素臣正在洗面，一个走堂的满面流血跑来，告诉说被锦囊行凶打伤。素臣怒骂："我怎样吩咐你，还敢行凶！"锦囊哭道："徒弟在院子里小解，他走来就挖屁眼，徒弟随手一格，带破了他面皮，并非无故行凶。"素臣道："这却怪我徒弟不得。你面上不过拍破了浮皮，我代他赔礼罢。"掌柜的忙跑过来，把走堂喝了过去，道："有你这样冒失鬼！你也合他说过一两句话，好去挖他的屁眼？他不打你，打狗？看这小哥不出，他这样厚脸皮怎一掌就打破了，淌出血来？快些去擦洗净了，来烧锅罢。"素臣暗叹说："过一两句话，就好挖屁眼的了，闽人酷好男风，有契哥契弟之说，不信然乎？"（夏敬渠：《野叟曝言》，第六十五回）

《野叟曝言》中还说，在福建地方，若主人雇用小厮，便要与小厮有龙阳之事，否则小厮的父母便会找上门来大吵大闹，说你羞辱了他们的孩子：

素臣叹息道："五方风气，贞淫不一，未有如此之甚者。何以历来官府不知禁约，听其公行无忌？"飞熊道："那是天地山川生就的，人力如何挽回得来？只不要随乡入乡，保得自己就够了。"素臣笑道："吾兄到此数年，可曾随乡入乡呢？"飞熊指着那小厮道："文爷只问他，也几乎被他强奸了去。不是我夸口，若是第二个也就入了乡了。他这小厮雇出来，若不给他干点事儿，他父母就来发作，说是沦贱了人家孩子，就不肯雇在你家。这小厮初来，夜里几番上床，鞠着屁眼来凑就我，都被我推下床去。他回去告诉了父母，走来大嚷大闹，邻舍们出来调停，另外加了五钱银子一月，做遮羞钱，才得无事。小厮现在跟前，我好说谎？爷带有这晦气色脸的，尊价又有力气，这小厮才不敢来惹，不然敢情昨日就爬文爷床上来了。"（夏敬渠：《野叟曝言》，第六十六回）

说到福建的男风之盛，尤为值得一提的是，在那里居然有供奉同性恋之神的习俗。据清代施鸿保的《闽杂记》载，在福建有胡天保庙，也称小官庙。胡天保也叫蝴蝶宝，其像为一老一少两个人相偎而坐。当地风俗，男子若看上了另一男子，便在胡天保像前祈祷，然后取炉中的香灰撒在自己中意的男子身上，据说即可遂愿。遂愿后要用猪油和糖去抹胡天保像的嘴：

> 省中向有胡天保胡天妹庙，男女淫祀也。胡天保亦曰蝴蝶宝，其像二人，一稍苍一少皙，前后相偎而坐。凡有所悦姣童，祷其像，取炉中香灰暗撒所悦身上，则事可谐，谐后以猪肠油及糖涂像口外。俗呼其庙为小官庙。……道光甲午，南海吴荷屋方伯访得其像，悉毁之，仍出示严禁。然民间尚有私祀者，盖庙祝据为利薮也。伤化导淫，大为风俗人心之害。有司者置之不问，毋亦有韩香鄂被之思欤？（施鸿保：《闽杂记·卷七·胡天保胡天妹》）

那么胡天保又是何方神圣呢？据清代袁枚的《子不语》称，胡天保是同性恋者，因爱上了某御史，便偷偷追随该御史而行，有一次竟然偷窥该御史上厕所，被发现后，胡天保被处死。后来胡天保向人托梦，称阴官已封他为兔儿神，专管人间的同性恋之事，于是有好事者便立庙加以祭祀：

> 国初御史某，年少科第，巡按福建。有胡天保者，爱其貌美，每升舆坐堂，必伺而睨之。巡抚心以为疑，卒不解其故，胥吏亦不敢言。居亡何，巡按巡他邑，胡竟偕往，阴伏厕所窥其臀。巡按愈疑，召问之，初犹不言，加以三木，乃云："实见大人美貌，心不能忘，明知天上桂，岂为凡鸟所集，然神魂飘荡，不觉无礼至此。"巡按大怒，毙其命于枯木之下。逾月，胡托梦于其里人曰："我以非礼之心，干犯贵人，死固当然。毕竟是一片爱心，一时痴想，与寻常害人者不同。冥间官吏俱笑我，揶揄我，无怒我者。今阴官封我为兔儿神，专司人间男悦男之事，可为我立庙招香火。"闽俗原有聘男子为契弟之说，闻里人述梦中语，争喙钱立庙，果灵应如响。凡偷期密约，有所求而不得者，咸往祷焉。（袁枚：《子不语·卷十九·兔儿神》）

在清代小说《野叟曝言》中，也有关于福建人祭祀同性恋之神的描述，不过，小说中的同性恋之神不叫胡天保，而叫夏相公。书中说，祭祀夏相公的活动在每年的正月初六举行，

第十章 同性恋与同性性行为

届时全城的同性恋者都会参加，而且连妓女也会参加，因为福建的男妓太盛，以致娼妓也只好把自己打扮成男子，性交时专走后路。（见夏敬渠：《野叟曝言》，第六十六回）

另据清代俞蛟的《梦厂杂著》称，祭祀同性恋之神的习俗不光福建有，河北、广东等地也有：

> 河间府献县城隍庙，泥塑皂隶，昂首注目，状若倾耳而听。相传隶两耳无闻，喜为人作龙阳之媒。焚楮镪，附耳私语者，实繁有徒……岭南潮洲揭阳城隍庙，亦有聋隶，人俱呼为三官。有调娈童不得者，焚香隶前，以指抉其耳窍，吻近窍，密祷之，事无不谐。谐后，酬以牲醴。（俞蛟：《梦厂杂著·卷二·聋隶》）

明清时期，同性恋之风盛行的地区除了福建，还有广东。明嘉靖三十四年（1556年），西方修士加斯帕·克鲁斯来到广州，看到了当时广州同性恋盛行的状况，便把它与不久前在中国北方发生的一次重大地震灾害联系起来，认为正是因为那里的中国人毫无羞耻感地从事鸡奸，上帝才降下了惩罚：

> 这支民族有一桩肮脏的丑行，那就是他们是那样喜欢搞该死的鸡奸，这在他们当中丝毫不受到谴责。虽然我有时公开或私下反对这种恶行，他们却乐于听我讲述，说我讲得满有道理，而他们从未有人告诉说那是一种罪恶，也不是坏事。看来因这种罪恶在他们那里是普遍的，上帝就在某地区给他们严惩，在全中国这是众所皆知的。（C.R. 博克舍：《十六世纪中国南部行记》，第157页）

加斯帕·克鲁斯把广州的同性恋状况描绘成整个中华民族的状况，无疑是以偏概全了。而且，他把同性恋看成是"该死的"、"罪恶"，这从今天的眼光来看，也显得有些狭隘。

（3）做龙阳须具备的条件

做龙阳也叫做小官。在某种程度上说，做小官也就是做男妓。因为一个男子，当他表明自己的身份是小官时，别的男子便可与他发生同性恋关系，而这种关系通常都是需要对方付钱的。综合明清时期笔记小说中的相关说法，我们发现，做小官须具备以下几个方面的条件。

一是年少。男子玩小官，喜的是小官皮肤嫩、后庭紧，因此需要小官年纪小。在明代小说《龙阳逸史》中，就是根据小官的年纪，把小官分为上、中、下三等：上等的小官年纪在十四五岁，中等的在十六七岁，十八九岁的列为下等。书中说，年纪在十五六岁的小官，正是行运的时节，若到了十八九岁，便要考虑后退之路，可见小官的黄金时间是很短暂的：

> 大凡做小官的，年纪在十五六岁，正是行运时节。到了十八九，看看运退将来，须要打点个回头日子。如今眼前有一等，年过二十五六，还要乔装未冠，见了那买货的来，千态万状，兴妖作怪。却不知有这样的行货，偏又有这样的售主，这也不在话下。
>
> 且说当初鄞州有个骆驼村，周围有一二十里，共有百十个人家，这也是那村中的

风水，到出了二三十个小官，都是要做背后买卖的。后来那些小官，见是一日一日越多将出来，一齐便团了行，分做三等：把那十四五岁初蓄发的，做了上等；十六七岁发披肩的，做了中等；十八九岁掳起发的，做了下等。那初蓄发的，转眼之间就到了掳头日子；只有那掳头的，过三年也是未冠，过了五年又是个未冠。那上等的见下等的坏了小官名色，恐怕日后倒了架子，遂拴同上等，又创起个议论，竟把那下等的团住。下等的见他们团住了，内中有几个识时务的，仔细想一想看，终不然到了百岁，也还是个扒头？没奈何，只得硬了肚肠，买个网子戴在头上。（《龙阳逸史》，第五回）

文中所说的蓄发、发披肩、掳头、未冠等，都是古人根据男子的年龄而采取的不同装束。对于男子来说，冠与未冠是一个重要的分界线。因为古代男子成年时都要行加冠的仪式，举行冠礼的年龄一般在二十岁左右，如《礼记·曲礼》上说男子"二十而冠"。加冠仪式通常在宗庙举行，加冠时，要由挑选好的来宾给这位青年祝福，然后再束发加冠。加冠后，青年要向来宾和亲朋好友表示感谢。因此，在中国古代，常用未冠、弱冠等来表示男子尚未成年，而用已冠来表示已经成年。对于一般男子来说，加冠是值得庆贺的事情，因为这标志着他已长大成人，可以在社会上施展自己的抱负和才能；而对于小官来说，加冠无异于一场灾难，因为这标志着他已不再年少，前来光顾的男子将会越来越少。为了隐瞒自己的年龄，有的小官便推迟加冠的时间，到了二十五六岁，还披散着头发装嫩。

二是要长得漂亮。男子玩小官，当然喜欢长得漂亮的小官，这与男子喜欢美女是一个道理。因此，在男风盛行的地方，大凡长得漂亮的男子，多会去当小官。此正如明代小说《宜春香质》中所言：

> 男子生得标致，便是惹贱的招头。上古子都、宋朝，只为有了几分姿色，做了千古男风的话柄。世至今日，一发不堪说了。未及十二三岁，不消人来调他，若有两分俏意，便梳油头，着艳服，说俏话，卖风骚，丢眼色，勾引孤老朋友。甚至献豚请掏，有淫妇娼根所不屑为者，靦然为之，不以为耻。弄得一个世界，衣冠虽存，阳明剥尽，妾妇载道，阴霾烛天，膏沐日工，愈觉腌臜可厌。（《宜春香质·月集》，第一回）

小官长得漂亮，主顾就多，挣得当然也多。于是，人们便在如何使小官漂亮上下工夫。在民初徐珂编纂的《清稗类钞》中，记载了同治、光绪年间北京的梨园培养弟子时使弟子貌美的办法：

> 同光间，京师曲部每畜幼伶十余人，人习戏二三折，务求其精。其眉目美好，皮色洁白，则别有术焉。盖幼童皆买自地方，而苏、杭、皖、鄂为最。择五官端正者，令其学语、学视、学步。晨兴，以淡肉汁盥面，饮以蛋清汤，肴馔亦极酸粹。夜则敷药遍体，惟留手足不涂，云泄火毒。三四月后，婉娈如好女，回眸一顾，百媚横生。（徐珂：《清稗类钞·优伶类·伶人蓄徒》）

第十章 同性恋与同性性行为

需要说明的是,虽然伶人中有不少当小官的,但是伶人不等于小官。

另据清代艺兰生的《侧帽余谭》称,相公大多面貌白皙,并非人人生来如此,有很多是后天用方法改造而成的:

> 相君之面,虽不能尽似六郎,然白皙翩翩,鲜见黝黑。孟如秋言:"凡新进一伶,静闭密室,令恒饥,旋以粗粝和草头相饷,不设油盐,格难下咽。如是半月,黝黑渐退,转而黄,旋用鹅油香胰勤加洗擦。又如是月余,面首转白,且加润焉。此法梨园子弟都以之。"(见《梨园史料》,第624页)

在清代小说《姑妄言》中,也说有的小官会往脸上敷松子白果宫粉,以使容颜漂亮:

> 那善于修饰的,用松子白果宫粉捣烂如泥,常常敷在面上,不但遮了许多缺陷,而且喷香光亮,还可以聊充下陈。(《姑妄言》,第六回)

三是要脸上无须,肛门无毛。小官长到一定年纪,嘴边便会长出胡子,肛门旁也会长出乱蓬蓬的毛来,到了这个时候,小官的魅力也就丧失殆尽了。对此,《姑妄言》中有这样的描述:

> 他这戏子中生得面目可憎者,只得去学花面,不但怨天恨地,还怨祖坟风水不好,又怨妻子阴户不争气,不得个标致子孙为挣钱之本,将来何以存济?若稍有面目可观者,无不兼做龙阳。他那青年之时,以钱大之一窍,未尝不挣许多钱来。但这种人又喜赌又好乐,以为这银钱只用弯弯腰、蹶蹶股就可源源而来,何足为惜,任意花费。及至到有了几岁年纪,那无情的胡须,他也不顾人的死活,一日一日只管钻了出来。虽然时刻挦拔,无奈那脸上多了几个皱纹,未免比少年减了许多丰韵。……无奈粪门前后长出许多毛来,如《西游记》上稀柿同内又添上了一座荆棘岭,挦不得,剃不得,烧不得,把一个养家的金穴如栅栏一般挡住,真叫人哭不得,笑不得,却无可奈何了,真个是:一团茅草乱蓬蓬,从此情郎似陌路。要知这就是他肾运满足,天限他做不得此事的时候了。到了此时,两手招郎,郎皆不顾。虽在十字街头把腰弯折,屁股撅得比头还高,人皆掩鼻而过之,求其一垂青而不能,要想一文见面,万不能够了。到了唱戏,伸着脖子,板筋叠暴着挣命似的,或一夜或一日,弄不得几分钱子,还不足糊口,及悔少年浪费之时,已无及矣。(同上)

《姑妄言》中还说,有一个龙小官,与游混公相好,过了两年,龙小官长成了一条大汉,嘴上长了胡子,肛边长了乱毛,游混公便对他兴致索然。龙小官一气之下,便把嘴边和肛边的毛"拔得光光挞挞",跟了一个名叫充好古的男子。(见同上,第七回)

以上内容说明,在中国古代,男性同性恋是一个较为突出的社会现象,其影响渗透到社会生活的各个领域。尤其是中国古人对男性同性恋常常抱一种宽容或听之任之的态度,其中的原因是值得现代人深思的。

### 3. 男性同性恋者的心理

根据现代性学的研究，人类大致可区分为四类人群：异性恋者、同性恋者、双性恋者、无性恋者。其中无性恋者的特点是无论对同性还是异性皆无兴趣（这里所谓的兴趣，是指性方面的兴趣），据说目前世界上有七千万左右的人属于无性恋者。至于异性恋者、同性恋者和双性恋者的区分则较为复杂。因为有不少人，他们是异性恋者，但有时候对同性也会有兴趣；有的人则虽是同性恋者，却又与异性结婚生子，对于这些人，我们就很难绝对地说他是同性恋者、异性恋者或双性恋者。当然，也有一些人，终其一生，只对异性有兴趣，或只对同性有兴趣，或对同性异性均一直有兴趣，他们就是绝对的异性恋者、同性恋者或双性恋者。我们在此分析男性同性恋者的心理，就是指绝对的男性同性恋者而言的。

作为一个纯粹的男同性恋者，当然是只对男性感兴趣，而对女性无任何兴趣，那么，他们看待男子或女子的具体心态又是怎样的呢？

（1）见美男而意乱情迷

在明清小说中，描写那些男性同性恋者，有一个特点，就是天生酷爱男色，因此，当他们在某种机缘下突然遇见长相出众的男子时，便会灵魂出窍，心心念念，只在该男子身上。如明代小说《弁而钗》中，说到年轻的翰林风翔在一次出巡时，看到了"面如冠玉，神若秋水"的赵生，便"心荡神摇，莫之所措"：

> 次日，童冠偕行，各带仆从，行至中途，俄见黄伞飘扬，银锤前列，清道旗，头行牌，羽仪之盛，侍从之众，甚是壮丽。瞩目而观，牌上是"翰林院"三字。赵生心念曰："读书至此足矣！"心之所思，足为所移，抢出一步观之，乃是一乘暖轿。轿上坐的那个翰林，大不过廿岁，乌纱帽，粉底靴，蓝袍银带，面如冠玉，神若秋水，正凝睛外看，忽见赵生突出，丰神绰约，体貌端庄，耀人心目，神魂已为之飞越矣。私念曰："何物老妪，生此宁馨儿，这相思则索害也。"注睛视之。赵生见轿中，目不转睛，不觉脸红，退缩人后。翰林心荡神摇，莫之所措。轿亦而娓娓而去。
>
> 原来这翰林乃是风月场中主管，烟花寨内主盟，而生平笃好的最是南路。（《弁而钗·情贞纪》，第一回）

后来，该翰林想方设法，打听到了赵生的读书之所，便假装成学生，与赵生同师学习，渐渐两人成了朋友；以后，翰林又假装病危，引得赵生前来探视，最终得以一偿相思之苦。（见同上，第三回）

在明代小说《禅真逸史》中，说到裴南峰路遇丰姿清逸的杜伏威，便心动不已，请求杜伏威与他结为契友，"曲赐一宵恩爱"：

> 数杯之后，裴南峰满满地斟了一杯酒，双手敬与杜伏威，说道："大哥请此一杯。"

第十章 同性恋与同性性行为

杜伏威接了,道:"小弟与足下相处数日了,何必从新又行此客礼?"裘南峰笑道:"小可敬一杯酒,有一句话儿请教,请吃过这杯,然后敢言。"杜伏威心中暗忖:"这话却是怎地说?且吃了酒,看他说甚么。"举杯一饮而尽。裘南峰又斟上一杯,陪着笑脸道:"妙年人要成双,不可吃单杯,再用一杯成双酒。"杜伏威接过酒来,又一饮而尽,停杯道:"足下有何见教?"裘南峰风着脸,一面剔灯,一面低低道:"小可生来性喜飘逸,最爱风流,相处朋情,十人九契。有一句心腹句儿,每每要说,但恐见叱;今忝相知,谅不嗔怒,故敢斗胆:自前日晚上和大哥旅宿之后,小可切切思思,爱慕大哥丰姿清逸,标格温柔,意欲结为契友,曲赐一宵恩爱,倘蒙不弃,望乞见容,我小裘断不是薄情无报答的,自有许多妙处。"

杜伏威暗笑:"这厮说我的性格温柔,我却也不是善男信女。彼既无状,必须如此如此对付他。"心下算计定了,佯笑道:"兄言最善,朋友五伦之一,结为义友甚好。"裘南峰只道有些口风,乘着酒兴,红了脸挨近身来,笑道:"没奈何,路途寂寞,小可已情急了,俯赐见怜,决不敢忘大恩!"便将杜伏威一把搂定。杜伏威推开道:"这去处众人属目之所,外观不雅,兄何仓猝如是?"裘南峰双膝跪下,求恳道:"店房寂静,有谁来窥?小弟欲火如焚,乞兄大发慈悲,救我则个。"杜伏威扶起道:"兄不必性急,果有此情,待夜阑人静,伴兄同寝便了。"裘南峰欢喜无限,不觉跳舞大笑,复满斟一杯,敬上杜伏威。(方汝浩:《禅真逸史》,第二十二回)

在明代小说《石点头》中,描写潘文子相貌出众,有"小潘安"之誉,当他进入杭州某私塾后,一帮同门的朋友前来答拜,众人看到潘文子长得如此美貌,便一个个想入非非,有的人甚至说,若能与潘文子同床共枕,可以一辈子不要老婆:

次日众朋友都来答拜,先后俱到,把文子书房中挤得气不通风。这些朋友都是少年,又在外游学,久旷女色。其中还有挂名读书,专意拐小伙子不三不四的,一见了小潘安这般美貌,个个摇唇吐舌,你张我看,暗暗里道:"莫非善财童子出现么?"也有说:"若得这样朋友同床合被,就是一世不讨老婆,也自甘心。"这班朋友答拜,虽则正经道理,其实个个都怀了一个契兄契弟念头。(《石点头》,第十四回)

在清代小说《桃花影》中,则描写丘慕南爱慕美貌男子玉卿,为与玉卿有一夕之欢,不惜以妻子的身子相交换:

那丘慕南年近三十,家累千金,生得躯干清奇,做人负义好侠。在家不做生理,惟到松江贩布,或至芜湖或至本地发卖。继娶花氏,年方十八,姿色无双。只是慕南天生一件毛病,不喜女色,只恋龙阳。曾有卖瓜的小童,极是生得清秀,慕南与他绸缪恩爱,不惜白金相赠,所以街坊上编起口号道:贡院左首丘慕南,不好女色只好男;家有娇妻独自宿,卖瓜小鬼夜夜欢。

当日慕南一见玉卿，心下暗暗喝采道："怎么科举秀才有此美色！"遂令置酒接风，宾主对酌。饮酒中间，慕南十分趋奉，相劝殷勤。既而夜深席散，慕南也不进房，就秉烛坐在客座，心下不住转道："我丘慕南平昔虽有这件痴兴，也曾不如今日一见那魏秀才，便是这般心心念念，不能撇下，却是为何？"沉吟了一会，又叹息道："若是别的，还可图谋。我看那魏生，行李奢华，必然富足；少年科试，必有才学，怎肯做那件勾当，这也是必难之事了。"又发愤道："我想七尺之躯，遇着这些小事，就不能筹画，岂不令人愧哂。"又踌躇了一会，忽然笑道："是了！是了！我想那生，年少风流，必然酷慕美色，不若以美人局诱之，事必谐妥。设或侥幸事成，那魏秀才十分发怒，不肯恕饶，便捐躯也可，倾家也可，何足惧哉！"（《桃花影》，第六回）

后来，丘慕南邀玉卿一同喝酒，趁机把玉卿灌醉后与之肛交，为怕玉卿醒来后不饶恕自己，又央求妻子花氏以身相酬，以堵玉卿的嘴。（见同上）

以上所引，风翔、裴南峰、丘慕南诸人，为了一美貌男子而费尽心机，不惜付出代价，亦堪称个中情痴了。

（2）对女子毫无兴趣

男性同性恋者的特点，就是对心目中的男子情有独钟，而对女子毫无兴趣，即使该女子貌若天仙，也丝毫引不起他的性欲。在明代小说《灯月缘》中，说到女子蕙娘貌美如花，已经结婚，她在与男子真生谈话时，称其丈夫对自己无丝毫兴趣，还常常说要找一个像邓通（汉文帝之嬖幸）那样的意中人：

蕙娘道："妾夫癖性，酷有龙阳之好，所以置妾园墅，来往虽频，不过饮酒赋诗，未尝少有枕席之爱。每日间往往指妾叹说：'昔日汉文帝嬖一邓通，不惜以铜陵赐铸。予亦夙负情痴，奈何杳莫能遂。顾安得一意中人，姣好如子，与之流连觞咏，方足以释我风月之思，而生平志愿，毕于此矣。'其酷嗜如此。妾虽宛转侍奉，而姚郎曾莫之顾也。"（《灯月缘》，第二回）

在清代小说《无声戏》中，也说到有一个名叫许季芳的秀才，"是个出类拔萃的龙阳"，"把妇人却看得冰冷"。而且，许季芳不但把妇人看得冰冷，还说妇人家有七种可厌之处，而美男则"闻来别有一种异香，尝来也有一种异味"：

嘉靖末年，福建兴化府莆田县，有个廪膳秀才，姓许名蒇，字季芳，生得面如冠玉，唇若涂朱。少年时节，也是个出类拔萃的龙阳，有许多长朋友攒住他，终日闻香嗅气，买笑求欢，那里容他去攻习举业？直到二十岁外，头上加了法网，嘴上带了刷牙，渐渐有些不便起来，方才讨得几时闲空，就去奋志萤窗，埋头雪案，一考就入学，入学就补廪，竟做了莆田县中的名士。到了廿二三岁，他的夫星便退了，这妻星却大旺起来。为甚么原故？只因他生得标致，未冠时节，还是个孩子，又像个妇人，内眷们看

第十章 同性恋与同性性行为

见，还像与自家一般，不见得十分可羡。到此年纪，雪白的皮肤上面，出了几根漆黑的髭须，漆黑的纱巾底下，露出一张雪白的面孔，态度又温雅，衣饰又时兴，就像苏州虎丘山上绢做的人物一般，立在风前，飘飘然有凌云之致。你道妇人家见了，那个不爱？只是一件，妇人把他看得滚热，他把妇人却看得冰冷。为甚么原故？只因他的生性以南为命，与北为仇。常对人说："妇人家有七可厌。"人问他那七可厌？他就历历数道："涂脂抹粉，以假为真，一可厌也；缠脚钻耳，矫揉造作，二可厌也；乳峰突起，赘若悬瘤，三可厌也；出门不得，系若鲍瓜，四可厌也；儿缠女缚，不得自由，五可厌也；月经来后，濡席沾裳，六可厌也；生育之余，茫无畔岸，七可厌也。怎如美男的姿色，有一分就是一分，有十分就是十分，全无一毫假借，从头至脚，一味自然。任你东南西北，带了随身，既少嫌疑，又无挂碍，做一对洁净夫妻，何等不妙？"听者道："别的都说得是了，只是'洁净'二字，恐怕过誉了些。"他又道："不好此者，以为不洁；那好此道的，闻来别有一种异香，尝来也有一种异味。这个道理，可为知者道，难为俗人言也。"（李渔：《无声戏》，第六回）

在清代小说《品花宝鉴》中，主人公田春航甚至说，上下五千年，再也找不出比相公更好的东西，"失一相公，得古今之美物，不足为奇；得一相公，失古今之美物，不必介意。"可见他对相公的嗜好已深入骨髓。（见陈森：《品花宝鉴》，第十二回）

从现代性学的观点来看，绝对同性恋的男子对女子没有丝毫兴趣，这是客观的事实。英国性学家霭理士在《性心理学》中曾举了一个例子，说某个很有阳刚气质的男子，对同性有欲望，他想克制这种欲望，努力与女子交往，但他再三作与女子性交的尝试，每次留下的都是对女子厌恶的心理：

有一个男子，生活很健康，活动性也强，习惯也富有阳刚之气，对于同性恋的欲望，也颇能加以抑制，很愿意结婚生子，也曾再三的作性交的尝试，但都没有成功。后来在玛尔太岛（英属，在地中海内）上，在跳舞场内，邂逅了一个意大利女子，她约他于舞罢到她的家里："她的身材细长，像一个男童，面貌也像，胸部扁平，几乎是没有乳房似的。我践约到她的寓所，见她穿了男子的宽大的衬裤。我虽觉得她异常可爱，但一到交接的段落，我还是失败了。不过到分手的时候，我却并没有那番以前常有的憎恶的心理；到第二天晚上再去，结果却如愿以偿，真是快慰极了。我离开玛尔太以前，我又去了几次，不过，老实说，这女子虽属可爱，我却始终没有感觉到性交的乐趣，一度性交之后，总想立刻把我的身体转过去。从此以后，我又和十多个女子有过性交的关系。不过这在我总觉得很吃力，每次总要留下一些憎厌的心理。总之，我知道正常的性交与我是无缘的，它实在是费钱、吃力、不讨好，甚至于有危险的一种手淫。"（霭理士：《性心理学》，第314～315页）

《海蒂性学报告》中也提到一个与此类似的例子，说有一个同性恋男子，强迫自己对女子发生兴趣，但最终发现这不过是自我欺骗罢了：

> 我要告诉你一个我自己长期试图想让自己变成"正常"的经验，虽然它没有成功。我去看了一些异性恋的色情电影，看着那些裸女，并且用"看看那个又热、又紧、又湿的阴部，喔！我真想把我这根又热、又硬的阳具凑上去，好好地搞她一下！"之类的话说服自己。我真的是看着那些女人，自言自语地说这些话，但是我立刻明白：这只不过是欺骗自己罢了，因为当那些勃起的男人走进银幕，我马上就觉得很亢奋，一点也不费力气。（海蒂：《海蒂性学报告——男人篇》，第660页）

刘达临在《中国历代房内考》中也说，有66.8%的绝对同性恋者对异性存在性恐惧及性厌恶：

> "南京研究"资料表明，绝对同性恋者对异性存在性恐惧及性厌恶者占66.8%，让他们向异性性爱方面联系就会产生一种特殊的厌恶心理，连握手都会感到特殊不适，异性主动与之亲昵则会出现一系列的生理心理的恶性反应，如心悸、恶心、全身出汗等。他们对异性的审美观也特别，如果看到异性躯体的敏感部位（特别是生殖器）则更为反感，而对同性却能忍受痛苦，接受同性对象口交、肛交的要求。当他们意识到与异性触摸、拥抱、接吻时就会恐惧紧张、极度不安及全身不适，有些同性恋者甚至还认为异性有一种特殊怪味。（刘达临：《中国历代房内考》，第1176页）

事实上，绝对的同性恋者应与绝对的异性恋者一样，是根本无法接受与其性取向不同的对象的，上述引文中所称的66.8%的数据，或许包含了一些非绝对同性恋者在内。

（3）用情专一

一般说来，因为同性恋男子之间不能生育后代，加上男子常常见异思迁，故男性同性恋关系不如异性恋那样来得稳固。然而，在明清时期的笔记小说中，则描写某些同性恋男子竟然也能做到用情专一，痴心不改。

在明代小说《龙阳逸史》中，说到柳细儿与储玉章两个男子相恋，后来，两人因故分开，储玉章便得了相思病，柳细儿也巴不得能与储玉章再次见面。在别人的安排下，两个有情人终于得以见面，而储玉章的病也很快就好了：

> 柳细儿回到苏州，储玉章割舍不下，钻头觅缝传消寄息。所谓人居两地，天各一方，在苏州的想着松江，松江的想着苏州，落得一腔离恨，两家都只好对天长叹。储玉章分外想得过了些，未及年把，就得了个症候。范氏见他不像个好光景，每每挑他口风，为什么起的？储玉章口口声声只说要柳细儿一见。范氏方才知他为了这桩，连忙着人到苏州寻问柳细儿消息。
> 
> 原来那柳细儿已冠了巾，就在阊门合了伙计，开个玩器铺子。听说松江储玉章着

第十章 同性恋与同性性行为

人来接他，巴不得去与他相见一见，只恐怕他内里又像前番那段光景，可不没了体面。千思万想，记得昔日大门口分别，如今拼得再在大门口相见，随即起身来到松江。这叫做心病还将心药医，储玉章一见了柳细儿，平空精神好了许多，过得五六日，完完全全病都好了。(《龙阳逸史》，第九回)

在清代小说《无声戏》中，说到季芳与瑞郎两个男子相恋，季芳一心想把瑞郎娶进家门，成为夫妻：

瑞郎此时情窦已开，明晓得季芳是个眷恋之意，只因众人同行，不好厚那一个，所以借扶危济困之情，寓惜玉怜香之意，这种意思也难为他。莫说情意，就是容貌丰姿也都难得。今日见千见万，何曾有个强似他的？心想："我今生若不相处朋友就罢，若要相处朋友，除非是他，才可以身相许。"……却说许季芳别了瑞郎回去，如醉如痴，思想："兴化府中，竟有这般绝色，不枉我选择多年。我今日摇手之时，见他微微含笑，绝无拒绝之容，要相处他，或者也还容易。只是三日一交，五日一会，只算得朋友，叫不得夫妻，定要娶他回来，做了填房，长久相依才好。况且这样异宝，谁人不起窥伺之心？纵然与我相好，也禁不得他相处别人，毕竟要使他从一而终，方才遂我大志。"
(李渔：《无声戏》，第六回)

后来，季芳终于如愿以偿，把瑞郎娶了过来。但新的烦恼又接踵而至。随着瑞郎性功能的渐渐成熟，当两人同床共枕时，瑞郎常常会通过手淫泄精。季芳对此忧愁不已：一是担心瑞郎不断泄精，会使身体相貌失去往昔的风采；二是担心瑞郎会因此思念妇人，冷淡了与自己的感情。当季芳把自己的担忧告诉瑞郎后，瑞郎为了表达自己对季芳的感情，居然决绝地把自己阉割了。(见同上)

在清代袁枚的《子不语》中，记述了一个车夫，因某编修年少貌美，他便投身该编修的府中，为编修拉车，工作勤勤恳恳，而且不要工钱。后来，该车夫得病将死，提出想与编修见上一面。见到编修后，车夫向他吐露了实情："奴之所以病至死者，为爱爷貌美故也"：

若狄伟人先生颇不然，相传先生为编修时，年少貌美，有车夫某亦少年，投身入府，为先生推车，甚勤谨，与雇直钱不受；先生亦爱之。未几病危，诸医不效，将断气矣，请主人至，曰，奴既死，不得不言，奴之所以病至死者，为爱爷貌美故也。先生大笑，拍其肩曰，痴奴子，何不早说。厚葬之。(袁枚：《子不语·卷十九·兔儿神》)

在清代作品《小豆棚》中，描述了优伶聂小玉与名士翟秋山的恋情，其情形与异性男女一般无二：

聂小玉，蜀人也。为优伶游京师，艳绝，眉间有媚风，姣女子不及其冶。于是群噪一时，王孙贵戚，相与持赠，缠头盈千累万。苏州翟秋山，以不第留滞京都，名士也。日者观剧，见聂心喜。归寓，驰想不置。由是戏上有聂，园中有聂，聂出而翟则昂首而盼，聂入而翟则掩面而卧，如是者非一日。聂于场上，未尝不转盼留神，异其钟情之独挚。某日演戏于翡翠园，日未昃，聂入，见翟已徘徊于众几间。聂前致词曰："晨餐也未？何来恁早耶？"翟欣然答曰："秀色可疗人饥，恐迟一刻少见一刻耳。"遂告姓氏居址。

曲终人散，翟归。晚闻剥啄声，则一车在门，毡帏晶窗，驾以骏骡。门焉者以为贵公子，及下车登堂，翟始知其为聂。聂则貂冠狐裘，翟颇形寒俭。聂曰："郎君旅馆亦寂寞否？"翟曰："客邸萧条，大抵如是。"聂曰："长安米不易索。我意屈驾过我屋，颇不俭；而饮食调护，自以为颇不粗粝。将请励志攻苦，来春雷甲可乘也。"翟起谢曰："邂逅相逢，过蒙不弃，何敢居停坐扰？"聂再三致请。坐良久，嘱以明辰来枉驾也，遂登舆去。

次早，车已在门，翟即收拾书剑随往。至大宅，聂出延入。书舍潇洒精致，铺陈皆细软。辰餐美馔，食罢，聂出门去，晚归已带微醺。烹苦茗夜谈，细诉衷曲，彼此爱慕。深更人退，聂复晚妆如妇人，同翟共寝。翟偎抱温柔，如怀至宝。聂之娇容媚态，肌肤滑泽，更非脂粉裙钗所得方其万一。从此二人厮守，如夫如妇。有人为聂言婚，聂笑曰："我赋男形，寔有女心，乾道变化，将不知其已也。"悉却之。（曾衍东：《小豆棚》，卷十三）

## 4. 男性同性恋的成因

在通常的观念中，异性恋是天经地义的，因为异性间的性交可生儿育女，繁衍后代，使人类得以延续；把阴茎插入阴道，也比把阴茎插入肛门显得更"自然"一些，加上异性相吸、同性相斥的道理，使人们很容易得出同性恋似乎不是一种正常现象的结论。同性恋究竟是否正常，对这个问题，我们将在本章的最后一节展开讨论，在此要讨论的问题是：有的男子为什么喜欢搞同性恋？综合各方面的资料，可以发现，男性搞同性恋，大致是基于以下几个方面的原因。

（1）环境的影响

有的男子，本来并无同性恋倾向，然而，由于环境的影响，比如受到他人的诱惑，或目睹他人行同性恋之事，从而自己也变成了同性恋者，这样的例子，在历史上是很多的。如据明代沈德符的《万历野获编》载，万历年间的进士周用斋，"幼无二色"，即从小不搞同性恋，在他未及第时，曾在湖州的董宗伯家做教师，每当主人与他谈及同性恋之事，他便对此表示十分厌恶。后来，主人趁他熟睡时，偷偷让一个小官与周用斋肛交，周用斋尝到了其中的滋味，从此便"溺于男宠"：

周用斋汝砺,吴之昆山人。文名藉甚,举南畿解元。久未第,馆于湖州南浔董宗伯家,赋性朴茂,幼无二色。在塾稍久,辄告归。主人知其不堪寂寞,又不敢强留。微及龙阳、子都之说,即恚怒变色,谓此禽兽盗丐所为,盖生平未解男色也。主人素念其憨,乃令童子善淫者,乘醉纳其茎,梦中不觉欢洽。惊醒,其童愈蹴之不休,益畅适称快。密问童子,知出主人意,乃大呼曰:"龙山真圣人!"数十声不绝。明日其事传布,远近怪笑。龙山为主人别号。自是遂溺于男宠,不问妍媸老幼,必求通体。其后举丁丑进士,竟以好外,羸惫而殁。(沈德符:《万历野获编·补遗卷三·周解元淳朴》)

在清代纪晓岚的《阅微草堂笔记》中,记述了这样一个故事。有一个叫王兰州的人,在坐船外出时买了一个十三四岁的少年。该少年因父亲死亡,家道中落,为了给母兄筹措回家的路费,才被迫卖身。晚上睡觉时,该少年主动与王兰州发生关系,但完事后又哭泣不止。王兰州问后才得知,原来该少年的父亲在世时,养有几个少年,每个人都要陪他睡觉,谁要是不从,他父亲便会用鞭子抽打,并说,我把你们买来不就是用来干这个的吗。所以该少年以为他既然已卖给了王兰州,便必须陪王兰州睡觉:

王兰州尝于舟次买一童,年十三四,甚秀雅。云父殁,家中落,与母兄投亲不遇,附舟南还,行李典卖尽,故鬻身为道路费。与之语,羞涩如新妇,固已怪之。比就寝,竟弛服横陈。王本买供使令,无他念,然宛转相就,亦意不自持。已而童伏枕暗泣,问:"汝不愿乎?"曰:"不愿。"问:"不愿何以先就我?"曰:"吾父在时,所畜小奴数人,无不荐枕席。有初来愧拒者,辄加鞭笞曰:'思买汝何为?愤愤乃尔!'知奴事主人,分当如是。不如是则当捶楚,故不敢不自献也。"王蹶起推枕曰:"可畏哉!"急呼舟人鼓楫,一夜追及其母兄,以童还之,且赠以五十金。意不自安,复于悯忠寺礼佛忏悔。(纪昀:《阅微草堂笔记》,卷六)

这个例子说明,无论是王兰州还是那个少年,本来并非同性恋者,但因为该少年受其父亲的影响,王兰州又受该少年主动献身的影响,才发生了同性恋关系。

在《阅微草堂笔记》中,纪晓岚指出,娈童都是因为受环境的影响,或受到某种势力的胁迫、利益的诱惑,才会从事同性恋活动。他举例说,有一个非常有财势的人,喜欢娈童,为了使那些未经龙阳之事的童子顺从他的要求,他便在与娈童媟戏时,让这些童子持烛在一旁观看,这样过了几年,当他要与这些童子发生关系时,这些童子便视此事为理所应当,没有人表示拒绝:

凡女子淫佚,发乎情欲之自然,娈童则本无是心,皆幼而受给,或势劫利饵耳。相传某巨室喜狎狡童,而患其或愧拒,乃多买端丽小儿未过十岁者,与诸童媟戏时,使执烛侍侧,种种淫状,久而见惯,视若当然。过三四年,稍长可御,皆顺流之舟矣。有所供养僧规之曰:"此事世所恒有,不能禁檀越不为,然因其自愿。譬诸狎妓,其

过尚轻,若处心积虑,凿赤子之天真,则恐干神怒。"某不能从。后卒罹祸。(纪昀:《阅微草堂笔记》,卷十二)

人是环境的产物,让未成年的童子经常观看同性恋活动,他们当然会认为同性恋是人人该做之事。不过,纪晓岚认为娈童本来都没有同性恋之心理,则未免绝对,因为有的人确实天生就是一个同性恋者。

在现代学者刘达临的《中国历代房内考》中,有这样一则资料,说中国有不少父母喜欢把男孩当女孩来养育,而这种做法极容易使这些男孩长大后成为同性恋者:

> 据上海等地调查,正常儿童受父母反性别抚养的占30%以上(1989年资料),个别幼儿园竟有一半以上的男孩被父母当作女孩抚养。国内关于同性恋的调查发现,20%左右的同性恋者有被父母反性别抚养的历史。研究同性恋的学者的共识是:反性别抚养是同性恋形成的最重要的原因之一。(刘达临:《中国历代房内考》,第1170页)

以上资料说明,外部环境确实是男性同性恋的一个重要成因。在当代社会,无论是家长还是学校,都要注意给孩子们提供一个正常的、健全的生活环境,以避免那些本无同性恋心理的孩子成为同性恋者。

不过,《金赛性学报告》认为,外部环境虽然是同性恋不可忽视的成因,但是,对此也不能作过度解读,因为人的性取向不一定是幼年时期的环境决定的,而且人的性取向也不是一成不变的:

> 有强烈的证据显示,性取向不一定是幼年期的社会或文化环境所决定,新几内亚的部落就是很好的范例,此部落所有年轻男孩八岁开始就在全部是男性的团体里生活。这个部落相信,年轻的男孩要长大成人,必须经常摄取年长男孩直接供应的精液(也就是进行同性恋的口交行为)。尽管如此,在他们十七岁时,95%的男性还是结婚了,在他们的性行为中则增加了异性恋的口交。在太太第一次月经过后,也开始有异性性交。直到第一个小孩诞生后,即停止同性恋的行为,而95%的男性在余生中只有异性性行为,剩下的5%,不管有没有结婚,继续有同性恋行为。
>
> 很明显地,人们并不一定终其一生保持相同的性取向。有些人有很长的时间是同性恋者,然后才开始与不同性别的人谈恋爱;也有些人只拥有异性伴侣,稍后却和同性的伴侣谈恋爱。(瑞妮丝等:《金赛性学报告》,第214页)

以上例子虽然说明了有同性恋行为的男子照样可以变为异性恋者,但必须看到的是,新几内亚部落中的男孩无论是搞同性恋还是与异性结婚,都是按照习俗的要求来做的,至于他们内心的真实想法是什么,我们不得而知。

(2)男子的身边长期缺乏女性

凡正常的成年男子都会有性欲,解除性欲的途径不外两个,一个是找异性,一个是手淫。

第十章 同性恋与同性性行为

当有的男子身边长期没有异性，又不想通过手淫解除性欲时，便很容易想到同性。明代的沈德符在《万历野获编》中列举了男子容易发生同性恋的几种情况，包括外出任官的官员、寄居他乡的塾师、关在牢狱中的囚犯、贫穷的戍卒等：

> 宇内男色有出于不得已者数家。按院之身辞闺阁，阇黎之律禁奸通，塾师之客羁馆舍，皆系托物比兴，见景生情，理势所不免。又罪囚系狴犴，稍给朝夕者，必求一人作偶，亦有同类为之讲好，送入监房，与偕卧起。……又西北戍卒，贫无夜合之资，每于队伍中自相配合。（沈德符：《万历野获编·卷二十四·男色之靡》）

清末民初的李霖在《燕南琐忆》中说，他曾深思过同性恋这一现象的由来，发现其中的主要原因是男子在产生性欲后，因无法找到异性解欲，才"不得不另筹一法以为聊胜于无之计"：

> 《易》曰："男女构精，万物化生。"盖孤阴不生，孤阳不长。故人类不可无男女，男女不能不构精，所以顺天地之自然，敦人伦之正轨也。至分桃之爱、断袖之癖，代有其人，不堪枚举，要皆反常之事。闲尝渊渊以思，究厥由来。殆溺情好色者流，贪欲无度，化生之本意全失，而不肖之邪淫遂起耳。何也？男女之感既动于中，或形隔势阻，不遂所欲，而狂念既炽，不可制止，则不得不另筹一法以为聊胜于无之计。男女之间动多拘束，而男之与男、女之与女，饮食起居，晋接周旋，礼法之所不禁。于是见景生情，想入非非，始则尚属尝试，继则渐觉可行，终则遂成习惯而乐此不疲矣。（李霖：《燕南琐忆》，卷上）

在明清小说中，我们确实可以找到有些男子因身边没有女子才搞同性恋的例子。如在明代小说《梼杌闲评》中，说到魏进忠到程中书处当差，程中书因"无家眷在此，遂留在身边做个龙阳"：

> 进忠回京，次日伺候王老爷起了身，才回来拿了行李，长班送他到程中书处。进忠到也小心谨慎，服侍殷勤。他为人本自伶俐，又能先意逢迎人，虽生得长大，却也皮肤细白，程中书无家眷在此，遂留在身边做个龙阳。凡百事出入，总是他掌管，不独办事停当，而且枕席之间百般承顺，引得个程中书满心欢喜。随即代他做了几身新衣，把了几根金玉簪儿，大红直身，粉底京靴，遍体绫罗，出入骑马。那班光棍也都不敢来亲近他。（《梼杌闲评》，第八回）

在清代小说《桃花影》中，说到玉卿参加科举考试时，也是因为"熬不过旅邸凄凉"，才唤仆人关哥"上床同眠"。（见《桃花影》，第九回）

（3）特殊的生理结构所致

在上面关于同性恋者的心理状态的论述中，我们知道，有的男子，天生就只对男子有兴趣，而对女子无丝毫兴趣。这种情况，与这些男子的道德品质、意志等皆无关系，因为他是天生如此的，也就是说，自从他一生下来，老天爷就给了他一副女子的心肠，你让他怎么办？不过，哲学上说，思维是大脑的产物，人的精神活动是有其客观的物质基础的，男子而具女子的心理，肯定是他的生理结构比较特殊，与一般男子相异。霭理士在《性心理学》中说，有一个同性恋男子，当医生把一个正常男子的睾丸移植到他身上后，他就变成了一个异性恋者。（见霭理士：《性心理学》，第312页）这个例子说明，睾丸或许是决定男子是同性恋或异性恋的重要因素。

现代医学已经发现，人在50天内的胚胎是不分男女的中性体，到了50天以后，才有了男性、女性的不同分化。这就说明，人天生就是男性和女性的综合体，因此，男子在生活中有时表现出某些女性的特点，并不值得大惊小怪。（参见刘达临：《中国历代房内考》，第1190页）

在明代小说《宜春香质》中，说到有一个名叫孙宜之的少年，天生就喜欢男子与他肛交。（见《宜春香质·风集》，第一回）

在明清小说中，我们发现同性恋的产生还有其他一些特殊的原因，如有的男子是为了报恩而主动向恩人献身。在明代小说《弁而钗》中，说到美貌男子文生落难时，云天章出手相助，后来两人同住一处，云天章毫无非礼的举动。文生想报答云天章，又无物可报，最后便想出了以身相报的办法，主动勾引云天章，致使两人成了同性恋人。（见《弁而钗·情烈记》，第二回）

而有的男子与他人发生同性性关系，则纯粹是出于好奇。如明代小说《隋炀帝艳史》中，说到隋炀帝与一个小黄门肛交，原因是"朕闻娈童之妙，从来未试"，所以想试一试。（见《隋炀帝艳史》，第十三回）

在清代小说《姑妄言》中，说到有一个叫牛耕的人，最喜欢男子弄他的后庭。他在家里养了几个龙阳，"每夜轮换着两个弄他的后庭"。而牛耕之所以要养龙阳，原因是他小时候曾得过一种病，发作时肛门内外发痒，只有用阴茎在里面抽送，他才舒服。（见《姑妄言》，第十四回）

在造成同性恋的诸多原因中，还有一个重要的原因，就是利益。有不少年轻男子，本来并非同性恋者，但看到与其他男子发生关系能带来可观的物质利益时，他们便会参与其中。这也可归于同性恋成因中的环境因素，在此就不展开讲了。

5. 同性性行为

男性同性恋的一项重要内容，就是享受同性性行为带来的快乐。在男性的同性性行为中，主要的方法有手淫、口交和肛交。根据现代性学的统计，在男性同性性行为中，最常见的是口交，肛交则是最不常见的：

虽然肛交往往被认为是男同性恋者之间最常发生的性行为，研究却表明舔淫是最常见的表达模式（Lever，1994年；Weinrich，1991年）。其次常见的是互相手淫，而肛交是最不常见的。股间性交（Interfemoral intercourse），是一个男人在另一个男人的两条大腿之间动作，也是男同性恋做爱的一个常见部分。（克鲁克斯等：《我们的性》，第263页）

然而，与此相反的是，根据明清小说中的描述，中国古代男子在同性性行为中，几乎无一例外地要发生肛交，而口交、互相手淫却十分罕见。

（1）肛交的方式和技巧

所谓肛交，即男子把阴茎插入另一个人的肛门，此肛门起的实际上是类似阴道的作用。在明清小说中，对于肛交的方式、技巧等有大量的描述。

a. 一主一从

在男性同性恋中，一主一从是最为常见的方式，主者相当于夫妻中的丈夫角色，从者相当于夫妻中的妻子角色。在性行为中，也通常是主者把阴茎插入从者的肛门，从者一般不会把阴茎插入主者的肛门。

在明代小说《别有香》中，说到一个男子与一个小伙子肛交，那小伙子仰面而躺，把自己的阴茎用裹肚裹上，男子从其正面行肛交。（见《别有香》，第十回）

在明代小说《弁而钗》中，说到某翰林与仆人得韵肛交，也是翰林在后"横冲直撞"，得韵则只是默默承受，"竟其事无一语"。（见《弁而钗·情贞纪》，第三回）

在清代小说《杏花天》中，描写傅贞卿与花俊生发生同性恋情，花俊生也是很自然地把自己定为从的角色：

再说傅贞卿包一小官，姓花字俊生，生得无异女貌。姿色肌腻，言语清幽，体态轻浮。傅贞卿暗想道："我若得与此君共乐，胜与佳人并枕。"遂千方百计，买通伊父花春宇，方得俊生到家。一同饮酒至更阑，俊生装出勾人的情样，双手忙来抱住贞卿面庞。贞卿趁酒兴双手搂住，两人作了个吕字。……自此两人朝朝同食，夜夜同眠，情深意厚，永不相离。（《杏花天》，第一回）

b. 翻烧饼

翻烧饼即两个男子轮流把阴茎插入对方的肛门行肛交，因一正一反轮流变换，与烤烧饼时的情形相似，故称。翻烧饼通常出现在地位相等的两个男子之间。

在明代小说《龙阳逸史》中，说到一个老和尚与徒弟妙悟行肛交，另两个徒弟妙心和妙通隔着窗户偷看，看到兴奋的时节，两个人便玩起了翻烧饼的游戏。（见《龙阳逸史》，第十四回）

发生同性性行为的男子

在清代小说《姑妄言》中，也说游夏流与杨为英两个同性恋男子"时常兑换做那翻烧饼的勾当"。（见《姑妄言》，第十回）

在清代小说《浓情快史》中，六郎与三思两个男子也是一先一后，互相"回敬"。（见《浓情快史》，第六回）

在明清小说关于同性性行为的描写中，除了肛交，有时也会描写手淫和口交。如清代小说《无声戏》中，写到季芳和瑞郎两个男子结婚以后，随着瑞郎渐渐长大，在肛交时，瑞郎自然会有要泄精的冲动，季芳怕瑞郎辛苦，便会主动替瑞郎手淫：

> 他初嫁季芳之时，才十四岁，腰下的人道，大如小指，季芳同睡之时，贴然无碍，竟像妇女一般。及至一年以后，忽然雄壮起来，看他欲火如焚，渐渐的禁止不住。又有五个多事的指头，在上面摩摩捏捏，少不得那生而知之、不消传授的本事，自然要使出来。季芳怕他辛苦，时常替他代劳。（李渔：《无声戏》，第六回）

在清代小说《怡情阵》中，也有关于男性同性恋者手淫的描写。书中说，井泉与白琨肛交，当白琨达到性高潮时，井泉在前面也兴奋得通过手淫泄精。（见《怡情阵》，第八回）

在《怡情阵》中，还有关于井泉替白琨口交并吞精的描写。（同上）

需要说明的是，类似的例子在明清小说中较为罕见，小说家的兴趣多集中在对肛交的描写上，而较少涉及口交与手淫。

c. 肛交的技巧

在一般人的想象中，肛交是用不着什么技巧的，只要把阴茎插入肛门抽动，一直到射精即可，不像与女子做阴道性交那样，要考虑到女子的感受和性高潮等因素，非得有某种技巧不可。然而，在明清小说对肛交的描述中，我们发现，肛交并不简单，高明的男子在

第十章 同性恋与同性性行为

肛交时运用某种技巧,可使肛交充满乐趣。

在明代小说《弁而钗》中,说到翰林风翔与赵生相亲相爱,时时肛交,但赵生却不觉得肛交有什么乐趣。风翔告诉赵生,在肛门内的七寸中有一淫窍,必须男子的阴茎抽送一千余下,此淫窍才能打开,然后被肛交者才能真正享受肛交的乐趣。后来,因风翔的肛交技巧高明,赵生果然享受到了淫窍打开后的乐趣。(见《弁而钗·情贞纪》,第四回)

在明代小说《灯月缘》中,说到男子高梧懂得养龟之法,在与男子真生肛交时能使阴茎越变越大,塞紧臀眼,使真生酸痒难禁,主动掀身相凑。(见《灯月缘》,第五回)

在明代小说《宜春香质》中,描写和生与迎儿肛交,则别有一番景象。书中说,和生懂得展龟采补的房中之术,迎儿则懂得逆流搬运之法,他的肛门,仿佛精通房中术的女子的阴道一般,能开能合,能紧能松,还会运气入龟,使和生无法抵挡,败下阵来。这当然是小说家的虚构,但也反映了小说家丰富的想象力。(见《宜春香质·花集》,第二回)

(2)肛交时的感觉

肛交时的感觉分为两个方面,一个是肛交者的感觉,一个是被肛交者的感觉。对于肛交者而言,他之所以要与某男子肛交,大多是由于喜欢该男子,故在肛交时能获得心理上的快感;另外,因肛门部位有强有力的肌肉,肛交者有被紧握的感觉,也会造成生理上的快感。对于被肛交者而言,情况则相对较为复杂,因为有的人感觉痛苦,有的人感觉舒服,要视具体情况而定,不过,根据相关资料,感觉舒服的要远多于感觉痛苦的。

a.肛交胜于阴道性交——肛交时主动者的感觉

主动肛交者在肛交时感觉如何,最好的比较对象就是阴道性交。在明清小说中,大多数有肛交经历的男子都认为肛交比阴道性交要胜上一筹。

在明代小说《玉闺红》中,说到吴来子与别的男子谈论与男子肛交的感受时说,男子的肛门有紧、暖、浅、软、嫩、干、甜等特点,不像女子的阴道那样"湿滑无味":

> 吴来子笑道:"四哥也未免见识太少了,要说起这个调调儿,咱倒是个久行惯家,那些青头白脸的小厮们,正不知叫咱家玩过多少。只是弄这玩意儿,非小心不可,不然一不小心,弄出屎来,变成炮打旗竿顶,可就有性命之危。"刘虎道:"老六这也是经验之谈。"小白狼道:"大哥,这后庭可有什些好处,为何人们都这样爱好?"吴来子道:"七弟你有所不知,这事的好处,一言难尽,是紧暖浅软嫩干甜,不比那……湿滑无味。"小白狼道:"原来有这么些好处,早晚我也非尝他一尝不可。"(《玉闺红》,第四回)

在清代小说《杏花天》中,说到贞卿与俊生两个男子相恋,后来贞卿将与女子结婚,俊生心中不快。贞卿告诉俊生说,我不会因为结婚而将你忘怀,与你肛交的乐趣远远超过与女人性交,因为你的肛门能将阴茎紧紧箍住,而女人的阴道则是越抽越松,使人不能畅美:

贞卿回至内室，俊生接见道："兄洞房花烛在迩，致弟于何处？"贞卿抱住道："小哥哥，我素不好与女人相亲，如兄这样才貌情趣，超出女人百倍。我的麈柄在内紧紧箍住，甚是有趣，进出之美，令人不可形容。那妇女俺也有弄过，起初搂住，却是有趣，及将麈柄放在里边，粘浆滑滑蹋蹋，越抽越松，又费许多力，下下不能畅美。今与你设誓盟神，永不相离。"（《杏花天》，第一回）

在清代小说《姑妄言》中，也说童自大初次与男子肛交，便觉比女子肥而大、宽而深的阴道要舒服。（见《姑妄言》，第十三回）

当然，以上所谓与男子肛交胜于与女子性交的说法，多是就那些同性恋者而言的，对于异性恋者，当然不可能认同此种说法。

b．酸痒难禁——被肛交者的感觉

根据明清小说中的说法，在肛交时，被肛交者能享受到以前从未享受过的乐趣，从而使他情不自禁地恋上肛交。对于一个初次体验肛交的被肛交者来说，他通常会经历紧张、涨疼、酸麻、高潮等阶段。而其中，每当肛交到一定的时候，被肛交者会感到酸痒难禁，则是他们相同的感觉。

在明代小说《灯月缘》中，描写子昂与真生肛交，经过一段时间的抽插，真生便"酸痒难禁"，不自觉地耸身相凑，其情状与女人性交达到极乐时无异。（见《灯月缘》，第二回）

在明代小说《弁而钗》中，说到钟子与张生肛交，张生的感觉是"屁股内若有虫钻，外则似刺而非刺，内则欲含不得含"，"骨竦而神荡"，"几不知此身是男是女也"。（见《弁而钗·情侠纪》，第三回）

在明代小说《宜春香质》中，描写李尊贤与孙宜之肛交，孙宜之的感觉也是"麻痒有趣"，"神魂飘荡，乐而忘身"。（见《宜春香质·风集》，第一回）

在明清小说中，关于男子肛交时的感觉，还有诸多描写，在此就不一一列举了。现在要探讨的问题是：被肛交的男子的感觉，果真有如此奇妙吗？

答案是肯定的，因为现代性学也认可这种说法。在《海蒂性学报告》中，明确指出："大部分男人，不管是同性恋还是异性恋，只要试过被插入（不论是手指或阴茎），他们都表示喜欢：有深刻的愉悦和满足。"

《海蒂性学报告》还分析了男子在肛门被插入时感到愉悦的原因：一是被插入时有"充实"、"完整"的心理感觉；二是肛门紧挨前列腺，通过肛门正确刺激前列腺，会给男人带来性高潮：

肛门插入和刺激是一个重要的主题，而在研究性的作品中几乎从未触及。其实这是让男人在性方面有全然不同体验的机会。

……

第十章 同性恋与同性性行为

为什么肛门的插入和刺激让男人感觉舒服？从心理层面来看有两个可能的原因：第一，被插入本身的感觉很好。……

第二个理由是男性的前列腺正好位于肛门开口内部（大约5厘米）。如果正确刺激前列腺，会带给男人高潮。……

在这项调查中，31%异性恋倾向的男性曾经试用过手指插入肛门（或是自慰，或是由伴侣插入）；其他12%曾经试过以阴茎或阴茎大小的物体插入（通常是在青少年时期）。86%自认为是同性恋的男子尝试过肛门插入，用手指或阴茎。大部分尝过手指插入的男性，不论是由自己或由别人插入，都表示喜欢。许多尝试过阴茎或阴茎大小物体插入的男性也表示喜欢，然而对大部分喜欢阴茎插入的男性（包括同性恋）而言，都表示这并非日常进行的活动。另一方面，手指插入，无论同性恋、异性恋，或是自慰，却可以每日进行。不是所有自认为同性恋的男士会进行肛门插入，而且有些人试过却不喜欢。在所有回答未曾试过的男性中，有10%表示，他们会有兴趣尝试。（海蒂：《海蒂性学报告——男人篇》，第436～437页）

对照现代性学与明清小说中关于肛门刺激及其感受的描述，我们可以得出这样两点认识：一是明清小说中对于被肛交者感受的描写是有根据的，并非小说家的凭空虚构；二是明清小说中的相关描写对现代性学有重要的参考价值，因为正如《海蒂性学报告》中所说："肛门插入和刺激是一个重要的主题，而在研究性的作品中几乎从未触及。"（同上，第436页）而事实上，关于肛门插入和刺激，在明清小说中早已有了详细而准确的描述。

需要说明的是，明清小说在描写被肛交者的感受时，也不是一味强调肛交时的愉悦感，在不少地方，小说家们指出，有的被肛交者的感觉是非常的痛苦，尤其是碰到阴茎特别巨大而又不懂得"怜香惜玉"的男子的时候。在明代小说《别有香》中，描写青年男子子经与一个"厥物惊人"的男子肛交，子经的感觉就是痛苦难忍，身上冷汗直冒。（见《别有香》，第六回）

在清代小说《姑妄言》中，说到聂变豹与年轻貌美的男子嬴阳肛交，根本不考虑嬴阳的感受，一味蛮干，以致嬴阳差点送了性命。（见《姑妄言》，第六回）

因此，肛交一如性交，讲究的是循序渐进，温柔体贴，只有真正两情相悦的男子，才能享受个中乐趣。另外，肛门毕竟不同于阴道，肛交时必须格外讲究卫生，这一点也是不言而喻的。

## 二、女性同性恋

在中国古代的性学典籍中，几乎不见有关于女子同性恋的论述。在明清小说中，虽偶

关系暧昧的两个女子

有涉及，也很少作充分的展开和讨论。但我们不能据此否认中国古代女子同性恋有较为普遍的存在。因为之所以会出现这样的状况，一方面是因为中国古代女子生活在闺阁之中，其生活状况不太容易为外人了解；另一方面是女子间的交往关系向来比男子间的交往显得亲密，使人们不易分辨其亲密行为究竟是否属于同性恋。关于中国古代女子同性恋的状况，学者们也有一些论述，不过多是属于某种推测。如荷兰汉学家高罗佩说，在中国古代，一定数量的妇女被迫长期生活在一起，同性恋一定相当普遍，并被人们容忍：

> 人们对女子手淫持宽容态度，因为女人的阴气被认为取之不竭。但医书告诫切勿过分使用人为手段，如淫具，因为它们容易损伤子宫内壁。出于同一原因，人们对女子同性恋也非常宽容。人们也意识到，当一定数量的妇女被迫长期地亲密生活在一起，女子同性恋的发生是很难避免的。（高罗佩：《中国古代房内考》，第66页）

现代学者潘光旦也认为，中国古代女性同性恋见于记载的极少，这与她们深居简出的生活方式有关：

> 从前的女子深居简出，既不与一般社会往还，更少与异性接触的机会，所以同性恋的倾向特别容易发展，所谓"闺中腻友"大都带几分同性恋的色彩。不过见于记载的却极少，也为的是深居简出不易为外人所窥探的一个原因。（见霭理士：《性心理学》，第538页）

在本节中，我们将根据较为有限的资料，努力展现中国古代女性同性恋的特点和大致轮廓。

## 1. 细腻而坚定的同性恋情

女子的情感通常比男子要细腻，因此，当女子之间发生恋情时，其细腻深刻之程度，更非男子间的恋情可以比拟。在明代小说《续金瓶梅》中，有关于女子同性恋情的较为罕

第十章 同性恋与同性性行为

描绘女子同性性行为的瓷盘画

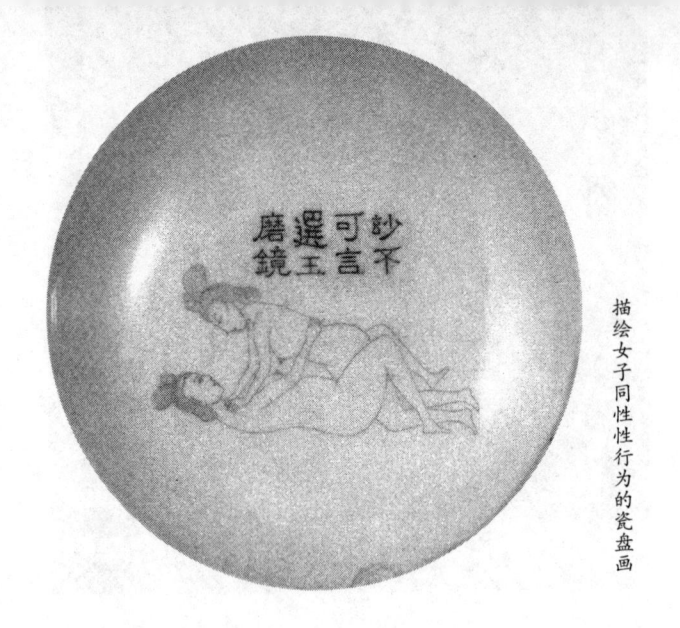

见的描写。书中说到金桂与梅玉两个女子因长期生活在一起而发生恋情。后来，梅玉即将出嫁，两位女子想到离别在即，伤心不已，不仅忘情地发生同性性行为，金桂还在梅玉的身上炙了个香瘢儿，好让梅玉记着自己，永远不忘：

　　到了晚间，金桂姐请梅玉去房中同歇，各叙心情。取了一壶烧酒、两块熏豆腐干，又是一大块猪肠子。金、玉姊妹二人，在炕上腿压着腿儿，把烧酒斟着一个盏里，一递一口儿，吃到乐处，金桂道："梅姐姐，你眼前喜事临门，咱姊妹们会少离多了！"说着话，不觉的流下泪来。梅玉道："咱姊妹两个，自幼儿一生一长，唇不离腮的，长了三四岁儿，各人随着爹娘上了官，也只道不得相逢了。谁想到十七八岁，回来东京，又住在一处，也是前缘。咱两个从来没有面红耳赤的，今日我这件亲事不知怎样结果哩，闭着两个眼儿一凭天罢了。"金桂姐道："只说那金二官人一个好风流人儿，你两个配了对儿，到了好处，也不想我了。"说到这里，两人又笑成一块，不觉春心鼓动，犯了从前的病，金桂道："从今年没和你一个被窝里睡，只怕忘了我，又眼前搂着个人儿，我也要咒得你那里肉跳。"说道："咱睡了罢。"各人起来，收了壶盏，使水嗽了口，铺下被窝，把灯一口吹灭。那时七月，天气正热，把小窗开了，放进月色来，两人脱得赤条条的，四条腿儿白光光的。两人原是耍惯了的，搂着脖子，一递一口，亲嘴咂舌，一片声响。这个叫声："我的亲哥哥，亲羔子。"那个也答应，叫道："我的心肝姐姐。"没般不要到，一翻一覆，玩成一块。那里像是良家女子，就是积年的娼妓也没有这等油滑的。……金桂姐道："咱姊妹不久眼下分离，你东我西，不知何年相会，实实的舍不得。咱听得男子人和人相厚了，有剪头发、炙香瘢的。咱两个俱是女子，剪下头发也没用，到明日夜里炙个香瘢儿，在这要紧皮肉上，不要叫男人瞧见。日后你见了瘢儿，好想我，我见瘢儿，也好想你。"梅玉道："不知使甚么烧，只怕疼起来忍不住，叫得奶奶听见，倒好笑哩。"金桂道："听得说，只用一个烧过的香头儿，似小艾焙大

《点石斋画报》中的怨偶堪危图

麦粒一般，点上香，不消一口茶就完了，略疼一疼就不疼了，那黑点儿到老也是不退的。你明日先炙我一炷你看。"……金桂低声叫道："心肝妹妹！你叫着我，闭闭眼，想想情人，自是不疼了。"梅玉果然件件依他，一一听他播弄，疼得口口叫心肝不绝。二人从此昼夜不离，轮番上下，如鸡伏卵，如鱼吐浆，俱是不用形质，有触即通的。（丁耀亢：《续金瓶梅》，第四十一回）

在中国古代社会中，女子的命运非常值得人们同情，因为她们缺乏人身自由，一举一动都有严格的限制。她们通常从小生长在闺阁之中，到了一定年纪，就必须按父母之命出嫁，随后便是相夫教子，终其一生。然而，在清末民初的广州等地，女子们则开始以"结金兰会"的形式向传统习俗提出挑战。"金兰"的说法出于《周易·系辞传》："二人同心，其利断金；同心之言，其臭如兰。"意即两个人同心一意，其作用就像利刃能砍断金属一样；同心一意而说出的话，就像兰花发出的气味一样芳香。后来人们便使用金兰指牢固深厚的友谊或结拜的兄弟姐妹。广州地方的金兰会正是借此意而命名的。加入金兰会的女子，开始时是互相结拜为姐妹，出嫁后不住丈夫家，一定要等到所有结拜的姐妹都出嫁，才各自回到夫家。到了后来，则发展为女子间的同性恋关系，有的女子竟然因此发誓终身不嫁。对此，民初张心泰的《粤游小志》中有这样的记述：

广州女子多以结盟拜姊妹，名"金兰会"。女出嫁后，归宁恒不返夫家，至有未成夫妇礼，必俟同盟姊妹嫁毕，然后各返夫家；若促之过甚，则众姊妹相约自尽。此等弊习为他省所无。近十余年，风气又复一变，则竟以姊妹花为连理枝矣。且二女同居，必有一女俨若藁砧者。然此风起自顺德村落，后渐染至番禺、沙茭一带，效之更甚，即省会中亦不能免。又谓之"拜相知"，凡妇女订交后，情好绸缪，逾于琴瑟，竟可终身不嫁，风气坏极矣。

在清代的《点石斋画报》中，有关于女子结为金兰会并造成较为严重后果的两则记述。一则是说广东某地的一个关姓女子加入金兰会后，奉父母之命出嫁，到了新郎家后，该关姓女子竟然企图把新郎置于死地：

第十章 同性恋与同性性行为

《点石斋画报》中的三女同溺图

粤俗女子向有结为金兰友者，大都以十人为率，凡所结契之人，皆愿与姊妹行常相聚处，不以有夫为乐。父母有强嫁者，则预习迷夫术以杀之，必归宁与兰友相聚而后已。此实该处一大恶俗，惜无人焉起而革除也。近闻西樵藻尾乡张氏子娶百滘村关姓女为室，到门时已鱼更四跃，乃令新妇暂宿洞房，而以郎君伴之，次日再行合卺礼。盖因该处故有此俗也。讵妇见新郎，遽执发辫缠其颈项，复以手固握前阴，势将断送其性命。张氏子大声呼救，父母闻之，毁门而入，妇始释手，而其子已憔悴不堪矣。乃倩人扶出，别居一室，未知能以怨偶变为佳偶否。夫姻缘贵乎好合，女既不乐有夫，夫亦何乐有此妇，若必以相强，萧墙之内暗伏干戈，枕席之旁悉成荆棘，岂不危哉！岂不危哉！（《点石斋画报·怨偶堪危》）

另一则是描写九江黄梅县的几位订为金兰的女子，为了验证算命先生说她们"死会同穴"的说法，居然一起跳入池塘自尽：

九江黄梅县属之陈家沙滩有一塘，为水甚澄清，游鱼可数。迤西有一小山，箐深林密，美荫交加。时有陈姓闺友三人，年俱及笄，喜其青幽，每日相邀，憩塘边大树下，习女红，叙款曲，相得甚欢，遂订为姊妹行。一日，有星士扶杖而过，三女延推八字，皆不相上下，乃相与笑曰："吾三人生则若是，不知死复何如？"星士笑而应之曰："他日死则同穴，亦未可知。"及星士去，三女忆及同穴之言，欲证其事，遂携手河梁，互相握溺。时有垂髫女牧牛于旁，亦从而跃入塘内。恍惚中似有人抱起，谓之曰："此非尔安身地也，可速归。"女凝神视之，身已在岸，即奔告三女之父母，始得捞香躯于水，瘗埋玉骨于陇中。呜呼！红颜未老，白水无情，三女但愿同日死，不愿同日生，是岂兜率宫中仙子，尘寰福满，撒手人天，弃簪环如敝屣耶？抑系龙女转世，厌弃红尘，仍归水府耶？不可得而知已。（《点石斋画报·三女同溺》）

在今人看来，以上几位女子的做法不免过于愚昧。但是，若从女子间为了彼此间的情义奋不顾身，或者，从女子们反抗长期以来社会对她们的压抑和束缚的角度来看，则她们的行为，还是颇有值得同情之处的。

## 2. 女性同性恋的原因

根据现代性学的观点，女性同性恋最主要的原因，便是有些女子天生对其他女子有兴趣，而对男性没有丝毫兴趣。然而，在中国古代，女子处于从属地位，她基本上没有爱的自由，一个天生有同性性取向的女子，她根本就不敢表达，而且，即使她想表达，也很难找到合适的对象。因此，在中国古代，有些女子之所以会有同性恋行为，多是由环境的影响造成的。而在诸多的环境因素中，寂寞难耐是首要的原因。

据《金史》记载，海陵王完颜亮荒淫无道，其妃子阿里虎开始时受到宠爱，后来被海陵王冷落。寂寞无聊之时，阿里虎便与一个名叫胜哥的女子搞同性恋：

> 凡诸妃位皆以侍女服男子衣冠，号"假厮儿"。有胜哥者，阿里虎与之同卧起，如夫妇。厨婢三娘以告海陵，海陵不以为过，惟戒阿里虎勿笞箠三娘。阿里虎榜杀之。海陵闻昭妃阁有死者，意度是三娘，曰："若果尔，吾必杀阿里虎。"问之，果然。是月，光英生月，海陵私忌，不行戮。阿里虎闻海陵将杀之也，即不食，日焚香祷祝，冀脱死。逾月，阿里虎已委顿不知所为，海陵使人缢杀之，并杀侍婢击三娘者。（《金史·卷六十三·列传第一》）

在清代小说《杏花天》中，说到珍娘与玉莺两个女子搞同性恋，也是因为"珍娘因丈夫远去，寂寞许久"。（见《杏花天》，第六回）

女子之间搞同性恋，除了闺中寂寞，还有一些其他的原因。如在明代小说《续金瓶梅》中，女子金桂和梅玉搞同性恋，就是因为看到了男女之间性交的场面：

> 这黎金桂从那日汴河看见男女行乐，已是春心难按。幸遇着孔家妹子梅玉回来，两人每日一床，真是一对狐狸精。到夜里你捏我摩，先还害羞，后来一连睡了几夜，只在一头并寝，也就咂舌亲嘴，如男子一般。这一夜见他两个母亲吃酒醉了，和守备勾搭。就把房门悄悄挨开，伏在门外听他三人行事。只见淫声浪语没般不叫，两个女儿连腿也麻了，险不酥透顶门，跳开地户。二女疾回，掩上房门，脱得赤条条的，金桂便道："梅玉，咱姊妹两个也学他们做个干夫妻，轮流一个装做新郎。我是姐姐，今夜让我先罢。"……弄了半夜，身子倦了，抱头而寝。如此，夜夜二人轮流，一人在身上，每夜弄个不了。（丁耀亢：《续金瓶梅》，第三十二回）

在清代小说《红楼梦》中，说到两个唱戏的女子藕官和药官相爱相恋，原因竟是她们在演戏时常扮夫妻：

> 芳官听了，满面含笑，又叹一口气，说道："这事说来可笑又可叹。"宝玉听了，忙问如何。芳官笑道："你说他祭的是谁？祭的是死了的药官。"宝玉道："这是友谊，也应当的。"芳官笑道："那里是友谊？他竟是疯傻的想头，说他自己是小生，药官是小旦，常做夫妻，虽说是假的，每日那些曲文排场，皆是真正温存体贴之事。故此二

第十章 同性恋与同性性行为

人就疯了,虽不做戏,寻常饮食起坐,两个人竟是你恩我爱。茵官一死,他哭的死去活来,至今不忘,所以每节烧纸。"(曹雪芹:《红楼梦》,第五十八回)

3. 女同性恋者性行为的方式

根据明清小说中的描写,女性在同性性行为中通常会采用互相抚摸阴部、用手指抠阴道、互相摩擦阴部等方式,有时也会用角先生等性具来互相刺激。

在清代小说《巫山艳史》中,描写素英与月姬从事同性性行为,其步骤就是互相摸阴户,把手指伸入阴道,然后月姬爬到素英身上,"腿压着腿,不住的乱迭"。(见《巫山艳史》,第九回)

在清代小说《姑妄言》中,描写碧梧和翠竹两个女子的同性性行为,也是先"互相抠挖",再"两件光挞挞的东西一上一下的扇打"。(见《姑妄言》,第五回)

在该书的另一处,说到素馨和香儿、青梅三个女子在一起玩性游戏,素馨先是用手摸香儿的阴户,再爬到香儿的身上,"牝盖对牝盖一阵撞",对青梅也是如法炮制,使两个均感兴奋不已。(同上)

在明清艳情小说中,对性行为作具体描写的地方很多,但是,如果我们对这些描写进行比较,便可以发现,小说家们最感兴趣的是对异性性行为的描写,其次是对男性的同性性行为的描写,描写得最少的便是女性的同性性行为。其中的原因,一方面或许是因为小说家都是男子,缺乏这方面的生活经验;另一方面则可能是觉得女子的同性性行为比较单调,不值得一写。另外,我们发现,在明清小说中,很少关于女子替女子口交并使之达到性高潮的描写,这或许与中国古代女子较少从事这方面的行为有关。

在女性同性恋的问题上,颇为有趣的是女性同性恋导致怀孕的奇闻。在元代孔克齐的《至正直记》中,记述某村民有一妻一妹,其妹并未嫁人,却突然怀孕了,这在古代无疑是伤风败俗之事。但是,其妹并未接触过男子,又怎么会怀孕呢?原来,某天早晨,该村民与其妻行房后外出,其妹来找其妻,两个人偶然兴发,其妻便趴在其妹身上模仿性交,结果其阴道中残剩的精液进入了其妹的阴道,以致怀孕:

> 溧阳同知州事唐兀那怀,至正甲申岁尝与予言一事:徐州村民一妻一妹,家贫,与人代当军役。一日,见其妹有孕,询究其事,不能明,欲杀其妻与妹。邻媪咸至曰:"我等近居,惟一壁耳,终岁未尝见其他也。"考其得胎之由,乃兄尝早行时,与妻交合而出,妹适来伴其嫂。嫂偶言及淫狎之事,覆于姑之身,作男子状,因相感遗气成孕也。(孔克齐:《至正直记·卷之一·徐州奇闻》)

在明代祝允明的《野记》中,也有类似的记载:

> 成化初,上元民女张妙清与兄张二、嫂陈之室连壁。兄晨与嫂偶而出,女不胜淫想,

呼嫂来同卧问状，且与戏效为之，遂感胎。事闻法司，拟以不应为从重律。后竟生子，犹处女也，官令兄育其子。宇宙之间，何所不有！（祝允明：《野记》，卷四）

在清代的《萤窗异草》中，所记的事情则更为离奇。某县绅家的一个女儿尚未成婚却突然怀孕，但她从未接触过男子，此事又该作何解释呢？正当众人皆为之疑惑不已时，某少司寇为大家解开了其中的谜团。原来，该女子常与同盟一女弟同床共枕，两人间发生了同性性行为，于是，"真气流通，因亦有孕"：

> 某县绅家有女及笄，字于巨族，忽病吞酸，腹亦震动，父母咸疑之。然而家禁森严，内无五尺童子，唯同盟一女弟，系贫无所依者，女白诸父母，留养于家，昼则共一绣筐，夜则同一绣榻，此外别无一人，疑不及此。遂目为疾，延医诊视之，举不能辨。无何而弥月不迟矣，且居然生子矣，众论汹汹，丑扬中篝。婿家巨族，不堪其辱，遂讼于邑宰，欲罢其婚。女家亦惭赧不能白，将致女于死以涤垢。唯姊妹行不忍，具牒于县，言女之诬。娇鸟群啼，哄堂号泣，宰亦无能判决。事闻中丞，委员同鞫，究不能定。时少司寇某公出司臬事于粤，谙练详核，强记多闻，乃谓其属曰："盍使稳媪相女，若系闺体，则斯狱无难立断矣。"其属窃笑，以为生子者不坼不副，容或有之，未闻既生既育，而犹珠联璧合者也。因奉宪令，勉使验之，果皆以处子报；犹恐其妄，遂各遣其衙眷，同往查勘，又俱以女体为言，始信之。而惑愈滋，因复命于公。公闻之，嘿然良久，遽诘曰："胎岂有异乎？"对曰："向曾视之，虽无生气，具体亦人，但四肢百体，空空然如蝉之蜕，若革之囊，一似全无骨肉者，惟此为疑耳。"公乃太息曰："仕优弗学，几杀人子。诸君固有所不知，此二女同居，重阴交感之象也。"众请其说。公笑而不言，命吏诣库取某年部案，与众观之，中一事若合符节，众乃顿悟。盖女年已长，情事渐知，私与女伴效其状，虽两雌无异，而真气流通，因亦有孕。第无云雨之私，究非絪缊之正，遂令硕果虽结，宛同钻核之李，职是故耳。僚属叹服，乃定案。婿家亦无异言。后数月，迎女于归，倡随无间，至今生子数人，则骨擎肤立，迥非向之仅具皮相者矣。（长白浩歌子：《萤窗异草·初编卷四·胎异》）

其实，该少司寇的解释并不能令人信服，因为两个女子交媾，是无论如何不可能怀孕的。倒是文中关于所结之胎形状的描述值得引起注意："虽无生气，具体亦人，但四肢百体，空空然如蝉之蜕，若革之囊，一似全无骨肉者"。

## 三、怎样看待同性恋

在异性恋者的心目中，通常会认为同性恋是一种反常的现象，因为它违背自然界同性相斥的基本规则，更何况同性恋无法生育后代，同性性行为也存在可诟病的地方。然而，在不少同性恋者看来，他们并不认为自己的行为有什么不妥，因为他们对同性的喜好完全发自内心。人们习惯于以大多数人的行为或特点来确定正常和反常，而严格说来，这种做法并不科学。因此，在对待同性恋的问题上，需要作更为深入细致的探究和分析。

### 1. 必须严格区分同性恋者和同性性行为

在对同性恋问题进行深入分析前，必须首先区分同性恋者和同性性行为这两个不同的概念。所谓同性恋者，是指只对同性有性兴趣而对异性没有性兴趣的人。而同性性行为，则指同性之间发生的性行为；发生同性性行为的人，既可以是同性恋者，也可以是双性恋者或异性恋者。换言之，同性恋者通常会或者希望发生同性性行为，而发生同性性行为的人不一定就是同性恋者。这种区分，对于我们深入了解同性恋现象有重要的意义。

现代性学对同性恋现象曾作过不少调查，基本的结论是：虽然绝对同性恋的人数并不是很多，发生同性性行为的比例则比较高；人们的性取向在其一生中并非固定不变的，有的人可以在同性恋者和异性恋者之间发生变换。

《金赛性学报告》中指出，在美国，至少有三分之一的男性曾经有过同性性行为。（见瑞妮丝等：《金赛性学报告》，第28页）

在《我们的性》一书中，则认为要确定有多少人是同性恋比较困难，因为它"依赖于你如何问这个问题"。书中说，经过调查发现，承认自己是同性恋者的比例，男性为2.8%，女性为1.4%；但是，承认自己被同性吸引的比例则要高得多，男性为6%，女性为5.5%。（见克鲁克斯等：《我们的性》，第271页）

我认为，承认自己被同性吸引的人之所以会比承认自己是同性恋者的人要多，一个重要的原因是有不少人是双性恋者，所以他们不承认自己是同性恋者，但却承认自己被同性吸引。

在同性恋的问题上，一个值得注意的现象是：有不少同性恋者，他们虽然对异性没有性兴趣，却仍然与异性发生性行为，甚至有不少人还与异性结婚。

这说明，如果仅仅根据人们的行为或外在表现，是很难确定某人是否是同性恋者的。现代学者刘达临在《中国历代房内考》中所列的一组数据就很好地反映了这种状况：

> 在成人的性行为方面国外也做过调查，认为男性成人中完全的异性恋仅占35%，完全的同性恋以及以同性恋为主的约占8%，约55%的人属于中间型，他们是以异性恋为主，但有少数同性恋史，可见同性恋依恋仍可至少在65%以上的成年男子中不同程度地表露出来。（刘达临：《中国历代房内考》，第1190页）

上述数据明显是根据人们性行为的现状得出来的，其中"男性成人中完全的异性恋仅占35%"、"55%的人属于中间型"的说法无疑会令人惊讶，因为它改变了人们心目中异性恋者占人群中绝大多数的观念。之所以会产生这样的情况，就是因为未对同性恋者与同性性行为作很好的区分，把偶然发生的同性性行为等同于同性恋，从而使异性恋者的比例急剧下降。

当然，偶然发生的同性性行为究竟是否属于同性恋，这是一个值得讨论的问题。西方性学家倾向于不把人群明确区分为同性恋者、异性恋者，认为这不过是两个极端的站点，在人的一生中，可能会经常在这两个站点之间变化，因此，最好的办法，是确定"在某个时期中，有多少人曾经有过何种的性关系"，而不是去确定有多少人属于同性恋者、多少人属于异性恋者：

> 在此，要澄清的是，个人的性偏好，在人的一生之中是会经历转变的，甚至在特定的时空下还会经历多次的转变。因此，所谓的性别角色，并非如早年发表的统计数据一般那么僵化而一成不变。以金赛的解释为例，他并不认为我们可以将人分成两类：一种是异性恋，而另一种是同性恋；换句话说，我们根本无理由把羊二分成绵羊与山羊。"在生物界中，就各种特征而言，均呈现出连续不断的变化"。因此，同性恋与异性恋，不过是两个极端的站点罢了，在这两者之间，则"充满各种变异状况的渐进过程"。所以，"女同性恋"、"同性恋"或"异性恋"这些词，应该视为形容词，而不是用来界定个人本质的名词，把人分成同性恋者、女同性恋者或异性恋者等等，都是很不恰当的分法，重要的是，人们的性行为应如何分类为同性恋行为、女同性恋行为或异性恋行为。简言之，我们只能问：在某个时期中，有多少人曾经有过何种的性关系。这也就是本研究所探讨的重点所在。（海蒂：《海蒂性学报告——女人篇》，第285～286页）

以上观点和态度，对于纯粹的性学研究来说，无疑是十分重要的，然而，对于社会大众来说，则不会满足于此，因为他们需要的是给自己在社会上定位，而这种定位对于他们来说是极为重要的。因此，本人认为，对社会人群作出异性恋和同性恋的区分还是很有必要的。区分的标准，则在于人们的内心，即他的性对象究竟是同性还是异性，若是异性，则为异性恋者；若是同性，则为同性恋者；若对同性与异性均有兴趣，则为双性恋者。至于在生活中偶然发生的同性性行为，则应作严格的甄别，对于被人强迫或纯粹出于好奇心而进行的同性性行为，则不应被视为同性恋行为。至于说一个人在其一生中的性取向会发生变化，这种情况毕竟不多，不应影响我们对同性恋问题的基本认识。

## 2. 对待同性恋的不同态度

同性恋，作为一种与异性恋相异的性爱行为，在人类历史上的大部分时期，都被视为一种反常的行为。然而，就是这样一种反常的行为，历史上却有不少帝王、大臣、文化名

# 第十章 同性恋与同性性行为

人参与其中,乐而忘返,这就不能不引起人们的深思:为什么有那么多人热衷搞同性恋?究竟应该怎样看待同性恋?由此也产生了对待同性恋的不同态度,或明确表示反对,或明确表示支持,或主张对同性恋者采取严厉的制裁,或提倡把同性恋者改造成异性恋者,或主张对同性恋者持宽容的态度……种种观点,不一而足。那么,究竟什么样的态度才是正确的呢?这就需要我们用历史的观点去看待同性恋,从人性的角度去对待同性恋。

(1)中国古代对待同性恋的态度

在中国古代的正统思想家中,我们找不到他们关于同性恋的任何论述,对此,有学者认为,这说明他们把同性恋问题置于社会问题中的末要位置,在整个道德体系中无关紧要、无足轻重:

> 先秦时期同性恋广泛存在,但诸子百家普遍地对这一社会现象——指发生在一般社会成员之中的一般意义上的同性恋——不予重视,不多加评论。这说明他们把一般的同性恋置于了社会问题中的末要位置,认为只需民众去进行反应性的自发调节即可,而不必用系统高深的理论去加以研究,做出规范。同性恋属于道德伦理的范围,与个人修养、家庭维系、社会风化都有一些干连。儒家是重视道德问题的,《大学》讲做人应当"修身、齐家、治国、平天下",把个人、家庭与国家政治摆在一起,给予了特别关注。也可以说,儒家思想就是道德理论和政治理论的结合。而诸儒却不谈男色,实际就是认为同性恋在整个道德体系中无关紧要、无足轻重。(张在舟:《暧昧的历程》,第83页)

在中国古代,不光正统的思想家不谈同性恋问题,就连专门讨论性问题的房中典籍,也不谈同性恋问题。荷兰学者高罗佩认为,在中国古代,房中典籍中之所以不提男性同性恋,是因为认为两个男子的同性性行为不会导致阳气的完全丧失:

> 房中秘籍从未提到过男子同性恋,因为这种书只涉及婚姻性关系,文献史料通常对它持中立态度。男子同性恋既不被推荐也未受尖锐谴责。一些史料含糊地暗示两个男人的亲密接触不可能导致阳气的完全丧失,因为双方互为元阳的容器。(高罗佩:《秘戏图考》,第16页)

然而,古代正统思想家不谈同性恋,房中书不谈同性恋,并不代表中国古人不谈同性恋。在中国古代的笔记小说中,我们可以发现大量关于同性恋(主要是男性同性恋)的评论。从这些评论中可以看出,人们对同性恋主要持谴责、否定的态度。

在中国古代,男性同性恋者通常都会有肛交行为,故人们常常把男性同性恋与肛交看成一回事。因此,对男性同性恋的态度,也往往变为对肛交的态度。如明代作品《石点头》中,明确指出,夫妇相配,才是正经道理,同性恋将男作女,"偏好后庭花的滋味",交欢淫乐,"岂非一件异事":

自有天地，便有阴阳配合。夫妇五伦之始，此乃正经道理，自不必说。就是纳妾置婢，也还古礼所有，亦是常事。至若爱风月的，秦楼楚馆，买笑追欢；坏行止的，桑间濮上，暗约私期。虽然是个邪淫，毕竟还是男女情欲，也未足为怪。独好笑有一等人，偏好后庭花的滋味，将男作女，一般样交欢淫乐，意乱心迷，岂非一件异事？(《石点头》，第十四回)

在清代的《全人矩矱》中，明确称男性同性恋为"男淫恶孽"，并指出了同性恋的种种害处，包括"夫妇失好"、"绝人子嗣"、毁损身体，等等。文中还称"先儒云：女淫以人学豕，男淫豕所不为"，只是不知典出何处：

男淫恶孽，不知创自何人。既非阴阳配合之宜，又无莲步云鬟之媚。乖人夫妇偏爱宠童者，必夫妇失好；奸人妻女内外不分者，必男女相窃。耗人精血，亢阳极伤精血，且秽气入肾，必成瘵疾，绝人子嗣。好此者精冷无子，为害不小。若官役苟交，主仆求合，恃宠擅权，致祸尤烈。历有明验，人亦何苦而好之哉！若夫青年俊士，一时失足，即遗臭终身，不齿于士林，见讥于乡党，玷辱于父母，惭愧于子孙，人又何忍而造此孽哉！陈成卿曰："养生家每言男淫损人尤倍于女，所当誓绝。况主人狎比狡童，多至闺范内乱，更宜防戒。"嗟乎，狗彘相交，尚循牝牡，人求苟合，不辨雌雄，怪乎不怪？先儒云：女淫以人学豕，男淫豕所不为。此言真堪警醒。(孙念劬：《全人矩矱·卷二·先儒论说》)

在清代的《遏淫敦孝编》中，也称同性恋"诚为污秽不堪，适足戕身丧命"：

阴阳之媾，各有元气感通，然过度尚足伤生。况男风一途，初无精气往还，其害命更甚于女色。世人不知，恬不为怪。外借朋友之名，阴图夫妇之好。嬖狡童如处女，狎俊仆若妖姬，优伶贱类，引作知己；群小狎邪，亲于妻妾。无论后庭之戏诚为污秽不堪，适足戕身丧命，亦思内外有别，奚容引贼入室？有犯此者，急宜痛改前非，庶保闺门整肃。(石璇：《遏淫敦孝编·遏淫篇·随遇致戒·娈童》)

在清代小说中，对同性恋也多谴责之词。如蒲松龄在《聊斋志异》中对同性恋有一段判词，其中称"断袖分桃，难免掩鼻之丑"，"宜断其钻刺之根，兼塞其送迎之路"：

男女居室，为夫妇之大伦；燥湿互通，乃阴阳之正窍。迎风待月，尚有荡检之讥；断袖分桃，难免掩鼻之丑。人必力士，鸟道乃敢生开；洞非桃源，渔篙宁许误入？今某从下流而忘返，舍正路而不由。云雨未兴，辄尔上下其手；阴阳反背，居然表里为奸。……彼黑松林戎马顿来，固相安矣。设黄龙府潮水忽至，何以御之？宜断其钻刺之根，兼塞其送迎之路。(蒲松龄：《聊斋志异·卷三·黄九郎》)

这里所谓的"钻刺之根"，指男子的阴茎；而"送迎之路"，则指肛门。

在清代小说《无声戏》中，作者则努力证明男女相合是天造地设的，同性相配根本不

## 第十章 同性恋与同性性行为

合情理："论形则无有余不足之分，论情则无交欢共乐之趣，论事又无生男育女之功。"不过，作者也认为，如果是那些娶不起妻子的人，或家贫无生活来源的人，从事同性恋活动，借此满足性欲或挣钱糊口，则还情有可原：

词云：

南风不识何由始，妇人之祸贻男子。翻面凿洪蒙，无雌硬打雄。向隅悲落魄，试问君何乐？龌龊甚难当，翻云别有香。

这首词叫做《菩萨蛮》，单为好南风的下一针砭。南风一事，不知起于何代，创自何人，沿流至今，竟与天造地设的男女一道，争锋比胜起来，岂不怪异！

怎见男女一道，是天造地设的？但看男子身上，凸出一块，女子身上，凹进一块，这副形骸，岂是造作出来的？男女体天地赋形之意，以其有余，补其不足，补到恰到好处，不觉快活起来，这种机趣，岂是娇强得来的？及至交媾以后，男精女血，结而成胎，十月满足，生男育女起来，这段功效，岂是侥幸得来的？

只为顺阴阳交感之情，法乾坤覆载之义，像造化陶铸之功，自然而然，不假穿凿，所以亵狎而不碍于体，顽耍而有益于下。

至于南风一事，论形则无有余不足之分，论情则无交欢共乐之趣，论事又无生男育女之功，不知何所取义，创出这桩事来，有苦于人，无益于己，做他何用？亏那中古之时，两个男子好好的立在一处，为甚么这一个忽然就想起这桩事，那一个又欣然肯做起这桩事来？真好一段幻想。况且那尾闾一窍，是因五脏之内，污物无所泄，秽气不能通，万不得已生来出污秽的。

造物赋形之初，也怕男女交媾之际，误入此中，所以不生在前而生在后，即于分门别户之中，已示云泥霄壤之隔；奈何盘山过岭，特地寻到那幽僻之处，去掏摸起来？或者年长鳏夫，家贫不能婚娶，借此以泄欲火；或者年幼姣童，家贫不能糊口，借此以觅衣食，也还情有可原。如今世上，偏是有妻有妾的男子，酷好此道；偏是丰衣足食的子弟，喜做此道，所以更不可解。此风各处俱尚，尤莫盛于闽中，由建宁、邵武而上，一府甚似一府，一县甚似一县。（李渔：《无声戏》，第六回）

在清代小说《野叟曝言》中，作者甚至以《周易》中的阴阳之理为依据，来证明同性恋的不合情理。作者说，男女性交，其气可在彼此的身体上互相贯通、融合；同性相交，则其气室于肛门，无法达于胸腹，故其气不能贯通，其行不合天理：

素臣道："戴兄所论阴阳之理，已思过半矣，而男女之能通气、两男之不能通气，还另有缘故。熊姊不嫌猥亵，待弟细细说来。男女构精，则阳气直达于牝，由牝而前达于腹，于心、于肺、于舌，后达于肾命、脊背，以至于脑、鼻；阴气直达于卵，由卵而前达于心、腹、肺、舌，后达于肾命、脊背、脑、舌、鼻，由鼻、脑、舌、肺、而灌溉四肢、百骸，无处不到，始为交通，始为致一。若男与男构，则虽如闽中之契哥契弟终身不二，而契哥之阳气不过入契弟之粪门而已，粪门虽与大肠相通，而大肠之下窍，谓之幽门，非大便不开。若使阳气能通入大肠，则大肠之粪亦必直推而下矣，有是理乎？大肠中臭秽粗浊之气，盘屈而下，阳气即入大肠，亦不能上达大肠之上，更接受胃海中饮食未化之物，层叠推下，阳气更无从上达。若肠气可由大肠入胃，则大肠臭秽之气亦必时时冲入胃中，直达于口矣，有是理乎？惟大肠专司输泄，气不上行，大肠下窍又有幽门关锁，故契哥之阳气止在粪门中停留时刻，仍随阳精泻出，万万不能上达于胃海，通于喉舌，而传布于周身也。至契弟粪门，既有幽门关锁于上，即或稍通，而大肠中纯是重浊臭秽下降之气，又何来清扬之气，足以由粪门而上达于契哥人道之中，而成为一气乎？气既不能交通，而血又何能凝合乎？"时雍连连点首道："此真千古创论，人身至理。弟虽积之终身，亦不能解，岂惟胜读十年书乎？但大肠专司输泄，故阳气不能上达，小肠亦专司输泄，阳气又何以上达？岂大肠所输泄者重浊之物，能阻隔阳气；小肠所输泄者轻清之物，不至阻隔阳气乎？"素臣道："此理固然，但小肠若能达气，即大肠亦有万一可达之气矣，弟所谓达气者，乃达于小腹、肾命，非达于小肠也。男女阴阳二道，各有两窍，一名精窍，一名溺窍，溺窍达于小肠，专输小便；精窍通于小腹、肾命，直透心、肺、脊、脑。溺窍惟小便时始开，犹之幽门必大便时始开也，若溺窍常开，必遗尿不禁矣，有是理乎？精窍则交媾时即开，形动兴发，男女阴阳之气互相注射，俱由腹达心肺，由肾命达脊、脑，不由溺窍，何虑小肠之输泄乎？"时雍称奇赞妙，众人亦俱厌心足意。（夏敬渠：《野叟曝言》，第七十三回）

当然，在明清笔记小说中，我们也可以发现一些同性恋者为自己的行为据理力争的声音。如在明代小说《弁而钗》中，翰林风翔与赵生行同性性行为后，赵生羞愧莫名，翰林则努力为自己的行为辩解："今日之事，论理自是不该，论情则男可女，女亦可男。可以由生而之死，亦可以自死而之生。局于女男生死之说者，皆非情之至也！我尝道：海可枯，石可烂，惟情不可埋灭。"（《弁而钗·情贞纪》，第三回）

在明代的《新刻洒洒篇》中，则认为同性恋的趣味，只有妙人才能理解，凡夫俗子根本不懂：

龙阳君之趣，惟妙人得之，非俗人可与喙也。昔汉文帝宠邓通，赐之铜山；汉成帝（当为汉哀帝）嬖董贤，割断褱袖。彼二君者，三千美人八百娇姝，犹然钟爱此辈，真知趣之君也。足下不入此窦白，宁知妙趣？宜夫海上人逐臭者反恶香兰也。（啸竹主人：《新刻洒洒篇·卷之二·情札》）

当然，以上声音，在对同性恋普遍持否弃态度的中国古代，是十分微弱的。

不过，虽然中国古代对同性恋持反对的态度，但基本上只是把它作为一个个人道德修

第十章　同性恋与同性性行为

养的问题,而很少把它看作一种罪行。在历史上,宋、明、清时期都有关于禁止同性恋的法律条文,但不仅处罚很轻,而且事实上也很少真正执行。如宋代规定做男娼的人要"杖一百"(见周密:《癸辛杂识·禁男娼》),明代规定"将肾茎放入人粪门内淫戏,比依秽物灌入人口律,杖一百"(见《大明律例附解·附录》),清代规定"和同鸡奸者,照军民相奸例,枷号一个月,杖一百"(见《大清律例》),这些惩罚规定,与欧洲中世纪动辄把同性恋者处以死刑相比,无疑是很轻的。

(2)西方历史上对待同性恋的态度

在西方历史上,对待同性恋大致经历了三个阶段:第一个阶段是对同性恋者表示尊敬,如古希腊的苏格拉底、柏拉图等都是同性恋者,都受到人们的尊重。对此,霭理士在《性心理学》中有这样的论述:

> 在许多未开化与半开化的民族里,同性恋也是一个很彰明较著的现象,有时候它在风俗里并且很有地位,而同性恋的人往往得到别人的尊敬。在西洋近代文明所由建立的几个古代文明里,情形也复如此。亚述人中间是有这个现象的,而埃及人,在差不多四千年以前,也把男色式鸡奸的行为看作相当神圣,而认为霍禄士(Horus)和塞特(Set)两尊神道便有过这种行为。同性恋不但和宗教发生关系,并且和武德也有牵连,古代非洲北部的迦泰基人、希腊人的一部分祖先杜仑人(Dorians)、古代黑海以北的西先人(Seythians)以及后来北欧洲的诺曼人,都曾经从这些立场对同性恋特别下过一些培植的功夫。最后,在古希腊人中间,同性恋的受人尊崇,就到了一个登峰造极的地步;他们认为它不但和武德有关,同时和理智的、审美的、甚至于道德的种种品性也有联系,并且,更有不少的人认为它比正常的异性恋还要来得尊贵。(霭理士:《性心理学》,第283页)

第二个阶段是在基督教传入欧洲以后,对同性恋者实行严厉的惩罚措施。因为《圣经》中明确规定:"人若与男人苟合,像与女人一样,他们二人行了可憎的事,总要把他们治死,罪要归到他们身上。"(《圣经·利未记·第二十章》)既然《圣经》中称要把同性恋者"治死",所以教会对同性恋者实施严厉的处罚,包括阉割、判苦刑、烧死等等。

关于教会对同性恋者实施惩罚的具体措施,刘达临在《世界古代性文化》中有详细的描述:

> 到了公元6世纪,情况有所变化。当时的拜占庭帝国(东罗马帝国)独身与修道制开始得较早,惩罚同性恋也早。538年,皇帝查士丁尼在把罗马法和教会法综合的基础上颁布法律,说同性恋"引起饥荒、地震和瘟疫",对个人则"丧失灵魂",因此,为防止国家和城市的毁灭,必须严禁,惩罚的手段之一是公开示众后加以阉割。到了541年至544年,拜占庭发生大鼠疫,人们都归罪于同性恋者。……

当时，对不同的同性恋行为有不同的惩罚方式，根据当事人的年龄、职业、主动或被动、初犯或惯犯等情况不同来量刑。例如，中世纪初期忏悔室内的《牧师手册》对同性恋者的处罚有以下的规定：20岁以下的男子"单纯接吻"者禁食六天；"放肆接吻"者禁食10天；20岁以上的男子"互相手淫"者判20天或40天苦刑，再犯者判100天苦刑，惯犯者判隔离和一年苦刑；将阴茎置于对方大腿间摩擦者，如是初犯，判100天苦刑，再犯者判一年苦刑；口交判四年苦刑，惯犯判七年苦刑；肛交判七年苦刑。

在教会内部，也是大张旗鼓地惩罚同性恋。公元567年，基督教会在第二次图尔宗教大会上宣布，禁止两个男修士同睡一张床，以后又禁止两个修女同睡一张床。693年，在西班牙托莱多的宗教大会上又宣布，任何一级教士若有同性恋，将受到从降职、降级到终生放逐、到死后下地狱的惩罚。100年后，西班牙国王又加上一条：处以阉割。

这种迫害同性恋的做法在欧洲中世纪的中后期更趋严重，只是到近一二百年才有所好转。法国在放弃火烧女巫的陋俗以后，有很长一段时间改为火烧同性恋者。（刘达临：《世界古代性文化》，第535～536页）

第三个阶段始于20世纪中期，渐渐地不再把同性恋看作一种罪行，而是视为病态的表现，从而想出各种办法来治疗同性恋者，努力使他们变成异性恋者。对此，《我们的性》中说：

在20世纪中叶，对同性恋的社会态度有了一个转变。认为同性恋者是罪人的想法在一定程度上被认为他们是"病态"的想法所代替（Estabag，1990年）。医学和心理学工作者使用了很多激烈的治疗方法来努力治愈同性恋这种"疾病"。在19世纪诸如切除生殖器这样的外科手术得到开展。后来到1951年，脑白质切除术（分离大脑前叶的神经纤维的脑外科手术）作为对同性恋的一种"治疗方法"开展起来。心理治疗、药物、激素、催眠、电击疗法和厌恶疗法（在同性恋刺激的同时给予使人呕吐的药物或电击）也都曾被应用过。（克鲁克斯等：《我们的性》，第279页）

（3）对待同性恋的现代态度

随着社会的发展，人们越来越倾向于承认同性恋是一种自然而正常的状态。此正如《我们的性》一书中所说："如今，通过几十年的研究，推翻了同性恋是'病态'的观念。"（同上）《海蒂性学报告》中则明确指出，把同性恋视为违背自然的错误行为，是一种很狭隘的观点：

同性恋或想跟同性发生亲密的肉体关系者，都可视为人生"自然而正常的"体验之一。"不正常"的问题，只出现在社会将性爱局限在生殖功能之上，并且将生殖功能视为唯一正常而健康的性爱模式。就如同探讨异性恋的成因为何，迄今一样并无具体的结论。因此，将所有不具生殖功能的性交视为"违背自然的错误"，是一种很狭

尬的观点。（海蒂：《海蒂性学报告——女人篇》，第281页）

一些学者甚至从动物界盛行同性恋的事实来证明人类的同性恋行为是正常的。如美国社会生物学家E.O.威尔逊认为：从昆虫到哺乳类，同性恋都是常见的，因此，同性恋在生物学上完全可能是正常的：

> 完全可能，同性恋在生物学上是正常的，是作为古代人类社会组织的要素进化而来的。从昆虫到哺乳类，同性恋都是常见的。在罗猴、猕猴、狒狒和黑猩猩等大多数高智力灵长类中，同性恋作为异性恋的对等物得到了充分的表现。这些动物的同性恋行为证明大脑中潜存着性的二元化机制，雄性完全可用雌性姿势接受雄性交配行为，雌性也常常能接受雌性交配行为。（E.O.威尔逊：《论人的天性》，第132页）

霭理士在《性心理学》中也认为，同性恋在动物界、至少在哺乳类动物里是相当流行的现象：

> 同性恋原是动物界的一个相当流行的现象。至少在其他的哺乳类动物里是很普通的，特别是在和人类在血缘上最为接近的灵长类的动物里。海密尔顿医师研究过猕猴和狒狒的性的发展，说"未成熟的雄性猴子通常总要经过一个时期，在这个时期里他在行为上所表现的性的兴趣，几乎完全是同性恋的，而一到性的发育成熟，这时期便突然终止，而性的兴趣与活动就变为异性恋的了"。祝克曼（Zuckermann）很近密地观察过狒狒和黑猩猩的同性恋的行为，有时候发现在雌的一方面，此种行为比雄的更要显著，他甚至于觉得在猿类中间，同性恋和异性恋的行为根本上仿佛是一回事，找不到显然的分别。（霭理士：《性心理学》，第283页）

既然人是由动物进化而来的，因此，在其本能中保留有同性恋的习性是毫不足怪的。所以，对于同性恋者，我们完全没有必要用怪异的眼光去看待。弗洛伊德曾经说过，搞同性恋虽然毫无好处，但人们用不着为此而害羞：

> 的确，搞同性恋毫无好处，但并非恶习和堕落，也算不得是一种疾病，用不着为此害羞。古往今来，有许多极可尊敬的人物是同性恋者，其中有些是伟人如柏拉图、米开朗基罗、达·芬奇等等。将同性恋视为犯罪而加以迫害是极不公正和残酷的。（转引自刘达临：《中国历代房内考》，第1100页）

在《性心理学》中，霭理士甚至提出了一个对待同性恋的"最圆满的办法"，就是顺其自然，但是努力不表现出来：

> 在今日的社会形势之下，为先天逆转的人计，大抵比较最圆满的办法是：尽管由他保留他所特有的性观念与性理想，特有的内在的种种本能倾向，根本放弃去变就常的企图，对于他变态的情欲，也根本不追求什么直接与比较粗率的满足，间或不免就自动恋方面觅取情欲的出路，虽不满意，亦属事非得已，只好听之。这是不足为奇

的，不少操行很好的逆转的人就这样做。例如有一个和我通讯的男子，他在十九岁以前是有过同性恋的经验的，但后来就停止了，他写道："间或我可以连上几个月不手淫，但偶然手淫一次以后，我的精神上就觉得比较的自足，不过我对于其他男子的爱慕，从此就更觉得情不自禁；我的最好的朋友们当然不知道我对他们如何的倾倒，假若知道，一定要引为奇事。这种倾倒的心理和一般同性恋的情绪，只有我自己知道。从朋友的立场看，我的性生活是没有什么不正常的。我相信从我形于外的品性与行为看去，决没有丝毫的痕迹可以教别人疑心我在情欲方面竟可以和一般人所知道的'退化的人'属于同一个流品。不过我自己并不觉得我是一个退化的人。我对我自己的情欲也并不以为有什么可耻的地方，不过我不愿意人家知道，人家一知道便不免看不起我，因而影响到我的身份与地位，身份地位若有变动，那就可耻了。"（霭理士：《性心理学》，第318～319页）

当然，对于今人来说，霭理士的办法还算不上是"最圆满的"，因为在当今世界，有不少国家不但承认同性恋是合法行为，而且允许同性恋者结婚，组成同性家庭。

我们无法肯定承认同性婚姻是当代世界的必然趋势，但是，我们必须明白的一点是：一个真正的同性恋者，在他（她）的心中，只有同性才是他（她）性爱的对象；让一个同性恋者接受异性恋，正如让一个异性恋者接受同性恋一样，是令人十分痛苦的事情。因此，在这个问题上，唯一正确的态度，就是如孔子所说的"己所不欲，勿施于人"，既不把同性恋者看成反常、变态，也不强迫同性恋者改变其性取向，而是给他们一个能按其本性生活的宽松的环境。

第十章 同性恋与同性性行为

# 第十一章

## 性与疾病

性享受往往与健康的身体状况密切相关,一个遭受阳痿、早泄困扰的男人,是很难享受到性快乐的。同样,一个饱受梅毒、淋病等性病折磨的人,更是无缘性享受。在实际生活中,有的人为了不断享受性快乐而纵欲无度、肆意妄为,等待他们的必将是病痛和早衰,甚至命丧黄泉。因此,在本章中,我们将着重论述与性相关的各种疾病以及它们的成因、危害和防治办法等。

## 一、阳痿

阳痿即成年男性的阴茎在充分的性刺激下不能勃起或勃起不坚因而不能性交的病。有的阳痿是暂时性的,经过一段时间的充分休息即能恢复;有的阳痿必须经过治疗才能康复;有的阳痿则依靠目前的医疗手段还无法治愈。对于崇尚阳刚的男性来说,阳痿无疑是不能接受的,因为它不仅使男性无法享受正常的性乐趣,而且使男性的心理受到沉重打击:一个阳痿的男人,如何在同性面前保持体面,又如何在异性面前展示雄风?

然而,根据相关统计,男性中患有阳痿的人却不在少数。据英国性学家霭理士称,海密尔顿医师经过调查发现,有41%的已婚男子承认曾经发生过阳痿:

> 海氏又发现百分之四一的丈夫自己承认,现在或以前遇到交接的时候,有过痿不能举或举而不坚的困难,而同时百分之二四的妻

子（不一定就是所调查的那些丈夫的妻子）认为她们丈夫的性能是有欠缺的。（霭理士：《性心理学》，第379页）

另据《我们的性》一书称，有50%的40岁以上男性曾经发生过阳痿：

在寻求性治疗的男性中，勃起障碍非常普遍。在美国，估计有15%的男性有勃起障碍（Clark，1997年）。一项研究表明，50%的40岁以上的男性都曾经经历过一定程度的勃起障碍（Feldman et a1.，1994年）。尽管年龄本身并不会引起勃起障碍，但是勃起功能紊乱发生率随着年龄的增加而增大。（克鲁克斯等：《我们的性》，第455页）

下面是《男人装》和《时尚健康》中有关近年来男性阳痿人数的一些统计资料：

9个成年男人中就有1个受到慢性阳痿的困扰。(《男人装》，2006年第11期）

阳痿比例：年轻人7%；40岁前12%；50～59岁18%，到了60就突然上升到30%。（《时尚健康》男士版，2008年第12期）

阳痿的症状是阴茎不能勃起，然而，有不少男子曾经有过这样的经历：在极度疲乏或心中十分烦躁时，有时会发生阴茎不能勃起的情况，可是在其他时候，却又能正常勃起；有时候虽然勃起了，但是硬度不够；有时候正在性交，却突然勃起消失，阴茎自动滑出阴道……这些情况算不算阳痿呢？

对于如何确切地判定阳痿，现代性学是这样说的：

泌尿科医师给男性勃起障碍下的定义是：在6～12个月的期间内始终不能出现或保持充分的勃起进行插入性交而达到双方满意。（克鲁克斯等：《我们的性》，第456页）

### 1. 阳痿的原因

中国传统医学认为，阳痿的原因是肾肝之气不足。因为肝主筋，筋气不足，则阴茎不能勃起；肾主骨，骨气不足，则阴茎勃起而不坚。如明代医家万全说：

然男子阳道之不强者，由于肾肝之气不足也。肾者，作强之官；肝者，罢极之本。肝之罢极，由于肾之强作也，故阴痿而不起不固者，筋气未至也。肝主筋，肝虚则筋气不足矣。阴起而不坚不振者，骨气未至也。肾主骨，肾虚则骨气不足矣。（万全：《万密斋医学全书·调元篇第四》）

具体说来，造成阳痿的原因主要有这样四个：忧思劳累、惊恐、纵欲、疾病。

（1）忧思劳累

有性欲是正常的性交的前提。俗话说：饱暖思淫欲，话说得虽然不太好听，却是一语中的：人只有在衣食无忧的情况下，才能很好地享受性生活。试想一想，一个人如果整天为衣食发愁，天天为了蝇头小利奔波劳累，怎么可能有盎然的"性致"？因此，明代医家张介宾说："凡思虑焦劳、忧郁太过者多致阳痿"：

> 凡思虑焦劳、忧郁太过者多致阳痿。盖阴阳总宗筋之会，会于气街，而阳明为之长，此宗筋为精血之孔道，而精血实宗筋之化源。若以忧思太过，抑损心脾，则病及阳明冲脉，而水谷气血之海必有所亏，气血亏而阳道斯不振矣。（张介宾：《宜麟策》）

现代医学也认为，男性只有当压力减轻时，才会产生一种称为乙酰胆碱的化学物质，这种物质能促使阴茎勃起：

> 只有当压力减轻，产生一种叫做乙酰胆碱的可以使人平静的化学物质来将其取代，才能使平滑肌得到足够的放松，以允许阴茎勃起。要"兴致勃勃"，换句话来说，并不只是一个说法——它也是我们生理学中重要的一部分。（《性福圣经》，第27页）

（2）惊恐

人在恐惧之时，阴茎很难勃起，因此，当惊恐过度时，便有可能造成阳痿。关于惊恐与阳痿的关系，张介宾有详细的论述：

> 凡惊恐不释者亦致阳痿。经曰"恐伤肾"，即此之谓也。故凡遇大惊卒恐，能令人遗失大小便，即伤肾之验。又或于阳旺之时，忽有惊恐，则阳道立痿，亦其验也。余曾治一强壮少年，遭酷吏之恐，病，似胀非胀，似热非热，绝食而困。众谓疾火，宜清中焦。余诊之曰："此恐惧内伤，少阳气索，而病及心肾，大亏证也。"遂峻加温补，兼治心脾，一月而起。愈后虽健如初，而阳寂不举。余告之曰："根蒂若斯，肾伤已甚，非少壮所宜之兆，速宜培养心肾，庶免他虞。"彼反以恐吓为疑，全不之信，未及半载，竟复病而殁。可见恐惧之害，其不小者如此。（张介宾：《宜麟策》）

在清代独逸窝退士的《笑笑录》中，记载了一个名叫韩桂舲的人，他一次在读书时抚弄自己的阴茎，然而，正当他将要射精时，一只猫突然跳到了他的膝上，韩桂舲大吃一惊，此后便得了阳痿：

> 长洲韩尚书桂舲（名崶）稚年读书斋中，知识初开。于无人时以手弄阴，适有猫戏于旁，见其蠕动，跃登膝上。韩出不意，惊而精咽，遂痿。然不敢告人，久而失治，终身不复举。娶顾夫人，伉俪甚谐，徒有虚名而已，人怪其贵至极品，不蓄姬妾，乃稍稍言之。（独逸窝退士：《笑笑录》，卷六）

（3）纵欲

性交能带来美妙的性高潮，正如美食能满足人的口腹之欲。但是，美食吃多了，必会造成肠胃的不适；同样，过度的性交，也会给健康带来损害。所以古人说：欲不可纵。对于男子来说，放纵自己的性欲，无节制地追求性享受，一个直接的后果便是：阳痿。

在清代小说《蜃楼志全传》中，说到有一个叫乌必元的人，年已40多岁，整天跟几位妓女鬼混，最后终于"应酬不来"：

> 这乌老爷也就可怜极了，然而这个缺银钱虽赚不多，若要几个老举当差，却还是一呼而就的。乌必元妻子归氏，生了一子一女，已是四十外的人了。于是，分付老鸨，挑选四名少年老举，时时更换，只说伏侍夫人小姐，其实自己受用。
>
> 必元得了这个美任，吃着烧酒，拥着娇娃，夜夜而伐之，好的便多留几时。内中有个阿钱，年方十六，色艺过人，并晓得许多闺房媚术，必元最得意他。只是四十多岁的人，精力有限，那阿钱虽教导他春方秘诀，那扶强不扶弱的药物，也不很灵，更兼阿钱这个千锤百炼的炉鼎，赤金也要销化，何况银样镴枪头，渐渐的应酬不来。幸喜得乃父虽是个毡囊，令郎却可称跨灶，这"有事弟子服其劳"一句，岱云读得很熟，自与阿钱打得火一般的热、饴一般的粘。（《蜃楼志全传》，第五回）

在清代小说《姑妄言》中，也说到有一个名叫单于学的人，家中有一妻三妾加两个通房艳婢，还要在外面寻花问柳，终于弄成了一个"自反而缩"，"任你百般抟弄，总伸不出来"：

> 这单于学他心地倒也豪爽，但性情酷好戏谑。他虽不能称作大通，也还不是一块白木。他家资富厚，娶妻甄氏，是个儒家之女，生得端庄秀丽，识字知文，不悍不妒，真是个四德兼全的贤妇。又有三个妾，一个姓红，一个姓黄，一个姓白。单于学把他三人比作三种牡丹，红氏称为一捻红，白氏称为玉楼春，黄氏称为姚黄。还有两个通房艳婢，一名花须，一名花蕊。这几个虽算不得绝色佳人，也都还有几分的姿色。单于学恃着有一根成文的阳具，在这些妇人中昼夜钻研，犹不满意，还在外边眠花宿柳。因作丧过了，那阳物进了阴门，未及交锋，早已败衄。他当日戏水氏时，虽说不济，也还有十来抽的本事，后来不知自检，还恃勇前驱，竟弄成了个自反而缩，任你百般抟弄，总伸不出来。他是个在此道中用功的人，而且家中摆设着这些花枝般的娇妻美妾艳婢，终日眼饱肚饥，如何过得？心中着急，四处寻人医治，费了许多银钱，吃了无限药饵，薰蒸洗泡，无样不治过，全然无效。（《姑妄言》，第十九回）

（4）疾病

中国古代性学认为，男子要享受美好的性生活，必须有功能正常、健康的生殖器；男性生殖器正常、健康的标志是壮、坚、热；而要做到阴茎壮、坚、热，则必须心气、肺气、脾气、肝气、肾气"五气"齐至；要使"五气"齐至，则这些脏器的功能必须是健全的。一句话，健康的身体是享受性乐趣的前提。当人的健康出现问题时，便会直接、间接地影响生殖器的功能。《我们的性》中认为："勃起功能紊乱发生率随着年龄的增加而增大，疾病如糖尿病、高血压、心血管疾病等能随着年龄的增加而敲响其丧钟。"（克鲁克斯等：《我们的性》，

第十一章 性与疾病

第 455 页）

除了糖尿病、心血管疾病等会造成阳痿，其他疾病也有可能造成阳痿。因为人一旦得病，就要打针吃药，而这些针剂、药物中很有可能就含有导致阳痿的成分，此正如《金赛性学报告》中所说："因特殊药物引起的勃起问题，往往在停药后仍无法恢复。"（瑞妮丝等：《金赛性学报告》，第 282 页》）

在《金赛性学报告》中，还有关于阳痿原因的一则调查：

一份针对荣民医院健康中心（Veterans Administration health center）的男性患者所做的研究统计发现，34%的人承认有勃起困难的现象，针对这些有勃起困难的人加以评估后显示，只有14%是纯粹心理因素引起的，有28%被诊断是荷尔蒙失调引起的，25%是用药引起的，其他的原因尚包括：糖尿病9%，神经性（脑和神经）7%，泌尿道问题（肾、膀胱、尿道）6%，及其他不同的问题（如手术后引起）共4%，只有7%找不出特别原因。（同上，第 281 页）

由上可见，有一半以上的阳痿与疾病有关。

## 2. 阳痿——男人心中可怕的梦魇

人的阴茎中没有骨头，因此，人们便不能像屈伸手指那样自如地使用自己的阴茎。对于男性来说，虽然绝大多数情况下阴茎能服从自己的需要：想性交时它就挺立，不想性交时它就俯伏；可是有时也会出现例外：想让它挺立时它不挺立，不想让它挺立时它却顽固地挺在那儿（如晨勃）。正是这种例外造成了男性心中的种种焦虑：新婚之夜，会不会突然不行了？历尽千辛万苦，好不容易把心上人追到了手，万一在关键时刻疲软了，该怎么办？正在与自己的意中人热烈地性交，阴茎却突然由硬变软，甚至滑出了阴道，又该怎么办？……而且，可怕的是，这样的状况并不是主观的假设，它们在生活中常常上演。在一些相关的调查报告中，我们可以看到对此类情形的描述：

有一次我和一位我爱恋而且敬重的女士做爱，她几乎达到高潮，我一直在抽送，因为我觉得必须如此。我真的不想要，有时候这种动作对我没什么意义，我可以感觉我的阴茎逐渐疲软，逐渐滑出她的阴道。她正要高潮，怒吼起来，骂我是卑鄙的杂种，还打了我好几拳。我十分震惊，而且愤怒自己是世界上最差劲的人。我因为恐惧和痛苦好几个小时不能言语。何以如此呢？情况没有那么严重，只不过是功能失调，她过了几分钟后就恢复常态。我有这种激烈反应的原因是：我没有符合一名真正男性爱人的形象。我得到的知识是，女人应该哭泣、尖叫，拥有五六次高潮，抓伤我的背，然后因为狂喜晕厥过去。如果没发生这种状况，那是男人的过失。而我甚至无法持久到给她一次高潮，我是粪土，死不足惜，我真的想要自杀。我被迫将女人的欢愉摆在第一位，我的"任务"是带给她高潮，在她高潮之后，我也可以有高潮。如果她没有高潮，那么这个男人就失败了，她会投入更好的男人的怀抱里，他会让她高潮。这种竞争非常激烈，也非常病态。（海蒂：《海蒂性学报告——男人篇》，第341～342页）

在古罗马著名诗人奥维德所著的《爱经》中，对于男性在关键时刻阳痿的情形及心中的无奈、痛苦、自责有极其深入而充分的描绘。（见奥维德：《爱经》，第67～68、69～70页）

现代性学家认为，正因为男性无法完全控制自己的阴茎，造成了他们对阳痿的焦虑，而且，这种焦虑成了他们生活中的梦魇，经常困扰着他们。另外，男性越是害怕阳痿，就越容易造成阳痿，因为有许多阳痿并不是生理性的，而是心理上的压力造成的。

那么，对于此类因心理上的焦虑而造成的阳痿，应该如何应对呢？英国性学家霭理士认为，可以通过调整性交时间的方法来改善。因为绝大多数男性都有晨勃现象，因此，清晨应该是男性性欲最旺盛的时候，在清晨安排性交，可以较好地解决这一问题：

> 性交的尝试，最好不要在夜间就枕的时候，而在已经有一度睡眠与休息之后，或在清晨已醒未起之际，据一部分专家的意见，以为就大多数痿缩的例子说，清晨实在是最适宜的交接时间。（霭理士：《性心理学》，第384页）

有的男子则努力运用性幻想、通过调整性交动作等来克服阳痿：

> 当我真正想要时，不能勃起颇令我挫折。我非常努力地运动肌肉，疯狂地幻想，希望会起作用，让我的身体尽量摆出最有魅力的姿势，和伴侣加速用各种方式做爱。这是一项疯狂的努力，我耗尽全身精力来做，大约90%会成功。（海蒂：《海蒂性学报告——男人篇》，第346页）

《海蒂性学报告》的作者则认为，男性因心理焦虑造成的阳痿，与传统的性交模式及传统文化给男性的角色定位有关，而这种传统的性交模式或角色定位事实上并不合理。因为根据传统的性交模式，男性必须给女性以性高潮，男性给女性性高潮的合理途径是阴道性交。因此，一旦某男子不能通过阴道性交让女性享受性高潮，该男子便要负完全的责任，正是这种压力造成了不少男子的"性无能"。而事实上，阴道性交并不是女子获得性高潮的唯一途径，甚至也不是最佳的途径：

> 事实上，男人并不需要靠勃起才能给女性高潮，因为女人的高潮往往是用手或唇舌刺激阴蒂与阴唇地带而产生的。人们过分强调必须勃起才能满足女人。（同上，第350页）

"女人的高潮往往是用手或唇舌刺激阴蒂与阴唇地带而产生的"，这种观点，对于解除男性对勃起问题的焦虑，当然会产生很好的作用，但是，它反映的是不是事情的真相，则存在不少争议。因此，在这个问题上，中国古代性学家的建议或许有拨雾见日的作用。在《素女经》中，黄帝问素女如何解决"玉茎不起"的问题，素女的回答是"必先和气，玉茎乃起"：

第十一章　性与疾病

黄帝曰：今欲强交接，玉茎不起，面惭意羞，汗如珠子，必情贪欲，强助以手。何以强之，愿闻其道。素女曰：帝之所问，众人所有。凡欲接女，固有经纪。必先和气，玉茎乃起。

　　所谓"必先和气"，意即一定要先让心气和悦，也就是说，一定要全身心地投入到与女子的性嬉戏之中，而不应有任何焦虑、烦躁等情绪。而当你真正彻底放松，整个身心均完全受性欲的支配时，又怎么可能会发生阳痿呢？当然，这只是就那些因心理压力造成阳痿的情况而言的，至于因生理上的疾病而造成的阳痿，则又另当别论了。

### 3. 阳痿的治疗

　　心理因素造成的阳痿可以通过调节心理来治疗，生理上的阳痿则必须通过治疗来解决。在中国古代，有不少用来治疗阳痿的药物，诸如琼玉膏、固本丸、坎离丸、右归丸、归脾汤之类。不过，这些药物也不是随便使用的，而必须对症下药。

　　在明代医生张介宾的《宜麟策》中，把阳痿分为几种不同的类型，包括因命门火衰、精气虚寒造成的阳痿，因思虑惊恐、脾肾亏损造成的阳痿，因肝肾湿热造成的阳痿等，这些不同类型的阳痿都要采取不同的治疗方法：

　　　　命门火衰、精气虚寒而阳痿者，宜右归丸、赞育丹、石刻安肾丸之类主之。若火不甚衰，而止因血气薄弱者，宜左归丸、班龙丸、全鹿丸之类主之。

　　　　凡因思虑惊恐，以致脾肾亏损而阳道痿者，必须培养心脾，使胃气渐充，则冲、任始振，而元可复也。宜七福饮、归脾汤之类主之。然必大释怀抱，以舒神气，庶能奏效。否则，徒资药力，无益也。其有忧思、恐惧太过者，每多损抑阳气，若不益火，终无生意。宜七福饮加桂附、枸杞之类主之。

　　　　凡肝肾湿热以致宗筋弛纵者，亦为阳痿，治宜清火以坚肾。然必有火证火脉，内外相符者，方是其证，宜滋阴八味丸或丹溪大补阴丸、虎潜丸之类主之。火之甚者，如滋肾丸、大补丸之类俱可用。

　　在《宜麟策》中，张介宾还引用了薛立斋治疗阳痿的一些观点和方法。薛立斋认为，阴茎属肝之经络，而肝在五行中属木，木的特点是水分充足则挺立，水分不足则枯萎。据此，他把阳痿分为因肝燥热而阳痿和因肝湿热而阳痿两种，并采取不同的治疗方法：

　　　　薛立斋曰：按阴茎属肝之经络，盖肝者木也，如木得湛露则森立，遇酷暑则萎悴。若因肝经湿热而患者，用龙胆泻肝汤以清肝火导湿热；若因肝燥热而患者，用六味丸以滋肾水，养肝血而自安。又曰：琼玉膏、固本丸、坎离丸，此辈俱是沉寒泻火之剂，非肠胃有燥热者不宜服。若足三阴经阴虚发热者，久而服之，令人无子。盖损其阳气，则阴血无所生故也。屡验。

与中医治疗阳痿的方法不同,西医采取的基本是头痛医头、脚痛医脚的方法。阳痿的症状是阴茎疲软,因此,在西医看来,治疗阳痿,只要能让阴茎立起来就行。为此,西医采用的方法可谓五花八门。

一种方法是把疲软的阴茎放入一种能制造真空的管即真空器中,利用真空的压力把体内的血液吸入阴茎,待阴茎中的血充满后,阴茎便会勃起,然后再把一个橡皮圈套在阴茎根部,以防止血液再倒流回体内。这种方法貌似有效地对付了阳痿,但会使采用此法者产生疼痛和麻木感。(见瑞妮丝等:《金赛性学报告》,第287～288页)

另一种方式是在阴茎中植入可膨胀的矽胶圆筒,通过向这个圆筒中注入液体的方法使阴茎勃起。(同上,第289页)

还有一种方式是直接在阴茎中植入棒状的矽胶,这种方式可以使阴茎一直处于勃起状态,但也可以用手把它强行压下。这种方式的缺陷是容易刺激阴茎组织,造成其他方面的疾病。(参见同上,第290页)

关于以上两种方法,《金赛性学报告》中有这样的评论:

> 自从一九七〇年代这两种方法被介绍后,已有数以千计的使用者,而95%的病人对使用结果大致满意。但有一份研究指出,有75%的病人在手术后觉得阴茎变短(这是常见的现象),65%的阴茎敏感度降低;这份研究同时也指出,伤口复原后疼痛的感觉比预期大,以致手术后性交姿势的选择会受到限制。因手术会破坏自然勃起的能力,所以人工阴茎手术往往是在其他治疗方式都试过后才做,而且病人及他的伴侣必须被确实告知手术步骤及治愈后的情形。(同上,第290～291页)

在《性学总览》中,也介绍了一种对付阳痿的特殊方法:让阳痿者在阴茎头上再套一个人造阴茎,据称可以使男女双方都得到满足:

> 我们让阳痿患者使用了一种带振动头的人造阴茎,并积累了一些实践经验。有些患脊柱损伤的男性,靠自己的阴茎无法使他们的性伙伴获得满足。在男方的阴茎头上套一个可以振动的人造阴茎,可以使男女双方均得到满足。男方在心理上产生了一种"还阳"的感觉。与口淫或手淫的方法相比,女方更喜欢这种获得性满足的方法。(莫尼等:《性学总览》,第944页)

当然,西医对付阳痿还有一些别的方法,如服药(伟哥之类)、往阴茎中注射罂粟碱等药物,在此就不一一介绍了。

## 二、早泄

早泄即过早射精。那么,什么叫"过早"呢?"早"的标准又是什么呢?迄今为止,这仍然是一个众说纷纭的问题。在本节中，我们将对早泄的定义、成因、危害、治疗方法等作较为全面的论述。

### 1. 什么是早泄

有关早泄，首先应该区分两种不同性质的早泄：一种是病理性的，一种是功能性的。所谓病理性的早泄，亦可称为狭义的早泄，它的特征是：患者在阴茎插入阴道前或插入过程中不由自主地射精，或在插入阴道后未经抽动或稍一抽动即不由自主地射精；以上情况经常发生，且射精后阴茎即疲软不举。这种类型的早泄是一种疾病，患者需进行医学治疗。

所谓功能性的早泄亦可称为广义的早泄，它的特征是：男性在女方未充分享受性乐趣且在违背自己意愿的情况下射精。也就是说，广义的早泄必须满足两个前提：一是女子未充分享受性乐趣；二是男子并不想射精，却不由自主地射精。

当我们把早泄作以上两种意义的区分后，可以发现，围绕早泄的许多观念上的混乱都可以得到很好的澄清。我们先来看下面与早泄有关的例子。

例一：在明代小说《绣榻野史》中，寡妇麻氏说到其已故的丈夫生前与她性交时，有时候抽动一两次就泄精，有时候抽动十三四次就泄精：

> 金氏笑道："当初公公在日，难道不曾试过么？男子不济的五六百抽，寻常的一千多抽，好本事的一万抽也有哩。"麻氏笑道："我只是不信，记得我十五六岁到赵家做新妇的时节，头一夜他合我睡，先把囔唾擦在下面，后把手指头着在里边挖，挖得我疼杀人，他把毡儿只在下面略擦，擦着皮儿他就来了，一来他就软了。后来把指头夜夜挖挖的，我下面开了些，只见他的东西，刚才放进去，略动一动又来了，一来又不动了。过了一年，遭遭做事，定先放些囔唾，才放他的东西去，他也有三四抽来的，也有五六抽来的，极少的十三四抽来的。我问他，你怎么也有一两抽来的时候，也有十三四抽来的时候？他说男子汉七八抽的极多，两三抽的亦不少，我到十三四抽才来，这叫极长久的，人人都不会的。如今大嫂说一千抽，定是一百多遭凑来凑数的。"金氏笑道："婆婆一向被公公骗了。做人一世，也图个快活才好，方才公公的是叫做望门流泪，又叫做递飞岾儿。婆婆直苦了半世了。"（吕天成：《绣榻野史》，下卷）

例二：在清代小说《醒世姻缘传》中，描写少年狄希陈与一年轻的女子性交，"才一交锋，败了阵就跑"：

> 谁知那闺女虽也不是那冲锋陷阵的名将，却也还见过阵来。那狄希陈还是一个"齐东的外甥"，没等披挂上马，口里连叫"舅舅"不迭。才一交锋，败了阵就跑。那闺女笑道："哥儿，我且饶你去着，改日你壮壮胆再来。"又亲了个嘴，说道："我的小哥！你可是我替你梳拢的，你可别忘了我！"（《醒世姻缘传》，第三十七回）

例三：明代小说《浪史》中，说到浪子与一个名叫素秋的女子性交，虽一连数次性交，且每次抽送都在数千回，仍无法彻底遂素秋之欲。（见《浪史》，第二十一回）

例四：在清代小说《桃花影》中，说到玉卿与瑞娘性交，也是一连数度，却难遂瑞娘之欲。（见《桃花影》，第四回）

例五：在《海蒂性学报告》中，有一位男子自称只要一点点刺激就会射精：

我刚好是只要一点点刺激就会高潮的男人，最多只要一分钟，我就高潮了。因此，我从来无法带给女友真正的高潮，这令我苦恼万分。（海蒂：《海蒂性学报告——男人篇》，第351页）

例六：同样在《海蒂性学报告》中，有一位男子称自己在性交时经常抽送50～75次就射精，但有时可以抽送好几百次。（见同上，第352页）

根据作者关于早泄的理解，则可以明确判定：例一、例五属于狭义的早泄，需要通过治疗来解决；例三、例四、例六则属于广义的早泄，可以通过某种训练或调整来解决；例二无法判定是否早泄，因为狄希陈只是一个少年，缺乏性经验，需要根据他以后在这方面的表现才能作出判断。

## 2. 早泄造成的不良后果

早泄虽可分为狭义的早泄和广义的早泄，两者程度不同，但是，它们的结果是一样的，就是都造成了男女性生活的不和谐。而男女之间在性生活上不和谐，必然会带来男女之间情感交流乃至日常生活中的一系列问题，并造成诸多不良后果。

中国古代性学把女子比喻成田地，把男子比喻成农夫，田地收成的好坏全靠农夫的勤劳和技术，同样，女子能否享受性高潮，也主要靠男性的本事。这种观念，使男性背上了沉重的负担，尤其是那些早泄的男性。当他们从女子体内抽出过早疲软的阴茎时，心中无疑会充满惭愧和挫败感。

而尤其可怕的是，对早泄的担忧，使许多没有早泄问题的男性也在性交时变得紧张不安。因为在男性特有的两大主要疾病阳痿和早泄中，早泄的症状虽然比阳痿要轻，但它们有着相似的性质：不受控制。也就是说，正如男性无法完全掌控自己的勃起，男性也无法完全掌握自己在何时射精，各种各样的因素如酗酒、劳累、过度性压抑等等都会造成男性的早泄。既然如此，对早泄的担忧便会时时困扰着男性。男性在这样的困扰下去与女子性交，便会使性生活的质量大打折扣。

由于男子的早泄，使女子无法在性交时获得性高潮，这给女子的心理和生理带来诸多负面的影响，有的女子因此而沮丧、失望、痛苦，有的女子甚至会因此引起身体上的不适。对此，《海蒂性学报告》中有这样的描述：

第十一章 性与疾病

我常常深感挫折，因而变得十分丧气，尤其是在我几乎就快要有高潮，但最后却仍然落空的情况下，最教我沮丧不已。（海蒂：《海蒂性学报告——女人篇》，第61页）

有的女性在失望之余，甚至会对男性破口大骂，让早泄的男性无地自容。更有甚者，有的女子会因男子早泄而移情别恋，甚至导致婚姻破裂。在明代小说《禅真后史》中，说到来金吾与一个二十四五岁的女子成婚后，因来金吾经常早泄，该女子便对来金吾"情兴索然"，而对一个与来金吾交往的青年和尚"顿生羡慕，每思一会"：

却说这王玉仙乃金吾心上之人，年纪二旬四五，生得长眉细眼，皓齿红颜。原系建康妓女，十五岁时，有一盐商梳拢，未及一月，被来金吾瞧见，用聘礼三百余金，娶为第五位夫人。那晚成婚时，便唏嘘泪涕与那商人诀别，万般苦楚。被这鸨儿龟子催促起程，没奈何分情剖爱，掩泪别了商人，随着这老头子登舟回洛阳来。一路上虽然同衾共枕，毕竟情爱不笃。原来这来金吾身躯雄俊，外貌可观，只是那话儿其实堪憎。每夜三杯落肚，等不的卸甲解装，极津津地搂抱着云雨，未及三五十度，便行瓦解冰消。这少年妇女们怎生消受？自此情兴索然，视老来为厌物。凡遇交合之际，先自鼾鼾睡着。纵是醒时，两手抚枕揸席，并没一毫温存相爱之意。故来金吾自觉无趣，从回府之后，把那话儿竟行搁起。假使一月几次轮流进房，彼此各无情兴，不过了还心愿而已。自从来公与嵇和尚交契，或在书房中闲叙，或临净室里传经，这王玉仙暗中窥觑和尚青年雄壮，顿生羡慕，每思一会，诉其衷曲。奈无可通之路，彻夜熬煎，嗟吁不乐。（方汝浩：《禅真后史》，第四十九回）

另据《时尚健康》，一些男女分手、离婚就与男性早泄有关：

根据前述所作的调查，约10%的女性说她们曾经因为男人太快抽出来而抛弃了他们。（《时尚健康》男士版，2006年第7期）

早泄引起的最大的问题就是性生活不协调，据统计，约有79%左右的离婚是由夫妻性生活不协调引起的。（同上）

### 3. 早泄的原因

由上可见，早泄的危害是很大的，那么早泄又是怎样造成的呢？在《读医随笔》一书中，作者周学海认为，早泄与"五脏气虚"、"精关不固"有关："凡肝热郁勃之人，于欲事每迫不遇，必待一泄，始得舒快。此肝阳不得宣达，下陷于肾，是怒之激其志者，均致五脏气虚，穷必及肾，导致肾气虚弱，精关不固，闭藏失职，约束无能，而成早泄之病。"这一解释，理解起来似乎有些困难。下面我们结合古今中外的各种资料，把早泄的原因归纳如下。

(1) 饮酒过量

人在饮酒过量后，会产生神志不清、身体不听使唤的感觉，男性在这种情况下性交，便很容易发生早泄。在清代小说《姑妄言》中，说到到听与一个尼姑性交，"抽了三五下，早已告竣"，便与他"过饮了几杯"有关：

> 到听送了道士出门，复身进来，拉着小姑子同饮了几杯。二人相搂相抱，一时兴发，到听就去扯他的裤子。那姑子也正骚到极处，任他褪去。到听爬上身，抽了三五下，早已告竣。原来到听自做主人，过饮了几杯，不能自持，竟从门流涕。那姑子正然兴浓，见他才挨着，早已完事，急得叫道："你挣着命再动动是呢。"到听再要抽时，阳物已稀软缩了出来。姑子十分情急，将他项上咬了几口，身上拧了几下。到听也甚觉没趣，起来同他收拾了家伙，含愧而去。(《姑妄言》，第一回)

(2) 久病初愈

疾病刚愈时，人的身体虚弱，元气未复，此时遽行性交，也易导致早泄。在清代小说《蜃楼志全传》中，说到笑官病后与素馨性交，素馨"略一迎承"，笑官"早已做了出哇的仲子"：

> 却好素馨轻移莲步而来，笑官一见，笑逐颜开，忙上前说道："姐姐，我只道不能见面了，谁知却又相会。"素馨原不晓得他生病，今日却为岱云而至，见他此话，正触着自己病源，因淡淡的说道："此话何来？我不过因看芙蓉，暂到这里。"笑官道："这就是我与姐姐的缘分了。"挽他的手来到轩中，意欲就在榻上，试他一月多的精神。素馨不肯，说道："如今不比从前了，这里往往有人到来，倘然撞破，你我何颜？"笑官只是歪缠，素馨只得任他舞弄一番。笑官也觉得较前松美。素馨仍恐岱云闯至，略一迎承，笑官病后虚嚣，早已做了出哇的仲子。(《蜃楼志全传》，第六回)

(3) 愚昧无知

有的男性不懂男女性交要循序渐进，怡情悦性，只知一味蛮干，也会造成早泄。《中国性科学百科全书》中说："性交时连续不停地抽动而不间歇，1~2分钟大多数人皆会射精。"(《中国性科学百科全书》，第192页)在明代小说《灯月缘》中，文贵就是因为不知个中道理而早泄。(见《灯月缘》，第九回)

(4) 性交间隔时间太久

男子长时间不泄精，乍与女子性交，也会导致早泄。这一方面是因为性欲过于强烈，一方面是因为精液蓄积太满。在清代小说《姑妄言》中，说到盛旺与香儿性交，"只几十下就泄了"，香儿嫌他"只是太快些"，盛旺的解释便是因为自己"熬久了"。(见《姑妄言》，第五回)

第十一章 性与疾病

431

（5）前戏时间过长

男子泄精的方法很多，除了性交，手淫、口交等都会导致泄精。因此，若男女之间长时间性嬉戏，阴茎持续不断地受到刺激，进入阴道后，也会很快泄精。在明代小说《浪史》中，说到浪子与素秋性交，"狠命迭了二三十次，不觉大泄如注"，素秋怪他"好没用"，浪子的解释是"动兴久了，故此泄得快些"。（见《浪史》，第二十回）

（6）纵欲过度

男子沉迷色欲，纵欲过度，也会造成生殖系统机能的失调，导致早泄。在清代小说《姑妄言》中，说到单于学"原也有百十合的本事"，但与水氏性交，"不到十数下，早已告竣"，原因便是单于学"斫丧过度，遂至如此"。（见《姑妄言》，第十二回）

（7）包皮过长

包皮过长的男子，平时龟头藏在包皮里面，缺乏刺激，性交时龟头与阴道接触，便容易早泄。对此，《时尚健康》中有这样的论述：

> 包皮过长，尤其是平时包皮过长，勃起后又可以露出龟头的情况时。由于龟头在包皮的过度保护下，神经感觉变得很敏感，稍微接触就有"触电"的感觉。性交时的紧密性器官接触、摩擦对龟头的刺激强度太大，从而稍接触就出现早泄。（《时尚健康》男士版，2006年第7期）

## 三、梦遗

梦遗即梦中遗精。所谓遗精，则指未经性交而无意中流出精液。梦中之所以会流出精液，往往与梦的内容有关，如梦见与自己心目中向往的女子交媾、梦中看见他人交媾及其他与性有关的情景等。关于梦遗产生的原因，《中国性科学百科全书》中有这样的论述：

> 随着生理上的不断发育，睾丸在酿造精子的同时，也不断造出了雄激素。在它的作用下，内生殖器中的两个主要腺体精囊腺和前列腺不断发育成熟，并开始分泌腺液，以便作为精浆的主要构成部分。当这些腺液累积至一定量时，胀满了的腺体自然地发出一种生理反射，"告知"性中枢可以向性腺下达收缩腺体的命令。在这种生理性潜意识作用下，睡眠中便出现了一些与性有关的梦境，终至导致梦中射精，这便是所谓的梦遗。（《中国性科学百科全书》，第644页）

通常认为，梦遗只是发生在男性身上的现象，不过，现代性学认为，女性也会有梦遗现象，因为女性也会做性梦，也会在做性梦时达到性高潮并分泌液体：

> 男女对生理的需求都一样，所以女人也会做春梦以及梦遗。女人梦遗是一种正常

的生理现象,在日常生活中,不少女性都曾经有过这样的经历:睡梦中阴道强烈收缩,同时伴有快感,像高潮来了一样。这种现象在医学上称为女性梦遗,它是指妇女在睡梦中身体肌肉紧张,发生阴蒂勃起和性器官区域的肌肉强烈收缩,并像高潮来了时一样会从子宫颈和阴道分泌出黏性液体。一般来说,这种梦常是一些带有情欲色彩的梦,而且对象常常不是生活中真实的伴侣。(《男人装》,2010年第10期)

在《金赛性学报告》中,也认为女性会发生梦遗,并认为有40%的女性曾发生过梦遗。(见瑞妮丝等:《金赛性学报告》,第143页)

### 1. 梦遗是正常的生理现象

如上所述,当内生殖器中的某些腺液胀满时,便会出现梦遗,此即所谓"精满自溢",既然如此,梦遗自然是一种正常的现象,不值得大惊小怪。对此,英国性学家霭理士在《性心理学》中说:

> 不过,今日大多数的医学家或生理学家全都承认梦遗是一个不能不算正常的现象。要知在今日的社会状态之下,相当限度以内的禁欲是无法避免的,即,对于一部分的人,独身与迟婚是一个无法避免的事实。既有此种禁欲的因,便不能没有梦遗的果,所谓不能不算正常者在此。医学家所关心的不是梦遗的有无,而是梦遗的次数的多寡。
>
> 贝杰忒(Sir J.Paget)说,他始终没有遇见过独身而不梦遗的人,多的一星期里一次或两次,少的三个月一次,无论多少,都没有超出健康的范围。(霭理士:《性心理学》,第131页)

据现代性学家估计,高达80%的男性有过梦遗的经历:

> 据估计,约有80%的男性及40%的女性,至少有过一次的夜间高潮。男性最多发生在二十几岁时,而女性常发生在四十几岁时。(瑞妮丝等:《金赛性学报告》,第143页)

根据金赛的研究报告,在五千多名男性中,大约有20%的人,无论任何年龄均未有过梦遗的现象。(见同上,第347页)20%的男性未有过梦遗现象,即承认80%的男性有过梦遗现象。

《中国性科学百科全书》则认为,有过梦遗的男性高达90%:"男性青春期的标志是出现第一次遗精,往往以梦遗的形式出现,约有90%的男性有此现象。"(《中国性科学百科全书》,第644页)

在明清小说中,常常可以见到关于梦遗的描述。如明代小说《金瓶梅词话》中,有关于西门庆梦见李瓶儿而遗精的描述:

> 只见李瓶儿雾鬓云鬟,淡妆丽雅,素白旧衫笼雪体,淡黄软袜衬弓鞋,轻移莲步,

第十一章 性与疾病

贾宝玉初试云雨情图 选自清代孙温的《全本红楼梦》

立于月下。西门庆一见，挽之入室……西门庆共他相偎相抱，上床云雨，不胜美快之极。……恍然惊觉，乃是南柯一梦。但见月影横窗，花枝倒影矣。西门庆向褥底摸了摸，见精流满席，余香在被，残唾犹甜，追悼莫及，悲不自胜。（《金瓶梅词话》，第七十一回）

在明代小说《别有香》中，有关于书生石古岩因梦见一位名叫玉香仙史的女子而遗精的描述。（见《别有香》，第十三回）

在清代小说《姑妄言》中，有戏子嬴阳因梦见一位美貌妇人而遗精的描述：

到了一间齐整屋内，灯下一个美貌妇人，笑吟吟上前拉住道："小冤家，想杀我了。"拿脸儿偎倚着。嬴阳见这光景，兴不可遏，不暇开言，携手上床，脱衣解带，见那妇女柔软如绵，淫乐了一度。还想要叙叙情意，只见那女子揭开帐子，道："天大亮了，快走罢。"嬴阳见日光果然射入，忙穿衣同他往外飞跑。不防被门槛一绊，几乎跌倒，一惊醒来，原是一个大梦，钞袋还抱在怀中，淫精已溢于被褥。（《姑妄言》，第六回）

不过，在明清小说中，说到关于梦遗的描述，最著名的当数《红楼梦》中关于贾宝玉初次梦遗的情节：

警幻见宝玉甚无趣味，因叹："痴儿竟尚未悟！"那宝玉忙止歌姬不必再唱，自觉朦胧恍惚，告醉求卧。警幻便命撤去残席，送宝玉至一香闺绣阁之中，其间铺陈之盛，乃素所未见之物。更可骇者，早有一位女子在内，其鲜艳妩媚，有似乎宝钗；风流袅娜，则又如黛玉。正不知何意，忽警幻道："尘世中多少富贵之家，那些绿窗风月，绣阁烟霞，皆被淫污纨绔与那些流荡女子悉皆玷辱。更可恨者，自古来多少轻薄浪子，皆以'好色不淫'为饰，又以'情而不淫'作案，此皆饰非掩丑之语也。好色即淫，知情更淫。是以巫山之会，云雨之欢，皆由既悦其色、复恋其情所致也。吾所爱汝者，乃天下古今第一淫人也。"

……

那宝玉恍恍惚惚，依警幻所嘱之言，未免有儿女之事，难以尽述。……

彼时宝玉迷迷惑惑，若有所失。众人忙端上桂圆汤来，呷了两口，遂起身整衣。

中国古代性学报告

434

袭人伸手与他系裤带时，不觉伸手至大腿处，只觉冰凉一片沾湿，唬的忙退出手来，问是怎么了。宝玉红涨了脸，把他的手一捻。袭人本是个聪明女子，年纪本又比宝玉大两岁，近来也渐通人事，今见宝玉如此光景，心中便觉察一半了，不觉也羞的红涨了脸面，不敢再问。（曹雪芹：《红楼梦》，第五~六回）

## 2. 梦遗的危害

梦遗是一种正常的生理现象，这是现代人的看法，中国古代性学家则不这么看。因为中国古代性学认为人的精液是元气在欲念的支配下变化所致，故除了为生儿育女等而性交射精，对其他方式的失精如手淫、梦遗等均持否定态度，认为它会对身体健康造成伤害。如隋代著名医生巢元方即把梦遗视为"肾虚为邪所乘"：

> 肾虚为邪所乘，邪客于阴，则梦交接。肾藏精，今肾虚不能制精，因梦感动而泄也。

（巢元方：《诸病源候论》）

明代著名医家张介宾则把梦遗视为一种病症："梦遗、精滑，总皆失精之病。"（张介宾：《宜麟策》）

这种观念，在明清小说中亦有反映。如清代小说《绣屏缘》在讲述赵云客梦遗的故事后，认为"只有梦中做这桩事"，会把人"弄得半死半活"。（见《绣屏缘》，第一回）

因此，荷兰学者高罗佩总结中国古人对于梦遗的观念，指出：

> 人们对睡眠中的遗精很重视。认为遗精不仅会大伤元气，而且还很可能是鬼魅所为。它们想削弱男人抵御它们作祟的能力。更坏的是遗精还可能是由梦魇（绝大多数是狐狸精）造成，它们想通过与男人在梦中交媾偷走他们的元气。因此如果遗精是由于梦见女人而引起，那么当他真的遇见那个女人时就要小心提防，因为她也许是个吸血鬼或狐狸精。（高罗佩：《中国古代房内考》，第66页）

其实，把梦遗视为一种病症，或把它看作是鬼怪作祟造成的，并不是中国古人独有的观念，古代西方人也不例外，英国性学家霭理士就曾指出：

> 在文明程度幼稚的人群，往往把这种现象归咎到鬼怪身上，认为是鬼怪的诱惑或刺激的结果。天主教把梦遗看成一件极不圣洁的事，并且还特别替它起了一个名词，意思等于"秽浊"（pollutio）；而宗教改革的祖师马丁·路德（Martin Luther），也似乎把性爱的睡梦看做一种病症，应当立刻诊治，而对症发药的方子就是婚姻。（霭理士：《性心理学》，第130页）

而且，在古代西方，梦遗曾经被视为一种严重的过失或犯罪的行为，要接受不同程度的惩罚。刘达临在《世界古代性文化》一书中说：

> 遗精本来是男子的一种正常的生理现象，但是因为它显然地和生育无关，所以在

第十一章 性与疾病

当时被视为有罪,而且是牧师们需要经常处理的一种"罪",但是这种"罪"实在是太普遍了,连接近上帝的教士有时也难幸免。"夜间遗精"如果是无意的,当事人要立刻起身,唱7遍忏悔诗,第二天早晨再补加30遍。如果是在教堂里睡觉时梦遗,罪加一等,需吟诵整个诗篇。这还是比较轻的处罚,另有一种处罚是,一般人的梦遗如非出于己意,禁食七天;如果是"用手协助"(手淫),则禁食20天;教士如果在教堂里"用手协助"而遗精,禁食30天;如为主教,则禁食50天。(刘达临:《世界古代性文化》,第352~353页)

对梦遗现象大惊小怪甚至把它视为一种罪行,这当然是很愚蠢的。然而,不可否认的是,当梦遗频繁发生时,它确实会对人体的健康带来损害。通常认为,对于年轻人来说,一周内有一至两次梦遗,这算不上什么病症;若一周内有数次甚至多次梦遗,并且造成四肢乏力、性交时早泄等状况,这便是梦遗症,必须及时予以治疗。正如明代医家张介宾所说:"初泄者不以为意,至再、至三,渐至不已,及其久而精道滑,则随触皆遗,欲遏不能矣。斯时也,精遏则阴虚,阴虚则无气,以致为劳为损,去死不远,可无畏乎!"(张介宾:《宜麟策》)

### 3. 梦遗症的治疗

明代医生张介宾在《宜麟策》一书中对梦遗症的治疗方法作了系统的介绍。张介宾指出,要治疗梦遗症,首先要弄清造成梦遗症的原因。他认为,一个人之所以会得梦遗症,首要的原因是欲心太重,因此伶俐乖巧的人易得此症,而愚鲁迟钝的人却很少得此症:

> 盖遗精之始,无不病由乎心。正以心为君火,肾为相火,心有所动,肾必应之,故凡以少年多欲之人,或心有妄思,或外有妄遇,以致君火摇于上,肾火炽于下,则水不能藏,而精随以泄。……盖精之藏,制虽在肾,而精之主宰则在心,故精之蓄泄,无非听命于心。凡少年初省人事,精道未实者,苟知惜命,先须惜精,精苟欲惜,先宜静心。但见伶俐乖巧之人,多有此病。而田野愚鲁之夫,多无此病。其故何也?亦总由心之动静而已。

因此,治疗梦遗症的关键在于制心,使妄念不起,则此症自然容易治疗:"及其既病而求治,则尤当以持心为先,然后随证调理,自无不愈。使不知求本之道,全恃药饵而望成功者,盖亦几稀矣"。(同上)

接着,张介宾针对各种不同类型的梦遗症,指出了详细的治疗方法:

> 精道滑而常梦常遗者,此必始于欲念,成于不谨,积渐日深,以致肾气不固而然。惟苓术菟丝丸为最佳,其次则小菟丝子丸、金锁思仙丹之类皆可择用。

> 君火不清,神摇于上,则精遗于下。火甚者宜先以二阴煎之类清去心火;火不甚者,

宜先以柏子养心丸，天王补心丹，或人参丸、远志丸之类收养心气，然后用苓术菟丝丸之类固之。

相火易动、肝肾多热而易于疏泄者，宜经验猪肚丸为最，或固精丸之类主之。然须察其火之微甚，宜清者亦当先清其火。

凡思虑劳倦，每触即遗者，但当培补心脾，勿得误为清利。惟寿脾煎或归脾汤减去木香，或用秘元煎主之，皆其宜也。其有气分稍滞，不堪芪术者，宜菟丝煎主之。或以人参汤吞苓术菟丝丸亦妙。

先天素禀不足，元阳不固，每多遗滑者，当以命门元气为主，如左归、右归、六味、八味等丸。或五福饮、固阴煎、菟丝煎之类，随宜用之。或经验秘真丹亦可酌用。

湿热下流，火伏阴中而遗者，宜四苓散或大小分清饮之类主之。

过服寒凉冷利等药，以致阳气不固，精道滑而遗泄不止者，速当温胛肾，宜五君子煎、寿脾煎，或右归丸、八味地黄丸、家韭子丸之类主之。

治遗精之法：凡心火盛者，当清心降火；肾火盛者，当壮水滋阴；气陷者，当升举；滑泄者，当固涩；湿热相乘者，当分别虚寒；伶俐者，当温补；下元元阳不足，精气两虚者，当专培根本。今人之治遗泄，以黄柏、知母为君，或专用固本丸、坎离丸之类，不知苦寒之性极能沉降泻水，肾虚者尤非所宜。肾有补而无泻，此辈亦何神于肾？而凡用治于非火滑泄者，适足为肾之害耳。（张介宾：《宜麟策》）

民国时期，有一位著名的道教学者，名叫陈撄宁，他在与广大道教修炼者的接触中，了解到不少修炼者深为梦遗所苦。因为道教修炼注重积精累气，以待精满气足，结丹成仙。而一旦发生梦遗，则不仅使长期的修炼功夫毁于一旦，还会对健康带来严重影响。因此，陈撄宁专门整理了一套治疗梦遗的功法，发表在杂志上，并称如果坚持每天去做，则两三个月之后，必会有良好的效果：

这个动功，是专门锻炼腰肾和精窍部分，每天要做两次。一次在晚间就寝，拟用睡功，尚未卧下时；一次在早晨睡足，将要起身，尚未下床时。先坐在床上，面向床低处，背向床高处，两腿向前平伸勿屈，脚尖朝天，自腰以上，身体挺直，两手掌搭于两膝盖骨，是为预备姿势，然后分为三个动作：

（一）两手握拳，将两拳缩回，紧贴于左右肋下，肘尖尽量伸向后方；

（二）再将两拳放开，掌心朝天，由两耳旁向上直托，似举重物，两臂伸直勿屈，使两手背复盖头顶，两眼仰观两手背；

（三）再低头弯腰，同时将两臂向上直伸的姿势改为向下向前直伸，使手指尖碰到脚趾尖；再回复到身体正坐、两手搭膝的原状。

是为一遍运动完毕，第二遍仍如前法。初做以十遍为度，可以多练习几天，等到

第十一章 性与疾病

用导引法治疗遗精病 选自清代的《导引图》

做熟了以后，即逐日增加一遍，做到两个月后，可以每次做六十遍，连最初的十遍计算，就是七十遍。如果身体衰弱，气力不够，做七十遍觉得疲劳，也可以减少遍数，或五六十遍，或三四十遍无妨，但至少每次要做三十遍，不能再少。若问动作的快慢如何？最好是宜慢不宜快，一分钟只许做五遍，六分钟做完三十遍。

做这个动功，有一件事须要注意：当低头弯腰手指与脚趾接触时，两腿要伸直，不可弯曲。普通未曾练习之人，此时若将两腿伸直，每苦于手指和脚趾距离数寸之远，很难碰到一处，但也无妨，只要每日照样做去，总有一日能够碰到。

正当低头弯腰、手指尖攀脚趾尖时，两腿如果十分伸直，丝毫不屈，后腰部和两腿弯必定发痠（音酸），肾囊后和肛门前必定拉紧，会阴部必定和床褥互相摩擦，这些就是治遗精病特效的作用，要稍为忍耐一点，不可畏难中止，但也要依次渐进，不可蛮干。每次无论多少遍，做完之后，需要休息，在床上静坐三十分钟，勿急于下床。

此法不但能治夜梦遗精，纵然比遗精更严重的如白昼滑精，或性交早泄，也能够治愈。若已结婚的男子，不住院而在家中，正当练功的期间，务必分床独宿，禁止房事三个月（能多几个月更好）。否则，今日尚未将关窍收紧，明日又去把他打开，那是永远练不好的。（《道家养生秘库》，第307～309页）

以上功法，与中国传统的导引功如五禽戏、八段锦等颇为相似，有心者不妨一试。

## 四、阳强 —— 阴茎昼夜不倒

任何事物都有两面性，对于男子来说，既有阳痿之病，便有阳强之症。阳痿是阴茎在任何性刺激下都不能勃起，阳强则是阴茎在没有任何性刺激的情况下长时间勃起不倒。在中国古代医学中，阳强又称阴茎挺纵不收，如金代医家张从正在《儒门事亲》中说："其状阴茎肿胀或溃或脓或茎中痛，或挺纵不收……久而得于房室伤及邪术所使"。

在明代小说《金瓶梅词话》中，说到西门庆因误服胡僧药，致使精液"只顾流将起来。初时还是精液，往后尽是血水出来，再无个收救"，之后便得了阳强之症：

  西门庆自知一两日好些起来，谁知过了一夜，到次日下边虚阳肿胀，不便处发出红晕来了，连肾囊都肿的明滴溜如茄子大。……封了五钱药金，讨将药来，越发弄的虚阳举发，麈柄如铁，昼夜不倒。潘金莲晚夕不知好歹，还骑在他上边，倒浇烛拨弄，死而复苏者数次。(《金瓶梅词话》，第七十九回)

男子得了阳强之症，除了阴茎昼夜不倒，还有两个症状：一是性欲旺盛，二是小便时阴茎部位疼痛不已。在清代小说《醒世姻缘传》中，说到汪为露得了阳强之症后，白天夜里都要与女人交媾，否则就"胀痛得牛也般的叫唤"；而且"最苦的是每次小便，那马口里面就如上刀山一般的割痛"：

  却说汪为露病倒在床，一来他也舍不的钱去取药吃；二则他那小献宝赌钱要紧，也没有工夫与他去取药。那虚病的人，渐渐的成了"金枪不倒"，整夜不肯暂停，越发一日重如一日。后来日里都少不得妇人。那十六七岁的少妇，难道就不顾些体面，怎依得他这胡做？胀痛得牛也般的叫唤。只得三钱一日雇那唱插秧歌的老婆坐在上面。据那老婆说道："起初倒也觉美，渐渐就不甚美，以至于不知美的田地，再后内中像火烧的一般焦痛。"待了一日，第二日便再也不肯复来。只得雇了三个老婆，轮班上去，昼夜不辍。那小献宝又舍不得一日使九钱银，三个人一日吃九顿饭，还要作梗吃肉，终日嚷闹，要打发那老婆出去，说他这后娘闲着屄做甚？不肯救他父亲，却使银子雇用别人！又说他父亲病到这等模样还一日三四个的老婆日夜嫖耍。这话都也嚷得汪为露句句听得，气的要死不活。(《醒世姻缘传》，第三十九回)

那么，男子为什么会得阳强之症呢？明代医家万全认为，这与男子"伤精"有关，而"伤精"的原因则是"施泄多"即泄精过多：

  交接多则伤筋，施泄多则伤精。肝主筋，阴之阳也，筋伤则阳虚而易痿。肾主精，阴中之阴也，精伤则阴虚而易举。阴阳俱虚，则时举时痿，精液自出。(万全：《万密斋医学全书·养生四要》)

清代小说《醒世姻缘传》中，说到有一个法名无边的住持，"患了一个'金枪不倒'的小病"，也跟他经常与众多娼妓性交有关：

  香岩寺自从当日长老圆寂，就是一个大徒弟，法名无边，替职住持。这无边恃着财多身壮，又结交了厂卫贵人，财势双全，贪那女色，就是个杀人不斩眼的魔君。河岸头四五十家娼妇，没有一个不是他可人。或竟接到寺中，或自往娼妇家内。他也不用避讳，任你甚么嫖客，也不敢合他争锋。他也常是请人，人也常是回席。席上都有

第十一章 性与疾病

439

妓者陪酒，生葱生蒜齐抿，猪肉牛肉尽吞。谁知恶贯不可满，强壮不可恃。这些婆娘相处得多了，这无边虽然不见驴头落，暗地教他骨髓枯，患了一个"金枪不倒"的小病，一个大光头倒在枕上，一个小光头竖在被中；那小光头越竖，大光头越倒，大光头越倒，那小光头越竖。谁知小能制大，毕竟战那小光头不过，把个大光头见了阎君。（《醒世姻缘传》，第九十三回）

清初医家李用粹则指出了阳强症的另一种原因，即由服食壮阳药、丹药等过多所致："阴茎挺纵不收……为强中症，由多服壮阳之品或受金石丹毒，遂使阳旺阴衰，相火无制，得泄稍转，殊不知愈泄而阴愈伤，愈伤而阴愈强"。（李用粹：《证治汇补》）

有一种名为阴茎异常勃起的病，与阳强颇为相似，其症状也是在无性刺激的情况下阴茎长时间勃起不倒。引起阴茎异常勃起的原因很多，一些疾病如血液病、糖尿病、慢性肾功能衰竭等以及某些药物如安定、氯普噻吨等均有可能造成阴茎异常勃起。现代性学认为，阴茎持续勃起若超过6个小时，就必须去医院治疗，否则会引起局部组织细胞变性坏死，并引起勃起障碍。从上述情况来看，阴茎异常勃起与阳强症并不完全相同，但阳强症无疑可归入阴茎异常勃起的范畴。

## 五、性病

性病是性传播疾病的简称，它主要通过性行为传播，包括淋病、梅毒、软下疳、艾滋病等。其中淋病在中国古已有之，梅毒在16世纪时从国外传入，软下疳的记载最早见于隋代，艾滋病则是现代才有的病。

### 1. 淋病

淋病主要发生在尿道和生殖系统，症状是尿道发炎，排尿疼痛，尿道内带有脓性分泌物。早在《黄帝内经》中，便有关于淋病的记述："小便赤甚黄，则淋也。"（《黄帝内经·素问》）汉代名医张仲景的《金匮要略》中对淋病有这样的描述："淋之为病，小便如粟状，小腹弦急痛，引脐中。"明代戴元礼的《证治要诀》中对淋病的描述则更为具体："尿道口常流出白色浊物，小便涩痛明显，但尿不混浊。"

正因为淋病的症状是尿道口流出白色浊物，故中国古代也称淋病为"白浊之症"，如清代小说《野叟曝言》中的聂元，得的即是白浊之症：

聂元听见有此美人，浑身骚痒；却因前日与凤姨行奸正在兴浓，忽被公子打门直入，猛力一提，闭住精管，后来赤身上房跳墙回去，又着了些风寒劳碌，竟成了白浊之症，

一时医治不好。(夏敬渠:《野叟曝言》,第三十回)

书中提到聂元得白浊之症的原因是正在性交时受到了惊吓,"猛力一提,闭住精管",加上"着了些风寒劳碌"。那么,淋病的真正原因是什么呢?对此,清代邹岳的《外科真诠》中认为:"有因嫖妓娈童,沾染秽毒……溺管必病,小便淋沥"。荷兰汉学家高罗佩也认为,唐代的医生们已经认识到,淋病等性病与堕落的乱交有关:

  这一时期的医学文献却表明,在唐代和唐代以前有一些较轻的性病存在,尤其是淋病。文中精确地描述了男女生殖器官典型部位的慢性溃疡、尿道狭窄和类似淋病的症状。虽然这些小病当时还没有被认为是由性交传染,但唐代的医生确实认识到,正是堕落的乱交助长了传染病的传播。(高罗佩:《中国古代房内考》,第241页)

现代性学认为,淋病的传播主要有三种渠道,一是通过性交传播,二是母婴间传播,三是通过接触淋病污染物传播,其中性交传播是最主要的。而且,女性感染淋病的危险要大于男性,据统计,与男性淋病患者有一次性接触,女性有50%被感染的可能;而与女性患者有一次性接触,男性只有20%被感染的可能。

男性淋病患者有排尿疼痛、尿道流脓等症状,也可形成尿道狭窄;女性淋病患者则可引起盆腔炎,有痛经、不孕等症状。目前治疗淋病主要用抗生素、磺胺类药等。淋病虽不会对健康造成严重后果,但对患者的日常生活会带来明显影响,故必须严加预防。

## 2. 梅毒

梅毒古称杨梅疮,因发病部位形似梅花,故称。现代医学通常把梅毒分为三期:初期,出现硬性下疳(下疳所指见下文);第二期,出现各种皮疹,个别内脏器官发生病变;第三期,皮肤、黏膜形成梅毒瘤,循环系统或中枢神经系统发生病变。

关于梅毒的来源,《中国性科学百科全书》认为,梅毒始于15世纪末:

  1492年哥伦布发现西印度群岛后,水手被染上了梅毒并带回到欧洲,首先在西班牙传播起来。1494年在法国与意大利流行,1497年蔓延到全欧洲,1498年传入印度,1505年传到中国的广州。(《中国性科学百科全书》,第219页)

不过,也有学者认为梅毒自古就有,如德国的医史学家苏德霍夫和《梅毒史》(1895年)的作者普洛克绥就持此种观点。(参见刘达临:《世界古代性文化》,第265页)但是不管怎么说,中国在15世纪以前没有关于梅毒的记载,则是确凿无疑的。

梅毒传入中国以后,先是在广东沿海地区流行,对此,李时珍的《本草纲目》中说得十分明确:

  杨梅疮古方不载,亦无病者,近时起于岭表,传及四方。盖岭表风土卑炎,岚瘴熏蒸,饮啖辛热,男女淫猥。湿热之邪积蓄既深,发为毒疮,遂致互相传染,自南而北,遍及海宇。

出版于1632年的《霉疮秘录》，是我国第一部论述梅毒的专著，作者是医师陈司成。书中对梅毒的起源、症状等作了较系统的论述，"独见霉疮一证，往往处于无法……细考经书，古未言及。究其根源，始于午会之末，起自岭南之地，致使蔓延通国，流祸甚广"，"一感其毒，酷烈匪常，入髓沧肌，流经走络……或攻脏腑，或巡孔窍……可致形损骨枯，口鼻俱废，甚则传染妻孥，丧身绝育，移患子女"。清代的吴谦在《医宗金鉴》中对梅毒的各种名称及得名原因作了论述："此证一名广疮，因其毒出自岭南；一名时疮，以时气乖变，邪气凑袭之故；一名棉花疮，因其缠绵不已也；一名翻花杨梅，因窠粒破烂，肉反突于外，如黄蜡色；一名天泡疮，因夹湿而生病也；有形如赤豆嵌于肉内，坚硬如铁，名杨梅痘；形如风疹作痒，名杨梅疹；先起红晕后发斑点者，名杨梅斑；色红作痒，其圈大小不一，二、三相套，围食秽毒之物，入大肠而发，名杨梅圈。"并且指出，人得梅毒的主要原因是不洁性交："由交媾不洁，泄精时，毒气乘肝、肾之虚而入里，此为欲染。"

在清代小说中，亦可发现一些与梅毒相关的情节。如《醒世姻缘传》中，有一个名叫诚庵的和尚，因为贪色，染上了梅毒，最后连眼睛、鼻子等都烂没了：

这诚庵替职的时候，已是鱼口方消，天疱疮已是生起。他却讳疾忌医，狠命要得遮盖，一顿轻粉，把疮托得回去，不上几个月期程，杨梅风毒一齐举发，可煞作怪，只偏偏的往一个面部上钻，钻来钻去，应了他心经上的谶语，先没了眼，后没了鼻，再又没了舌，不久又没了身。身既不存，那里还有甚么耳，甚么意，轻轻的又把第二的师兄超度在"离恨天"上。（《醒世姻缘传》，第九十三回）

在清代小说《姑妄言》中，说到有一个名叫魏卯儿的男子，因经常与别的男子肛交，染上了梅毒，最后竟连阴茎也烂没了：

再说这魏卯儿十多岁时因后庭主顾太多，得了杨梅疮。他正在当时的时候，怎容他发了出来，一阵轻粉顶药顶了回去。如今四十开外的人了，又被边氏淘虚，旧疮发将起来，成了翻花杨梅，医治不效，先将鼻子阳物蚀去，后渐渐遍身腐烂而亡。（《姑妄言》，第八回）

在上引两例中，都说到有一种名叫"轻粉"的药物，能阻止梅毒的发作，即所谓"一顿轻粉，把疮托得回去"。那么此轻粉又是什么药物呢？据《中国大百科全书》，轻粉的主要成分是汞粉、水银粉、腻粉和扫盆，外治用于疥疮、顽癣、梅毒、湿疹等。（见《中国大百科全书·中国传统医学》，第467页）在明代李时珍的《本草纲目》中，已有用轻粉治疗梅毒的方法："土伏苓治杨梅疮及杨梅风，并服轻粉，成筋骨疼瘫痪痛疽，为必用之药。"（李时珍：《本草纲目·第四卷·百病主治下·杨梅疮》）

现代性学认为，梅毒的主要传染途径是性接触，约95％以上的梅毒是通过性接触传染的。治疗梅毒的首选药物是青霉素，其中苄星青霉素是最佳药物，其次是普鲁卡因青霉素。

虽然在现代医疗条件下，梅毒可以治愈，但是，人一旦染上梅毒，必会给身心健康带来很大影响，因此，选择健康的性生活方式，远离梅毒，必须成为大家的共识。

### 3. 软下疳

软下疳是生殖器外部形成溃疡的病，主要通过性接触传播。症状是：初起时出现红色炎症性丘疹，很快变成脓疱，2～3天后破溃，形成边缘不整齐的潜蚀性溃疡，呈圆形或卵圆形。

古代中医又称软下疳为疳疮、妒精疮、阴蚀疮等。唐代医家孙思邈在《千金要方》中说："夫妒精疮者，男子在阴头节下。"宋代的陈无择在《三因方》中指出了妒精疮的成因："患妒精疮者，以妇人阴中先有宿精，男子与之交接，虚热而成。"（陈无择：《三因方·妒精疮证治》）

男子与阴中有宿精的女子性交会导致软下疳，这种观念当然过于绝对，但是它反映了与不洁的女子性交易染上软下疳，则是值得注意的。元代医家窦默在《疮医经验全书》中说，下疳"皆由脏中虚怯，肾气衰少，风邪入腑，毒恶损伤荣卫，或与有毒妇人交接不曾洗净"，比较全面地论述了软下疳的得病原因与途径，其中的"与有毒妇人交接不曾洗净"可谓一语中的。在清代小说《姑妄言》中，即讲述了人屠户因与妓女性交而得下疳之事：

> 有嫖厚了的一个婊子，说是姓通，也不知是真是假，他费了许多钱买了来家为妻。不想一年之后，人屠户得了一个下疳，竟将阴物蚀去。上面还是须眉男子，下面竟无男子之具了。（《姑妄言》，第二回）

现代医学主要用口服复方新诺明、红霉素或四环素来治疗软下疳。不过，对付软下疳，真正有效的方法还是避免不洁性交及性交时一定要使用避孕套。

## 六、纵欲对健康的危害

任何事物都有一个度，对性的享受更是如此。对于每一个正常人来说，性快感极具诱惑力，常常会让人乐此不疲。但是，过分沉溺于性快感，又会影响人的健康，给人带来种种疾病，甚至严重缩短人的寿命。

关于纵欲对健康的危害，古代性学多有论述，如成书于明代的《素女妙论》中说，男子若泄精过度，会造成气伤、肉伤、筋伤、骨伤、血伤等五种伤害：

> 又有五伤：其一，男女交会，精泄而少者，为气伤；其二，精出而淳者，为肉伤；其三，泄而疼者，为筋伤；其四，精出而涩者，为骨伤；其五，临门忽痿垂涎者，为血伤。各泄精过度、精液竭乏所致，何可不谨哉？

明代医家万全也认为，男子自少至老，若不知保精养气，斫丧过度，就会造成各种疾病：

> 今之男子，方其少也，未及二八而御女，各通其精，则精未满而先泄，五脏有不满之处，他日有难状之疾。至于半衰，其阴已痿，求女强合，则隐曲不得而精先泄矣。及其老也，其精益耗，复近女以竭之，则肾之精不足，取给于脏腑；脏腑之精不足，取给于骨髓。故脏腑之精竭，则小便淋痛，大便干涩，髓竭则头倾足软，腰脊酸痛，尸居于气，其能久乎？（万全：《万密斋医学全书·养生四要》）

在明清小说中，对纵欲给人们带来的危害有诸多描述，在此分类予以介绍，期能起到某种警示作用。

### 1. 暗中教君骨髓枯

纵欲对健康的损害有时是立竿见影的，如明代小说《浪史》中，说到浪子与文妃性交，连泄四五回，以致精液走泄不止，之后便感到浑身乏力，"精神歉少"。（见《浪史》，第十四回）

不过，在大多数情况下，纵欲对健康的影响不会马上显现出来，而是在一个较长的时间中，让纵欲者慢慢出现易疲劳、乏精神、烦躁易怒、弱不禁风等症状。在明代小说《二刻拍案惊奇》中，说到蒋生与一位名叫云容的女子私通，因云容貌美无比，蒋生"拼着性命做"，"弄了多时，也觉有些倦怠，面颜看看憔悴起来"：

> 小姐夜来明去，蒋生守着分付，果然轻易不出外一步，惟恐露出形迹，有负小姐之约。蒋生少年，固然精神健旺，竭力纵欲，不以为疲。当得那小姐深自知味，一似能征惯战的一般，一任颠鸾倒凤，再不推辞，毫无厌足。蒋生倒时有怯败之意，那小姐竟像不要睡的，一夜夜何曾休歇？蒋生心爱得紧，见他如此高兴，道是深闺少女，乍知男子之味，又两情相得，所以毫不避忌，尽着性子喜欢做事，难得这样真心，一发快活。惟恐奉承不周，把个身子不放在心上，拼着性命做，就一下走了阳，死了也罢了。弄了多时，也觉有些倦怠，面颜看看憔悴起来。正是：二八佳人体似酥，腰间伏剑斩愚夫。虽然不见人头落，暗里教君骨髓枯。（凌濛初：《二刻拍案惊奇》，卷二十九）

在清代小说《浓情快史》中，说到武则天为了能独揽朝政，因此盼望唐高宗早死。为达此目的，武则天便采用了让高宗纵欲无度的方法：

> 武后怀着那点初心，要高宗早故，便百般献媚，弄的高宗二目枯眩，不能标本。百官奏章，即令武后裁决。武后博通今古，涉猎经史，务弄些小聪明、鬼见识，处事皆称圣意，因遂加徽号曰"天后"。高宗又放心日夜取乐。不期渐渐病入膏肓，犹自不歇。（《浓情快史》，第十六回）

在同书中，说到韦后为了让唐中宗早死，采用了与武则天相同的方法：

> 韦后见三思死，如失一件至宝一般，心下只是悲哀。名为想太子而痛，心中却想道："三思已死，无人合我作乐。中宗本事又不济，怎生得这昏君早死一日，我也得如武太后这般快乐，多取几个人在宫中，任我施为一日也好。"韦后故意去把中宗拨弄。中宗精力不加，他日夜偏去缠他，死也不放。弄的个中宗昏天黑地，竟终日懒于朝政。（《浓情快史》，第二十九回）

在明代小说《隋炀帝艳史》中，也说到隋炀帝因终日纵欲，弄得"精神虚耗，每日只是昏昏贪睡"：

> 话说炀帝为丹药所伤，烦躁难当，因御医莫君锡说冰盘可以解除，众美人遂一房房、一院院，都买冰为盘，以邀宠幸。一霎时将迷楼中，堆得就似一个冰窖，走进去凉荫荫、冷森森，十分清爽。炀帝日日注目玩视，又吃解热降火之药，不觉渐渐平复。病虽好了，只是元气虚损，精神疲惫，不能任情淫荡。又不敢再服丹药，每日与众美人在一堆调调笑笑，却又把持不定，勉强去支撑云雨，未曾幸得一次，到有一两日恹恹不爽。要去饮酒消遣，才吃得几杯，便昏昏沉沉醉矣，及自醒来，又要头昏眼花的害酒。心下甚是不畅。……却说炀帝因精神虚耗，每日只是昏昏贪睡。一日在夜酣香帐中睡起，正凭栏看花，忽一阵风从鬓发间吹来，吹得肌肤寒栗，慌忙避入帐中，大有畏怕之意。忽长叹一声说道："朕三五年来，朝朝纵饮，夜夜追欢，从不怕甚么春霜秋露，今正当强壮之时，不知何故，忽然精神疲惫，一阵风吹来，便觉有几分寒意。"（《隋炀帝艳史》，第三十三回）

## 2. 痨病

痨病即肺结核，在明清小说中，也称为色痨、痨瘵等。关于痨病的症状，《中国大百科全书》中说：

> 以咳嗽、咯血、潮热、盗汗、消瘦为主要临床表现的肺系病证。又称痨瘵。相当于西医的肺结核病。……指明其临床特点，又有肺痿疾、骨蒸、伏连、劳嗽、急痨等名称。……系指先天禀赋不足，后天失于调养，正气不足，抗病能力低下。肺痨病位在肺，病机性质主要为阴虚，且病变可影响整体，传及脾、肾等脏，故有"其邪辗转，乘入五脏"之说。（《中国大百科全书·中国传统医学》，第107页）

在明清小说中，多有关于男子纵欲造成痨病的描写。如明代小说《玉闺红》中，说到20多岁的张泰来因为娶了淫荡的张小脚为妻，不到一年，便犯了色痨：

> 那张泰来二十多岁硬邦邦的一条小伙子，娶了张小脚不上一年，却日夜咳嗽，害起痨病来，瘦得剩了一把骨头。不用说是床笫之事，就是起床也来不及，那盐丁也被

革掉了。张小脚倒有办法，仍旧使他那老套子，将小金莲迈出门坎一站，就不短吃穿花用，反倒比以前张泰来每月领的饷还多。那张泰来卧病在床，自家已没了养家小能力，靠着浑家两只小脚挣钱养病，也只得甘心情愿作活乌龟。张小脚天性好淫，虽然老公病成色痨，眼看灯尽油干，在没客陪他过夜时候，他还是饶不过张泰来。（《玉闺红》，第四回）

在清代小说《野叟曝言》中，也说到安丙因日夜与多位女子性交，不到两个月，就得了痨病：

这日接了圣旨，六个教师过来磕头，女子弟排班叩见，一队妖娆，惊得安丙六神无主，忙叫家人扫除内院，分房住着，竟不依旨遣散。但在女子弟中，剔出八个，配了六个小子，两个赏了门客，余者自己受用。接连几日，七姨等六人，把在李又全家的把戏做将出来，安丙狂喜。

自此，把这六人奉为至宝，成日成夜在内堂戏耍。七姨等并令这八个子弟，也是赤着身体学做把戏。安丙在粉肉林中过活，看得兴奋，随便交媾。……七姨、十三姨将近中年，大桃最小，亦相近三十，即八个子弟，最稚者亦有十八九岁，个个是饥鹰饥虎。安丙体质脆弱，又兼他父亲防范太严，生前考究春方秘具，家中恰无一件存留，安丙真本实力驰骤，于十四员战将之中，大桃性复奇淫，舔咂搓挪，色色到家，弄得安丙爽快不过，发狂叫跳，群雌更来遮邀，往往通宵裸逐。不消两个月，已成痨瘵，可怜一朝宰相，忽焉斩绝！十四个人不等安丙丧归，席卷室中，各从家人小厮跑走了。（夏敬渠：《野叟曝言》，第一百三十五回）

若沉湎于色欲，不光男子会得痨病，女子也会得痨病。清代小说《姑妄言》中的女子宝儿，就是因为不断与众多男子性交，得了痨病。书中描绘其症状是"遍身虚火炎烧，越发要弄"：

次夜，宝儿叫待月暗暗将马儿骤接了进来，宝儿又试新物。那马儿骤想念主母久了，呷了一饱老烧酒，仗着酒兴，爬上肚子，便奋勇前驱，竟三战三捷。弄得宝儿心满意足，方信秃小子果然言如其实。自尝了这可心可口的妙物，越发夜夜不肯放空。……遂叫这个家奴将家中精壮小伙子，每夜约三四个进来，不管长大短小，他仰睡着，只叫轮流上身，一夜弄到天明方罢。家中二三十个下人，除了几个年老的不要，别的都叫来尝过。有的弄受用了，都有赏赐，激励众人。那些不济的，既要博主母欢心，又希图重赏，也都下死力舍命去弄。年余光景，这宝儿竟成了色痨，遍身虚火炎烧，越发要弄。阴中一时空了，便热痒难过，这是下体受了阳毒的过失。寻了几个春蒜的石杵，用凉水浸得冰冷，轮替放在阴中才过得。一到晚，就四五个家人轮流到晓。日渐羸瘦。又过了几月，日间饮食俱废，每夜还不肯放松。（《姑妄言》，第八回）

### 3. 怯症

怯症又叫虚劳，是血气衰退、心内常感恐怯不安的一种病。在《中国大百科全书》中，对虚劳的症状及原因有这样的解释：

> 由多种原因引起的慢性衰弱证候的总称。以五脏亏损、气血阴阳不足为主要病机。……导致虚劳的原因很多，首先是与禀赋薄弱、体质不强有关，而父母体虚，遗传缺陷，胎中失养，孕育不足及生后喂养不当等，是造成禀赋薄弱、体质不强的主要原因。在此基础上或因虚致病，或因病致虚，日久不复而成虚劳。至于忧郁思虑，烦劳过度，损伤心脾，暴饮暴食或饥饿，也可损伤脾胃；早婚多育，房室不节伤肾，进而损及五脏，日久不复形成虚劳。（《中国大百科全书·中国传统医学》，第547～548页）

在明清小说中，怯症又叫劳怯，它常由纵欲引起。在明代小说《二刻拍案惊奇》中，说到一个名叫王禄的人，因常常与四位女子性交，"遂成劳怯"：

> 自古道：饱暖思淫欲。王禄手头饶裕，又见财物易得，便思量淫荡起来。接着两个表子，一个唤做夭夭，一个唤做蓁蓁，嫖宿情浓，索性兑出银子来包了他身体。又与家人王恩、王惠各娶一个小老婆，多拣那少年美貌的。名虽为家人媳妇，服侍夭夭、蓁蓁，其实王禄轮转歇宿，反是王恩、王惠到手的时节甚少。兴高之时，四个弄做一床，大家淫戏，彼此无忌。日夜欢歌，酒色无度，不及二年，遂成劳怯，一丝两气，看看至死。（凌濛初：《二刻拍案惊奇》，卷二十一）

清代小说《巫梦缘》中的王文人，也是因为"朝弄夜弄，弄成了怯症"：

> 有个丁字巷的王秀才，名唤文人，生得一表非俗，娶了妻房李氏，说不尽他的美貌，只是眇了一目。王文人却爱他得紧，常常对他说道："我看天下妇人，都只该一只眼，就是我也标致，反觉多了一只眼，倒不更俏了。"因此朝弄夜弄，弄成了怯症。（《巫梦缘》，第一回）

以上是关于男子得怯症的例子，在清代小说《灯草和尚》中，则讲述了一个女子得怯症的例子：

> 夫人少不管理内外，任和尚与长姑朝夕交欢，弄得长姑成了劳怯症，面上越显红白，身子不见甚瘦，只是时常咳嗽，早起常吐涎沫，小肚子里觉得一会儿少不得麈柄了。（《灯草和尚》，第十回）

### 4. 骨蒸

骨蒸属于痨病的一种。在《中国大百科全书》中，对骨蒸有这样的解释：

骨蒸又常称作骨蒸劳热，属劳瘵病，形容其热自骨中透发而出，多因阴虚内热所致，证见潮热盗汗，喘息无力，颧红干咳，心烦少寐，手足心常热，小便黄少，治宜养阴清热。
（《中国大百科全书·中国传统医学》，第135页）

明代小说《金瓶梅词话》中的春梅，就是因为"淫欲无度"，得了骨蒸之病：

这春梅在内颐养之余，淫情愈盛，常留周义在香阁中，镇日不出。朝来暮往，淫欲无度，生出骨蒸痨病症。逐日吃药，减了饮食，消了精神，体瘦如柴，而贪淫不已。
（《金瓶梅词话》，第一百回）

在清代小说《姑妄言》中，说到昌氏与竹思宽不要命地性交，终于伤了身体，"浑身打骨缝里边发热，五心烦躁"，这正是骨蒸病的症状：

那昌氏只图快乐，不想这一夜精脉流枯。他睡了一会，觉身子底下黏斋斋的难过，只得挣了起了，看那褥子湿了半截，连他两股腰间都是阴精浸湿。揩净了，换了床褥子，然后又睡下。通氏梳洗了，过来看他，见他还睡着，说道："外边早饭时了，你还睡呢。"昌氏道："我身子懒得动。"通氏笑道："你两个这一夜也不知怎样弄，大约是弄瘫了。一个可口的美物，吃饱了就罢，何苦定要吃伤了。"昌氏也微微的笑笑。在通氏只说他一时乏倦，就是昌氏也以为过两日定然就好。孰不知他被道士弄伤了的，那时因身子壮，故逃得性命，今日旧病复返，自然难支。渐渐饮食不进，浑身打骨缝里边发热，五心烦躁，日渐黄瘦。每夜还央通氏约竹思宽来弄上一度，他也无力动了，只如死人一般仰卧，凭他抽拽而已。……屠四延医调治，服药无效，挨至月余，仅存皮骨。（《姑妄言》，第二回）

### 5. 纵欲而亡

纵欲过度，不仅会影响身体健康，引起色痨、骨蒸等疾病，严重者甚至会丧生殒命。据《元史》载，1328年，文宗即位，燕铁木儿任中书右丞相兼知枢密院事，他权势日重，肆无忌惮，荒淫无度，最后"体羸溺血而薨"：

先是，燕铁木儿自秉大权以来，挟震主之威，肆意无忌。一宴或宰十三马，取泰定帝后为夫人，前后尚宗室之女四十人，或有交礼三日遽遣归者，而后房充斥不能尽识。一日宴赵世延家，男女列坐，名鸳鸯会。见座隅一妇色甚丽，问曰："此为谁？"意欲与俱归。左右曰："此太师家人也。"至是荒淫日甚，体羸溺血而薨。（《元史》，卷一百三十八）

在清代小说《杏花天》中，讲述妙娘与封悦生性交，因封悦生有房中之术，妙娘不惜身体，与封悦生盘桓，最终"恹恹一病"，"瞑目而逝"：

自此以后，终夜欢狎，时刻聚首，纵淫无度。在悦生丹田永固，在妙娘癸枯血竭。

过残腊至次冬，不及一周，妙娘淫欲奢纵，不惜身体，恹恹一病，名登鬼录，黄壤不远。悦生百般调治不痊，妙娘瞑目而逝。(《杏花天》，第四回)

清代小说《碧玉楼》中有一位广东客人，与美貌女子碧莲"朝朝取乐，夜夜合欢"，最终也是"弄得骨瘦如柴"，"命归阴曹而去"：

且说这位广东客人，自从那日买了碧莲，见他人物标致，俊俏可人，不由得与他朝朝取乐，夜夜合欢，又搭上碧莲那个浪货常常勾引，不上一二年的工夫，把一个广东客人弄得骨瘦如柴，面似淡金，常常服药，总不见效。一心想回家去，随即与碧莲商议妥当，收拾行李，把那些细软东西，打了几个箱子，雇了一只大船，同碧莲上船，一同回家而去。及至到了广东，病体日重，月余的工夫，这客人便呜呼哀哉，命归阴曹而去。(《碧玉楼》，第十八回)

在明清小说中，关于男女在性交过程中丧生，还有一种特殊的说法：把男子之死称为走阳而死或脱阳而死，女子之死则称为走阴而死。

在清代小说《醉春风》中，说到朱秀才与三娘子性交，因性交时间太久，竟至精液滚滚流出，走阳而死：

朱秀才不由分说，把三娘子推倒在床，叮叮当当大弄起来。这朱秀才是个极会弄的，却因色欲过度，犯了色痨，这一夜有了几分酒，见三娘子标致风骚，狂兴大发。弄到三更时分，三娘子只觉得他沉沉重重压在身上，竟不动了。下面的精滚滚流出，毯心外都有。三娘子慌了，道："不好了！是走阳死了。"不敢推他下身，只管口对口打气，半晌也没些动弹。(《醉春风》，第五回)

清代小说《灯草和尚》中的女子长姑，则是在性交时阴精流淌，"走阴而死"：

只见小丫头报道："老爷、夫人，不好了！姑娘进房不多时，只听见一声叫快活，如今撒了一床尿死了。"

大家急急上楼，不见灯草和尚，只见长姑直挺挺的仰卧床上，下身不穿寸丝，阴门边浓秽滑滑流了许多，竟是走阴而死。(《灯草和尚》，第十回)

以上所述故事虽系虚构，但其中道理却是真实不妄：欲不可纵，乐不可极，此乃千古至理。

## 七、性交不当与疾病

性交在给人带来快乐的同时，也潜藏着某种危险：若人们在不适当的时候或用不适当的方法性交，便会给健康带来危害。所谓不适当的时候，包括生病时、醉饱时、恼怒时等等；所谓不适当的方法，包括勉强性交、性交中断、长时间过度性兴奋等等。

### 1. 因性交不当引起的疾病

清代医家石成金认为，人之所以会生病，多半是由性交不当造成的，如人在恼怒时性交，便会得痈疽；不想性交而强行交合，会使精耗神伤，面黑耳聋；服丹石热药后性交，会得痨瘵诸证：

> 至于人之疾病，由房事而起者居大半。即如风寒暑湿，偏是虚弱人所中，而壮实者精神充足，虽触无伤。又如人有恼怒气血未定而交合者，发痈疽诸毒；远行疲乏而交合者，阴阳偏虚，发厥自汗；勉强交合者，精耗肾伤，惊悸梦泄，便浊阴痿，小腹里急，面黑耳聋；服脑麝交合者，关窍开通，真气走散，重则虚眩，轻则脑泻；服丹石热药交合者，心火如焚，肾水枯竭，五脏干燥，必成痨瘵诸证；饱食交合者，气血流溢，渗入大肠，多成便血腹痛肠澼等病；醉后交合者，五脏俱伤；忍大便交合者右肠癖；忍小便交合者，得淋浊茎痛胞转、脐急痛等证。可见种种病根，多始于此，可不慎哉！（石成金：《长生秘诀·色欲部序》）

认为性交不当会导致种种疾病，这种观点，不光中国古代性学有，西方性学也有：

> 若是人们在享用性快感时犯了时间上的或手段上的偏差，那么性快感就会产生一系列的痛苦、苦恼和疾病，而且这个名单实际上是开放的。伽利安指出："不难认识到，各种性关系造成了胸脯、肺部、头部和神经的疲劳。"鲁弗斯列出了一张滥用性关系的后果表格，其中有消化不良、视力和听力下降、各种感官的普遍弱化和记忆力丧失，有痉挛、关节疼痛、胸痛，有口疮、牙痛、喉炎、出血、各种膀胱疾病和腰子疾病。（福柯：《性经验史》，第435页）

由此可见，"人之疾病，由房事而起者居大半"并非夸张之词，而是道出了人们生活中的某种真理。

对于男性而言，性交不当最容易造成的疾病是前列腺增生或前列腺炎。关于前列腺及其肥大增生，《性福圣经》中有这样的介绍：

> 这个小东西位于膀胱和阴茎中间，由尿道环绕。它毕生的工作就是制造用于运输精子的大部分液体。但烦人的是，这家伙在步入中年以后，经常毫无理由地就让自己变大。据统计，40岁以上患有前列腺增生的男性占了总人数的20%，而到了85岁，这个数字就会变成惊人的90%。
>
> 当前列腺开始肥大，它会压迫到尿道，让尿道从一角硬币的直径大小压缩到只剩吸管的宽度。因此，你会觉得自己时时刻刻都有尿意；或是你的尿流量很微弱，即使你已经挤不出尿了，你还是觉得好像根本没有把膀胱里的尿液全部排出一样；或者你觉得必须要很用力才能排尿。（《性福圣经》，第150页）

前列腺炎的主要表现为尿痛、尿急、尿频、尿不尽感，严重的会引起性功能障碍及恶心呕吐、高烧寒战等。引起前列腺炎的因素很多，如各种细菌感染等，但性交不当无疑是不可忽视的因素。

当然，男子性交不当除了对前列腺会带来危害，还会造成诸多其他的危害。清代医学家万全认为，男子在正常性交时，需要肝气、心气、肾气三至，若一气不至而勉强交合，必然会对身体带来损害：

> 男有三至者，谓阳道奋昂而振者，肝气至也；壮大而热者，心气至也；坚劲而久者，肾气至也。三至俱足，女心之所悦也。若痿而不举者，肝气未至也，肝气未至而强合，则伤其筋，其精流滴而不射矣；壮而不热者，心气未至也，心气未至而强交合，则伤其血，其精清冷而不暖也；坚而不久者，肾气未至也，肾气未至而强合，则伤其骨，其精不出，虽出亦少矣。（万全：《万密斋医学全书·协期篇第五》）

在清代小说《株林野史》中，说到有一种阴症，症状是肚腹疼痛，它是由男子泄精后喝冷水造成的：

> 到了半夜时候，行父醒来叫道："快拿茶来我吃。"吴氏叫起丫环与他烹茶。行父又叫道："我渴得紧，茶不用烹，拿凉水来我用便了。"丫环慌忙送过一碗凉水来，行父接过一饮而干。原来行父这日与夏姬交欢，酒醉归家，竟把那事忘了。喝了一碗凉水，遂生起阴症来。顷刻间，肚腹疼痛，面目改色，就在床上磕头打滚的痛起来。夫人道："你是怎的？"行父道："我肚腹痛的甚，夫人快救我。"吴氏道："你与谁做那不长进的事，叫我救你。"佯装睡着，任他喊叫，并不睬他。丫环闻听此言，忙道："老爷虽然有些外事，今日疼痛如此，太太那有见死不救的道理？"吴氏闻听此言，也觉说的有理，遂说："既然如此，你可将他脚上揽筋用口咬住，咬得他出汗即愈。"这丫环原是行父奸过的，一闻此言，遂即上床咬住揽筋不撒。夫人起来见仪行父，果然急的一身冷汗，肚中即不疼了，鼾鼾睡去。（《株林野史》，第六回）

在中国古代性学中，冷水是一种很有意思的东西，它通常在服用春药后作为解药来使用。因为春药的主要作用是使男子久交不泄，但男子又不能不泄，故当男子想泄时，据说只要喝几口冷水即可。但男子在泄精后，则轻易不能接触冷水，若生殖器受到冷水的浇淋，便有可能变成阳痿。

相比男子而言，性交不当对女子造成的危害要小一些，但也不能掉以轻心。清代医家万全认为，性交不当有可能造成女子月经不调，甚至对心、肾、肺等均有可能造成伤害：

> 又曰：女有五伤之候：一者，阴户尚闭不开，不可强刺，强则伤肺；二者，女兴已动欲男，男或不从，兴过始交则伤心，心伤则经水不调；三者，少阴而遇老阳，玉茎不坚，茎举而易软，虽入不得摇动，则女伤其目，必至于盲；四者，女经水未尽，男强逼合，则伤其肾；五者，男子饮酒大醉，与女子交合，茎物坚硬，久刺之不止，女情已过，

第十二章 性与疾病

阳兴不休,则伤其腹。(万全:《万密斋医学全书·协期篇第五》)

## 2. 病中及病后性交的害处

人在生病时,或大病初愈时,都要避免性交,这是一种常识,似乎用不着作过多的强调。然而,常识与能否遵循常识是两个不同的概念,因为有的人是明知山有虎,偏向虎山行,等到造成严重后果,才追悔莫及。

隋代医家巢元方认为,若人在伤寒病初愈后性交,会有生命危险。对于男子来说,"略无不死也";对于女子来说,则会"气血虚,骨髓空竭":

> 夫伤寒病新瘥,未满百日,气力未平复,而以房事者,略无不死也。有得此病愈后六十日,其人已能行射猎,因而房事,即吐涎而死。病虽云瘥,或未平复,不可交接,手足拘拳,二时之间亡。范汪方云:故督邮顿子献得病已瘥未健,诣华敷视脉。敷曰:"虽瘥尚虚,未平复,阳气不足,勿为劳事也。余劳尚可,女劳即死。临死,当吐舌数寸。"献妇闻其瘥,从百余里来省之,住数宿止,交接之,间三日死。妇人伤寒,虽瘥未满百日,气血骨髓未牢实,而合阴阳快者,当时乃未即觉恶,经日则令百节解离,经络缓,气血虚,骨髓空竭,便悦悦吸吸,气力不足,着床不能动摇,起居仰人,食如故,是其证也。丈夫亦然,其新瘥,虚、热未除而快意交接者,皆即死。(巢元方:《诸病源候论》)

这里的伤寒病,指的是外感发热的病,特指发热、恶寒无汗、头痛项僵的病。当然,若是普通小病,无论病中或病后性交,虽对身体健康会造成不好的影响,但还不至于有生命危险。

在清代小说《醒世姻缘传》中,讲述了周龙皋在伤寒病病愈后因与年轻女子性交而丧命之事:

> 这周龙皋年近五十,守了一个丑妇,又兼悍妒,那从见有甚么美色佳人。后来潘氏不惟妒丑,又且衰老。过了这等半生,一旦得了这等一个美人,年纪不上二十,人材可居上等,阅人颇多,久谙风花雪月之事,把一个中年老头子,弄得精空一个虚壳。刚得两年,周龙皋得了伤寒病症,调养出了汗,已经好了八分,谁知这程大姐甚不老成,晚间床上忙忙泄泄的致得周龙皋不能把持,番了原病。程大姐不瞅不睬,儿子们又不知好歹,不知几时死去。到了晚间,程氏进房,方才晓得。(《醒世姻缘传》,第七十二回)

在中国古代性学中,有一种名为阴阳易的病,其特征是伤寒病初愈的男子与无病的女子性交,则病会转移到女子身上,称为"阳易";伤寒病初愈的女子与无病的男子性交,则病会转移到男子身上,称为"阴易"。阴阳易的症状是:全身酸楚不适,头沉眩晕,四肢拘急,腹部疼痛,等等。阴阳易首见于汉代医家张仲景的《伤寒论》:"伤寒阴阳易之为病,其人体重,少气,少腹里急,或引阴中拘挛,热上冲胸,头重不欲举,眼中生花,膝胫拘

急者"。（张仲景：《伤寒论·辨阴阳易差后劳复病脉证并治》）

隋代医家巢元方对阴阳易有更详细的论述：

> 阴阳易病者，是男子、妇人伤寒病新瘥，未平复而与之交接得病者，名为阴阳易也。其男子病新瘥，未平复而妇人与之交接得病者，名阳易；其妇人得病新瘥，未平复而男子与之交接得病者，名阴易。若二男二女，并不相易。所以呼为"易"者，阴阳相感动，其毒度者，如人之换易也。其得病之状：身体热冲胸，头重不能举，眼内生眵，四肢拘急，小腹疞痛，手足拳，皆即死。其亦有不即死者，病苦小腹里急，热上冲胸，头足不欲举，百节解离，经脉缓弱，气血虚，骨髓空竭，便惙惙吸吸，气力转少，着床不能摇动，起居仰人，或引岁月方死。（巢元方：《诸病源候论》）

现代中医学认为，阴阳易是患伤寒后性交出现的一种伤寒变症，其他疾病初愈或未愈时性交造成肾精亏损也可导致阴阳易。不过，对于阴阳易，医家尚有不同观点。

既然病中或疾病初愈时性交会造成严重的后果，因此，古代中医在给病人用药治病时往往会提出暂禁房事的要求和忠告。在清代沈嘉澍的《养病庸言》中，提出了一种预防病中性交的方法：丈夫在生病时不与妻妾见面，同时心中想女色旁边都是夜叉鬼物：

> 病若利害，妻妾只可在室外料理药饵，预备服食，不可见面。

> 盖病人相火必动，不可更见女色也。相火旺时，即不接女色，心亦要动，此时唯有想女色旁边都是夜叉鬼物，刀枪利刃，森罗布列，等我到彼，就要动手。若婴其锋，顷刻殒命，则心可惧而思返。

### 3. 用性交治病

中国古代性学认为，性交不当会导致疾病，而正确的性交则会有益健康，有的甚至还能起到治疗疾病的作用。

在成书于魏晋时期的《素女经》中，认为男子性交时体衰有五种症状，包括精清而少、精变而臭、精出不射等等，书中认为，造成这些病症的原因是性交时动作粗野、不知节制，因此，有效的治疗方法是"御而不施"即性交但不泄精：

> 采女曰：男之盛衰，何以为候？

> 彭祖曰：阳盛得气，则玉茎当热，阳精浓而凝也。其衰有五：一曰精泄而出则气伤也；二曰精清而少，此肉伤也；三曰精变而臭，此筋伤也；四曰精出不射，此骨伤也；五曰阴衰不起，此体伤也。凡此众伤，皆由不徐交接，而卒暴施写之所致也。治之法：但御而不施，不过百日，气力必致百倍。

在《玉房秘诀》中，则记载了一些因性交不当造成的疾病，以及如何通过恰当的性交去治疗这些疾病，这一方法，书中称之为"既以斯病，亦以斯愈，解酲以酒，足为喻也"：

第十一章　性与疾病

冲和子曰：夫极情逞欲，必有损伤之病，斯乃交验之著明者也。既以斯病，亦以斯愈，解醒以酒，足为喻也。

交接取敌人着腹上者，从下举腰应之，则苦腰痛、少腹里急、两脚拘、背曲。治之法：覆体正身，徐戏愈。

交接开目，相见形体。夜燃火视图书，即病目瞑青盲。治之法：夜闭目而交愈。

……

当溺不溺以交接，则病淋，少腹气急，小便难，茎中疼痛，常欲手撮持，须臾乃欲出。治之法：先小便，还卧，自定，半饭久，顷乃徐交接愈。

当大便不大便而交接，即病痔，大便难至，清移日月，下脓血，孔旁生创如蜂穴状，清上倾倚，便不时出，疼痛痈肿，卧不得息。以道治之，法用：鸡鸣际先起，更衣还卧，自定，徐相戏弄，完体缓意，令滑泽而退，病愈神良，并愈妇病。

《玉房秘诀》中还指出，男子与女子性交时，应把阴茎插入适当的位置，尤其是不能过深，过深则令男子或伤肝，或伤脾，对此，亦可用恰当的性交方法来治疗：

阴阳之和，在于琴弦、麦齿之间，阳困昆石之下，阴困麦齿之间，浅则得气，远则气散，一至谷实伤肝，见风泪出，溺有余沥；至臭鼠伤肺，欬逆，腰背痛；至昆石伤脾，腹满，腥臭，时时下利，两股疼。百病生于昆石，故伤。交接合时，不欲及远也。

黄帝曰：犯此禁，疗方奈何？

子都曰：当以女复疗之也。其法：令女正卧，两股相去九寸，男往从之，先饮玉浆，久久乃弄鸿泉，乃徐内玉茎，以手节之，则裁至琴弦、麦齿之间，敌人淫欲心烦，常自坚持，勿施写之。度卅息，令坚强，乃徐内之，令至昆石，当极洪大，大则出之。少息劣弱，复内之，常令弱入强出，不过十日，坚如铁，热如火，百战不殆也。

然而，对于《素女经》、《玉房秘诀》中所载的这些通过性交来治病的方法，荷兰汉学家高罗佩明确持否定态度，认为这些治疗功能"大多是子虚乌有的"，不过，高罗佩仍然承认，它们并非毫无价值：

当然，性行为的治疗功能大多是子虚乌有的。这种迷信与其说基于生理学的事实，不如说基于方术的考虑。但是现代医疗科学将同意其基本原则，即融洽和谐、相互满意的性关系对男女双方的健康与幸福是非常重要的。同样，因性压抑或性放纵引起的一类五花八门的疾病可以被一段时期的正常性交治愈的原则似乎含有真实的胚胎，尤其是当这一原则被应用于神经性疾病的时候。（高罗佩：《秘戏图考》，第70～71页）

这种评价，无疑是比较公允的。正确的性交能使男女双方感情融洽，身心健康，这是无疑的，若认为它能治疗疾病，则无疑是夸大了它的作用。

# 第十二章

## 房中功夫

本章所说的房中功夫，包括房中术、房中采战、阴阳双修三个方面的内容。其中房中术包括御女多多益善、久交不泄、还精补脑等内容，与中国古代社会一夫多妻的婚姻制度相适应，要求男子在性交时不泄精或少泄精，从而既满足众多妻妾的性要求，又不让男子因过多的性交而影响身体健康。房中采战主要包括采三峰大药、采阴补阳等内容，它以女子为鼎器，男子通过采取女子身上的阴气来补益自身，是一种极端自私、荒唐的房中功夫。阴阳双修则是中国道教南宗的一种修炼方式，要求男女双方（多为夫妻）在修炼时"神交而体不交，气交而形不交"，在不动心的情况下，通过神和气的相互影响，达到阴阳互补、结丹成仙、长生不老的目的。因以上都是通过男女性交时采取特殊的手段来达到某种目的，故统称之为"房中功夫"。

在中国古代，人们通常把房中术和房中采战混为一谈，因房中采战明显系一种"邪术"，故房中术往往受到人们的诟病甚至批判。本章把房中术与房中采战区别开来，目的就是要说明：房中术是一种讲究性交方法的古代方术，它是为满足古代家庭一夫多妻制的需要而产生的，其中有不少值得我们关注的合理内容，与房中采战存在明显的区别。

## 一、房中术

房中术本是中国古代方士、道士的一种房中养生保气之术，又称为男女合气之术，其主要内容是通过在性交时运用某些特殊的方法，使人（多指男子）达到健康长寿、长生不老的目的。后来传入宫廷或流传于民间，成为男子在性生活时的一种指导。房中术的核心内容是男子在性交时不泄精，并使将泄的精液还归男子的大脑、丹田及四肢百骸，从而使男子身强体健、百病不生，性能力越来越强，以更好地满足妻妾们的性需要，维护家庭的和睦和稳定。

## 1. 御女多多益善

中国古代性学认为，男属阳，女属阴，男女性交，可使阴阳之气互补，使男女的身体健康。按照此一逻辑，在一夫多妻的家庭中，男子要经常与妻妾们性交，御女越多越好，最好是一晚上就与多个女子性交。在唐代孙思邈的《房中补益》中就明确提出，一个男子，只要掌握正确的性交方法，就可以在多多御女中获益：

> 昔黄帝御女一千二百而登仙，而俗人以一女伐命，知与不知，岂不远矣。其知道者，御女苦不多耳。

在早期房中经典《玉房秘诀》中，则明确指出，男子最好在一晚上与超过十个的女子性交，这样不但能使男子"身轻目明，气力强盛"，还能返老还童。而男子若只与一个女子性交，则因一个女子身上的阴气有限，不但不能补益男子，还会使女子越来越瘦弱：

> 欲行阴阳取气养生之道，不可以一女为之，得三若九若十一，多多益善。采取其精液，上鸿泉还精，肌肤悦泽，身轻目明，气力强盛，能服众敌，老人如廿时，若年少，势力百倍。

> 御女欲一动辄易女，易女可长生。若故还御一女者，女阴气转微，为益亦少也。

> 青牛道士曰：数数易女则益多，一夕易十人以上尤佳。常御一女，女精气转弱，不能大益人，亦使女瘦瘠也。

在明代朝鲜人金礼蒙编纂的《医方类聚》中，也指出男子在性交时要更换女子，若只与一个女子性交，则会使"阴气转微，精魂衰弱"：

> 夫御女神道，徐徐按之，前虚后实，闭气缓息，瞑目周密，务令疏迟，不用速疾，情动而止，握固守一，精气周身。其道将毕，然后偃卧导引，寻更别御他女，每事可易一人。若固御一女，则阴气转微，精魂衰弱，为益亦少。（金礼蒙：《医方类聚·房中补益》）

由以上引述可知，中国古代房中术之所以要提倡御女多多益善，是基于这样一个前提：一个女子的阴气有限，对男子的补益作用不大；男子通过与众多女子性交，则可最大限度地得到阴气的补益，从而使自己健康长寿，甚至成仙。这样的逻辑在现代人看来无疑是荒唐的，因为在严格实行一夫一妻的婚姻制度的今天，说什么也不能鼓励男子去与妻子以外

第十二章 房中功夫

的女子性交；而且，所谓返老还童、长生成仙等等，亦不过是人们一种美好的幻想。但是，我们不能据此就否定御女多多益善的观念在中国古代社会的价值，荷兰汉学家高罗佩就认为，它与中国古代社会男女双方的身体健康、家庭和谐等有密切关系：

> 在讨论中国古代的性观念时，作者总是一再强调，要从一夫多妻制的历史前提去理解。指出当时人们对两性关系、男女在婚姻中的地位以及他们对婚姻的义务，还有其他许多问题，都有特定的历史标准；中国古代房中术强调"一男御数女"的技巧掌握并不是随便提出来的，而是考虑到这种历史前提下男女双方的身体健康、家庭和谐和子孙繁育等实际问题。（见高罗佩：《中国古代房内考·前言》）

说白了，御女多多益善的观念有助于中国古代的男子积极主动地与自己的妻妾们性交，这对于增加男女的身体健康、促进家庭和睦当然能产生实际的作用。

### 2. 交而不泄

男女性交时，男子兴奋到一定程度，自然会泄精。由此便产生了一个问题：男子御女多多益善，最好能夜御十女，若御一女便泄一次，则就需夜泄十次。一夜泄十次，这对于普通男子并非容易之事，而且即使能做到夜泄十次，亦将很快一命呜呼。如此说来，御女多多益善岂非荒唐之极？

对此，中国古代性学的回答是：御女多多益善，但同时必须做到交而不泄。也就是说，不管你一夜与多少个女子性交，你都不能泄精，只有这样，你才能在性交中获得补益。对此，早期性学经典《素女经》中有这样的论述：

> 彭祖曰：道甚易知，人不能信而行之耳。今君王御万机治天下，必不能备为众道也。幸多后宫，宜知交接之法。法之要者，在于多御少女而莫数泻精，使人身轻，百病消除也。

类似的观点广泛见于中国古代性学经典。如晋代的陶弘景在《御女损益篇》中说，男子精液少则病，精液尽则死，所以在性交时必须做到不泄精。与一个女子性交时，当感觉到快要泄精时，就要马上换另一个女子性交；一个男子，如果能做到与十几个甚至几十个女子性交而不泄精，便会"老有美色"、"年万岁"：

> 又欲令气未感动，阳道垂弱。欲以御女者，先摇动令其强起，但徐徐接之，令得阴气，阴气推之，须臾自强，强而用之，务令迟疏。精动而正闭精，缓息瞑目，偃卧导引，身体更复，可御他女。欲一动则辄易人，易人可长生。若御一女，阴气既微，为益亦少。又阳道法火，阴道法水，水能制火，阴亦消阳，久用不止，阴气吸阳，阳则转损，所得不补所失。但能御十二女子而复不泄者，令人老有美色。若御九十三女而不泄者，年万岁。凡精少则病，精尽则死，不可不忍，不可不慎。

在古代性学经典《玉房指要》中也说，能与多位女子性交而不泄，便会"年寿自益"：

道人刘京言：凡御女之道，务欲先徐徐嬉戏，使神和意感，良久乃可交接。弱而内之，坚强急退，进退之间，欲令疏迟，亦勿高自投掷，颠倒五脏，伤绝络脉，致生百病也。但接而勿施，能一日一夕数十交而不失精者，诸病甚愈，年寿自益。

唐代名医孙思邈指出，房中术的核心内容，就是夜御十女而不泄：

夫房中术者，其道甚近，而人莫能行其法。一夜御十女，闭固而已，此房中之术毕矣。兼之药饵，四时勿绝，则气力百倍，而智慧日新。然此方之作也，非欲务于淫佚，苟求快意，务存节欲，以广养生也。非苟欲强身力、幸女色以纵情，意在补益以遣疾也。此房中之微旨也。（孙思邈：《房中补益》）

其实，关于交而不泄，早在汉代的马王堆帛书中，就已有明确的论述："必乐矣而勿写，材将积，气将褚，行年百岁，贤于往者"，"彻士制之，实下闭精，气不漏泄，心制死生，孰为之败？"（《十问》）由此可见，与女子性交而不泄精，实为中国古代长期提倡的一种性观念。

（1）交而不泄的好处

男子在性交时，总是以射精为目的，因为在通常情况下，男子只有通过射精，才能享受到性高潮。然而，中国古代性学却要求男子交而不泄，那么，这样的性交对男子来说，又有何乐趣可言呢？

在《素女经》中，采女与彭祖专门就上述问题展开了讨论。采女问彭祖："今闭而不写，将何以为乐乎？"男子不泄精，那么男子又有什么乐趣呢？彭祖的回答是：男子经常泄精，便会导致各种疾病，造成身心痛苦；相反，若不泄精，则能使身体健康，长时间享受性交，这怎么会没有乐趣呢？

采女问曰：交接以写精为乐，今闭而不写，将何以为乐乎？

彭祖答曰：夫精出则身体怠倦，耳苦嘈嘈，目苦欲眠，喉咽干枯，骨节解堕，虽复暂快，终于不乐也。若乃动不写，气力有余，身体轻便，耳目聪明，虽自抑静，意爱更重，恒若不足，何以不乐也？

彭祖的回答似乎有偷换概念之嫌，因为采女所问是男子在性交时不泄精有何快乐可言，彭祖的回答则对此避而不谈，只说泄精的坏处和不泄精的好处。如果我们撇开有的男子即使不射精亦可享受到性高潮的特殊情况，则必须承认，交而不泄使男子享受不到性高潮，无疑是一个缺憾。面对此缺憾，中国古代性学认为，这是每个男子值得为此付出的代价，因为上面我们已经说到，交而不泄可以为男子带来诸多好处，诸如"百病消除"（《素女经》）、"令人老有美色……年万岁"（陶弘景：《御女损益篇》）、"诸病甚愈，年寿自益"（《玉房指要》），等等。而在马王堆汉墓帛书及《素女经》等经典中，则对性交至精动而不泄的好处作了详细的论述。

第十二章 房中功夫

在马王堆汉墓帛书《十问》中，把精动而不泄分为九个层次来加以说明，认为第一次精动而不泄，能使耳目聪明；第二次精动而不泄，能使声音高亢洪亮；第三次精动而不泄，能使皮肤有光泽；第四次精动而不泄，能使脊柱、腋下不受损伤；第五次精动而不泄，能使臀部和大腿强壮；第六次精动而不泄，能使全身百脉通畅；第七次精动而不泄，能终生无灾殃；第八次精动而不泄，能使人长寿；第九次精动而不泄，能到达神明的境界：

> 长生之稽，侦用玉闭。玉闭时辟，神明来积。积必见章，玉闭坚精，必使玉泉毋顷（倾），则百疾弗婴，故能长生。楼（接）阴之道，必心塞葆，刑（形）气相葆，故曰：壹至勿星，耳目葱（聪）明；再至勿星，音气高阳（扬）；三至勿星，被（皮）革有光；四至勿星，脊肢不伤；五至勿星，尻脾（髀）能方；六至勿星，百脉通行；七至勿星，冬（终）身失（无）央（殃）；八至勿星，可以寿长；九至勿星，通于神明。曹熬之楼（接）阴治神气之道。

在《素女经》中，也有类似的论述，虽然具体内容与《十问》略有出入，但主旨是相同的：

> 黄帝曰："愿闻动而不施，其效何如？"
> 素女曰："一动不写则气力强；再动不写，耳目聪明；三动不写，众病消亡；四动不写，五神咸安；五动不写，血脉充长；六动不写，腰背坚强；七动不写，尻股益力；八动不写，身体生光；九动不写，寿命未央；十动不写，通于神明。"

对于普通人来说，当然不会认可以上的说法：男子在性交时强忍着不射精，只会造成身心紧张甚至还会造成前列腺、生殖器等方面的某种疾病，怎么可能有"众病消亡"、"通于神明"等效果呢？究竟应该如何看待这一问题，因为无法通过实践来验证（因为中国古人是在与众多不同女子性交而不泄的前提下来说此问题的），我们只好存而不论（当然亦可武断地斥之为荒谬）。但是，我们可以从另一个角度，从明清小说中所描述的相关情节，来看看男子在性交时交而不泄会产生什么样的效果。

在清代小说《杏花天》中，说到封悦生得异人万衲子传授，学得了久交不泄的功夫：

> 万衲子道："学生此术，便宜吾兄花柳中夺趣，名媛内争光。"悦生闻言下拜，万衲子扶住，即取纸笔录记：
>
> 凡御女必要麈柄太过，充满花房，贯透琼室。亦要极暖如火，抑且坚硬久战。有此一派功夫，不怕广寒仙子，得此入炉，魂飞魄散，遍体酥麻，美不可言。将此口诀付兄，如彼记着，方用练甲、练兵、治甲之诀。运前秘法，其龟有八寸之数，长形如木棒，顶若鹅蛋，筋似蚯蚓，硬赛金枪，自然之能。九浅一深，十深一浅，自出自进。男女抱定，亦不费力劳神。出进如水鸭咂食，女畅男欢，媚姝不舍，有万金亦要倾囊而贴，俗名灵龟追魂棒。如若身倦，收气仍旧而住。若酷好女子，

将龟彻出昂上，奋力照着户内花心两三挑，不怕恋战女将，骨软身麻，大溃情逸，名曰金枪三刺。自己运回淫气，建火而归，复旧如初。此缩展之法，练兵之诀也。（《杏花天》，第二回）

之后，封悦生经过锻炼，学会了万衲子传授的功夫，然后在女子妙娘、玉莺身上试验，果然使男欢女爱，快活非常。（见同上，第五回）

在清代小说《蜃楼志全传》中，说到有一个名叫摩刺的男子，经过修炼，可将阴茎缩入腹内，并能久交不泄；他与众女子性交，最后使这些女子一个个向他讨饶，他却一滴不泄。（见《蜃楼志全传》，第九回）

以上所引，称男子经过修炼，可以让阴茎在阴道中自动，或者可以把阴茎缩入腹内，等等，对于一般人的认识来说，无疑是夸张的说法，是小说家编出来用来吸引人的。不过，从上引内容的指导思想来说，贯彻的则仍是房中术关于交而不泄的理论。男子在与女子性交时能做到交而不泄，不仅能让自己精神百倍，亦能让女子享受极乐，这就是传统房中术的宗旨。

值得我们注意的是，在《海蒂性学报告》中，也有关于男子交而不泄的例子，据这些男子称，在性交时交而不泄，让自己享受到了难以形容的欢愉，也让性交过程充满了前所未有的欢乐：

在古老的梵文作品里，也讨论过这种技巧，指出男人可以通过持续保持在高度亢奋状态，以及在性亢奋的某些阶段避免射精，而得到最大的欢愉。

少数男人描述了他们感受到逐渐增强的快感，有时为了增强欢愉，完全回避高潮：……

"在酝酿高潮的过程里感觉太奇妙了。狂喜的最高峰是在高潮前，高潮好像爆炸一样，结束了所有的狂喜而且破坏了所有的乐趣。接下来是退潮，欢乐全部结束，直到你可以再度酝酿。除非我想使女人受孕，否则不想射精。不射精有趣多了，而且可以维持得更久。我运用意念来控制身体，久久停留在高潮边缘，不断增强难以形容的欢愉，宛如置身世界的顶端。"

……

"我第一次在女朋友面前亢奋起来的时候（她是第二个和我做爱的女人），我觉得自己表现得非常'英勇'，因为我强而有力地进行亲吻、爱抚、性交三部曲。她是一位善解人意的女士，也是很好的朋友，当时她并没有纠正我，或者试图让我缓和下来。但是在她两次高潮后，我想：'已经够久了，我猜现在该轮到我了。'我的高潮必须通过非常深的插入以及缓慢而规律的摇摆，而这些动作令她喜不自胜，她长声嘶喊、尖叫，完全无法自制，而不是像我以为的她'应该'躺着不动。结果我失去高潮所需的正确姿势和压迫，但她突然发动攻势，坐在我上面，进行一些非常愉悦的活动，带给我前

第十一章 房中功夫

所未有的快感，我真是欣喜若狂。男人需要高潮来享受性爱吗？天呀，不，不是每一次！我们继续性交、嬉戏、欢笑、尖叫、呻吟、厮打、喘息，超过3小时以上。她在数到第10次高潮后就忘记数了，直到精疲力竭，我们才停止做爱。她很难过我没有高潮，我说：'一星期的任何一天我都能够在15秒内自己达到高潮，而我刚刚和你经验到的，是我绝对没有办法自己创造出来的，这是我一生当中最强烈的刺激。'……

"所以你明白吧，为什么我要对所有的男人说：'觉醒吧！对你们以及你们的女人还有更甚于性交和高潮的欢乐。'对我来说，这是我的任务，要通告男人，这样他们才能真正取悦女人，同时在最完整的意义上享受男子气概。"（海蒂：《海蒂性学报告——男人篇》，第403、404页）

这些例子告诉我们，男子在性交时久交不泄、在不泄的过程中使男女双方享受到独特的性欢愉，这是完全有可能的，它并非中国古代房中术术士的异想天开。至于交而不泄能否产生百病不治而愈、返老还童等效果，则是另外一个问题。但奇特的高潮体验会对身体健康带来好处，应是无疑的。

**（2）性交时不泄精的方法**

在一般男子的经验中，性交至欲泄精之时，精液喷薄而出，已成必然之势，此时想要不射精，是很困难的一件事情。那么，如何才能做到精动而不泄精呢？对此，中国古代性学有系统的方案设计。

早在《素女经》中，就已提出了较为简略的不泄精之法："若其精动，当疾去其乡"，即当精动欲泄时，赶紧把阴茎抽出阴道，这种方法，实即我们现在所说的性交中断法。不过，《素女经》所述不止这些，它同时要求男子在思想上要充分认识到精液的重要性，认识到性交时泄精的危害，从而严防自己走泄：

> 素女曰：御敌家当视敌如瓦石，自视如金玉，若其精动，当疾去其乡。御女当如朽索御奔马，如临深坑，下有深坑，恐堕其中。若能爱精，命亦不穷也。

在《玉房指要》中，则提出了一种独特的止精法：男子在性交至快要泄精时，快速仰头，张大眼睛，上下左右地看，阴茎往后缩，屏住呼吸。据称这样做便可以不泄精：

> 若欲御女取益，而精大动者，疾仰头张目，左右上下视，缩下部，闭气，精自止。勿妄传人。能一月再施，一岁二十四施精，皆得寿一二百岁，有颜色，无病疹。

在明代洪基的《摄生总要》中，提出了另外一种不泄精的方法：在精动欲泄时，赶快抽出阴茎，手按龟头，同时用右手的三个指头按压肛门前的位置，可防止泄精：

> 初交之际，用三浅一深，渐至九浅一深，往来扇鼓三百余次，但觉欲泄，急退玉茎，按阴额，以右手三指于谷道前闸住，把一口气提上丹田，咽气一口，澄心定虑，不可动作。少顷，将玉茎复振，依前扇鼓。若情动，蹲身抽出玉茎，如忍大小便状，运气

上升，自然不泄矣。

洪基还指出，要防止在性交时泄精，还要注意闭口，不让气从口中出，否则，"气喘则精出"，不可不慎：

> 夫精气乃一身至宝，只图快乐，泄尽元阳，譬如珠玉投于渊海之中，安可再得？每遇交合之际，闭口定息，使气转运化为津液而归丹田，不得出气，但微微于鼻中放出，如口不闭，则清气易泄也。若气流入膀胱等处，反成诸疾。可不慎欤！
>
> ……
>
> 凡欲战，以手提玉茎，舌拄上腭，先调自己神气均匀，进功时，鼻内微微出气。不可口中出气，恐心气不与肾气相接。况神不离目，气不离口，目乱则神去，气喘则精出。戒之！虚心实腹，弱入强出，自然无漏矣。（洪基：《摄生总要》）

在明代邓希贤的《修真演义》中，也有不少探讨不泄精之法的内容。书中指出，男子为了做到性交时不泄精，可先选择阴道比较宽松的女子来练习，因为这样的阴道刺激性较小，更易控制射精：

> 初下手时，务遏除欲念，先用宽丑之炉演习，庶兴不甚感，亦不至于欢浓，尤易制御也。须缓缓用功，柔入刚出，三浅一深，行九九之数为一局。倘精少动，即当停住掣退，上留寸许。俟心火定后，复仍用前法，次行五浅一深，后九浅一深。切忌心急性躁，按行半月则纯熟矣。

《修真演义》中还提出了一种"锁闭法"，也称"撒手遏黄河之法"，即在性交至欲泄精时，把阴茎往后退一寸左右，停住不动，夹缩下部，使有一种努力忍住大小便的感觉，同时存想有一口气从尾闾上行。书中指出，一定要在泄精的感觉稍起时即采取上述方法，否则，当泄精的感觉很强烈时再强行忍住，便会使败精进入膀胱肾囊等部位，影响身体健康：

> 锁闭者，撒手遏黄河之法也。急躁之人，须下二十余日工夫方能得闭；性柔静者，十数日可闭也。用功一月，金关永固，玉户常局，自在施为，无漏泄者，此法中妙用也。且如交合时，玉茎缓缓进退，三浅一深，瞑目缄口，但鼻中微引气，则不喘急。稍觉欲泄，速将腰身一提，掣退玉茎寸许不动，吸气一口，提上丹田，上向脊胁，起尾闾，夹缩下部，如忍大小便急甚之状。按定心神，存想夹脊之下、尾闾之穴，有我精气为至宝，不可走失，随吸清气一口咽之。少顷势定，仍前缓缓用功。稍觉情美，又复掣退，吸气定神，夹缩存想，方得不泄也。且人身气脉，上下周流，先不豫制，直至快乐时，欲炽难遏，致使气导精出，以取自损。欲强闭之，则败精必泥入膀胱肾囊，致生小肠膀胱气及肾冷肿痛之疾。大概欲未萌时，豫为提制，频频定性。

现代学者胡孚琛在《丹道法诀十二讲》中认为，闭精不泄的方法对于提高夫妻性生活的质量、促进夫妻和睦有一定的作用，书中并介绍了五种性交时不泄精的方法：

第十二章　房中功夫

今再综合我和霍斐然先生所得闭精不泄（丹家谓之"大锁阳关"）之法，略作介绍。一是《玉房指要》所传在交接精大动欲出时，用手指按压阴囊和肛门中间的会阴穴，同时长吐气，叩齿，转眼球，精可止而不泄。此乃房中家的简单法子，但须先记住。二是霍斐然先生所传"气止法"，即在精动欲泄时，急速如闪电般同时吸气和收缩精门，且脚尖上翘，足跟蹬出，刺激射精之神筋立即止而不泄。三是在精动欲泄时，提肛，目上视，收腹及脊柱，握手锁四肢关节作羊抖状，精亦不泄，可名为"羊抖法"。四为"对境无心法"，霍斐然先生认为可以意守额间的神庭，称"独立守神法"，皆转移意念不为情境所动，可葆精不泄。如铸剑功成，对境无心，甚至可以在性交过程中朦胧入睡。五谓"吽字提吸诀"，其法以男女对坐式，行"乐空不二双修法门"，女抱男，男双拳持"金刚印"拄地，观想头顶虚空处有莲花生大士像。其法诀以松缓柔和为主，乐生则不动，心身皆缓，爱护自身明点如护佛目。口诵"吽"字，柔和吸气吐气，以龙头插入莲蕊脉以提明点，以长"吽"字将明点吸入中脉，升上虚空吐气放出，观女（空母）化光亦入身中，身生暖相，与莲花生大士法身合一。如法行四五次，全身自然颤动，则双运功成。此外尚有多法，因功力要求甚高，非常人所能行，故不赘。（胡孚琛：《丹道法诀十二讲》，第160页）

综上所述，中国古代房中术关于不泄精的方法主要包含以下内容：一是要在思想上认识到精液的重要性，从而在性交时时刻保持警惕，严防精液走泄；二是当精动欲泄时，把阴茎从阴道中往外退或退出，用手指按压会阴部，以防止精液泄出；三是闭口微微呼吸，以澄定心神；四是转移注意力，可采取抬头，眼睛左右上下视物等动作；五是与传统的行气导引法配合，存想体内之气由尾闾上升。此外，还可采取翘脚尖、蹬脚跟等动作。以上方法，对于防止精动外泄无疑是有一定效果的，至于效果之大小，则又因人而异。

（3）怎样看待交而不泄

男子在性交至欲泄精时强忍不泄，或采取其他手段不使其泄出，这无疑是违背自然生理的行为，对于这种行为，中国古代有不少学者明确表示反对，他们认为，当精动欲泄时，说明精已离肾，宝贵的元气已化为液体，此时不把该液体泄出去，对身体健康已无意义；而且，长期忍而不泄，还会影响身体健康。如明代的《修真演义》中说："设或强闭，恐败精不散，反生他疾"，"欲强闭之，则败精必泥入膀胱肾囊，致生小肠膀胱气及肾冷肿痛之疾"。

在明代朝鲜人金礼蒙编纂的《医方类聚》中，也称止精法为"下术"，认为当性交至产生泄精的感觉时，"元气已离正位"，如果不使外泄，有可能造成"重腿衰惫之疾"：

近观庸俗，甘闻轩辕、容成、彭祖、左慈，善为采补，往悉学固闭之下术，以为有益泥丸，而不知方，其造意之初，元气已离正位，纵能不施，皆在腰股肓臀之间，

久为重腿衰惫之疾。(金礼蒙：《医方类聚·房中补益》)

在明代岳甫嘉的《种子编》中，则称止精法为"大谬"，书中形象地说，精动欲泄，说明元气已化为精液，止精不泄的目的，是让精液重新变为元气，这就好比烧木柴为火，木柴已成烟焰，怎么能使此烟焰重新变成木柴呢：

> 今之谈养生者，多言采阴补阳，久战不泄，此为大谬。肾为精之府，凡男女交接，必扰其肾，肾动则精血随之而流，外虽不泄，精已离宫。纵有能坚忍者，亦有真精数点，随阳之痿而溢出，此其验也。如火之有烟焰，岂有复反于薪者哉。非但不能聚精，久将变为他症。

现代性学也明确指出，用中断性交的方法使精液不泄或忍精不泄，都会对身体带来不利的影响，甚至还有可能引发前列腺炎、阳痿等疾病：

> 从生理上来讲，中断性交可使整个生殖系统和盆腔充血不能迅速消退，大脑皮层和脊髓仍长时间处于紧张状态不能平静，精囊等附性腺没有排空。同时，人还处于兴奋状态，无法得到很好的休息。从心理上来讲，性的欲望不能得到满足。(《男人装》，2006年第2期)

> 问：听人们常说"一滴精十滴血"，到达高潮的时候不射精对于养生有好处，是这样吗？

> 答：这就跟拼命憋屎憋尿，只是为了避免抽水马桶磨损一样可笑。精液95%以上是水分构成的，其余成分为少量的蛋白质和前列腺分泌液组成。一般成年男性每次射精量在2至5毫升之间，对身体不会有什么影响。不要相信那种所谓"十滴血一滴精"的说法，完全不符合科学。忍精不射会导致性生活得不到满足、性功能紊乱，强行用手捏住使精液不排出，精液就会冲破膀胱内口射入膀胱，会形成"逆行射精"，造成不育。长期忍精不射容易引发前列腺炎、阳痿、功能性不射精，您考虑清楚。(同上，2011年第2期)

然而，荷兰汉学家高罗佩的观点则与以上诸说不同，高罗佩认为，虽然现代性学不认可止精法，但是，中国历史的事实证明，止精法并没有对中国的种族繁衍造成什么负面影响：

> 尽管现代医疗科学可能不赞成"止精法"和其他一些被推荐的方法——这一点是可以肯定的，虽然这些方法已被应用了两千年以上——它们并没有对健康和中国种族的繁殖产生明显的危害。(高罗佩：《秘戏图考·英文自序》)

在《中国古代房内考》中，高罗佩对以止精法为主要内容的中国古代房中术进行了总结，认为中国古代男子之所以会接受止精法，是基于两个前提：一是对于男子来说，精液是宝贵的东西，在与女子性交时不泄精，能对男子产生补益作用；二是一夫多妻的家庭制度需要男子不轻易泄精，以确保他能与更多的女子性交。(见同上，《中国古代房内考》，第

第十二章 房中功夫

64～65页）

而且，高罗佩还以科学的态度指出，虽然从纯粹生理学的眼光来看，止精法对健康有害，但是，不排除它有另外我们尚未认识到的意义：

从纯粹的生理学角度看，这种观念是错误的，因为止而未泄的精液将进入膀胱。不过，也许会有神经系统的伴随现象以这种方式表现出来。这里我们接触到的是一个尚未充分开发的心理学和生理学领域。（高罗佩：《中国古代房内考》，第72～73页）

高罗佩的这一观点无疑是值得重视的，因为中国古代房中术所谓的止精法，并不是简单的忍精不泄，而是与一系列修炼功夫联系在一起的。如清代的《紫闺秘书》中就指出，若男子只知一味强忍，会使精液逆射膀胱，甚至导致疾病；若男子在事前就有修炼功夫，能使丹田显现，周天畅通，则不泄之精就能运转全身，补益身体：

上阳子曰："作丹之要，与生人意同，但有顺逆之不同耳。顺则生人，逆则成丹。顺逆之间，天地悬隔。"又曰："金丹虽于房中得之，而非御女之术。今夫御女者，以久战为乐，以不失精为胜，以女人阴气泄为有补。殊不知精者气之化，气者神之生也。元神不固，则精气无统，虽助长于平日，强制于临时，不知以静泄动，不能以逸待劳，纵其所存，亦滓质耳。久则终归臭腐，随溺化去。或精道秘涩，邪火妄奔，发为痈疽，滞成遗淋。况关窍未开，橐籥不应，不知逆取，不能转运，交未必得，得亦无补，非徒无补，而反害斯，烈矣！古仙达人，未炼还丹，必先采补，使神气充足，脑髓盈满，筋骨坚致，腠理凝密，老者反壮，壮者不老。常用常补，愈多愈善。"（《紫闺秘书·开先子采补玄机》）

至于如何使丹田显现，周天畅通，则涉及道教内丹修炼的功夫，它是中国古人发明的独特的修炼方法，虽极难炼成，但绝非虚构。有内丹功夫的人，能使一身精气循经络循环，从而使百病不生，健康长寿。对他们来说，要做到交而不泄，并使不泄之精补益身体，是极容易之事。因此，在评价止精法时，一定要区分针对普通人而言的止精法和作为修炼功夫的止精法。中国古代房中术所谓的止精法，多是指作为修炼功夫的止精法，而不是对普通人而言的简单的强忍不泄。强忍不泄有百害而无一利，对此一定要有清醒的认识。

### 3. 还精补脑

中国古代房中术要求男子在性交时不泄精，并认为不泄精会对身体健康带来种种好处："一动不写则气力强；再动不写，耳目聪明；三动不写，众病消亡；……九动不写，寿命未央。"（《素女经》）这种说法，很容易让人产生怀疑，因为男子在性交时强忍不泄并非难以做到，但即使他做到了，事实上却并不能产生所谓"众病消亡"、"耳目聪明"等效果。如此说来，古人岂不是信口胡说吗？

其实，当古代房中术要求男子在性交中不泄精时，并非只要不泄精就万事大吉，而是还存在一个如何处置此不泄之精的问题。此正如《紫闺秘书》中所言："今人既知闭精之术，又不知精塞归于何处，若久久不能转运，必有所损，为害非轻。……倘不知诀，留停于丹田气海之间，日久致腰肿肾大，诸疾作矣。"也就是说，被闭住的精一定要经过"转运"而找到一个好的去处。那么如何"转运"呢？这就是还精补脑。

所谓还精补脑，也就是把不泄之精经尾闾、夹脊而上送到脑部。古代房中术认为，只有让精液进入脑部，才能真正产生补益人体的功能。早在马王堆汉墓帛书《十问》中，就已有还精补脑的观念："五曰群精皆上，翕其大明。"意思是让精气上升至脑，以收敛全身的阳气。

至魏晋时期，道教学者葛洪曾指出，房中术的核心内容就是还精补脑：

房中之法十余家，或以补救伤损，或以攻治众病，或以采阴益阳，或以增年延寿，其大要在于还精补脑之一事耳。此法乃真人口口相传，本不书也。虽服名药，而复不知此要，亦不得长生也。（葛洪：《抱朴子内篇·释滞》）

（1）还精补脑的方法

那么，怎样才能让不泄之精上升至大脑中呢？在唐代著名医家孙思邈的《房中补益》中，具体介绍了还精补脑的方法：在将泄精时，闭口张目，缩鼻吸气，吸腹缩下部，再加上按摩屏翳穴、吐气叩齿等动作，精液就会自然上升补脑：

凡人习交合之时，常以鼻多内气，口微吐气，自然益矣。交会毕，蒸热，是得气也，以菖蒲末三分、白粱粉傅摩令燥，既使强盛，又湿疮不生也。凡欲施泄者，当闭口张目，闭气握固两手，左右上下缩鼻取气，又缩下部及吸腹，小偃脊膂，急以左手中两指抑屏翳穴，长吐气并啄齿千遍，则精上补脑，使人长生。若精妄出，则损神也。

在《玉房指要》中，也介绍了还精补脑的方法，包括吐气叩齿等，其做法均与孙思邈所说相似，只是孙思邈所说为"抑屏翳穴"，《玉房指要》中所说为"抑阴囊后、大孔前"：

《仙经》云：还精补脑之道，交接精大动欲出，急以左手中央两指却抑阴囊后、大孔前，壮事抑之，长吐气，并啄齿数十过，勿闭气也。便施其精，精亦不得出，但从玉茎复还，上入脑中也。此法仙人以相授，皆歃血为盟，不得妄传，身受其殃。

在清代的《紫闺秘书》中介绍的还精补脑法则与上述稍有差异，其要领特点是存想命门，如忍大便，同时舌柱上腭等：

凡交战，先须仰卧，直伸两脚，如踏两石弩，令腰悬空一二寸。腰脊之下有窍门曰命门，乃泄精之所，需要着意存想，为之关锁。吸谷道三两次，毕，然后举龟。待情动时，方可交接。须直身，勿令低头气促。口含彼舌，取其津液咽下。柔入刚出，缓进急抽，及抚双峰吮之。待作声，以我耳吸其气，轻轻咽下，积至三五百口，一抽

第十二章 房中功夫

一吸。如觉欲泄，急缩谷道，即便抽身，将龟头安内，如小儿含乳状。缩如忍大便，闭口弩目存想，气归命门，舌柱上腭。此诀能还精补脑，长生久视，面如童子，气力倍加。(《紫闺秘书·孙真人房中长要记》)

(2) 怎样看待还精补脑

把未泄的精液由脊柱上输至脑，这在现代科学看来，无异于天方夜谭，是十分荒谬的：

> 从现代的解剖及生理学上看，这种所谓的"还精补脑"是不可能的，既没有"还精"之通路，又没有"还精"之道理，精液与脑组织在组成成分上并非相同。这样做不仅没有益处，而且还会导致精液排出受阻而影响性器官尤其是前列腺的功能，是有害的。这种观点当源于中医理论肾之藏精，肾主骨生髓而脑为髓之海，故肾精与脑相关一说，将这个学说中的"肾精"具体化、形态化，认为所排之精即为肾精，这是荒谬的结论。(毕焕洲：《中国性医学史》，第134页)

然而，事实却并非这么简单，因为房中术中所说的还精补脑并非对普通人而言，而是对训练有素的修炼人士而言。在前面的引文中，每当说到还精补脑，通常都会说"此法乃真人口口相传"、"此法仙人以相授，皆歃血为盟"等等，可见其非同寻常。因此，当我们对还精补脑术进行评价时，切忌简单化，以常理度之。

在如何看待还精补脑的问题上，荷兰汉学家高罗佩的看法无疑是值得参考的。高罗佩认为，虽然从生理学的角度看，还精补脑是不可能的，但它或许指的是某种心理过程：

> 如作者对"回精术"的评价，一方面作者指出，没有射出的精沿脊柱上行是不符合生理学的，它们只会进入膀胱，而不会进入脊柱，但同时，作者又很慎重，说这也许是古代中国人对相关心理过程的一种模糊表达。(见高罗佩：《中国古代房内考·前言》)

高罗佩还认为，房中术所称的这种还精补脑法，与印度密教采取的一种身心合一法十分相似，密教的这种方法也要求精液逆行，并升至头顶：

> 孙氏（指孙思邈）说，用"止精法"激发起来的精子会沿脊柱上行；并说在丹田，这种"精气"会变成赤日黄月，沿脊柱上行，至于头顶的"泥丸穴"。按这些古书的说法，日月在"泥丸穴"合一是"精气"的最后生成形态，即变为长生不老丹。引用这些古书之后，我还顺便说过，这些道术修炼与后来印度佛教和印度教房中秘术所实行的一种身心合一的修炼方法酷为相似。这种秘术，通常叫做密教。
>
> ……
>
> 金刚乘引入的第三种新因素是一种相当专门的房中秘术，它所依据的原理是：通过基于"止精法"的入定过程，可以达到神人合一和极乐。他们知道，在每一男子体内都有女性因素，正如每一女子体内都有男性因素，因此力求在修行者体内激起女性

因素，实现一种神奇的交合，以克服双性（sexual duality），达到阴阳合一的理想境界。因为正如其他时代和其他地方的神秘主义者一样，他们以阴阳合一为人最接近于神的状态。杜齐（Tucci）说："弟子通过性交而再现那创造性的时刻。但绝不能使性交导致其自然的后果，而应该用止息法（prāṇāyāma）（古瑜伽气功术——高罗佩注）使精液逆行，不是顺流而下，而是逆流而上，直至头顶，由此化为万有的本源。"（高罗佩：《中国古代房内考》，第455、458页）

正如我们前面在评价交而不泄时所说的，房中术所谓的交而不泄，是针对有一定修炼功夫的人而言的；同样，房中术中所谓的还精补脑，也是针对有一定修炼功夫的人而言的。道士们在进行内丹修炼时，把精气神三者在丹田中锻炼，通过炼精化气、炼气化神、炼神还虚的功夫，可使丹田中结成圆陀陀光灼灼之物，此物能循周天运行，使人产生各种神通。现代科学已经承认了身体中的经络穴位是一种客观存在，然而，这种客观存在并不是通过解剖发现的，而是中国古人在实践尤其是内丹修炼中体悟到的。由此即可以推理，现代科学没有发现的东西还有很多很多，我们不能据此就认为它们不存在；同理，现代科学没有发现人体中有还精上脑的通路，也不能就此肯定人体中没有这样的通路。

### 4. 性交时的其他补益方法

中国古代房中术除了着重宣扬御女多多益善、交而不泄、还精补脑这三大原则，也介绍了一些男子在性交时获得补益的小技巧。如在早期性学经典《玉房秘诀》中，提出了一种男子在泄精后，用女子之气来补益的方法。具体做法是：做九次内呼吸，用左手按压阴茎，以口与女子之口相接，吸取女子口中之气，行九浅一深之法：

夫阴阳之道，精液为珍。即能爱之，性命可保。凡施写之后，当取女气以自补。复建九者，内息九也；厌一者，以左手杀阴下，还精复液也。取气者，九浅一深也。以口当敌口，气呼以口吸，微引二气咽之，致气以意下也。至腹，所以助阴为阴力，如此三反，复浅之，九浅一深，九九八十一，阳数满矣。玉茎坚出之，弱内之，此为弱入强出。

在《玉房指要》中，也介绍了一种通过吞咽女子唾液来强身健体的办法。性交时，用口含女子之唇，吸取其唾液，可使男子胃中舒坦，颜色悦泽：

彭祖曰：交接之道，无复他奇，但当从容安徐，以和为贵，玩其丹田，求其口实，深按小摇，以致其气。……又五脏之液，要在于舌，赤松子所谓玉浆，可以绝谷。当交接时，多含舌液及唾，使人胃中豁然，如服汤药，消渴立愈，逆气便下，皮肤悦泽，姿如处女。道不远求，但俗人不能识耳。采女曰：不逆人情，而可益寿，不亦乐哉！

在唐代作家孙颙所作的《神女传》中，则有关于女子主动用自己的阴气来补益男子的

第十二章 房中功夫

介绍。书中说，汉武帝时著名的大将霍去病得了重病，有一位仙女现身，称可通过与霍去病性交，用自己的阴气去补益霍去病，这样就能治好霍去病的病，但是遭到霍去病的拒绝。后来霍去病因病身亡。在清代小说《肉蒲团》中，说到有一个名叫顾仙娘的妓女，碰上自己喜欢的男子，便会主动泄出自己身上的阴气去补助他，这与《神女传》中所说的观念颇为类似。

在实际操作中，以上方法是否真的有效？对此，我们只能存疑。因为从逻辑上说，女子阴道内有泄阴精的小孔，此说是成立的；但一个普通男子，凭女子的一番传授，就能用阴茎把阴精吸入体内，则肯定是值得怀疑的。还有如吸女子之气或吞女子之唾液以自补的方法，亦有损人利己或损人不利己之嫌，这都是需要我们加以甄别的。

### 5. 中国古代学者论房中术

中国古代房中术提倡御女多多益善、交而不泄、还精补脑，虽然对于普通人来说，操作起来极为困难，但其中蕴涵的理念是男子要多与妻妾享受性交之乐，同时又要注意宝精养气，这对维护一夫多妻的大家庭的和睦、保障男子的身体健康，无疑是有积极作用的。关于怎样正确看待中国古代房中术的问题，在以上各节中已有较多的讨论，故在此不再赘述。在此要专门加以讨论的是：中国古代的一些学者是怎样看待房中术的？

#### （1）中国古代的房中书

中国古代房中术极为发达，早在汉代以前，就已经形成了较为系统的学说。在马王堆汉墓出土的帛书《十问》、《合阴阳》、《天下至道谈》、《养生方》等中，对于男女性交的原则、房中补益的方法、交而不泄的好处、还精补脑的作用等等房中术的基本理论都有较为充分的论述，后世房中术基本上就是按照这一方向充实、发展的。

在《汉书·艺文志》中，对汉代流行的房中书书目作了专门介绍：

《容成阴道》二十六卷。

《务成子阴道》三十六卷。

《尧舜阴道》二十三卷。

《汤盘庚阴道》二十卷。

《天老杂子阴道》二十五卷。

《天一阴道》二十四卷。

《黄帝三王养阳方》二十卷。

《三家内房有子方》十七卷。

右房中八家，百八十六卷。

> 房中者，情性之极，至道之际，是以圣王制外乐以禁内情，而为之节文。传曰："先王之作乐，所以节百事也。"乐而有节，则和平寿考。及迷者弗顾，以生疾而陨性命。
> （《汉书·艺文志第十》）

《汉书》的作者班固把房中术定义为"情性之极"，"制外乐以禁内情"，认为"乐而有节，则和平寿考"，说明班固对房中术的看法是很正面的，是把房中术作为节制性行为的手段来看待的。现代也有学者认为，房中术是中国古代实用文化的一个重要侧面，在古代属于方技四门之一，被认为是"天下至道"：

> 对性问题的研究，在现代西方已经形成专门的学科（Sexology），中国古代则叫做"房中术"。从研究文化史的角度讲，"房中术"是中国古代"实用文化"中的一个重要侧面。这里我们所说的中国古代"实用文化"，主要包括以天文历算为中心的"数术之学"、以医学和养生术为主的"方技之学"以及兵学、农学还有诗赋绘画和手工艺等等。战国以来的私学，即带有一定自由学术性质的诸子之学实际上是在这种"实用文化"的基础上发展起来。中国古代的房中术本属于"方技"四门之一（其他三门是"医经"、"经方"和"神仙"）。现在马王堆出土的西汉帛书表明，这种研究在古代是被视为上至于合天人、下至于合夫妇，关系到饮食起居一切养生方法的"天下至道"，在当时影响很大。过去我国思想史的研究者往往囿于诸子之学，对中国古代实用文化的影响和作用认识不足，特别是对其中涉于"迷信"、"淫秽"的东西避忌太深。与此形成对照的是，国外汉学界往往恰好对这些方面抱有十分浓厚的兴趣。（见高罗佩：《中国古代房内考·前言》）

在《隋书》中，仍列有不少房中书的书目：

《素女秘道经》一卷（并《玄女经》）。

《素女方》一卷。

《彭祖养性》一卷。

《郯子说阴阳经》一卷。

《序房内秘术》一卷（葛氏撰）。

《玉房秘诀》八卷。

《徐太山房内秘要》一卷。

《新撰玉房秘诀》九卷。（《隋书·志第二十九》）

与《汉书·艺文志》不同的是，《隋书·经籍志》把上述房中书列在"医方"之末，说明当时是把房中书当作医学书籍来看待的。从《隋书》的相关评论来看，其观点与《汉书·艺文志》如出一辙："节而用之，则和平调理；专壹其情，则溺而生疾。"（同上）

至唐代，房中术主要是作为医学的一个分支，如著名医家孙思邈就在他的著述中集中

第十二章 房中功夫

论述过房中术，相关的内容主要见于他所著的《房中补益》。在《旧唐书·经籍志》所列的书目中，明显属于房中书的有"《玉房秘术》一卷（葛氏撰），《玉房秘录诀》八卷（冲和子撰）"（《旧唐书·志第二十七》）。

在《宋史·艺文志》收录的书目中，有《五牙导引元精经》一卷，《陶弘景养性延命录》三卷，《崔公入药镜》三卷，《养生要录》三卷，其中多涉及房中术的内容。

明代有不少医家或养生家有关于房中术的论述，其内容可见于邓希贤的《既济真经》、《修真演义》，朱权的《房中炼己捷要》，洪基的《摄生总要》等。然而，到了清代，由于统治者的严厉禁止，房中书一律成了禁书，人们也就很少提到它们。

关于中国古代房中书在历史上的产生及流传情况，荷兰汉学家高罗佩有这样的概括，基本上是符合实际的：

> 由于中国人对待他们的性生活的神秘态度，十九世纪，在中国的西方观察者似是而非地假定它是一个可怕的堕落的粪坑。这种错误观念被有关中国的西方书本广为传播，时至今日，仍流行在相当数量的西方公众的心目中。
>
> 对古代中国文献史料的检索清楚地证明了这一流行观念的严重不当。正像对中国人这个有思想性的民族所可期望的一样，从古以来，他们就对性事投入了大量的注意。他们的观察结果收入在"房中书"中，这种书在公元初就已经存在。直至明末为止，这些房中书仍或多或少地自由流传于中国。在接踵而来的清朝时期，这种书的绝大部分因政府之禁而付诸一炬。（高罗佩：《秘戏图考·英文自序》）

由上可知，在中国古代，房中术本是一个重要的研究课题，也是普通人必须掌握的知识，故学者们多以平常心视之。虽然在历史上也有不少学者反对房中术，但反对的都是其中关于采阴补阳的内容，而非作为节制性行为手段的房中术。只是到了清朝，由于政治的介入，房中术才成为禁区，人们才谈房术而色变，形成了一种怪异的性心理。

（2）房中术与得道成仙

其实，在中国古代，关于房中术，学者们争论最多的一个问题是：房中术的作用究竟有多大，人们能否通过修炼房中术而成仙？因为，房中术从它产生的时候起，便与成仙的传说联系在一起，诸如黄帝御一千二百女而成仙，彭祖因精通房中术而享寿八百岁，容成公因"取精于玄牝"而"发白更黑，齿落更生"，等等。在旧题为汉代刘向所著的《列仙传》中，就载有关于女丸因修炼房中术而成仙的故事：

> 女丸者，陈市上酤酒妇人也。作酒常美，遇仙人过其家饮酒，以素书五卷为质。丸开视其书，乃养性交接之术。丸私写其文要，更设房室，纳诸年少，饮美酒，与止宿，行文书之法。如此三十年，颜色更如二十时。仙人数岁复来过，笑谓丸曰："盗道无私，有翅不飞。"遂弃家追仙人去，莫知所云。（《列仙传·女丸》）

在魏晋时期，亦有不少人相信修炼房中术能成仙，甚至认为修房中术能转祸为福，发财致富。当时的著名道教学者葛洪对这种观念进行了批判，明确指出，房中术的作用，最多不过是能治疗一些小毛病，避免虚耗，使人不致夭折，所谓能使人长生成仙的说法，都是无稽之谈：

或曰：闻房中之事，能尽其道者，可单行致神仙，并可以移灾解罪，转祸为福，居室高迁，商贾倍利。信乎？

抱朴子曰：此皆巫书妖妄过差之言，由于好事增加润色，至令失实。或亦奸伪造作，虚妄以欺诳世人，隐藏端绪，以求奉事，招集弟子，以规世利耳。夫阴阳之术，高可以治小疾，次可以免虚耗而已，其理自有极，安能致神仙而却祸致福乎？人不可以阴阳不交，坐致疾患。若欲纵情恣欲，不能节宣，则伐年命。善其术者则能却走马以补脑，还阴丹于朱肠，采玉液于金池，引三五于华梁，令人老有美色，终其所禀之天年。而俗人闻黄帝以千二百女升天，便谓黄帝单以此事致长生，而不知黄帝于荆山之下，鼎湖之上，飞九丹成，乃乘龙登天也。黄帝自可有千二百女耳，而非单行之所由也。凡服药千种，三牲之养，而不知房中之术，亦无所益也。是以古人恐人轻恣情性，故美为之说，亦不可尽信也。玄素喻之水火，水火煞人而又生人，在于能用与不能耳。大都知其要法，御女多多益善，如不知其道而用之，一两人足以速死耳。彭祖之法，最其要者。其他经都烦劳难行，而其为益，不必如其书，人少有能为之者。口诀亦有数千言耳，不知之者，虽服百药，犹不能得长生也。（葛洪：《抱朴子内篇·微旨》）

在宋代，仍有关于修炼房中术能否成仙的争论。如道教学者曾慥（字至游子）在《道枢》一书中就明确说，房中术"非仙者之务也"：

或者闻其说而疑，以问至游子曰："容成子、务成子、天老、太一，与夫尧舜成汤盘庚各有阴道之书，黄帝三王复有养阳之方，汉氏秘于广内之藏，著于神仙之录，则其由来尚矣。子恶得以为无哉？"

至游子曰："吾非谓之无也，盖非所谓仙者之务尔。闻之刘向、班固之徒曰：'房中者，情性之极，至道之际，是以圣王制外乐以禁内情，而为之节文焉。乐而有节，则和平寿考矣。迷者弗顾，则生疾而殒命。'由是观之，信乎非仙者之务也。"（曾慥：《道枢·容成篇》）

明代的邓希贤在《修真演义》中也认为，房中术（不包括采阴补阳的内容）是使"男畅女美"的方法，因为男子在性交时，容易只顾自己的快乐而不考虑女子的需要，而房中术要求男子在性交时从容平和，这样不仅能使自己快乐，亦能使女子享受到性交的乐趣，从而使夫妇和睦：

夫人之生，有男女而后有夫妇。夫妇为人伦之始，匪媾合则无以洽恩浃义，是乖

第十二章 房中功夫

伦也。然男属阳，阳易动而易静；女属阴，阴难动而难静。今人媾合，不知制御，恣意扇鼓，须臾即泄，往往不满女欲。若依采战之法，入炉时缓缓按纳，不可急躁，缓者易擎，躁者难遏，且不可令女人拍动我腰眼，进退悠久，依法采战，不惟有补于身，且使女爱恋。男畅女美，彼此均益，乃夫妇全义之道、尽伦之事也。

然而，在清代的《紫闺秘书》中，则又明确说修炼房中术能使人成仙："房中之术若能行者，可以延年益寿，升仙道矣"，"能行此术者，获寿无穷矣"：

> 房中之术若能行者，可以延年益寿，升仙道矣。虽知，多不能行。老而行之，犹能延年，况少而行之，必得仙矣。一阴一阳，精髓为人之至宝也。谨而守之。

> 房中之术，知而能用者，可以养生；不能用者，多夭寿矣。夫我命在我，不在乎天，修真养气，实得延年益寿；更能行此术者，获寿无穷矣。（《紫闺秘书·采补修身诀法》）

《紫闺秘书》还论证说，修炼房中术之所以能使人长生成仙，是因为房中术是"以人疗人"，即通过男女阴阳交合而达到阴阳补益，正如车船破漏后可用木头来补，老树衰朽后可接嫩枝使其复活一样：

> 夫人之根本气为主，若不能保养性灵，务贪淫色，多服兴阳之药，百合百泄，强入弱出，精去气衰，诸病皆作，天命夭矣。如狂风吹树，枯枝先折；精败之人，遇病先死。世人不知此术乃保养精气，能使体壮身肥，精满气聚，耳聪目明，行步轻快，返老还童，延年益寿，生生无穷，经日无劳，尔形无刊，尔神能收，此术可得长生。彭祖云：崩墙颓岸，土能培之；老木朽树，异枝接之；破车漏船，木能补之；折鼎穿釜，铁能补之。有人曰：竹破竹补，木破木补，以精补精，以气补气，以人疗人，乃其真术。术真可活衰男弱女。此系神仙延年之术，不可妄传轻薄不诚不实之人。（同上）

在《紫闺秘书》中，还以《巫炎外传》中所记的故事来证明修炼房中术可以长生不死。**巫炎**是汉武帝时的臣子，据传年120岁而仍体轻身健，汉武帝得知后，向他询问其中的奥妙，**巫炎**称是因为修炼房中术所致。后来巫炎把此术传授给了汉武帝，汉武帝也因此得享高寿：

> 按《巫炎外传》云：元丰三年，帝封泰山，鸾舆过渭桥，忽见侍从臣之一人，头上紫氛万丈余。帝惊异，即召东方朔问。曰：此人有异术。即宣炎至，问曰："何术？"对曰："臣不敢渎圣听，臣术乃养生保命之秘。臣先年六十时，劳喘百出，路借人扶。因游终南山，有隐士授臣此诀。按法行之，有验。后生数子，臣今寿一百二十岁矣。"帝命倾囊竭诚录进。依诀行之，帝大悦。明年七月，避暑甘泉宫，召巫炎，谓曰："朕依卿所进之术，果然应验，行步渐觉轻健，朕体忽然光泽，面上皱纹重舒，此卿之力也。钩弋夫人已有娠，可先赐卿关内侯。"后乃生昭帝。载考两汉，唯武帝寿至九十七岁。此术秘传，即金液还丹之道也。余东游海上，遇异人授此，遂提其要，与同志之士共之。（《紫闺秘书·汉武帝房中提要》）

巫炎的故事也见于晋代葛洪的《神仙传》，书中称巫炎寿达 200 余岁，最后白日升天，这当然是神化的说法。需要纠正的是，汉武帝享寿 71 岁，而不是文中所说的 97 岁。不过，作为一个皇帝，寿达 71 岁，已经是很不容易的了，这或许真的与汉武帝精通房中之术有一定的关系。

从葛洪、曾慥等学者否定房中术能使人长生成仙，到《紫闱秘书》明确肯定修炼房中术能长生成仙，反映了两个方面的问题。一是房中术的内涵发生了变化。在葛洪时代，房中术主要指男女两性性交的技术，因此葛洪否认通过这种技术可使人成仙；在葛洪看来，人要成仙，必须服食金丹大药，并配以行气、导引、胎息等功夫，单靠房中术是不可能成仙的。而到了清代，随着内丹修炼术的发明和发展，内丹术成为成仙的主要手段，并在此基础上产生了阴阳双修之术，而人们把阴阳双修之术也归于房中术，故称修炼房中术可使人成仙。二是一定要明确概念的含义，由上可知，葛洪说凭房中术不能成仙，《紫闱秘书》说修炼房中术可以成仙，这看似针锋相对的观点，其实是源于两者所说的房中术的含义并不相同。因此，读者在阅读有关房中术的书籍时，一定要首先弄清其对房中术的定义。

## 二、房中采战

所谓房中采战，是指男女双方在性交时通过某种手段吸取对方的精气以补益自身的方术，具体包括采阴补阳、采三峰大药、采阳补阴等内容。因为房中采战把性交的对方作为自己利用的对象，通过损害对方的健康来补益自身，明显属于自私自利的不道德行为，故一直受到学者们的抨击和批判。在中国古代，人们往往把房中采战的内容归入房中术，以致人们在批判房中采战时连房中术也一起批判。其实，房中术中的一些内容，如要求男子久交不泄、御女多多益善等，是适应中国古代一夫多妻的婚姻制度的要求而产生的，有其历史上的合理性。为了避免概念上的混乱，本书把房中采战从房中术中剥离出来，以方便读者对它有更明晰的了解和把握。

### 1. 采阴补阳

采阴补阳是房中采战的核心内容，专门指男子在与女子性交时采取女子的阴精以补益自身。对于现代人来说，采阴补阳无疑是一种神秘的甚至是荒唐的方术，然而，在中国古代社会，采阴补阳却有很大的影响。在众多的性学古籍中，我们常常可以看到对采阴补阳术的介绍或批判；在明清小说中，对采阴补阳的描写更是随处可见。因此，在本节中，我们将努力揭开采阴补阳的神秘面纱。

第十二章　房中功夫

（1）择鼎

采阴补阳术的第一步就是择鼎，鼎即女子。所谓采阴，即采取女子的阴精，而在古代房中家看来，不同的女子，其阴精的质量并不相同，有的能补益男子，有的于男子无益，有的则反而会损害男子。因此，他们一致主张，要采阴补阳，先要选择合适的女子即美鼎，只有有了美鼎，才有了采阴补阳的基础。

那么，什么样的女子才堪称美鼎呢？对此，古代房中家有诸多的论述，内容涉及年龄、长相、肥瘦、生殖器形状等等。

在早期性学经典《玉房秘诀》中，对女子的要求是年龄在十四五岁以上，30岁以内，并且要求女子不懂得房中之术：

彭祖曰：夫男子欲得大益者，得不知道之女为善。又当御童女，颜色亦当如童女。女苦不少年耳。若得十四五以上，十八九以下，还甚益佳也。然高不过三十，虽未三十而已产者，为之不能益也。吾先师相传此道者，得三千岁。兼药者可得仙。

在明代洪基的《摄生总要》中，要求女子的年龄在十五六岁以上，并且要求长相漂亮，皮肤细腻等，至于40岁以上的女子以及又黄又瘦、元气不足的女子则不适合作鼎：

炉鼎者，可择阴人十五六岁以上，眉清目秀，齿白唇红，面貌光润，皮肤细腻，声音清亮，语言和畅者，乃良器也。若元气虚弱，黄瘦，经水不调，及四十岁上下者不可用也。（洪基：《摄生总要·房术秘诀》）

在明代邓希贤的《修真演义》中，对女子的要求是长相好、皮肤好，没有生过孩子，年龄在15岁以上30岁以下。书中还指出，女子14岁为少阴，21岁为中阴，28岁为壮阴；35岁则为衰阴，42岁为太阴，49岁为竭阴，所以35岁以上的女子都不适合作鼎。此外，太肥、太瘦，体弱、体惫的女子也都不适合：

鼎者，锻炼神丹之具，温真养气之炉也。须未生产美妇，清俊洁白、无口体之气者为真鼎，用之大能补益。

……

人之修真养命，犹木之接朽回荣。以人补人，以枝接木，其理一也。仙歌曰：世人不识长生理，但看桑间接梨树。凡欲施工，须得十全宝鼎，数在十五之上，三十之下。女人二七为少阴，三七为盛阴，四七为壮阴。少阴养身，盛阴益寿，宜取温养之。待赤潮辐辏，勿使大过，无不及，是吾利用。久久采炼，则留形住世。女至五七为衰阴，六七为太阴，七七为竭阴，当知远之。尤忌太肥者，脉难通；太瘦者，肌液少；劳者，神气不足；弱者，反伤阳神；惫者，阴寒；病者，阴毒。皆谓阴贼，皆在所避也。

在清代的《玄微心印》中，则提出了"神州赤县美鼎"的概念，对女子的要求更加严苛。首先是年龄，只有14～18岁的女子才符合要求，此外还要色美肤白、骨肉停匀、元气充足、眼珠黑白分明等等。书中还对阴道的形状提出了要求，认为有螺旋纹的阴道、阴道口过于细小的阴道等等都不适合：

> 鼎之器有偏正浅深之不齐，禀受有厚薄清浊之各异，须用神州赤县美鼎。先天者必按藏经之数，后天如铸剑筑基炼已，或二七、二八、二九皆可用，过此以往，药味淡薄，不堪取用。要察颜色红白，骨肉均停，肤嫩发黑。言乃金声，神全气足，则咽喉爽而言语响亮；脐为命蒂，元气深则脐腹深厚；神之光射于目，必目睛黑白分明；肾之精聚于齿，必齿牙莹洁，谓之四美。又要不犯五病，一曰螺，为阴旋；二曰石，为炉道坚；三曰角，为花头尖；四曰腋，谓腋有狐；五曰脉，谓经期先后。有此五者，不可用也。（喻太真等：《玄微心印》）

在清代的《紫闺秘书》中，对女子的要求更为具体，但从内容来看，都是对前人说法的概括和总结，其中值得注意的有两点，一是提出了"四美"的概念："四美者，一贵语言清响，二贵腹脐深厚，三贵目睛黑白分明，四贵齿牙莹洁整齐。"同时对为什么称此为四美作了具体解释；二是区分了有金气的女子与无金气的女子，认为有金气的女子在阴道内有一指顶大之珠，从中能产生阴精，无金气的女子则无此珠：

> 夫鼎者，炼真丹缊真炁之炉也。须要不曾生产美妇，眉目清秀，发黑唇红，肌体细腻光泽，无口臭、体气、崩带、白浊者为佳。切忌口大、声雄、发黄、骨体粗硬，此等决不可与交，行功有损无益，而伤男子之阳气也。（《紫闺秘书·采补修身诀法》）

> 欲求妙鼎，须颜色红白，骨肉均停，四美俱拜。四美者，一贵语言清响，二贵腹脐深厚，三贵目睛黑白分明，四贵齿牙莹洁整齐。盖言乃金声，金气足则喉音清；脐为命蒂，元气深则脐轮厚。神之光会于目，肾之精萃于齿也。五病不犯。五病者：一曰螺，阴炉旋入；二曰石，谓炉道尖小；三曰角，谓花道尖峭；四曰液，谓液气不清；五曰脉，谓经脉先期未及四十者，潮汐有准，日月无差；识铅生于癸后，察阳产于铅中。有金气者则癸生脉动，炉孔内上悬一珠如指顶大，中含真一之脉，癸至金生，则其脉发动。无金气者则脉息不生，无金气者则水浊气寒。有金者水源至清，试之则剑锋温暖。无金者惟铅水耳，剑试则寒，其气且浊。（《紫闺秘书·开先子采补玄机》）

综合以上所述，可以发现，选鼎的标准不外年纪要轻、长相要好、皮肤要白、身体健康、元气充足等等，与前面第三章中对"好女"的要求有很多相似之处。所不同的是更加强调了女子的先天禀赋，如元气足、腹脐深厚、能产生金气等，这都是与采阴补阳的要求相吻合的。

（2）采阴补阳的方法

有了合适的鼎，男子便可开始采阴补阳的操作。对于普通人来说，要采阴补阳无疑是极为困难之事：在精动欲泄之时，要让自己的精液不泄出去就已不易，怎么还能把女子的阴精用阴茎吸入自己体内，并补益自己的身体呢？然而，古代房中家却"迎难而上"，"发

第十二章 房中功夫

明了"采阴补阳的种种法门。

在宋初陈希夷的《房术玄机中萃纂要》中，首先介绍了采阴补阳的具体方法：选择合适的女子，经过一年的调养，摸清其月经的规律；男子则通过服药养龟两个月，然后与女子性交。性交时用九浅一深之法，如精动欲泄，就趴伏在女子身上，提气九口，上升至泥丸，然后采女子的阴精，采得后就离开女子端坐，然后做一系列叩齿、拭目、按鼻等动作：

> 养神功夫，名曰铸剑。存真择三五二八眉目清秀之鼎，调养一年之余，候其癸水行潮信准，将八卦安神丹自服一月，次用灵龟膏药封脐一月，始阴阳交合，取其地魄养神。下手功行九一之法。其法如是数次，少停覆鼎上，提气九口，若神未曾动，再行九一之法。其法如当神动，急覆其上，闭住囊籥，勿动呼吸，恐漏其真金。急提气三口，上升泥丸；缓提气六口，上升泥丸，名曰九还。及至阳气回丹田，正是归根复命，返本还元。就下近便处运一点真水以迎之，此采得药来，收得药起是也。得药则弃鼎，端坐，叩齿三十六通，左右鸣天鼓二十四后，以拇指拭目九遍，以中指按鼻七遍，两手磨面及发际，闭口鼻息，次将舌挂上腭，外津液满，分作三口咽之。再漱再咽，如是三度，将手抱肚脐，名曰煨丹田。此吾身之真炉。然后净四之中，行周天之火。《悟真篇》所谓"功夫容易药非遥，说破令人大笑"。依法行之，不仙亦可长生矣。若爱欲心狂，漏泄至宝，是恩反仇杀矣。慎之，慎之！

在宋代曾慥的《道枢》中，则介绍了崔希范所写的《入药镜》中关于采阴补阳的方法，内容极为细致：

> 吾尝得崔公《入药镜》之书，言御女之战，客主恍惚，同识不同意，同邪不同积，同交不同体，同体不同交，是为对镜不动者也。夫能内外神交而体不动，得性之道也。动，则神去性衰矣。不染不著，则留其元物，使气定神住，和合成形，入于中宫，煅去其阴，而存其阳焉。红雪者，血海之真物，本所以成人者也，在于子宫。其为阳气，出则为血。若龟入时，俟其运出而情动，则龟转其颈，闭气饮之，而用搯引焉。气定神合，则气入于关，以辘轳河车挽之，升于昆仑，朝于金阙，入于丹田，而复成丹矣。（曾慥：《道枢·容成篇》）

在以上介绍中，值得我们注意的一点是：崔希范认为，在女子子宫中，有一种称为"红雪"的物质，男子若能用阴茎把此种物质吸入体内，归于丹田，便能结丹。由此我们不妨作一假设：所谓红雪，其实就是女子分泌的卵子，按正常情况，男子泄出的精液与卵子结合，便能在子宫内孕育成为胎儿；采阴之术则是用阴茎把此卵子吸入男子体内，使其在男子体内与精液结合成胎，这在逻辑上并非不可能之事。当然，男子怎样才能把此"红雪"吸入体内，吸入体内后又如何处置，才是问题的关键所在。

在明代洪基的《摄生总要》中介绍的采阴补阳之法则比陈希夷、崔希范所说的方法要简单些。洪基说，采阴补阳时，先与女子性交，待女子高潮泄出阴精，男子便赶紧缩下部，使阴精自阴茎进入男子体内，与阳精相合，然后上升至泥丸，再下丹田：

若论成功，止其不泄未足为奇，要在还精采气，斯为大道。或曰：何谓还精采气？答曰：凡扇鼓至千百之数，女有阴交三穴：一，两乳；二，两胁；三，两肾是也。往来鼓扇之际，候其声娇色变，眼慢口合，手冷心烦，彼时急缩下部，蹲身如龟，其牝中精液，自我灵柯吸入，故曰"饮海黑虎收"。一合自己元阳，二得混而为一，从尾闾夹脊透上泥丸宫，再降入丹田，滋养真气，岂小补哉？盖女人一身属阴，惟津液属阳，故曰水中铅，阳数也，又名红娘子。男子一身属阳，惟精气属阴，故曰沙中汞，阴数也，又名白头翁。红乃为铅，白乃为汞，与真液相合，搬上泥丸，则齿发不落而颜如童矣。

在明代邓希贤的《修真演义》中，则把采阴补阳总结为存、缩、抽、吸、闭五字诀，其中的存和缩为男子闭精不泄之法，抽和吸为吸取女子的鼻气和阴精之法，闭则指闭口不使漏气。书中指出，吸和抽的功夫一定要密切配合，只有把吸鼻气和抽阴精配合好，才能使女子的阴精"如竹管引水逆流而上"：

曰存、曰缩、曰抽、曰吸、曰闭。存者，想也。交媾之时，觉精欲泄，速将玉茎掣退，缄口瞑目，存想我夹脊之下尾闾穴，有我命门精气所在，为我至宝，不可走失。但体交而神不交，不可着意也。依法存想，纵泄亦不多，力亦不倦。久能行之，则无泄漏矣。此存字之义也。缩者，畏缩不敢进也。精气欲泄，速缩胁掣退玉茎，提吸气一口，直上丹田，胁起尾闾，夹缩下部，不令气下，如忍大小便之状，定息存想，不得动作。少顷势歇，口呼出气，两手抱女，咂女舌，取津咽五六次，送下丹田，可以再御不倦。盖初下手时，切忌骤入径进，大势一发，难于掣御。设或强闭，恐败精不散，反生他疾。大概频提频掣，不至纵欲，则易掣御。此缩字之义也。存、缩二字，功夫并行，无先无后，乃男子闭精法也。抽者，采取也。交媾之时，女若欢娱，必气喘声颤。男子当缄口，缓缓柔进刚退，不可躁急令深。止进半步，以鼻引女鼻气，吸之入腹。不可口吸，口吸则伤脑。一吸一抽，所谓上吸其气、下吸其津也。少顷，其气上下相应，阳物自然坚硬。稍觉难禁，宜速掣退，依存想之法，庶无走泄。此抽字之义也。

吸者，禽入也。女人既泄，男子当掣退玉茎寸许，作半交接之势，上吸鼻气，下吸滑津。盖鼻为天门，下为命门，天门居上元，命门居下元，灵柯吸取，一时水火不能到，当以鼻同吸天门也。一抽一吸，上下相应，如竹管引水逆流而上。能依此术，大益精补阳，精神自固。然久行则损女人，待将息数时，方可再御。此吸字之义也。抽吸出入，上下贯通，抽中有吸，二字并行，乃女人既泄，男采其津之法也。闭者，缄口也。交战之时，当瞑目缄口而不令出，但以鼻渐渐导引相应，自不致喘。若不缄闭，则人门通天门，天门通命门，肾府天门不固而上走，元阳精液必纵下而泄也。若人门固闭，脑

第十二章 房中功夫

气下降肾宫,流入琼台,上下周流,精气化洽,永无泄矣。此闭字之义也。闭字置于四者中,初交便宜爱身缄气,至终不可放失,则闭之一字,久而四字功夫并行也。

《修真演义》中还指出,男子在采得女子的阴精后,还应知道如何安置此阴精。安置的方法是:平身仰躺,头脚着床,使身体悬空,闭气不息,摇动身体,如果此时觉得脸上发热,便证明精气已上升至泥丸,然后再用搓脸、搅舌等动作使精气归至丹田,周流全身:

还元者,挽回之法也。离中真阴,无体有信,其火好飞腾,顺用则孕体成人,逆用则结珠成宝。所谓"黄河翻浪,挽回依旧返天门"也。采炼时既用存缩以闭之矣,又用抽吸以取之矣。然下马无法,何以返还而散布哉?事毕,须平身仰卧,直手舒脚,头安枕上,脚跟着床,体皆悬空,极力闭气,动摇其身三五次,令鼻出气,匀匀行之。若面觉热,乃是精气已升泥丸,即用两手搓擦面皮使热,以放过开。随又合唇止息,舌搅华池神水,咽下丹田,方得精气周流,为我有用之物。如此日就月将,可以逍遥云汉,游宴黄庭矣。

在清代的《紫闺秘书》中,亦有关于采阴补阳之法的描述,观其内容,与《修真演义》中所述十分相似。所不同者,《修真演义》中是采阴完毕后再行升泥丸下丹田之功夫,《紫闺秘书》中则是采时即行精气上泥丸的功夫:

老子曰:"玄牝之门,是谓天地根。"何谓也?采时,先待阴家先泄,其目瞑身战,面色赤红,舌尖微冷,鼻孔间张,四肢不收,脉动津流,阴来之验也。此时正要心定神静,拘定鼎子,探其太和,提运成功,采其阴炁,自尾闾穴直透夹脊三关,次第入泥丸宫。此是黄河逆流之妙。行毕仰卧,直手舒腰,以头着枕,脚跟着床,以身极力悬虚五六次,然后垂帘塞兑,以鼻引清气,清气升上,此乃长生久视之道也,非寻常碌碌者比矣。学道之士,全在固精,精健则自秘矣。(《紫闺秘书·汉武帝房中提要》)

由以上内容,关于采阴补阳,我们可以得出这样几点认识:(1)采阴补阳的目的,是男子采取女子的阴精,以使自己长生不老;(2)采阴补阳所采之物是女子性高潮时分泌的阴精;(3)男子采得女子的阴精后,要使此阴精与精液的结合物上升泥丸、下入丹田。(4)采阴补阳对女子的健康会有不利的影响,如《修真演义》中明确说:"然久行则损女人,待将息数时,方可再御。"(5)采阴补阳的关键,是用阴茎吸取女子的阴精,而这在现代人看来,是匪夷所思之事。

(3)明清艳情小说中对采阴补阳的描述

明清艳情小说的一个重要特点,就是书中有大量的性描写。然而,小说家们在进行性描写时,也不是一味露骨地描写性交时的场景,而是常常把中国古代性学的某些观念贯穿其中。而房中功夫中的采阴补阳之术,既有利于增加男主人公的魅力,又能引人入胜,故常常成为小说家笔下不可或缺的情节。在明清艳情小说《别有香》、《野叟曝言》、《禅真后史》《姑妄言》等中都有关于房中采战的描写。不过，小说家描写房中采战，与中国古代方士、道士等介绍房中采战有许多的不同：一是在方法的介绍上更为具体，更神乎其神；二是在内容上更为丰富；三当然是更让人觉得不可思议。

a. 会咬会吸、大小如意之龟

在明代小说《别有香》中，说到和尚了空"专炼房中之术，做彻夜不倒的功夫"，一次，他与一位女子性交，该女子系性交高手，但因了空懂得采阴补阳之术，那龟"像个铁铸的"，女子只好败下阵来。（见《别有香》，第四回）

在清代小说《姑妄言》中，有大量关于采阴补阳的描述，《别有香》中的描述，若与《姑妄言》相比，可谓小巫见大巫。《姑妄言》在描述男子采阴补阳时，必会首先描述该男子的阴茎与众不同，不仅能久交不泄，而且大小如意，龟头甚至能像嘴一样咬啮女子阴道中的特殊部位，使女子忍不住阴精大泄。在该书的第一回中，写到有一位云游的道士，"既会采阴，又善炼汞"，"遇着有好鼎器，他就采补一番"。有一次，他来到一个尼姑庵，发现庵中的尼姑是一个美鼎，便与之性交。性交时，道士的龟头在阴道中"如蛇吐信子一般，不住乱戳"；而且收放自如，可大可小。（见《姑妄言》，第一回）

在《姑妄言》的第十七回中，说到童自大的采阴补阳之术，则更是神奇。童自大本是一个普通男子，后来他遇到了一个僧人，僧人传授他采补之术，首先就是改造他的阴茎：先用药物使阴茎增大；再把龟头的马口割开，使如一张小嘴相似；接着用运气之术，使阴茎能把碗中的酒吸尽。

以上虽系小说家的虚构，但亦有助于我们对于房中采战的实质的认识，如文中称，女子"若采过一次，要好好的将养七日，才得复原"，"若次数多了，要身子虚弱，成痨病死的"，"须得有十数个婢妾，才可供得过来"。而这些，正是采阴补阳术被人们称为邪术的原因。

b. 采阴补阳的危害：伤身殒命

在中国古代房中经典中，对采阴补阳多赞美之词，如《素女妙论》中说："吸阴精而补阳气，引鼻气以填脊髓……溢溢气血，驻颜不老。"《修真演义》中说："如此日就月将，可以逍遥云汉，游宴黄庭矣。"《紫闺秘书》中说："若得少壮女采之，大能神助阳事，至老不衰，容颜如旧不改。的当之言，非谬语也。"然而，在明清艳情小说中，我们却常常看到女子在男子的采战下丧命的情节。

在明代小说《禅真后史》中，说到和尚嵇西化房术高强，与权贵来金吾的众姬妾有染。来金吾的三夫人沈氏亦颇懂房中功夫，听说此事后，冒名顶替，与嵇西化性交，结果命丧嵇西化之手。（见方汝浩：《禅真后史》，第五十四回）

第十二章 房中功夫

在清代小说《风流和尚》中，描写憨道人善采战之术，有一个叫江乙的妇人，极为淫狠，但她与憨道人连睡三夜后，不久便得痨病而死：

再说苏州地方，第一奢华去处了，淫风也渐觉不同。天启末年，忽然有个道妆打扮的人，来到阊门。初然借寓虎丘，后来在城内雍熙寺、东天王堂，各处游荡。自称为憨道人，声言教人采战。有一个中年读书人，要从他学术，怕他是走方骗人的，说要请他在私窠子家吃酒，就留他住在这家试他。果有本事，才肯送开手拜师傅。

有个极淫极狠的妇人，姓江，行乙，中年人曾嫖他，弄他人不过，因此同憨道人去。……

这夜憨道人住江乙家，江乙奇骚，又是自己身子，一弄不放他了。连住了三夜，憨道人知他弄损元神，不久要死。也不教中年人术，写几行字与他，悄悄逃去了。不上两月，江乙害痨病死了。（《风流和尚》，第三回）

在清代小说《野叟曝言》中，说到某公子与女子春红性交时行采战之术，春红因泄阴精过多，竟脱阴而死。（见夏敬渠：《野叟曝言》，第二十八回）

清代小说《姑妄言》中所述的故事则更是奇异。书中说尼姑崔命儿因懂采阳补阴之术，老有少容。后来，她听说童自大深通采阴补阳之术，便主动去会童自大，意在吸取童自大之阳精，补益自身，没想到却被童自大战败，身上阴精泄尽，由一个美貌尼姑变成了"鸡皮老秃"，并于不久后丧命。（见《姑妄言》，第十八回）

中国古代性学家一直认为，房中功夫能生人，亦能杀人。房中采战功夫则更是如此，若功夫掌握不当，不仅会使女子丧命，男子也会身死当场。在明代小说《二刻拍案惊奇》中，就讲了一个房术爱好者甄监生因采战功夫不熟而丧命的故事。

书中称，甄监生名廷诏，是国子监监生，颇有家业。因酷爱房中采战功夫，家产渐渐耗尽。后来，他遇到了一个道号叫玄玄子的方士，传授给他不少采战的法子：

一日请得一个方士来，没有名姓，道号玄玄子，与甄监生讲着内外丹事，甚是精妙。甄监生说得投机，留在家里多日，把向来弄过旧方请教他。玄玄子道："方也不甚差，药材不全，所以不成，若要成事，还要养炼药材，这药材须到道口集上去买。"甄监生道："药材明日我与师父亲自买去，买了来从容养炼，至于内外事口诀，先要求教。"玄玄子先把外丹养砂干汞许多话头传了，再说到内丹采战抽添转换、升提呼吸要紧关头，甄监生听得津津有味，道："学生于此事究心已久，行之颇得其法，只是到得没后一着，不能忍耐。有时提得气上，忍得牢了，却又兴趣已过，便自软痿，不能抽送，以此不能如意。"玄玄子道："此事最难。在此地位，须是形交而神不交，方能守得牢固。然功夫未熟，一个主意要神不交，才付之无心，便自软痿。所以初下手人必须借力于药。有不倒之药，然后可以行久御之术。有久御之功，然后可以收阴精之助。到得后来，收得精多，自然刚柔如意，不必用药了。若不先资药力，竟自讲究其法，便有些说时容易做时难，弄得不尴尬，落得损了元神。"甄监生道："药不过是春方，有害身子。"玄玄子道："春方乃小家之术，岂是仙家所宜用？小可有炼成秘药，服之久久，便可骨节坚强，长生度世。若试用鼎器，阳道壮伟坚热，可以胶结不解，自能伸缩，女精立至，即夜度十女，金枪不倒。此乃至宝之丹，万金良药也。"甄监生道："这个就要相求了。"

玄玄子便去葫芦内倾出十多丸来，递与甄监生道："此药每服一丸，然未可轻用，还有解药。那解药合成，尚少一味，须在明日一同这些药料买去。"甄监生收受了丸药，又要玄玄子参酌内丹口诀异同之处。（凌濛初：《二刻拍案惊奇》，卷十八）

甄监生得了秘诀后，未等解药合成，便急着与婢女春花试法，结果在关键时刻手足无措，以致一命呜呼。（见同上）

c．捺腰眼：女子破男子采战之法

据明清艳情小说称，女子在面对有采战之术的男子时，也不是束手无策，任凭采取，女子也可采取一招制敌的手段，这就是捺男子的腰眼；据说在男女性交时，女子只要按捺男子的腰眼，男子便会忍不住泄精。

在明代小说《别有香》中，说到有一个僧人了空，从师父本如处学习房中采战之术，当时师父便告诫他，与女子性交时，一定要"谨防胁下"：

了空时已谙事，闲说女子，心就跃然，问道："干女子的法儿，怎么去干得两下欢快？"本如道："个中妙处，也说不尽。但知此事，是去刀尖舐蜜，施为第一要仔细，方有受用。我把黄梅衣钵，就传授你。因付口诀道：

身到花丛，心如铁石。

早求灵药，醉倒花枝。

花□迷魂，我留醒眼。

更怕花精，谨防胁下。

作如是想，无上菩提。

了空牢记师言。及长，专炼房中之术，做彻夜不倒的工夫。（《别有香》，第四回）

后来，了空在与一女子性交时使用采战之术，使该女子很不甘心，便设法让了空说出了点腰眼就泄精的秘密。之后，女子与了空性交时每次都点了空的腰眼，使了空追悔不已。（见同上）

在明代邓希贤的《修真演义》中，也告诫男子在采阴补阳时"且不可令女人拍动我腰眼"：

若依采战之法，入炉时缓缓按纳，不可急躁，缓者易擎，躁者难遏，且不可令女

第十二章 房中功夫

483

人拍动我腰眼,进退悠久,依法采战,不惟有补于身,且使女爱怜。

由此看来,腰眼仿佛男子的精液控制阀,按动腰眼,便会打开此控制阀,无论仙凡,概莫能外。

d. 采阴补阳时女子的感觉

男子采阴补阳时采的是女子的阴精,而女子的阴精只有在达到性高潮时才能泄出。现代性学的相关统计则表明,并不是所有的女子在达到性高潮时都会泄阴精。因此,女子泄出阴精,必须具备两个方面的条件:一是男子有很好的性交功夫,二是女子具备泄阴精的能力。据此,女子在泄阴精时的感觉肯定是极其快乐的,要超过普通女子达到性高潮时所享受到的快乐。

在明代小说《别有香》中,用"酥了又酥"四字来形容女子在接受采战时的快乐。(见《别有香》,第十一回)

在清代小说《野叟曝言》中,说到某公子与女子春红性交,中间公子施展采战之术,春红的反应是"始而笑乐,继而叫唤,久而声息俱无"。(见夏敬渠:《野叟曝言》,第二十八回)

在清代小说《姑妄言》中,说到童自大与其妻铁氏性交,一番采战后,铁氏昏死过去。醒来后,铁氏的感觉是"浑身竟像打骨缝里头去了些东西一样,遍身都松散了"。(见《姑妄言》,第十七回)

当然,以上内容多系小说家的虚构,当不得真,在此引述的目的,只是让读者从一个侧面了解中国古代小说家想象力之丰富。

e. 房中采战与狐狸精

在清代蒲松龄的小说《聊斋志异》中,描写了各种各样的狐狸精,它们或幻化为男子,与女子性交;或变化成女子,与男子性交。狐狸精的最大特点除了能变化,还善于吸收人的阳气。据说人一旦被狐狸精迷住,便会变得面黄肌瘦,精神衰怠,元气枯竭。

在中国人的心目中,狐狸一直是一种阴险狡猾的动物。早在春秋时期的《诗经》中,已有"雄狐绥绥"意即狡猾的狐狸寻找伴侣的说法。(见《诗经·齐风·南山》)唐代徐坚的《初学记》引《郭氏玄中记》说:"千岁之狐为淫妇,百岁之狐为美女。"又引《道士名山记》说:"狐者,先古之淫妇也,其名曰紫;紫化而为狐,故其怪多自称阿紫也。"由此可见,关于狐狸精能变化迷人的说法由来已久。

荷兰汉学家高罗佩也注意到了中国古代典籍中关于狐狸精的说法,在其著作中专门对此作了论述:

> 狐狸精的故事可谓源远流长。在第一章中我们已注意到早在周代人们就认为狐狸

元气充沛，因为它们住在洞穴中，接近大地的繁殖力，因此人们都相信狐狸寿命很长。《诗经》中提到狐狸是狡诈的动物（第63首《有狐》和第101首《南山》），而汉代和六朝文献中也有很多资料是讲狐有超自然的神力，特别是能使人生病和引起各种灾祸。

……

狐狸在梦中作祟的特殊形象是后起的，而在唐初以前还没有充分发展起来。有一本志怪小说《玄中记》，作者不详，但显然作于唐初，其中有下面一段话：

狐五十岁能变化为妇人。百岁为美女，为神巫。或为丈夫，与女人交接。能知千里外事。善蛊魅，使人迷惑失智。千岁即与天通，称天狐。（高罗佩：《中国古代房内考》，第272～273页）

高罗佩还指出，至少在唐代，人们认为狐狸会在梦中作祟和蛊惑男女，但狐狸传说中的性描写还未被人们广泛接受。

然而，到了明清时期，狐狸精的传说已十分盛行。在明清小说中，我们随处可以见到狐狸精化作人形蛊惑男女青年的情节。在明代小说《警世通言》中，描写汉灵帝时，长沙地方有两只九尾狐，化作美女，把一个懂采战的男子刘玺掳走取乐：

汉末灵帝时，长沙郡武冈山后有一狐穴，深入数丈内有九尾狐狸二头。日久年深，皆能变化，时常化作美妇人，遇着男子往来，诱入穴中行乐。小不如意，分而食之。后有一人姓刘名玺，善于采战之术，入山采药，被二妖所掳。夜晚求欢，刘玺用抽添火候工夫，枕席之间，二狐快乐，称为如意君。大狐出山打食，则小狐看守。小狐出山，则大狐亦如之。日就月将，并无忌惮。酒后，露其本形。刘玺有恐怖之心，精力衰倦。一日，大狐出山打食，小狐在穴，求其云雨，不果其欲。小狐大怒，生啖刘玺于腹内。大狐回穴，心记刘生，问道："如意君安乐否？"小狐答道："窃已啖之矣。"二狐相争追逐，满山喊叫。（冯梦龙：《警世通言》，第三卷）

在《警世通言》的第二十七卷中，还描写有两个狐狸精，竟然幻化成仙人吕洞宾与何仙姑的模样，与男子魏生往来。魏生信以为真，与他们同床共寝，最后弄得面黄肌瘦，差点命丧黄泉：

酒酣，洞宾先寝，魏生和衣睡于洞宾之侧。洞宾道："凡人肌肉相凑，则神气自能往来。若和衣各睡，吾不能有益于子也。"乃抱魏生于怀，为之解衣，并枕而卧。洞宾软款抚摩，渐至狎浪。魏生欲窃其仙气，隐忍不辞。至鸡鸣时，洞宾与魏生说："仙机不可漏泄，乘此未明，与子暂别，夜当再会。"推窗一跃，已不知所在。魏生大惊，决为真仙。取夜来金玉之器看之，皆真物也，制度精巧可爱。枕席之间，余香不散。魏生凝思不已。至夜，洞宾又来与生同寝。一连宿了十余夜，情好愈密，彼此俱不忍舍。

第十二章　房中功夫

一夕，洞宾与魏生饮酒，说道："我们的私事，昨日何仙姑赴会回来知道了，大发恼怒，要奏上玉帝，你我都受罪责。我再三求告，方才息怒。他见我说你十分标致，要来看你。夜间相会时，你赔个小心，求服他，我自也在里面撺掇。倘得欢喜起来，从了也不见得。若得打做一家，这事永不露出来。得他太阴真气，亦能少助。"魏生听说，心中大喜。……妆扮整齐，等待二仙。只见洞宾领着何仙姑径来楼上。看这仙姑，颜色柔媚，光艳射人，神采夺目。魏生一见，神魂飘荡，心意飞扬。那时身不由己，双膝跪下在仙姑面前。何仙姑看见魏生果然标致，心里真实欢喜……是夜，三人共寝。魏生先近仙姑，次后洞宾举事，阳变阴闾，欢娱一夜。……自此以后，无夕不来。……如此半载有余，魏生渐渐黄瘦，肌肤销铄，欲食日减。

在清代小说《姑妄言》中，说到有一只千年老狐，听说童自大精于采战，便化成一个美女，来与童自大相会，意图采取童自大的阳精，好早日炼成大丹。谁知一不小心，喝醉了酒，反被童自大采走了阴精，使自己多年的功夫毁于一旦：

（童自大）先自己脱了，然后替他脱尽。此时兴发如狂，也顾不得是妖怪了，挺起阳物，一阵乱捣，然后运气混咬起来，在内中大张马口，一下咬住花心，含着力咂。那狐狸多时方醒，身子软瘫，急得只是乱扭。童自大吸了个尽情，看那狐精时，反昏昏睡着。童自大得了丹头，精神顿旺，心中大乐。只见那狐精哭起来，童自大假惊（道）："你为甚么？"他道："实不瞒你，我是一个千年老狐，费了多少苦功修炼，已经将成正果，只想得你有福的人一点阳精，我就成了仙丹，便可脱去皮毛。谁知一时图贪口腹，把几百年功夫，一旦送在你手。你既得了我这些精华，可以延年却病，但苦我的工夫枉费了。"（《姑妄言》，第十八回）

把房中采战之术与狐狸精的传说结合在一起，反映了中国古人丰富的想象力，同时也使房中采战之术变得更为神秘，并且充满了魅惑力。

在清代的《点石斋画报》中，亦有一些关于狐精媚人的记载。其中一则说，有一个姓金的朝鲜士子，受到狐狸精侵扰，以致骨瘦如柴。后来，其兄手持利刃，向黑暗中发出声音的地方刺去，狐精应声倒毙：

狐修五百年可成人形，此言即出自狐口，谓人苟有志修道，较狐可省五百年，再修便成正果。然而采取人精，以为己有，路径虽捷，亦属旁门，如人世盗劫资财以为富，仍不免于天诛。此言殊为有理。朝鲜有士子金其姓，遭狐媚数月后，骨如柴瘦，家人以为病也，投以药饵不效，嗣于更深人定时伺之，闻喃喃与人私语，语多亵狎。乃兄素负雄直气，备利刃，一夕，于昏黑中突前直刺，应手而倒。秉烛审视，则一黑狐。呜呼！狐之杀人者屡矣，此殆天之假手于人乎？（《点石斋画报·媚狐饮刃》）

《点石斋画报》系新闻性质的出版物，作者把此事当作真实事件予以记载，可见狐精

《点石斋画报》中的媚狐饮刃图

之传说的影响是多么的大。

（4）对采阴补阳的评价

采阴补阳的房中功夫的特点是以女性为鼎器，采取女性的阴精以补益男性，属于一种损人利己的功夫，因此，极易遭到人们的攻击。在中国历史上，虽然有不少人提倡采阴补阳的功夫，然而，反对的声音无疑更为强大。在此，我们按照时间顺序，简要地展示不同时代的人们对采阴补阳术的批判。

在宋代曾慥的《道枢》中，曾慥（号至游子）称自己曾得到崔希范所著的《入药镜》，其中有关于采阴补阳之术的描述。曾慥认为，这无疑出于某些人的杜撰，因为古代并无此术，东汉时张道陵虽曾有类似的方术，但后来就完全抛弃了。何况通过采阴补阳来成仙，就好比把一块肉放入腹中希望它能成仙一样，是根本不可能的。曾慥还说，东汉时的冷寿光自称通过御女而获得长寿，但他也只活了一百多岁就死了，历史上从来就没有通过御女而成仙的人：

> 至游子曰：尝得崔公药镜之书，言御女之战，客主恍惚，则同识不同意，同邪不同积，同交不同体，同体不同交，是为对境不动者也。……至游子闻而大叱曰：崔公果为是言哉？吾闻之古先至人，盖未尝有也。昔张道陵黄赤之道，混气之法，盖为施化种子之一术尔，非真人之事也。然及陵之变举，则亦不复为此矣。清灵真人曰：吾见行此，绝种而死，未见其生者也。夫存心包观而行上道，是所谓抱玉赴火，金棺葬犬者也。紫微夫人曰：为黄书赤界者，适是鸣三官之鼓，致考罚尔。真人之偶景者，在于二景而已，非为夫妇之迹也。夫黄赤存于中，其可以见真人、灵人乎？魏伯阳曰："割肉以内于腹，不可以成胎。"则外物不可以为丹也，明矣。是以学道以清静为宗，内观为本者也。于是深根固蒂，使纯气坚守，神不外驰，至于坎离交际，而大药可成矣。善乎！庄子之论曰："必净必清，无劳汝形，无摇汝精，乃可以长生。"未闻有以御女而获仙者也。唯东汉冷寿光自云行是法几百四五十岁，鬓发尽白而肌理盛壮，而卒不免于死也。世

第十二章 房中功夫

所谓善（一作喜）御女而得其效者，宜无逾寿光。寿光且死，则是道也，恶足以语长生久视之理也哉？（曾慥：《道枢·容成篇》）

元代道士李道纯则明确称采阴补阳之术为"大乱之道也，乃下三品之下，邪道也"：

> 御女房中，三峰采战，食乳对炉，女人为鼎，天癸为药，产门为生身处，精血为大丹头；铸雌雄剑，立阴阳炉；谓女子为纯阳，指月经为至宝，采而饵之，为一月一还；用九女为九九鼎，为九年九返；令童男童女交合而采初精，取阴中黍米为玄珠。至于美金花，弄金枪，七十二家强兵战胜，多入少出，九浅一深，如此邪谬，谓之泥水丹法，三百余条。此大乱之道也，乃下三品之下，邪道也。（李道纯：《中和集·傍门九品·下三品》）

明代医家万全认为，采阴补阳之说是荒谬的，因为男子连自己泄出的精液都无法控制，又怎么能控制女子泄出的阴精呢？因此，这种方法不但不能养生，反而会害生：

> 今人好事者，以御女为长生之术，如九一采战之法，谓之夺气归元，还精补脑。不知浑浊之气，渣滓之精，其机已发，如蹶张之弩，孰能御之耶？已（泄）之精，自不能制，岂能采彼之精气耶？或谓我神不动，以采彼之气，不知从入之路何在也？因此而成淋沥者有之。或谓我精欲出，闭而不泄，谓之黄河逆流，谓之牵转白牛，不知停蓄之处为痈为肿者有之。非以养生，适宜害生也。（万全：《万密斋医学全书·养生四要》）

明代道士张三丰认为，修炼成仙是崇高的事情，怎么可能主张采女子之阴精以利己呢？因此，那些主张房中采战的人，恰如"披麻救火、飞蛾扑灯"，无异于自取灭亡：

> 今之愚人，闻说有用生阳之道者，却行御女巧诈之术，正如披麻救火、飞蛾扑灯，贪其美色，胡肆纵横，日则逞力多劳，夜则恣情纵欲，致使神昏炁败，髓竭精枯，犹不醒悟，甘分待终。古之贤人不然，忠孝两全，仁义博施，暗行方便，默积阴功，但以死生为念，不以名利关心，日则少虑无思，夜则清心寡欲，以此神全炁壮，髓满精盈。（《张三丰全集》，第7页）

> 世间学好的人，必不为损人利己之事，宇宙间男女所赖以生而不死者，惟此一点阳精而已。岂有学仙的人，采女人之精而利己之身哉！比与世之杀人者，有何异焉？又先圣言彼家男女，两家两国，及内外炉鼎等说，若人不得正传，其不错认者几希矣。（同上，第19页）

在清人沈起凤的《谐铎》中，则用独特的描写来反对房中采战。有一个读书人宋生，好采阴补阳，广置姬妾，交媾不已。后来有个道者来访，向他伸开左掌，上有合欢床九张，许多对男女在淫戏。然后他又伸出右掌，出来一个八九寸高的恶鬼，把这些男女吃得只剩骷髅：

> 道人笑曰："横阵之戏，君观之乎？"

生问："若辈何人？"曰："皆如君等，以采战求长生者也。"问："恶鬼何名？"曰："此尺郭，即淫魔也。仙家以清心寡欲，得臻上寿。若于欲海中求仙，淫魔一起，非以求生，实以丧生。君几见九转炉头，尽炼春恤胶为续命丹哉？"（沈起凤：《谐铎·掌中秘戏》）

在晚清游戏主人的《一见哈哈笑》里，则用夸张的手法，嘲笑那些搞房中采战的人实在是冥顽不化，愚不可及：

黄帝御三千六百女而成仙，后人祖为采战之术，一老翁欲用之，置姬妾，日夜嬲战，谁知屡战屡北，遂成虚劳之疾，犹自强战不辍。延医诊视，医云："肾气大虚，精髓已竭，非峻补不可。"老翁曰："虚不虚且勿论，不知我还有脑髓没有？"医云："骨髓虽竭，脑髓尚在。"翁喜曰："想不到我还有脑髓，请问先生，我这脑髓还够战几回的？"（游戏主人：《一见哈哈笑·嘲采战》）

近现代著名道教学者陈撄宁也视房中采战为旁门邪道，劝世人切莫误入歧途：

世人学栽接术者，第一步功夫，就是开关展窍，用尽方法，丑态百出，关窍仍旧不通。程君功夫，仅事静坐，并不像方士们，有许多动手动脚动嘴动舌的花样，在轻而易举之中，关已开而窍已展矣。用不着什么插金锹、狮子倒坐、瞪目、耸肩、擦腹、搓腰、研手、摩面、拍顶、转睛、闭息、嗽津等等动作，更用不着吹笛呵气，裹茎露顶、扳膝登天、栽葱吸涕种种捏怪。世有至诚学道之君子而误走旁门者，闻余言切宜猛醒。（《道家养生秘库》，第169页）

当代著名文学家茅盾著有《中国文学内的性欲描写》一文，对采阴补阳之术作了猛烈抨击。他认为，采补术是荒谬的，那些制造采补术妖言的方士们，一方面是炫世欺人，另一方面亦属于自欺：

在中国的性欲小说里，很显明地表现出几种怪异的特点：

一是根原于原始人的生殖器崇拜思想的采补术。原始人不明白生殖机能的科学的意义，看见两性交媾而能生子，觉得是神秘不可思议的怪事，因而对于生殖器有一种神奇的迷信；这在原始时代并不为奇。但是中国却在文化昌明以后，还保存着这种原始思想，且又神而明之，造成了"采补术"的荒谬观念。所谓黄帝御千女而得仙去等等谰言，遂成为采补术的历史的根据。几乎中国历史里无一时代没有这等采补术的妖言在社会上或明或暗的流传。汉、唐、明的方士就是采补术的创造者与宣传者。他们不明白性交的生理的作用，以为男女的精液是一种最神奇的宝贝，妄想在性交时吸取对方的精液以自滋补，甚至可以长生不老；他们——方士们，造作这些妖言，一半固在衒世欺人，而一半亦正自欺。但采补术还带有神秘性，传授者难掩其伪，学习者苦于渺茫无速效；于是有依据了采补术的原理，想直接饮用男女的精液的邪说出来。《野叟曝言》中谓李又全饮男子精液后即能壮阳纵欲，明代方士以处女月经炼红铅，都是例证。此可名为采补术的平凡化，然而愈加卫恶不近情理了。大概在古代的性欲小说内，多写左道的神秘的采补术，而在近代的性欲小说内，却只有饮人精液一类的平凡的采补术了。（见《中国古代小说中的性描写》，第28～29页）

荷兰汉学家高罗佩对房中采战也明显表现出厌恶，他认为，那些搞采战的人从事的是"令人发呕和残忍的实验"：

道家的炼丹士把房中术看成是延年益寿的方法之一，最终目标则是长生不老。这种偏颇的观点反映在对上文提到的容成公的陈述上：他因娴熟于从与其交接的女子身上采阴而返老还童。因此，这种技巧在道家方术和长生不老法中达到了占据重要地位的地步。

这些修炼者视女人为"敌"，因为她通过激发男人射精来掠取其珍贵的阳气。这种概念导致女人被贬黜成一个提供子虚乌有的阴气的纯粹的源泉。按照炼丹士的解释，房中术是一种残忍的性榨取。他们相信，不仅从与他们交接的女人身上采吸大量的阴气能够使自己延年益寿返老还童，而且长生不老药存在于"元牝"中。这种被他们描述成聚集在一起而无活性的阴气的神秘物质，尤其易于从年轻处女的阴道分泌物中抽出。这种物质可以通过操行特定形式的性行为而释放，或者通过人工的手段从女人身上提取。因此，炼丹士们从事各种令人发呕和残忍的实验，这类实验常使不幸的受害者致死。（高罗佩：《秘戏图考》，第17～18页）

在对采阴补阳术作了大量无情的批判后，我们不妨冷静下来，看看它是否真的一无是处。我认为，在彻底否定房中采战的大前提下，我们可以思考这样几个问题：一是当内丹修炼家炼至身上的大小周天贯通后，其阴茎是否真能从外部吸取液体？二是当修炼者炼至大小周天贯通后，靠其自身的阴阳即可产生神通，还需要吸取外部的阴精吗？三是对普通人而言，若在性交时坚持不泄，意想女子的阴精被阴茎吸取，会有什么样的效果？在这个问题上，民国时期柴小梵的一则记录颇有意思："文襄（指左宗棠）晚年，颇事采补，多蓄姬妾，后房幼女三十余人……文襄须发已颁白，每一御女，必黑数分，至暮年而须发转如壮年。"（柴小梵：《梵天庐丛录》）

此外，从整个世界文明的范围来看，中国古代的房中采战术亦并非独此一家，刘达临认为，印度文化中有一个性力派，主张男子通过与女子性交来有规律地吸取女子的阴精，以补益身体，延年益寿，这与中国古代的房中采战术十分相似：

性力派崇拜女神，认为性是宇宙间的根本动力，是智慧和力量的集中表现，男女交合、双抱双修才能获得精神解脱和无上福乐。这种修炼不同于尘世的淫乐，而主张追求更高超的目标，他们一面性交，一面口念箴言，使男女两性达到完美的结合，这就是修行者以性乐而达到悟道的目的。在他们看来,性不仅不是成佛的障碍,完全相反,性的神力和修炼是成佛的必由之道。

性力派对人类的繁衍也和苦行主义者有不同的看法。他们认为自然界的耕耘活动和人类的生殖有共同的道理,女性是田亩,阴户是喷出诸种生命之口,阴道所分泌的阴精是不会枯竭的;男性生殖器是锄头,所分泌的阳精则有一定的数量,精液是"能"的起点,也是种子,所以十分珍贵。它的质也特别重要,男子需要阴精的滋补,通过性交来有规律地吸收阴精,才能滋补身体,延年益寿。他们又认为阴茎留在女子阴道内时间越久,就能越多地吸收阴精,所以要"御而不泄";女子性交快乐,达到高潮,就会大量产生质量高的阴精,所以男女在极乐中交欢,更能发挥神秘力量。以上这套理论和中国古代房中术的"闭精守关"、"滋阴补阳"十分相似。(刘达临:《世界古代性文化》,第374～375页)

《性经验史》一书则从积极的角度来看待中国古代的房中采战术,认为它"带有非常明确的伦理目的",在这种方术中,性行为变成了一种有所控制的、深思熟虑的活动,它消解了"使人衰老并带来死亡的时间":

在高立克所收集的有关中国古代文化的文献中,看来也有这方面的论题,如对无法抑制、代价昂贵的性行为的恐惧,对它有害于身体和健康的后果的担忧,对男女关系的对抗形式的描述,对通过适当调节性活动来获得优良后代的关注。但是,在古代中国有关"房事"的论述中,对这种担忧的回应方式完全不同于古希腊。在前者看来,对性冲动的担忧和对失去精液的恐惧要求人注意保留精液;与女性的性交是一种与女性所具有的生命力相交融的途径,通过对她的阴精的吸收,将其化为对自己有益的东西。因此,管理得当的性行为不仅排除了任何危险,而且能够收到强化人的生命力和使人青春焕发的效果。这一套说法和做法涉及性行为本身、它的展开、维持它的各种力量的相互作用以及相关的快感。取消性活动的终点,或者无限地延长它,可以使人达到快感的巅峰,体验到生命中最强烈的震撼。这种"性爱艺术"带有非常明确的伦理目的,旨在尽可能加强一种有所控制的、深思熟虑的、多种多样的和不断延长的性行为的积极后果,其中,终结性行为、使人衰老并带来死亡的时间被消除了。(福柯:《性经验史》,第231～232页)

在当代社会,采阴补阳之术当然要作为中国传统文化中的糟粕予以抛弃。但是,作为一个研究者,就必须意识到这种方术在逻辑上的某种合理性:中国古代一夫多妻的婚姻制度决定了有财有势的男子可以拥有众多女子;男子为了在众多女子中保持权威地位,必须有满足众女子性需要的能力;对这种能力的追求,必然会产生超越性的思维:要以一御众,此"一"必须具有非同寻常的能力,那么这种能力从何而来呢?在以阴阳观念为核心思想的古代社会，必然会产生以阴补阳的想法，因为阳少阴多，除了以阴补阳，别无他途。

## 2. 采三峰大药

所谓"三峰"，指的是女子舌下、乳头和阴道三个部位。中国古代房中家认为，当女子达到性高潮时，会从上述三个部位分泌出对男子极有补益作用的精气，男子把它们吸入自己体内，通过上泥丸、下丹田等一系列功夫，便可对男子产生极大的补益作用，不仅能使男子身强体健、百病不生，甚至还能长生不死，飞升成仙。

采三峰大药所采的皆为女子的阴气，所以，严格说来，亦可称之为采阴补阳。只是因为习惯上把采阴补阳理解为采女子阴道中泄出的阴精，故以采三峰大药之名加以区别。事实上，采三峰大药应该包含采阴补阳，因为三峰分为上峰、中峰和下峰，下峰即阴道，采阴补阳之法所采的只是女子下峰的阴精，采三峰大药则不光采下峰的阴精，还要采上峰舌下的精气和中峰乳中的精气，因此，采三峰大药的内容要比采阴补阳丰富，操作起来也要更复杂一些。

在明代洪基的《摄生总要》中，介绍了采三峰大药的方法。具体做法是：先与女子性交，使其达到性高潮，然后采其三峰大药，即所谓"上采舌"、"中采乳"、"下采阴"：

> 凡与之交，择风日暄和之候，定息调停，战之以不泄之法，待其情动昏荡之际，舌下有津而冷，阴液滑流，当此之时，女人大药出矣。上则紧咂其舌，以左手掬其右胁下，则神惊精气泄出，吸其气和液咽之，则玉茎亦能吸其阴精入宫，如水逆流直上，然后御剑，则神妙矣。夫上采舌者，谓之天池水；中采乳者，谓之先天酒；下采阴者，谓之后天酒。崔公云："先天气，后天气，得之者，常似醉。"岂虚语哉！依法采其三次，若其阴实不过，候其情甚快咂其舌，退龟少出，如忍大便状，则其阴精自泄矣。此法巧妙，功用极大，不可轻传，以泄天机。慎之慎之！（洪基：《摄生总要·房术秘诀》）

在该书的另一处，指出三峰即上峰、中峰和下峰，上峰指女子口中的唾液，中峰指女子的乳汁，下峰指红铅即女子的阴精。书中还专门强调，在采下峰时，一定要先学会运气之法，使阴茎变得粗壮，然后再吸女子的阴精，使之从尾闾上升至头顶，再散于四肢：

> 房中术，行至一次，身体不倦。至三五次，扇鼓至一万二千八百之数，依前提身缩龟咽气一口至丹田，急缩下部，不令走泄。第一上峰，始采女子口中津液咽之；第二中峰，复采女乳汁吞之；第三下峰，闭气吞身如龟状，急缩下部，采其红铅从尾闾运上昆仑顶，散于四肢，返老还童，诸疾不生矣。真人曰："欲采下峰，且先学运气法，得玉茎巨壮，可塞阴户，然后随吸阴中之气从玉茎管逆入丹田。"此三峰法也。（同上）

在明代邓希贤的《修真演义》中，对三峰的名称、药名及采取的方法有了更具体的说明，如称上峰为红莲峰，药名为玉泉、玉液或醴泉，位置在女子舌下的窍中，颜色为碧色；

男子用舌头刺激此窍，即有唾精分泌，男子用口吸取此唾精，咽入丹田，可生气生血。中峰为双荸峰，下峰为紫芝峰，等等：

> 上曰红莲峰，药名玉泉，又曰玉液，曰醴泉，在女人舌下两窍中出。其色碧，为唾精。男子以舌餂之，其泉涌出华池，咂之咽下重楼，纳于丹田，能灌溉五藏，左填玄关，右补丹田，生气生血也。中曰双荸峰，药名蟠桃，又曰白雪，曰琼浆，在女人两乳中出。其色白，其味甘美。男子咂而饮之，纳于丹田，能养脾胃，益精神，吸之能令女经脉相通，身心舒畅，上透华池，下应玄关，使津气盈溢。三采之中，此为先务。若未生产女人，无乳汁者，采之更有补益。下曰紫芝峰，号白虎洞，又曰玄关，药名黑铅，又名月华，在女人阴宫。其精滑，其关常闭而不开。凡媾合之会，女情妩媚，面赤身颤，其关始开，气乃泄，津乃溢。男子以玉茎掣退寸许，作交接之势，受气吸津，以益元阳，养精神。此三峰大药也。惟知道者，对景忘情，在欲无欲，必能得之。所以发白再黑，返老还童，长生不老也。

在该书的另一处，则介绍了采三峰大药的顺序：先与女子性交，采取下峰；待至女子兴浓，再采中峰；女子兴趣更浓，则采上峰；此时女子欢畅之极，阴精泄出，再用阴茎采取下峰：

> 仙歌曰：女子兴无穷，先令情意浓。徐徐方与战，上将必成功。盖欲交合，先将鼎握抱，摩弄双乳，咂唇舌，使彼兴动后，方纳阳物于阴，缓缓交合，行九九之数，合目缄口，频频提掣，金枪不倒，此先采下峰也。下采既浓，女气发舒，而上应中峰也。吾款抱之，左右吸咂其汁而咽之，其美既得乃止，此次采中峰也。中采既浓，女气又发扬，适于上峰。吾纵舌于彼舌下，搅其两窍，吸其津而咽者再三，此三采上峰也。上采既已，女必欢极，阴中真气方泄，乃以灵柯掣退少许，耸身如龟，提气一口直上丹田，容彼气而吸其津，搬运周流，然后三采全矣。而女人亦上下通快，气脉顺畅矣。后亦吁气一二口，令女吸而咽之，以安其神气。盖此术已通，取彼既泄之真，还我不泄之精，在彼不甚损，在我大有益。阴阳相得，水火既济，御女之妙用也。

在《修真演义》关于采三峰大药的介绍中，值得我们注意的是书中认为采三峰大药能使女子经脉相通，并且对女子"不甚损，在我大有益"。在前面关于采阴补阳的介绍中，我们知道，男子行采阴补阳之术，对女子的健康会造成明显不利的影响，此处则称采三峰大药时男子应吐气反哺女子，采三峰大药可使女子经脉相通，且不管其真实效果如何，至少是照顾到了女子的健康问题。

在清代小说《怡情阵》中，有关于采三峰大药的情节，从内容来看，小说的作者肯定看过《修真演义》，因其中的"三峰大药采战仙方"除了某些字句，基本内容与《修真演义》中所论的一样。

在《怡情阵》的第五回中，说到井泉与女子李氏性交时，把采三峰大药的方子实践了

第十二章 房中功夫

一遍，发现"真个其效如神"。只是在采下峰时，因井泉没有用阴茎采取阴精的功夫，所以他采取的办法是用嘴把李氏泄出的阴精喝下去：

> 井泉又想起僧人传授的三峰大药，暗暗说道："我且试试。"遂把李氏的舌头抵住玉泉，餂卷多时，果然十分效验，玉泉津津滔滔直出，井泉餂了几十口儿，咽在肚内。又把李氏的乳头捏弄，圆圆的、鼓鼓的，贴在胸前小小两个乳头。井泉知是未生产过，没汁儿，只吸其气而已。井泉把口来咬住乳头，采取蟠桃之气，吸了几十口，纳于丹田，又鼻吸李氏鼻气。下边阳物在阴宫，鼻气一吸，玉茎一抽，采取多时，真个其效如神，浑身精神添了许多……
> 
> 李氏痒痒难当，口中咿咿哑哑，吱吱呀呀，叫道："亲小婿，快些抽，今日要快活杀了，我实过不得了。"又见眼闭口开，昏过去了，阴精大泄。井泉又把口来盛吃，比头遭一发多了。

与采阴补阳之术相比，采三峰大药除了采女子的阴精，还加上了采女子的唾精和乳中之精，因此，从对女子健康的损害来说，可谓有过之而无不及。历代学者对采三峰大药也多持批判的态度，如南宋时的愚谷老人说："世传三峰采战之术，托黄帝元素之名，以为容成公、彭祖所以获高寿者，皆此术。士大夫惑之，多有以此丧其躯，可哀也已！"（愚谷老人：《延寿第一绅言》）近现代道教学者陈撄宁也明确说："三峰采战，结果两败俱伤，乃是下下等的法子。"（见《道家养生秘库》，第42页）

### 3. 采阳补阴

中国古代房中功夫系专门为男子所创之法，至于女子，因为人们通常认为其在性交时除了享受性快乐，不会有什么不利的影响（除非受到男子采战的影响），故很少有关于女子房中术的内容。即使在早期性学经典《素女经》、《玄女经》等中，素女、玄女、采女等均以精通房中之术闻名，但她们论述的亦均为男子房中术的内容。然而，有意思的是，在早期性学经典《玉房秘诀》中，我们看到了关于女子房中术的论述：

> 冲和子曰：非徒阳可也，阴亦宜然。西王母是养阴得道之者也，一与男交，而男立损病，女颜色光泽，不着脂粉，常食乳酪而弹五弦，所以和心系意，使无他欲。
> 
> 王母无夫，好与童男交，是以不可为世教。何必王母然哉？
> 
> 与男交，当安心定意，有如男子之未成，须气至，乃小收情志，与之相应，皆勿振摇踊跃，使阴精先竭也。阴精先竭，其处空虚，以受风寒之疾。……以阳养阴，百病消除，颜色悦泽，肌好，延年不老，常如少童。审得其道，常与男子交，可以绝谷九日不知饥也。

由以上引文的内容可知，不但男子可以采阴补阳，女子也可以采阳补阴。传说中的西王母喜欢与童男性交，借此补益自己，使自己颜色光泽；而男子因阳气被采，马上就会生病。"以阳养阴"即采阳补阴的好处是可使女子百病消除，颜如处女，长生不老。采阳补阴的方法是在与男子性交时要安心定意，使男子的精液先泄。

在据传为汉代刘向所著的《列仙传》中，也有关于妇人女丸通过采阳补阴来养生的记述："女丸者，陈市上沽酒妇人也。作酒常美。遇仙人过其家饮酒，以素书五卷为质。丸开视其书，乃养性交接之术。丸私写其文要，更设房屋，纳诸年少，饮美酒，与止宿，行文书之法。如此三十年，颜色更如二十。"（《列仙传·女丸》）

以上内容给了明清艳情小说家极大的灵感，在明清艳情小说中，不仅关于男子采阴补阳的描述随处可见，关于女子采阳补阴的描述亦随处可见。下面我们以明清艳情小说中关于采阳补阴的相关描述为线索，从三个方面对采阳补阴进行介绍。

（1）采阳补阴的方法

在中国古代的房中典籍中，我们很难发现关于采阳补阴方法的介绍，在清代小说《姑妄言》中，则有一些相关的介绍，具体说来，就是女子先锻炼阴道中的肌肉，使之能夹吸男子的龟头，使男子尽快泄精；当男子泄精时，女子自然会感到一股热气遍行周身。在该书的第一回中，说到有一个尼姑，从一个云游道士那里学得了采阳补阴的方法，便在与她相好的男子到听身上试验，在到听泄精时，该尼姑"觉得果如醍醐灌顶，甘露沁心，乐不可言"：

> 就在小姑子房中，二人饮了一会，到听笑道："那一日我多了一杯，辜负了你的美情，没有尽兴，今日来替你赔罪。"就去扯他的裤子。小姑子正想拿他试法，欣然解衣。二人干了一会，姑子几锁，到听便丢了。姑子觉得果如醍醐欢（灌）顶，甘露沁心，乐不可言。到听也觉得快活无比，恋恋不休，一连三度，弄得猥头搭脑，头荤（晕）眼花而去。

在《姑妄言》第十八回中，说到和尚本阳与女子崔命儿性交，因本阳会采阴补阳之术，崔命儿对他留恋不已。后来，本阳告诉崔命儿，有一个尼姑会采阳补阴之术，自己曾与之性交，发现其阴道能像嘴一样裹住阴茎，之后一阵狠呷，自己不由得就泄了。

由上可见，女子在采阳补阴时，并不需要像男子那样行上泥丸、下丹田、散气全身等功夫，只要顺其自然即可。当然，这只是就小说家的描述而言，至于真实功夫如何，有无这样的功夫，则另当别论了。在这个问题上，《性修炼》一书中的观点可以作为参考：

> 我们不否认采补说有其生理学之依据，至少，女性有"高潮射液"，在西方性学中，我们已讨论过此一专题，但女采男性之生理学依据尚无明确的现代研究资料，充其量只能认为女性通过性交而得到身心愉快满足，是否"采阳补阴"了，不得而知。（蔡俊、李文坤：《性修炼》，第143页）

第十二章 房中功夫

（2）采阳补阴对女子的好处

据明清艳情小说中的描绘，会采阳补阴的女子，最大的好处便是青春永驻，貌美如花。如在明代小说《株林野史》中，描写芸香与荷花因懂得采阳补阴之术，虽已四五十岁，但看上去却一像十六七岁、一像二十七八岁：

> 叙起年庚，芸香说："我五十四岁了。"荷花说："我四十八了。"公主道："小妹今年二十一岁，容颜已觉渐改。荷花姐姐万不像四十八岁，还像二十七八岁的。惟有芸香姐姐今年已五十四岁，自小妹看来，不过像十六七的闺女，姐姐必有个却老还少的方儿，与小妹说说可乎？"
>
> 这芸香只因有了酒力，又见公主与他投契，因含羞答道："姐姐有所不知，当初小妹为闺女时，梦见一个仙人，自称浪游神，与我交媾，教我以素女采战之法，交接之时采取阳精暗助阴气，故能容颜不衰，却老还少。"（《株林野史》，第十四回）

在清代小说《姑妄言》中，说到崔命儿从尼姑那里学得采阳补阴之术后，行术不辍，虽已四十多岁，仍像二十来岁的年轻女子：

> 崔命儿自从学会这采战之术，行了多年，也葬送了无限贪淫的恶少在此牝户之中，到此时，年已四旬之外，相貌还是二十来岁光景，较少时更加艳丽。（《姑妄言》，第十八回）

（3）采阳补阴术的害处

根据通常的观念，男子的精液比女子的阴精要金贵些，因为女子在一次性交中即使连泄数次阴精，对身体也不会有明显的影响；而一个男子，若在一次性交中连泄数次精液，便不免会有头目森森、身心俱疲之感。因此，从逻辑上说，一个男子，若遇到一个会采阳补阴的女子，那就意味着他的身体将会在短期内垮掉。

在明代小说《禅真后史》中，说到有一个贾道姑，善采阳补阴之术，一次，她见到有一个道士吹嘘自己"采阴补阳，世无敌手"，心中不服，便与该道士比拼，结果贾道姑获胜，那道士则"头重脚轻，一堆儿矬倒榻边"，"三五个月行走不得"。（见方汝浩：《禅真后史》，第五十三回）

在清代小说《姑妄言》中，说到崔命儿学得采阳补阴术后，整天勾引男子，那些与她性交过的男子，"十人之中，四个成痨，倒有六个丧命"：

> 元品妙炎轮替在厢房中坐守，在窗洞中往外张，有那老年诚实的，便凭他去了；见有生得清秀少年，穿得略干净些，就出来招揽，殷勤扳答。但那些轻薄少年见了这样姑子，又在青年，可有不想他脐下的那件妙物？或说句风流话儿勾引，他便开门笑纳，再不推辞。上样的进与命儿，其次者他二人留为自用，渐渐也就人来随喜的多了。命儿大发慈悲，一概布施。人经了他这妙牝，有老成些的知道利害，就得趣抽身；有那

不知死活的少年，上面爱他的娇容，下边喜他的干法，死死恋住，十人之中，四个成痨，倒有六个丧命，被他把药汁吸尽，都成了药渣儿了。行了数载，被他这一点美穴中，葬了多少少年。(《姑妄言》，第十八回)

《姑妄言》中还说，有一个和尚，仗着身体精壮，主动来与崔命儿相会，然而，在崔命儿的一阵"夹攻"之下，该和尚连泄七次，"头脑轰轰，一阵阵发迷"，"抱头鼠窜而去"。(见同上)

以上情节当然是小说家的虚构，但其中蕴涵的道理则是值得我们重视的：采阳补阴与采阴补阳一样，其出发点都是损人利己，把本属增进男女情意的性交变成了你死我活的拼杀，即此一点，我们称采阳补阴之术为害人的邪术，毫不为过。

## 三、阴阳双修

阴阳双修是道教南宗的修炼功法，主要内容是男女两人共同修炼，通过一系列特殊的方式，使阴阳之气互补，最终达到长生不死、飞升成仙的目的。因此，严格说来，阴阳双修不属于房中功夫，只因为这种修炼离不开男女双方的阴阳互补，故亦把它归于房中功夫之中。

在道教中，阴阳双修是相对于北宗的清净功夫而言的。所谓清净功夫，指一个人通过打坐修炼，把精气神归于丹田之中，久而久之，无中生有，丹田显现，炼成圆陀陀光灼灼之丹，此丹在周身经络中运行，最后由泥丸宫出胎，飞升成仙。

既然修炼清净功夫即可飞升成仙，为什么还要修炼阴阳功夫呢？对此，陈撄宁的解释是这样的："一身之阴阳，见效甚缓而力薄，但易于实行；彼我之阴阳，见效甚捷而力厚，但难于实行。"(见《道家养生秘库》，第64页)也就是说，虽然依靠清净功夫也能成仙，但是想单靠清净功夫修炼成仙却极为困难；阴阳功夫虽然实行起来比较困难，但炼时见效很快。既然阴阳功夫比清净功夫见效快，当然能获得不少热衷修炼之人的青睐。那么阴阳功夫为什么会见效很快呢？阴阳功夫又该怎么炼呢？

### 1. 取坎中之阳，补离中之阴——阴阳双修的原理

作为一种宗教修炼功夫，阴阳双修与普通的房中功夫相比，有一个重要的差别，就是阴阳双修有其较为系统的理论依据。

根据道教的理论，男子在十五岁精通以前属纯阳之体，用八卦来表示就相当于乾卦(☰)，一是阳爻，☰是由三个阳爻组成的纯阳之卦。十四五岁精通以后，由于手淫、性

第十二章 房中功夫

**取坎填離圖**

取坎填離圖

交等原因，真阳不断走失，男子就由乾卦（☰）变成了离卦（☲），即中间的阳爻因阳气不足而变成了阴爻。离（☲）在八卦中属火，故男子属火。男子在还是纯阳之体时，若得仙人点化，自然就能长生成仙。而现在变成了离卦（☲），想要长生成仙，就必须把离（☲）中间的阴爻修炼成阳爻。对此，明代孙汝忠的《金丹真传》中有这样的论述：

> 积至一岁，则精满二两，至二岁则精满三两，至十五岁则精满一斤之数，而男道成矣。斯时也，精气充盈，是为纯乾，是名上德。若得至人点化，则基本自固，无事补气、补血、得药还丹等事，自然提挈天地，把握阴阳。使心合气，气合神，神合虚，寿敝天地，无有终时。《契》曰"上德无为，不以察求"者，此也。自是知启情生，精满不能自持，神完不能自固，以妄为常，以苦为乐，日用夜作，皆损精损血之事。而纯体遂亏，乾之中爻走入坤宫，虚而成离，是名下德。虚则当补之使实，走则当追之使还，故必藉修补返还之法，然后可以复成乾体，立就丹基，以为修仙之根本。而修补返还，其事不一。《契》曰"下德为之，其用不休"者此也。

那么，怎样才能使离（☲）中之阴爻变成阳爻呢？孙汝忠说，有两种方法，一种是男子通过打坐，使丹田气满，三关打通，然后使身中的阴阳互补，复归纯阳之体。但孙汝忠认为，这种方法炼起来极为不易，不如用身外的阳直接来补我离（☲）中之阴。

那么身外之阳又是什么呢？道教认为，与离（☲）相对的卦是坎卦（☵），这两个卦正好相反，因此坎卦（☵）代表女子。当男女阴阳相合时，女子坎卦（☵）中的阳爻便会取代离卦（☲）中的阴爻，使男子回复纯阳之体。对此，孙汝忠是这样说的：

> 然补气之法，理出两端：有清净而补者，有阴阳而补者。
> 夫清净而补者，必须定心端坐，调息归根，候一阳之初生，采先天之正气，聚于丹田。久则丹田气满，充于五脏。五脏气足，散于百骸。百骸气全，自然撞透三关，由前降

中国古代性学报告

入黄庭。以身中之坎，填身中之离，结胎脱体，功用固神。

但既漏之身，难以速补；已放之心，不能遽及。不若阴阳相补，有所凭借，不大劳神，入门为易也。

必用鼎器，先开关窍，然后补气补血。鼎器者何？即《悟真》云"灵父圣母"也。……

夫已者，外阳而内阴，其卦属离，在内者精神而已。彼者，外阴而内阳，其卦属坎，在内者气血而已。

将彼气血，以法追来，收入黄庭宫内，配我精神，炼作一家，名为四象和合。故云："气不散乱精不泄，神不外游血入穴，攒来四象进中宫，何愁自丹不自结？"此为筑基之功，复成乾健之体。

功夫到此，图子者，必生聪明端正之男，长命富贵之子。保守无漏，可作人仙。再行炼己还丹，调婴面壁，现出阳神者，为天仙。（孙汝忠：《金丹真传·续编》）

以上就是阴阳双修术的基础理论，可以看出，这种理论是有较强的逻辑性和一定的说服力的。

## 2. 择伴侣

既然阴阳双修离不开女子，则选择合适的女子就成了重要的前提。与房中采战把选择女子称为择鼎不同，阴阳双修术把选择女子称为择伴侣（有时也会习惯性地称女子为鼎，但意义已经不同）。因为择鼎是把女子纯粹作为利用的对象，只要对方符合我的要求、能为我所用即可，可以不管对方是否在修炼时受损；而阴阳双修则不同，与男子同修的女子必须与男子志同道合，男子在修炼时不仅不能损害女子的健康，而且要有助于女子的健康，使之与男子同时成仙。对此，宋初的陈希夷说：

结女者，非结谈笑游戏无益之人，必择道同心合，仁慈勤俭，不贪富贵，素有德行者，得以护卫助力，彼此进道，行无阻碍，能成就以全至真。故曰道心非难，久常为难。（陈希夷：《房术玄机中萃纂要》）

近现代著名道教学者陈撄宁也说，阴阳双修即夫妇同修同证之法，因此要求男女双方程度相等，一心一德：

人元双修，即夫妇同修同证之法，因俗人少所见而多怪，且非生有夙慧者不能行，非夫妇二人程度相等者，则必遭对方之掣肘，而亦不能实行。故必遇上上根器，而且夫妇二人一心一德者，方许传授。又须经过一种规定之仪式，及严厉之誓辞，否则不准随便轻传，故曰誓不笔录。（见《道家养生秘库》，第107页）

第十二章 房中功夫

打通周天图　选自明代的《群仙集》

### 3. 炼己筑基

懂得了阴阳双修的理论，有了志同道合的伴侣，并不意味着就可以马上进行阴阳双修，对于男子来说，此时还必须有一种基本功：周天已通。

道教认为，人体的上半身存在气血流行的大通道，身体前面为任脉，身体背部为督脉，任督脉打通为周天打通，也叫小周天打通，因为道教把身体与四肢经脉全部打通称为大周天打通。男子只有先把小周天打通，在阴阳双修时才能把感得的女子的阴中之阳为我所用。因此，陈撄宁说："大凡学道，宜先从清净入手，方不误堕旁门。盖清净之功，无论南宗北派，均不能外此。若在专行北派功夫者，固不待言。即在南宗阴阳派者言之，其起手之初，若无清净基础，河车之路未通，而欲妄行其一时半刻之功，能免'铅飞汞走'之危险乎？"（见《道家养生秘库》，第417页）

明代著名道士张三丰也说，他在正式开始阴阳双修之前，也是先烹煎自身体内的炉火，使周天畅通：

也是俺该有那出世因缘，幸遇着仗义疏财沈万三。争奈他力薄难全，俺只得把炉火烹煎。九转完，向丽春院采药行符，经五载入武当山。（《张三丰全集》，第61页）

有的道教学者认为，对于从事阴阳双修的男子来说，还需要有一项基本功，就是把阴茎炼得"头直竖，眼圆如青蛇之口"：

青龙剑乃雄剑，必炼至头直竖，眼圆如青蛇之口，动而欲咽，方可得药，故又名曰青蛇剑。鹤凡独立时，以头啄入翎中伏气，龙入虎穴，恰如其状，故又名曰鹤翎剑，本一物也。（喻太真等：《玄微心印》）

### 4. 阴阳双修的方法

关于阴阳双修的具体方法，在中国历史上有一个演变的过程。在晋代陶弘景的《御女损益篇》中，称阴阳双修为"男女俱仙之道"，方法是把阴茎插入阴道后不动，存思自己的脐内有大如鸡蛋的一团赤色，然后缓缓抽动阴茎，待精欲泄时退出阴茎：

《仙经》曰：男女俱仙之道，深内勿动精，思脐中赤色大如鸡子，乃徐徐出入，精动便退。一旦一夕可数十为之，令人益寿。男女各息，意共存之，唯须猛念。

在唐代赤将子舆的《还元化真诀》中，对阴阳双修法有这样的介绍：先在思想上忘形忘物，然后叩齿念咒，男女交合，男子意守肾脏，使精气从夹脊上升到泥丸；女子守心，意想两乳之气下行后从夹脊升至泥丸，据说这样做可使人长生不死：

凡入靖，先须忘形忘物，然后叩齿七通而咒曰：白元金精，五华敷生，中央黄老君，和魂摄精，皇上太精，凝液骨灵，无上太真，六气内缠，上精玄老，还神补脑，使我合会，炼胎守宝。祝毕，男子守肾，固精炼炁，从夹脊溯上泥丸，号曰还元。女子守心，养神炼火不动，以两乳气下肾，夹脊上行，亦到泥丸，号曰化真。养之丹扃，百日灵通。君久久行之，自然成真，长生住世，不死之道也。

在唐代孙思邈的《房中补益》中，也是要求在男女性交之时，通过存思的方法，使身中的精气由丹田入泥丸：

《仙经》曰：令人长生不老，先与女戏，饮玉浆。玉浆，口中津也。使男女感动，以左手握持，思存丹田，中有赤气，内黄外白，变为日月，徘徊丹田中，俱入泥垣。两半合成一团，闭气深内勿出入，但上下徐徐咽气，情动欲出，急退之，此非上士有智者不能行也。其丹田在脐下三寸，泥垣者，在头中对两目直入内，思作日月，想合径三寸许，两半放形而一，谓日月相擒者也。虽出入，仍思念所作者勿废，佳也。

明代以后，阴阳双修的方法有一个很大的改变。在此之前，人们说阴阳双修，少不得男子把阴茎插入阴道这一步。而从明代开始，炼丹家不再说把阴茎插入阴道，而说"男不宽衣，女不解带"，"神交体不交，气交形不交"；虽然男女肉体不相交，却又能把女子的气血"以法追来，收入黄庭宫内"。让读者如坠五里云中，百思不得其解。

如明代的孙汝忠说：

然补阳必用阴，补阴必用阳，竹破竹补，人破人补，取其同类。……补之之时，神交体不交，气交形不交。虽交以不交，却将彼血气用法收来，与我精神两相凑合，而疑结为一，然后虚者不虚，损者不损。损者不损，而丹基始固，可以得药。（孙汝忠：《金丹真传》）

必用鼎器，先开关窍，然后补气补血。鼎器者何？即《悟真》云"灵父圣母"也。其用之时，神交体不交，气交形不交。男不宽衣，女不解带。敬如神明，爱如父母。"寂

第十二章 房中功夫

然不动，感而遂通"者，此也。（孙汝忠：《金丹真传》，续编）

更让人难以理解的是张三丰的相关说法。他一方面明确指出，修道绝对不能用女鼎，"某见酷好炉火者，百无一成"，"至用女鼎一节事，万无此理"：

> 今人学道，个个自卖聪明，自夸伶俐，自称会家，终无了悟。又有一等小根盲人，见先圣所言外阴阳、外炉鼎、外药物，执迷女子为鼎器，则又可哀已也。某见酷好炉火者，百无一成。又以轩辕铸九鼎而成道，以为必用鼎器九人，谬之甚矣，尝见有进过五七鼎亦无成就者。且人念头一动，先天淳朴即散，先天既丧，后天虽存，究何益于身心，不过聊存其四大而已。这样下愚，岂知天不言而四时行、百物生之妙哉！夫人身造化同乎天地，但不知天何得一以清、地何得一以宁？又不知主张造化的是谁？若能以清静为体，镇定为基，天心为主，元神为用，巧使盗机，返还天真，归根复命，岂患不至天地圣位？至用女鼎一节事，万无此理。（《张三丰全集》，第17页）

然而，在他的诸多其他论述中，却又告诉我们，阴阳双修离不开女子：

> 烟花寨，酒肉林，不犯荤腥不犯淫。犯淫丧失长生宝，酒肉穿肠道在心。打开门，说与君，无酒无花道不成。（同上，第67页）

> 无根树，花正孤，借问阴阳得类无？雌鸡卵，难抱雏，背了阴阳造化炉。女子无夫为怨女，男子无妻是旷夫。叹迷徒，太模糊，静坐孤修气转枯。（同上）

而且，从其关于阴阳双修方法的具体描述中，亦可明显看出有与女子交媾的情景：

> 心如出水莲，意似云中电。昨宵因小事，误入丽春院。时时降意马，刻刻锁心猿。昼夜不眠，炼己功无间。闭三宝内守黄房，擒五贼外观上院。令彼我如如稳稳，使阴阳倒倒颠颠。退群魔怒提起锋芒剑，敢取他出墙花儿朵朵鲜，挂起我娘生铁面，我教他也无些儿动转。娇夭体态，十指纤纤，引不动我意马心猿。（同上，第59～60页）

> 提起我无刃锋芒剑，怕则怕急水滩头难住船，感则感黄婆勾引，候则候少女开莲，此事难言。

> 五千日近坚心算，三十时辰暗里盘。我将龙头直竖，他把月窟空悬。显神通向猛火里栽莲，施匠手在逆水上撑船。不羡他美丽娇花，只待他甘露醴泉。攻神州，破赤县，捉住金精仔细牵，送入丹田。防危虑险除杂念，沐浴自然。面壁九年，才做个阆苑蓬莱物外仙。（同上，第60页）

明明要与女子一起修炼，却偏说用不着女鼎；明明与女子肉体相交，却偏说神交而体不交，此葫芦中究竟卖的是什么药呢？为了能揭开这个谜团，我们再来看一下清代炼丹家的说法。

在清代丹经《玄微心印》中，明确说阴阳双修须用女鼎，并说要用"体隔神交之法"，但所谓的"体隔神交"，却是"以剑穿过林眼内"，"圆睁龟眼，含住支机石为度"，"下以

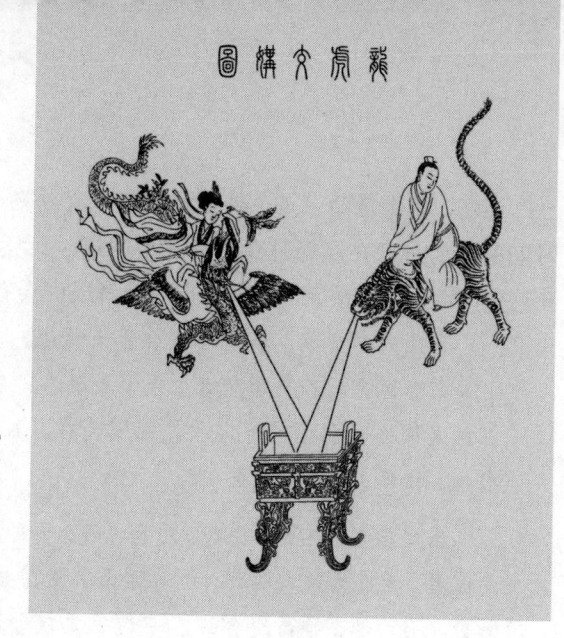

龙虎（阴阳）交媾图

窍对窍，架我鹊桥，以度真铅"：

　　丹士须择无破无损美鼎三具，或重二七、二八、二九者，安于静室，调养数月，待其前弦之候月柱将开之际，即行地天泰卦，用体隔神交之法，以剑穿过林眼内。不拘炉之浅深，但圆睁龟眼，含住支机石为度。上以口对口，架彼鹊桥，以迎甘露；下以窍对窍，架我鹊桥，以度真铅。（喻太真等：《玄微心印》）

《玄微心印》中进一步说，在行体隔神交之法时，有一个关键，就是不能起淫念："淫念一起，便为地狱种子，立堕三途恶趣。"书中还区分了阴阳双修与房中采战的区别，认为采战术"动而战"，使女子之气变成了有形的物质；"采而战"，吸的是"渣滓之物"：

　　凡采药之时，即有灵官执鞭监察护持。如一心行道，便能得药成仙。若淫念一起，便为地狱种子，立堕三途恶趣，灭迹分形，可不慎欤？要知金丹阴阳，不过任其自然呼吸，并无半点造作。所谓"静则金丹，动则霹雳"。三丰祖云："丝毫念起丧天真。"是内外俱静之功。又曰："煅炼一炉真日月，扫尽三千六百门。"世人误猜为采战之术。若动而战，则彼之气变成质矣；采而战，吸此渣滓之物，岂能与我先天虚无之神气配合而成丹哉？不惟无益，且不知断送了多少英雄。故《无根树》云："步步行从虎狼窝。"又曰："防猿马；劣更顽，挂起娘生铁面颜。"紫阳云："命宝不宜轻弄。"噫！生人门，死人户，慎之哉！慎之哉！（同上）

据此，我们可以大致推断明清时期关于阴阳双修的方法：（1）既然是阴阳双修，当然不能没有女子，但此女子不能是像房中采战时那样作为鼎的女子，而是必须与男子心意相通、能配合男子修炼的女子。（2）所谓"神交而体不交"，事实上是"体交而神不交"，即男女在形上是阴茎插入了阴道，但插入后即不动，同时思想上毫无淫念，在这种情况下，才能感得女子的阴中之阳进入男子体内，补足男子身上的阳气。（3）男子在具体操作阴阳双修前，必须是周天已通，并能很好地控制自己的意念。

第十二章　房中功夫

当然，以上推断只是一种猜测，有违道教关于"不遇明师莫强猜"的原则，或许明清时期的著名丹家在修炼时真的是衣不解带，只凭男女对坐便可感得女子之气，亦未可知。在这个问题上，陈撄宁的如下观点对读者或许会有启发作用：

> 身外夫妻交媾，其发动有合于天机者，有出于人欲者。此云事后精神疲倦，指出于人欲者而言。若夫妻交媾，合于天机者，事后非但不感觉疲倦，而且精神更加健旺。但世人都不明白天机与人欲之区别何在，往往任意为之，因此苦多乐少耳。（见《道家养生秘库》，第580页）

> 当知此事，要量体裁衣，因人说法，不可执一以概其余。传道者，须有超群之学识；受道者，须有天赋之聪明，然后循循善诱，由浅而深，历尽旁门，终归正路：不废夫妻，偏少儿孙之累；不离交合，能夺造化之权。道书所谓"男子茎中无聚精，妇人脐中不结婴"，"男子修成不漏精，女子修成不漏经"，的确具此功效。世有豪杰，不甘为造物阴阳所播弄者，倘有味于斯言乎？（同上，第635页）

### 5. 怎样看待阴阳双修

由于阴阳双修术以《周易》中的阴阳八卦学说为理论基础，加上强调男女互补，双修双证，因此，它不像房中术和房中采战那样容易被人诟病，相反，它的这套颇能自圆其说的理论和实践受到了不少学者的认同。在中国历史上，陶弘景、孙思邈、陈希夷、孙汝忠、张三丰等都是大名鼎鼎的人物，他们都赞成或实践阴阳双修之术。近现代学者陈撄宁就曾自信满满地宣称，他要通过这种修炼功夫炼出一个住世神仙来让众人瞧瞧。

现代学者胡孚琛认为，阴阳双修功夫在心理学上是一种奇妙的超越自我的心灵体验，这种心灵体验"在男女双修的'神仙伴侣'之间可以修炼成功"：

> 这种"神仙伴侣"的双修功夫在心理学上是一种奇妙的超越自我的心灵体验，其功法首先要能进入对方的灵魂和肉体，体验对方的身体形象、肉体感受、情绪反应、心理过程、心境变化、态度选择，在灵和肉上泯灭双方的界限，进入一种"双体合一"（dual unity）的状态。这类自我身心的分界线松弛、消泯及与他人结合成一个整体的心灵体验，不仅在男女双修的"神仙伴侣"之间可以修炼成功，而且在同性伴侣、师生之间，包括与莲花生大师、吕祖、张三丰真人之间都可以发生。（胡孚琛：《丹道法诀十二讲》，第171页）

陈撄宁认为，阴阳双修属于道教中的古法修炼，是正宗的修炼方法，清净方法虽然可取，但属权宜之计，"未免沾染佛教的习气"：

> 道教全真派，即是模仿佛教而作，是后起的，不是古法。古法修炼，皆是夫妇二人同心合意，断绝俗情，双修双证，与孤阴寡阳的制度大相悬殊。刘纲、樊云翘二位，

刘纲与樊夫人像　选自《列仙全传》

乃夫妇双修中最负盛名者。至于北七真中，如马丹阳、孙不二两位，未免沾染佛教的习气，要讲求抛家离室，各走一边，已失却古神仙的风范了。（见《道家养生秘库》，第 108～109 页）

陈撄宁所说的刘纲、樊云翘二位，见于东晋葛洪所著的《神仙传》：

> 樊夫人者，刘纲之妻也。纲字伯鸾，仕为上虞令，亦有道术，能檄召鬼神、禁制变化之道。亦潜修密证，人莫能知，为理尚清净简易。……暇与夫人较其术用，俱坐堂上，纲作火烧客碓舍，从东而起；夫人禁之，火即便灭。庭中两株桃，夫妻各咒一株，使之相斗击。良久，纲所咒者不胜，数走出篱外。纲唾盘中，即成鲫鱼；夫人唾盘中成獭，食其鱼。纲与夫人入四明山，路值虎，以面向地，不敢仰视，夫人以绳缚虎牵归，系于床脚下。纲每共试术，事事不胜。将升天，县厅侧先有大皂荚树，纲升树数丈，力能飞举；夫人即平坐床上，冉冉如云气之举，同升天而去矣。（葛洪：《神仙传·樊夫人》）

可见，刘纲和樊夫人是典型的神仙伴侣，其事迹当然多夸张的成分。至于陈撄宁所说的马丹阳和孙不二，则系全真教的创始人王重阳的弟子，他们本是夫妻，因全真教提倡清净功法，只好不做夫妻，故陈撄宁称他们"失却古神仙的风范"。

但是，陈撄宁又指出，阴阳双修虽然是正宗功法，但其法极为隐秘，非上智之士，不得问津："世人徒闻双修之名，罕能了彻其内容与实际。故赞美者等于隔靴搔痒，而毁谤者亦是李戴张冠，都嫌堕于捕风捉影之病。必得上智之士，方许问津，非普通人所能胜任。"（见《道家养生秘库》，第 64 页）

因此，对于普通人来说，除非有极佳的条件，最好还是先习清净功夫，因为清净功夫虽然见效缓慢，但操作起来比较简单，而且，如果修炼得法，"效力并不亚于阴阳"：

# 第十二章　房中功夫

大凡学道，宜先从清净入手，方不误堕旁门。盖清净之功，无论南宗北派，均不能外此。若在专行北派功夫者，固不待言。即在南宗阴阳派者言之，其起手之初，若无清净基础，河车之路未通，而欲妄行其一时半刻之功，能免"铅飞汞走"之危险乎？

况阴阳之道，非有巨势强力者，不能举办。若清寒贫苦之士，既无张环卫、富韩公为之"护法"，更安有丹房妙器之相当。要物既无，入室何望？不如直行清净之功，较为恰当。免得另起炉灶，弃近而求远。世或有抱定阴阳宗旨者，而先行清净工夫，终不能谓之徒劳耳。否则忽视清净，一味偏重彼家，觊觎妙鼎，并希望有财力者作己之护法，终年奔走江湖，倘或不幸，毕生未遇知音，岂非空过岁月？甚可惜也。正阳祖曰："过了一日少一日，过了一年少一年。"纯阳祖曰："世上光阴催短景，洞中花木住长年。"紫阳祖曰："百岁光阴石火烁，一生身世水泡浮。"丹阳祖曰："七十光阴能几日，大都身似西山日。"噫！古训惶惶，能不警惕，一口气不来，万事休矣。

愿吾同志，自问有巨势强力可图，方能尝试阴阳之法。若境遇清寒，孤力无依，权且勉行清净之功，以俟他日机缘。纵使机缘不辏，大药难逢，然较之不修不证者，已有天壤之别矣。清净功夫，如果得法，效力并不亚于阴阳。（见《道家养生秘库》，第417页）

陈撄宁还举例说，普通人不得明师传授，只是凭借丹经上的语句瞎猜，结果闹出了不少笑话。如《悟真篇》中有"黄婆"一词，它的含义是"真意"，普通人理解为黄脸老太婆，便让自己的妻妾担任黄婆，来管理那些女鼎，最后弄得家庭不和：

《悟真篇》虽有"黄婆"之说，但不是指"人"而言。如《悟真》七绝第十九首云："黄婆自解相媒合，遣作夫妻共一心。"又第二十六首云："归来却入黄婆舍，嫁个金公作老郎。"此两个"黄婆"是真意的代名词。盖"真意"在五行属土，黄乃土之正色。而八卦中之坤卦亦属土，坤为"老阴"，又为"母"，所以中央真意号曰"黄婆"。后世将"黄婆"二字，当作黄脸老太婆解释，笑话百出。既把"黄婆"作人看待，于是遂有利用自己妻妾作"黄婆"者，教他们管理鼎器，并试探消息。初下手时，妻妾辈不识其中有何等玄妙，姑且听从其说，以观其究竟。到后来露出马脚，知其仍旧未能免俗。昔日施之于己者，今日照样施之于人，不禁惹起妒火，泼翻醋罐，家庭之间，从此多事矣。男的说：我不过采药炼丹，毫无邪念；女的说：你仍在调情寻乐，老不正经。请问这场口舌是非如何判断？（同上，第590页）

以上种种，说明一个道理：阴阳双修属于道教中极为高深的一种功法，非普通人所能了解。古往今来的丹经，虽常常自称泄漏天机，但总是用隐晦的语句来论述，使人莫名其妙。一部《道藏》，煌煌数千万言，其最核心的内容便是丹经（包括清净丹经和双修丹经），但是，面对丹经中所言的"黄芽"、"白雪"、"丹头"、"打破虚空"等层出不穷的概念，又有几个学子真正能够弄明白？我们当然可以一怒之下，斥之为荒诞、无稽，但是转过念来，还是免不了会发出这样的感慨：若它们真是无稽之谈，古往今来为什么会有那么多人信之不疑？连它们所说的实质内容是什么都未搞懂，又怎么能武断地斥之为荒谬呢？

因此，对于阴阳双修的功夫，我们还是应该努力从逻辑上去理解其内在理路。阴阳双修的关键，在于男女合体，于无思无欲中，用女子身上的阴中之阳补益男子身上所缺之阳（反之亦然），使男子恢复纯阳之体，在丹田中养成真胎，最后"调婴面壁，现出阳神者，为天仙"（孙汝忠：《金丹真传》）。在此要问的是：女子身上的阴中之阳是什么，此阴中之阳进入男子丹田后为什么会结胎？

根据众多丹经的说法，女子身上的阴中之阳实即女子阴道中分泌之物。在中国古代医学看来，男女性交产生后代的原因是父精母血打成一片。此母血实即现代医学所称的卵子，中国古代医学不明此理，故称之为母血。中国古代炼丹家认为，既然母血与父精结合能产生后代，说明此母血中包含神奇的生命，若顺从自然的规律，让父精母血结合，就产生后代，那么，如果逆而运之，情况又会如何呢？

中国古代炼丹家认为，血是有形质之物，它由气化而成，因此，此母血本属气，男子想从女子身上采取有形质之物，一是不可能，二是即使采来了，它属于后天之物，也没有什么神通。所以，男子需要的，是女子身上的气而不是血。

既然男子需要的是女子身上的气，那么事情就好办了。因为中国哲学的重要特点就是认为万物皆气，无论人、动物、植物等等都是气凝聚而成的，互相之间都是相通的，只要两者发生感应，彼气就可以影响吾气，吾气也可以影响彼气。因此，当男女性交时，使女子身上之气进入男子体内，是完全可能的。

那么，女子身上的气进入男子体内，为什么能在丹田中结胎呢？古代炼丹家的逻辑是：既然精液进入女子体内可以结胎，那么母血进入男子体内照样可以结胎。此种观点看起来十分荒唐，但并非完全不可能。在明代李时珍的《本草纲目》中，我们见到了男子身上结胎的记录：

《宋史》云：宣和六年，都城有卖青果男子，孕而生子，蓐母不能收，易七人，始免而逃去。《西樵野记》云：明嘉靖乙酉，横泾佣农孔方，忽患膨胀，愦愦几数月，自胁产一肉块，剖视之，一儿肢体毛发悉具也。（李时珍：《本草纲目·人部·人傀》）

这两个男子为什么能"孕而生子"呢？唯一的解释，就是在性交时女子的卵子进到了男子的体内。当然，道教炼丹士需要的不是把女子的卵子吸到体内，使自己成为孕男，他们需要的是把女子身上能化为血的、蕴涵先天生命的气吸到自己体内，与自己身上蕴有先天生命的精气（而不是精液）相结合，从而产生能夺天地之造化、不生不灭、具有超越性的新生命：丹或道胎。这一逻辑，丹经中极为简单地概括为两句话："逆而取之则成丹，顺

第十二章　房中功夫

而施之则成胎"。在明代岳甫嘉的《种子编》中，对上述原理有这样的说明：

>《丹经》云：一月止有一日，一日止有一时。凡妇人月经行一度，必有一日絪缊之候于一时辰间，气蒸而热，昏而闷，有欲交接不可忍之状，此的候也。于此时逆而取之则成丹，顺而施之则成胎矣。（岳甫嘉：《种子编》）

明代的张三丰也指出："顺则成人，逆则成仙，顺逆之间，天地悬隔，只要逆用阴阳，自然成就"：

>《易》曰："男女媾精，万物化生。"人有此身，亦因父母而得，倘无父母，身何有乎？故作金丹之道，与生身事同，但顺则成人，逆则成仙，顺逆之间，天地悬隔，只要逆用阴阳，自然成就，并非邪径旁门也。兹余所论，大泄真机，皆列圣口传心授之旨，人能照此下手行持，自能夺天地玄妙之功，穷鬼神不测之奥，诚金丹之口诀也。除此之外，再无别传。先贤云："圣人未生，道在天地；圣人已往，道著六经。"予之末论，虽不敢与圣经相比，亦可为问道之正途，如拨云雾而见青天，似剪荆棘而寻大路，坦然无碍，豁然有门。学者若能专心研究，自然默契仙缘，幸勿轻易视之也。万金难换，百宝难求，勿示非人，尚其重之。（《张三丰全集》，第6页）

论述至此，我们不由得对中国古人的智慧产生由衷的敬佩，他们不光在理论上苦心孤诣，想常人所不敢想，于不可思议之处去探寻真理，而且在实践上兢兢业业，百折不挠，努力使自己的理论结出硕果。当然，我并不能由此认定中国古代炼丹家的理论和实践就是正确的，也不认为我的上述理解一定契合他们的本意，但是，他们的这种精神，无疑是值得我们借鉴的。

# 附录

# 参考书目

(按书名的拼音字母顺序排列)

## A

《埃及古代神话故事》，符福渊、陈凤丽编译，国际文化出版公司，1989年版
《爱经》，奥维德著，百花文艺出版社，1998年版
《暧昧的历程》，张在舟著，中州古籍出版社，2001年版

## B

《八段锦》
《抱朴子内篇》，葛洪著，中华书局，1985年版
《北齐书》，中华书局，2000年版
《本草纲目》，李时珍著，华夏出版社，2008年版
《敝帚斋余谈》，沈德符著
《碧玉楼》
《弁而钗》
《别有香》
《博物志》，张华著，贵州人民出版社，1992年版

## C

《采菲录》，姚灵犀著，上海书店出版社，1900年版
《禅真后史》，方汝浩著，太白文艺出版社，2006年版

《禅真逸史》，方汝浩著，人民中国出版社，1993年版
《忏悔录》，卢梭著，商务印书馆，1997年版
《陈子高传》，李翊著
《痴婆子传》
《池北偶谈》，王士禛著，上海古籍出版社，1993年版
《虫鸣漫录》，采蘅子著
《初刻拍案惊奇》，凌濛初著，春风文艺出版社，1993年版
《褚氏遗书》，褚澄著
《辍耕录》，陶宗仪著，中华书局，1959年版
《醋葫芦》

## D

《大明律例附解》
《大清律例》
《丹道法决十二讲》，胡孚琛著，社会科学文献出版社，2009年版
《道家养生秘库》，大连出版社，1991年版
《道枢》，曾慥著
《灯草和尚》
《灯月缘》
《点石斋画报》，上海画报出版社，2001年版
《东游记》，吴元泰著
《洞玄子》
《读懂"性"福》，黑龙江人民出版社，2003年版
《独异志》，李亢著，上海古籍出版社，1995年版
《读医随笔》，周学海著，中国中医药出版社，1997年版
《多妻制度》，张廓著，天津古籍出版社，1999年版

## E

《遏淫敦孝编》，石璇著
《耳目记》，张鷟著，新兴书局，1970年版
《耳邮》，羊朱翁著，岳麓书社，1986年版
《二刻拍案惊奇》，凌濛初著，春风文艺出版社，1993年版

## F

《梵天庐丛录》，柴萼著，中华书局，1926年版
《房术玄机中萃纂要》，陈希夷著
《房中补益》，孙思邈著
《风流和尚》
《夫妻双修功》，杨林著，内蒙古人民出版社，1993年版

## G

《格致余论》，朱震亨著，人民卫生出版社，2005年版
《艮斋杂说》，尤侗著，中华书局，2007年版
《庚巳编》，陆粲著，中华书局，1987年版
《姑妄言》
《古春风楼琐记》，高拜石著，作家出版社，2005年版
《古事记》，太安万侣编纂，中国对外翻译出版公司，2001年版
《古希腊风化史》，利奇德著，辽宁教育出版社，2000年版
《骨董琐记》，邓之诚著，中国书店，1996年版
《广异记》，戴君孚著
《广自序》，汪价著，江苏广陵古籍刻印社，1984年版
《癸辛杂识》，周密著，中华书局，2010年版
《国色天香》

## H

《海蒂性学报告——男人篇》，雪儿·海蒂著，海南出版社，2002年版
《海蒂性学报告——女人篇》，雪儿·海蒂著，海南出版社，2002年版
《韩湘子全传》，杨尔曾著
《汉书》，中华书局，2000年版
《汉武帝房中提要》
《合阴阳》
《红楼梦》，曹雪芹著，人民文学出版社，2010年版
《侯鲭录》，赵令畤著，中华书局，2002年版
《花柳深情传》，萧鲁甫著，北京师范大学出版社，1992年版
《欢喜冤家》，华夏出版社，2012年版

《欢喜缘》

《还元化真诀》，赤将子舆著

《黄帝内经》，中华书局，2010年版

《混俗颐生录》，刘词著

## J

《记张公规论去欲》，苏轼著

《既济真经》，邓希贤著

《坚瓠续集》，褚人获著，上海古籍出版社，1995年版

《见只篇》，姚士磷著

《健康世界》

《金丹真传》，孙汝忠著

《金匮要略》，张仲景著，学苑出版社，2008年版

《金瓶梅词话》，人民文学出版社，1992年版

《金赛性学报告》，琼·瑞妮丝、露丝·毕思理著，明天出版社，1993年版

《金石缘》，太白文艺出版社，2006年版

《金史》，中华书局，2000年版

《晋书》，中华书局，2000年版

《精神分析引论》，弗洛伊德著，商务印书馆，1984年版

《警世通言》，冯梦龙著，春风文艺出版社，1993年版

《旧唐书》，中华书局，2000年版

## K

《客窗闲话》，吴炽昌著，时代文艺出版社，1985年版

《空空幻》

## L

《来果禅师语录》，释来果著，黄山书社，2006年版

《琅嬛记》，伊世珍著

《浪史》

《清代燕都梨园史料》，张次溪编纂，中国戏剧出版社，1988年版

《笠翁偶集》，李渔著

《聊斋志异》，蒲松龄著，吉林文史出版社，1995年版
《列仙传》，刘向著，中国社会科学出版社，2004年版
《留别西河刘少府》，李白作
《留青日札》，田艺蘅著，上海古籍出版社，1985年版
《龙威秘书》，马俊良辑
《龙阳逸史》
《履园丛话》，钱泳著，陕西人民出版社，1998年版
《绿野仙踪》，李百川著，岳麓书社，1993年版
《乱伦与禁忌》，楚云著，上海文艺出版社，2002年版
《伦理与生活》，郭松义著，商务印书馆，2000年版

## M

《马克思恩格斯论文学艺术》，人民文学出版社，1982年版
《埋忧集》，朱翊清著，岳麓书社，1985年版
《梅圃余谈》，阴太山著
《美的人生观》，张竞生著
《孟子》，中华书局，2006年版
《梦厂杂著》，俞蛟著，上海古籍出版社，1988年版
《梦梁录》，吴自牧著，浙江人民出版社，1984年版
《秘本种子金丹》，叶桂著
《秘书十种》
《秘戏图考》，高罗佩著，广东人民出版社，1992年版
《闽杂记》，施鸿保著
《末代皇帝秘闻》，潘际垌著
《某氏家训》

## N

《男人装》
《南村辍耕录》，陶宗仪著，文化艺术出版社，1998年版
《南史》，中华书局，2000年版
《南巡秘纪》，许指严著，山西古籍出版社，1999年版
《闹花丛》

附录

513

《浓情快史》

## O

《瓯北诗话》，赵翼著，凤凰出版社，2009年版

## P

《品花宝鉴》，陈森著，西北大学出版社，1993年版

## Q

《七修类稿》，郎瑛著，中华书局，1959年版
《齐东野语》，周密著，齐鲁书社，2007年版
《清稗类钞》，徐珂著，中华书局，1986年版
《清代野记》，张祖翼著，中华书局，2007年版
《清异录》，陶穀著，中华书局，1991年版
《情梦柝》
《情史》，冯梦龙辑
《全人矩矱》，孙念劬著

## R

《肉蒲团》
《如意君传》

## S

《三因方》，陈无择著
《三元延寿参赞书》，李鹏飞著
《僧尼孽海》
《沙弥律仪要略》，净空法师著
《山斋客谭》，景星杓著
《伤寒论》，张仲景著，人民卫生出版社，2011年版
《摄生总要》，洪基著
《神仙传》，葛洪著，中国社会科学出版社，2004年版
《蜃楼志全传》，百花文艺出版社，1987年版

《渑水燕谈录》，王辟之著，中华书局，1997年版
《圣经》，环球圣经公会有限公司，2003年版
《诗经》，上海古籍出版社，2004年版
《十六世纪中国南部行记》，C.R.博克舍著，中华书局，1990年版
《十问》
《石成金论房室养生》，石成金著
《石点头》，华夏出版社，2013年版
《时尚健康》
《食色绅言》，龙遵叙著
《史记正义》，张守节著，台湾商务印书馆，1986年版
《世界当代性文化》，刘达临著，三联书店，1999年版
《世界古代性文化》，刘达临著，三联书店，1998年版
《世界性爱经典全书》，广西民族出版社，1999年版
《书影》，周亮工著，上海古籍出版社，1981年版
《水浒传》，施耐庵著，人民文学出版社，2012年版
《宋书》，中华书局，2000年版
《素女方》
《素女房中交战秘法》
《素女经》
《素女妙论》
《隋书》，中华书局，2000年版
《隋炀帝艳史》，中州古籍出版社，1986年版
《随园轶事》，蒋敦复著
《孙真人房中长要记》

## T

《谈薮》，庞元英著
《桃花庵》
《桃花艳史》
《桃花影》
《梼杌闲评》，人民中国出版社，1993年版
《天地阴阳交欢大乐赋》，白行简著

《天下至道谈》

《天缘奇遇》

《听心斋客问》，万尚父著，上海古籍出版社，1990年版

《投辖录》，王明清著，上海古籍出版社，1991年版

## W

《外科真诠》，邹岳著

《万历野获编》，沈德符著，中华书局，1959年版

《万密斋医学全书》，万全著，中国中医药出版社，1999年版

《我们的性》，罗伯特·克鲁克斯、卡拉·鲍尔著，华夏出版社，2003年版

《巫梦缘》

《巫山艳史》

《无声戏》，李渔著，人民文学出版社，2006年版

《梧桐影》

《五凤吟》

《五杂俎》，谢肇淛著，中华书局，1959年版

《勿药元诠》，汪昂著

## X

《乡园忆旧录》，王培荀著，齐鲁书社，1993年版

《襄阳歌》，李白作

《潇湘录》，李隐著

《小豆棚》，曾衍东著，齐鲁书社，2004年版

《小脚与辫子》，张仲著，国际文化出版公司，1994年版

《笑笑录》，独逸窝退士著，岳麓书社，1985年版

《谐铎》，沈起凤著，陕西人民出版社，1998年版

《新刻洒洒篇》，啸竹主人编

《醒世恒言》，冯梦龙著，春风文艺出版社，1993年版

《醒世姻缘传》，岳麓书社，2004年版

《杏花天》，长江文艺出版社，1993年版

《性变态犯罪及其对策》，庞兴华著，警官教育出版社，1999年版

《性福圣经》，中信出版社，2010年版

《性经验史》，米歇尔·福柯著，上海人民出版社，2000年版
《性心理学》，霭理士著，三联书店，1987年版
《性修炼》，蔡俊、李文坤著，中国中医药出版社，1998年版
《性学总览》，J.莫尼、H.穆萨弗编著，天津人民出版社，1992年版
《性医学》，吴阶平编译，科学技术文献出版社，1982年版
《修真演义》，邓希贤著
《绣屏缘》，上海古籍出版社，1990年版
《绣榻野史》，吕天成著
《续金瓶梅》，丁耀亢著，太白文艺出版社，1994年版
《玄女经》
《玄微心印》，喻太真等著

## Y

《延寿第一绅言》，愚谷老人著
《檐曝杂记》，赵翼著，中华书局，1997年版
《晏子春秋》，中华书局，2007年版
《燕南琐忆》，李霖著
《养病庸言》，沈嘉澍著
《妖狐艳史》
《野记》，祝允明著
《野叟曝言》，夏敬渠著，昆仑出版社，2001年版
《一见哈哈笑》，游戏主人著
《一片情》
《医方类聚》，金礼蒙编，人民卫生出版社，2006年版
《宜春香质》
《宜麟策》，张介宾著
《怡情阵》
《疑狱集》，张景著，复旦大学出版社，1988年版
《萤窗异草》，长白浩歌子著，重庆出版社，2005年版
《右台仙馆笔记》，俞樾著，上海古籍出版社，1986年版
《玉房秘诀》
《玉房指要》

《玉闺红》

《喻世明言》，冯梦龙著，春风文艺出版社，1993年版

《御女损益篇》，陶弘景著

《元史》，中华书局，2000年版

《阅微草堂笔记》，纪昀著，重庆出版社，2005年版

《粤游小志》，张心泰著

## Z

《载花船》

《枣林杂俎》，谈迁著，中华书局，2006年版

《战国策》，中华书局，2007年版

《张三丰全集》，浙江古籍出版社，1990年版

《昭阳趣史》

《赵飞燕外传》，伶玄著

《证治汇补》，李用粹著，人民卫生出版社，2006年版

《证治要诀》，戴元礼著

《郑板桥文集》，安徽人民出版社，2002年版

《咫闻录》，庸讷居士著，重庆出版社，2005年版

《至正直记》，孔克齐著，上海古籍出版社，1987年版

《中国大百科全书·中国传统医学》，中国大百科全书出版社，1992年版

《中国古代房内考》，高罗佩著，上海人民出版社，1990年版

《中国古代房室养生集要》，宋书功著，海南出版社，2011年版

《中国古代小说中的性描写》，张国星主编，百花文艺出版社，1993年版

《中国古代性残害》，赖琪、徐学初著，四川民族出版社，1993年版

《中国历代房内考》，刘达临著，中医古籍出版社，1998年版

《中国太监的性告白》，王岚著，太阳氏文化事业有限公司，1999年版

《中国通史》，蔡美彪等主编，人民出版社，1994年版

《中国小说史略》，鲁迅著，上海古籍出版社，1998年版

《中国性科学百科全书》，中国大百科全书出版社，1998年版

《中国性医学史》，毕焕洲著，中央编译出版社，2007年版

《中和集》，李道纯著，上海古籍出版社，1989年版

《种子编》，岳甫嘉著

《周易》，冯国超译注，商务印书馆，2009年版
《朱文端公文集》，朱轼著
《株林野史》
《诸病源候论》，巢元方著，华夏出版社，2008年版
《资治通鉴》，司马光著，中华书局，2009年版
《子不语》，袁枚著，重庆出版社，2005年版
《紫柏老人集》，释真可著
《紫闺秘书》
《醉春风》
《遵生八笺》，高濂著，巴蜀书社，1988年版
《昨非庵日纂》，郑瑄著，北京图书馆出版社，1996年版

## 图书在版编目（CIP）数据

中国古代性学报告 / 冯国超著 . - 北京：华夏出版社，2013.7（2025.7 重印）
ISBN 978-7-5080-7657-7

Ⅰ．①中… Ⅱ．①冯… Ⅲ．①性学 - 研究报告 - 中国 - 古代 Ⅳ．① C913.14

中国版本图书馆 CIP 数据核字 (2013) 第 123625 号

---

## 中国古代性学报告

| | |
|---|---|
| 作　　者 | 冯国超 |
| 责任编辑 | 李春燕　陈小兰 |
| 责任印制 | 周　然 |

| | |
|---|---|
| 出版发行 | 华夏出版社有限公司 |
| 经　　销 | 新华书店 |
| 印　　刷 | 三河市少明印务有限公司 |
| 装　　订 | 三河市少明印务有限公司 |
| 版　　次 | 2013 年 7 月北京第 1 版<br>2025 年 7 月北京第 18 次印刷 |
| 开　　本 | 787×1092　　1/16 |
| 印　　张 | 34 |
| 字　　数 | 700 千字 |
| 插　　页 | 6 |
| 定　　价 | 69.00 元 |

华夏出版社有限公司 网址：www.hxph.com.cn　地址：北京市东直门外香河园北里 4 号　邮编：100028
若发现本版图书有印装质量问题，请与我社营销中心联系调换。电话：（010）64663331（转）